Charles Konig
1812

P. l'ouvrage relié 1f. 20c.

8ᵛ L. 25
     6
     E.

LE VOYAGE DE FRANCE,

DRESSÉ

POUR LA COMMODITÉ
des François & des Estrangers.

AVEC UNE DESCRIPTION
des chemins pour aller & venir par tous
le Monde, trés-necessaire aux Voyageurs.

Et un Memoire des Reliques qui
sont dans le Tresor de Saint Denys
en France.

Corrigée & augmentée de nouveau.

Par le Sieur D. V. Historiographe de France.

A PARIS,

Chez NICOLAS LE GRAS, au troisième Pillier de la grand'-Salle du
Palais, à PL Couronnée.

M. DC. LXXXVII.
AVEC PRIVILEGE DU ROY.

TABLE
DES PAYS, PROVINCES
& Villes contenuës en ce present Traité du Voyage de la France.

VOYAGE de France.	page 51
De la Lorraine.	54
De la Champagne.	61
De la Beauſſe.	68
Du Berry.	76
D'Anjou.	102
De Bretagne.	107
De la Guyenne.	113
De l'Angoulmois.	133
Du Limoſin.	134
Du Perigord.	136
Du Languedoc.	143
De Provence.	169
De Dauphiné.	175
De Paris.	193
De Normandie.	209
De la Picardie.	216
De la Bourgongne.	220
De la Franche-Comté.	221
De la Savoye.	227
De Geneve.	228
Des Fleuves du Royaume de France.	237

TABLE.

Des Fleuves qui entrent dans l'Ocean. ibid.

Des Fleuves qui se rendent en la mer Mediterranée. 258

Fin de la Table.

EXTRAIT DU PRIVILLEGE du Roy.

PAR Grace & Privilege du Roy, il est permis à MICHEL BOBIN, Marchand Libraire à Paris, d'imprimer ou faire imprimer un Livre intitulé, *Le Voyage de France dressé pour l'instruction & commodité des François & des Etrangers, avec une Description des chemins pour aller & venir par tout le monde ; Et un Memoire des Reliques du Thresor Saint Denis en France*, corrigé & augmenté par le Sieur du Verdier Historiographe de France, pendant le temps & espace de neuf ans, à compter du jour qu'il sera achevé d'imprimer. Avec deffence à tous autres de l'imprimer ou faire imprimer, sous les peines portées par ledit Privilege. DONNE' à Paris le treisiéme jour d'Avril l'an de grace mil six cens cinquante-cinq. Et de nôtre Regne le douziéme : Signé, VIGNERON.

Cette Edition achevée d'imprimer le deuxiéme Janvier 1687.

DESCRIPTION DU VOYAGE DE LA FRANCE.

A France n'a point changé ſes limi- *Confins.*
tes anciens du coſté du Midy, du
Couchant, & du Septentrion, puis
que de meſmes que la Gaule ancien-
ne, elle a du Couchant les Monts Pirenées, &
l'Ocean Aquitaine, du Septentrion l'Ocean
Britannique juſques à Calais, & de là tirant
juſques à Mets; on laiſſe à gauche l'Artois,
le Haynault & le Luxembourg, qui ne ſont
point à la France, & à droite la Picardie & la
Champagne, qui ſont deux de ſes Provinces
frontieres; par cette Mer elle eſt ſeparée de
l'Angleterre. Du Midy la Mer Mediterranée,
qu'on appelle auſſi Mer de France, avec les
Monts Pirenées, la ſeparent de l'Eſpagne. Du
Levant elle a eſté autrefois bornée du Rhin, &
d'une partie des Alpes, avec le fleuve Varus. Mais
aujourd'huy elle ſe trouve enfermée de la Sa-

A

voye, de la Franche-Comté & de la Lorraine; en sorte que les Alpes la separent de l'Italie & du Piémont; le Mont-Jura ou de saint Claude des Suisses.

Elle est jointe & unie en toutes ses parties & Provinces, assise au milieu de l'Europe, close & deffenduë des Mers Oceane & Mediterranée de deux endroits; des Pyrenées & des Alpes, montagnes renommées, de trois costez, tellement que son accés en est rendu difficile & moins ouvert: & tant s'en faut qu'elle ait à craindre de ses voisins, qu'au contraire elle leur est redoutable.

Sa forme est presque ronde & comme en ovale, de sorte qu'elle est aussi large que longue: & peut avoir vingt journées de longueur, & autant de largeur, avec huit cens lieuës de circuit.

Division. Nous laissons icy les divisions anciennes de la Gaule, qui se doivent puiser de l'Histoire & des Livres qui ont esté déja indiquez à nostre Voyageur, soit-il estranger, ou naturel François. La curiosité en est fort belle, & couvenable à toutes professions, ils apprendront là, l'un & l'autre, que les anciens Gaulois, nommez Celtes, ont passez jusques en Asie, & y ont donné leur nom à un pays entier: que les mesmes Gaulois, ayant passé les Alpes, ont conquis & possedé une belle portion de l'Italie, ce qui les fit distinguer par les Romains en Cisalpins & Transalpins: que la difference de l'habit ou de la chevelure fit faire aussi deux bandes de toute la nation par les mesmes Romains. Quant à la division de Jules Cesar en ses Commentaires de la guerre des Gaules, en Belges, Celtes & Aquitains, on peut remarquer que l'une de ses portions, sçavoir l'Aquitaine, est aujourd'huy entierement possedée par le Roy de France: mais que de la Belgique il ne tient que la seule Picardie, & c'est icy où gist une des principales pertes de nos Roys, sur la possession de leur ancien heritage, puisque la Belgique commençant au Rhin, partie vers le Nord, partie vers le Levant, alloit jusques aux rivieres de Seine & de Marne, d'où s'ensuit que plusieurs belles Provinces ont esté éclipsées du Royaume de France. De la Celtique, ils n'ont à desirer que la Franche-Comté & partie de la Suisse. La Narbonnoise obmise par Jules Cesar, mais remplacée par Auguste son Successeur, est toute possedée par eux, sauf la Savoye & le Comté de Roussillon, qui en avoit esté retranché par la facilité de Charles VIII. y a depuis esté reünie par l'invincible effort des Armes de Loüis le Juste.

Les quatre parties susmentionnées, qui sont la Belgique, la Celtique ou Lyonnoise, l'Aquitaine & la Narbonnoise furent faites ensuite jusques à 17. Provinces, qui ne sont pourtant que sept quant à leurs noms principaux, dautant qu'elles sont subdivisées en premiere & seconde, &c. Les sept Provinces estoient, la Lyonnoise, la Belgique, la Germanie, la Viennoise, les Alpes, la Narbonnoise & l'Aquitaine.

La division de la France se doit faire aujourd'huy en certaines Provinces, ou Gouvernemens, dont des Deputez ont séance dans les Estats generaux du Royaume, ou bien si l'on veut avoir égard à la Justice, tant souveraine que subalterne, qui s'exerce dans le Royaume, sous l'authorité du Prince, en dix Parlemens ausquels répondent les Seneschaussées ou Bailliages. Quant au spirituel, il y a certain nombre d'Eveschez suffragans des Archevesques ou Primats qui sont dans le Royaume.

A ij

Les 24. Provinces dont la France est aujourd'huy composée dans l'ordre que vous les trouverez dans l'abregé de l'Histoire de France, seront ceux-cy, Paris & l'Isle de France, la Bourgogne, la Normandie, la Guyenne, la Bretagne, la Champagne, & Brie, le Languedoc, la Picardie, le Dauphiné, la Provence, le Lyonnois, Forests & Baujolois, Orleans & ses dépendances. Les autres peuvent estre, Poictou, Touraine, Berry, Anjou, Mets & pays Messin, Auvergne, Roüergue, Limosin, Bresse, Foix, Bearn, &c.

Parlemens. Les Parlemens de France sont aujourd'huy dix en nombre, sçavoir, Paris, Toulouse, pour le Languedoc & une partie de la Guyenne, Dijon, pour la Bourgogne & la Bresse, Roüen, pour la Normandie; Bourdeaux, pour la Guyenne; Rennes, pour la Bretagne; Grenoble, pour le Dauphiné; Aix, pour la Provence; Pau, pour le Bearn & la Navarre; Toul pour le pays Messin & la Lorraine. Le roolle des Seneschaussées, Bailliages & Sieges Presidiaux, sera baillé separément à la fin de ce Volume.

Archeveschez. Il y a quinze Archeveschez en France, dont les sept pretendent droit de Primatie. Les quinze, sont, Paris, Rheims, Sens, Lyon, Bourges, Tours, Narbonne, Auch, Toulouze, Roüen, Bourdeaux, Ambrun, Vienne & Arles. Les Primats, sont, Sens, Lyon, Bourges, Narbonne, Roüen, Bourdeaux, & Vienne. Le roolle des Evesques suffragans sera de mesme baillé à la fin du Livre.

Montagnes. Les Pyrenées n'appartiennent pas si bien à la France, qu'elles separent de l'Espagne, comme les Cevenes, qui sont dans le cœur du pays, & ont esté connuës des anciens Grecs & Latins, sous le nom de Κημμένος, & *Gebenna* ou *Cebenna*. Elles s'estendent le long du bas Languedoc jusques dans l'Auvergne, où elles sont tres-hautes. La France a aussi ses promontoires sur la coste de ses Mers, tant Oceane que Mediterranée. Du costé de l'Occident, regardant la Bretagne, & du Nord, vis à vis de Kent, promontoire en Angleterre, sont ceux de la Mer Oceane: Celuy de Talmond ou Talon du monde est vers le Midy en la mesme Mer, avec celuy de Buts, auquel on donne divers noms, & quelques autres. Sur la Mer Mediteranée sont le Cap de saint Sigo, qui est en la coste de Provence, le Cap de Sete en la coste d'Agde en Languedoc. Elle n'a que deux Golfes, l'Aquitaine ou Tarbellique en la Mer Oceane vers le Couchant, & le grand Golfe, appellé par les Anciens *Sinus Gallicus*, en la Mer Mediterranée.

Promō- toires.

La France n'est point dépourveuë de bons ports, soit en la Mer Oceane, soit en la Mediterranée. En l'Ocean sont Brest, en la coste de Bretagne, Blavet, Morbian, Conquest, la Rochelle, & autres. En la Mediterranée est Marseille & Toulon en la coste de Provence, bons Havres & renommez pour les Galeres que le Roy y tient. Celuy de la coste d'Agde où l'on travaille encore pour le rendre asseuré, est aussi à considerer.

Ports.

Les rivieres de France sont en grand nombre, fort belles & de long cours. Les principales sont, la Seine, Loire, la Garomne & le Rhosne. La Garomne sort des Pyrenées, & a toûjours esté la separation des Aquitains d'avec les Celtes, reçoit la Dourdogne, le Tart & le Loth, & se perd dans l'Ocean. Le Rhosne sort des Alpes, traverse le pays de Valais, puis le Lac de Geneve, où il passe sans mesler ses eaux, reçoit la

A iij

Saonne à Lyon, l'Isere qui passe à Grenoble, la Droume & la Durance, riviere dangereuse, & qui n'a point de gué asseuré, & finalement se décharge dans la Mer Mediterranée aux trois Maries, à trois lieuës d'Arles, a six embouchures, ou grads, c'est-à-dire degrez, qui ont chacun leur nom dans le pays.

La Seine. La Seine, qui naist en la Bourgogne, dans les bois des Abbayes de saint Seine, passe à Paris, à Roüen, Honfleur, & Harfleur, & se décharge dans la Mer au Havre de Grace, avec une belle embouchure, où elle a son reflux. Elle reçoit entr'autres rivieres la Marne & l'Oyse, qui traverse la Picardie, & sous Pont-Oyse, vers Poissy, se mesle avec la Seine. L'Isle de France est fermée par la Seine du Levant & du Midy, & par l'Oyse du Couchant.

Loire. Loire naist en Vivarez, petit pays du Languedoc, passe par le Velay, vient en Forests, à Nevers, Orleans, Blois, Amboise, Tours, Saumur, & se rend dans la Mer prés de Nantes en Bretagne, avec une embouchure large de quatre lieuës. C'est la riviere la plus large de France, comme le Rhosne est la plus rapide. Elle reçoit la riviere d'Allier qui sort du Gevaudan en Languedoc, & plusieurs autres.

Forests. La France abonde en belles & agreables forests, qui ne sont pas semblables à celles de l'Allemagne, de la Pologne, & de la Transsilvanie, qui pour estre trop grandes & épaisses, ne sont pas si propres pour la chasse, & à donner de la recreation au Prince. Celle d'Orleans est la plus grande & plus étenduë. Outre celles de Fontainebleau & de Montargis, il y en a quantité au pays du Mayne, en la basse Bretagne, en Poictou, en Berry, en Anjou, au Boulonois, au Vermandois, en Picardie, en Angoumois, où la foreſt de Brancome eſt de fort grande étenduë. Les Provinces de Bourgogne, du Dauphiné, du Languedoc, de la Guyenne, particulierement le Roüergue & le Quercy n'en manquent pas non plus que les autres.

On y remarque auſſi de tres-belles maiſons Royales, baſties magnifiquement & avec grand art. Faiſant le tour & voyage de France, les principales ſeront décrites particulierement. La mention que nous en pourrions faire icy ſeroit inutile, & ſuffit de dire ſur ce ſujet qu'outre les ſuperbes baſtimens de Fontainebleau, de Saint Germain en Laye, & autres qui ſervent de ſejour aux Rois, il y a pluſieurs Princes, Seigneurs & Prelats qui ſont logez delicieuſement aux champs, dans des maiſons & chaſteaux de grande dépenſe. *Belles maiſons.*

Pour comble des choſes plus curieuſes qui ſe voyent en France, & parmi celles qui ſeront remarquées en chaque Ville, qui ſera dans le chemin du Voyageur, pluſieurs fontaines, lacs, étangs, & autres ſources d'eau merveilleuſes s'y voyent, avec quelque horreur des abyſmes, où ces eaux & les vents meſmes s'enferment, comme au Bourg de Breſſe en Auvergne, & en quelques autres lieux du meſme païs : Angouleſme, la Fontaine de Touvre ; Noſtre-Dame de la Barme prés de Grenoble, ſur le chemin de Lyon & de Geneve, où eſt un lac ſoûterrain, large d'une lieuë, & long de deux ou trois. On voit auſſi quantité d'étangs en France qui ſe forment diverſement, ou par des ſources d'eaux ſoûterraines, ou par les torrens voiſins, & par les eaux qui deſcendent des collines plus proches, ou finalement par les eaux de la Mer Mediterranée dans le bas Languedoc, qui portent du poiſſon,

A iiij

& soûtiennent aussi le bâteau, pour pouvoir faire quelque trajet.

La France jouït par tout d'un air extrémement sain & temperé, d'où vient que la peste & les maux contagieux n'y sont pas si frequens & si dangereux qu'aux autres païs, à quoy peut servir aussi la bonne nourriture au manger & au boire, dont le menu peuple mesme use plus que parmy nulle autre nation. Sa fertilité a esté recommandée de tout temps, non seulement en ses belles & spacieuses plaines, & en ses vallons, mais aussi en ses montagnes, lesquelles y sont cultivées, & produisent des bleds en telle abondance, qu'outre la provision de ses habitans, l'Espagne en est nourrie par le transport qui en est fait de la Bourgogne & du Languedoc. A ces Provinces doivent estre ajoûtées celles de Normandie, la Beausse, le Poictou, la Xaintonge, la Picardie, & le Berry qui sont aussi fort abondantes en bleds. Toute sorte de vins croissent en France, & des plus excellens. La Bretagne, la Normandie & la Picardie, à cause de l'air froid n'en produisent point : mais toutes les autres Provinces en abondent. La Beausse a les siens à Orleans, à Toury & ailleurs : l'Anjou a ses vins blancs, qui sont particulierement en estime ; La Bourgogne vante les siens à Baulne, à Sens & à Auxerre, qui en porte grande quantité à Paris. La Guyenne en est tres-bien pourveuë, mais ceux de Grave à Bourdeaux, ceux de Gaillac & Rabestens sont les plus estimez, & par la Garomne, la Charante & Loire sont transportez en Angleterre, en Flandres & en Allemagne. Les vins muscats de Frontignan & autres lieux proches de Montpellier ou Languedoc sont portez à Paris, & aux Nations étrangeres. Les sels sont une troisiéme ri-

Bleds.

Vins.

Sels.

DE FRANCE.

chesse du Royaume, ils y sont tres-bons & abondans: Le Prince en retire des revenus immenses, les habitans de chaque Province en sont pourveus, & les Nations étrangeres s'en accommodent par le transport qui leur en est fait, sçavoir, les Suisses, les Flamands, les Anglois, Danois & autres Nations Septentrionales. Les sels du Languedoc à Pecais, & autres salins, sont recommandez sur tous les autres ; Il y en a aussi en Provence, en Poictou, en Xaintonge, à Broüage, où les Flamands le viennent charger. On donne aussi pour advantage à la France, les chanvres & les lins en la basse Bretagne, à Calais, en Berry, en Quercy, en Roüergue & ailleurs. Les voiles & cordages des Navires en sont tissus, avec grande quantité de toiles qui sont portées bien loin. Les huiles n'y viennent qu'en certaines Provinces, dont l'air est plus doux & plus chaud, comme sont la Provence & le Languedoc. Il s'en fait un grand trafic, non-seulement dans le Royaume mesme, mais aussi parmy les estrangers. Les laines fines y abondent en divers endroits du Royaume, particulierement en Berry, dans la Sologne, en Normandie, & en Languedoc, & en toutes ces Provinces se font des draps tres-bons & fins, avec des sarges qui se transportent par tout le Royaume, & en Espagne, en Italie, en Piémont, & ailleurs. Elle abonde en toute sorte de fruits. La Normandie, la Bretagne & la Picardie ont bonne quantité de pommes, dont se fait une boisson qui repare le defaut qu'ils ont du vin. Les poires & autres fruits d'Hyver, proviennent mieux en ces Provinces, & en l'Isle de France, où l'air est plus profond, qu'en celles qui sont plus meridionales, lesquelles aussi abondent en bons raisins, figues, grenades, melons,

Marginalia: Chanvres & lins. Huiles. Laines. Fruits.

A v

abricots, pesches, auberges, avec les amendes &
les noix. Les chastaignes sont és pays plus montagneux, comme sont le Dauphiné, les Cevenes, en Languedoc, l'Auvergne, le Limosin, & le Perigord. On void en certains endroits la guesde du pastel, *glastuve*, à Cesar qui se transporte aux pays estrangers, & sert à teindre en bleu. Il y croît du safran en plusieurs Provinces. Les vers à soye sont nourris en Languedoc, en Provence & Dauphiné, à Tours, à Caën, en Normandie & à cét effet on y void grande quantité de meuriers. Elle ne manque pas de bons pâturages, & en la plaine & en la montagne, à nourrir le bestail, d'où proviennent les bonnes chairs, le laict, le beurre & le fromage. Les chapons, poulets, & toute volaille y abonde. Les poulets-d'Inde y sont nourris à troupes. Les lievres, connils, perdrix, & tourdes y foisonnent. Les abeilles y fournissent le bon miel en plusieurs endroits. On y void du ris en Provence, toutes sortes de legumes, fleurs, herbes & simples. Le romarin, le genevre, les meurtes, la sauge, & toutes autres plantes s'y trouvent. Le buys croît fort grand en Normandie, en Languedoc & ailleurs, d'où se font plusieurs petits meubles de service, qui se transportent aux estrangers. Les Pierres y renaissent dans les carrieres; il y a de fort belles ardoises, particulierement en Anjou, & des marbres en Foix, & en quelques endroits du Languedoc. Toutes bestes de grosse chasse, comme daims, chamois, cerfs, sangliers, chevreüils, se trouvent dans les forests, outre plusieurs haras de bons

Che-
vaux

chevaux de Bourgogne, Normandie, Bretagne, Auvergne, Poictou, Limosin, Gascogne, Foix & Languedoc. Ils sont toutesfois moins forts que ceux d'Allemagne, d'où l'on les fait venir pour traîner les charrettes & carrosses. L'Espagne se pourvoit des mulets d'Auvergne & du Gevaudan.

Les bleds & les vins de France, avec les sels & autres denrées, sont bien les mines plus asseurées qu'elle puisse avoir, neanmoins celles d'or & d'argent n'y manquent point, quoy qu'elles n'y soient pas travaillées. Et ne faut pas douter que dans les Pyrenées & aux montagnes d'Auvergne, du Roüergne, du Gevaudan, Languedoc, de Foix, & des Cevenes, ne s'y trouvassent des veines d'or & d'argent, comme les Allemands, qui les ont visitées & reconnuës, ont rapporté. Celles des fers en Auvergne & en Bretagne, de charbon de pierre, de plomb, d'estain, d'azur, de vitriol, & autres, y sont pareillement reconnuës. On doit adjoûter les eaux minerales qui sont en divers endroits, comme à Pougues, à Mayne, à Bourbon, à Vals, & les Bains d'eau chaude à Vichy, à Barlaruc, Bagneux, Encausse, &c. *Mines.*

Les François ont plus de vertu qu'ils n'ont de vice, au témoignage mesme des Estrangers, qui les loüent de leur charité, hospitalité, courtoisie, valeur, & hardiesse, & d'estre propres & comme nés à tout ce qu'ils veulent entreprendre pour les lettres, pour les armes & pour les arts, où ils imitent avec une grande facilité tout ce qu'ils voyent faire aux Estrangers. Ils sont fort nets en leur vivre & en leurs habits, & bien capables d'exceder en l'un & en l'autre la mesure de leurs moyens, de leur qualité, & de leur naissance: Ce qu'on remarque d'eux en les comparant aux Espagnols, Italiens, & autres Nations. Leurs habits ne sont jamais certains pour la façon, la mode & l'étoffe, en quoy ils changent à toute heure, ou au moins d'année en année. Ils nous *Mœurs & habitudes.*

rissent fort leur chevelure depuis quelques années, & sont en cela bons imitateurs des Gaulois leurs peres.

Les hommes y sont plus beaux & forts, & de plus belle taille que les Espagnols & les Italiens, mais non que les Allemans, Flamands ou Anglois. Quant aux femmes, il y a certaines Provinces où elles sont plus belles qu'aux autres, comme en Normandie, Picardie, & deçà Loire, elles sont communément plus agreables qu'aux païs anciens de la Guyenne ancienne, sçavoir l'Auvergne, Perigord, Limosin, dans la Gascogne & le haut Languedoc. Le reste de la Guyenne à Bordeaux, partie du Dauphiné, le bas Languedoc & la Province montrent de plus agreables visages, & des beautez mesme excellentes. Comme nous avons dit que le François se rend propre à tout, il l'est particulierement aux armes & aux exercices de la guerre. Il s'adonne aussi aux lettres, à l'éloquence, à tous Arts, & à la marchandise. Il porte volontiers son mestier parmy les Nations étrangeres, y cultive la terre, & ne sçait demeurer oisif. Il a beaucoup d'industrie, & travaille gayement, quoy qu'on le blâme de n'estre pas si patient & endurant à la guerre. La Noblesse Françoise est sur tout tres-bien à cheval, & a un soin fort particulier de son honneur, jusques mesme à l'excés, en la damnable coûtume des duels, que les François pratiquent avec grande licence, sans que les Edits du Prince soient capables de les arrester. On remarque generalement du peuple de France, qu'il est bon par tout, si ce n'est en quelques endroits où il se trouvera plus rude & grossier. Les petits sont portez d'un respect particulier vers les Grands, soit de la Noblesse, soit des Officiers de la Justice ou des Finances, si ce n'est qu'on veüille dire que la robe longue y est aucunement honorée par le peuple, pour la necessité & le besoin qu'on a du Magistrat & de l'Officier. Surquoy il est certain & fort remarquable qu'il n'y a Estat ou Nation au monde qui ait tant d'Officiers de toutes sortes, que le Royaume de France. Le Marchand, voire l'Artisan, s'il est une fois devenu riche, y pousse ses enfans, & en plusieurs Parlemens de France, & autres Cours de Justice, la Noblesse se loge, ou les siens dans les Offices. Il y a aussi tres-grand nombre de gens de lettres, quoy que la recompense en soit fort petite, & que tous Offices y soient venaux (ce qui n'est point aux autres Estats de l'Europe) quantité d'Avocats, Procureurs, Greffiers, Notaires, & autres gens d'affaires, & beaucoup moins de Marchands. L'affluence du peuple y est si grande par tout, les villes & les champs si bien peuplez, que la terre ne reste pas d'estre bien cultivée, & tous mestiers & arts mechaniques bien fournis.

Les François ont leurs vices remarquez par les Estrangers. Ils sont fort sujets au jeu, aux femmes, à la débauche, aux blasphemes, & reniemens, prompts & coleres. Quant à leur legereté, on se peut servir pour eux, du dire de Charles le Quint, qu'ils sont sages sans le paroistre. Ils ne sont pas si rusez que les Italiens, si vains & si fastueux que les Espagnols. Finalement le François est fort Religieux, & a toûjours craint ses Dieux ; quelque Religion qu'il embrasse, il s'y tient attaché & s'en passionne. Les frequentes guerres qu'il a entreprises ou souffertes pour ce sujet, en font assez de foy. Il honore fort les Dames, & leur donne beaucoup de liberté, ne les tenant point resserrées, comme fait l'Italien &

l'Espagnol aussi. D'où vient qu'il est aimé & servy de cœur par sa compagne, & que les visites & la pratique des filles se terminent le plus souvent en un heureux mariage.

Langue La langue Françoise en general est un rejetton de la langue Latine : Les Romains s'estant rendus les maistres du pays, introduisans leurs Loix parmy nous, changerent la langue des naturels habitans, ou la firent perdre insensiblement. Si la langue Allemande y avoit lieu auparavant, ou la Britannique, dequoy nous n'avons pas à traiter icy, elle en fut chassée, & le Romain, corrompu du Latin, prit sa place. Aujourd'huy chaque Province a sa façon de parler, & ses Dialectes. Toutesfois l'on y reconnoist en gros une difference de langage entre les Provinces qui sont deçà la Loire, & celles qui sont delà. Les uns parlent François, & les autres Gascon, prenant ce terme-là comme on le prend communément à Paris pour ceux du Languedoc & du Dauphiné, de la Provence & de la Guyenne prise en ses plus larges limites. La langue Latine a laissé des marques & traces plus expresses de ses mots en ceux de la Loire qu'aux François, dont le langage plus pur, & auquel les Estrangers se doivent plus arrester est celuy d'Orleans, de Blois, ou de Paris, comme nous dirons encore ailleurs dans le cours de nostre Voyage, & pendant le sejour que les Estrangers feront en certaines Villes, avec dessein d'y apprendre la langue Françoise.

Force du Royaume. Le Royaume de France est riche & puissant par son assiette, que nous avons déja remarquée par le grand nombre de ses Villes, fortifiées & bien fournies d'habitans, & par les denrées de toutes sortes, dont le commerce est tres-grand.

Pour la richesse, le Roy en retire ce qu'il veut, & ce n'est pas nostre dessein de faire voir icy ses revenus immenses, ordinaires & extraordinaires en ses toilles, gabelles du sel, impositions sur les marchandises qui sortent & qui entrent en France, outre son Domaine, duquel les Roys se sont entretenus durant un fort long temps. Le Royaume est si revenant, & ses habitans si riches, que le casuel excede l'ordinaire, & les sources de deniers y sont inépuisables. Quant à la force, elle consiste en sa richesse & en ses habitans aguerris, valeureux, & aimans leur Prince & leur Patrie. Les Places fortes seront marquées & décrites au cours du Voyage, quoy que depuis certaines années un grand nombre de Chasteaux ayent esté demolis de l'authorité du Roy, & que les fortifications de plusieurs Villes ayent esté razées, ou les murailles abbatuës, entr'autres de la Rochelle, de Montauban, & autres Villes tenuës cy-devant par ceux de la Religion Pretenduë Reformée en diverses Provinces du Royaume. Le Roy entretient aussi des forces sur Mer, en trois ports, sçavoir, Broüage, pour la Guyenne, Brest, pour la Bretagne, & le Havre de Grace pour la Normandie. Il a aussi quinze ou seize galeres entretenuës, mais à l'occasion & en la necessité il en pourroit avoir jusques à cinquante.

Les Roys naissent en France, & leur authorité est absolüe & souveraine. Ils ont divers privileges par dessus les autres Roys de la Chrestienté, & sont appellez Tres-Chrestiens d'ancienneté, avec le titre & prerogative du Fils Aisné de l'Eglise. Ils sont Empereurs en France, comme ont tres-bien dit & remarqué Bodin & du Tillet, & ne reconnoissent quant au temporel

Roys de France.

autre superieur que Dieu seul, dont leur Couronne dépend immediatement, ne pouvant pas mesmes estre excommuniez, ou publiez tels par aucun Prelat de leur Royaume. A cause de leur onction, ils sont censez du corps de plusieurs Eglises Cathedrales de France, & y ont les Prebendes. La nomination aux Eveschez, Abbayes, &c. leur appartient par le Concordat fait entre le Roy François I. & le Pape Leon X. Il n'appartient qu'à eux à faire des Loix dans leur Royaume, donner graces & pardons, naturaliser les Estrangers, & legitimer les bastards. Ils erigent Colleges, Universitez, Cours & Compagnies de Justice, créent Offices & y pourvoyent.

Dauphin. Les mâles seuls succedent par la Loy Salique, qui est fondamentale de l'Estat, & la Couronne est toûjours devoluë au plus proche, à l'aisné, & aux issuës de l'aisné jusques à l'infiny. Cét aisné, vivant le pere, est communément appellé Dauphin, est par la donation d'Humbert dernier Dauphin de Viennois, de ses terres du Dauphiné, à Philippes de Valois Roy de France, sous cette condition, que le donataire porteroit le titre de Dauphin, & les armes écartelées de France, & des Dauphins de Viennois. Ce fut en l'an 1343. que Philippes, à la priere de Jean son fils, qui regna aprés luy, donna la terre à Charles son petit fils, qui regna sous le nom de Charles, dit le Sage, & avoit porté le premier auparavant le titre de Dauphin.

Les armes de France sont trois Fleurs de Lys d'or au champ d'azur. Le Roy Charles VI. les reduisit à trois, ses Predecesseurs les ayans portées sans nombre, contre l'usage mesme des premiers Roys.

DE FRANCE.

Le Sacre des Roys se fait solemnellement à Rheims, avec Onction d'huile de la sainte Ampoule, gardée religieusement dans l'Eglise de l'Abbaye de saint Remy, d'où elle est tirée & portée sous un daix par quatre Chevaliers de la sainte Ampoule, creez par Clovis IV. Les ornemens Royaux sont gardez à saint Denys, depuis le Roy saint Louys. Les douze Pairs de France assistent au Sacre : Les six sont Ecclesiastiques, sçavoir, l'Archevesque & Duc de Rheims, qui fait le Sacre, l'Evesque & Duc de Laon, l'Evesque & Duc de Langres, l'Evesque & Comte de Beauvais, l'Evesque & Comte de Chaalons, l'Evesque & de Noyon. Les six Pairs laïcs sont le Duc Bourgogne, le Duc de Normandie, & le Duc de Guyenne, le Comte de Thoulouse, le Comte de Flandres, & le Comte de Champagne, & tous ces Pairs sont representez par autant de Princes ou Seigneurs François. *Pairs de France.*

Les Gardes du Roy sont composées de deux Nations estrangeres, sçavoir, l'Escossoise & la Suisse, de la nation Françoise. La Garde Escossoise est la premiere Compagnie des Gardes du Corps du Roy, car les autres sont les Gardes Françoises. C'est la plus ancienne qui jouït des plus grands privileges, puis que le Capitaine des Gardes Escossoises precede les autres, & commence toûjours l'année pour servir le premier quartier. Aux logemens des Gardes du Corps, ils ont le choix du premier logis. Cette compagnie fut premierement composée de cent Gentils-hommes ou soldats choisis, dont les vingt-quatre sont appointez & privilegiez, & ont en teste le premier homme d'armes de France, qui fait les vingt-cinq, ce sont les Ar- *Gardes du Roy, Gardes Escossoises.*

chers de la Garde du Corps, qui portent des hoquetons ou casaques blanches, couverts d'écailles d'argent doré, & sont communément appellez Hoquetons.

Exëpts des Gardes. Les trois compagnies Françoises ont esté instituées par trois divers Roys, & portent sur leurs armes & casaques les couleurs de livrée, & les devises des Roys regnans. Ceux qu'on appelle Exempts des Gardes, ont rang sur les autres Archers, ne portent ny hoquetons, ny casaques, & conduisent les Gardes en l'absence des Chefs. Ils portent un bâton pour marque de leur pouvoir & charge.

Les cent Suisses portent la livrée du Roy, avec la hallebarde, & sont habillez à la mode de leur pays. Ces quatre Compagnies ont leurs Capitaines, qui sont tous Seigneurs qualifiez. Et outre ce, le Roy a un autre Regiment de Suisses, & un autre Regiment de Gardes Françoises, avec tous leurs Chefs & Officiers, & Mestres de Camp. Ce qui fait comme une petite armée complete & entretenuë ordinairement, avec une compagnie de Mousquetaires ou Gardes à cheval, que le Roy Loüis XIII. avoit instituée, & dont il estoit le Chef.

Regence du Royaume. Pendant la minorité des Roys, qui cesse dés qu'ils ont atteint l'an quatorze de leur âge, il est pourveu d'un Regent ou Tuteur par les Estats Generaux du Royaume, ou par la Cour de Parlement de Paris. C'est communément le plus proche du Roy, ou la Reyne sa Mere, comme fut la Reyne Catherine de Medicis au Roy Charles IX. la Reyne Marie de Medicis au Roy Loüis XIII. & Anne d'Austriche Mere du Roy Loüis XIV. à present regnant. Les Patentes, Edicts, & Arrests s'expedient sous le nom du

Roy : disant : Par le Roy & la Reyne Regente.

Les Reynes de France ont esté souvent cou- *Couron-* ronnées, dequoy l'Histoire fournit plusieurs *nement* exemples. Elles sont ointes d'autre cresme que *des Rey-* de celuy de la sainte Ampoule. La Reyne Ma- *nes.* rie de Medicis fut sacrée & couronnée à Saint Denys, l'an 1610. & le 13. de May par le Cardinal de Joyeuse. Estant vefves des Roys, elles ont esté appellées autresfois Reynes blanches ; mais cela n'est plus en usage depuis quelques siecles.

Il n'y a point de partage dans la Maison & *Appan-* succession Royale depuis la troisiéme lignée des *nage des* Roys de France ; de sorte que les puisnez se con- *Fils de* tentent d'un appannage en terres, portant le til- *France.* tre de Duché & Pairie, & Comté. Ils peuvent avoir sur l'estat de leur Maison tels & semblables Officiers que le Roy mesme, sçavoir, Chancelier, Secretaires, & autres, avec tiltre de Grands; & on ne les traite que d'Altesse comme Princes souverains. Gaston Jean Baptiste ; Oncle du Roy regnant, joüit pour son appannage des Duchez d'Orleans, de Chartres, & de Valois, & des Comtez de Blois, Limours, & Mont-lehery. Les Fils de France ne signent que de leur nom, comme le Roy mesme, mais leurs descendans prennent la terre principale qui leur a esté baillée en appannage, comme faisant desormais branche parmy les Princes du Sang.

Les Filles de France, issuës de Roys, ne sont desormais dotées qu'en sommes d'argent, ne recevant plus de terre en dot, comme elles ont fait cy-devant. Ce sont les seules filles, nommées Dames en France. Les Princes du Sang estant faits d'Eglise, gardent le rang de leur naissance, non Ecclesiastique.

Fils naturels de Roys. Les fils naturels des Roys n'ont point de part à la succession, ny pour la Couronne, ny pour l'appannage, mais ils reçoivent des Roys entretenement à leur volonté. Ils n'ont point le seul nom de France, mais bien le tiltre de la terre à eux donnée, ou de la branche dont ils sont issus. Comme aujourd'huy le Duc de Longueville se nomme d'Orleans, comme estant issu, ou ses predecesseurs, de Loüis Duc d'Orleans, Frere du Roy Charles VI. Le Duc d'Angoulesme se nommoit de Valois, comme estant issu de Charles IX. issu de la branche des Valois, depuis Philippes fils du Comte de Valois : Le Duc de Vendosme, à cause de cette terre à luy donnée par le Roy Henry IV.

Grand Maistre La plus belle Charge dans la Maison du Roy est celle du Grand Maistre, qui reçoit le serment de tous les Officiers qui y servent, & qui luy doivent obeïr. Il y a un premier Maistre d'Hôtel, & un Maistre d'Hôtel ordinaire ; & autres servans par quartiers, portans un bâton en main, enchassé d'argent doré par les deux bouts. Ils devancent les Gentils-hommes servans, lors qu'on porte la viande du Roy.

Premier Maistre d'Hôtel

Prevost de l'Hôtel. Il y a un grand Prevost de France, ou Prevost de l'Hôtel, qui est une charge fort ancienne & authorisée. Il a sa Justice, exercée sous son nom, par deux Lieutenans, l'un de robe longue, & l'autre de robe courte, des Sergens, & cinquante Archers vestus de hoquetons & casaques de livrée qui le suivent, & poursuivent les criminels à la suite de la Cour, & à six lieuës aux environs. Il fait aussi les procedures des causes criminelles entre les Officiers de la Maison du Roy, & autres qui suivent la Cour, & taxe les vivres, lors que le Roy marche, mettant prix au pain, vin, chair, foin, avoine, &c.

La charge du grand Chambellan est de mesme fort ancienne, honorable, & privilegiée. Il est Surintendant de la Chambre du Roy, de ses habillemens & meubles. Il est couché aux pieds du Roy lors qu'il tient son Lict de Justice, ou aux Estats Generaux du Royaume. *Grand Chambellan.*

Il y a quatre premiers Gentils-hommes de la Chambre du Roy servans par quartier, un Maître de la Garderobe, un Maistre des Ceremonies, un Conducteur des Ambassadeurs, qui prestent tous serment entre les mains du Roy.

Les Gentils-hommes de la Chambre, instituée par le Roy François I. ne sont desormais que Officiers honoraires, n'estant point payez de leurs gages.

Il n'y a plus de grand Queux en France, la charge en ayant esté supprimée avec tous ses droits. Les Maistres Queux, servans par quartier, quatre en chacun dans la cuisine du Roy, luy devoient obeïr.

Le grand Pannetier de France ne sert le Roy qu'aux jours solemnels, & tous ses droits anciens sur les Boulangers de la Ville & Fauxbourgs de Paris ont esté supprimez. Il y a un premier Escuyer Trenchant, & des Escuyers Trenchans servans par quartier, qui sont Gentils-hommes, & font l'essay des viandes dont l'on sert le Roy. *Escuyers Tranchans.*

La charge de grand Bouteiller ou Eschanson en France n'est point remplie, & n'y a point esté pourveu depuis long-temps. Il y a bien des Eschansons servans par quartiers qui sont Gentils-hommes servans, faisant l'essay du vin que l'on sert au Roy. *Eschanson.*

Il y a grande & petite Escurie du Roy, dont *Escuries du Roy.*

les Escuyers ont deux charges differentes, sçavoir, de monter le Roy & l'assister à cheval, & l'autre d'avoir soin des chevaux. La grande Escurie est pour les grands chevaux : En la petite sont les moindres, dont les Escuyers montent & assistent continuellement le Roy à cheval. Le premier Escuyer est de la petite Escurie, & le grand Escuyer doit avoir la Surintendance de tout, tant Officiers que Gentils-hommes y servans, & tous autres supposts des Escuries. Il sert aux jours solemnels, & porte devant le Roy l'espée au fourreau de velours azuré & fleurdelizé d'or, penduë au baudrier de mesme. Le Comte d'Harcourt en est pourveu.

Les Roys de France ayans esté toûjours grandement addonnez à la chasse, il se trouve sur l'Etat de leurs maisons bonne quantité d'Officiers y servans, sçavoir, Veneurs, Fauconniers, Furetiers, Perdriseurs, Oiseleurs, Archers, valets de chiens, & autres.

Grand Veneur. Il y a un grand Veneur depuis plusieurs siecles. Il y a des Gentils-hommes de la Venerie, & Justice pour le fait de la Charge de Grand Veneur, avec quatre Lieutenans, & des Capitaines des Chasses. Il y a aussi le grand Fauconnier, dont la Charge a esté cy-devant possedée par Charles d'Albret Duc de Luines, & Connestable de France, c'est à present le Comte des Marests.

Herauts. La France a aussi ses Herauts, qui sont les Feceaux des Romains dont le principal est appellé Roy d'armes, qui en temps de guerre portent la cotte d'Armes, semée de Fleurs de Lys d'or. Ils font serment au Roy entre les mains du grand Escuyer; denoncent la Guerre dans les terres de l'ennemi, & assistent lors que la paix est publiée, somment les Villes de se rendre, &c.

DE FRANCE.

Ils ont les noms & tiltres de certaines Provinces, comme sont Normandie, Guyenne, Bretagne, Bourgongne, Alençon, Orleans, &c.

Le grand Aumosnier preste serment entre les mains du Roy, & a la Surintendance du Royaume, & commande toutes les lettres des aumosnes. C'est aujourd'huy le Cardinal Antoine Barberin. Il a aussi le premier Aumosnier, & autres servans par quartier, un Maistre de l'Oratoire ou Chappelle du Roy, qui a ses Maistres & Surintendans de Musique, Compositaires, Chantres, &c. Il y a un grand Maistre des Ceremonies, servant aux actions solemnelles, grand Mareschal des Logis, & autres ordinaires, dont les Charges ne sont pas affectées aux Nobles. *Grand Aumosnier.*

La couleur violette est celle du deüil des Roys, qui sont enterrez à Saint Denys, avec grande solemnité & ceremonie. L'effigie du Roy dans un lict d'honneur est servie durant plusieurs jours par les Officiers, de mesme que s'il estoit en vie, avec les Messes dites en deux Autels dressez és costez. Le convoy marche premierement à l'Eglise Nostre-Dame à Paris, & le lendemain à Saint Denys, où se trouvent tous les Officiers de la Maison du Roy, tous les Gardes, & tous les Ordres de Paris. Le Grand Maistre, comme principal & premier Office de la Maison, rompt le bâton devant les Officiers, pour montrer qu'ils n'ont plus d'Estat, & promet les recommander au Roy regnant, duquel on peut dire le mot commun à tout autre heritier, par la Loy & Coustume de France, que le mort saisit le vif. Le Chancelier de France, ny le Connestable ne portent point le deüil des Roys, & ne se trouvent point à ses funerailles, comme estans Officiers non de la Maison, mais de la Couronne de France. *Funerailles des Roys*

Conneſtable.

La Charge de Conneſtable eſt ſupprimée en France par Edict du Roy de l'an mil ſix cens vingt-cinq. C'eſtoit le Chef des armes dans le Royaume, & le Lieutenant General des Roys, avec toute ſur-intendance de la guerre, & de tous ſes Officiers, tant aux armées, que dans les Provinces & Places, pour lui eſtre renduë obeïſſance par toutes perſonnes, aprés celle du Roy. Il gardoit l'épée du Roy, & luy faiſoit hommage lige, pour la tenir en fief à vie, & la recevoir toute nuë, avec ſerment qu'il preſtoit en la Cour de Parlement de Paris. Il avoit ſon Prevoſt, obligé de le ſuivre, avec Archers: Et ſa Juſtice ordinaire, avec un Lieutenant, dit de Conneſtablie, ſeant à la Table de Marbre à Paris. Le Roy entrant aux Villes, où ſont les Parlements, il devoit eſtre devant luy à cheval avec l'épée toute nuë, & en actions ſolemnelles des Eſtats generaux, où les Roys tenans leur Lict de Juſtice, il devoit eſtre de meſme avec l'épée nuë, à main droite devant eux.

Mareſchaux de France.

Sous le Conneſtable eſtoient les Mareſchaux de France, qui ſont encores aujourd'hui en France, en beaucoup plus grand nombre, qu'ils n'ont eſté anciennement. Ils ont connoiſſance des choſes militaires avec leurs Lieutenans, Prevoſts des Mareſchaux, Prevoſts de Camp, contre les vagabonds, deſerteurs, & gens de guerre débandez. En recevant le Bâton, qu'ils ont accouſtumé de porter, pour marque de leur charge & dignité, ils preſtent ſerment au Roy, & le prétent en ſuite en la Cour de Parlement de Paris. Nonobſtant leur nombre qui eſt accreu, leur authorité eſt moins dépendante, à cauſe de la ſuppreſſion du Conneſtable. Le Siege de la Juſtice eſt encores en la Table de Marbre du Palais à Paris.

DE FRANCE.

Le Colonel General de l'Infanterie est un Office de la Couronne, depuis le Duc d'Espernon, qui fut pourveu de la charge. La Justice se fait en son nom dans les armées, par un Prevost des Bandes, sur les gens de pied. Il nomme ses Capitaines au Roy, & crée en tous Regimens les Sergens Majeurs, Prevosts, Mareschaux des Logis, & autres Officiers des Compagnies.

Colonel General de l'Infanterie.

La Cavalerie Legere a de mesme son Colonel general, c'estoit le Duc d'Engoulesme qui l'estoit.

Il y a un Admiral en France, qui a son destroit, & fut creé le premier. Long temps aprés furent l'Admiral de Guyenne, qui avoit esté fait par les Roys d'Angleterre, Maistre de la Guyenne, & subsista depuis l'Admiral de Bretagne, & celuy de Levant ou de Provence. Les Admiraux sont Chefs & Lieutenans Generaux du Roy en toutes armées de Mer, & en ont la Surintendance, ou en personne, ou par leurs Vis-Admiraux, pour estre obeïs en tous lieux Maritimes, & faire tous cris en leur nom & celuy du Roy, juger de tous differends survenus en Mers & Greves d'icelle, & entheriner mesme les remissions des crimes commis sur mer, ou en ses costes, avec Justice & Jurisdiction en la Table de marbre au Palais à Paris, & aux Tables de Marbre de Roüen, Rennes & Marseille, où elles subsistent encore. Ils pourvoyent à toutes charges de Marine, ou baillent leur attache aux pourveus par le Roy ou ses Lieutenans Generaux. Ils prestent serment és Cours de Parlement de Paris, & autres: mais n'ont de place aux hauts sieges. C'est à present le Duc de Vendosme qui en est pourveu ; & le Duc de Beaufort son Fils en a la survivance.

Admiral.

Le Grand Maistre de l'Artillerie n'est point Office de la Couronne que depuis le Duc de

Grand Maistre

de l'Ar- Sully, Maximilian de Bethune, pourveu de la
tillerie. charge par le Roy Henry IV. Il ne reconnoist
que le Roy & ses Lieutenans Generaux, & a
pouvoir sur l'Artillerie & Officiers d'icelle. Il
fait fondre, esprouver & monter l'Artillerie, fait
faire les poudres en tous les magazins du Royaume. Il y a un Lieutenant general, Garde general,
& divers autres Officiers qui agissent par ses Ordonnances, & payent sur les mandemens. Il a sa
Justice pour le fait de sa charge, & son logement dans l'Arsenal à Paris. C'est à present le
Mareschal de la Meilleraye.

Le General des Galeres a pouvoir & commandement sur toutes les Galeres de France, Capitaines, Lieutenans, Comites, en quelque Mer
que ce soit.

Chance- Le Chef de toute Justice en France est le
lier. Chancelier, qui est & preside en tous les Conseils
du Roy. Il est gardien & depositaire du grand
Sceau, & juge de tous les differents qui survien-
nent pour les sceaux, scelle ou refuse toutes lettres
de Justice ou de Finances. C'est ordinairement
l'Autheur & principal Conseiller des Edits, Ordonnances & Reglemens faits de l'authorité du
Roy. Il s'assied devant le Roy tenant son Lit
de Justice, & parle pour luy & aprés luy, pour
declarer ses intentions dans la Cour de Parlement
& les Estats generaux. Le Garde des Sceaux a la
mesme authorité que le Chancelier, qui ne pouvant estre privé de sa charge que par mort ou
forfaictures, les Roys commettent à la Garde
des Sceaux, ou pour le des-authoriser, ou pour le
soulager à cause de sa vieillesse ou maladie.

Sceaux. En la grande Chancellerie sont scellez tous
Edits, Lettres Patentes, & Arrests des Conseils
du Roy executoires par tout le Royaume. Les

Cours de Parlemens & autres Cours souveraines, ont de petites Chancelleries, là où bien que le Roy parle dans les Arrests, les Sceaux sont de moindre forme, & n'ont authorité que dans leur ressort. Les Edits irrevocables & perpetuels sont scellez en cire verte, & la cire blanche est pour les Lettres Patentes & autres expeditions communes. Les Provisions concernant le Dauphiné & la Provence sont scellées en cire rouge.

Les Maîtres des Requestes assistent le Chancelier au Sceau, & ont table chez luy, qui a estat & pension pour cét effet. Ils servent par quartier, & sont Juges des causes que le Prevost de l'Hostel a instruites entre les Officiers & Commensaux du Roy, & autres dont nous avons déja parlé. Les affaires introduites au Conseil du Roy leur sont commises, qui en donnent leur advis, & en font leurs rapports. Leur Charge est belle & fort generale, estans Presidents nez au Grand Conseil du Roy, ayans sceance en la Cour de Parlement de Paris qui les reçoit, & aux autres du Royaume avant le Doyen. Ils president en tous les Sieges Presidiaux du Royaume, & gardent les Sceaux de toutes les petites Chancelleries, tant des Cours de Parlement, qu'autres où ils se trouvent. Ils ont plusieurs Commissions extraordinaires, comme Intendans de Justice prés des Gouverneurs de Provinces & dans les Armées. *Maîtres des Requestes.*

Le Grand Conseil du Roy est aujourd'huy une Cour & Compagnie de Justice Souveraine, dont les Arrests sont executez par tout le Royaume, & connoissant de certain cas, ou pour son establissement ancien, ou par attribution & renvoy. Il sert par Semestres comme les Chambres & Cours des Comptes. Le Chancelier en est le *Grand Conseil.*

Président, & ses huit Presidens sont Maistres des Requestes. Il suit par fois le Roy en ses voyages.

Conseils du Roy. Les Conseils du Roy où le Chanceler preside aussi, & qui ont accoûtumé de suivre, sont distinguez en Conseil d'Estat, & des dépesches, pour affaires concernant l'Estat des Provinces, ou le dehors : Conseil des Finances ou de direction: & Consei Privé, ou des parties pour les affaires evoquées, concernans les particuliers, ou reglement de Juges sur les conflicts de Jurisdiction ou autrement. Outre tous ces Conseils, le Prince a encore son Conseil plus estroit de ses plus confidents Ministres.

Conseillers d'Estat. Quant aux Conseillers d'Estat, ils sont de diverses sortes. Les uns le sont par leur naissance comme les Princes du Sang ; les autres par leur dignité, comme les Ducs & Pairs, les Cardinaux, les Evesques, les Chevaliers de l'Ordre du Saint Esprit, les Gouverneurs des Provinces, Mareschaux de France, tous les Officiers de la Couronne, Secretaires d'Estat. Les autres par leurs Offices, comme les Maistres des Requestes, Presidens en Cours Souveraines, & autres Offices, qui ont ce tiltre plus honoraire que servant actuellement. Les autres le sont par commission expresse, avec appointement & service ordinaire.

Secretaires du Roy. Il y a fort grand nombre de Secretaires du Roy, outre ceux de son cabinet, pour ses dépesches particulieres, & le Secretaire ordinaire de sa chambre. Les autres se qualifient Secretaires de la Maison & Couronne de France, du corps desquels sont tirez les quatre Secretaires d'Estat, dont nous parlerons cy-aprés. Ils jouïssent de diverses exemptions, & sont censez Nobles, jus-

DE FRANCE.

ques à pouvoir estre Chevalier de l'Ordre, & à annoblir leurs enfans s'ils meurent Secretaires. Le nombre en est grandement accru par plusieurs nouvelles erections. Ils sont comme les Notaires & Chartulaires de l'ancien Empire, & signent les lettres Patentes qui regardent les particuliers.

Il y a quatre Secretaires d'Estat, qui sont dits aussi Secretaires des Commandemens, parce qu'ils ne doivent rien signer que par exprés commandement du Prince. Ils ont chacun leur departement de certaines Provinces, ou du dehors & des estrangers, de la guerre, ou de la Maison du Roy. Ce sont des commissions baillées en forme d'Offices. Ils expedient toutes Lettres closes, & cachetées du cachet du Roy, avec les provisions des Officiers de la Couronne, des Gouverneurs des Provinces, Gouverneurs des places, & plusieurs autres importantes & extraordinaires pour Ambassadeurs, Traitez, Jurements de paix, &c. Edicts & Lettres Patentes pour affaires d'Estat, tous Brevets & Lettres de Don, naturalitez, legitimations, &c. graces, abolitions, & generalement tout ce qui part de la volonté immediate du Prince, & qui ne passe point par son Conseil. Ils sont grandement honorez & authorisez depuis un siecle ou plus, & prestent serment entre les mains du Roy. *Secretaires d'Estat.*

Les finances du Royaume sont dirigées sous l'authorité du Roy par un Superintendant general, assisté des Intendans, qui ont chacun leur departement des Provinces du Royaume. Ce sont commissions revocables, & non offices, qui établissent un Bureau souverain, avec authorité sur tous les deniers qui se levent dans le Royaume. Le Superintendant est pris le plus *Superintendant des Finances.*

B iij

souvent d'entre la Noblesse, personne experimentée & versée dans les affaires.

Parmy les Offices qui s'étendent par tout le Royaume, est aussi le grand Maître des Eaux & forests, lequel a sa Justice à la Table de Marbre du Palais à Paris, de mesme que le Connestable & l'Admiral. Le grand Voyer n'est plus, & sa fonction est unie & annexée aux Bureaux des Tresoriers de France.

Il y a aussi dans Paris une Chambre du Tresor, qui connoît du Domaine du Roy & droits appartenans à la Couronne, par tout le Royaume : *Cour des Monnoyes.* Une Cour des Monnoyes, dont la Jurisdiction s'étend aussi par tout le Royaume, composée de quatre Presidens & vingt Conseillers, Maîtres ou Generaux. Les Monnoyes établies à Paris, Roüen, Thouloufe, Montpellier, & autres villes du Royaume, ont divers Officiers, comme Prevosts, Maîtres, Ecuyers, essayeurs, & autres qui joüissent de plusieurs exemptions.

Gouverneurs des Provinces & Lieutenans du Roy. Les Provinces de France sont gouvernées sous le nom & authorité du Roy par les Princes ou Seigneurs qualifiez, commis à cela pour tel temps qu'il plaît au Roy. Les Gouverneurs n'ont pouvoir que sur les armes, & ne se mêlent point de la Justice, quoy qu'ils ayent séance dans les Cours de Parlement de leur ressort, où ils ont accoûtumé de prester serment. Ils sont aussi appellez Lieutenans Generaux du Roy : & les Lieutenans du Roy dans la mesme Province y ont pareil pouvoir qu'eux en leur absence. L'authorité des Gouverneurs des Provinces estoit beaucoup plus grande anciennement. Le seul Gouverneur du Dauphiné a quelques facultez particulieres, & inscrit les Arrests de la Cour de Parlement.

DE FRANCE.

Les Estats generaux du Royaume, composez de trois Ordres, sçavoir l'Ecclesiastique, la Noblesse, & le tiers Estat, s'assemblent par permission du Roy aux occasions importantes de l'Etat. Les derniers furent tenus l'an 1614. L'Edit de convocation est envoyé aux Parlemens, qui l'envoye aux Baillifs & Senechaux, & de-là il est signifié aux Prevosts & Viguiers du ressort. Chaque Province dresse son cahier, & de toutes s'en dressent trois, l'un pour le Clergé, les autres pour la Noblesse & le tiers Estat. Ces cahiers contiennent les plaintes & remontrances faites au Roy, lequel se trouve aux Estats, y harangue, ou son Chancelier, sur les causes de la convocation, & fait répondre aux articles & demandes de ses sujets.

Estats generaux du Royaume.

Sur la mention du tiers Estat, il est remarquable en France, que depuis fort long temps, & quelques siecles après la Religion Chrétienne receuë dans le Royaume, il n'y a point d'esclaves dans ses limites, là où dés que ceux qui étoient tenus pour tels par leurs maîtres qui les avoient acheptez, ont mis le pied, ils deviennent libres: ce qui a esté déclaré par plusieurs Arrests des Cours de Parlement.

Esclaves

Les Assemblées des Notables tenuës sous le Roy Loüis XIII. és années 1617. & 1624. & sous les Roys precedens, sçavoir, Charles IX. Henry III & Henry IV. sont comme des Estats abregez, composez neanmoins des seuls Officiers des Cours de Parlement du Royaume, sçavoir, les premiers Presidens & les Procureurs Generaux du Roy.

Nous avons parlé des douze Pairs de France anciens qui assistent au Sacre des Roys. Les autres Pairs de France, qui ont séance en la Cour

Pairs de France.

B iiij

de Parlement de Paris, & où toutes leurs causes sont jugées, (d'où vient qu'elle est appelée Cour des Pairs) sont ceux qui possedent les terres erigées par le Roy en Duché & Pairie, soit d'ancienneté, soit de nouveau, comme le Roy en erige assez souvent.

L'institution des anciens Pairs est attribuée par les uns à Charlemagne, par les autres à Hugues Capet, mais puis que plus vray-semblablement elle doit estre rapportée à la troisiéme lignée des Rois, le temps en est aussi plus certainement donné au regne de Loüis le Jeune, par lequel le lieu du Sacre des Rois fut étably en l'Eglise de Rheims. Aux Pairs de France peuvent estre ajoûtez les Chevaliers de l'Ordre, tant de saint Michel, institué par le Roy Loüis XI. l'an 1469. que celuy du saint Esprit, institué par le Roy Henry III. l'an 1570. le dernier est conferé à ceux qui le sont déja de l'Ordre de saint Michel, & qui par leur naissance, merites, ou faveur des Rois, sont en estat d'acquerir cette dignité. Le Roy Loüis XIV. à present regnant, en a fait déja une Promotion, sçavoir en l'an 1654.

Parlement de Paris. La Cour de Parlement de Paris, qui estoit auparavant ambulatoire, fut rendu sedentaire par le Roy Philippes le Bel l'an 1302. Le Palais de Paris fut basti presqu'en mesme temps, & le Parlement est encore aujourd'hui seant. Cette Cour est composée d'un premier President, huit Presidens, dits au Mortier, qui est un habit de teste qu'ils portent, fait de velours brodé ou cerclé d'or: une grande Chambre, cinq Chambres des Enquestes, deux des Requestes, un Procureur General du Roy, & deux Avocats Generaux. Tous ces Presidens ou Conseillers, qui estoient anciennement cent en nombre, excedent aujourd'hui le nombre de deux cens. Il y a outre ce quatre Notaires & Secretaires, un Greffier Civil & Criminel, un Greffier des Presentations, un premier Huissier & plusieurs autres.

Depuis les Edits de Pacification, il y a une Chambre qu'on appelle de l'Edit, pour laquelle sont receus six Conseillers de la Religion Pretenduë Reformée, departis en toutes les Chambres, pour juger les causes où ceux de ladite Religion ont interest. La Chambre, où se jugent les affaires criminelles, est appellée communement la Tournelle. Parmi les Conseillers de la Cour il y en a certain nombre qui sont d'Eglise, & sont appellez Conseillers Clercs.

Outre les Pairs de France, tant d'Eglise, que Laïcs, tous les Archevesques & Evesques y ont seance, & non voix deliberative. Le seul Archevesque de Paris, avec l'Abbé de Saint Denis y a voix, y estans tous deux Conseillers nez, comme anciennement tous les Evesques de France avoient cette faculté. Par lettres Patentes du Roy, plusieurs personnes de marque & Seigneurs qualifiez ont esté faits Conseillers honoraires de cette Cour.

Tous les Edits du Roi concernans l'Etat, soit pour les pacifications du Royaume, soit autrement, y sont verifiez & enregistrez, avec les Appanages des Enfans de France, & toutes creations de Duchez, Comtez, ou Marquisats. Tous les Officiers de la Couronne y prestent serment en personne & en audience. Les grands officiers de la Maison du Roy, comme grand Maître, grand Escuyer, & autres, à huis clos. Leurs causes, comme celles des Princes du Sang & des Pairs de France y sont traitées, & non aux autres Parlemens.

Le Roy y tient son lit de Justice, & lors les Chambres s'assemblent en robbes rouges & chaperons d'escarlate, les Presidens avec leurs manteaux ou chapes d'escarlate, & leurs Mortiers. Le premier President, avec les Conseillers, & l'Avocat General haranguent le Roy à genoux, qui les fait relever.

Les quatre Notaires, les Greffiers, avec les Gens du Roi, portent aussi des robbes d'escarlate, ou des manteaux ou chápes de mesmes. Le premier Huissier porte le Mortier de drap d'or en teste.

Les Princes & Estats Etrangers, voire mesmes les Empereurs, y ont autresfois soûmis leurs differens, & ont voulu estre reglez par ses Arrests.

Parlemens de France. Les autres Parlemens de France ont esté établis aprés celuy de Paris. Thoulouse est de l'an 1302. par Philippes le Bel, & fut étably par Charles VII. l'an 1453. Grenoble, par Loüis XI. l'an 1453. Dijon par Loüis XI. l'an 1476. Bordeaux, par Charles VII. l'an 1461. & Loüis XI. l'an 1462. Roüen, par Loüis XII. l'an 1499. ou 1501. Aix, par Loüis XII. és années 1501. & 1502. Rennes, par Henri II. l'an 1553. Il estoit Semestre au commencement, mais il fut rendu sedentaire & ordinaire à Rennes par Charles IX. l'an 1560. Pau, sous le nom de Conseil, par Henri I. Roi de Navarre, bisayeul maternel du Roi regnant l'an 1519. A ce Parlement a esté unie la Justice souveraine de la basse Navarre, nommée Chancellerie, establie & seante à Saint Palais, par Edit du Roi l'an 1620. avec l'union du pays de Bearn & de la Navarre, à la Couronne de France. Mets, l'an 1633. par Edit du Roy Loüis XIII.

Aprés les vacations des Parlemens, & leur instermiſſion à certain temps de l'année, l'ouverture s'en fait ſolemnellement aprés la Feſte de ſaint Martin. Les Ordonnances du Roi y ſont leuës, & le ſerment preſté par les Avocats & Procureurs.

Pour la punition des crimes des Grands, ou plus puiſſans dans les Provinces, ou la correction des Juges faillans en leurs Charges dans les païs plus éloignez de certains Parlemens de France, s'y tiennent par fois les Grands-Jours, par un Preſident, un Maître des Requeſtes, & certain nombre de Conſeillers plus anciens, aſſemblez d'autorité du Roi en quelque bonne ville, comme Troyes, Poictiers, ou autres. *Grands Jours.*

Les premiers Preſidens des Parlemens font la charge du Gouverneur de la Province en ſon abſence. Les Gens du Roi ont communication de tout ce où le Roi & le public ont intereſt, comme eſt le Domaine du Roi, les procez criminels, & tous les Reglemens & Edits. Les Parlemens rendent Juſtice au peuple contre le Roy meſme, qui ſe deffend par Avocat & Procureur.

Tous Arreſts & Sentences ſe donnent en France, ou en Audience publique, & ſans aucun émolument aux Juges, payant le Greffier pour ſon expedition, ou par écrit, avec Aſſeſſeurs & épices pour le jugement, qui ſe payent aujourd'huy en argent.

De toutes les Provinces & pays de France, les uns obſervent le Droit écrit, qui ſont les Loix Romaines, appellées Droit Civil, les autres ſe gouvernent par Coûtume : Celles du Droit écrit, ſont le Languedoc, le Dauphiné, la Provence, partie de la Guyenne, les Seneſchauſſées de Lyon & de Maſcon, avec le Foreſts & partie de l'Auvergne Les autres ſont appellez pays Coûtumiers.

Chambres mi-parties ou de l'Edit.

A cause de ceux de la Religion Pretenduë Reformée, qui sont en grand nombre dans les ressorts des Parlemens de Toulouse, Bordeaux & Grenoble, il y a des Chambres mi-parties de Conseillers Catholiques, & de la Religion Pretenduë Reformée, seantes à Castres, pour celuy de Toulouse: à Agen, pour celuy de Bordeaux, & à Grenoble mesmes. Il y a six Conseillers de ladite Religion, un President & un Avocat General. Les Parlemens de Paris & de Metz ont pareil nombre de Conseillers de la Religion, departis dans les Chambres, & là elles sont appellées Chambres de l'Edit, à cause de l'Edit de Pacification, donné à Nantes l'an 1598. par le Roi Henri IV.

Baillifs & Seneschaux.

Les Baillifs & Seneschaux sont les Juges moyens establis par toutes les Provinces de France. On appelle à eux des Officiers Royaux & ordinaires établis en chaque Ville, qui a ressort de Viguerie, ou Prevosté, ou autrement: Et des Baillifs ou Seneschaux, on appelle aux Cours de Parlement. Les Seneschaux & Baillifs sont personnes de robbe courte portans l'espée, & Gentils-hommes qualifiez. Ils inscrivent les Sentences, comme le Roi est à la teste des Arrests du Parlement, & ont des Lieutenans de robbe longue, qui rendent la Justice, avec nombre de Conseillers & Assesseurs, Avocat & Procureur du Roi, Greffiers, &c. Leurs Lieutenans sont distinguez pour le Civil & pour le Criminel.

Sieges Presidiaux.

Dans la pluspart des ressorts des Bailliages & Seneschaussées de France, & aux meilleures Villes, il y a des Sieges nommez Presidiaux, par l'Edit du Roy Henri II. de l'an 1551. composez d'un President, qui porte la robbe d'écarlate, & nombre de Conseillers, qui servent aussi d'Affeffeurs aux Baillifs, & Senefchaux, de mefme que les Gens du Roi. Ces Magiftrats connoiffent jufques à certaines fommes, fans qu'il y ait appel d'eux aux Parlemens : Et pour les caufes criminelles, il y a certains cas aufquels ils condamnent mefmes à mort fans appel aux Parlemens, fçavoir contre les vagabons, gens fans aveu, voleurs de chemin public, faux Monnoyeurs, &c. Les procedures en font faites par le Lieutenant du Prevoft general de la Province, eftablis dans les Diocefes, qui font les captures des prevenus, & informent contre eux.

Le premier degré de jurifdiction eft des Juges Royaux & ordinaires, ou des Juges des Seigneurs, dits Bannerets. Ceux qui infcrivent les Sentences, & qui font chefs de cette Juftice, font appellez diverfement en France, fuivant les Provinces ; fçavoir, Vicomtes en Normandie, Prevofts au chœur de la France, Viguiers ou Châtelains aux autres Provinces, & font communément de robbe courte, portans le bâton, pour marquer leur charge & authorité.

Ce qu'il y a de particulier en France pour les peines eft, qu'aprés les amendes au profit du Roi, & les banniffemens, la fuftigation eft fort ordinaire contre les perfonnes viles & les crimes infames, avec l'impreffion de la Fleur-de-lys : de mefmes que le gibet pour le dernier fupplice, & la condamnation aux galeres à temps, ou pour toute la vie. Les voleurs y font communément roüez, & leurs membres rompus, fuivant l'Ordonnance du Roi François I. Les criminels de leze-Majefté au premier chef y font d'ancienneté tirez à quatre chevaux.

Officiers ordinaires.

Aprés la Juftice fuivent les Finances, pour

l'administration des deniers du Roi, leur levée, les procez qui interviennent sur ce sujet, tant en premiere, qu'en seconde instance, & finalement l'examen & clôture des comptes qui sont à rendre de tous les deniers levez sur le peuple.

Chambre des Comptes de Paris. La plus ancienne Chambre des Comptes est celle de Paris, qui fut instituée & renduë sedentaire par le Roi Philippes le Bel, de mesmes que la Cour de Parlement. Elle étoit composée au commencement de Clercs & de Lays. Ses Bureaux sont separez, & ont leur charge differente. Le grand Bureau est composé de dix Presidens, & soixante & deux Maîtres des Comptes, & y a premier & second Bureau, & ce sont les vrais Juges des Comptes, & ceux qui ont l'autorité de les clorre. Le second Bureau est celuy des Correcteurs, qui revoyent les comptes déja clos, pour verifier & relever les obmissions de recepte, & en faire rapport à la Chambre. Le troisiéme est celui des Auditeurs, qui font le rapport des comptes qui sont à clorre, & qui leur sont distribuez, & y opinent les premiers, ayans voix deliberative, & écrivans les Arrests sur les comptes. Il y a Procureur & Avocat General du Roi, deux Greffiers, un premier Huissier, & plusieurs autres Officiers dépendans de cette Compagnie & de ses fonctions.

Elle verifie & enregistre les contracts des mariages des Rois, fils & filles de France, les appanages des enfans de France, dons, pensions, lettres de naturalizations, & tous Chartres, Edits, & Lettres patentes, concernans les Finances du Roy; reçoit les Tresoriers de l'Espargne des parties casuelles, de l'ordinaire des guerres, & autres de son ressort. Tous les comptes de la Maison du Roi, de la Venerie, Escurie, Argenterie, de l'Espargne, de l'ordinaire & extraordinaire des guerres, de l'Artillerie, de la Marine du Levant, des Ligues des Suisses & Grisons, y sont clos & jugez.

Elle n'entre que par semestres, & avant l'erection des autres Chambres des Comptes de France, elle envoyoit un Maître & un Auditeur dans les Provinces plus éloignées, pour y examiner & clorre les comptes des deniers du Roy.

Les Chambres des Comptes de Roüen pour la Normandie, de Dijon pour la Bourgongne, de Nantes pour la Bretagne, de Montpellier pour le Languedoc, de Grenoble pour le Dauphiné, d'Aix pour la Provence, furent depuis érigées avec le mesme ordre & pouvoir que celle de Paris, chacune en son ressort. Il est vray que celle d'Aix ayant aussi la connoissance des Aydes & & la Jurisdiction contentieuse au fait des Tailles, est appellée Cour des Comptes, Aydes & Finances. Il en est de mesmes de celle de Dijon depuis quelques années, de celle de Montpellier depuis l'an 1629. que par Edit du Roy la Cour des Aydes, seante en la mesme ville, fut unie à la Chambre des Comptes. Il y a une Chambre des Comptes à Blois pour le Duché d'Alençon & Comté de Blois, depuis les Ducs d'Alençon & Comtes de Blois; mais Monsieur le Duc d'Orleans, Oncle du Roi en son appannage, est en faculté de la supprimer, si bon luy semble.

Autres Chambres des Comptes

Ces Chambres examinent les comptes des Receptes generales & particulieres, & autres, de tous les Fermiers generaux & particuliers de leurs Provinces. Reçoivent les Thresoriers de France, Receveurs Generaux & Particuliers, Thresoriers du Domaine, & autres Officiers des

Finances, & servent par Semestres de Janvier & Juillet.

Cour des Aydes. Pour juger les Procez qui se meuvent au fait des Tailles, Aydes, Gabelles, Impositions foraines, Doüane équivalent, tous octrois pour lever deniers, munitions, garnisons, fortifications, emprunts, decimes, & choses semblables. Les Cours des Aydes sont establies en France pour en connoître souverainement sur les appellations des premiers Juges. Celle de Paris est la plus ancienne, soit depuis le Roi Loüis Hutin, soit depuis Charles V. dit le Sage, lequel en

Cour des Aydes de Paris. l'an 1379. en forma le corps, composé premierement d'Evesques, & de Conseillers Lais, appellez Conseillers & Generaux. Depuis le Roi François I. il y a deux Chambres, & deux Presidens en chacune, vingt-six Conseillers, un Procureur General, & deux Avocats generaux, & autres Officiers & supposts.

Autres Cours des Aydes. Outre celle de Paris, y est celle qui fut établie à Montpellier dés l'an 1417. sous le Roi Charles VII. pour le Languedoc & partie de la Guyenne, avec le mesme pouvoir que celle de Paris en son mesme ressort. Elle a esté unie à la Chambre des Comptes de la mesme Ville, par Edit du Roi Loüis XIII. de l'an 1629. sous le nom de Cour des Comptes, Aydes & finances. Celle de Roüen pour la Normandie, est establie du mesme Regne, l'an 1517. sous le Roy Henri II. Antoine Duprat Chancelier de France, natif d'Auvergne, en fit establir une à Montferrand pour l'Auvergne. Les Provinces de Bourgongne & de la Provence ont des Cours des Comptes, Aydes & finances, par l'union qui a esté faite des deux Jurisdictions des Comptes, & des Aydes, distincte de la Cour de Parlement de Dijon depuis quel-

DE FRANCE

ques années, & de l'attribution faite de la Justice des Aydes à la Chambre des Comptes, que les Seigneurs & Comtes de Provence avoient euë pour leurs finances & revenus à Aix. Il y a une sixiéme Cour des Aydes establie depuis peu pour le ressort du Parlement de Bourdeaux séante, premierement à Agen, & maintenant à Bourdeaux, pour la Guyenne.

Les premiers Juges des Tailles, là où il n'y a point d'autres Officiers affectés à cette connoissance, sont les Officiers ordinaires, ou les Baillifs & Seneschaux, dont nous avons parlé: Sur quoy est à remarquer, que de toutes les Provinces de France, les uns sont pays d'Estats composez des trois Ordres, sçavoir, l'Eglise, la Noblesse, & le tiers Estat, qui s'assemblent annuellement; les autres n'ont point cette faculté. Dans les premieres, qui sont, le Languedoc, la Provence, la Bourgogne, la Bretagne, &c. il n'y a point de Juges particuliers des Tailles, mais dans les autres où est établie une Jurisdiction speciale, appellée Election composée d'un President, un Lieutenant principal & particulier, quelques Conseillers des Esleus, Avocat & Procureur du Roi. Et cette Compagnie, par mandement du Roy & des Thresoriers de France, assied & impose les Tailles, & en juge aussi tous les procez & differens.

Les Gabelles du sel ont aussi leurs Juges particuliers, sçavoir en certaines Provinces, les Grenetiers & Controlleurs generaux des Gabelles & leurs Lieutenans. L'imposition Foraine a aussi ses Juges, appellez Maîtres des ports, chemins & passages, & leurs Lieutenans dits de la Foraine.

Toute la recepte des finances & deniers du Roy est remise en dernier lieu entre les mains

Thresorier de l'Espargne.

d'un Tresorier de l'Espargne, qui reçoit tout ce qui s'épargne dans les Provinces, les charges ordinaires estans acquitées, & les necessitez du Royaume fournies. Tous ces deniers sont en après distribuez par mandemens du Roy, pour la dépense de sa maison, ou autre. Ses mandemens, inscriptions, assignations, ou promesses sont controollées par le Controolleur general des finances, pour estre acquittées par les Receveurs generaux, ou passées dans les Chambres des Comptes.

Tresorier des parties casuelles. Il y a un Tresorier des parties casuelles depuis la venalité des Officiers, pour recevoir le droit Annuel, qui se paye par tous les Officiers de France, pour estre dispensez de quarante jours qu'ils doivent vivre après la resignation admise, & tous les deniers provenans de la vente des nouveaux creez par le Roy. Les Offices mesmes pour lesquels le droit Annuel n'a pas esté payé, sont vendus aux parties casuelles, les deniers de cette charge sont remis en l'Espargne.

Tresoriers generaux de l'ordinaire & extraordinaire des guerres. Les Tresoriers generaux de l'ordinaire des guerres reçoivent les deniers ordinaires imposez pour la guerre, & receus par des Receveurs particuliers & generaux dit du Taillon. Ils payent la gend'armerie, & les compagnies entretenuës, & les gages des Officiers établis pour l'ordinaire de la guerre. Les Tresoriers generaux de l'extraordinaire des guerres prennent leurs assignations sur l'Espargne, ou sur les Receveurs generaux des finances, par mandemens ou quittances, & payent par leurs Commis établis dans les Provinces (qui sont aujourd'huy en tiltre d'Office, & ne comptent qu'au Tresorier general) la solde des Capitaines, Lieutenans, Enseignes, & autres Officiers ou soldats marchans en guerre, ou eſtans en garniſons dans les Places: les reparations, fortifications, & avitaillement des Places frontieres, & autres frais & parties inopinées dépendantes du fait de la guerre.

Le Roy leve & prend les decimes du Clergé de France, & pour cet effet il y a des Receveurs particuliers & provinciaux des decimes, qui remettent les deniers à un Receveur general commis par le Clergé, auquel il compte, & remet un tiers des deniers en l'Eſpargne, l'autre tiers en l'Hoſtel de Ville à Paris, & l'autre tiers au Clergé. *Decimes.*

Pour ce qui regarde la police du Royaume, toutes les communautez ont leur Conſuls, comme en Languedoc, Provence, Dauphiné, & Guyenne. Eſchevins, comme à Paris, Lyon, Roüen, Orleans, Rheims, Poictiers, & autres Capitouls, comme à Thoulouze. Jurats comme à Bourdeaux; outre les Sindics particuliers ou generaux, & les Maires dans pluſieurs Villes de France, qui eſt leur magiſtrat politique, comme à Bourdeaux, la Rochelle autrefois, Poictiers, & autres. A Paris & à Lyon eſt le Prevoſt des Marchands. *Police.*

Les Eſtats dans la provinces qui ont faculté de s'aſſembler, ſont convoquez par permiſſion du Roy. Le Gouverneur de la province en fait l'ouverture, avec un Intendant de Juſtice. L'ordre Eccleſiaſtique y preſide, par un Archeveſque ou Eveſque plus ancien: Un cabier y eſt dreſſé pour les demandes que l'on doit faire au Roy, & la ſomme qui doit eſtre impoſée, y eſt arreſtée & mandée aux Dioceſes de la Province. *Eſtats des Provinces.*

Les meilleures Villes de France, ſçavoir, Pa- *Juges*

Consuls des Marchands ou de la Bourse. ris, Roüen, Lyon, Orleans, Angers, Troyes, Rheims, Bourges, Thoulouze, Chaalons & autres, ont une Justice sommaire & privilegiée pour les Marchands entr'eux, ou pour les lettres de change baillées à des particuliers, ou autres differens pour le commerce. Ils sont appellez Juges de la bourse, ou Juges Consuls des Marchands, & jugent souverainement jusques à la somme portée par les Edits du Roy.

Pour clorre ce discours des Offices de France, & particulierement ceux qui regardent les finances & la levée des deniers du Roy par toute l'étenduë du Royaume, est à remarquer qu'outre le Domaine du Roy ; (qui se leve par des Officiers particuliers, & se juge en ses procés & questions, ou par les Baillifs & Seneschaux, ou par les Tresoriers de France) le Roy retire du peuple des deniers de ses finances en deux sortes, l'une est par les Collecteurs des Parroisses qui remettent à des Receveurs particuliers dans les Dioceses & Elections, & ceux-là à des Receveurs generaux dans les Generalitez de chaque Province, qui remettent finalement ce qui reste de bon en l'Espargne ; dont nous avons déja parlé, chacune de ses Generalitez a certain nombre de Tresoriers ou Generaux des finances, qui sont directeurs & ordonnateurs des deniers du Roy, pour arrester les Estats des receveurs generaux, & donner leurs ordonnances pour le payement des assignations baillées sur eux. Les Receveurs generaux reçoivent les deniers de la Taille, ceux du Domaine, de l'Equivallent & autres. Les Gabelles du sel ont leurs Receveurs generaux, comme aussi les autres impositions. Les autres deniers proviennent des Fermes, qui sont livrées au plus offrant, pour certaines impositions, sçavoir, les Gabelles, la Foraine, & autres, ce qui se pratique au profit du Roy depuis le regne du Roy Henry le grand. Ces Fermes sont deuëment cautionnées, & rapportent beaucoup plus au Roy que ces impositions maniées & levées par ses Officiers ne donnoient. Les Generalitez du Royaume sont, Paris, Soissons, Amiens, Chaalons, Orleans, Tours, Poictiers, Limoges, Bourges, Rion, Moulins, Lyon, Roüen, Caën, Bordeaux, Montauban; Ausquelles il faut ajoûter six petites Generalitez, qui portent moins que les autres & se gouvernent par Estats, sçavoir, Nantes, Dijon, Aix, Grenoble, Thoulouse, & Montpellier.

La venalité de tant d'Offices qui sont en France, soit de Justice & Magistrature, soit de finances & autres, ayant esté introduite par les Rois mesmes qui les vendent, & souffrent qu'ils soient vendus par leurs subjets, a fait que les Officiers ne peuvent estre destituez par le Prince qu'en cas de forfaiture, & en payant certain droit annuellement, appellé Paulette, les Offices sont transmis aux heritiers; dequoy peu d'Offices sont exceptez, sçavoir ceux de la Couronne, les premiers Presidens des Cours de Parlement, le Procureur General au Parlement de Paris & quelques autres.

Quant à la Religion, il est certain que la *Religion* France a esté éclaircie de la lumiere de l'Évangile dés les premiers Siecles aprés la naissance de nostre Seigneur Jesus-Christ. Saint Denys l'Areopagite, selon la commune croyance, à laquelle aucuns hommes doctes adherent, a esté l'Apôtre des Gaules envoyé par saint Clement pour y prescher, & son corps selon eux, gist à St Denys lés Paris. Quoiqu'il en soit, il demeure toûjours que ce Royaume a eu des personnages tres-renommez & fort anciens pour les premiers Evesques, sçavoir saint Gratian à Tours, où fut depuis saint Martin, saint Trophime à Arles, S. Saturnin à Thoulouse, S. Martial à Limoges, S. Hilaire à Poitiers, & autres.

Le premier Roy Chrestien en France est Clovis dit le Grand, cinquiéme Roy, qui fut baptisé par S. Remy Evesque de Rheims, & fut sollicité à embrasser l'Evangile par la Reyne Clothilde sa femme, fille du Roy de Bourgongne.

La Religion & pieté des Roys de France ont esté toûjours fort recommandées par leur zele & affection envers le saint Siege, & les Papes qu'ils ont secourus, comme il arriva à Pepin & à Charlemagne contre les Lombards, & par leurs voyages de la Terre sainte. Ils ont cette faculté & privilege donné du Ciel par dessus tous les Rois Chrestiens, que de guerir les Escroüelles, en touchant ceux qui en sont malades : ce qu'ils ont accoustumé de faire aux bonnes Festes de l'année, & aprés s'y estre bien preparez.

Le Roy nomme au Pape tous les Evesques & Abbez de son Royaume par le Concordat, dont nous avons déja fait mention, fait entre le Roy François I. & le Pape Leon X. l'an 1515. & l'Election ancienne faite par les Chapitres, Convents & Religieux a esté abolie. Le Concile de Trente, qui est le dernier Concile universel, n'est receu en France que pour le Spirituel, mais non pour le Temporel.

Religion Pretenduë Reformée. La Religion Pretenduë Reformée a esté receuë & permise dans le Royaume depuis l'an 1561. sous le Roy Charles IX. que fut fait le premier Edit qu'on a appellé de Janvier, qui

en a permis le libre exercice. Avant iceluy
ceux qui estoient accusez d'adherer aux nouveautez qui avoient déja pris pied en Allemagne par les predications de Martin Luther, qui commença de dogmatiser en Saxe dés l'an 1519. étoient punis par le feu, comme heretiques & enseignans avec doctrine contraire à celle de l'Eglise Catholique, Apostolique, Romaine. Sur la fin du regne de François I. on commença de prescher publiquement en quelques lieux du Royaume, & l'an 1536. Jean Calvin avoit composé son Institution de la Religion Chrétienne, & dediée au Roy François; de sorte que sous Henry II. son successeur, la nouveauté avoit gagné & penetré jusques dans la Ville capitale du Royaume, & fut saisi dans le Parlement Anne de Bourg Conseiller Clerc, lequel ayant persisté en sa confession & declaration d'adherer à cette croyance, il fut bruslé publiquement, au mesme temps du Roy Henry II. Les regnes suivans de François II. Charles IX. & Henry III. furent diversement agitez des troubles esmeus & suscitez pour le fait de la Religion, & fomentez par les dissentions, haines & inimitiez ouvertes des Princes de la maison de Guyse ou de Lorraine, qui se prevalurent au commencement du mariage fait entre le Roy François II. & Marie Reine d'Escosse leur niéce avec celle de Bourbon. Il y eut plusieurs guerres & plusieurs Edits de paix és années 1562, 1567, 1568, 1570, & 1577. Le dernier Edit de Pacification, sous lequel ceux de la Religion Pretenduë Reformée vivent dans le Royaume, est celuy de l'an 1598. donné à Nantes sous le Roy Henry IV. qui les a maintenus, de mesme que son Successeur, le Roy regnant dans la li-

berté de cet exercice. Il est vray que depuis l'an 1621. jusques à l'an 1629. il y a eu de diverses guerres, & jusques à trois Edits du Roy ou Declarations confirmatives de l'Édit de 1598. aprés la prise & reduction de grand nombre de Villes que ceux de ladite Religion tenoient en diverses Provinces du Royaume, sçavoir en Xaintonge, en Poictou, en Guyenne, en Languedoc & en Dauphiné : particulierement la ville de la Rochelle, estimée imprenable par ses fortifications extraordinaires du côté de la terre, & par le secours qu'elle pouvoit attendre de l'étranger du côté de la mer.

 Les Provinces de France où ceux de la Religion Pretenduë Reformée sont en tres-grand nombre, sont le Languedoc, le Dauphiné, la Guyenne, la Xaintonge, le païs d'Aulnis, le Poictou, la Normandie : le païs des Cevenes & Vivarets, où l'exercice est permis dans la plûpart des villes & enclos de murailles ; Le païs de Bearn en a aussi plusieurs villes & habitans. Les autres Provinces n'en ont point l'exercice dans les Villes mesmes, au moins dans les Faux-bourgs, ou en quelques lieux voisins.

 Ceux de la Religion Pretenduë Reformée n'ont plus la permission de s'assembler, que pour traiter des matieres de la Religion, de la discipline, des mœurs & police de leurs Eglises, avec l'assistance d'un Commissaire deputé par le Roy, & qui fait profession de leur Religion. Ces assemblées tenuës par certaines Eglises encloses dans un Diocese sont appellées Colloques : si elles sont d'une Province entiere, ou du general du Royaume, on les nomme Sinodes Provinciaux ou generaux. De là vient que l'estat est en grande tranquillité de ce côté-là, par l'obeïssance

DE FRANCE.

tance abfoluë qu'il reçoit également de tous ſes ſujets, & la bien-veillance qu'il témoigne aux uns & aux autres, comme Pere commun de ſon peuple.

Ce Royaume a toutes les commoditez pour aller, ou en diligence, ou à ſes journées par toutes ces Provinces & païs, & pour recevoir des nouvelles de toutes parts par les meſmes & ſemblables voyes. Par le premier, il a les poſtes ſur tous les grands chemins & à la traverſe, qu'on dit avoir eſté établies par le Roy Loüis XI. Prince grandement actif & prompt en ſes entrepriſes. Pour aller à ſes journées, on trouve par toutes les bonnes villes des chevaux de loüage. Pour les Poſtes, les eſtrangers peuvent avoir une carte qui les marque toutes, & qu'on a publiées depuis peu. Pour le ſecond, les Courriers ordinaires ſont établis depuis long-temps de Paris à Lyon, qui ſont les deux principales villes pour communiquer, ſoit les nouvelles étrangeres, ſoit celles du Royaume meſme, & les épandre par toutes les Provinces; & depuis quelques années, les meſmes Courriers vont de Lyon en Provence, Languedoc, Dauphiné, & de Paris à Thoulouſe, Bordeaux, & par tout le Royaume, dont les Bureaux ſont établis aux principales Villes & plus propres par leur aſſiette à la communication. Outre cela, les Meſſagers ordinaires ſont établis par tout, pour aller & faire porter les hardes de païs à autres, ou de ville en ville; Les Coches y ſont auſſi, pour aller plus à l'aiſe & à couvert, tant par terre que par eau, & pour faire porter les hardes auſſi, le tout à prix raiſonnable. A quoy il faut ajoûter la belle commodité des hoſtelleries, où l'on

Advis des commoditez de France, pour voyager & porter hardes.

C

VOYAGE

est receu comme chez soy, bien traité & logé commodement à prix honneste, ce qui ne se rencontre pas aux autres païs, où l'on est cherement & plus mal accommodé.

VOYAGE DE FRANCE.

Eux qui venans en France, pour faire le tour de ce noble Royaume, veulent tenir un chemin qui les conduise & les meine en peu de temps dans Paris, comme nous avons déja dit en nôtre Preface, que c'estoit le plus expedient, doivent aller de Strasbourg, droit à Nanci, capitale de Lorraine, aprés avoir commencé de s'entretenir sur le voyage, & d'en lire mesmes quelque chose selon les avis qui leur en ont esté déja donnez, & sur les livres que l'on leur indique, tant pour la langue que pour les mœurs & l'histoire du pays. Il sera bon qu'ils se servent de leurs chevaux, afin de pouvoir plus facilement détourner là où ils voudront, sans autres hardes ny bagages, qu'ils peuvent mesme bailler au Messager, pour le rendre à Paris à quelque prix que ce soit, afin de n'en estre pas empeschez.

A partir doncques de Strasbourg pour aller

C ij

VOYAGE

droit à Nanci, ville capitale de la Lorraine, la premiere journée est à Saverne, que les Alemans appellent *Zabern*, qui est la derniere ville d'Alemagne de ce costé-là. On peut voir en passant la forteresse de *Kocherperg*, laquelle est proche. Les guerres que la Republique de Strasbourg eut il y a trente ans ou environ la rendirent fameuse. C'est aujourd'hui le siege de l'Evesque de Strasbourg, & se trouve assise aux dernieres plaines de l'Alsace, au pied des montagnes qui la separent de la Lorraine; petite ville, mais assez forte contre un siege, si la forteresse voisine, laquelle est située au sommet de la montagne, estant aussi-bien munie, d'où la plaine qui est dessous peut estre battuë du canon, ne tient pas contre, & luy est favorable. Sortant par la porte du côté de la Lorraine, l'on void encore sur le haut d'une terre à main droite quelques restes des fortifications faites pour deffendre la Ville lors des guerres de Strasbourg.

Saverne.

Aprés avoir un peu avancé se presente une montagne fort haute à passer, laquelle est tres-mal aisée à monter. On l'appelle *Stech* en langage Allemand, ce qui signifie & peut estre entendu par le mot de montée. L'on estoit contraint autrefois d'en faire le tour, n'estant pas accessible de ce costé-ci: Mais en l'an 1610. par les soins de Guillaume troisiéme Evesque de Strasbourg, le rocher fut rompu, & le passage ouvert, ce que témoigne une inscription que l'on void à main droite en montant.

Stech.

Aprés avoir passé la montagne, on trouve *Phalisburg*, premiere place de la Lorraine de ce costé-cy & frontiere d'Allemagne. Le lieu est fort agreable, & si l'on part de bonne heure de Strasbourg, on y peut faire la couchée. Il y a

Phalisburg.

DE FRANCE.

un Chasteau, & porte tiltre de Principauté; à cause des guerres que nous avons déja mentionnées, il fut fortifié.

Partant de-là par un chemin pierreux se presente la ville de Sarberg, & le bourg de saint George. On voit finalement une petite ville, bien assise & agreable, nommée Blancmont, & par les Allemans *Blanckemburg.* A main gauche de l'entrée de la ville est un Château fort magnifique & spacieux, & vis à vis, à main droite, est une hôtellerie où l'on est fort bien traité: On peut ici faire la seconde couchée.

Sarberg.

Blancmont.

De-là vous allez par la plaine jusques à Luneville, l'une des huit fortes places de Lorraine, & assez belle ville, assise sur une petite riviere, qu'on nomme le Raccon. Vous trouvez ensuite S. Nicolas, ou *Niklasburg*, sur la Murte, en lieu fort delicieux, plein & fertile. On y voit une trés-belle Eglise, fort haute & grande, avec des colomnes ou pilliers si minces, qu'ils ne semblent pas assez forts pour soûtenir un si grand édifice. Elle a deux belles tours, en l'une desquelles l'on remarque la devise du feu Cardinal de Lorraine Charles, Evesque de Mets & Prieur de cette Eglise. C'est un obelisque entouronnée d'un lierre, avec ce mot; *TESTANTE VIREBO.* Ce qui a rendu ce lieu fort celebre, quoy qu'il ne soit pas clos de murailles, grand, trés-bien bâti & disposé, fourni d'habitans, frequenté par ses foires, qui lui donnent du commerce; c'est la dévotion qu'on a euë pour les Reliques de S. Nicolas Evesque de Myre, ville de Licie, dont il estoit natif, & entr'autres d'un doigt de sa main que l'on y montre enchassé dans l'or & enrichi de pierres precieuses. Ce lieu a esté presque ruiné pendant ces dernieres guerres.

Luneville.

S. Nicolas.

C iij

Nanci n'est qu'à deux lieuës de S. Nicolas, & avant qu'en parler, il ne sera point hors de propos de dire quelque chose en general du pays de la Lorraine, dont elle est la ville principale, comme nous avons déja remarqué.

LORRAINE.

LA LORRAINE prend son nom de Lothaire, petit fils de Loüis le Debonnaire Empereur & Roy de France, d'où l'on l'a nommée *Lotharingia*; *Lot reich*, regne de Lothaire, c'est l'Austrasie, à laquelle on opposoit anciennement la Vvestrasie, Vvestrie, Neustrie ou Royaume Occidental. Ses confins sont aujourd'hui l'Alsace au Levant, la Bourgongne au Midi, la Champagne au Couchant, & la Forest d'Ardenne au Septentrion avec le Luxembourg & Tréves. C'est un pays montueux & couvert de Forests épaisses, quoy qu'il ait des vallons fort agreables, & qu'en quelques endroits il s'étende & estargisse en plaines. Il y a du bled & du vin à suffisance, avec veines & sources de plusieurs metaux. Les bains chauds de Plombieres, aux Allemands *Plombersbadt*, y sont fort renommées avec quantité de salins, estangs & rivieres abondantes en poissons, dont les principales sont la Meuse, la Moselle, la Sare & la Murte.

La Meuse sort du bourg, & Baronnie de Meuse en Bassigni, & arrouse Verdun, Sedan, Maisieres, le Liege, Mastric, Ruremonde & Venlo, & se mesle en Hollande non loin de son embouchure en la mer avec un bras de Rhin, pour entrer dans la mer prés de Dordrecht,

DE FRANCE.

La Moselle sort du Mont de Voge un peu plus au Levant, non loin de la source de la Saone. Elle passe en divers lieux de la Lorraine, & se destournant du Levant au Couchant vient à Toul, à Mets & à Treves, là où ses eaux se meslent avec celles du Rhin prés de Coblants. Le Poëte Ausone l'a doctement & également décrite, & sous l'Empereur Neron on avoit commencé de creuser un canal pour la joindre avec la Saone & rendre les mers du Couchant & du Septentrion navigables entr'elles, comme le témoigne Tacite.

La Sare naist prés de Salms & passe par divers lieux qui en prennent leur nom, comme Sarburg, Sarpruch & autres. Elle se décharge en la Moselle prés de Treves.

La Murte reçoit plusieurs rivieres en son cours, & laissant S. Nicolas & Nancy, s'approche peu à peu de la Moselle en lieu plein & parmy des prez, & l'accompagne longuement d'un cours quasi égal, laissant entre les deux fleuves un petit espace de terre jusqu'à-ce qu'un peu au dessus du Château de Candé, lequel assis sur le costé droit du rocher, void au dessous un bourg du mesme nom, faisant un angle fort aigu avec la Moselle, se mesle avec ses eaux.

Le Pays portoit anciennement tiltre de Royaume, beaucoup plus grand & estendu, qu'il n'est aujourd'huy, & depuis fort long-temps qu'il n'a que le tiltre de Duché. Il y a de fort ancienne Noblesse sous les tiltres de Marquis, Comtes, Barons & autres Seigneurs qualifiez.

Nancy est assis prés de la Murte en une plaine fort agreable qui se hausse non gueres loin de-là. La Ville est double, la vieille & la nouvelle, que l'on a bâtie sur la vieille & jointe. Le Palais des

Nancy.

Ducs est dans la ville ancienne, bâtie magnifiquement. On va dans la chambre du Duc par une gallerie ornée de tableaux representans plusieurs Rois & Princes. Dans la salle qui est d'un autre costé, se voyent deux tables fort precieuses, l'une de marbre, de longueur & largeur admirable, l'autre d'argent doré, avec plusieurs figures & emblêmes gravez avec un grand artifice & des vers Latins sur chacun. Les tapisseries en trés-grand nombre, & trés-riches, se montrent en une autre chambre. On void là mesme l'effigie d'un homme, gravée sur du bois, en laquelle tous les muscles du corps remuënt, & sont cousus ensemble avec artifice & fort delicatement. Les tombeaux des Ducs, & mesme de Charles, dernier Duc de Bourgongne, sont dans l'Eglise de S. George. Celuy de René, Duc de Lorraine, qui vainquit le Bourguignon, y est remarquable sur tout. L'Arsenal y est trés-bien pourveu d'artillerie & de canons, dont il y en a un extremement long, comme celuy qu'on voit à Douvres en Angleterre. La ville est fortifiée de plusieurs bastions, comme inexpugnable. La nouvelle est beaucoup plus grande, & les ruës y sont mieux disposées qu'en l'ancienne. Elle est ceinte de murailles trés-fortes & époisses, avec un fossé fort profond. On void de l'un des bastions, en un lieu marécageux, une croix de pierre avec une inscription Françoise sur une lame de cuivre, marquant la défaite du Duc de Bourgongne, dont l'histoire est encores un peu plus loin de-là, au lieu mesme du combat, en certains vers François, gravez dans une Chapelle bâtie à cet effet.

De Nancy à Paris. Le droit chemin pour aller de Nancy à Paris se doit prendre par la Champagne & Meaux, te-

DE FRANCE.

nant le chemin qui conduit aux villes & lieux suivans, qui sont les principaux. *ris, le chemin est double, l'un qui va droit & qu'il ne faut point tenir.*

1. Toul, ville Episcopale, dont le Roy Henry II. se saisit en l'an 1552. ensemble de Verdun, & ensuite de la ville de Mets, estant son armée conduite par Anne de Montmorency Connestable de France. Il y a une belle Eglise, où est le tombeau de S Bernard, avec une couronne suspenduë, quasi semblable à celle qu'on voit à Nveissemburg. *Toul.*

2. Le bourg de saint Auby, là où l'on visite ceux qui entrent, pour voir s'ils portent des armes à feu, ou des marchandises defenduës. *S. Auby.*

3. Bar-le-Duc ville assise sur une tertre élevée, & qui a dessous, en la plaine, un beau fauxbourg, qu'il faut passer. Elle est capitale du Duché de Bar, & du pays que l'on nomme Barrois. Les villes de Bar-sur-Seine & de Bar-sur-Aube, sont distinguées d'elle par les rivieres où elles sont assises. On travaille icy de trés-belles gardes d'épée, que les passans y achetent ordinairement. *Bar-le-Duc.*

4. La Maison Rouge, qui est un fort petit bourg sur la frontiere de Champagne. On marche de là sept lieuës de plaine pour venir à Chaalons.

5. Chaalons sur Marne (pour le distinguer de Chaalons sur Saone en Bourgongne) est une ville fort grande, ornée de belles tours en forme de pyramides. Les édifices y sont blancs, pour estre faits de terre de craye. Elle trafique en bleds, en toiles & en draps; c'est un Evesché avec tiltre de Comté & Pairie en France. Elle a de fort belles & agreables promenades : & dans ses belles plaines Attila Roy des Huns fut defait par Ætius General des Romains, aidé par Meroüée Roy de France, & Theodoric Roy des Gots, en l'an 1450.

C v

Monceaux. 6. Monceaux, Château & Maison Royale dans la Brie, où passe la Riviere d'Oure; Le lieu a esté fort embelli par la Reyne Catherine de Medicis, & par le Roy Henry le grand, avec Jardin, Parc, Viviers & Forest joignant. Il est à deux lieuës de Meaux.

7. Meaux dont il sera parlé cy-aprés.

Autre chemin qui détourne un peu & est preferable. C'est doncques par ces lieux que l'on a le droit chemin pour se rendre à Paris: Mais il ne faut pas faire tant de cas de ce qu'on y voit, qu'il ne soit possible meilleur & plus à propos de détourner un peu à droite, en partant de Nancy, pour passer par les Villes qui suivent, & qui sont fort considerables. A ces fins l'on est conseillé d'aller plûtost sur des chevaux que par le coche, afin d'avoir moyen d'y passer.

Pont-à-Mousson Le Pont-à-Mousson est la premiere. Elle a son nom du Pont sur lequel on y passe la Moselle, & d'une montagne voisine nommée, Mousson, couvert de vignes: son assiette est fort agreable. La Moselle la coupe en deux, qui se joignent pourtant par un Pont, & l'une surmonte l'autre en grandeur & enceinte, comme il arrive de Maëstric sur la Meuse en Brabant: Le College des PP. Jesuites, grandement celebre & frequenté est la moindre partie de la Ville. Son Université est renommée. Pierre Gregoire Thoulousin, fameux par ses écrits y a enseigné.

Mets. Mets autrefois chef & nom d'un Royaume, dit autrement d'Austrasie, ville Episcopale, & tenuë avec Toul & Verdun par le Roy de France, depuis l'an 1552. sous le regne de Henry II. Elle est située en une grande plaine, que la Moselle arrouse en divers endroits. Une partie en lave les murailles à gauche, & l'autre entre dans la ville, pour servir aux usages des habitans, & ainsi elle coule separément jusques à l'extremité des murailles, là où ayant receu la Seille, elle s'assemble de nouveau & ne fait qu'un mesme lit. L'Eglise Cathedrale porte nom de saint Estienne, qui est le Patron de la ville, elle est fort belle & grande, & entierement achevée. On y voit un trés-grand vase ou cuve de porphyre, de couleur rouge, long de plus de dix pieds, où l'on garde l'eau benite. Il y a plusieurs autres somptueuses Eglises. On n'y void aujourd'huy aucuns faux-bourgs qui ont esté autrefois, avec plusieurs Eglises. La Citadelle a quatre bastions, avec bons fossez, où la Moselle peut entrer en levant une écluse.

Au village de Jouy sur la Moselle, à une lieuë de Mets, se remarquent quelques restes d'un ancien Aqueduct. Il y a plusieurs arcs qui sont encores entiers, faits de pierre blanche, coupée en forme de briques. La hauteur de ces arcs est de soixante pieds, d'où l'on peut juger de la grandeur de l'ouvrage digne de la Majesté Romaine. *Masures d'Aqueduct.*

De-là il faut prendre le chemin de Sedan. Mais avant qu'y arriver, l'on passe par des lieux, partie couverts de vignobles, de bleds, & bons fruits, parties pierreux, incultes & remplis de forests. On laisse un peu à main gauche une ville qui n'est pas desagreable, nommée Estain, du Duché de Lorraine, avec un petit Château, mais assez fort & remparé. Vous laissez aussi à main gauche, Mouson, ville forte, non pas tant par son assiette & par la nature du lieu (car d'un costé elle est commandée d'un tertre un peu esievé) comme par ses fortifications, principalement vers cette colline. C'est la premiere place de France en venant de ce côté-cy. Il y a garnison *Estain. Mouson.*

C vj

& des gardes pour le Roy, qui recherchent & prennent garde à ceux qui portent des marchandises ou autres choses deffenduës. Il est bon de ne passer ny par l'un ny par l'autre de ces deux lieux.

Sedan. A deux lieuës de Mouson l'on trouve Sedan, ville assise d'un côté au pied d'une montagne, & de l'autre sur la Meuse. Elle est fortifiée de bons bastions, & fossez creux & profonds. Le Château est trés-bien assis & fort élevé, ceint de murailles & fossez, qui sont taillez dans le rocher. On y voit une troisiéme muraille, fort distante de la vieille, de sorte que toute l'industrie humaine a esté employée pour rendre cette ville forte & defensable. La ville n'a que trois ruës principales & traversantes, & reconnoissoit pour Prince & Souverain le feu Duc de Boüillon, du nom de la Tour, Vicomte de Turene en France, mais à present appartient au Roy. Il y a Academie établie & payée par le Prince. On peut voir en passant, sans se détourner beaucoup, la ville de Maisieres, sur la Meuse, qui la traverse, avec *Maisieres.* son Château ou Citadelle, bâtie l'an 1591. & bien fortifiée, où le Roy tient garnison. De mesme que Charleville, Ville bâtie par le feu Duc *Charleville.* de Mantoüe & de Nevers, n'estant auparavant qu'un Bourg nommé Arches, avec le titre de Principauté.

A côté gauche de Sedan est le Duché de Retelois, appartenant au mesme Duc de Mantoüe & de Nevers. Ce pays là est arrousé de la Meuse du côté du Luxembourg & de la Lorraine, & de l'Aisne du côté de la Champagne, à laquelle il faut maintenant passer.

DE FRANCE.

CHAMPAGNE.

LA Champagne est ainsi nommée des champs & plaines trés-larges où elle s'étend. Si l'on comprend la Brie, elle a du Levant la Lorraine & le Barrois, du Midy la Bourgongne, du Couchant l'Isle de France & le Hurepoix, du Septentrion la Normandie. Les villes de Rheims, Troyes, Langres, Chaalons & autres ont pris leurs noms des anciens peuples qui l'ont habité. Le Comte de Champagne est l'un des anciens Pairs de France Seculiers, & luy-mesme a esté si puissant autrefois qu'il a eu jusques à sept Pairs. Le Royaume de Navarre se trouva uny au Comté de Champagne en la Personne de Thibauld, succedant à la Navarre, comme plus proche, qui mourut sans enfans. Henry son frere & successeur ne laissa que Jeanne sa fille & heritiere, qui fut mariée au Roy Philippe le Bel, de sorte que la Champagne fut reünie à la Couronne de France. On l'a divisé en basse & haute : La basse est plus meridionale, & regarde la Bourgongne, où est Troyes, avec quelques autres Villes. La haute est plus Septentrionale, où est le Partois, Rheims & Chaalons ; C'est icy que l'on voit de vastes compagnes, blanchissantes, comme de la craye, dégarnies d'arbres, sans aucuns prez, ny eaux courantes ce qui fait qu'on n'y a pas les vivres, ou les commoditez qu'il faudroit pour les voyageurs.

Rheims est une Ville fort ancienne, dequoy *Rheims* elle a de bonnes marques, & entr'autres, le fort de Cesar qui n'en est pas loin. Elle est grande &

entourée de murailles fort blanches. Ses hautes Tours se font voir de loin, & le dedans est remply de bastimens magnifiques. L'Archevesque de la Ville est l'un des Pairs de France Ecclesiastiques : Son Eglise Cathedrale dediée à Nôtre-Dame, est l'une des plus superbes de France. Sur tout se remarque la porte de dehors, trés-richement travaillée, gravée & haute comme une tour. On tient que S. Nicolas unziéme Evesque de Rheims, & sainte Eutropie sa sœur, avec plusieurs autres Chrestiens furent massacrez par les Huns dans cette Eglise, laquelle est servie par soixante & sept Chanoines. L'Eglise du Monastere de saint Remy est aussi dans Rheims, & a esté autrefois dediée à saint Pierre. C'est là qu'on garde la sainte Ampoulle pour le Sacre des Rois, laquelle on fait voir aux Estrangers, avec quelques Tombeaux & Epitaphes de Princes & Seigneurs. On y montre aussi les douze Pairs de France gravez en marbre, avec leur habit, tel qu'ils le portent lors du Sacre des Rois à l'entour d'un petit coffre, proche de celuy où est enclose la sainte Ampoulle. Le Sacre a accoûtumé de s'y faire depuis plusieurs siecles.

Sortant de Rheims on trouve une meilleure terre, des prez herbeux, des jardins agreables, & quantité de vignes qui produisent un trés bon vin. Laissant plusieurs Villes & Bourgs moins considerables, il faut enfin détourner un peu du droit chemin à gauche pour venir à Meaux.

Meaux. Meaux est la meilleure place de la Brie, qui se trouve entourée de la Champagne, de la Bourgongne, du Gastinois & de l'Isle de France. Elle est assise sur la Marne, & neanmoins separée en deux par un ruisseau : l'un estant la Ville, & l'autre le Marché ou fort. Le Bourg de Brie

Comte Robert garde encore le nom du pays. Meaux est un Evesché & Bailliage : son Eglise Cathedrale, dediée à saint Estienne a esté ruinée pendant les premieres guerres Civiles, pour la Religion. On recommande icy l'Hôtellerie, qui a pour enseigne la Trinité.

Si vous estes venu jusqu'icy, suivant le chemin qui vous a esté prescrit, par Sedan & par Rheims, le Château & Maison Royale de Monceaux, de laquelle nous avons déja parlé ; n'en estant qu'à deux lieuës, vous estes conseillé de vous y venir promener, avant que de venir à Paris.

On se rend de Meaux à Paris en une journée de chemin par des Bourgs & lieux fort agreables. Aprés avoir veu Saint Denys, à main droite, & fort prés de Paris l'Hôpital de S. Louis, basti superbement par le Roy Henry le Grand pour recevoir les pestiferez, vous entrerez dans cette Ville, que l'on peut à bon droit appeller un abbregé du monde, pour plusieurs considerations, pour y prendre tel logis que vous aviserez, selon la compagnie que vous aurez, ou l'heure de vôtre arrivée : & ce en la ruë saint Martin, ou autre qui ne manquera non plus que celle-là de vous presenter logis commode, en attendant mesmes d'estre mieux, suivant le sejour que vous y voulez faire, qu'on ne trouve pas bon pourtant estre plus long que d'un mois ou de six semaines selon la saison : puis qu'il y faut revenir & en faire à une autrefois, pour voir & reconnoître d'autant mieux cette Ville excellente, en laquelle les Estrangers & les naturels François ont journellement quelque nouvelle obligation de s'arrester pour s'instruire en plusieurs choses bonnes, vertueuses & utiles à toute condition de personnes.

Paris.

On peut ici vendre les chevaux le premier ou second jour de son arrivée, si l'on rencontre ses achepteurs, à prix raisonnable : puis que l'on a le coche d'Orleans, pour vous y porter commodément à certains jours, & à bon prix, lequel est taxé & ne change point.

Il semble qu'aprés avoir fait un si long chemin, il est deformais temps de prendre du repos en une Ville qui en peut & doit donner à un voyageur. Mais il en est autrement, parce qu'à faire peu de sejour en une ville qui a tant & de si dignes sujets de la visiter, quoy qu'en passant, pour en pouvoir donner quelque compte pendant la demeure que l'on fera dans les autres villes de France, il n'est gueres possible d'estre en repos & de se soulager, comme il seroit requis. Toutefois la grande diversité des choses, que l'on sera curieux de voir & apprendre, adoucira sans doute cette nouvelle peine & incommodité de nôtre voyageur.

Il employera donc quelques jours à parcourir les principaux lieux de la ville, & ce comme en passant, afin d'avoir moyen de voir tout, sçavoir le Louvre, qui est le logis ordinaire du Roy, estant à Paris, avec la sale des Antiques, & les belles Galleries peintes, & autres qui conduisent dans les Tuilleries, Jardin Royal. L'Hôtel de Luxembourg, basti par la Reyne Ayeule du Roy, Marie de Medicis, qui est sans difficulté, le plus beau logis qui soit dans Paris : Quelques autres Hôtels des Princes & Seigneurs de France, qui seront jugez les plus dignes & agreables, tels que celuy de Condé, à Monsieur le Prince, proche de celuy de Luxembourg, de Nevers revenant vers le Louvre; de Guyse, qui est en un autre quartier de la ville; de Richelieu, basti par le feu Eminentissime Cardinal Duc de Richelieu, en la ruë Saint Honoré : de Soissons, de Sully, & autres. Parmi les Eglises, il faut voir celle de Nôtre-Dame, qui est trés-magnifique, de saint Eustache, de sainte Geneviéve, de saint Victor, où est une trés-riche Bibliotheque, & autres : Les Convents & Eglises des Cordeliers : où est la Bibliotheque du Roy, des Augustins, avec ses belles sales, des Celestins, proche de l'Arsenal, & autres. Parmi les faux-bourgs, celui de saint Germain est le plus considerable, trés-grand, agreable & rempli de plusieurs belles maisons & jardinages. L'Arsenal, la Bastille, la place Royale, le Palais, où sied la Cour de Parlement, avec la Chambre des Comptes, Cour des Aydes, & autres Jurisdictions, & où l'on void aussi la sainte Chapelle, trés-belle Eglise, sont aussi bien dignes d'estre veus à divers jours, avec les principaux Colleges, comme sont celui de la Sorbonne, nouvellement bâty & remis par le Cardinal Duc de Richelieu : de Navarre, bâty par une Reyne de France, Jeanne Reyne de Navarre. Au faux-bourg saint Victor se void un jardin rempli de simples, curieusement recherchez, dont on a publié le roolle en un livre fait exprés, & autres.

Les Academies, pour les exercices à monter à cheval, tirer des armes, danser, & autres, peuvent aussi estre connuës & visitées, pour aprendre à cette premiere fois les noms de ceux qui les regissent & y montrent.

Pour les lieux plus proches de Paris, l'on sera curieux d'en voir les principaux, sçavoir, Fontainebleau, qui est pourtant à quatorze lieuës de France, mais qui est une Maison vrayement Royale, fort embellie & aimée par le Roy Hen-

xy le Grand : S. Germain, sejour presque ordinaire du Roy à present regnant, & fort agreable à cause de ses grottes & fontaines, & les bois
pour le plaisir de la chasse. On peut voir de
plus le bois de Vincennes, Ruel, maison appartenante autrefois au Cardinal Duc de Richelieu :
Saint Cloud, Lonjumeau, Chaliot avec le Monastere des Minimes, bien bâty, avec une belle
Bibliotheque ; ouvrage de la Reyne Anne de Bretagne, mariée à deux Rois de France, Charles
VIII. & Loüis XII. Meudon & autres, si la
saison est propre pour voir les champs, & finalement S. Denys, où sont les tombeaux des Rois,
avec plusieurs pieces & Reliques gravées curieusement, & que l'on montre ordinairement : auquel effet les Estrangers peuvent aussi acheter un
livre curieux, composé à cet effet, pour l'histoire, ordre & nombre de toutes ces reliques.

Si nôtre voyageur a le loisir ou la saison pro
pre pour visiter les belles & Royales Maisons,
qui ne sont pas trop esloignées de Paris, il peut
aller jusques à Chantilli, Maison Royale, des
plus considerables qui soient en France. Il sera
d'autant plus soigneux de voir les lieux sus-men-
tionnez, qu'il peut arriver au temps & tel changement d'affaires ou d'estat, qu'il ne sera pas possible conseillé, ou ne pourra pas commodément
ou seurement revenir à Paris. Neanmoins puis
que nous ne voulons pas l'arrester ici trop longuement, & qu'il doit aller plus avant il le faut
maintenant conduire à Orleans.

Le chemin de Paris à Orleans est pavé la plus
grand part, & sur icelui se voyent plusieurs villes & bourgs bien-agreables, comme Lonjumeau, Linas, Mont-lchery, Chastres là où les
Châtres Estrangers, & entr'autres les Alemands, qui ont
& le

publié leurs voyages de la France ont remarqué un fort beau lieu, qui n'en est pas esloigné, & qui vaut bien le voir, pour y prendre la curiosité de considerer les figures suivantes, faites & tissués de buis, laurier, & autre bois flexible, travail que les Anciens ont appellé, *Opus topiarum*. Ce Jardin ou verger a esté à feu M. de Chantelou, & n'a rien eu de pareil pour cette sorte d'ouvrage en toute la France: il a depuis esté donné à des Religieuses Benedictines, qui ne l'ont pas maintenu au mesme estat: De sorte que le lieu ne merite pas qu'on s'y arreste.

Jardin de feu M. de Chantelou là-prés.

La ville d'Estampes vous reçoit ensuite: elle porte tiltre de Duché, & a une Eglise dédiée à Nôtre-Dame. On void aprés plusieurs lieux moindres, & entr'autres Angerville, Thoury & Artenay, le chemin qu'on y fait d'icy à Orleans est fort agreable en son vignoble & complanté de quantité d'arbres.

Estampes.

C'est ici où s'arrestent volontiers les Estrangers, particuliérement les Allemands, qui ont pris la peine de la décrire curieusement en tous leurs voyages imprimez. Sa belle & agreable situation, ses bons fruits, & principalement les vins: ses promenades, la courtoisie de ses habitans grands & petits, qui les choyent & supportent, & la douceur de leur conversation les y invitent, avec son Université, où ils joüissent de quelques privileges, & l'opinion qu'ils ont prise que la langue Françoise y est parlée avec plus de pureté & d'elegance qu'ailleurs. De sorte que l'on est conseillé de se reposer icy pour le moins un ou deux mois, pour bien voir la ville, en profiter & visiter les lieux qui en sont proches. Y arrivant sur la fin de l'année, on pourroit sejourner à Bourges, Moulins & Nevers jusques à la

Orlean

my-Juin, ou au commencement de Juillet, pour de-là continuër son voyage. Si l'on ne fait pas son principal arrest à Orleans, on le peut faire à Bourges, dont nous parlerons en son lieu, à cause de l'Université, & que la ville est aussi d'un sejour agreable.

BEAUSSE.

Elle est assise dans la Beausse, que plusieurs ont divisée en haute, moyenne & basse, sur un côteau qui s'éleve doucement à la rive droite de Loire, qui bat ses murailles. Sa longueur est remarquée par une ligne qui n'est pas entierement droite, & sa largeur s'étend de l'angle superieur en une figure de plusieurs angles, & derechef se rétressit peu à peu vers l'angle inferieur : ce qui a fait dire que sa forme estoit comme celle d'un arc tendu. Au milieu de la riviere est posée à la veuë d'Orleans une Isle fort agreable, couverte en partie de beaux & grands arbres, qui ombragent le lieu, partie de bâtimens. Cette Isle est attachée d'un côté à la ville par un pont, de l'autre à un Faux-bourg nommé Pontereau, lequel comme le surplus de la ville est trés-beau, & trés-grand, avec quantité d'hôtelleries, pour recevoir les Paysans amenans des

Le Pont fruits de la Sologne. Le bout du Pont est defendu de quelques tours & boulevarts, avec une porte pour donner entrée à ceux qui viennent. La ville est fortifiée de bonnes murailles, terrassée avec plusieurs tours rondes remplies de terre, qui se trouvent pourtant ruïnées de coups de canon depuis les premieres guerres civiles pour la

Religion. Les vins qui se recueillent aux environs d'Orleans sont contez entre les meilleurs & plus delicats de France, quoy qu'ils ne soient pas jugez si bons pour la santé, & qu'on n'en serve pas au Roy. On le transporte par la riviere de Loire, & par la mer en diverses Provinces de l'Europe Septentrionale. Le dehors de la ville est entre les vignes meslées de jardins, vergers, & terres labourées, où portans toute sortes de fruits. On y parle fort bien, de mesmes qu'à Blois, & mieux qu'en ville de France, si ce n'est qu'à Paris depuis certain temps la Bourgeoisie mesme y a bon langage, à quoy aident la Cour & la communication des personnes les plus polies du Royaume. Et si les personnes viles y parlent mal, il en sera de mesmes à Orleans, là où l'on remarque aussi qu'en certains endroits de la ville, le langage y est fort rude & grossier. *Langage.*

C'est le siege d'un Evesché, & entr'autres Evesques il y a eu saint Aignan, Patron de la ville. Elle a esté aussi le tiltre d'un Royaume puissant, qui comprenoit plusieurs Provinces, pendant que les fils des Rois de France usoient de partages entr'eux. Paris, Soissons, & Mets étoient les autres tiltres du Royaume, dans les mesmes partages, qui n'ont esté qu'en la premiere lignée des Rois. *Royaume d'Orleans.*

Elle a eu depuis le tiltre de Duché, baillé en appanage aux enfans de France, Louis frere du Roy Charles VI. l'ayant receu sous ce tiltre, le transmit aux siens, mais en la personne de Loüis XII. son petit fils, il fut reüny à la Couronne pour une seconde fois. Gaston Jean-Baptiste, oncle du Roy à present regnant heureusement le possede pour son appannage, avec les Duchez de *Duché.*

Chartres & de Valois, le Comté de Blois, & les Bailliages de Montargis & de Gyen. Le Bailliage d'Orleans est composé de plusieurs belles Chastellenies, dont les principales sont Lorris, Baugency, Montargis, Gyen, Meun sur Loire & autres. Le Sacre de plusieurs Rois, & les divers Conciles, qui ont esté tenus, rendent encore la ville plus celebre.

Bailliages d'Orleans.

L'Université.

L'Université y est fort ancienne, quoy que dés l'an 1312. seulement par lettres Patentes du Roy Philippes le Bel, les Bulles du Pape Clement V. contenants les privileges à elle octroyez ayent esté authorisez. Il y a toûjours eu grand nombre d'Escoliers, separez en 4. Nations, qui ont chacune leur Procureur, sçavoir les François, les Allemands, les Normands, & les Picards. L'office de celui des Allemands ne dure que trois mois. Il a son Assesseur, son Greffier, & son garde-seel. La Nation a aussi son Thresorier. On élit aussi huit Conseillers anciens qui sont appellez & assemblez pour les affaires d'importance. Il y a deux Bibliothecaires, qui sont tenus d'estre tous les jours, sauf les Festes, dans la Bibliotheque qui est trés-bien garnie, depuis une heure jusques à deux, pour bailler les livres à ceux qui les demandent, & prendre asseurance de ceux qui les emportent chez eux. C'est une belle commodité pour les Estrangers, & bien capable de les retenir pour estudier. La Matricule de la Nation est presentée par le Bedeau aux Allemands, lors qu'ils arrivent dans la ville, dont aucun refusent de s'y faire écrire.

Eglise de sainte Croix.

L'Eglise Sainte Croix est le plus superbe de tous les bâtimens d'Orleans, quoy que pendant les guerres civiles pour la Religion elle ait esté ruinée. Son clocher a esté le plus haut qui soit en France, comme celui de Strasbourg est le plus haut d'Allemagne. Ce qui a esté remis du vieil dessein de l'Eglise, est deu au Roy Henry le Grand, lequel y mit la premiere pierre, comme témoigne l'inscription gravée sur un pillier. L'Eglise est de 180. pas de long, & quarante moins de large. Les pilliers sont hauts de 27. toises, mais le Clocher s'élevoit au dessus des pilliers de 37. & de 34. du rés de chaussée. Il y a 59. Chanoines & 12. Dignitez.

L'Eglise Collegiale de Saint Aignan, laquelle a esté autresfois un Monastere, estoit bâtie magnifiquement, & le Roy Loüis XI. l'avoit fait remettre, mais elle fut ruinée pendant les guerres l'an 1562. Il y a trente-un Chanoines & huit Dignitez. *Eglise de Saint Aignan*

On y void encores un trés beau Cimetiere de l'Eglise sainte Croix, l'Hôtel de Ville avec une tour fort haute, de laquelle on découvre toute la ville. Le Château ou Châtelet où se tient la Justice, sur la riviere, plusieurs belles maisons dans la ville, & les chambres quasi toutes nattées, ce qui les rend plus nettes & plus chaudes en Hyver. Les ruës y sont bien pavées d'une pierre quarrée & menuë, & sont fort larges & droites en la ville nouvelle. Il y a plusieurs places grandes & petites. Mais les principales pour la vente des bleds & des vins sont celles de l'Estappe & le Mattoy, où l'on execute les criminels, saint Aignan, & les Mottes : aucunes sont ombragées de beaux & grands arbres, ce qui donne une promenade fort delicieuse. *Ruës, Places,*

Sur le pont de la ville est l'Image de la Vierge Marie tenant celle de Nôtre Seigneur Jesus-Christ prest à estre enseveli en ses bras. Deçà & de-là sont à genoux d'un côté le Roy Charles

Pucelle VII. armé, & de l'autre la Pucelle armée, bot-
d'Orléans tée & éperonnée comme un Cavalier, avec ses
cheveux pendans en arriere. L'Histoire memo-
rable du siege d'Orleans qui fut levé miraculeu-
sement par le secours extraordinaire de cette Pucelle, native de Vaucouleurs en Lorraine, &
nommée Jeanne Darc, dont le nom a esté changé en la posterité, annoblie en celui de Lis, est
connuë, & l'épée de la Pucelle se montre à S.
Denys; en memoire de cette delivrance se fait
annuellement une Procession à Orleans le 12.
de May, où tous les Ordres de la villle se trouvent, & vont jusqu'au Pont, où se dit une Messe.
C'est proprement la Feste de la ville, comme
on l'a nommée. Le jugement que faisoit d'Orleans le Roy François I. disant à Charles le
Quint Empereur, que c'étoit la plus belle &
agreable ville de son Royaume, que le mesme
Empereur confirma lors qu'il traversa la France,
ne doivent faire douter à personne, qu'il ne soit
ainsi, comme c'est aussi l'avis de tous les Estrangers qui sont plus curieux de voir & considerer
les villes de ce Royaume, que les naturels François, ce qui nous a obligez à estre plus longs &
exacts à la décrire, qu'aucun autre. Elle a souffert & a esté delivrée de trois sieges memorables
en divers temps & diverses occasions. L'un en
1450. lors qu'Attila Roy des Huns fut devant,
& fut defait par Ætius General des Romains,
aidé par Meroüée Roy de France, & Theodoric
Roy des Gots. L'autre est celui des Anglois sous
Charles VII. l'an 1428. & le dernier est l'an
1563. par François Duc de Guise pour le Roy
Charles IX.

Lieux A quatre lieuës de-là on peut voir Jargeau,
que l'on qui est à l'Evesque d'Orleans, petite ville : mais
assez

assez forte, & qui a un Pont pour passer sur la riviere de Loire. Non loin de-là est un fort beau jardin, joignant le Château de Jenaille, que l'on est conseillé de voir, avec une roche artificielle, bâtie ingenieusement de coquilles de tests ou coques de limaçons, & de petites pierres luisantes & de diverses couleurs, jettant des eaux qui representent diverses figures. *peut voir étant à Orleans. Gergeau Jenaille.*

Si vous voulez aller plus avant par ce mesme chemin durant quelques jours, vous pouvez donner jusques à Montargis, ville fort belle, quoi que petite, dont les ruës sont larges & droites. La venuë est par un vignoble agreable, & de l'autre part sont des prez fort spacieux. Le Château Royal, élevé sur la ville est fort grand, avec plusieurs tours rondes, & autres defenses. Il y a une salle des plus belles de France, où l'on peut joüer au balon, comme on le conte du Roy Henry IV. En l'une des cheminées du Château est gravée l'Histoire remarquable du chien, qui vengea le meurtre commis sur son maître, lors qu'il eut reconnu le meurtrier, il lui sauta au col, & quoy qu'il fût armé & se defendît bien, lui arracha la teste. *Montargis.*

En ce détour, vous avez passé Gergeau, & deux lieuës aprés Châteauneuf, beau Bourg avec Chasteau : vous avez veu aussi de loin un Monastere de S. Benoist qui est assez fort, assis sur le bord de Loire. Sortant de la forest vous avez passé par Lorris, petite ville mais agreable, qui donne nom au pays voisin. De-là par des lieux couverts & sujets aux voleurs, sous de grands arbres qui servent de cloison aux prez, vous venez en un lieu qu'on remarque pour la défaite des Allemans qui demeurerent sur la place, & finalement vous arrivez à Montargis. D'où vous *Lorris.*

D

avisez sur le lieu, s'il vous est plus expedient de revenir à Orleans par le mesme chemin ou par un autre. On conseille de voir Montargis avant que partir d'Orleans, parce que faisant le tour prescrit, en ce voyage, & on ne peut y aller autrement, puis qu'on n'y passe pas.

La source. On recommande aussi de voir une source d'eaux qui est à une lieuë d'Orleans, laquelle ne tarit jamais, & ne se gele point, & se décharge aprés dans la riviere de Loire.

Olivet. A un coin du Bourg d'Olivet, se voit un beau bâtiment, avec un jardin & verger fort delicieux, avec de belles allées sur le bord de la riviere. Le Maître du lieu est appellé Monsieur Descuyr.

Avant que prendre le chemin de Bourges, nôtre Voyageur est encore averti que la Forest *Forest* d'Orleans, par laquelle nous l'avons fait passer *d'Orleās* au détour de Montargis, est aujourd'hui de 70000. arpens de bois, ayant esté défrichée & mise en terre labourable à bleds, vignes, ou en prairie. Elle avoit esté mesurée sous le Roy François I. & avoit pour lors 140000. arpens. Elle commence à Monpipeau, va du côté du chemin Romain, & s'étend jusques à Gyen. Elle est divisée en six gardes, qui ont chacune leur nom & étenduë. Il en sort deux rivieres, sçavoir celle du Pont aux Moynes, & Bionne. Elle porte au Roy, ou à Monseigneur le Duc d'Orleans, Oncle de Sa Majesté 16000. livres de rente.

Pendant le sejour d'Orleans, on est encore conseillé de voir Sully, Duché & Pairie, parce que les bâtimens de la maison, le parc & les jardins sont bien dignes d'estre veus. Le lieu n'est qu'à six ou sept lieuës d'Orleans.

Vous irez doncques à Bourges par la Sologne

& trouverez toutes les ſçmaines, & les jours de Mercredy le plus ſouvent, des chevaux de loüage ou de relais de Bourges, leſquels ont porté des hommes à Orleans, & s'en retournent vuides, ſi vous ne vous ſervez de la commodité & à bon prix.

Vous avez à paſſer la Sologne, arrouſée de pluſieurs rivieres, qui ne portent point batteau. Vous ne verrez point de Ville en ce chemin, quelque route que vous preniez, de deux qu'il y en a. Si vous allez en hyver, ou en temps de pluye, les eaux & les boües vous donneront de la peine, à cauſe de pluſieurs ruiſſeaux qui traverſent le chemin. En temps ſec vous ne ſçauriez eſtre mieux, ou marcher plus commodement. Toutefois vous trouvez d'aſſez bonnes Hôtelleries, & qui vous contenteront, dans les Bourgs. Des deux chemins vous eſtes conſeillé de prendre celui ci qui vous meine à la Ferté à quatre lieuës d'Orleans, là où le Baron de Senneterre eſt bien logé, & a un jardin fort agreable. Aprés avoir repeu ici, laiſſant le Château & Bourg joignant de la Motte, ſituez en lieu marécageux, vous arriverez le ſoir à Pierrefuyt. De-là vous paſſez par Soiſme & à Neufvy où eſt la dînée. Vous verrez paroître de loin à main droite le Château de Nançay, qui eſt à la maiſon de la Chaſtre, paſſerez par Loigny, & finalement entrerez à Bourges.

Sologne.

BERRY.

LE Berry, où il est assis est un pays qui a la Sologne au Septentrion, le Nivernois & le Bourbonnois au Levant, le Limosin au Midy, le Poiĉtou, & la Touraine au Couchant. Il fut premierement Comté, puis Duché, baillé en Appanage aux enfans de France, dont l'un nommé Jean troisiéme, fils du Roy Jean, mourant sans hoirs mâles, la terre fut reünie à la Couronne. C'est un trés-bon pays, fourni de tout ce qui est necessaire à la vie. Il abonde en bleds & en vins, qui sont mesmes en estime, en bois & en pasturages. Les brebis & les moutons y portent des laines fort fines & en abondance, d'où vient que les habitans du pays s'adonnent grandement à y travailler, & en font un notable trafic en leurs Foires, qui sont dans tous les lieux remarquables du Berry. La marque & armoirie ancienne de Bourges, est un mouton, à cause du profit que le pays reçoit de tout temps des laines, & de la façon des draps qui sont estimez par dessus tous autres.

Bourges. Bourges est la ville capitale du pays, qui a plusieurs restes d'Antiquité des Romains, quoy que l'on ignore son fondateur. Elle est décrite soigneusement aux voyages imprimez par les Allemans, ou autres Escrivains Estrangers, à cause du sejour qu'ils y font pour la beauté de la Ville & la réputation de son Université. Elle est assise sur la riviere d'Eure, qui se divise en trois branches, dont l'une entre dans la Ville, & la traverse pour se rendre dans les fossez, la nettoye &

sert aux Teinturiers & Tanneurs. Des autres, l'une suit les fossez de la Ville, & la troisiéme qui est la grande Eure, passe au dessus du Fauxbourg de S. Pierre. Un peu hors de la Ville l'on monstre deux endroits où se noyérent des Allemans, & entr'autres un Prince avec son Gouverneur, & l'un de ces lieux en est encore appellé aujourd'huy, la fosse des Allemans. Les rivieres & marais qui environnent la ville, sont larges & profonds, & la rendent forte : & faudroit trois camps pour l'assieger & clorre entierement, l'un hors de la porte de Bourbon, l'autre hors de celle du Pont d'Auron, & le troisiéme à celle de S. Privé. La Ville a esté toûjours puissante, puis que Vercingentorix, chef des Berruyers ou Bituriges anciens, voulut bien resister à Jules Cesar. On monstre encore le lieu entre les bourgs de Solange & Nohaut, là où Vercingentorix assit son camp contre les Romains. Elle fut neanmoins forcée, & furent tuez jusques à 40000. Gaulois. Elle estoit differente d'assictte & de grandeur de celle d'aujourd'huy, & panchoit vers le marais. Ses murailles sont encore veüés à present avec admiration, comme un ouvrage des Romains, estant quasi toutes entieres & de pierre trés-forte. Aujourd'huy elle est comme en ovale, d'une enceinte fort grande & spacieuse, avec 80. tours hautes & épaisses, outre celle qu'on appelle la grosse tour, dont il sera parlé cy-aprés. La Ville paroît beaucoup à ceux qui viennent d'Orleans & d'Yssoudun, & beaucoup moins en venant de Dun le Roy, car d'icy l'on voit à peine les pointes des clochers, & les solemnitez de la ville. De-là elle se monstre toute étant panchée sur la colline.

 Le terroir voisin de la ville est recommandable par les fruicts de toute sorte, lesquels y proviennent, & les bons vins qu'on y recueille. A ceux qui viennent d'Orleans & ont encore le goust de ses vins, celuy de Bourges ne plaist pas tant. Mais l'accoûtumance de peu de jours, & ce qu'ils profitent à la santé, les font trouver assez bons & agreables.

Les bons pasturages fournissent de bonnes chairs, les forests voisines donnent des liévres & du gibier; les rivieres & autres eaux des poissons & des oyes, les jardins des herbes & des fruits pour la table. De-là vient que l'on y vit à assez bon marché, principalement si quelqu'un ayant pris un logis à soy y fait luy-mesme sa dépence : ce que toutefois il ne doit pas faire, s'il n'est accompagné de deux ou trois qui vivent avec luy.

Eaux. Au Fauxbourg de S. Privé est une fontaine ou source d'eaux aigrelettes & salubres, là où en Esté aux heures du matin se rend un grand nombre de personnes, qui en prennent pour conserver leur santé. On les recommande principalement pour ceux qui sont travaillez de la pierre.

Langue. Les Estrangers trouvent que l'on y parle bien & approchant du langage d'Orleans, comme étans au centre de la France, & l'on montre un grand arbre qui marque ce centre-là.

Eglise S. Estienne. L'Eglise de Saint Estienne est la Cathedrale, laquelle est entiere, fort grande & bien bâtie, s'il y en a en France. Elle est embellie de plusieurs sculptures en dehors, & sur l'une des portes est representé le dernier Jugement, qui attire la veuë des curieux. Il y a deux tours ou clochers, dont l'un est fort haut, & bien bâty, qui sert en temps de guerre pour y loger une sentinelle à découvrir les gens de cheval qui arrivent à la ville. En cette Eglise est une Chappelle de Claude de la Chastre Gouverneur d'Orleans & de Bourges pour le Roy, vaillant Capitaine, qu'on dit avoir servy six Rois de France. En celle de S. Pierre, que l'on peut voir aussi, sont enterrez trois grands Jurisconsultes François, Duaren, Contius, Cujas.

La sainte Chappelle, bâtie par Jean Duc de Berry, frere du Roy Charles V. Prince somptueux & magnifique en bâtimens, merite bien d'estre veuë. Elle a du rapport à celle de Paris. On voit là plusieurs belles pieces & vases d'or, d'argent & autre matiere inconnuë, la Couronne du Duc de Berry, & autres qui portent une lampe, avec un cerf fait de bois de la mesme grandeur que le Duc de Berry l'avoit pris. On y montre aussi les os d'un certain Geant nommé Briat, qu'on appelle neanmoins le Geant de Bourges, qui avoit quinze coudées de hauteur. *Sainte Chapelle*

Prés de la sainte Chappelle est le Palais du Duc de Berry, qui sert aujourd'huy pour tenir la Justice. Le bâtiment en est beau, mais n'est pas achevé.

Vous n'estes pas loin de la grosse tour, environnée de plusieurs autres moindres, qui sert de defence à la Ville du côté que l'on peut y aborder à sec. On n'en trouve point de pareille ailleurs. Celle de Noremberg bâtie contre les portes en approche, avec la Tour de Constance à Aygues-mortes en Languedoc. Elle est épaisse de trois toises ou environ, ceinte d'une muraille & de fossez, ce qu'on attribuë à Philippes Auguste Roy de France, environ l'an 1190. On y entre au fonds de deux endroits, sçavoir de la ville sur un pont levis, & une porte assez grande, & du fossé, par une porte étroite, par *La grosse Tour.*

D iiij

laquelle l'on l'avoit surprise autrefois, mais par contre-trahison, ceux qui étoient déja entrez par-là, furent tuez ou pris, ce que les habitans vous racontent encore. Le haut ou donjon n'a qu'une entrée bien étroite. On voit là une machine de guerre, pour lancer des pierres, d'une grandeur merveilleuse, & une cage de bois treillissée & ceinte de barres ou lames de fer, où Loüis Duc d'Orleans, depuis Roy XII. du nom a esté autrefois detenu par le Roy Charles VIII L'artillerie est au plus haut, pour la defence de la ville : Il y a toûjours garnison & Gouverneur lequel y a un beau logement.

Hôtel de Ville. L'Hôtel de ville est presque au milieu de la ville nouvelle, & à l'extremité de l'ancienne. La ruë des Augustins est derriére, où estoit anciennement le fossé de la ville de ce côté-là. Le College des Jesuites en est prés, & le lieu où estoit l'ancien Amphitheatre, qu'on nomme les Arenes, de mesme qu'à Nismes, où neanmoins le bâtiment est entier, & icy l'on ne void que la place.

Maison de Jacques Cœur. La ville a beaucoup de maisons splendides pour les particuliers, mais celle de Jacques Cœur, qui vivoit sous le Roy Charles VII. est la plus remarquable. On dit qu'elle a autant de fenêtres qu'il y a de jours en l'an. Aux vîtres de l'une se void delicatement peinte & representée toute la ceremonie du Sacre de nos Roys. On croit aussi que de cette maison on peut aller sous terre quelques mille pas.

Elle a plusieurs belles places & entr'autres celle de Saint Pierre, embellie d'un double rang d'arbres pour la promenade.

Jardin de Mercier. Le Jardin de Jean Mercier, natif d'Usez en Languedoc, Professeur en langue Hebraïque à

Paris, & lequel fut aussi Professeur en Droit à Bourges, se montre hors de la ville, & y sont les portraits de la plusparr des Professeurs de cette Université, qui ont acquis reputation par leurs écrits.

Josias Mercier sieur des Bordes, son fils, l'a possedé aprés luy.

Les carrieres sont sur le chemin qui va à Dun-le-Roy, d'où l'on tire de bonne pierre à bâtir.

Bourges est le siege d'un Archevesque, qui se dit Primat d'Aquitaine.

L'Université est fort renommée & celebre, érigée sous le Roy Loüis XI. Alciat, Eguinarius, Baro, Rebuffe, Balduin, Duaren, Contius Donel, Hotoman, Mercier & Cujas y ont enseigné, & se sont tous signalez par leurs écrits. Les noms de tous ces excellens Professeurs sont remarquez sur la muraille de l'Auditoire, & leurs images sont au jardin de Mercier, qu'on est encore curieux de conserver.

C'est un Bailliage & Siege Presidial, qui a un fort beau ressort. Yssoudun, Dun le-Roy, & autres villes, ont esté érigées en Bailliages.

Si l'on veut prendre du divertissement hors la ville, & voir quelques lieux qui le meritent, on peut aller premierement à

Boitbelle, qui est à demy journée de Bourges; c'étoit autrefois un méchant Bourg, qui estoit au Duc de Nevers, de qui le Duc de Sully l'ayant acquis, il le fit eriger en Principauté par le Roy Henry IV. & pour la memoire de ce bien-fait, appella le lieu Henrichemont : Il y fit deslors bâtir de fort belles maisons dans des ruës bien disposées & allignées, & à l'entour d'une belle place; c'étoit le dessein d'une belle & agreable ville dans un mauvais fonds & peu revenant. Le lieu est appellé aujourd'huy vulgairement Rougemont.

Mehun. 2. Mehun, ville assez belle, avec un bon Château & bien assis, à quatre lieuës de Bourges. On voit icy avec plaisir dans les marais un nombre infiny d'Oyes sauvages.

Yssoudun. 3. Yssoudun est à six lieuës de Bourges, assez grande ville, avec plusieurs Eglises dans la Ville & aux Faux-bourgs. Le Château joignant à ses murailles & fossez, étant comme une ville, avec une grosse Tour qui lui sert de defence. La maison du Roy, l'Auditoire de la Justice, l'Eglise S. Estienne, le Convent des Benedictins, & les maisons des plus apparents sont dans son enceinte. En ce chemin vous laissez Coudray, Château fort agreable, avec un grand vivier. Vous laissez aussi Charroux, où l'on peut remarquer quelque chose d'ancien.

La Chastre & Argenton sont trop éloignez, pour s'y aller promener. La Chastre est éloignée des meilleures villes du Berry. *Argenton* separe le Berry de la Guyenne, & son Château est trés-fort. La plus grosse de ses Tours est appellée d'Eracle, Heraclius Empereur, où se voit la figure d'un Taureau, avec ces mots : *VENI, VICI.*

Chemin de Bourges à Poictiers. Si vous desirez, ou qu'il vous soit necessaire, aller de Bourges à Poictiers, vous n'avez qu'à prendre le chemin qui vous est montré ci-dessous, & passer par les lieux suivans.

Yssoudun sept lieuës.

Château-Roux sur l'Indre, avec Château-magnifique, c'est une ville & Baronnie ancienne, maintenant possedée par Monsieur le Prince, en titre de Duché & Pairie, sept lieuës jusques icy, les chemins sont trés-mauvais en Hyver ou en temps de pluye. Aprés avoir fait une lieuë, la terre commence d'estre pierreuse & sablonneuse, qui n'est pas incommode à faire chemin, lors qu'il pleut.

Aprés avoir passé par les lieux de Luant & Neret, vous arrivez à Mele, six lieuës.

Vous passez aussi par Lirou, Ruffet, la petite Creuse riviere du pays, & arrestez à Blanc en Berry, six lieuës.

Ingrande, assise sur une riviere que l'on traverse auparavant avec un bâteau, vient ensuite deux lieuës.

Le petit Bourg de S. Savin est distant de là d'autres deux lieuës ; il est assis en lieu fort agreable où l'on vit à bon compte.

Chavigny est sur ce mesme chemin, & à quatre lieuës de-là il y a un fort grand Château.

A cinq lieuës de-là l'on trouve Poictiers, qui est le but de ce petit voyage.

Il y en a qui font l'entier chemin dans trois jours, en temps d'Esté. Mais il se peut faire commodement & à l'aise en trois journées & demie. La premiere couchée peut estre à Château-roux, la seconde à Blanc en Berry, & la troisiéme à Chavigny. Il faut maintenant reprendre nôtre tour.

Nôtre Voyageur ayant passé l'Hyver à Orleans & à Bourges jusques aux festes de Pâques, s'il est estranger, ne sera pas encore bien assuré en la langue Françoise. Il le faut doncques mener ailleurs, où il continuëra d'apprendre, & se confirmera en ce qu'il y sçait déja : c'est en une nouvelle ville qui n'est connuë & estimée des Etrangers, sçavoir Moulins en Bourbonnois. On n'est pas d'avis qu'il y aille par le droit chemin, puis que hors de Dun-le-Roy (jusques où, étant à Bourges, il a pû aller se promener) il n'y ver-

Où il faut aller de Bourges.

D vj

roit que des forets & des lieux incultes & de peu de consideration.

 Il est conseillé de partir de Bourges de bonne heure, & après avoir dîné promptement en chemin, ou tout d'une traite, ce qui se peut faire, aller en diligence à S. Amand, ville bien assise entre un agreable vignoble. Le Château de Moutron en est proche, & appartenoit à Monsieur le Prince par acquisition du Duc de Sully, qui l'avoit fait rebâtir & fortifier de fossez taillez dans le Rocher, & de bastions revêtus de pierre. C'étoit la demeure de Monsieur le Prince, étant dans le Berry.

Saint Amand Moutron.

 Le Bourg d'Ainay est à deux lieües de-là, avec un Château assez fort, où l'on peut aller si l'on a du temps de reste. Le lieu est à un Seigneur qui en porte le nom.

Ainay.

 De S. Amand l'on doit aller droit à Bourbon, dit l'Archambaud, ville qui a un Château, d'où le Pays & la Famille Royale ont pris nom. Bourbon Lancy est en Bourgongne, de là Loire, & y a apparence que deux freres Barons de Bourbon, ayans partagé ensemble, l'aîné dit Lancy ou ancien, ou Lanceaulme eut celle-cy pour sa portion, & Archambaud l'autre. La terre a esté depuis érigée en Duché & Pairie. Le Château est assis sur un rocher eslevé & de difficile accez, avec quelques fortifications : Il a quelques montagnes voisines qui le commandent.

Bourbon l'Archambaud.

Château.

 La Sainte Chapelle y est bâtie comme celle de Paris, par Jean Duc de Bourbon. On y garde une partie de la vraye Croix, & une épine de la Couronne de Jesus-Christ, enfermée dans un cristal. On y voit aussi des peintures excellentes aux vitres, & des statuës de bois & de marbre, fort bien travaillées. On recommande fort les

Sainte Chapelle.

DE FRANCE. 85

eaux de Bourbon Larchambaud, qui sont au milieu de la Ville, pour estre chaudes & desseichantes.

Eau de Bourbon.

A quatre lieües de-là est Moulins, ville capitale de Bourbonnois, ville autant agreable qu'il y en ait en France.

Le Bourbonnois a du Couchant le Berry & la Marche, du Midy le Forests & l'Auvergne, du Nord le Nivernois, & du Levant la Bourgogne. Le Pays est pour la pluspart remply de forests, & de collines & là où les forests ne sont point; le nombre des arbres dont les champs & les vignobles sont couverts, donne quelque ressemblance de forest. Les choses necessaires à la vie n'y manquent point, principalement le poisson, tant à cause des Estangs, que de la riviere d'Allier qui est fort poissonneuse, & de Loire aussi.

Bourbonnois.

La ville capitale du Pays, c'est Moulins, assise sur la rive droite d'Allier, belle riviere & navigable à ceux qui viennent de Bourges, & qui a une demy-lieüe descendant de la colline : l'aspect de la ville est trés-agreable au Prin-temps & en Esté. Vous prendriez la ville pour un jardin & une forest, comme si ce n'étoit qu'un lieu complanté d'arbres, & diversité de tours & d'édifices qui paroissent de-çà & de-là. La ville est petite, mais elle a huit beaux & grands Faux-bourgs dont une partie a esté close de murailles, soit depuis long-temps, soit depuis les guerres. Les ruës principales y sont nettes & les maisons belles. Le dehors, tant les Faux-Bourgs que les autres lieux, est remply de jardins & vergers trés-agreables. La promenade y est fort belle le long de la riviere d'Allier dans des prez fort spacieux, qu'on appelle Champbonnet.

Moulins

Les Eglises principales sont celles de Nôtre-

Eglises. Dame & de S. Pierre. Le College des Jesuites est dans un Faux-bourg devant la porte par où l'on vient à Paris.

Château. Le Château est grand & magnifique, où demeure des Ducs de Bourbon, dont les effigies au naturel sont dans une gallerie. La basse-cour a une trés-belle Fontaine. C'est une maison de plaisance, assortie de tout ce qui se peut desirer pour la rendre agreable. On y montre aussi dans une chambre la peinture d'un certain Geant dont les os, à ce qu'on dit, sont à Valence en Dauphiné. Le doüaire des Reynes de France est communément assigné sur le Duché de Bourbon & autres terres voisines.

Jardin Royal. Le jardin joignant le Château est trés beau, ayant une fontaine d'eau saillante, & une petite maison entourée d'eaux, à laquelle on va par un Pont. Ce Pont est bâty en sorte que s'il n'est arresté par un gros cloud de fer, ceux qui marchent dessus, tombent dans les eaux qui sont dessous. Ce qui arrive à plusieurs, & à tous ceux qui n'en sont point avertis. Les orangers, citronniers & autres fruits semblables sont entretenus en un endroit separé dans le jardin.

Le Parc. Le Parc est éloigné de la ville environ une lieuë, où la promenade est fort delicieuse, comme elle l'est aussi en toutes les issuës de la ville, jusques-là qu'on se peut promener huit jours durant sans aller par un mesme chemin.

Coûteliers. Dans les faux-bourgs, principalement en celuy des Cordeliers, sont les Coûteliers en grand nombre, qui travaillent fort bien, & vendent à tous les étrangers les coûteaux & ciseaux de leur façon, lesquels on estime fort bons.

Baillard de Les étrangers dans leurs voyages publics recommandent icy de voir plusieurs hommes do-

DE FRANCE. 87

êtes, residans à Moulins, & y exerçans des charges publiques. Ils se loüent aussi grandement de la bonne conversation & courtoisie des jeunes gens de la ville, comme aussi de l'exercice & pratique de la langue Françoise, qu'on y peut apprendre aussi-bien qu'ailleurs.

Nôtre Voyageur ne fera point mal, étant à Moulins, de donner jusques dans l'Auvergne, & d'y voir ces trois villes qui sont si proches les unes des autres, sçavoir Clermont, Montferrand & Riom. Elles sont fort belles & agreables, & ont des curiositez assez grandes pour l'y attirer. Si le temps & la commodité le permettent il peut aussi voir les pays de Forests, où est la ville de S. Estienne, où le fer est mis en œuvre pour fabriquer toute sorte d'armes, canons, d'arquebuses, mousquets, pistolets, épées, &c. par la commodité qu'ont les habitans, tant des eaux que du charbon de pierre. On y verra aussi Mombrison & Saint Germain-la-Val, qui portent de trés-bons vins, avec Roane, trés beau bourg, si il y en a en France, & qui vaut mieux que plusieurs autres villes. Il est assis sur la rive gauche de Loire, qui commence-là de porter bateau, bien que ce soit à trente lieuës de la source. On s'y embarque pour Orleans, Paris, Tours & Rennes. De-là on peut revenir à Moulins, par la Palisse ville agreable, avec château.

Il faut dire adieu à Moulins sur la fin de May, selon la distribution du temps que nous avons fait cy-devant, & venir à Nevers. Le Nivernois, dont elle est la capitale, est bornée au Levant du Duché de Bourgongne, au Midy du Bourbonnois, au Couchant du Berry, & au Nord du Gastinois & de la Sologne. Il est arrousé de trois rivieres, qui sont navigables, à sçavoir

Corgenny Duret N. de la Vale. Cosmographe. Voyage en Auvergne, estant à Moulins.

Roanne.

Nivernois.

Yonne, Alliers, & Loire. C'est un pays abondant en pâturages, en bois à bâtir & à chauffer, & en trés-bonne pierre. La terre a esté érigée en Duché & Pairie hereditaire dés l'an 1538.

Nevers. Nevers est d'un trés-bel aspect à cause de ses hautes tours, principalement à ceux qui viennent de Bourbon. Elle est assise sur la riviere de Loire, là où celle de Nyevre s'embouche dedans. On la peut diviser en ville & cité, qui est la ville ancienne, quoy que depuis long-temps tout soit compris dans les murailles nouvelles.

Eglise de saint Cyre. L'Eglise Cathedrale est celle de S. Cyre, assez grande, avec son clocher enrichy en dehors de plusieurs images de relief en pierre. Il y a aussi un College de Jesuites.

Le Château. Le Château des Ducs de Nevers est assez beau, tant l'ancien, que les nouveaux bâtimens qu'on y a faits avec une grande place quarrée. On voit dans le cabinet du Prince, une table de marbre de trés-grand prix, sur laquelle est une table moindre de la mesme matiere, laquelle est transparente, si l'on la tourne contre le Soleil, ou contre une lampe. On voit là-dessus les plus belles & ravissantes peintures que la Nature & l'Art peuvent avoir.

Le Pont Le Pont sur Loire joignant la ville, est trés beau & bien defendu. Il estoit autrefois plus long qu'il n'est aujourd'huy. Il a vingt arches & vingt piles de pierre de taille. Les deux bouts du Pont ont leur pont-levis, l'un devers la ville, l'autre devers les champs, avec de fortes tours pour battre aux avenuës.

Pougues On peut sejourner icy une ou deux semaines pour le moins. Les eaux de Pougues n'en sont qu'à deux lieuës, on y doit doncques aller, à cause de leur reputation par toute la France, & de la bonne compagnie qu'on y rencontre de plusieurs personnes de qualité, lesquelles y vont pour les prendre. Desise, quoy qu'à sept lieuës de Nevers, vaut bien la voir. Elle est située en une Isle que forme la riviere de Loire, qui n'est point plate comme les autres Isles, mais s'éleve en une petite montagne, où est le Château & partie de la ville, qui a icy ses vieilles murailles. La ville est ancienne, ce que remarquent plusieurs medailles des Romains, que l'on y trouve. *Desise*

Nous sommes déja à la my-Juin, selon le temps que nous avons départy cy-dessus. Vous pouvez loüer un bateau jusques à Orleans. Vous verrez en descendant, à main droite un agreable vignoble, & ayant avancé une lieuë ou environ, vous verrez la riviere d'Allier se joindre à celle de Loire. Le Bourg en est appelé à cette occasion Conflans, comme qui diroit confluent de rivieres. Ceux qui se font porter de Moulins ici par l'Allier, passent par un lieu qui se nomme la ruë de Paradis, qui en a un autre tout proche, appelé la ruë d'enfer. Ceux aussi qui vont par terre, passent par un lieu nommé comme ce dernier, qui est trés difficile de franchir en Hyver, où lors qu'il pleut. Aprés avoir passé Conflans, la premiere ville qui vous reçoit, c'est la Charité, dont il est fort parlé dans l'Histoire de nos guerres, principalement de l'an 1575. qu'elle fut assiegée, battuë & renduë par composition. Elle est assise sur la rive droite de Loire, qu'on y passe sur un Pont. La colline prochaine produit de fort bon vin. La seconde est Sancerre, quoy qu'elle soit éloignée de Loire de cinq cens pas ou environ, estant sur une montagne, dont la riviere baigne le pied. L'Hôtellerie est sur la rive qu'on appelle vulgairement le port de saint Thi-

Conflans

La Charité.

Sancerre

bault, d'une Eglise de saint Thibault, qui est proche. Elle est dans le Berry, & porte titre de Comté ancien, parvenu à la Maison de Bueil. Sa montagne porte bled & vin, qu'on estime à l'égal des meilleurs de France. Le circuit de la ville est de deux mil cinq cens pas, en quatre portes, dont l'une porte le nom de Cesar. Le Château est au sommet de la montagne, entre les portes de Cesar & de l'Oye. Le siege qu'elle *Siege de* a souffert autrefois, avec une constance incroya- *Sancer-* ble, pareille à celle de Hierusalem & de Nu- *re.* mance, ayant assouvy sa faim de viandes non convenables aux hommes, & finalement de chair humaine. Ayant esté renduë par composition, ses murailles turent rasées. On y void des femmes fort hautes, & de grand courage, ce qu'elles témoignerent en l'occasion ja dite.

Pour continuër vôtre chemin d'icy à Orleans, il faut laisser Gyen, bonne ville, & Gergeau, dont nous avons déja parlé.

Orleans. Estant revenu à Orleans, où vous avez cy-devant fait du sejour, vous pouvez vous y reposer & rafraîchir pendant quelques jours, & vous réjoüir avec les amis que vous y aviez faits, si vous en étiez party avec leur bonne grace. D'icy vous avez la commodité tous les jours de descendre à Blois, à peu de frais.

Mehun Il faut icy passer par Mehun sur Loire (pour *sur Loi-* le distinguer de Mehun sur Yevre en Berry, que *re.* nous avons mentionné) & Baugency, tous les *Baugen-* deux sur la rive droite de Loire, & ce dernier assis *cy.* en lieu agreable & fertile, jusques où l'on conte sept lieuës. Les estrangers se retirent icy quelquefois d'Orleans, pour éviter la hantise trop grande des habitans d'une mesme ville, & pratiquer plus fidelement la langue Françoise,

DE FRANCE.

A six lieuës plus bas est une forte petite ville nommée S. Dieu. Ceux qui veulent profiter du temps, sortent icy du bateau, & dans un coche de loüage, ou à cheval s'ils le peuvent, ou bien à pied, s'ils sont assez vigoureux, s'en vont à Chambourg, Château & Maison Royale, & de-là à Blois.

Chambourg.

Cette maison est environnée de toutes parts de terres trés-fertiles, de forests pleines de chasse, de Bourgs, & de petites villes bien peuplées. Elle fut commencée à bâtir magnifiquement & à la Royale par le Roy François I. revenant de sa prison en Espagne, lors mesme qu'il faisoit bâtir prés de Paris autre Madrid. Elle ne fut pas pourtant achevée, quoy que dix-huit cens ouvriers y eussent esté employez pendant douze ans continuels. L'architecture de tout l'ouvrage est fort excellente. Elle a un fort agreable aspect de loin, par ses petites tours & cheminées qui paroissent aussi comme autant de petites tours. On y monte par un double escallier à vis si large, que ceux qui montent ensemble de-çà & de-là peuvent parler ensemble, sans s'entrevoir, de sorte qu'un côté est dérobé à l'autre par un singulier artifice. Il y a deux cens septante-quatre degrez. Lors que vous estes au bout, vous pouvez jetter droit par le noyau jusques au bas une paume, pomme, ou telle autre chose. Un petit ruisseau passe tout contre, qui porte du poisson : L'ayant conduit tout à l'entour, la maison peut estre tournoyée, avec un petit bateau ; Cette maison fut veuë & estimée par Charles V. Empereur, passant en France.

Il reste trois lieuës à faire par un chemin trés-agreable, pour arriver à Blois. La ville est assise sur la riviere de Loire à la rive droite, & à la

Blois]

gauche luy eſt oppoſé un Faux-bourg qui eſt joint à la Ville par un Pont de pierre, ſur lequel ſe void une Pyramide dreſſée l'an 1598. avec une inſcription, qui porte que le Pont ruiné pendant les guerres a eſté remis & rebâti par Henry le Grand. Les ruës y ſont eſtroites & mal diſpoſées, touteſfois fort nettes. Les maiſons bâties de pierre, couvertes d'ardoiſe.

Château de Blois. Le Château a eſté bâti par deux grands Rois, Loüis XII. & François I. & par la Reyne Catherine de Medicis. L'Heriſſon & la Salemandre épars çà & là témoignent l'ouvrage de ces Roys, dont l'un ſçavoir Loüis XII. ſe voit encore à cheval à l'entrée. Monſieur le Duc d'Orleans, oncle du Roy reguant a fait démolir le derriere, bâti par la Reyne Catherine, & y a commencé un trés-beau bâtiment.

Jardin. Prez du Château eſt le jardin ſeparé en deux parties haute & baſſe. Monſieur le Duc d'Orleans l'a enrichi de pluſieurs ſimples, rares & recherchez de divers endroits, en trés-grand nombre, & a logé ſes antiques de marbre, bronze, & autres dans la gallerie de l'aile droite, longue de trois cens pas, & bâtie par Henry IV. avec pluſieurs tableaux & pieces curieuſes recouvrées des pays plus éloignez. Hors du jardin ſe voyent pluſieurs allées & rangs d'arbres juſques à la foreſt, qui eſt à demi-lieuë de là. On deſcend de deux endroits du jardin haut au bas, & y a double ciſterne, avec une fontaine d'eau ſaillante, couverte de bois bien travaillé. Dans une allée du jardin bas, ſe void encore la graveure d'un cerf pris du temps de Loüis XII. & ayant une corne à vingt-quatre rameaux.

Egliſe de ſaint En la premiere cour du Château eſt l'Egliſe Collegiale de Saint Sauveur, où ſont les tombeaux de quelques Comtes de Blois.

On remarque aussi le jeu de paume de Blois, long de 57. pas & large de 20. estimé le plus grand de toute la France, si celui de S. Germain en Laye ne lui est comparable. Les Aqueducts, ou leurs restes prés de Blois sont aussi veus avec curiosité pour leur hauteur & largeur, capables de recevoir trois hommes de cheval à la fois. L'Orcheze, que les habitans du pays disent avoir esté le premier de Jules Cesar est aussi à voir, à deux lieuës de la ville. *Sauveur Jeu de Paume.*

Le bon air de la ville, preferable, à ce qu'on dit, à tout autre de France, a fait que les Rois y ont fait leur sejour, & y ont fait nourir leurs enfans. Le terroir est couvert des vignes, d'où vient un vin trés-bon & sain, de fruits des eaux qui jallissent par tout. Le laitage y est abondant, & la bonté de ses cresmes est publiée par tout, soit à cause des herbages naissans au Val de Loire, entre Blois & sainte Gervaise, soit à cause de l'air des caves de sainte Gervaise.

A deux lieuës de Blois se tire de la terre grasse & visqueuse, que l'on compare au bol de Levant, ou à la terre seellée qu'on porte de l'Isle de Stalimene, ou Lemnos aux anciens. *Terre seellée.*

Les Habitans sont courtois envers les Estrangers, fort propres & nets : s'adonnans à l'agriculture & au negoce. Les meilleurs Artisans sont les Orfévres, & particulierement les Horlogers, dont les montres sont en estime par tout. Les Selliers aussi, à cause des peaux des chevreuls qui leur servent, & qu'ils prennent dans leurs forests, travaillent avec reputation de leurs ouvrages. *Artisans.*

La langue Françoise y est en sa pureté & delicatesse en la ville & aux champs. Elle y est mes- *Langue* mes enseignée aux Estrangers, qui y profitent doublement, & par la pratique, & par les preceptes contenus en certains livres faits sur les lieux.

Ce qu'on peut voir dehors.

Pendant le sejour agreable de Blois, & à vôtre commodité par divertissement, vous pouvez visiter les lieux suivans.

Busy.
1. Busy, qui n'en est qu'à trois lieuës : Château magnifique & spacieux, qui fait voir au milieu de sa cour sur une colomne, l'image du Roy David en bronze, laquelle est de grand prix, & a esté apportée là de Rome, depuis six-vingts ans : On y void aussi les portraits de plusieurs Rois & Empereurs, avec celle du Moine Furstemberg, qui inventa la poudre & l'Artillerie. Le lieu d'où se tire la terre seellée, dont nous avons parlé, & l'Orchese, se peuvent voir par mesme moyen, comme estans proches.

Vendosme Lac admirable.
2. Vendosme, ville qui porte tiltre de Duché, sur Loire. Son Château est fortifié de quatre bastions. Le Lac qui est proche, est plein durant sept ans, & sec autant de temps, à ce qu'on a dit & écrit, donne la curiosité de le voir. Lors qu'il est sec, ou ne void que des abîmes, où les eaux reviennent à certain temps, & lors les habitans du pays jugent & reconnoissent la fertilité des sept années suivantes.

Châteaudun.
3. Châteaudun, ville avec Château, sur le Loire. L'assiette du lieu & la fortification le rendent considerable. Les Faux-bourgs sont plus grands que la Ville, & les maisons y sont plus belles. La ville ayant esté ruinée pendant les guerres civiles, les habitans l'ont remise. Elle est capitale du Comté de Dunois, & appartient au Duc de Longueville.

Il faut continuër vôtre voyage, & rentrer

dans le batteau, pour les villes qui sont sur la riviere de Loire.

Aprés avoir veu Chaumont à main gauche, Chasteau relevé & superbe, & passé plusieurs autres loges & habitations soûterraines, comme il y en a dans la Touraine, Amboise vous recevra: c'est une ville trés-bien assise, en lieu sain & agreable, d'où vient qu'on l'a choisie cy-devant, de mesme que Blois, pour y nourrir les enfans des Roys. Elle n'est point grande, mais le maisonnage en est propre & agreable. Il faut visiter son Château trés-fort, ses tours épaisses, élevées depuis le bord du Loire, jusques au sommet de la montagne. On y montre dans une Chapelle une corne de Cerf suspenduë, de plusieurs branches, & de grandeur immense. On ne sçait si elle est naturelle, ou faite avec artifice. Le logement y est beau en sales, chambres, & un Arsenal plein de gros canons. *Chaumont. Amboise*

A trois lieuës de-là, & à douze de Blois, est le Château & maison de Chenonceaux, bâtie & enrichie de marbres anciens par la Reyne Catherine de Medicis, où l'on fait cas de la statuë de Scipion l'Affricain qui est d'un marbre fort precieux, & d'autres qui ont esté apportées d'Italie à grands frais. Elle est assise sur le Cher, & bâtie sur un pont. A present le Duc de Vendosme la possede. Le lieu vaut bien qu'on prenne la peine de le voir. *Chenonceaux.*

Descendant plus bas qu'Amboise, on passera le bourg de Montloüis, qui n'a point de maisons élevées sur terre, mais bien quelques loges taillées sur le rocher, qui ne montrent au dehors sur le gazon verd, que des cheminées. On voit dans la Touraine & au pays voisin de tels Bourgs qui sont entiers, & ne paroissent qu'à moitié. *Montloüis.*

Tours. Aprés cela on découvre Tours. La riviere de Loire luy est au Levant, Pludie au Midy & au Couchant. Un peu au dessous de la ville le Cher se joint au Loire, où est le pont S. Edme, de dix-huit arcades. La ville est trés-belle & agreable, de mesme que l'entier pays de la Touraine qu'on appelle communément le jardin de la France. Ses ruës sont longues & fort nettes, les maisons y sont revétuës d'ardoise, & la plus grande partie des murailles de dehors. Sa forme est un peu longue, & son Eglise principale est celle de saint *Eglise* Gratian, vulgairement saint Gassian, qu'on croit *de saint* estre un ouvrage des Anglois, dont l'horloge *Gratian* entr'autres choses montre le jours de l'an, de la semaine & l'accroissement ou decroissement de la Lune. Les petites cloches sonnent les heures de la Messe, & sur ce son la porte s'ouvre, par laquelle certains Prestres marchent en ordre. Elle a deux tours, desquelles on découvre agreablement la ville & les environs.

Celle de S. Martin est grande, mais elle n'est *Eglise* pas assez ouverte: bâtie d'une pierre quarrée, & *de saint* enfermée en quatre tours. Ses beaux Orgues *Martin.* & son Autel magnifique lui servent d'ornement. Les Os & Reliques de S. Martin, Evesque de Tours y ont esté gardées curieusement & venerées. Celle de S. Sernin fait voir l'Histoire de la Resurrection de Nôtre Seigneur depeinte avec grand artifice.

Le Château de Tours est vieil & ruiné. Ses *Faux-* faux-bourgs sont grands & beaux. L'un d'iceux *bourgs.* qui est de-là Loire est joint à la ville par un beau Pont. Ceux qui arrivent doivent loger dans le faux-bourg qui est assis sur Loire, dit S. Pierre des Corps, en l'hôtellerie où est pour enseigne les trois Empereurs, & où se retirent d'ordinaire

les

les Seigneurs estrangers, tant pour la commodité du lieu, que pour la courtoisie & addresse qu'ils reçoivent du sieur Barré leur Hoste.

On a veu autrefois à Tours chez un Chanoine nommé le Chantre, un cabinet remply de toute sorte de médailles d'or, d'argent, de bronze, & autres, avec quantité de pieces rares & exquises, & entr'autres un drap tissu de bois, representans deux Indiens sauvages dormans, une pierre dite pont-arbe, une main de pierre, representant une veine au naturel, qu'on disoit estre venuë du Roy d'Espagne, plusieurs coupes d'ambre, & autre matiere rare.

On remarque aussi à Tours le jeu de maille, long de mil pas, & ombragé de sept rangs d'arbres trés-beaux. Il est entretenu curieusement, n'étant pas permis d'y joüer dés qu'il pleut. *Jeu de maille.*

Les manufactures de soye & le lanifice ont grand lieu en cette ville-cy, ce qui luy cause un bon negoce de draps de toutes sortes. Les soyes y sont teintes par excellence. Les revenus provenans des fruits, transportez commodement par la riviere de Loire, contribuent aussi à rendre les habitans aisez. C'est un Archevesché, Siege Presidial, & Generalité de Finances. On s'y souvient encore de la défaite des Sarrazins par Charles Martel, comme si c'étoit chose avenuë depuis peu d'années.

Un peu loin de Tours on peut voir les lieux suivans. *Ce qu'on peut voir hors de la ville.*

1. L'Abbaye de Marmoustier, de-là Loire, où l'on a de coûtume d'aller sur un batteau de loüage. Le Convent est fort grand & agreable, avec une trés-belle Eglise, qui reçoit le jour par trois fenestres bâties en forme de rose. On monte delà par plusieurs degrez en la maison de l'Ab- *Marmoustier Abbaye de Sain-*

E

te Am-
poule.

bé. C'est ici que l'on garde une Sainte Ampoule, pareille à celle de Rheims, que l'on montre plus facilement que celle-cy. Elle servit au Sacre du Roy Henry IV.

2. Le Château ou maison du Plessis, dit lez Tours bien logeable & orné de trés-belles galeries. C'est le logis du Roy, estant au pays. Elle a un verger fort agreable, & toute la maison est entourée de jardins. L'Eglise de Saint Cosme n'est pas loin de-là.

3. Le Convent des Capucins, bâty de nouveau de-là Loire, fort grand & beau.

4. La cave goutiere, prés de Colombiers, deux lieuës de Tours, où le froid est extréme en Esté, & les goutes qui distillent d'enhaut, se glacent & convertissent en pierre trés-dure.

Loches.

5. On peut aller encore plus loin jusques à Loches, assis sur l'Indre, & sur la pente d'une montagne avec le Château dessous. C'est une trés-belle forteresse. Le rocher y a en circonference prés de 12000. pas. On a mis en un le logis du Roy & celuy de la belle Agnes, Maîtresse du Roy Charles VII. La grosse Tour est aujourd'huy découverte. Le Donjon & les cages y sont encore, qui servent de prisons. Le Convent de Beaulieu est proche, où l'on remar-

6. Beaulieu.

que entr'autres choses une Pyramide de pierre gravée de lettres Gothiques. Le Château & Vi-

7. Paulmy.

comté de Paulmy, l'un des plus superbes & agreables de France, n'en est pas loin aussi, avec

8. Chinon.

un parc long de deux lieuës. Chinon aussi est proche, lieu fort agreable, sejour du Roy Charles VII. & pays de Fr. Rablais, Medecin.

Saumur

De Tours il faut descendre à Saumur, scise dans l'Anjou. Elle est petite en l'enclos de ses murailles, mais ses Faux-bourgs sont trés-grands & beaux de-çà & de-là Loire. Le Pont est trés-beau, à l'entrée duquel est une place fort belle & agreable, pour s'y promener, avec quelques Isles habitées. Le faux-bourg de la Loire est clos, & a son fossé. Le Pont aussi a une grande & grosse tour. La ville est assise au pied de la montagne, & au sommet est le Château trés-fort, avec trois bastions ou éperons devers la Ville, revêtus de grosse pierre quarrée. C'est une veuë trés-agreable de ce Château sur Loire, de la plaine voisine couverte d'arbres. Les murailles de la ville sont trés-belles, avec leurs tours qui s'entresuivent. La ville a esté autrefois tenuë par ceux de la Religion Pretenduë Reformée, lesquels y ont un beau Temple, & un College: Et pour les Catholiques, les PP. de l'Oratoire y en ont aussi. La ville a esté & est encore frequentée des Allemans, Flamans, & Anglois, tant pour la beauté du lieu, & qu'il y fait bon vivre, à prix honneste, que pour les divers exercices, dont on y trouve les maîtres pour les Estrangers qui en sont curieux.

Au bout du Faux-bourg où passe Loire, est une Chapelle dediée à Nôtre-Dame, dite des Ardilliers, frequentée par les malades pour la reputation des miracles qui s'y font. *Nôtre-Dame des Ardilliers.*

Du mesme costé & à demy-lieuë de-là, sont des carrieres, où l'on peut aller sous terre prés de demy-lieuë, avec une trés-grande fraîcheur, au plus fort de l'Esté. De l'autre part est un pré fort long, dit le Chardonnet; passé lequel vous arrivez à l'Abbaye de S. Florian, trés-bel édifice, fort environné de fossez. Il a esté battu autrefois pendant les troubles de la Religion, par l'Admiral de Châtillon, comme il se void par quelques ruïnes. Sur ce chemin sont des Hôtel- *Carrieres. Saint Florian.*

E ij

leries pour se rafraîchir, prendre la collation, comme celles du Meurier y a esté autrefois, & peut y estre encore.

Ce qu'on peut voir hors de la ville. Au compte cy-devant fait du temps qui s'employe à faire le chemin décrit jusques icy, porte que nôtre voyageur est parvenu à la my-Juin, ou environ. Il peut arrêter icy jusques à la my-Aoust, à peu prés, & d'icy il est conseillé de se porter mesmes par deux fois aux lieux suivans, qui sont voisins, trés-dignes d'estre veus. Il doit doncques sur son arrivée, s'y transporter, aprés avoir arresté un logis, sans y entrer toute-fois, afin d'épargner les frais de deux ou trois jours qu'il employera en ce petit voyage.

La Fléche. 1. La Fléche, ville assise sur Loire, en lieu trés-agreable avec son Château. Il y a un College des Jesuites, trés-magnifique, il y a trois basses cours, & trois corps de logis, capables de loger le Roy avec toute sa Cour, & une Eglise trés belle. Le cœur du Roy Henry IV. est gardé en une Chapelle dans un petit coffre d'or ou doré, suspendu sur les degrez de l'Autel. On peut employer un jour à aller, un jour à sejourner, & un autre à revenir, si ce n'est que partant de bonne heure de Saumur, & allant en diligence, on puisse faire le tour en deux jours. On peut repaître à Baugé, ville assez bonne.

Bresay 1. Les lieux suivans peuvent estre veus dans deux jours, à partir de bon matin. Bresay, Château & Marquisat, avec de profonds fossez, & plusieurs grottes soûterraines, dont il est enclos, peut estre difficilement forcé, s'il y a des hommes & des vivres. Le jardin joignant est fort beau, & principalement son bois de cyprés. Aprés avoir mediocrement fait repaître son cheval, on peut *Loudun* arriver à Loudun, ville assise en plat pays, loin
3.

de riviere. Son Château, qui eſtoit d'un grand circuit, a eſté démoly depuis peu de temps. On y fait cas de pain coloré de ſaffran, qu'on y fait, & vend aux Eſtrangers, comme auſſi de ſes chapons qui abondent dans le pays, & ſont trés-beaux & grands.

Aprés avoir dîné à Loudun, le ſoir du meſme jour vous pouvez aller à Toüars, Ville & Château, ſur le Toué, au Duc de la Trimoüille. C'étoit un Vicomté, érigé maintenant en Duché & Pairie. On peut employer deux ou trois heures, du lendemain matin à viſiter la Ville & le Château, où eſt un jardin fort agreable, & aprés avoir veu en paſſant, à une lieuë de-là ou environ, le jardin du Duc de la Trimoüille, qui eſt trés-beau auſſi, vous allez à Doüay, Bourg grand & maiſonné, comme une Ville. Vous verrez-là un Amphitheatre de vingt-deux degrez, la plus grand part taillez dans le roc, & tout le bâtiment n'a ny chaux ny ſable. Les habitans s'en ſervent encore pour y repreſenter des Comedies tous les ans. Ce lieu-là peut avoir eſté une ville & ancienne, ce qui ſe juge tant par ce beau monument, que par les reſtes & traces d'un vieil chemin, qui va de Doüay juſqu'au Pont de Cé.

Toüars.

Doüay.

Si vous ne pouvez, faute de temps, voir tous les lieux mentionnez cy-deſſus, il faut au moins aller à Doüay, & reſerver le reſte lors que vous ſerez à Poitiers.

De Saumur il faut finalement deſcendre au Pont de Cé, Ville & Château dans une Iſle de la riviere de Loire. Ce n'eſt qu'une longue ruë, avec deux grands Ponts, l'un du coſté de Briſſac, & l'autre vers Angers. Le Château eſt bon dans le deſſus de l'Iſle, clos de murailles, &

Pont de Cé.

E iij

muny de Pont-levis. Les Ponts sont longs d'un quart de lieuë, parce que la riviere est icy fort large & épanduë en forme d'étang. Angers est à une petite lieuë de-là ; on a de coûtume d'y aller à pied, & de loüer un homme pour porter les hardes. Ce qui reste du mois d'Aoust, & le mois de Septembre entier doivent estre passez icy.

ANJOU.

LE pays d'Anjou est borné du Levant de la Touraine & du Vendosmois, le long du Loire ; du Midy, du Poitou ; du Couchant de la Bretagne, & bas pays du Maine, du Nord, du Maine, & du Comté de Laval, vers la Normandie. Sous les anciens Gaulois, ce peut avoir esté un Royaume ; sous nos Rois, il a esté premierement Comté, & puis Duché & Pairie, aprés avoir esté mesme reünie à la Couronne de France, jusques à Henry Frere du Roy Charles IX. qui joüissoit de la terre pour son appannage, & fut depuis Roy, sous le nom de Henry III. du nom.

C'est un pays de grand revenu par le grand nombre de ses rivieres, qu'on y compte jusques à quarante, & qui le rendent fertile & agreable, avec plusieurs lacs, étangs, & sources d'eau, qui forment de beaux viviers. Les forests aussi n'y manquent point, belles & de grande estenduë, ce qui lui donne un trés-bon pâturage, & fournit des cerfs, biches, lievres, & toute sorte de poisson d'eau douce en ses rivieres. Les vins d'Anjou sont recommandez, pour leur abondance & bonté, principalement les vins blancs, qui sont en reputation ; ce qui a formé les traictes & fermes d'Anjou, au profit du Roy, pour le trafic qu'en font les Marchands du pays. L'Ardoise y est si abondante, que dans Angers on l'a fait entrer en ouvrage de massonnerie.

Angers est la ville capitale, partie en deux par la riviere de Maine, qui se décharge dans le Loire, à une lieuë de là. Le Pont qui joint les deux parts de la ville est fort long & bien bâti. On l'a couvert aussi la plus grand part de maisons d'un côté & d'autre. Elle a un fort bon Château, assis en lieu élevé, environné de profonds fossez, taillez dans le roc, avec dix-huit grosses tours quarrées, bâtie d'une pierre noirâtre. On y donne entrée aux Estrangers plus facilement qu'aux habitans du pays. On void quelques pieces d'artillerie sur le rempart, remarquées des armes & du nom d'un Duc de Brunsvic, & d'autres Princes aussi. Du côté qu'est un precipice vers la riviere de Maine qui passe dessous, on montre une machine avec laquelle on tire fort aisément un fardeau des plus pesans de bas en haut, avec moyen de se reposer quand on veut sans crainte que la charge n'échape & ne retombe.

Angers.

Château.

L'Eglise de Saint Maurice est la Cathedrale, remarquable par ses trois tours ou clochers, dont celui du milieu estant posé sur un arc, & n'ayant autre fondement que celui des autres deux, on conte cela pour merveille ; d'avoir veu une tour suspenduë en l'air, qui n'est point jointe & appuyée sur terre. Son tresor & ses reliques precieuses ne se montrent qu'aux bonnes Festes, sçavoir l'épée de Saint Maurice, & l'une des cruches de Canaan, que l'on montre au chœur,

Eglise de Saint Maurice.

E iiij

de couleur rouge, & d'une pierre semblable à du jaspe. On dit que René Roy de Sicile, la fit porter de Jerusalem, dont il se disoit aussi Roy, son sepulchre se voit en cette Eglise, y ayant esté porté d'Aix, où il mourut. Son image y est aussi peinte par luy-mesme avec la Couronne & l'habit Royal.

Eglise de Saint Julien. En l'Eglise de Saint Julien se void un petit tableau representant la bien heureuse Vierge Marie, avec une inscription portant que l'Image est faite au patron de celle qui est en l'Eglise Nôtre-Dame de Populo à Rome, qu'on dit estre faite de la main de S. Luc l'Evangeliste. On y garde aussi la chemise de S. Licinie, Evesque & Comte d'Anjou, & autres pieces de dévotion.

S. Cerge Hors de la ville, sur le bord de Maine, est l'Eglise de Saint Cerge ou Saint Cyr, où l'on void deux Autels, avec deux tableaux ou retables gravez avec grand artifice. L'un represente l'histoire de la Resurrection de nôtre Seigneur, & l'autre, la sepulture & Assomption de la Vierge. A l'autre bord de la riviere, sur un tertre, est le Convent des Capucins, bâty sous le regne de Henry le Grand, lequel jetta & mit la premiere pierre sous le grand Autel. Ce que témoigne un huitain en vers François gravez sur une table de Bronze.

Jardin & galerie du Roy de Sicile. Il y a plusieurs autres Eglises. Et plus prés d la ville se voit le jardin & la galerie de René Rôy de Sicile, & Duc d'Anjou, qui la peignit de sa main. La maison où il se retiroit pour sa recreation, est encore proche de-là, où l'on voit ses armes gravées sur du marbre, enchassées au dehors de la muraille. Elle est aujourd'hui habitée par des pauvres gens. On les voit volontiers, comme un témoignage de la modestie & simplicité de ce temps là. Les Bourgeois de Paris sont aujourd'hui beaucoup mieux logez aux champs, que n'eſtoit ce bon Prince.

On remarque dans le Faux-bourg qui meine à Saumur, emmi les jardins quelques ruines, & la place d'un ancien Theatre des Romains. On appelle ce lieu Grehan. On a tiré de-là, & on y trouve encore pluſieurs medailles.

L'Univerſité d'Angers eſt renommée, fondée par Loüis II. Duc d'Anjou. Henry III. n'étant que Duc d'Anjou, y appella François Balduin. La Philoſophie, les Bourſiers Normands, qu'on y appelle, du Bueil, & l'Humanité, qu'on nomme de la Formagiere, y ont leurs colleges. A cauſe de cela, ou de la beauté du pays, ſes bons fruits & ſes vins, la Ville eſt frequentée des Eſtrangers. Le Pré qu'on nomme des Allemans, où l'on a de coûtume de ſe promener, a eſté donné à la ville par un de la Nation, lequel y étudioit. *L'Univerſité. Pré des Allemans.*

1. A demy-lieuë de la ville ou environ ſont les carrieres, d'où l'on tire l'Ardoiſe, pour couvrir les maiſons, & dont l'on bâtit auſſi, comme nous avons déja dit. Elles ſont fort profondes. On en tire l'eau avec des machines tournées par des chevaux, & qui ne ſe repoſent point que le jour de Paſques. *Ce qu'on peut voir hors de la ville.*

2. A quatre lieuës d'Angers eſt le Château de Briſſac, bien bâti, avec un parc joignant. *Briſſac.*

3. La maiſon & Château du Verger eſt de l'autre part, à trois lieuës ou environ, qui eſt fort belle. *Verger.*

4. La Maiſon & Château de Richelieu, érigé en Duché & Pairie, où eſt bâtie une ville depuis quelques années, par les ſoins & aux dépens de feu l'Eminentiſſime Cardinal Duc de Ri-

E v

chelieu, peuvent eſtre viſitez dans l'Anjou, ou pendant qu'on eſt à Loudun, dont il n'eſt qu'à deux lieuës, pour y admirer la richeſſe de ſes bâtimens, de ſes marbres, meubles & autres choſes exquiſes.

Courſe en Bretagne.

Les Eſtrangers qui ſe trouvent à Angers ont accoûtumé d'en ſortir en ſaiſon propre pour aller voir la Bretagne, & quelques lieux de la Normandie, qui en ſont proches, ſçavoir en Bretagne, Rennes, Dinan, Saint Malo, & en Normandie, le Mont-Saint Michel, Avranches, &c. C'eſt à un chacun qui voyage de voir s'il le peut faire commodement, & de conſiderer que ci-aprés il n'en trouvera point une occaſion ſemblable. Voire meſme revenant à Angers, on peut paſſer par le Maine, voir le Mans, ville d'une trés-belle & agreable aſſiette. Que ſi vous vous reſolvez à le faire ainſi, il n'importe point que vous partiez de Saumur, pour aller là. Il ſuffit d'indiquer le chemin de ce petit voyage, pour lequel vous avez aſſez d'une partie du temps que vous voulez donner pour le ſejour d'Angers.

Eſtans partis d'Angers au commencement d'Octobre, & plus bas deſcendu par la riviere de Maine, ſelon que les chemins ont eſté déja marquez, allant ſur la riviere, aprés avoir fait quatre lieuës, paroît à main gauche une tour demi-ruinée d'un fort Château nommé Rochefort, mis bas durant les guerres civiles du Royaume, dont les habitans d'Angers avoient reçeu beaucoup de dommage par ceux qui le tenoient.

Rochefort.

Les Bateliers ont accoûtumé de loger & arreſter la nuit dans un bourg appellé Montejan, là où l'un & l'autre bord de Loire eſt embelli d'un Château agreable. Vous paſſerez aprés le Bourg

& Château d'Ancenys, & finalement entrerez dans Nantes.

BRETAGNE.

LA Bretagne est bornée du Poitou au Midy, de la Normandie, du Maine, & de l'Anjou au Levant, de la mer Oceane au Couchant & au Septentrion. Son entier circuit est de deux cens lieües ou environ. On la divise en haute & basse Bretagne. La haute parle François, & la basse, bas Breton, ou Breton bretonnant. Ce qu'on distingue encore mieux, disant que les Dioceses de Cornuaille, saint Pol, & Trequier parlent Breton, ceux de Dol, Rennes & saint Malo François, & ceux de Nantes, Vannes & saint Brieu, entendent l'un & l'autre. Elle a eu ses Comtes & ses Ducs, dont le dernier a esté François II. du nom. Anne, sa fille unique & heritiere, fut mariée au Roy Charles VIII. qui mourut sans enfans. Loüis XII. son Successeur l'épousa depuis, & n'en eut que deux filles, dont l'aînée Claude fut mariée au Roy François I. par ce mariage, & les conventions d'icelui, cette Province fut reünie à la Couronne de France, dont elle avoit toûjours dépendu, quoi que ses Historiens veüillent dire, en comptant quelques Rois de ce pays.

Elle est arrousée de plusieurs belles rivieres, ne manque de rien, & a des choses & singularitez, qui ne se trouvent point ailleurs. Les vins n'y sont pas delicats, ni en abondance, quoi que depuis quelque temps, à Nantes & ès environs, ils ayent planté des vignes, & qu'ils n'en levent pas tant de vins d'Anjou, comme ils avoient accoûtumé. Les vins de Grave à Bordeaux, & de la haute Gascogne leur viennent par mer, dont ils s'accommodent, & traitent volontiers toutes leurs affaires, ventes & accords dans le cabaret. Ils abondent en poisson, & leur rivage donne des saulmons, des harangs, & des sardines. On y void des mines de fer, de plomb, d'argent, & plusieurs autres sources de mineraux, pierres precieuses & singulieres, en sorte que la connoissance seroit utile & agreable aux Estrangers, s'ils se donnoient le loisir de voir le païs plus curieusement.

Nantes. Nantes n'est pas une ville trop grande, mais elle est forte & de grand trafic, à cause de la commodité de son port sur la riviere de Loire, où elle est assise, & que la mer y refluë jusques aux murailles de la ville, & jusques à ses Ponts, qui sont trés-beaux & longs, quoi qu'ils ne soient que de bois. Elle a un Château trés-bon sur Loire, qui est un ouvrage des derniers Ducs, qui en affectionnoient le sejour. C'est le Siege d'un Evesque, & son Diocese est fort grand, ayant jusques à neuf Abbayes, ou anciens Monasteres. On montre dans l'une des Eglises de la Ville, des Augustins ou autre, le tombeau de François II. dernier Duc, travaillé par Michel Colomb excellent Sculpteur. Les vaisseaux qui vont sur la mer Oceane, montent jusques à Nantes, mais les plus grands navires s'arrestent à quatre ou à six lieuës. On loge commodement dans les Faux-bourgs, qui sont terrassez & remparez.

Commodité d'aller à la Il faut aller d'ici à la Rochelle avec le Messager, qui va & vient à cheval toutes les semaines. Il part ordinairement le mercredy. Si vous avez haſte, & que vous le preſſiez, il anticipe le temps. On ne lui payoit autrefois que dix ou douze livres, ou telle autre moindre ſomme que l'on convenoit avec lui, pour vous porter & nourir. Il vous rend-là dans trois jours. Vous paſſez par le bourg Montaigu (où l'on void quelques maſures d'un vieil Château) & par quelques autres méchans lieux. On y compte ceux-ci, S. Georges à ſept lieuës, Fargea, Chantonnay trois lieuës, Langon trois lieuës, & à ſept lieuës de là l'on trouve la Rochelle. *Rochelle*

Le pays d'Aulnis, où eſt aſſiſe la Rochelle, eſt borné du Poitou, de la Xainctonge, & de la mer Oceane. Il n'a que ſix à ſept grandes lieuës en longueur & en largeur, (qui ſont quaſi égales) en n'y comprenant pas l'Iſle de Ré. *Pays d'Aulnis.*

La Rochelle n'eſt point une ville ancienne, & n'a eſté bâtie qu'à l'occaſion, & par la commodité de ſon port, n'étant defenduë au commencement que de la mer, & des marais, avec des murailles, des tours & des boulevarts à l'antique. *La Rochelle.*

La plus nouvelle fortification eſtoit de ſept baſtions revêtus, ayans leurs courtines & defences, & de quatre baſtions accompagnez de foſſez, remparts & corridors, revêtus au dehors de la contr'eſcarpe. En l'eſtat de ſes premieres fortifications elle ſouffrit le ſiege d'une armée Royale, en l'an 1573. & repouſſa de furieux aſſauts. Depuis l'année 1628. le Roy Loüis XIII. l'a reduite à ſon obeïſſance, par une Digue admirable, qui empeſcha le ſecours de l'étranger, contraignit par la faim les habitans de ſe rendre à la diſcretion de ſa Majeſté, tellement que toutes ces fortifications vieilles & nouvelles ne ſont plus. La ville eſtant aſſiſe ſur un golfe *Fortifications.*

de mer, laquelle y fait comme un cap, la mer y fait un canal large de mille pas, & forme son port assuré pour y recevoir toute sorte de vaisseaux, mais non en trop grand nombre. A l'entrée du Port sont deux grosses tours bâties par le Roy Charles V. des ruines de l'ancien Château de la ville, avec deux fenêtres sur la mer, & l'artillerie pour defendre l'entrée. Une chaîne, qui va d'une tour à l'autre, ferme le Port, & donne son nom à l'une des tours, l'autre s'appelle de S. Nicolas. Ces deux tours sont enceintes d'une forte & épaisse muraille, qui se joint à une autre tour, dite du Garrot, qui commande sur tout, & est comme l'Arcenal de la ville. Un seul homme peut lâcher la chaîne, & ouvrir le port le matin: Pour le fermer & serrer la chaîne, il n'en faut pas moins de cinq, qui se servent encore de certaine machine faite exprés. Celui qui commandoit & estoit commis à la chaîne, prenoit autrefois cinq sols pour chaque grand vaisseau qui sortoit, & moitié moins des moindres. Les pescheurs aussi revenans de la mer lui payoient quelque tribut en espece de poisson, dans une corbeille qu'on devaloit par une corde.

Murailles. Le tour de toute la ville est de 3000. pas, en forme quasi quadrangulaire. Les murailles, quasi toutes fondées sur le roc, estoient si hautes & les fossez si profonds, qu'on ne la pouvoit prendre par escalade. Toutes ses murailles, fors celles qui sont vers la mer, depuis la tour de S. Nicolas jusqu'à celles de la Lanterne, ont esté demolies & rasées. Elle a quelques ruës larges & garnies de beaux édifices, mais les autres sont sales & mal bâties.

Temple. Le Temple de ceux de la Religion Pretenduë

DE FRANCE.

Reformée étoit fort beau, de figure ovale; bâti *de ceux* de bois, sur des murailles de pierre, avec artifice *de la* & liaison des soliveaux l'un avec l'autre, sans *Religion* aucun soûtien au milieu du bâtiment. *Preten-*

Dans l'Hôtel de Ville prés de l'effigie de Hen- *duë Re-* ry IV. au naturel, se voidt une sorte de navire *formée.* fait d'écorces d'arbres, dont les Indiens sauvages se servent, à ce que l'on dit.

La Rochelle avoit acquis le droit de Commune, la Mairie, les vingt-quatre Echevins, & les cent Pairs, lors que les Rois d'Angleterre la possedoient. Le Roy Loüis VIII. l'ayant prise, lui confirma ses privileges, ce que firent aussi ses successeurs Rois, jusqu'à ce que par le traité de Bretigny en l'an 1360. elle revint au pouvoir des Anglois. Le Roy Charles VII. les en chassa & de toute la Guyenne : ses Successeurs luy confirmerent les privileges où elle s'étoit maintenuë jusqu'en l'an 1628. comme nous venons de dire, que la Mairie, les Echevins, Pairs, & tous ses autres Ordres & Privileges ont esté éteints & annullez, à cause de sa resistance aux armes de sa Majesté.

Les Habitans de la Rochelle ont esté, & sont encore addonnez au trafic & à la marine: superbes & insolens par le passé, mais adoucis par le changement des affaires, & de l'état de leur ville.

On peut remarquer prés de la ville l'art & in- *Sel.* dustrie singuliere pour faire du sel trés blanc, par le moyen de l'eau de la mer qu'ils gardent en Hyver dans des places & reservoirs faits à cela, & la font aprés desseicher au Soleil durant l'Esté.

S'il vous prend envie, étant à la Rochelle, de faire quelque promenade, vous pouvez aller aux Isles qui sont en mer, & assez proches, sçavoir à quatre ou cinq lieuës. Les principales sont l'Isle de Ré, & celle d'Oleron. Celle de Ré est abondante en vin & en sel, qui se transportent en Angleterre & en Hollande. Le bled est plus abondant en l'Isle d'Oleron qu'en celle de Ré, mais le vin & le sel est leur richesse, de mesme qu'en Ré.

Isles de Ré & d'Oleron.

Vous pouvez aussi sortir de la Rochelle par terre, pour visiter Broüage avec son port, ville bien fortifiée & entourée de marais, qui a des salins sur le lieu. Il y a Gouverneur & garnison entretenuë. On peut voir aussi Taillebourg sur la Charente, Ville & Château, au Duc de la Trimoüille, de mesme que le marais, que certains Hollandois, qui ont eu la permission du Roy Henry le Grand, ont desseichez & qu'on a appelez depuis assez long-temps la petite Hollande.

Broüage.

Taillebourg.

De la Rochelle on peut aussi aller par Mer jusques à Mornac, qui en est éloignée de quatorze lieuës, & on vous y porte pour douze ou treize sols. C'est un Château assis dans l'Isle, ou presqu'Isle d'Alvert, prés de Royan. Pour pareille somme l'on vous porte aussi à Royan, petite ville scize à l'emboucheure de la Garomne, & battuë du flot de la Mer de deux côtez. Son port est deffendu d'un Château, qui appartient au Marquis de Royan. De-là peut estre veuë la Tour de Cordoüan, jusqu'où l'on se doit faire porter, pour visiter ce noble & excellent phare ou fanal, qui sert à ceux qui arrivent de la grande Mer en Xainctonge. Cette Tour est logée sur un rocher, & fut reparée par le commandement du Roy Henry IV. de deux rochers, qui sont icy à l'emboucheure de la Garomne, celui qui est plus Me-

Mornac.

Royan.

La Tour de Cordouan.

ridional soûtient la Tour susdite. Les Flamans appellent cette roche Sunderesel. On montre un modelle de cette Tour à l'entrée de l'Hôtel de Ville à Bordeaux, là où est le Corps de Garde.

De Royan, lors que le reflux de la Mer vient des deux côtez, si vous avez tant soit peu bon vent, vous monterez jusques à Bordeaux aprés avoir passé Blaye, la voiture ne vous en coûtera que les douze ou treize sols que nous avons dit cy-devant pour teste. Choisissez un bon Pilote & bien expert, car ce n'est pas peu que naviger sur la Garomne, laquelle est trés-dangereuse.

LA GUYENNE.

LA Guyenne d'aujourd'huy comprend trois Senéchaussées, & cinq Dioceses. Les Senéchaussées, sont Bordeaux, Bazas, Ayre, Aqs, & Bayonne. De toutes ces villes, Bordeaux est la plus noble & capitale de la Guyenne, bornée au Couchant de la Mer Oceane, au Midy des Monts Pyrenées, au Levant du Languedoc & du Quercy, & au Septentrion de l'Angoulmois & du pays d'Aulnis.

C'est une province fort tempérée éloignée du Septentrion, & couverte des Monts Pyrenées, d'où vient qu'elle est moins froide & deffenduë des ardeurs du Midy. Elle est assise entre deux Mers pour en recevoir du rafraîchissement & de l'humectation, par le souffle des vents, & par les pluyes assez frequentes. Le terroir est grandement fertile & foisonnant en moissons, avec toute sorte de fruits. Les Landes qui s'y trouvent servent au pâturage du bétail, & sont fertiles, principalement là où l'on se sert de la Marne, qui se trouve dans ses campagnes : c'est une terre chaude, qui étant mêlée avec la sablonneuse, fait un temperament propre à la production des fruits.

La Garomne sert au trafic de Bordeaux avec Thoulouse, & porte sur ses eaux tout ce qui est necessaire à la vie ; sçavoir des bleds, vins, huiles, prunes, laines, pastels, lieges. La Province est riche & puissante, trés-bien peuplée, remplie de fortes places, voisine de la mer & des monts Pyrenées. C'a esté autrefois le Royaume d'Aquitaine aux Successeurs de Clovis le Graud, Roy de France, jusques aux Rois faineants, sous lesquels s'établirent les Ducs d'Aquitaine, qui furent défaits par Charles Martel, Pepin & Charlemagne, dont les Successeurs la reprirent sous pareil tiltre de Rois d'Aquitaine. Les Ducs revindrent encores au declin de l'Empire jusques à Guillaume dernier Duc de Guyenne, dont Eleonore fille unique & heritiere, repudiée du Roy Loüis le Jeune, se maria avec Henry Duc de Normandie, & depuis Roy d'Angleterre : ses successeurs l'ont tenuë jusques au Roy Charles VII. qui les en chassa.

La Primatie d'Aquitaine est debatuë entre les Archevesques de Bordeaux & de Bourges.

Bordeaux. Bordeaux est une trés-belle & agreable Ville, assise sur la riviere de Garomne, & son embouchure dans la Mer, où se forme comme un lac, qui a flux & reflux. Sur l'autre rive de Garomne est un petit bois de Cyprez, dont ceux qui transportent du vin, prennent un rameau avant que de partir, des mains du Maire ou des Jurats, & chaque vaisseau paye quelque droit. La riviere qu'on nomme la Divise, approchant de la

Ville, se separe en deux : L'un des bras baigne les murailles anciennes, & entre dans la Ville, & les deux se rendent dans la Garomne. Elle contient en sa rondeur 2583 brasses, & 905. de long : on y entre par treize portes. Son Port & Havre est nommé le Port de la Lune, à cause de sa forme en croissant, comme on la void venant à Bordeaux, en montant & en descendant du côté de la Mer. Nous avons déja parlé de la Tour de Cordoüan. La ville est fort ancienne, & en conserve de belles marques, consistans en certaines statuës de marbre blanc, trouvées l'an 1594. & gardées dans l'Hôtel de Ville. Les maisons des particuliers en ont aussi plusieurs autres, qui sont fort singuliers. Ce qu'on appelle le Palais Galien, hors de la Ville, sont le reste d'un Amphitheatre, que les vieux papiers nomment Arenes, comme à Nismes, & ailleurs. Le Palais de Tutelle est aussi un ancien bâtiment, qui de vingt-quatre colomnes n'en fait voir que dix-huit. Toutes ces choses sont bien dignes d'estre veuës, avec ce qu'on y remarque des vieilles murailles quarrées, & les traces des Bains trouvées sous des monceaux de terre. On recommande aussi de voir le jardin ou verger de Monsieur le Conseiller Remond, orné de semblables statuës antiques de Jupiter, l'Empereur Adrian, & autres.

Antiquité de la Ville.

La Ville a un Maire & six Jurats, avec autant de quartiers, qu'on appelle Jurades. Les Jurats, qui ont esté autrefois cinquante en nombre, ont esté reduits à six depuis l'an 1548. On les qualifie avec le Maire, Regens & Gouverneurs de la Ville. Le Maire est toûjours un Seigneur du pays, & deux des Jurats sont de la Noblesse, deux Avocats en Parlement, & deux

Maire & Jurats.

Bourgeois ou Marchands. Ils ont une fort belle suite de plusieurs Officiers Politiques, & de quarante Archers du Guet, qui marchent devant eux quand ils vont en Corps. Le Maire est revêtu de velours blanc & bleu, avec paremens de brocatel. Les Jurats ont des robbes & chaperons de damas blanc & rouge, doublé de tafetas rouge. L'Archevesque de Bordeaux, ou le Doyen du Chapitre en son absence reçoit le serment du Maire en l'Eglise Metropolitaine de S. André.

Il y a douze Parroisses dans la ville, huit Convents de Religieux, un de Religieuses, & le College des Jesuites fondé l'an 1580. son bâtiment est beau, & le lieu fort agreable, ombragé d'arbres. L'Eglise de Saint André est la Cathedrale, bien bâtie, & accompagnée de trois tours. Prés de-là est un Hôpital, fondé principalement par François de Foix de Candale, Evesque d'Ayre, &c. Celle de S. Michel est belle, avec un clocher fort haut. L'Eglise Collegiale de S. Severin, ou S. Surin, est hors de la ville, son Cimetiere est digne d'estre veu hors de la porte de Dijaux prés de l'Amphitheatre. C'est un bâtiment ancien, & on y void certaines pierres creuses mises sur les tombeaux, là où selon que la Lune croist l'eau y croist, ou diminuë aussi.

Hôtel de Ville. L'Hôtel de la Ville est prés des anciennes murailles, avec deux belles Tours, sous lesquelles on sort par une porte pour aller en la ville nouvelle. On y void les Maires & Jurats peints au vif, avec leurs ornemens. Les Estrangers & autres qui entrent, sont interrogez par des Sergens armez qui la gardent, en nombre de seize. L'Arsenal de la Ville est tout joignant.

College de Guyenne. Outre le College du Droit, y est celui qu'on nomme de Guyenne, proche de l'Hostel de

Ville, avec neuf claſſes, & quatorze Docteurs. Outre les claſſes, on y lit les Mathematiques, la Logique, Phyſique, la Rhetorique, & la langue grecque. Le meſme François de Foix de Candale, Eveſque d'Ayre, l'a doté de 500. livres de rente en l'an 1591. Ce qu'on void à l'entrée, à main droite, gravé ſur une table de cuivre. Avant que les Colleges euſſent multipliez comme ils ſont aujourd'hui, celui-cy eſtoit grandement frequenté, & on y a veu juſqu'à 2500. écoliers. Au milieu de tout le bâtiment eſt une fort belle cour, embellie de douze grands ormes.

Le jardin où ſont pluſieurs Antiquitez Romaines, & les belles peintures qu'on a veuës autrefois à Bordeaux, appartenans au ſieur Remond Conſeiller en la Cour de Parlement, ont merité d'eſtre veuës, comme choſe curieuſe & exquiſe. Cette ville paroît generalement pour ces belles & hautes tours que l'on void de loin, faites en forme de pyramide. Celle du cimetiere de ſaint Michel, qui ne joint à aucun autre édifice, eſt la plus élevée, d'où l'on peut voir toute la ville. Cette belle apparence & aſpect de Bordeaux par ſes tours, eſt à ceux-là principalement qui montent de la Garomne, à deux lieuës ou environ de la ville.

Le Château du Ha, ou Far, & le Château dit vulgairement Trompete, au lieu de Tropeite, ſont ouvrages du Roy Charles VII. de l'an 1454. pour empeſcher les frequentes revoltes de la ville pour les Anglois. Le premier eſt vers le Couchant, en lieux marécageux, prés de l'Egliſe de S. André. Il y a de bonnes murailles & des baſtions par dehors; du côté de la ville, il n'a qu'une groſſe tour quarrée. Le Château Trompete eſt aſſis ſur le bord de la Garomne, *Château du Ha, & Château Trompete.*

avec bonne garnison, & quelques canons en la tour. Vers la riviere est une belle sale bordée de tableaux, & où la vie du Maréchal d'Ornano est décrite au plancher.

Puy-Paulin. La maison de Puy-Paulin est aussi une belle curiosité dans la ville. Elle est bàtie comme un Château, & a gardé son nom ancien, avec la memoire des Paulins, famille trés-ancienne dans la Province, à qui elle appartenoit. Les anciens Comptes de Candale en ont esté les possesseurs, & par eux ou l'heritiere de la maison, elle est parvenuë au Duc d'Espernon d'aujourd'hui, ou au Duc de Candale son fils, provenu de ce mariage. Cette maison donne à ses maistres & possesseurs le premier rang entre les bourgeois de la ville.

C'est un Archevesché, un Senéchal, & le Siege du Parlement de la Province. Il se tient au Palais ou Château de Lombriere, qui estoit la demeure des anciens Ducs de Guyenne. Le Senéchal se qualifie encore Grand Senéchal de Guyenne, quoy que son ressort ait esté restraint. La Cour Presidiale aussi, se dit Cour de Guyenne. L'Archevesque a séance en la Cour de Parlement.

Université. L'Université de Bordeaux est de l'an 1441. érigée aprés celle de Thoulouse, par le Pape Eugene, confirmée & ornée de privileges par Loüis XI. l'an 1472. L'Archidiacre de Medoc de l'Eglise de S. André en est Chancelier perpetuel. Le Maire & les Jurats en sont Patrons.

Vin de Grave. On recommande les vins des environs de Bordeaux, qui sont en plusieurs endroits de son terroir, mais principalement ceux de Grave, (c'est à dire, terre sablonneuse) conneu par toute l'Europe Occidentale & Septentrionale. Il a abondance de chairs & diversité de poisson. La Mer

DE FRANCE.

oceane, laquelle y monte & descend trois fois en vingt-quatre heures, a souvent jetté sur son rivage des pieces d'ambre gris de couleur noirâtre, prés de la ville, ou à quatre lieuës de-là. Les Tourdes sont aussi fort estimez, & sont à rechercher en leur saison par les Estrangers, avec les huistres de Medoc ou Soulac, que le Poëte Ausone Bourdelois, a chantez. *Ambre gris.*

Hors de la ville se void un Jeu de Maille prés du fossé du Château-Trompette, du costé de Medoc au Faux bourg des Chartreux, qui est fort beau. Et prés de-là demeurent les Hollandois, qui font de bonne biere, & reçoivent en pension les Estrangers à prix honneste par mois.

La Garomne n'a quasi rien de commun avec les fleuves, si ce n'est qu'elle a ses eaux douces, & que l'on peut voir la terre de part & d'autre. Elle tient de la Mer, comme Ausone a écrit, & le pays entre la Garomne & le Dordongne est appellé pays d'entre deux mers. Ceux qui veulent monter plus haut sur la Garomne, sont appellez tous les jours une heure ou deux avant le reflux, par les Mariniers, de Cadillac, de saint Macaire, de Langon & autres qui demeurent entre les portes de saint Michel & de sainte Croix, ils partent au reflux de la mer, & portent ordinairement ceux qui veulent aller pour cinq sols. Les Estrangers ont accoûtumé de voir pour le premier lieu Cadillac, ville au Duc d'Espernon, de l'heritage de Candale, avec le Château magnifique qu'il y a fait bâtir, & meubler Royalement: le jardin joignant, & sa sepulture superbe preparée dans une Chappelle de l'Eglise qui touche une porte de la ville. Ceux qui veulent descendre trouvent tous prests les Mariniers de Bourg, de Blaye, de Royan, qui se *Garomne.* *Cadillac.*

tiennent devant la porte des Paux & du Chapeau rouge, jusques au faux-bourg des Chartreur. Ils partent en pleine mer & lors qu'elle se retire, & avertissent ceux qui veulent aller une heure ou deux à l'avance. Sur la rive droite de la Garomne, en descendant l'on voit & le Bourg, Blaye & Royan.

Bourg. Bourg, dit sur mer, est dans le terroir de Bordeaux, assis au dessus du confluent de la Garomne & de Dordongne. Toutefois en descendant de la Garomne on le peut voir, lors qu'on passe le Bec d'Ambes, à cinq lieuës de Bordeaux. On

Blaye. vient ensuite à Blaye, ville ancienne, petite, mais forte, avec Château, qui n'est point separé de la ville par muraille ny fossé, & de ce costé-là est joignante la place d'une ancienne Basilique ou Chapelle, dont les masures se voyent encore. Les Habitans du lieu content que Roland le Palatin sous Charlemagne en estoit natif, estoit leur Comte, & y fut ensevely en l'Eglise de Saint Romain, où fut mise son épée Durandal & sa trompe de chasse aux pieds de son tombeau, qui fut portée depuis en l'Eglise de saint Surin à Bordeaux. Il y a toûjours garnison entretenuë, & les habitans en sont presque tous soldats, tant pour garder la place, que pour prendre garde à tout ce qui se passe sur la Garomne, & se servir de l'artillerie que l'on voit logée sur les bastions, pour repousser une flote ennemie, si elle paroissoit. On n'y laisse entrer aucun Estranger, ou mesme regarder de trop prés aux murailles & aux fossez. Les hôtelleries sont au faux-bourg. Les Anglois venans à Bordeaux pour trafiquer, abordent icy, laissent leur artillerie, & payent un écu pour chaque vaisseau depuis l'an 1475. par Declaration du Roy Loüis XI.

Blaye

DE FRANCE.

Blaye est à 13. lieuës de l'emboucheure de Garomne, à sept de Bordeaux, à dix de Pons, à quatorze de Xaintes, là où ceux qui vont d'icy trouvent un chemin sablonneux, & nullement boüeux, quoy qu'en temps de pluye.

Nous avons déja parlé de Royan, avant que venir à Bordeaux, d'où il est temps de partir, aprés avoir donné cet avis à nôtre Voyageur, que s'il desire aller de Royan à la Rochelle, il n'est pas trop bon ny seur, ou aisé de continuër par mer, & de tournoyer par ce coin de mer de la Xaintonge. Y ayant doncques du peril, il fera mieux de loüer des chevaux, & par un chemin court & assuré aller à Mornac, qui n'est qu'à deux lieuës, là où de nouveau les Navires vont bien vîte à la Rochelle à quatorze lieuës de-là. Ce chemin par terre jusques à Mornac, & de-là par Mer à la Rochelle coûte fort peu, & l'on n'a payé, il y a vingt-cinq ans, que douze ou treize sols pour l'une & l'autre voiture. Les Mariniers pourtant en demandent davantage à ceux qui ne sçavent pas le prix ordinaire, principalement lors qu'ils partent de la Rochelle.

Avis de Royan à la Rochelle.

Lors que vous aurez sejourné quelque temps à Bordeaux, pour voir à loisir une si belle & agreable ville, il faut revenir à Blaye par la Garomne. A Blaye il faut loüer des chevaux pour aller à Xainctes, jusques où le prix ordinaire est quatre livres, & vous nourrissez vôtre cheval en chemin, jusqu'à ce que vous l'ayez rendu à Xainctes, en l'hôtellerie de la Croix blanche.

A six lieuës de Blaye, est le petit Niord, où il faut faire la dînée au logis de Fontaine, où l'on est bien, & comme aux champs.

Petit Niord.

A deux lieuës de-là vous passez Plassac, Château au Duc d'Espernon, avec un parc joignant.

Pons. Le soir aprés avoir fait encore deux lieuës, vous arrivez à Pons, & estes bien au Faux-bourg, à l'Ecu de France. C'est une ville trés bien bâtie, au bas de laquelle passe la riviere de Seine. Le Château est trés-bon, assis en lieu élevé clos de fortes murailles, épaisses de dix pieds, & de bons fossez, muni de quatre grosses tours, & d'un donjon au milieu. On la divise en la ville haute, qu'on nomme S. Vivain, & basse, dite les Haires, ou S. Martin, que la Seine sepate en deux, avec quantité de Ponts, qui lui ont donné le nom. L'an 1621. les murailles & fortifications de la ville furent démolies.

A quatre lieuës de-là vous entrez à Xainctes, capitale du Pays dit Xainctonge.

Xainctonges. La Xainctonge est bornée du Levant par l'Angoulmois & le Perigord : du Nord, par le Poictou & le pays d'Aulnis : du Couchant, de l'Ocean, où sont les Isles d'Oleron & de Marennes: du Midy, par la Garonne & le Bourdelois. Sa longueur n'est que de vingt-cinq lieuës au plus. Le pays a un air fort doux, & abonde en bleds, vins, bon sel, safran, poisson, & en toute sorte de fruits. La Charente qui coule par le milieu du pays, fait une prairie qui s'étend durant trente lieuës.

Xainctes. Xainctes est assis sur la Charante, qui passe sous un pont entre la ville & le faux-bourg, qu'on appelle des Dames. Son Château est sur une roche, & bien fortifié. Les faux-bourgs sont aussi grands & peuplez, & plus marchands que la ville, laquelle est fort ancienne. Au Pont se void une arcade bâtie à l'antique, de pierre trés-grande & quarrée, avec une inscription Latine. Dans une petite maison proche de cet arc, laquelle sert de Corps de Garde aux soldats de la garnison, se void aussi une effigie gravée sur la pierre, representant, à ce que l'on croid, celui qui l'a fait bâtir. Les masures de l'amphitheatre, & de certains Aqueducts anciens sont hors de la ville. L'Aqueduct est sur le chemin qui va de Xainctes à S. Jean d'Angely.

La Tour de Mantrible est assise sur le Pont, & consiste en deux arches fort hautes, bâties du temps des Romains. C'est un Evesché & Siege Presidial. L'Eglise Cathedrale est dediée à saint Pierre, bâtie par Charlemagne, dont on montre la teste gravée sur la muraille de l'Eglise. On y remarque aussi la vis du degré par où l'on monte au clocher, faite avec cet artifice, que l'on void du bas jusqu'au haut. Le dehors de la muraille de l'Eglise fait voir un Y, pour marquer, à ce qu'on dit, que Charlemagne avoit autant fait bâtir d'Eglises en France avant celle-cy, comme il y a de lettres avant l'Y. Il y a plusieurs autres Eglises Parroissiales, outre les Convents des Religieux & Religieuses, l'Abbaye des Dames, & le Monstier S. Eutrope, au faux-bourg. On y garde la teste de ce Saint, à laquelle, si on la touche, on attribuë la guerison miraculeuse de plusieurs maux.

D'icy vous avez deux commoditez pour aller à Poictiers. L'une par le Messager qui vient à Xaintes toutes les semaines le Mardy, & loge aux quatre Fils-Aymonds, au bourg des Dames, s'il n'a changé depuis vingt-cinq ans. Il part le lendemain, & pour dix livres, ou environ, que vous luy baillez, tant pour porter que pour vous nourrir, il vous rend à Poictiers le Vendredy, si vous l'en pressez, il passera à S. Jean d'Andely. L'autre est par les chevaux de relais, qu'il faut prendre au logis de la Croix blanche, pour trei-

Commoditez pour aller de Xaintes à Poictiers.

e lieuës jufques au bourg de Melle. On vous donne un garçon à pied, & n'eft point befoin de prendre ou loüer un autre homme de cheval. On peut convenir, fans pour cela donner davantage, de paffer à S. Jean d'Andely, ville qui n'eft qu'à quatre lieuës de Xainctes, & à neuf de la Rochelle. Elle eft hors du grand chemin de Poictiers. La riviere de Boutreuve arroufe en trois endroits la ville ou le faux-bourg de Taillebourg, & y fait tourner quatre moulins. C'a efté autrefois une ville bien fortifiée, outre qu'elle eft bien affife. Mais ayant fouffert deux fieges, l'un en l'an 1569. fous le Roy Charles IX. l'autre en l'an 1621. fous le Roy Loüis XIII ce dernier l'ayant reduit en l'obeïffance du Roy, l'a fait demanteler. Les Allemans qui font quelquefois las de Poictiers, & de la compagnie qu'ils y treuvent de leurs compatriotes, ont accoûtumé de fe retirer ici, & d'y paffer quelques jours.

S. Jean d'Angely.

A Melle vous loüez d'autres chevaux pour aller jufques à Lufignan, ville qui n'eft qu'à fept lieuës de-là. Ils ne vous coûtent que quarante fols, mais on vous oblige fouvent de prendre la pofte. Son Château fomptueux & renommé fut démoly pendant les troubles. La fameufe Merfuline l'avoit fondé, comme l'on croit. Et de-là eft fortie l'illuftre famille de Lufignan, qui a donné des Rois à Cypre & Hierufalem. De Lufignan refte cinq lieuës à faire jufques à Poictiers qui font deux poftes. C'eft le bout du fecond voyage, ou tour ci-devant prefcrit, & où l'on eft confeillé de paffer l'Hyver.

Lufignan.

C'eft la ville capitale du Poictou, qui eft l'une des belles Provinces de France. Il eft borné au Levant du Berry, de la Touraine, & de la

Poictou.

Marche Limosine: au Nord de la Bretagne & de l'Anjou: au Midy, de l'Angoulmois & de la Xainctonge: au Couchant de la Mer Oceane. Le Pays porte de bons bleds, des vins, du lin, de bonnes laines. Il a du bestail, du poisson, de la volaille, & sur tout des liévres & des connils. Il y a des prez & des jardins, avec herbes & fruits en abondance, pour s'y bien traiter en toute sorte. On y trouve des Viperes pour la confection de la Theriaque, dans les rochers & halliers és environs, mesmes de Poictiers que l'on transporte en plusieurs endroits de la France, & à Venise. Il y a quantité de bonne Noblesse, & les habitans des bonnes-villes y sont civils & courtois, mais les paysans y sont rudes, & malicieux, & parlans grossierement. On le divise en haut & bas Poictou. Le haut comprend Poictiers, Niord, Chastelleraut, Lusignan, Saint Maixant, Toüars, Argenton, ancienne Baronnie, & autres villes & bourgs. Le bas avoisine la Mer, commence à Niort, & va jusques au sables d'Olonne. Fontenay le Comte est la ville principale, avec Maillesais, & Luçon, Eveschez du pays, & plusieurs autres belles & anciennes Baronnies. Il y a aussi plusieurs terres qui portent tiltre de Principauté, sçavoir de la Rôche-sur-Yon, de Luc, Marsillac, Talmont, &c. Le Poictou étoit anciennement compris dans la Guyenne, & sous son gouvernement, dont il fut distrait par le Roy Charles IX. A present il y a deux Lieutenans generaux pour le Roy.

Poictiers est une trés-grande ville, assise sur le Clain. Il est d'un enclos de murailles si vaste, qu'aprés Paris, il n'y en a point de pareil en France. Le dedans est occupé de grands jardins, des

Poitiers.

prez, vignes, & terres labourables. On ne sçauroit bien dire de quelle forme elle est, toutefois sa situation est partie en plaine, vers le Couchant (qui est l'endroit qu'on appelle la Tranchée, qui n'est point arrousé de la riviere) partie sur une colline & longue croupe, enclose tant du Clain, que de marais & estangs. Elle est forte par ce moyen, & ne peut estre facilement assiegée, quoy que ses ruës plus basses soient commandées de hauts rochers, que les habitans appellent Dubes par un mot corrompu, voulans dire Dunes. Ce qu'on appelle le vieil Poictiers, prés de Chastelleraud, peut avoir esté une ville plus ancienne que celle d'aujourd'hui, dont il y a quelques restes de murailles.

Eglise de Saint Pierre. L'Eglise Cathedrale de Saint Pierre est d'une structure trés-magnifique, & d'une pierre quarrée fort dure. C'est un ouvrage de Henry II. Duc de Normandie, & Roy d'Angleterre, qui devint Duc de Guyenne, en épousant Eleonore, repudiée par le Roy Loüis le Jeune. Il la commença, mais elle fut achevée deux cens ans aprés. On y garde quelques reliques de S. Pierre.

Nôtre-Dame dite la Grande. L'Eglise Collegiale de Nôtre-Dame, dite la Grande, est au grand Marché. On voit dans la muraille, du costé qu'elle regarde le marché, la statuë de l'Empereur Constantin à cheval, & tenant une épée en la main. La femme du Maire de la Ville a accoûtumé d'offrir solemnellement tous les ans le lendemain de Pasques, un manteau de grand prix dans cette Eglise.

S. Hilaire. La grande Eglise de Saint Hilaire est au plus haut de la Ville. On montre ici une pierre qui consume les corps dans vingt-quatre heures; le tombeau de Geoffroy la grand-Dent, fils de Merlusine, & une chambre où l'on garde un tronc d'arbre fort creux, qu'on appelle le berceau de saint Hilaire : on ameine-là les fols, pour les faire reposer dedans, avec quelques prieres & une Messe, sous cette croyance qu'ils y recouvrent leur bon sens. Et ceux qui se veulent railler l'un l'autre dans le pays, se renvoyent au berceau de Saint Hilaire. C'est une Eglise Collegiale, immediatement sujette au Pape. Outre les Eglises des vingt-cinq Parroisses, y sont celles des quatre Ordres Mendians, & de plusieurs autres Religieux, avec les Jésuites, lesquels y ont un beau College. Pour les filles, il y a des Convents anciens & nouveaux. *Autres Eglises & Convens.*

Le Château étoit au tour de la Ville, prés de la porte S. Lazare, bâti en forme triangulaire. Il n'en reste que la place, & des fortes tours jo[...]s aux murailles de la Ville. *Château.*

Le Palais où se tient la Justice, étoit autrefois un Château. On y voit une fort belle sale, dont les lambris ne sont soûtenus d'aucuns pilliers. *Palais.*

Le College, & dans icelui l'Auditoire du Droit est trés-beau & spacieux, que le Duc de Sully Gouverneur de Poitou sous Henry le Grand fit rebâtir. *College.*

Prés de la riviere de Clain, & d'un lieu qu'on appelle la platte-forme, est une fontaine dont l'eau est chargée & portée dans la ville pour estre venduë, veu que les habitans n'ont point de fontaines, & fort peu d'égouts. *Fontaine.*

On y a veu autrefois un cabinet de choses rares & exquises, dont le Maître, nommé Contant Apothiquaire, publia un livre en vers François, avec les figures gravées sur du cuivre.

La pierre qu'on y nomme levée, est trés-grande, ayant soixante pieds de tour, & est posée sur cinq autres. Rabelais en a raillé dans ses livres. *Pierre levée.*

F iiij

A côté du Palais est l'ancienne tour de Maubergeron, qu'un Comte de Poictou fit bâtir, & representer à l'entour les sept anciens Vicomtez du Pays.

Les marques de l'antiquité de Poictiers, sont en un vieil Château démoli, que l'on croit avoir esté le Palais de l'Empereur Gallien, és masures d'un Amphitheatre derriere l'Eglise des Jesuites, qu'on appelle les Arenes, comme à Nismes, & ailleurs ; & en quelques restes d'Aqueducts, que le vulgaire appelle Arceaux de Parigne, hors de la ville.

C'est un Evesché, Siege Presidial & Université, laquelle a esté plus fameuse autrefois qu'elle n'est à present. La ville a son Maire, vingt-cinq Echevins, & soixante & quinze Bourgeois. Le Maire est éleu solemnellement tous les ans, le jour de S. Cyprian. Il est estimé pendant l'année de sa Charge, le premier Baron de Poictou. Lui & les Echevins, avec leur posterité, joüissent du tiltre & qualité de Nobles.

Si vous estes Etrangers, & que vous passiez l'Hyver à Poictiers, il est à craindre qu'y ayant plusieurs amis de vôtre nation, non seulement vous ne profitiez plus en la langue Françoise; mais aussi que vous ne veniez à oublier ce que vous avez appris. Il est donc expedient d'en sortir, comme vous fistes de Bourges l'année passée, pour vous retirer en quelque lieu agreable, là où vous conversiez familiérement & avec honneur avec ceux du Pays. Vous avez Thoüars & Loudun, qui sont Villes que vous avez possible veuës, il y a un an, lors que vous estiez à Saumur, comme en estant proches. Toutefois vous n'estes pas conseillé de commencer par ces villes là. Il y a d'autres lieux, qui vous plairont peut-estre davantage que ceux là, & en tout cas ils ne vous manqueront point.

Pour voir donc plusieurs lieux en un mesme voyage, loüez des chevaux, & allez vous-en à Bonnivet, Château distant de Poictiers de quatre lieües, tres-magnifique, & commencé à bâtir par un Admiral de France qui en portoit le nom sous le Roy François I. Il est achevé en partie, & est d'une tres-belle architecture, de sorte que s'il étoit parfait, il y auroit peu de Châteaux en France qui lui fussent comparables.

Bonnivet.

A trois lieües de-là vous avez la fosse S. Pierre, belle maison aussi, mais qui n'est pas si bien bâtie, ny avec tant d'art, mais assez bien fortifiée. L'arc de la porte est tres-beau, & le jardin fort agreable, clos d'une bonne muraille, flanquée & ouverte avec artifice, pour tirer des mousquets, sans qu'on puisse reconnoître d'où le coup est venu.

Fosse de Pierre.

Chastelleraud est à deux grandes lieües de là, ville assise sur le bord de la Vienne, assez mal bâtie. On y passe la Vienne sur un Pont de neuf arches, long de deux cens trente pas, large de soixante six que la Reyne Catherine de Medicis commença de bâtir, mais qui fut achevé par le Duc de Sully, Gouverneur de la Province sous le Roy Henry le Grand comme le témoigne une inscription mise contre les tours qui sont de-là la riviere. Dans les masures d'un vieil Château hors de la ville, se trouvent certaines petites pierres fort belles, qu'on appelle vulgairement diamans de Chastelleraud, & qui estans polies, rapportent à de vrais diamans. On y travaille de fort bons coûteaux, ciseaux, &c.

Châtelleraud.

Aprés avoir visité cette Ville, il faut faire sept lieües jusques à Campigny, bourg agreable, qui

Campigny.

F v

avoit un Château des Ducs de Montpenſier, & une Sainte Chapelle: mais tout a eſté démoly aprés l'échange fait avec le Cardinal Duc de Richelieu. Il y a auſſi un Parc. Ce lieu-cy eſt delicieux au poſſible. On y pourroit ſejourner pour le plaiſir, comme à Moulins, pour eſtre aux champs & à la ville, ou bien pour eſtre mieux logé, on peut aller à Loudun, qui eſt à quatre lieuës de-là, & de plus à Thoüars, à quatre lieuës auſſi, villes que vous pouvez avoir veuës auparavant.

La Fête Dieu à Angers. Vous pourrez eſtre en l'un des lieux ſuſmentionnez environ le temps de la Feſte-Dieu, la veille de laquelle, pour ſatisfaire à vôtre curioſité, ſi la dépenſe ne vous arreſte point, vous pouvez vous rendre à Angers, pour y voir la ſolemnité de ce jour-là, qui eſt fort grande. Il y a quatre mille torches allumées, que portent autant d'habitans d'Angers, avec tous les Preſtres, & Ordres de Religieux. On y fait porter autant d'hiſtoires de la ſainte Ecriture, gravées, comme il y a de quartiers dans la Ville. Cette ſolemnité extraordinaire, procede de l'action du Diacre Berenger, qui voulut contredire la preſence réelle du Corps de Nôtre-Seigneur Jeſus-Chriſt au Sacrement de l'Euchariſtie. On vient de bien loin pour voir ou aſſiſter à cette Feſte ou Proceſſion, comme l'on parle des Rogations de Poictiers, & autrefois de la creation du Maire de la Rochelle.

Montcontour. Revenant à Poictiers aprés ce détour, vous paſſez à Montcontour. Au Bourg de la Grimaudiere vous verrez une ſource d'eaux ſaillantes avec tant d'abondance, qu'elles montent juſques à vingt pas, & alors étans repouſſées, elles deſcendent d'un cours ſi vîte, qu'à vingt pas de-là elles font tourner des moulins. Aprés cela on voit la Ville & Château de Mirabeau, & sur la fin d'Aoust vous estes de retour à Poictiers. Vous pouvez avoir écrit quelque temps auparavant, pour vous attirer & procurer de loin, de la compagnie pour le chemin que vous avez à faire en vôtre voyage. Soyez pour le moins cinq, & ne passez pas huit. Servez-vous de chevaux de loüage, & d'un homme pour vous condüire & guider, faisant marché, s'il se peut, à tant par jour, pour vous porter & nourrir. On ne payoit autrefois chacun que trois livres quatre sols, pour soy & pour son cheval, & au pied de ce prix-là chacun payoit sa quotité pour la guide que l'on avoit pris. Cela dés-là décharge de beaucoup de soins ceux qui voyagent, & sur tout on n'a rien à contester avec les Hôtes. Que si vôtre compagnie n'a point veu la Rochelle, & autres villes voisines, & que sortant de Poictiers elle veüille aller là, vous pouvez cependant par un autre chemin vous rendre en d'autres lieux que vous n'aurez point veus. Ce faisant, il se faut donner jour pour se rejoindre à Bordeaux, ou bien le premier qui y arrivera, attendra le reste de la compagnie. Vous avez à passer à present par l'Angoulmois, le Limosin, & par le Perigord.

Mirabeau.

Il y en a plusieurs qui vont droit par le Limosin, sans passer par l'Angoulmois. Ceux qui veulent voir ce beau Pays, qui n'a que vingt-trois lieuës de long, peuvent estre facilement instruits, partant de Poictiers, par les amis qu'ils y auront faits, ou autres qui s'y connoissent.

Angoulesme est une ville ancienne & bien digne d'estre veüe. Elle est presqu'au milieu du Pays, bâtie sur le sommet d'une montagne, au

Angoulesme.

pied de laquelle passe la Charente, avec l'Anguienne qui se perd dans la Charente à l'un des bouts de la ville. Elle n'est accessible que d'un costé, lequel est bien fortifié & remparé de tours, fossez & bastions. Son Château est aussi grandement fortifié, & y a garnison entretenuë. Il y avoit autrefois une Citadelle, qui est presque démolie, les restes servent de prisons, & y a encore une tour à cinq angles. Cette ville est distante également de la Mer, de Poictiers, de la Rochelle, de Limoges, & de Bourdeaux, sçavoir de vingt lieuës. Outre l'Eglise Cathedrale il y en a douze Parroissiales. Il y a un College des PP. Jesuites, & plusieurs Convens, parmi lesquels ceux des Cordeliers & des Jacobins y sont les plus beaux de France. C'est un Evesché & Siege Presidial.

La Charente. De toutes les rivieres de l'Angoulmois, qui abonde en fontaines, ruisseaux, & sources d'eau vive, la Charente est la plus remarquable. Elle est belle & claire par tout, & porte des bateaux de quatre-vingt tonneaux de vin, depuis Angoulesme jusqu'à Tonne-Charente, où elle se perd & se décharge dans la Mer. Depuis la source jusqu'à ce lieu-là, à suivre les détours de son canal, il y a plus de quatre-vingt lieuës de France, dans ce long cours elle forme plusieurs Isles bordées de belles prairies des deux costez, & porte quantité de bons poissons.

Le Touvre. Parmy les rivieres ou fontaines qui se déchargent dans la Charente, la plus remarquable est celle de Touvre, dont la source est trés-belle & grande, à une lieuë d'Angoulesme, vers la forest de la Braconne. Il étoit mieux conservé anciennement qu'il n'est à present. On disoit autrefois du Touvre, comme l'on le peut aucunement aujourd'huy, qu'il étoit pavé de truites, lardé d'anguilles, bordé d'écrevisses, & couvert de cygnes. Son cours n'est que d'une lieuë, mais la profondeur de sa source ne peut estre son décé. Il est large de deux cens pas.

ANGOULMOIS.

L'Angoulmois est presque pourveu de tout ce qui se trouve necessaire à la vie, en bleds, vins, eaux, prez, forests, fruits, poissons, chanvres, saffran, herbes & simples, mines de fer & d'acier. L'air est subtil & trés-bon par tout le pays. Les vins y sont bons generalement, mais ceux de Coignac, dont les Grands d'Angleterre ont accoûtumé de se servir, de sorte que les Anglois & les Flamans en viennent charger. Le pays est remply de fiefs trés-nobles & anciens, sur tout on y remarque la Rochefoucault, Duché & Pairie, Aubeterre, Marquisat, & plusieurs autrs Baronnies & terres en tiltre de Principauté, & de grand revenu. L'entier pays est en tiltre de Duché depuis le Roy François I. & en a joüy Charles de Valois, fils naturel du Roy Charles IX.

A venir de Poictiers droit à Limoges, il faut passer à Savin, qui en est à deux lieuës, & au bourg du Temple, à trois lieuës, où l'on peut faire sa couchée, si l'on part aprés dîner.

A une lieuë de-là l'on trouve le bourg de Sinot, où l'on remarque son grand cimetiere, couvert d'une infinité de tombes ou pierres assemblées à cet effet. Lussac est à une lieuë de-là, prés de Vienne, Molimes bourg deux lieuës aprés, &

finalement aprés avoir fait encore trois petites lieuës, l'on arrive au bourg de Bussiere, où l'on peut dîner. Deux lieuës aprés, ou environ, se voit Bonnivet, dont nous avons parlé cy-dessus, & deux lieuës encore un peu plus fortes, Bellac, bourg assis sur la Vienne, en un côteau de quelques deux cens feux, là où se peut faire la couchée. Le lendemain au bout de trois lieuës, est la Maison rouge, & à quatre lieuës de-là est Limoges.

LIMOSIN.

LE Limosin est entouré du Berry, de l'Auvergne, du Perigord & du Poictou. Il abonde en seigles, orges, chastaignes, & raves, mais y a peu de froment. Quelques lieux du bas Limosin portent de bons vins, & des bleds.

Le bétail y est en grand nombre par tout le pays, & s'y nourrissent de fort bons chevaux, qu'on vend en la foire de Chassus, avec toute sorte de bétail, en telle abondance, qu'il semble que de tout le Royaume on y en ait amené. Les habitans ne sont pas si polis & civilisez comme ailleurs: les femmes y sont fort chastes, & peu agreables. Ils sont industrieux & ennemis de l'oisiveté, sobres, ménagers, & temperans, d'où vient qu'ils vivent longuement. Leur langage est grossier, & qui ne seroit entendu en nulle part de France, si ce n'est de leurs voisins.

Les Seigneuries principales du pays sont le Duché de Ventadour, & les Vicomtez de Turenne & de Pompadour. Il n'y a que deux Eveschez, sçavoir Limoges & Tulle.

DE FRANCE.

Limoges est une ville connuë de l'antiquité, *Limoges* Capitale du Pays, assise sur la Vienne. Elle est marchande & populeuse ; & presente ses belles & hautes tours à ceux qui viennent de loin. Ses bâtimens sont hauts, quoy que de bois, toutefois agreables, de mesme qu'on en voit quasi par tout en la basse Saxe. Les Jeux de Paulme y sont aussi avec murailles de bois. De la fontaine, dite Eygolene, qui est au haut de la ville, sont départis divers ruisseaux, qui servent à nettoyer les ruës de la ville. L'Eglise Cathedrale est dédiée à Saint Etienne, & la ville, où le Pays a eu titre de Vicomté, reüny à la Couronne en la personne du Roy Henry le Grand, à qui il avoit appartenu, comme successeur de la maison d'Albret.

L'industrie des artisans de Limoges, à faire des ouvrages d'émail, des épingles, des cloux, des trébuchets, & autres fort delicats & subtils, est fort remarquable : & quoy que la ville soit éloignée de la Mer, son trafic est aussi grand que de ville de France, pour sa grandeur. On se peut informer sur le lieu des ouvriers plus renommez, parmy lesquels on a fait cas des deux freres, nommez les Mabreaux.

Partant de Limoges, aprés avoir passé à Nesou, qui en est à quatre lieuës fort petites, vous pouvez dîner au village de la Fargue qui est à deux lieuës de-là. D'où vous avez à faire quatre grandes lieuës par des forests & lieux incultes, jusques à la ville de Tuviers, là où la meilleure Hôtellerie est à l'enseigne de S. Jacques. A quatre lieuës de-là vous entrez dans le Perigord.

PERIGORD.

LE Perigord est borné du Midy de l'Agenois, du Quercy au Levant, du Limosin au Nord, & du Bourdelois au Couchant. Sa longueur est de trente-trois lieuës, & sa largeur de vingt-quatre. Le Pays est fort montagneux & pierreux, ce qui luy a donné nom. Il abonde en forests & en châtaignes, étant presque semblable au Limosin. Les vins qui se recueillent le long de la riviere de l'Isle & de la Dordongne sont bons. L'air y est fort pur, les maladies rares, & peu de contagieuses. Il abonde en rivieres, ruisseaux, & belles sources d'eau, en belles maisons, & en fiefs fort importans.

Les principaux sont Bourdeille, Essidueil, Hautefort, S. Aluaire, Riberac, S. Aulaye, la Force (la plus belle maison du Pays,) Gurson, Boisse-Pardaillan, & autres. Les noyers abondent au bas Perigord; de sorte que le trafic des huilles de noix est grand à Sarlat, qui en est la ville capitalle. Il y a beaucoup de simples & herbes medecinales, avec la capilaire de toute espece. On y trouve des eaux sulfurées & alumineuses, & aussi des bains chauds.

Les mines de fer n'y manquent point en plusieurs lieux, avec grand nombre de forges, à quoy servent leurs forests, & les eaux de tant de rivieres & ruisseaux. Le Pays a des choses fort curieuses à voir, & rares en la nature. La riviere, ou ruisseau, qui coule prés de Marsan, a son flux & reflux.

Prés de Miraumont est une caverne qu'on ap-

pelle le Cluseau, qui va cinq à six lieuës sous *Caver-*
terre. On y voit des sales & chambres pavées à *ne de*
la Mosaïque, des Autels & des peintures, des *Cluseau.*
fontaines, & des fleuves. Il y en a un, dont le
canal est large de cent ou six-vingts pieds, & qui
est fort rapide. On voit au de-là une plaine fort
longue & large, mais nul n'a osé encore aller
jusques-là. On n'ose y entrer qu'avec grande
troupe, & quantité de flambeaux allumez.

 Perigueux est une ville assise dans le haut Peri- *Peri-*
gord, & capitale du Pays entier. Elle est fort *gueux.*
ancienne, comme témoignent les restes d'un
amphitheatre, qu'on y appelle les Rolsies, & la
Tour dite Visone (qui étoit le nom ancien de la
ville) & quelques voûtes, colomnes, & masures
de maisons. Cette Tour est ronde, & a des murailles épaisses de sept pieds, & hautes de cent
pas, sans porte ny fenestres pour recevoir le jour.
On y entre sous terre par deux grottes qui ont
esté trouvées. L'opinion commune est, que c'é-
toit un Temple dédié à la Deesse Venus. La ville est assise en un vallon agreable, sur la riviere
de l'Isle, qu'on y passe sur un beau Pont, & est
ceinte de montagnes & côteaux. On distingue
Perigueux en ville & cité, separées & distantes
l'une de l'autre de cent cinquante pas ou environ.
La cité est bâtie sur les ruines de l'ancienne, est
habitée par l'Evesque, contient l'Eglise Cathedrale, & plusieurs maisons nobles de Gentils-
hommes du Pays, qui sont autant de vieux Châteaux, l'amphitheatre & la tour Visone sont dans
son enclos. L'une & l'autre ville a ses murailles,
mais la nouvelle a des tours & de bons fossez.

 Perigueux a esté regy par un Maire & six
Consuls, dont un septiéme est pris dans la Cité: il y a un Arsenal fourny de quelque Artil-

lerie. C'est un Senéchal, Siege Presidial & Evesché. La Cité y est appellée le Pux S. Front, à cause de l'Eglise Collegiale ou Abbatiale de ce tiltre, unie à l'Evesché. Le College des Peres Jesuites est dans la ville, avec l'Eglise de saint Sillan, & quelques Convents. Mais hors de la ville il y en a plusieurs autres, tant d'hommes que de femmes. A une lieuë de la ville, est la Chapelle de Nôtre-Dame des Vertus, scise dans un bois, & où il y a grande devotion.

On peut voir à deux lieuës de la ville une fontaine, dont l'eau se convertit en pierre, & se gele comme glace, formant mille figures convertissant en pierre ce qu'on y jette, ou le revêtant de certaine crouste precieuse. Vous estes conseillé de loger plûtost au Faux-bourg où vous serez bien, qu'en la ville, où l'air n'est pas si libre.

La riviere de l'Isle coule d'icy à Libourne, & traverse un vallon fort agreable, qui n'est guere large, diversifié en prez, champs, & vignes. Les ormes & tous autres arbres plus hauts mariez avec la vigne, est la chose la plus gaye & plus belle à voir. Vous diriez que les arbres mesmes portent des raisins, & c'est icy l'un des plus agreables lieux de France.

Aprés avoir dîné à Perigueux, & y avoir veu ce qui est digne, il sera bon de passer la nuit en un bourg assez grand, appellé Montensier, qui en est à trois lieuës. Il y a de bonnes hôtelleries prés de la riviere.

Montensier.

A trois lieuës de là est Mucidan, dont les murailles sont toutes ruinées de coups de canon depuis les guerres de l'année 1569.

Mucidan.

A trois lieuës de-là encore est Mont-pont, petit lieu de deux cens maisons.

Montpont.

Il reste encore six petites lieuës jusques à Li-

bourne, belle ville, dont les maisons sont pres- *Libour-*
que toutes couvertes d'ardoise. Il est sur la Dor- *ne.*
dongne & l'Isle. Elle est environnée de marais,
close de bonnes murailles, avec sept portes, trois
du côté de la terre, & quatre vers la riviere. Le
Parlement de Bourdeaux y a esté autrefois transferé, à cause de la peste. Fronsac, Duché en *Fronsac,*
est proche, dont le Château a esté demoly, & *& Cou-*
on y a joint Coutras, Bourg de six ou sept cens *tras.*
feux, au milieu duquel est le Château, & le lieu
est sur la pointe des rivieres de l'Isle & de la
Drouve de ces deux lieux joints ensemble. M.
le Cardinal Duc de Richelieu a fait une terre,
dont dépendent vingt-neuf Parroisses, & portent jusques à 25000. livres de rente.

De Libourne il faut descendre par eau jusqu'au
Château, dit de Braire, qui en est à deux lieuës.
De-là restent encore quatre lieuës par le Pays,
qu'on appelle entre deux Mers entre la Dordongne & la Garomne, jusques à Bourdeaux, là où
si vous arrivez un peu trop tard, vous pouvez
loger commodément deçà la Garomne à l'enseigne du saint Esprit.

C'est icy que vous devez attendre vôtre compagnie, si sortant de Poictiers, elle est allée faire un tour vers la Rochelle & les villes voisines,
comme nous avons dit cy-dessus, ou bien il vaudroit mieux (puis que vous avez déja veu Bourdeaux) que vous vous fissiez attendre vous-mes-
me, & vinssiez vers vôtre compagnie, pour luy
conter des nouvelles des lieux incultes que vous
aurez veus, & d'une valée fort agreable & fertile, principalement de deux ou trois bonnes villes
où vous aurez esté, si mesme vous estes venu jusques à Angoulesme.

Que s'il n'y a personne de la troupe qui se soit

separé en sortant de Poictiers, & que vous soyez allez tous par un mesme chemin, il ne seroit point à propos en ce cas de revenir à Bourdeaux, & seroit meilleur partant de Libourne, de prendre à main gauche, & voir les villes de sainte Foy, Bergerac, Marmande, Nerac & Agen, & poursuivre de-là vôtre chemin, comme il vous sera marqué cy-aprés.

Course en Espagne. Il y en a qui au voyage de France on joint celui d'Espagne, & qui ayans pris un guide ou un truchement, ont pris le chemin de Bayonne, & de-là sont allez par le Royaume de Navarre dans la Castille, & aprés à Perpignan & le Comté de Roussillon, & sont revenus en France.

Course en Bearn. D'autres faisans un détour moindre jusques à Bayonne, sont allez de-là à Pau, ville capitale du Bearn, celebre pour la naissance du Roy Henry le Grand, avec un superbe Château, & jardin trés-beau: ou bien sont venus & passez à Nerac, où le mesme Roy a esté nourry, ou sont allez à Thoulouse, & revenus sur nôtre chemin.

Nerac. Nerac est la capitale du Duché d'Albret, bonne ville & riche. Il y a le grand & petit Nerac, outre le Château, qui est ancien & superbe, avec des vergers & jardins trés-agreables, embellis d'allées de cyprez, lauriers & grenadiers. Du Château par un Pont sur la Bayze on va dans un parc & belle garenne, où sont deux Fontaines, dont la plus reculée est dédiée au Roy Loüis XIII. pour lors Dauphin, comme le porte une belle inscription gravée sur une table de marbre.

Le droit chemin de Bourdeaux à Thoulouse est de passer à Cadillac, dont nous avons déja parlé, cinq lieuës, à S. Macaire cinq lieuës, la Reole deux, Marmande trois. C'est une ville

DE FRANCE. 141

assez belle, & où les Etrangers se loüent d'avoir esté bien receus & logez. Tonneins trois, Eguillon une. Le Pont-sainte-Marie une. Prés de cette petite ville on voit, avec plaisir, de la montagne une plaine au dessous, qui s'éleve de-çà & de-là en forme d'amphitheatre, & est diversifiée de champs, prez, vignes, & jardins : Agen deux, Magistraire trois, Malause, où il faut passer la riviere, deux, Castel-Sarrazin deux, Grisole quatre, & à deux lieuës de-là est Thoulouse. Les lieuës sont marquées icy exactement au vray. Toutefois il seroit mieux de détourner à main gauche, & de Malause aller à Moyssac, ville distante d'une lieue. Montauban trois, Fronton trois, Castelnau une, S. Georges une, Thoulouse deux.

Il sera bon de remarquer icy sur ces trois villes, Agen, Moyssac, & Montauban.

Agen est assis sur la Garomne, & est une ville fort ancienne, dequoy les masures de plusieurs ouvrages anciens font foy. Elle est riche & agreable, & comme la graisse de la France. On y voit deux anciennes Eglises, l'une Cathedrale dédiée à S. Estienne, l'autre Collegiale, à saint Capraise. C'est le Siege d'un Evesque, d'un Senéchal, & d'un Presidial. On y montre la maison de Jules Cesar Scaliger, marié dans le Pays, où nâquit Joseph Scaliger son fils, tous les deux trés-doctes, l'ornement & l'honneur des Lettres. Elle est vis à vis du Convent des Cordeliers.

Agen.

La Chambre de l'Edit cy-devant séante à Nerac, y a esté transferée, & y a esté établie une Cour des Aydes.

Moyssac est une ville ancienne, assise dans le Quercy sur le Tarn, qui demy-lieuë plus bas se joint à la Garomne. Elle porte tiltre d'Abbaye, & a une Eglise de fort belle structure, ses ruës

Moyssac

sont larges & bien pavées, on loge commodement aux Faux-bourgs.

Montauban. Montauban est de mesme assis sur le Tarn. C'est l'un des nouveaux Eveschez du Languedoc, entant que le ressort de son Diocese n'est point de Quercy, mais la ville seulement. L'entier circuit de la ville est divisé en trois villes, sçavoir la vieille, qui est contre le Tarn, la nouvelle du costé de Cahors, qui ceint la vieille, & Ville-Bourbon qui se joint à la vieille par un beau Pont, & n'étoit autrefois qu'un Faux bourg, dit Saint Jacques. Toutes ces villes ont esté cy-devant trés bien fortifiées, mais depuis l'an mil six cens vingt-neuf, tous les bastions en ont esté ruinez & démolis. Elle a soûtenu divers sieges Royaux: mais le dernier est de l'an mil six cens vingt-un. Il y a une belle fontaine, qu'on y nomme le Griffon, à dix tuyaux, qui sepàre la ville du Faux-bourg S. Antoine.

Cahors. On ne fait point mention icy des autres villes de Quercy, où il ne vous faut point aller. On vous peut dire que la capitale du Pays est Cahors, sur le Lot, Siege d'un Evesque & Ecole du Droit fort celebre. Le Pont qu'elle a sur sa riviere est remparé de plusieurs portes bien hersées. C'est une ville fort ancienne, ayant quelques restes d'amphitheatre, & mesme presque la moitié, quelque forme de Thermes & autres marques d'antiquité. Au de-là de l'enceinte de Cahors est une grande source d'eau, qu'on appelle aujourd'huy la fontaine des Chartreux, & qu'on croit estre le *Divona* d'Ausone. On remarque aussi que prés de Martel est le Bucch-*Bucch-d'Yssoldun.* d'Yssoldun, montagne trés-haute, qui a des vieilles masures, & une porte qu'on appelle de Rome, pour verifier pleinement & par le nom & par ces marques que c'est *Axellodunum* de Cesar.

Ce sont les trois villes dont nous avons voulu instruire nôtre voyageur, avant que de le conduire dans cette grande ville de Thoulouse, capitale du Languedoc, Province fort considerable, dont elle est aussi l'entrée de ce côté-cy, & luy faire voir ensuite les meilleures Villes de tout ce Pays-là.

LANGUEDOC.

LE Languedoc est borné du Rhosne au Levant, où il est separé de la Provence; de la Mer Mediterranée, & des Monts Pyrenées au Midy: des rivieres de Tarn, de Tescou, de l'Aveyrou & de Biaur au Septentrion, avec les montagnes de Roüergue & d'Auvergne: & de la Garomne au Couchant. C'est le pays de France le plus proche de l'Equateur, car il touche presque au quarante-deuxiéme degré de l'élevation du Pole.

Il est arrousé de plusieurs rivieres qui entrent en la Mer Mediterranée, dont les principales sont, le Rhosne, le Vidourle, Eraut & Aude. Les bleds du bas Languedoc sont transportez en Espagne & en Italie. Les vins excellens sont à Gaillac & à Rabastens en Albigeois, à Nismes & à Beaucaire. Les vins blancs à Limoux, & les muscats à Frontignan, & autres lieux du Diocese de Montpellier, on le transporte en Angleterre & en Allemagne, là où il est appelé vin de Lyon, parce qu'il est porté de cette ville là. On façonne les vignes en treilles ou hautains, comme il se pratique en quelques lieux de la Gas-

Vins.

cogne, en Anjou, en Piedmont, & en Italie. Les huiles abondent au bas Languedoc, de mesme qu'en Provence, & en tout le reste du Royaume on n'en voit point. Les sels y sont en pareille abondance és salins de Pecais & de Narbonne, Peyriac & Sejan, qui seuls subsistent, veu que les autres ont esté noyez, à cause de la trop grande quantité, & que ceux de Pecais suffisent pour fournir le bas Languedoc, les Provinces voisines & les fermes étrangeres. Le Lauraguez a grande quantité de cailles és mois de Juillet, Aoust, & Septembre, qui sont meilleurs qu'en Italie. Les benares, qui se prennent és plaines de Thoulouse, sont portez jusques à Paris pour la table du Roy, & autres qui veulent dépendre.

Sels.

Les fruits excellens sont de mesme au bas Languedoc, sçavoir les raisins muscats, les melons, les figues, pavis, auberges, mirecotons, abricots, grenades, pesches, &c. On y recueille aussi grande quantité de châtaignes dans les Cevenes (pays montagneux dans la Province) & des prunes en Albigeois.

Fruits.

Les passerilles ou raisins secs de Frontignan & autres lieux, se transportent bien loin, & sont meilleurs que ceux d'Espagne, quoy qu'on les range aprés ceux d'Italie & de Grece. On y trouve des marbres de toutes couleurs en plusieurs lieux de la Provence, où ils se pollissent fort bien. Les sables de plusieurs rivieres s'y trouvent meslez d'or & d'argent, & on trouve de l'or nommé paillole, en presque toutes les rivieres qui naissent des montagnes du Pays. Les eaux minerales & les bains chauds n'y manquent point : Ceux de Bagnieux en Gevaudan & de Balarve au Diocese de Montpellier sont fort renommez,

Passerilles ou raisins secs.

Sables meslez d'or.

Eaux & bains

nommez. Le Lauraguez est le Pays du Pastel pour les teintures, qui se debitent en Espagne & par toute l'Europe. Le rosmarin y abonde dans les montagnes ou garriques plus que le genevre en Allemagne. On y voit aussi le thim, le lentisque, le serpoulet, lavande, aspic & autres herbes de trés-bonne odeur. Et ici, comme en Provence, le rosmarin est porté pour servir de bois à chauffer les chambres. Le salicor ou sode, qui sert à composer le verre, se trouve és lieux maritimes ou marécageux, & le verre s'y fait avec un merveilleux artifice par des ouvriers qui sont tous gentilshommes. Le saffran croist abondamment en Albigeois, & y est fort bon. On y trouve aussi le vermillon ou graine d'écarlatte, qui sert aux Apotiquaires & aux Teinturiers : aussi bon que la cochenille qui vient des Indes. On y a les laines fines, & les vers à soye, dans le bas Languedoc. Il y a plusieurs autres choses dignes de remarquer, dont un voyageur curieux recueillera & jugera facilement que cette Province vaut la voir autant qu'autre du Royaume. L'air y est bon & temperé, quoy qu'un peu chaud, mesme au bas Languedoc, voisin de la Provence. Les Hyvers n'y sont pas rigoureux, & les bonnes eaux y abondent. Les jours sont beaux & serains au bas Languedoc és mois les plus froids de l'année, & les chaleurs ardentes y sont moderées, par un vent qui se leve aprés-midy, qu'on y nomme le Garbin.

Les Estrangers ne sont pas conseillez d'arrester longuement en ce pays, s'ils veulent conserver la pureté de la langue Françoise, qu'ils ont déja acquise dans les bonnes Villes de France, où l'on parle le mieux, comme à Orleans, Blois & autres. Toutefois entant qu'ils n'ont affaire *Langage.*

principalement qu'à des gens, ou de lettres, ou de bonne condition, qui parlent ordinairement François, ils ne peuvent pas guere nuire à la bonne habitude qu'ils en auront prise, & tireront, s'ils veulent, un grand profit avec quelque contentement, s'ils examinent les termes naturels du pays, qu'ils trouveront fort significans, & qui se rapportent beaucoup plus à la Langue Latine, que les Allemans parlent volontiers, qu'aucun autre de la France.

Thoulouse. Son antiquité.

Thoulouse est une Ville trés-ancienne, colonie des Romains, qui a eu son Senat & un Capitole, où les Capitouls se sont assemblez long-temps. On doute si ce n'étoit point un Château rond, qu'on voit encore prés du lieu, qu'on appelle l'Inquisition. Elle a eu aussi un amphitheatre, dont les masures se voyent prés de la Ville, contre le Château Saint Michel, au terroir des Ardennes ou Arenes. Les traces d'Aqueduct & prez de la Cypiere, le camy ou chemin des arcs, avec les Temples de Jupiter, qui pourroit estre celuy de nôtre-Dame d'aujourd'huy, d'Appollon, celuy de Saint Quintin, & autres, marquent de mesme son antiquité. La ville est trés-grande, capitale du Languedoc, & seconde de France; bien bâtie, quoy que de brique.

Quartiers de la ville. La Daurade.

La Garomne passe dans la Ville & la divise en deux, qui se joignent par un trés-beau Pont, & l'une des merveilles du Royaume. Les huit quartiers de la Ville sont regis par autant de Capitouls, & sont la Daurade, Saint Estienne, le Pont-vieil, la Pierre, la Dalbade, Saint Pierre de Cuisines, Saint Barthélemy, & Saint Sernin. Dans le premier, se voyent l'Eglise de la Daurade, qui est fort ancienne, & a ses degrez & Baptistaire tout de marbre, avec un Autel de bronze

Celle de Saint Ignace, ou la Maison Professe des Peres Jesuites; l'Hôpital de la Grave pour les pestiferez, le grand Hôpital de saint Jacques au faux-bourg de saint Cyprian, dit saint Subra, le College de Mirepoix, celuy des Jesuites, avec leur Novitiat, le Pont de saint Subra, ou de la Daurade, ou Pont neuf, avec plusieurs Convents & places publiques. Le Couvent de saint Dominique ou des Jacobins, quoy que petit, est neanmoins trés-beau.

Dans le second, est à remarquer premierement, l'Eglise Cathedrale ou Metropolitaine de saint Estienne, laquelle est fort grande & bien bâtie, avec quatorze Chapelles, voûtées au tour du Chœur. Elle fut brûlée l'an mil six cens neuf, mais depuis on l'a rebâtie plus magnifique qu'auparavant, & voûtée. Le Cloître est plus ancien que le reste, & s'y voyent des statuës Gothiques à demy-relief. L'Eglise de S. Sauveur y est fort ancienne, avec son grand Cymetiere. Les Chappelles des Penitens blancs, noirs & bleus, y sont aussi, avec le College de saint Martial, la Maison Collegiale de Bolbonne, & l'Archevesché, accompagné de toutes ses Justices & prisons. L'Hôtel de Ville, ou Capitolat est dans ce quartier: Il y a un corps de garde à la porte, & à côté de l'entrée en lieu éminent est posée la statuë du Roy Henry le Grand, avec une belle inscription Latine. A main gauche de l'entrée interieure, est peint Loüis Dauphin, fils de Charles VII. qui porte en trousse la Reyne sa mere, entrant à Thoulouse avec le Roy Charles. A côté droit on entre dans une salle, où la Cour de Parlement a accoûtumé de s'assembler: au coin du côté droit, est posée la statuë d'une femme de marbre blanc, avec une inscription Latine, fai-

Eglise Saint Estienne.

Hôtel de Ville.

G ij

te pour Dame Clemence, qui a fondez les jeux floraux ou d'Aglantine. Sous l'inscription sont peintes quatre fleurs, & en ces jeux se propose tous les premiers jours de May, le prix de ces fleurs faites d'argent, à ceux qui feront le mieux en vers sur un sujet, en langue du pays. On y voit encore plusieurs belles Peintures, & entr'autres celles des Capitouls avec leurs ornemens: l'Arsenal, & plusieurs autres Eglises, Convents & places publiques sont aussi dans le mesme quartier. Au troisiéme se remarque le Pont-vieil, d'une structure Gothique ou Romaine, assez grossiere. Il y a plusieurs Eglises & Convents, avec la Bourse & Justice du Prieur & Consuls des marchands, & le beau Pont commencé depuis l'an mil cinq cens quarante quatre, & achevé depuis quelques années. On y voit aussi la cage, d'où on a accoûtumé de plonger les blasphemateurs dans la Garomne.

Pont-vieil.

Le quatriéme n'a rien de remarquable digne d'estre veu.

La Dalbade.

Le cinquiéme, contient l'Eglise de la Dalbade, tenuë par les Peres de l'Oratoire depuis l'an mil six cens vingt, la petite Observance tenuë par les Recolects, l'Inquisition, le Temple, l'Isle de Tonnis ou de S. Antoine dans la riviere de Garomne, peuplée d'artisans, avec son Pont de brique qui la joint à la Ville, les moulins du Château Narbonnois, & le port Garaut.

S. Pierre des cuisines. College.

On voit dans ce sixiéme quartier nombre d'Eglises & Prieurez, la Chappelle sainte Radegonde, la grande Observance, plusieurs autres Convents & Colleges, & entr'autres celui de Foix, fondé par Pierre, Cardinal de Foix, avec deux belles Bibliotheques, l'une de livres manuscrits, l'autre de livres imprimez: celuy de Narbonne fondé par Gambert, Archevesque d'Arles & de Narbonne, l'an mil trois cens quarante-deux, & celui de l'Equille, qui n'est commencé à bâtir que depuis l'an mil cinq cens soixante-un, & continué jusques en mil six cens huit, aux dépens de la Ville, pour les langues Hebraïque, Grecque & Latine. Les Estudes du Droit & de la Medecine s'y peuvent voir aussi. L'artifice des meules des moulins du Basacle, & ce qu'il y a de particulier & different des autres, sont à remaruer.

Dans le septiéme, outre les Eglises, Convents & Chappelles, on y voit le Palais, où s'assemble la Cour de Parlement. C'étoit autrefois le lieu du Château Narbonnois, trés-forte place, qui fut jusques au Roy Charles VI. la sale de l'Audience, la table de Marbre, les prisons des Hauts Murats, la Tresoriere, où sont seans les Tresoriers de France, & la Monnoye, sont dans la mesme enceinte. *S. Barthelemy.*

Le huitiéme & dernier quartier a de remarquable, sur tout l'Eglise de S. Sernin, laquelle est Collegiale. Elle est trés belle, ancienne & forte. Outre l'artillerie, qui est logée au haut de l'Eglise, elle est bâtie en sorte par dedans, qu'aucun ne s'y peut cacher, qu'il ne soit exposé aux coups tirez d'enhaut, quoi qu'il y ait grand nombre de piliers ou colomnes. Les anciens Comtes y ont leurs tombeaux, & les Evesques avec les Nobles y sont ensevelis. Derriere le Chœur se voyent les 12. Apôtres gravez sur du bois, & dans des caves sous terre se gardent les Corps d'aucuns Apôtres & Saints, dans des chasses d'argent doré, comme aussi celui de S. Sernin, ou Saturnin, est en une pareille chasse enfermée dans le Chœur. Il y a aussi plusieurs Convens & Colleges, & *S. Sernin.*

G iij

entr'autres ceux de Perigord & de Magalonne. On y peut voir aussi la Cour du Sénéchal, au lieu appelé Mirabel.

Les principaux ornemens de la ville de Thoulouse, sont la Cour de Parlement, institué par le Roy Philippes le Bel, de mesme que celle de Paris, & l'Université, principalement des Droits Civil & Canon, laquelle y est fort fameuse & frequente.

La ville a eu ses Comtes, qui étoient fort puissans: mais par le mariage d'Alfonse, frere du Roy saint Loüis avec Jeanne, fille unique de Raymond, Comte de Thoulouse, le Comté de Thoulouse fut reüni à la Couronne, Alfonse étant mort sans enfans.

Vill.-franche. De Thoulouse l'on vient à Ville-franche pour la dînée. Il vient ici grande quantité de pastel, que l'on y cueille plusieurs fois l'an, & s'y en fait un grand trafic. De-là il faut passer à Ca-

Castel-naudary. stelnau Dary, ville capitale du pays de Lauraguez, où le Roy a un Sénéchal & Siege Presidial. Il y a une Eglise Collegiale & un Château ruiné. On passe aprés à Ville-nouvelle, & à Ville-peinte, petite ville close, où l'on peut repaître. De-

Carcassonne, Cité. là à Ville-seiche, finalement à Carcassonne. Carcassonne est une ville ancienne. Elle est double, sçavoir ville & cité, qui sont separement closes de murailles, & ont chacune leur police. La riviere d'Aude passe entre-deux sous un Pont de pierre. La cité est élevée sur la ville, & est ceinte d'une double muraille, avec tours & fossez à fonds de cuve. Le Château est gardé pour le Roy avec morte-paye. Les tiltres de la ville & Senéchaussée, voire de plusieurs endroits du Royaume y sont conformes : Et s'y voyent des actes trés-anciens, écrits sur des écorces d'arbres, du fin linge & autres matieres. On y voit aussi quantité de vieilles armes, harnois & machines de guerre: l'Evesque y a sa demeure, avec la Justice du Senéchal & Siege Presidial, & l'Eglise Cathedrale.

La ville est en bas, le long de la riviere; bien *Ville.* bâtie, quoi que la plûpart de bois, les ruës fort droites, avec une place quarrée ou marché; du milieu duquel on voit les quatre portes de la ville, où l'on va par quatre belles ruës. Elle est bastionnée & en bon état de deffense. On vend ici de trés-bons peignes, & autres ouvrages de buis, bien travaillez & à bon compte. La meilleure hôtellerie est à la Poste.

Sortant de-là, où l'on peut sejourner un demi jour, l'on vient dîner à Mons ou à Lesignan. On *Mons.* passe ensuite par un détroit de montagnes, où le *Le-* rosmariu & autres herbes donnent une bonne *gnan.* odeur aux passans, pour venir dans une plaine agreable, & arriver à Narbonne, derniere ville de France, de ce côté-ci, une des clefs de France, & frontiere à l'Espagnol.

Narbonne est une ville trés-ancienne colonie *Nar-* des Romains, & pleine de marques, inscriptions *bonne.* & monumens d'antiquité. Elle a eu un Amphitheatre, & un Capitole, dont les traces se voyent prés de la porte du Roy. Le vulgaire en appelle les masures, Capdueil. Le Palais tenu par les *Cap-* Rois des Visigots, & donné aux Archevesques *dueil.* de Narbonne par les Rois de France, fut abbatu l'an 1451. Elle a eu ses bains & ses Aqueducts. C'est une ville Archiepiscopale, avec Primatie, & tiltre d'ancien Vicomté, échangée avec le Roy pour la terre de Nemours. La clôture de ses murailles est nouvelle, & ses fortifications encore plus, au moins les plus importantes, depuis ces dernieres guerres avec le Roy d'Espagne. Un canal qu'on appelle Robine en ce païs-là, tiré de la riviere d'Aude, divise la Ville en deux, Bourg & Cité (selon la largeur) qui se joignent par un Pont bâti dessus, & couvert de maisons de part & d'autre. Elle est bien bâtie, & a de belles places. La Cité est du côté de Beziers, & l'on y entre par la porte du Roy, & dans le Bourg, par la porte Connestable. Les Consuls sont pris de quatre-vingt-six familles de la ville, & il y a un Gouverneur pour le Roy. L'air n'en est pas sain, à cause qu'elle est en assiette fort basse, & avoisinée de plusieurs étangs.

Pont-forme. On remarque quelques restes d'un ancien Pont, bâti par les Romains, qui servoit à passer les étangs sur le chemin de Beziers : on appelle le lieu & les masures de ce Pont, Pontforme.

Eglise de Saint Just. L'Eglise de Saint Just est forte & magnifique, avec son clocher de quatre cens degrez. On y remarque des Orgues trés-beaux, appuyez sur l'une & l'autre muraille, & qui n'ont besoin que d'un seul soufflet : Mais sur tout y est admirée la peinture du Lazare ressuscité par nôtre-Seigneur, estimée un chef-d'œuvre. On y voit aussi plusieurs Chappelles, avec les representations gravées du dernier Jugement, & du Purgatoire.

Archevesché. L'Archevesché y est superbement bâti depuis quelques années, avec un trés-beau degré qui merite bien d'estre veu.

A une journée de Narbonne est Perpignan, dans le Comté de Roussillon, pris sur l'Espagnol. Plusieurs avant que partir de Narbonne, vont jusques-là, afin qu'ils puissent dire, qu'ils ont veu quelque chose d'Espagne.

Il faut à present de ce coin & extremité de la France, revenir plus avant dans ce Royaume & y voir les bonnes Villes.

DE FRANCE.

Allant de Narbonne à Beziers, il faut passer la riviere d'Aude, & une montagne de laquelle on voit l'une & l'autre ville, avec un village qu'on nomme Carante, d'où l'on a pris sujet d'équivoquer, & de dire qu'on voit de-là quarante-deux villes.

Beziers est une ville ancienne, colonie des Romains. La riviere d'Orb passe contre la ville sous un beau Pont. L'Eglise de S. Nazaire est trés-belle, de mesme que l'Evesché, qui a une veuë trés-agreable sur la campagne voisine. Les PP. Jesuites y ont aussi un College magnifique. La Citadelle a esté abbatuë depuis l'année 1632. On est trés-bien à la Croix blanche, là où se voyent quelques ruines & masures d'un Amphiteatre, ou autre bâtiment ancien. C'est un Siege du Senéchal de Carcassonne, & Siege Presidial. *Beziers.*

Si vous allez de-là tout droit à Montpellier, il faut passer par saint Tubery, qui est une Abbaye & petite ville, prés de la riviere d'Eraut, à trois lieuës de Beziers. De l'autre côté, qui est à preferer, à main gauche l'on trouve Pesenas, à demy-journée de Beziers. C'est une ville agreable, avec un Château ruiné, prés de la mesme riviere. C'est une Eglise Collegiale, & ville assez marchande, à cause de ses bonnes foires. On peut voir là prés le sejour de feu Monsieur le Connestable de Montmorency, appelé la Grange des prés, qui est une belle maison, accompagnée d'un beau jardin. A une petite journée de-là est Montpellier, qui merite d'estre veu & décrit particulierement. *S. Thubery. Pesenas.*

Montpellier est une ville nouvelle, en égard à Thoulouse, Carcassonne, Narbonne, Besiers & Nismes, dont nous avons à parler cy-aprés. Neanmoins elle est trés-agreable, bien assise & *Montpellier.*

G v

accommodée de tout ce que l'on y sçauroit defirer, sauf d'une bonne riviere, n'ayant que le Lez, que les anciens ont mentionné, quoy qu'il soit fort petit. La mer n'en est distante qu'une lieuë Ses murailles sont belles & fortes : ses ruës étroites pour la plûpart, & les maisons fort hautes, pour empescher le Soleil de donner sur la teste de ses habitans. Elle est d'une juste grandeur, trés-bien bâtie, s'il y a ville en France. Les Eglises & Convens y estoient en grand nombre avant les premieres guerres de Religion, dans la ville, & principalement aux faux-bourgs, qui furent démolis, & tous les beaux jardinages ruinez, en sorte qu'ils n'ont pas esté bien remis depuis. L'E-

Eglise de Saint Pierre.

glise Cathedrale est dédiée à S. Pierre, bâtie par le Pape Urbain V. qui étoit de Mande en Languedoc. Elle étoit magnifique, & les guerres l'ayant ruinée, le Cardinal Duc de Richelieu la fit remettre en partie, de sorte qu'elle sert depuis quelques années. Il y a quelques Convents de Religieux & Religieuses dedans & dehors la ville. Ce qu'il y a de plus celebre pour les Lettres,

Ecoles de Medecine.

est l'Ecole de Medecine, renommée par toute l'Europe. On y peut voir son Auditoire, ses logemens, & theatre anatomique. Le Jardin du Roy pour les simples & herbes medecinales est contre les murailles de la ville, trés bien entretenu, & qui doit estre veu par les Estrangers, avec la confection d'Alkermes, si pendant le sejour qu'ils y font, aucuns des Apotiquaires y travaillent en presence du Magistrat, & de l'un des Professeurs en Medecine, selon la coûtume. Cette Ecole est fort frequentée d'Ecoliers venans de tous les endroits de la France : & les Estrangers, particulierement les Allemans, font volontiers du sejour dans la Ville, où ils ont eu adresse jusqu'ici à Lauren. Catalan, Maître Apotiquaire de la Ville, tant pour la langue Allemande, dont il a connoissance, que pour sa correspondance à Lyon, & aux villes d'Allemagne, pour leur fournir de l'argent. Les Chirurgiens & Pharmaciens y ont aussi leurs exercices & disputes. Mais les degrez de la Medecine, distinguez en Bacheliers, Licentiez & Docteurs, y sont donnez avec solemnité & merite des pretendans. Le Palais où s'assemblent la Cour des Comptes, & la Chambre Presidiale, merite aussi d'estre veu, avec son nouveau bâtiment, lequel étant achevé, sera l'un des beaux ornemens de la Ville. La Citadelle bâtie depuis les guerres de l'an 1622. est belle & grande, avec quatre bastions, deux dedans & deux dehors la Ville. Le College de Droit peut estre veu aussi, avec les actes de Licence & de Doctorat, qui se font ensemblement, & en une mesme action. Les Tresoriers generaux de France sont séans dans une fort belle Maison, qu'on dit avoir esté bâtie par Jacques Cœur, homme trés-riche, sous le Roy Charles VII. Les Consuls en nombre de six, sont Viguiers de la Ville, & ont une trés-belle suite d'Officiers, avec des Consuls de Mer ou des Marchands, à la difference desquels ils sont appellez Consuls Majours. On doit remarquer en cette Ville une Justice particuliere, & laquelle neanmoins est fort generale contre tous debiteurs qui s'y soûmettent, sçavoir le Juge qu'on appelle du petit Séel. La Monnoye y est établie, & a esté ouverte depuis peu; le College Royal des Lettres humaines a esté donné aux PP. Jesuites depuis quelques années. Les autres curiositez de la Ville, & qui lui sont aussi particulieres, consistent au blanchissage de la cire, & au travail

Palais.

Citadelle.

Maison de Jacques Cœur.
Consuls.

Juge du petit Seel
Monnoye.

du verdet ou verd de gris, qui s'y fait fort bien, pour la teinture & pour les Peintres, avec les coûteaux, ciseaux, & tout autre ouvrage semblable, qui s'y travaille par excellence. Et finalement aux poudres de Cyprés, & autres de senteurs, eaux d'Ange qui se transportent bien loin, dans des vases de verre faits delicatement.

Maguelonne. A une lieuë de la ville, est Maguelonne, dans une Isle contre la Mediterranée. Le Château ou fort, qui étoit trés-ancien, a esté démoli. Les Evesques de Montpellier y étoient autrefois seants, & se disoient Evesques de Maguelonne, avant la translation de leur siege. Il n'y reste aujourd'hui que l'Eglise assise entre l'étang & la mer, où sont ensevelis lesdits Evesques. On peut aller de-là jusques à Ville-neuve à cheval, & de ce lieu qui est une petite ville, jusques à l'étang de Lates, lieu & Château ancien, à l'embouchure du Lez: Le bord de la mer, qui sepere l'étang, est appelé par le vulgaire le Plaje. Cet étang rend ce quartier de la Gaule Narbonnoise asseuré contre les Pirates. Il y avoit autrefois à Maguelonne, une ville & un port nommé Sarrazin. Mais la ville a esté ruinée & le port *Frontignan,* comblé. On peut aller de-là à Frontignan, petite ville renommée pour ses bons vins muscats; *Cap de Sete,* au Cap de Sete & aux bains de Balaruc, qui sont *Balaruc* trés-bons.

Ce qui se peut faire en un jour & revenir dans Montpellier. De Montpellier vous devez aller à Nismes, par un chemin un peu détourné, passant au Pont de Lunel, qui est sur le Vidourle, *Pont de* avec une hôtellerie antique, qui a esté autrefois *Lunel* bonne & celebre, lors qu'on n'étoit point obligé de passer dans Lunel, qui est une petite ville assez éloignée du Pont. Il faut donc prendre de-là à

DE FRANCE. 157

main droite, & voir en passant un agreable jardin & maison appellée S. Michel, qui est à un Gentilhomme du pays. Vis à vis & de-là Vidourle est assis Massiliarques, petite ville. Aprés avoir passé quelques Ponts, & une tour assez forte, nommée Carbonniere, gardée par quelques soldats, & payé un peage, l'on entre à Aiguesmortes, ville assise contre l'étang, à une lieuë de la mer, avec un canal ou robine tirée du Rhosne. La ville est de figure quarrée, avec de bonnes & fortes murailles, & quinze tours trés-bien bâties: sur toutes est à remarquer celle de Constance, la seiziéme en nombre, & neanmoins logée hors du rang & nombre des autres: on y entre par un pont-levis. C'est un Château plûtost qu'une tour, où est un phare ou lanterne de mer. Aprés cela est à voir celle de la Reyne, qui est dans le rang des autres, le long des murailles. Une lieuë de-là est le Fort de Pecais, bâti pour la garde des salins qui sont au terroir, dont il a esté parlé ci-devant, parlant du Languedoc en general. A deux grandes lieuës de-là est Saint Gilles, Ville & Abbaye, prés du Rhosne. C'a esté le tiltre ancien des Comtes de Thoulouse, & de toute la Province mesme. L'Eglise est fort belle, & l'a esté encore davantage, comme il se connoît par les masures. On remarque en une forest voisine, nommée Estagel, une chaire de pierre, que l'on croit avoir esté un siege des anciens Druides, qui habitoient volontiers dans les bois.

Massiliarques
Tour Carbonniere.
Aiguesmortes.
Tour de Constance.
Fort & Salins de Pecais.
S. G.

De Saint Gilles, il faut venir à Nismes, qui en est à trois lieuës. C'est une ville fort ancienne, & colonie des Romains. Elle a esté fort grande autrefois, & une petite Republique, composée de plusieurs Bourgs. Elle peut avoir enfermé plusieurs collines proches, & entr'autres

Nismes.

celle où est aujourd'hui Tour-Maigne. Ses maisons sont belles en plusieurs endroits, & ses ruës longues & larges Hors de la Ville sont des beaux jardins, bien pourveus de fruits, herbes, & graines de toutes sortes. La principale & plus entiére marque d'antiquité, consiste en un Amphitheatre, qu'on y nomme les Arenes. Il est de figure ovale, contenant quatre cens septante pas & soixante-trois arcs. On y remarque plusieurs choses curieuses, comme est la louve qui nourrit Romulus & Remus, quelques vautours qui leur apparurent aussi, deux testes de taureaux sur la porte, par où l'on y entroit anciennement, deux tours bâties sur le bâtiment ancien à l'entrée aujourd'hui & autres. Le dedans de l'Amphitheatre est tout bâti & rempli de maisons. Aucuns ont creu que la maison quarrée a esté un capitole; mais les plus doctes & curieux estiment que c'est une Basilique ou pretoire ancien pour rendre Justice. Elle est plus longue que quarrée, ayant à chaque côté dix colomnes fort hautes, & six aux deux bouts. Le toict ou le dessus est couvert de pierres grandes & larges, comme pour s'y promener. C'est un ouvrage de l'Empereur Trajan, en faveur de sa femme Plotine. On voit au dessous une cave, ou commencement de grotte, ou chemin souterrain, pour aller à ce qu'on croit de Nîmes, jusques à Arles. Hors de la Ville, & prés de la fontaine se voit le Temple de Diane, ou de Vesta, lequel est ruiné. Il y avoit aux côtez deux rangs de colomnes antiques & d'ouvrages exquis. La fontaine voisine est comme un lac, toutefois d'eau fort vive, froide & claire, & d'une belle source perennelle, qui se conduit dans la ville, & fait moudre deux moulins dehors.

Les inscriptions anciennes sont frequentes

Amphitheatre ou les Arenes.

La maison quarrée.

Temple de Diane.

La fontaine.

DE FRANCE. 159

dans la ville & aux portes, & principalement en celle de la Couronne. On y voit plusieurs Aigles de marbre ou pierre plus dure sans teste, ce qu'on attribuë aux Gots ennemis du nom Romain. Dans les maisons particulieres qui seront indiquées, aux Estrangers, on peut voir quelques statues, inscriptions & quelques autres curiositez aux coins des ruës avec une colomne érigée pour le Roy François I. & la Salamandre au dessus. Le College Royal fondé par Henry II. est bien bâti, & mi-parti entre les Peres Jesuites, & le Regens de la Religion Pretenduë Reformée. A quatre lieuës de Nismes se voit le Pont du Gard, ouvrage excellent, si les Romains en ont laissé aucun pour marque de leur grandeur, soit pour la dépense, soit pour les ouvriers. Ce sont trois Ponts l'un sur l'autre, ou trois rangs d'arches. Le plus bas n'en a que six, où passent les hommes & les bestes. Celui du milieu en a onze, & le troisiéme trente. Sous ces Ponts est un canal haut de six pieds, & large de trois, couvert de grandes pierres, l'eau du Gardon, petite riviere du Pays, qui donne nom au Pont, passoit sous ce canal & montoit au Pont plus haut, qui servoit d'Aqueduct pour conduire l'eau jusques à Nismes, qui en manque une partie de l'année pour ses moulins, & autres usages. La hauteur de l'entier ouvrage est de quatrevingtdeux pieds, selon ceux qui l'ont mesurée. Avant partir de ce quartier-là, il faut voir quelques autres curiositez de grottes ou fontaines, mais particulierement la maison & jardins de S. Privat, où demeure un Gentilhomme du pays qui en porte le nom. La maison est belle & en assiette trés-agreable, & ses jardins fort delicieux en allées, cabinets, parterres, & autres ornemens.

College.

Pont du Gard.

Saint Privat.

Beau-caire. Aprés avoir veu le Pont du Gard & S. Privat, on peut revenir à Nismes, & de-là prendre le chemin de Beaucaire qui en est à quatre lieuës, ville assise sur le Rhosne, qui separe là le Languedoc de la Provence. La ville est connuë par une celebre Foire qui s'y tient le jour de la Magdelaine. Son Château fut démoli l'an mil six cens trente-deux. La ville porte tiltre d'une Senéchaussée conjointement avec Nismes.

PROVENCE.

Aprés avoir passé le Rhosne, on entre dans la Provence de ce côté-ci. Cette Province est bornée au Levant des Alpes, & de la riviere de Var : au Septentrion du Dauphiné, au Couchant du Languedoc & du Rhosne, avec le Comté de Venaysse : au Midy de la Mer Mediterranée. On la distingue en haute & basse Provence. La basse depuis Arles jusqu'à Nice, abon-

Fruits. dent en vignes, oliviers trés-beaux, orengers & citronniers de diverses sortes, limonnes ou poncieres, avec des palmes ; & dans les bois on ne voit que thim, rosmarin & meurtes. Les collines sont couvertes de vignes, figuiers, melons, prunes d'Apt & de Brignole, poires muscateles,

Vins. grenades, raisins muscats, pesches, abricots, &c. On prise sur tout les vins de Marseille, comme plus meurs, les vins muscats de Circurat, & ceux des autres lieux, comme plus delicats. Quelques lieux y produisent de la malvoisie, ou vin de Candie. L'air y est temperé & rafraîchy par un vent de Midy. L'Hyver n'y tient pas plus d'un mois, & il n'y gele quasi point, de sorte qu'en cette saison mesme on y voit des roses, des œillets & des fleurs d'orange. La haute Provence tient des montagnes du Dauphiné : le froid y est excessif, & les neiges ordinaires. Elle a du bled, mais peu de vin, & point d'huile. On seiche les raisins & les figues en abondance en la basse : où il y a aussi du saffran, du ris & des salins. Ses bleds se portent à Genes & autres villes d'Italie. Ses vins vont en Angleterre, en Flandres, & en Allemagne. Les autres commoditez du pays seront décrites parlant de Marseille, & autres endroits de la Province.

Le Comté de Provence se trouve reüni à la Couronne de France, sous le Roy Loüis XI. institué heritier par Charles d'Anjou, Comte du Mayne, neveu de René Roy de Sicile & Comte de Provence, qui l'avoit fait son heritier. La maison d'Anjou avoit longuement possedé la terre, depuis Charles Duc d'Anjou, frere du Roy saint Loüis, marié avec Beatrix fille & heritiere de Raymond Comte de Provence. La Cour de Parlement du pays est établie à Aix, & n'y a qu'un seul grand Senéchal, lequel a neuf sieges. Il n'y a que deux Archeveschez, Arles & Aix, & dix Eveschez : plusieurs Abbayes, dont la principale est S. Victor de Marseille.

La premiere ville qui s'offre du côté du Languedoc est Tarascon, ville scise sur le Rhosne, & opposée à Beaucaire. La ville est forte, & a un Château fort bien bâty par René Roy de Sicile & Comte de Provence, dont l'effigie avec celle de la Reyne Jeanne sa femme, se voyent dans la cour, avec une inscription Latine. Il n'est couvert d'aucun toict, mais le dessus est plat au sommet pour s'y promener, & y a quelques pieces d'artillerie : On voit la ville de-là avec

Tarascon.

Château.

plaisir, en forme d'une lune en croissant. Il y a déja plusieurs années qu'une Isle s'est découverte au milieu du Rhosne entre Beaucaire & Tarascon, pour démentir le Proverbe ancien, portant qu'entre ces deux villes-là ne passoit ni brebis ni moutons, non plus qu'entre Tain & Tournon, que le Rhosne separe de mesmes que Beaucaire & Tarascon. L'Eglise principale est dediée à sainte Marthe, on y montre la representation d'un monstre en papier devorant un homme, avec quelques vers Latins, qui témoignent que sainte Marthe le dompta sans grand peine.

Eglise de Sainte Marthe.

De Tarascon il faut descendre jusques à Arles le long du Rhosne, & à sa rive gauche.

Arles.

Arles est une ville trés-ancienne, fondée & habitée par les Grecs Phocenses, de mesme que Marseille, dont il sera parlé cy-aprés. Elle fut depuis une colonie des Romains, demeure des soldats de la legion sixieme. Belle & grande ville route assise sur le Rhosne. Son premier Evesque fut saint Trophime, disciple des Apôtres, & l'un des premiers qui fonderent la Foy Chrétienne dans les Gaules. Il est aujourd'hui Archevesché, & anciennement le siege & nom d'un Royaume, dit d'Arles, ou de Bourgongne. Le Viguier y est Capitaine du Château pour le Roy.

Ce qu'il y a de plus remarquable & digne d'être veu, consiste aux choses suivantes.

1. L'Eglise de S. Anthoine, où sont gardées ses reliques.

2. Celle de S. Trophime, ou autre, où l'on voit le tombeau d'Emile Ferret, Jurisconsulte & Archevesque d'Arles.

3. Un Amphitheatre, ou les Arenes, ouvrage fort inferieur à celles de Nismes, & qui n'a jamais esté achevé, n'ayant que soixante arcades,

4. On montre prés de-là un cellier public, où l'on remarque l'issuë de ce chemin, ou passage soûterrain, par lequel on juge qu'on venoit de Nismes icy.

5. Deux portiques ou voûtes de structure Romaine, prés du Convent des Carmes.

6. L'Hostel de ville, avec ses inscriptions modernes sur l'entrée.

7. Le Palais des Roys d'Arles ou de Bourgongne, qui sert aujourd'huy aux Gouverneurs de la Province.

8. Au plus haut de la ville dans le College, se voyent deux colomnes antiques, ouvrages des Romains, & une pierre fort grande. Le vulgaire croid que ce sont-là les colomnes d'Hercule, & que la pierre estoit un Autel des anciens Payens. Prés de-là est une tour, ou Temple de Diane, avec une autre tout proche. Et sous celle-cy se montrent cinq portes triomphales des Romains, qui sont fermées depuis long-temps.

9. L'Hospital fondé & renté par le Roy Charles IX. l'an 1573. dont les sales & les chambres sont fort nettes. On voit là-dedans en la basse-cour une tombe tres-ancienne, fort longue, & large, avec une corne d'abondance gravée dessus, & une inscription ancienne.

On y a montré cy-devant un cabinet plein de rares & precieuses choses, qui estoit à un Orfévre nommé Agath, lequel en a publié un petit Livre, où est le rolle des pieces curieuses y contenuës. La ville d'Arles y estoit aussi peinte fort délicatement de la main du mesme.

Hors de la ville se voit une Eglise fort ancienne, où l'on montre le tombeau de Roland, neveu de Charlemagne, & dans le cimetiere une tombe fort ancienne d'un Duc de Savoye, avec plusieurs figures d'animaux & autres gravées dessus. A un quart de lieuë de la ville, est le Convent & Abbaye de Mont-majeur, assise sur une montagne pierreuse environnée de marais. Le lieu est assez fort, avec une tour quarrée fort haute, & un tourillon élevé comme le Phare d'Aigues mortes. On montre là une grotte de saint Trophime, se cachant & fuyant devant les Infidelles. Le chœur est separé du reste de l'Eglise par des treillis & barreaux de fer bien travaillez. A main droite à l'entrée est la statuë de la Reyne Jeanne de Sicile avec la couronne en teste, & de sa sœur sans couronne. Hors des murs du Convent se montre une Chapelle bastie par Charlemagne, avec une inscription Latine.

Mont-majeur.

En certain lieu qu'on nomme la Roquette hors de la ville, est une pyramide de pierre dure, qui a esté autrefois de soixante pieds, mais ce qui reste n'est que de vingt-quatre. L'opinion commune est que là estoit ce large Autel *ara lata*, dont la ville d'Arles a pris son nom, & où l'on faisoit des sacrifices & immolations à la Déesse Diane.

Prés d'Arles est la Camarque, Isle fermée par deux branches du Rhosne, où se nourrit tres-grande quantité de bestail, de bœufs & chevaux d'assez petite taille. Elle a receu des accroissemens par le Rhosne en terre tres-fertile en bleds, qui porte un fort grand revenu aux habitans de la ville. Est sur tout à remarquer en cet endroit la fierté naturelle & particuliere aux bœufs & taureaux qui se nourrissent aux plaines grasses & humides de cette Isle. On a accoûtumé de les marquer avec grande solemnité & apprest, en armes & bonne compagnie, non-seulement des

Camarque.

Bœufs de Camarque.

bouviers, mais aussi de la Noblesse qui s'y trouve. Aprés cette action, qu'ils appellent la farade, ils combattent contre ces animaux fougueux & pleins de generosité. Les bœufs sont noirs & hauts, & les chevaux vistes, sains & vigoureux. Les Estrangers qui arrestent à Arles, ou au reste de la Provence, pourroient voir cette Feste, pour en faire le recit lorsqu'ils seront de retour chez eux.

Partant d'Arles vous avez à passer par la plaine, qu'on nomme la Crau, pierreuse depuis tant de siecles, que les plus anciens Escrivains en ont fait mention : pays fascheux & ennuyant, exposé aux vents & au Soleil, toutefois fertile en bleds & en vins excellens, outre la manne & le vermillon qui s'y recueillent, avec divers simples. Elle a cinq à six lieuës de long d'une part, sçavoir, depuis Salen jusques à saint Martin de Crau. *La Crau.*

A trois lieuës d'Arles est un petit Bourg & Hostellerie, dite de saint Martin, où l'on fait la disnée. Aprés cela on passe à Nirmas, petite ville sur le sommet d'une montagne, & à saint Chamas petite ville à quatre lieuës de saint Martin. C'est là où la montagne qui separe saint Chamas de l'estang, est percée pour donner passage. Sortant de là vous passez un pont, aux deux bouts duquel est bâty & attaché un arc, qui porte une ancienne inscription latine. *S. Martin.*

Il faut ensuite nettoyer l'estang, & aprés avoir fait cinq lieuës, on doit s'arrester à Pennes, petite ville, & à trois lieuës de-là est Marseille. *Pennes.*

Marseille est une ville tres-ancienne, colonie des Phocenses Grecs, fort loüée pour son Academie & étude des bonnes lettres, pour son bon gouvernement & mœurs honnestes, par des *Marseille.*

Autheurs Grecs & Latins. Elle a usé de la langue Grecque. C'est un Evesché compris au Gouvernement de la Province, quoy que la Ville n'ait point de voix aux Estats du pays, & qu'elle n'entre point aussi aux charges & impositions.

La ville est assise sur la Mer, & en une cone, en forme d'une harpe qui panche sur le Midy. Elle est ceinte de bonnes murailles, tours & bons bastions. Son port est fort asseuré, s'il y en a aucun autre. Il se ferme avec une chaisne de fer. A l'entrée est une grosse tour munie d'artillerie, avec garnison & Gouverneur: la chaisne est tenduë de cette tour au rivage opposé.

Château d'If. Hors de-là, & pour la seureté du Port, sont trois forteresses, dont la plus prochaine est le Chasteau d'If, assis sur un rocher fortifié de toutes parts: le Chasteau du costé du Midy, est de figure quarrée, avec sa court au milieu. L'une des tours est assez forte, avec un tourillon élevé pour la sentinelle, & deux canons pour repousser l'ennemy, gardé par quatre-vingts ou cent soldats, & un Gouverneur. On peut voir de-là la *Ratonneau.* forteresse de Ratouneau qui est plus grande & tres-forte: Il faut trois cens hommes au moins pour la garder. Le troisiéme fort est la tour de saint Jean, laquelle est ronde, fort grande & épaisse, gardée par vingt cinq soldats.

Nôtre-Dame de la Garde. Plus prés de la Ville & en terre ferme, est le Chasteau de Nostre-Dame de la Garde, qui commande à la Ville & aux environs, & découvre sur la mer, pour les vaisseaux qui abordent ou s'en vont. Il est bien fort & d'art & d'assiette, avec quantité de canons, & toutes sortes d'armes & munitions de guerre propres pour sa deffense. Il y a une Chapelle qui merite d'estre veuë, & quelques peaux de crocodil.

L'Eglise Nôtre-Dame est proche, où viennent plusieurs Pelerins.

Vous avez veu toûjours au port quelques Galeres, & entr'autres la Royale. Les Forçats, travaillans à divers ouvrages, doivent estre visitez avec leur musique, qui vous viennent volontiers donner du plaisir jusques à vôtre logis. Au de-là du port est l'Eglise de saint Victor de Marseille, où sa teste est gardée, d'argent doré, pesant jusques à six cens livres, avec des Anges de mesme à côté, & plusieurs autres Reliques & curiositez religieuses que l'on vous montre.

Galeres

Eglise de Saint Victor.

Aprés le port, qui est la principale piece de Marseille, on y remarque aussi les choses suivantes.

1. L'Eglise Cathedrale de Nôtre-Dame, magnifiquement bâtie.

2. La porte Royale avec une inscription en vers Latins, témoignant la conservation de la ville par les armes de Libertat, contre la tyrannie de Casau. Il y a une garnison entretenuë par le Roy.

3. La maison du Duc de Guyse, ci-devant Gouverneur de la Provence.

4. Le Palais où se tient la Justice. La loge & maison du Roy.

La campagne voisine est tellement remplie de métairies & granges, que les Marseillois appellent bastides, assorties de leurs jardins, que l'on croit y en avoir jusques à seize cens.

La ville étoit gouvernée anciennement par quatre Comtes souverains, ce qui a donné lieu de diviser la ville en quatre quartiers, dont chacun a son Capitaine & autres Officiers. Il n'y a que trois Consuls & un Assesseur. Le Viguier est annuel & électif. Il y a trois Juges Royaux &

ordinaires, dont les deux, sçavoir celuy de saint Louis, & celuy de saint Lazare, sont éleus annuellement par les Consuls. Celuy du Palais est perpetuel. Il y a des Juges des Marchands ou de la Bourse, pour juger des differends qui arrivent pour lettres de change & autres affaires du negoce, de mesme qu'à Thoulouze & en plusieurs autres villes du Royaume de France. Finalement le trafic de Marseille est à considerer qui se fait au Levant. Ses vaisseaux vont pour la pluspart à Alep en Syrie, d'où ils rapportent des soyes, des cottons, galles, rhubarbe, & quantité d'autres drogues. Ils vont aussi à Tripoli, saint Jean d'Acre, Jaffe, &c. De mesme qu'aux meilleures villes de l'Affrique, sçavoir Tunis, Alger, le grand Cayre, &c. Tous les chevaux barbes qui viennent d'Affrique, sont descente à Marseille, & sont vendus dedans le pays aux Escuyers de divers Princes.

Juges de Marseille.

Trafic de Marseille.

A neuf lieuës de Marseille, vers l'Italie, est Toulon, ville ancienne, annoblie d'un beau port plus grand que celuy de Marseille, mais moins asseuré, les Galeres du Roy y ont esté mises aussi depuis quelques années. Les estrangers estans à Marseille, peuvent aller voir ce port, & revenir pour continuer leur route.

De Marseille il faut aller à Aix, qui en est à cinq lieuës. C'est la ville capitale de la Provence, ornée d'un Parlement, d'une Cour des Comptes, Aydes & Finances, & d'un siege Metropolitain. Elle est grande & bien bastie, avec des ruës fort larges.

Eglises.

Il y a plusieurs Eglises, mais la Cathedrale de saint Sauveur est la plus magnifique, avec un beau Baptistaire, entouré de huit colomnes de marbre. L'entrée est fort diversifiée de statuës ou
effigies

effigies de pierre, où l'on voit celle de S. Michel, qui est fort belle.

Le Palais où se tient la Cour est magnifique, avec une place fort spacieuse au devant, & la teste du Roy Henry IV. sur le portail en pierre, avec les Armes du Roy René au dessous. On y remarque aussi la maison donnée par la Ville au Duc de Guyse, cy-devant Gouverneur de Provence, & quelques cabinets riches & remplis de plusieurs pieces curieuses, avec quantité d'inscriptions, colomnes & autres marques d'antiquité Romaine, comme est encore aujourd'hui celui de Borilly, auquel le feu Roy Loüis XIII. d'heureuse memoire, donna son baudrier.

Palais.

Il n'y a que trois Consuls & un Assesseur, qui prend place après le prémier Consul. Il y a Université & College Royal, dit de saint Loüis, tenu par les Peres Jesuites.

A trois lieuës d'Aix est Loumas, & à cinq lieuës de-là Orguon : & après avoir passé Château-Renard & la Durance, riviere rapide & dangereuse, on arrive en Avignon après avoir fait autres cinq lieuës.

Vous apprendrez ici que pour aller de Marseille droit en Avignon, on passe à Salon, assis dans le Crau, ville assez bonne, avec Château; en l'Eglise S. François se voit l'Epitaphe de Michel Nostradamus, excellent Mathematicien & Astrologue, dont le fils Cesar Nostradamus y a vécu depuis, & a écrit l'histoire de Provence.

Salon.

Nostradamus.

Vous venez maintenant dans deux détroits, ou petit pays, qui n'obeïssent point au Roy de France, sçavoir le Comté de Venaisse, & la Principauté d'Orenge.

Le Comté d'Avignon ou de Venaisse est borné de la Provence au Levant, & au Midy du Dau-

Comté de Venaisse.

H

phiné au Nord, & du Rhofne au Couchant, où est le Languedoc, petit pays, qui n'a qu'onze lieuës de long & six de large. Toutefois trés bon, & abondant en bleds, bons vins, & beaux fruits de toutes sortes. Il fait grand profit de ses draps & soyes, trés-bien teintes en cramoisy, & de ses moulins à papier. Le Rhofne, la Durance & la Sorgne l'arrousent & servent aux Teinturiers, & aux moulins. Ses villes principales, aprés Avignon, sont, Carpentras, Cavaillon & Vassou, qui sont chefs de Diocese, ou Episcopales.

Le pays a obey aux Romains, aux Goths, aux Bourguignons & aux François. Il a esté sous le Royaume d'Arles, en la personne de Boson, sous Charles le Chauve. Les Comtes de Provence l'ont tenu & par eux la maison d'Anjou, à commencer par Charles Duc d'Anjou, qui épousa l'heritiere de Provence : jusques à Jeanne Reyne de Naples & de Sicile, qui l'aliena & en fit rente au Pape Clement VI. l'an mil trois cens cinquante-deux ou mil trois cens quarante huit.

Avignō. Avignon est une ville ancienne, assise sur le Rhofne, où est un trés-beau Pont, abbatu en partie depuis quelques années. Il étoit de dix-neuf arches, dont les seize étoient au Roy. Au bout du Pont est une roche fort élevée qui sert de forteresse, avec quelques canons. La ville est grande, & ses murailles fort belles, & plus que celles de Saumur, de Montpellier & d'Ayguesmortes. Les Papes y séants l'ont agrandie de la moitié, & à eux sans doute est deu le bâtiment de ses grands Palais, & de ses plus belles maisons. On y compte presque entierement jusques au nombre de sept, les Palais, les Paroisses, les Hôpitaux, les Convents d'hommes, de femmes, & les portes. Le Vice-legat & l'Archevesque habitent les Palais plus beaux & plus anciens.

Il y a quantité de belles Eglises, sçavoir, celles de sainte Madeleine des Freres Prescheurs, de saint Martial, où se voit un superbe épitaphe du Cardinal d'Amboise, & les representations de tous les Abbez du Monastere de Clugny, parmi lesquels est Charles Roy de Pologne, sous l'image duquel est une grande inscription Latine. Celle des Celestins merite le voir, avec l'épitaphe du Pape Clement VIII. & l'Autel fait d'un beau marbre. On y montre aussi un squelette peint par le Roy René, pour se representer soy-mesme, semblable à celui que l'on voit à Angers. L'Eglise des Cordeliers garde la sepulture de Laure, maîtresse de Petrarque. *Eglises.*

Le Palais des Papes est fort vieil & spacieux, avec ses grandes salles, qui servent à jouer à la paulme, ou au balon, & celle où le Vice-legat entend ceux qui ont affaire à lui, qui est fort embellie. Il y a une tour fort haute, une Eglise, & quelques Chappelles, avec l'audience de la Rotte, & l'Arsenal qui est proche, ce qui merite d'estre veu. *Palais.*

L'Ecole du Droit, & l'Eglise des Freres Preschcurs conservent la memoire d'Emile Ferret, Professeur à Avignon, où il est enseveli. Il y a un grand nombre de Juifs dans la ville, lesquels y ont leur Synagogue, dans laquelle ils sont obligez d'oüir toutes les semaines un Religieux qui leur presche. *Juifs.*

On y peut voir plusieurs autres choses curieuses, comme la maison du Roy René, la place dite Placepie, les effigies des douze Empereurs en marbre, &c.

Finalement les voyages imprimez par les Estrangers, recommandent à leurs compatriotes de le garder, étans à Avignon, des Juifs & des maquereaux, qui ne font pas moins trompeurs les uns que les autres, quoi qu'en vendant de la marchandife bien differente.

La Police de la Ville eft entre les mains de trois Confuls & un Affeffeur, qui eft Docteur. Elle y eft trés bien adminiftrée. Des Sentences données és caufes civiles, on peut appeller à Rome, quoi que les Sentences foient cependant executoires. Quant aux caufes criminelles, elles fe terminent dans la ville de l'authorité du Vicelegat, qui ordonne de l'execution. Le Tribunal de l'Inquifition y eft le plus haut & fouverain de tous, duquel on ne peut appeller. La ville eft gouvernée par un Vice-legat mandé par celui que le Pape a choifi pour fon Legat en la ville & au Comté : il prend fes Bulles du Pape & du Legat. Il donne graces & difpences, & agit comme fouverain, tant en la Temporalité qu'en la Spiritualité, en la Ville & au Comté. Les Cours de Parlement d'Aix & de Grenoble, dans le reffort defquelles il eft reconnu pour les benefices, verifient & enregiftrent fes Bulles. Le Vice-legat eft accompagné de fon Auditeur, & de fon Dataire. Les Legats font changez de trois en trois ans, & leur charge eft honorable, étans *à latere* : la ville d'Avignon ne paye point de tailles, mais le Pape prend & afferme un certain droit qui fe paye pour l'entrée & fortie de toutes les marchandifes.

Vice-legat d'Avignon.

De-là le Rhofne & prés de Ville Neuve, petite ville qui eft au Roy, & oppofée à Avignon, à l'autre bord de la riviere eft le fort de S. André, en bonne affiette, avec baftions & garnifon ordinaire. Il y a auffi une tour gardée au bout du Pont prés de Ville-Neuve.

S. André.

Eſtant à Avignon, ou avant qu'y venir (puiſ-
que l'on ne ſe détourne de gueres) il ſe faut ſou-
venir de voir la fontaine de Vaucluſe, où le do- *Vauclu-*
cte Petrarque avoit accoutumé de ſe retirer, & *ſe.*
qui l'a celebrée par ſes vers. La Sorgne naiſt
bien prés de-là, & arrouſe Vaiſon, petite ville
prés de la Durance; cette belle ſource d'eaux
ſortant des rochers voiſins qui l'environnent, ſe
ſepare en deux bras qui font une Iſle, où eſt aſſis
un Bourg nommé l'Iſle. L'une des branches entre dans Avignon, la tient nette, & lui apporte
diverſes commoditez.

De ce Comté vous venez en la Principauté
d'Orenge, petite terre, qui n'a que quatre lieuës *Orange,*
de long & trois de large, aſſiſe entre le Comté *ville &*
de Venaiſſe, Dauphiné & le Languedoc. Le *Princi-*
pays abonde en bleds, en bois, vins, qui ne ce- *pauté.*
dent à ceux du Comté, & en toutes ſortes de
fruits. Il s'y recueille quantité de ſaffran.

Son Château eſt aſſis en lieu élevé, & a trois
cours ou places, dites Vignaſſe, le Donjon & la
Cortaine. Il eſt fortifié de beaux baſtions, de
meſmes que la Ville, & a un puits trés-profond,
enfonçant plus de trente toiſes dans le Rocher.
De ce Château on découvre juſques à cinq Provinces, ſçavoir la Provence, le Dauphiné, le
Languedoc, l'Auvergne & le Foreſts.

La ville eſt fort ancienne, dequoi elle conſer- *Anti-*
ve encore de trés belles marques, bien dignes *quitez.*
d'eſtre veuës & conſiderées. En une porte de la *Arc de*
ville ſe voit une belle tour ou arc de triomphe *triom-*
dreſſé à l'honneur & à la memoire de C. Ma- *phe.*
rius, & Catulus Lactutius, Conſuls Romains,
aprés la victoire par eux obtenuë contre les
Cimbres & les Teutons. On y voit la figu-

H iij

174 **VOYAGE**

re & repreſentation de toute ſorte d'armes, comme auſſi des navires, cordages & autres parties & marques de la navigation. Les noms de Marius & Catulus s'y liſent auſſi aſſez bien, & s'y reconnoiſſent de plus d'autres choſes conformes à l'hiſtoire de Marius & de ſa vie, qui font juger que ceux qui aſſeurent que ce trophée eſt de Q. Fabius Maximus ſe pourroient eſtre mépris.

Theatre ou Cirque. Le Cirque, dit par un mot corrompu Cero, eſt au pied de la montagne dans la Ville, il eſt en forme de theatre, avec l'un des plus beaux pans de murailles qui ſoit en Europe, ayant dix-huit cannes de hauteur, & ſoixante-quatre de longueur, qui revient à deux cens vingt-ſept pieds François. Au devant ſe voyent les lices ou ſtades, où ſe reconnoiſſent par les marques des bâtimens qui ſont encore au dehors, avec les ſiéges des ſpectateurs en forme de degrez, & en voûtes baſſes tirans vers la montagne. Au dedans & ſur le milieu ſe voyent les colomnes, parquets, chapiteaux, & une corniche de marbre, richement entaillée & fort élevée, qui étoit ſans doute le lieu deſtiné pour le ſiege plus honorable. Il y a auſſi pluſieurs arcs & portes en ladite muraille, fermant le Cirque du côté du Septentrion, dont il y en a une au milieu très-grande comme la principale : les autres ſont proportionnées avec leurs pilaſtres, chapiteaux, & corniches. A chaque bout du Cirque ſont de beaux corps de logis, ſervans à enfermer, ou les gladiateurs, ou les beſtes ſauvages. On y montre auſſi quelque muraille, ou maſure d'un Temple qu'on croit avoir eſté de Diane.

Pont S. Eſprit. Le Pont S. Eſprit n'eſt pas éloigné d'ici, ville agreable & forte aſſiſe ſur le Rhoſne : Et quoi qu'il ſoit un peu hors du chemin le lieu merite d'estre veu. Le Pont est trés-beau & bien bâti, long de mil deux cens six toises, large de quinze, avec vingt-deux arches: les pilleries du Pont, reçoivent au milieu, comme par une large fenestre, les eaux & ondes du Rhosne, lors qu'il est gros & enflé. Il y a Citadelle & Gouverneur dans la Ville. Ceux qui descendent le long du Rhosne, si tant soit peu le temps est mauvais, feront mieux de sortir du batteau avant que parvenir ici, parce qu'il y a du danger à passer sous ce Pont.

D'ici il faut tenir le droit chemin, & passer Mornas avec son Château sur un roc couppé, & Bolesve, lieu fort agreable dans le Comté de Venaisse, pour venir à Pierrelatte: qui est à cinq lieuës d'Orange. De là on monte un petit, & aprés avoir passé par Castelnau de Rats, qui étoit autrefois un double Château, assis sur la montagne qui est de çà & de-là (laquelle toutefois est jointe par une muraille) on trouve Moutlimar, qui est à trois lieuës de Pierrelatte. C'est une bonne ville, bien bâtie & marchande. A quatre lieuës de-là vous avez Lotiol, où vous passez, & aprés avoir laissé Livron, petite Ville & Château ruiné, assis sur un rocher, prés du confluent du Rhosne & d'Isere, l'on n'a que quatre lieuës pour arriver à Valence: l'une des principales Villes du Dauphiné.

Mornas.
Bolesve.
Pierre-latte.

Montil-mar.
Lotiol.
Livron.

DAUPHINE'.

LE Dauphiné est borné de la Provence au Midy; de la Bresse au Nord; du Comté de Venaisse au Couchant; de la Savoye & Piedmond au Levant. On le divife en haut & bas Dauphiné, & l'un eft different de l'autre, foit pour l'air, foit pour le rapport des fruits. La montagne y a le pâturage fort bon, & toute forte de caffe, tant fauve que noire. Sur les fapins, melles & autres arbres de Briançonnois, fe cueil-cueille de la manne, therebentine & agaric. Les vins de Grenoble & Die font fort bons. La ville capitale du pays, c'eft Grenoble, où eft le Siege du Parlement, & il n'y a que deux Archevefchez, Vienne & Ambrun, avec quatre Evefchez.

Dauphin. La Province a efté à des Seigneurs particuliers, qui ont porté le nom de Dauphin, jufques à Humbert Dauphin de Viennois, lequel tranfporta fes terres à Philippes Duc d'Orleans, fils puifné du Roy Philippes de Valois, & les donna encore depuis à Charles fils aîné de Jean Duc de Normandie, & depuis Roy de France fous le nom de Charles V. dit le Sage, par Acte de l'an mil trois cens quarante-neuf. Et ce fut le premier Dauphin de France, en executant la condition appofée au contract, portant, Que le premier né des Rois porteroit ce nom là, & écartelleroit les armes de France & de Dauphiné. Ce qui a efté obfervé jufques à prefent, que par une benediction fpeciale du Ciel, après vingt-deux années, il eft né un Dauphin à la France, qui eft Loüis XIV. à prefent heureufement regnant.

Nous vifiterons ici les villes qui feront fur nôtre chemin, felon la route que nous avons à prendre.

Valence. Valence eft la ville capitale d'un pays dit Valentinois, qui a porté tiltre du Duché. Elle a fon Evefque, qui fe dit Comte de Valence & Die, les deux Evefchez ayans efté unis. Il eft feul Seigneur temporel de la ville, & de plufieurs autres lieux du pays. Il y a aussi Université fameuse, principalement pour le Droit, instituée par Loüis Dauphin, depuis Roy de France, sous le nom de Loüis XI. qui le confirma. Toutes ses Eglises, fort belles d'ailleurs, ont esté ruinées pendant les guerres, & ont esté presque remises. On la divise en Ville & Bourg. Dans la ville se voyent plusieurs belles fontaines, tant publiques, qui sont au bas, que particulieres dans les maisons & jardins : le Bourg joignant la ville est clos de murailles, avec ses Consuls & autres Officiers de la Communauté. Il y a Eglise Collegiale, composée d'un Prieur & de huit Chanoines. La Citadelle est bien fortifiée, & y a garnison & Gouverneur pour le Roy, qui commande dans la ville & ses dependances. *Ville & Bourg.*

On remarque à Valence plusieurs inscriptions anciennes, & autres curiositez moindres, dont l'on est informé sur le lieu. C'est une ville fort agreable, assise sur le Rhosne, qui en lave les murs, & ceux de Bourg de long en long. Ses belles parties sont arrousées de plusieurs fontaines, qui naissent des costeaux voisins.

A trois lieuës de-là vous trouvez Tain, où il faut arrêter. C'est un lieu qui appartient au Comte de Tournon. De là il faut monter dans un batteau & passer le Rhosne, pour aller promener jusques à Tournon, ville qui est vis à vis. On voit ici un Château trés-fort & ancien, un College des Peres Jesuites, trés-bien bâti, & une Bibliotheque belle & bien pourveuë. *Tain. Tournon.*

Aprés avoir passé au Peage, qui est à six lieuës de Tournon, on vient à Vienne, qui en est éloigné trois lieuës de chemin.

Les Estrangers en leurs voyages imprimez parlent de quelques livres, possible manuscrits, où

H v

Viennes. font décrites toutes les antiquitez de la ville de Vienne & des environs, & que l'hôte de la Coupe d'or, où ils ont autrefois logé, leur montroit ce livre. Il y en a grande quantité, il se faut reduire aux principales qui sont dignes d'estre veuës par ceux qui passent.

Elle a esté beaucoup plus grande qu'elle n'est à present, comme l'on juge par les masures des vieilles murailles. Elle est arrousée du Rhosne, qu'on y passe sous un Pont. La petite riviere de Guier se mesle avec le Rhosne, qui environne l'ancien Viennois.

L'amphitheatre y est quasi entier. On remarque ses vieilles murailles, là où le College des Jesuites a esté bâti de fort grosses pierres. L'Hôpital porte quelques vers Latins sur la naissance & ruine de la ville ancienne.

Maison & Tour de Pilate. L'Eglise de Nôtre-Dame de la Vie, ou la Vieille bâtie en forme quadrangulaire, avec huit colomnes de long, & quatre de large, est selon quelques-uns le Pretoire de Pilate, ou autre audience publique des Romains. On y voit écrit au dehors, c'est la pomme du Sceptre de Pilate. On y monstre sa maison dans la ville possedée par des particuliers, la Tour où il fut gardé, & une pyramide hors la ville; qu'aucuns croyent avoir esté sa maison, le lac ou abysme où il se precipita, & autres choses de son nom.

Eglises. La ville a dix Paroisses, outre l'Eglise Cathedrale de saint Maurice, où l'on voit une table de bronze, & l'épitaphe de François Dauphin, fils de François I. & trois Eglises Collegiales, sçavoir S. Pierre, S. Sever, & S. André le Religieux. *Fort.* Les Forts du Pipet & de la Bastie ont esté démolis. Celui du Pipet étoit sur un rocher élevé, & comme inexpugnable.

On y fait du papier & de trés-bonnes lames d'épées, à quoy servent les eaux de la riviere, qui sont conduites à cet effet avec grand art pour faire aller les martinets. On se pourvoit là de ces lames à prix honneste : Mais la curiosité est meilleure de visiter les moulins, & les voir travailler.

On remarque dans une Chapelle de l'Eglise S. Pierre, le saint Sepulchre fait de marbre, trés-bien travaillé, & environné d'un treillis de fer.

A cinq lieuës de Vienne est la ville de Lyon, *Lyonnois.* ville capitale du Lyonnois, pays borné au Levant de la Savoye, au Nord de la Bresse, au Couchant du Forest & l'Auvergne, au Midy du Dauphiné & du Languedoc. Il n'est long que de 12. lieuës, & large de sept.

Lyon est en aussi belle assiette que ville de l'Europe, sur le confluent de la Saone, qui entre dedans, & du Rhosne, qui lave ses murailles, avec deux beaux Ponts de pierre, un sur chaque riviere. Celui du Rhosne est long de huit cens pas, & a dix-neuf arches grandes & sept petites. La ville enferme deux montagnes, de saint Just, & de saint Sebastien. Sur cette derniere est le boulevart de saint Jean, fort spacieux, avec garnison. Elle est trés-belle & agreable, ayant dans son enclos la montagne & la plaine, la terre & l'eau, les édifices & les jardins, vignes, terres & prez. Par le Rhosne vous allez de-là en Italie, en Espagne, ou Affrique, en Orient & en Occident. A douze lieuës de-là vous avez la riviere de Loire navigable pour aller au milieu de la France, en Angleterre, Flandre, Pays-Bas, pour y transporter les marchandises, mesme jusqu'en Dannemark. A une journée de Gyan assi sur le bord de Loire est Montargis, où est une

Lyon.

Son assiette.

H vj

autre riviere, qui commence là à porter batteau, & se mesle à la Seine, pour aller commodément à Paris, & transporter les marchandises en la France plus Septentrionale. De là vient que le commerce y a esté établi si puissamment, & qu'il y a toute sorte d'ouvriers, d'Artisans & de Marchands, tant originaires & habitans, qu'étrangers, & des nations plus éloignées : les vivres y sont aussi à bon compte & abondans. Les bleds n'y manquent point dans son terroir, mais ils y sont d'ailleurs portez de la Bourgongne ; il y a de bons fruits de toutes sortes, mais on y en porte aussi de la Provence. Il y a de fort bons vins, & bien delicats, mais la Bourgongne par la Saone, la Provence, le Languedoc & le Dauphiné par le Rhosne contenant, luy communiquent les leurs.

Change de l'argent.

La place de Lyon fait la loy aux autres places de dehors, & donne le prix du change de l'argent, dont les Florentins par privilege particulier y ont l'intendance : les payemens se font quatre fois l'année, quelque temps aprés les foires franches, qui se trouvent aux festes des Rois, de Pâques, Aoust & la Toussaints. Les foires y ont

Foires. de beaux privileges & concessions des Rois.

Lyon est une colonie des Romains, fondée ou restaurée par Munatius Plancus, qui vivoit du temps de Jules Cesar, & de l'Empereur Auguste.

Eglises & Paroisses S. Jean.

L'Eglise Cathedrale & Primatiale est celle de saint Jean, scize du côté de Fourviere, au bas de la ville sur la Saone : les statuës de saint Jean Baptiste & saint Estienne, s'y voyent à l'issuë du chœur. Elle a quatre tours ou clochers aux quatre coins. Il y a un fort beau horloge prés du chœur, & une des belles cloches de France

Saone, leur Eglise est bien construite.

La septiéme Paroisse est celle de S. Pierre, où est l'Eglise & Monastere Royal de Saint Pierre les Nonnains, avec plusieurs autres Convents, l'Eglise des Peres de l'Oratoire dés l'an mil six cens quatorze, les Religieuses de Sainte Ursule depuis l'an mil six cens douze, l'Hôtel-Dieu des Filles Orphelines. *S. Pierre*

La huitiéme est Nôtre-Dame de Platiere, où est le grand Convent des Carmes, & quelques Chapelles. *Nôtre-Dame de la Platiere*

La neuviéme est S. Vincent, où sont les Augustins, les Dames de la Deserte, les meres Celestes de l'Annonciade, les Carmelines, & les Chartreux. *Saint Vincent.*

La dixiéme est saint Michel, où est l'Eglise & Monastere de saint Martin d'Aisnay, bâtie au lieu où étoit le fameux Temple & Autel dedié à l'Empereur Auguste, appelé depuis *Athenæum*, d'où l'Abbaye a pris son nom d'Aisnay. On y voit quatre belles colomnes de marbre, fort antiques, & dans le chœur, la representation d'un Archevesque, faite avec grand artifice, de petits morceaux de marbre ajustez sur le pavé. Le jardin joignant est trés-delicieux, avec diverses allées & rangs d'arbres, & un bosquet fort agreable, pour y prendre le frais. Les Religieuses de Sainte Claire & de la Visitation de Nôtre-Dame, le Noviciat, des Jesuites, & le grand Hôpital de la Charité fondé l'an mil six cens vingt-un d'une belle structure; avec plusieurs corps de logis y sont aussi. *Saint Michel. Abbaye d'Aisnay.*

L'onziéme, est saint Irenée, qui est une Eglise fort ancienne hors de la porte de S Just, au Faux bourg dit de Saint Irinx. On y montre plusieurs Reliques & curiositez; le pavé en étoit à la Mo- *S. Irenée* laïque, mais aujourd'hui il est ruiné ; les neuf Muses y étoient representées, avec quelques vers Latins.

La douziéme est S. Pierre de Vaise, hors de la ville, au Faux-bourg de ce nom.

La treiziéme Nôtre-Dame de la Guillotiere, au Faux bourg de ce nom, avec quelques Chapelles. Ce Faux bourg est de-là le Rosne, & est fort long.

La quatorziéme & derniere est celle de Saint Romain.

Les quatre Faux-bourgs de Lyon sont, la Guillotiere, à la Croix-Rousse hors de la porte S. Sebastien : de Vaise & de S. Just, ces deux derniers clos de murailles.

Portes. Il y a six portes, sçavoir du Rhosne, de S. Sebastien, de Vaise, de S. Just, de S. Georges, & d'Esnay. Cette derniere ne va qu'au confluent du Rhosne & de la Saone.

Places.
Belle-
court.
Il y a plusieurs belles places, mais celle de Belle-court est la plus grande. Elle est trés-agreable pour la diversité de ses veuës de toutes parts, vers toute sortes d'objets, en collines, plaines, vignes, jardins, precipices, maisonnages & autres. Le jeu de Maille y est, avec des jeux de Paulme bâtis depuis plusieurs années.

Confort. Celle de Confort lui est prochaine, & de l'Eglise des Jacobins. C'étoit autrefois un cimetiere clos d'une muraille On y voit une Pyramide à 5 angles, dressée pour le Roy Henry IV. avec une belle inscription. Les autres sont celles des Terreaux, des Cordeliers de S Nizier, qui est un marché, de S. Pierre de la Grenette, de l'autre côté de la ville sont celles du Change, où s'assemblent les Marchands & Banquiers de la Doüane, de la Roche, & de S. Jean.

S. Seba- La Citadelle bâtie sur le mont S. Sebastien l'an

DE FRANCE. 185

1564 fut démolie l'an 1585. Les forts là men- *stien.*
tionnez de Pierre-Ancife & de S. Jean y restent
encore, avec celui de S. Clair contre le Rhosne.

Dans la place des Terraux, vous y voyez la
Maison de Ville, richement bâtie & embellie de *Hôtel*
toute sorte de Peintures & Sculpture, l'on y mon- *de Ville.*
tre deux tables d'airain, contenans la harangue
prononcée au Senat par l'Empereur Claudius,
pour faire octroyer aux Lyonnois & autres Gaulois, le droit de Bourgeoisie Romaine, & celui
de Senateurs. Dans la mesme place, se voit le
superbe bâtiment des Dames de S. Pierre.

Le Palais où se tient la Justice est sur la Saone, de mesmes que l'Arsenal, appellé la Rigau-
diere, bien muni d'artillerie.

Au carrefour de la montagne de Fourviere est
la maison dite Antiquaille, autrefois le Palais de
l'Empereur Severe, & à present le Convent des
Religieuses de la Visitation Sainte Marie.

On peut visiter quelques autres masures de
Palais d'Empereurs, ou d'Amphitheatre, ou fi-
nalement d'aqueducts. Hors de la porte de Vaise *Tôbe*
est un tombeau trés-ancien, & bien travaillé, *des deux*
qu'on appelle les deux Amans. Il est élevé sur *Amans*
quatre colomnes avec leurs chapiteaux. Le vulgaire croit que c'est la sepulture d'Herode &
d'Herodias, mais il est bien plus croyable que ce
sont mary & femme des premiers Chrétiens,
qui avoient voüé virginité, quoy qu'ils ne se fussent point separez.

Le port ou quay de la Saone, bien pavé & ac- *Port de*
commodé de beaux degrez de-çà & de-là, est *la Saô-*
un ouvrage beau & commode pour les Mar- *ne.*
chands, bateliers & autres: il fut achevé l'an
1609. sous le Roy Henry IV. comme témoigne
l'inscription Latine.

Nous avons parlé du Pont sur le Rhosne : la croix qu'on y a logée marque la separation du Dauphiné & du Lyonnois, & dans la haute tour qui est au milieu, est ordinairement une sentinelle. Le Pont sur la Saone est fort ancien, & a neuf arches.

Police. La Police de la Ville est entre les mains de quatre Echevins avec un Prevost des Marchands, lequel est éleu de 2. en 2. ans, par les Maîtres des métiers assistez des Echevins. Les Echevins deviennent nobles, & leur posterité, & peuvent parvenir au degré de Chevalier. Il y a un procureur de la ville, homme gradué & appointé de deux cens livres par an : Il est à vie, de mesmes que le Greffier ou Secretaire. Il y a aussi un voyeur, ayant charge des ruës, maisons & bâtimens, reparations, fortifications, &c. Le Capitaine de la ville cy-devant Gouverneur du Guet, est pourveu par le Roy. Il y a aussi un Sergent Major en la ville, avec gages du Roy de cent livres par mois. La ville est divisée en trente-six quartiers, qui s'appellent Penonages, & les Capitaines des quartiers, sont aussi nommez Penons, à cause des Pénons ou enseignes de la ville.

Justice. Depuis le Roy Philippes le Bel il n'y a point d'autre Justice temporelle que la Royale, par le transport de l'Archevesque de l'an mil trois cens douze, de sorte que toutes les autres Justices ordinaires ressortissent par appel au Senechal de Lyon, ou au Siege Presidial y établi.

L'Archevesque se prétend fondé en droit de Primatie sur toutes les Eglises de France. Les lettres doivent beaucoup à cette ville, où un très-grand nombre de Livres s'impriment & se debitent bien loin. Les Chanoines de S. Jean doivent eftre Gentilshommes de quatre generations, & sont Comtes de Lyon : Le Roy y tient la premiere place d'honneur.

On remarque de plus les masures des bâtimens anciens de l'Isle Barbe, où sont encore les Eglises de Sainte Anne, Sainte Marie, & S. Loup. Il s'y fait une grande Feste le second & troisiéme jour aprés Pâques.

Isle-Barbe.

La Procession des pauvres s'y fait au temps de la foire de Pâques, où assistent les Magistrats, les Echevins, les quatre Mendiants, une longue suite de pauvres & d'orphelins. On y peut voir aussi le premier Dimanche d'Aoust la Confrairie de saint Jacques, qui marche en solemnité. Les douze Apôtres, les trois Rois, & plusieurs autres personnes y sont representées en l'habit qu'on a accoûtumé de les peindre avec nôtre Seigneur monté sur un Asnon.

La curiosité porte aucuns à visiter quelques belles maisons prés de Lyon, sçavoir, la Duchere, la Claire, la Gorge du Loup, où sont plusieurs belles fontaines. On voit aussi à deux lieuës de Lyon quelques restes d'Aqueducts, & en passant, un beau jardin prés de S. Genis à Monsieur de Beau-regard.

Vous pourriez estre conseillé de passer l'Hyver à Lyon, que nous venons de décrire assez amplement : Mais il n'est point hors de propos d'aller à Autun, ville plus ancienne, & qui a eu quelque droit autrefois sur Lyon.

Si nôtre Voyageur est Etranger, il entend déja la langue Françoise, & se trouve plus prest & propre à converser & communiquer avec ceux-là, qui le pouvans encore rendre plus sçavant, le renvoyeront chez lui assez bien instruit en la langue.

Le droit chemin est par le Forests, le Bourbonnois, Nivernois, la Charité, Gyen, Montargis, &c. qui sont lieux que vous avez presque tous veus. Il seroit doncques meilleur de passer par des villes où vous n'avez point esté, principalement si avec nôtre compagnie vous avez, selon mon conseil, loüé des chevaux à Poictiers, à cette condition de vous en servir jusques à Paris, ou bien si vous en avez qui soient à vous : Je tâcheray doncques de vous suggerer les choses mesmes qui sont inconnuës, sçavoir un autre chemin qu'aucuns tiennent, qui vous menera jusques à Auxerre.

Autun. Il vous faut tâcher de vous rendre jusques à Autun, par le chemin le plus commode. C'est une ville trés-ancienne, amie & alliée des Romains, *Son antiquité.* avec les peuples appellez *Hedui*, élevée à un grand degré de puissance & d'honneur, s'il y en a eu non seulement en France, mais quasi en l'Europe : dequoi elle ne retient aujourd'hui que des traces & marques bien foibles & legeres. La jeunesse & la Noblesse des Gaules y avoit ses écoles & ses exercices, & les Druides leur Senat. La Janitoye, qui étoit, ou un Janus des anciens, ou un Temple de Janus, le Marchand, *Campus Martis*, & les ruines ou masures des Statuës, Colomnes, Aqueducts, Pyramides, Theatres, Arcs, & autres ouvrages de l'antiquité, témoignent qu'elle imitoit, ou vouloit aller du pair avec la grande Rome. A quoi il faut ajoûter le Montdru, *Druxdum*, & le Mont-jeu, *Jovis*, marques plus expresses de ce que nous disons.

Ville haute. La ville est couverte de hautes montagnes, appellées Montcenis, au pied duquel est son Château, & là est la grande Eglise de Nazaire, qui est la Cathedrale, avec l'Hôtel Episcopal, & le Siége du Bailliage.

La plus basse ville est nommée le Marchaut, où passe la riviere d'Arroux. Cette partie est faite en ovale, & separée de l'autre par ses portes & ses murailles. *Ville basse ou Marchaut.*

D'Autun il faut aller à Auxerre, belle ville & ancienne, avec tiltre d'Evesché. Elle est assise sur les bords d'Yonne Il y a un Château au sommet d'un costeau, & l'Evesque y est superbement logé. C'est un Bailliage & Siege Presidial. Les vins d'Auxerre sont trés-bons, & se debitent bien loin. On la compare à la ville de Studgard au Duché de Wirtemberg, en son assiette & quant à son Vignoble. *Auxerre.*

D'Auxerre il faut prendre le chemin de Sens, ville ancienne, & Siege d'un Archevesque. Elle est assise sur l'Yonne & Vaunes. S. Estienne est l'Eglise Cathedrale, ornée d'un parement d'Autel trés riche. Il y a un College des Peres Jesuites, avec plusieurs Couvents & Abbayes. C'est un ancien Bailliage & Siege Presidial. *Sens.*

De Sens on va au confluent de la Seine & d'Yonne. La ville est appellée Montereau faut-Yonnne. Le Château est posé au milieu de deux rivieres. En l'une des rives de Seine est la Ville, & en l'autre le Faux-bourg S. Nicolas dans la Brie. Sur le Pont de cette ville fut tué Jean Duc de Bourgongne, par ceux qui étoient prés de Charles Dauphin, fils du Roy Charles VI. *Montereau.*

De-là il faut un peu détourner à gauche pour voir encore, quoi que vous l'ayez déja veu, la principale de toutes les maisons Royales, sçavoir Fontainebleau.

Fontaine-bleau est ainsi nommé, à cause des vives sources & fontaines qui s'y écoulent de *Fontaine-*

bleau. toutes parts. C'est un bon bourg, contenant sept cens feux. Il est scitué au milieu de bois & de rochers, ou lieux sablonneux : la chasse y est fort bonne en plusieurs endroits, & l'air fort sain. Le bâtiment du Château & maison Royale est assez ancien, depuis le Roy Saint Loüis, qui l'appelloit son desert & sa solitude. François I. commença de l'embellir, & y avoit logé une belle Bibliotheque, qui depuis a été transportée à Paris, le reste est dû au Roy Henry le Grand, qui en a fort aimé le sejour. L'entier circuit du Château est de mil quatre cens cinquante toises, sans y comprendre les maisons, jardins & parcs. Il y a quantité de trés-belles sales, chambres, & galeries. En la grande galerie, qui a soixante toises de long & trois de large, sont representées toutes les victoires du Roy Henry IV. Celle du Roy François, qu'on appelle la grande galerie, fait voir la plus part des belles maisons Royales, peintes en perspective, sçavoir, Saint Germain, Monceaux, Amboise, Chambourg, & autres, contre icelle est la chambre des peintures, & un cabinet, où sont enfermez quantité d'excellens tableaux : la galerie de la Reyne en est aussi trés-bien assortie, & entr'autres y sont toutes les batailles & combats du Roy Henry IV. De-là on

Volliere. regarde dans la volliere, qui a trente-huit toises de long & trois de large : Au milieu est une tour ronde, étant ouverte presque de tous côtez, elle reçoit l'air & le jour, avec des treilles déliez qui empeschent les oyseaux, qu'on y voit de toutes sortes, d'en sortir : Il y a quantité d'arbres disposez & des hayes, pour y faire nicher les oyseaux. Au dessous sont deux belles fontaines, qui departent divers ruisseaux. Parmi les sales on remarque celle de la Garde, avec une tapisserie peinte à la main fort délicatement, représentant tous les combats du Roy Charles VII. & les victoires obtenuës sur les Anglois. Dans la salle des festins, ou de la belle cheminée, qui a vingt toises de long & cinq de large, est la figure du Roy Henry IV. à cheval, estimée dix-huit mil écus, de marbre blanc. La Clemence & la Paix sont représentées aux deux côtez d'un pareil marbre. Sur des colomnes de marbre ou jaspe sont deux Lions de bronze, avec deux couronnes, & toutes sortes d'armes. La troisiéme salle est celle des Bals. Il y a Chapelle haute & basse : il y a diverses chambres & logemens pour le Roy, la Reyne, &c. & pour tenir le Conseil. On y voit des jeux de Paulme, une horloge, &c.

Sale des festins.

Il y a diverses basses cours trés belles : la cour du cheval blanc a quatre-vingt toises de long, & cinquante-huit de large. Celle de la fontaine a plusieurs antiquitez : sur la fontaine est posée la statuë de Mercure : la cour du donjon, dite de l'ovale, a quarante toise de long, & vingt de large.

Cours.

Les jardins qui accompagnent la maison, sont celui de la Reyne, où est une figure de Diane posée au pied-d'estail de la fontaine, avec plusieurs autres belles figures de bronze. Le grand jardin du Roy a cent quatre-vingt toises de long, & cent cinquante-quatre de large. Au milieu est la fontaine du Tybre, en grande figure de bronze, avec une loûve allaitant Romulus & Remus. Aux quatre coins du jardin est une fontaine & une figure de Cleopatre en bronze : le jardin de l'étang presente un Hercules en marbre blanc.

Le jardin des pins a cent soixante-huit toises de long, & quatre-vingt de large. Ce sont les principaux ; outre lesquels on en voit d'autres,

Jardins.

avec plusieurs allées, étangs, fontaines, bois & parcs : le parc du Roy contient cent soixante-six arpens ou fond de terre, ou en prez. Il y a d'arbres fruitiers de toutes sortes jusques à six mil pieds. Il y a en toute la maison sept cens quatre tuyaux de cheminées. La forest de Bievre & de Fontainebleau est trés-grande, & disposée en huit gardes, & ces gardes en plusieurs routes. Dans icelle est le cabinet du Roy, avec les figures antiques d'Alexandre le Grand, Jules Cesar, Demosthene & Ciceron.

Les Princes & Seigneurs y ont leurs hôtels, & plusieurs particuliers suivans la Cour y ont fait bâtir de belles maisons.

Melun. De Fontainebleau il faut aller voir Melun, ville capitale d'un petit pays, dit le Hurepoix. Elle a deux Ponts de pierre sur la riviere de Seine, laquelle y fait une Isle, & le reste est fait comme Paris.

Corbeil. De Melun l'on vient à Corbeil, ville assise sur la Seine. On y voit une tour fort haute, où étoit le vieil Corbeil. On vient aprés à Charenton, où l'on passe la Marne sur un Pont. On remarque ici un écho, qui rend la voix jusques à dix ou douze fois.

Charenton.

Conflãs. Proche de-là est Conflans, où la Marne entre dans la Seine. On peut voir ici une belle maison, qui a esté autrefois à Monsieur de Villeroy Secretaire d'Etat. Ceux de la Religion Pretenduë Reformée ont leur Temple & exercice à Charenton.

Puis que vous estes maintenant revenu à Paris, qui est la Ville capitale de tout le Royaume, au commencement de l'Hyver, il l'y faut passer, & employer si bien le temps, qu'on ne puisse pas dire que vous y ayez sejourné en vain. La description

scription de cette grande Ville requerroit un volume entier. Je me contenterai d'en dire les choses plus remarquables & singulieres, en repassant sur ce qui en a esté déja dit, & y ajoûtant ce qui sera jugé à propos. Il faut remettre le reste à la curiosité de ceux qui la voudront considerer plus exactement selon le loisir qu'ils en auront, ou le temps qu'ils y voudront mettre.

PARIS.

Paris & l'Isle de France ne font qu'un Gouvernement, & l'Isle de France est fermée par la Seine & Oyse. Le Parisis anciennement étoit de moindre étenduë, & ne comprenoit que la Ville ancienne, depuis la porte de Paris jusques aux confins de Normandie & de la Brie. L'Isle qu'y forme la Seine, ont esté les petits commencemens de cette puissante Ville. Les divers bâtimens faits de-çà & de-là la riviere, l'ont premierement augmentée, & finalement elle a esté divisée en trois parties, sçavoir, Ville, Cité, & Université.

La ville est la plus grande partie, sur le Levant, & le Septentrion, faite en forme de croissant, ayant la Seine d'un costé, & ses murailles & fossez de l'autre. Elle a sept portes, sçavoir celles de saint Antoine, du Temple, S. Martin, saint Denys, Montmartre, saint Honoré, & la porte Neuve. Il est vrai que celles de Montmartre & Saint Honoré sont abbatuës, & leurs Fauxbourgs enfermez dans la ville. Il y a cinq Fauxbourgs, sçavoir, saint Antoine, du Temple S. Martin, saint Denys. Nous ne parlerons point

Ville

de ſes anciennes murailles, qui étoient beaucoup moindres, qu'elles ne ſont aujourd'hui. Quatre de ces portes conduiſent en autant de ruës principales de la Ville. Sçavoir, ſaint Antoine, ſaint Martin, ſaint Denys, & ſaint Honoré.

Cité. La Cité eſt entre la Ville & l'Univerſité, encloſe de la Seine en forme d'Iſle, partie plus ancienne de Paris, jointe aux autres par divers Ponts. C'eſt comme le cœur de la ville, où ſont l'Egliſe Cathedrale Nôtre-Dame, avec l'Archeveſché, le Palais. Elle a eu, ou a encore les quatre portes, à la teſte d'autant de Ponts, ſçavoir celles du grand Châtelet ou de Paris, au Pont Nôtre-Dame & au Pont au Change, autrefois dite la porte d'Enfer. La troiſiéme du petit Châtelet, ſur le petit Pont, & la quatrieme au Pont ſaint Michel.

Ponts. De tous les Ponts de Paris le Grand & le Petit Pont, qui aboutiſſoient au Grand & au Petit Châtelet, & le premier étoit appellé le Pont au Change & eſt abbatu, ſont les plus anciens. Le Pont aux Meuniers, aux Marchands & aux Oyſeaux, fut brûlé par accident, & eſt rebâti de pierre. Le Pont Nôtre-Dame, & celui de ſaint *Pont Nôtre-Dame.* Michel ont eſté bâtis de pierre : le premier depuis l'an mil cinq cens ſept ſous le Roy Loüis XII. avec ſix arches & ſoixante-huit maiſons de meſme hauteur & largeur aux deux côtez : Aux quatre coings ſont des tourterelles, & au milieu les Images de Nôtre Dame, & de Saint Denys, avec les armes de Paris au deſſous : il a eſté trésbien pavé de nouveau. Le Pont Saint Michel ayant eſté bâti ſous Charles VI. s'abbatit l'an mil cinq cens quarante-ſix, & fut depuis refait avec des maiſons bâties aux deux côtez de hauteur égale.

Le Pont Neuf qui est entre le Louvre & le Convent des Augustins, fut commencé à bâtir l'an mil cinq cens septante-huit sous le Roy Henry III. lequel y assit la premiere pierre. Etant demeuré imparfait, Henry IV. son successeur, aprés avoir établi la paix dans l'Etat, y fit remettre la main ; de sorte que dés l'an mil six cens quatre il fut en état de servir. Il contient douze arcades, sept du côté du Louvre, & cinq du côté des Augustins, au milieu desquelles finit la pointe de l'Isle, qui occupe la place presque de deux arcades. Le sol du Pont est parti en trois : Au milieu passent les carosses & les chevaux : les deux côtez sont deux allées qui s'élevent de deux pieds plus que le milieu, & n'y passent que les gens de pied. Le long des allées est un accoudoir, d'où l'on a veuë sur la riviere, avec des culs de lampe sur chaque pile, qui s'avancent sur l'eau. A la deuxiéme arche du Pont du côté du Louvre est élevée une pompe, qui monte l'eau de la riviere, & represente la Samaritaine versant de l'eau à Nôtre Seigneur. Au dessus est une horloge fort belle & industrieuse, qui marque les heures devant midy en montant, & aprés midy en descendant, avec le cours du Soleil & de la Lune sur nôtre horizon par une pompe d'ebene : les mois, & les douze signes du Zodiaque y sont aussi representez dans six espaces en montant, & six en descendant. Elle sonne les quarts d'heure, & une petite musique assez agreable avertit lors que l'heure est preste à sonner, par certaines clochettes qui sont derriere. Au milieu des arcades, où finit la pointe de l'Isle du côté des Augustins, est une statuë de bronze, travaillée excellemment, & representant le Roy Henry le Grand à cheval, lequel a parfait le Pont : Aux

Pont-Neuf.

quatre faces du pied-détail sont gravées sur le bronze les victoires principales de ce valeureux Prince, & aujourd'hui le pied-détail ayant esté découvert entierement, il est exposé aux yeux du public, avec de belles inscriptions Latines, & enclos d'un grand treillis de fer. La statuë fut envoyée de Florence par Ferdinand premier, & Cosme second son fils, oncle & cousin de la Reyne Marie de Medicis, Mere du Roy Loüis XIII.

Il y a cinq autres Ponts outre les susmentionnez, sçavoir celui de la Tournelle, de pierre : celui des Tuilleries, de bois : celui de l'Hôtel-Dieu, de pierre : celui de saint Landry, de bois, & le Pont-Marie, de pierre.

Université. L'Université, comme estant la partie plus élevée, semble la couvrir en forme de chappeau, vers le Midy & le Couchant. C'est la moindre partie de Paris, qui est aussi sur la Seine, comprenant tous les Colleges, au nombre de soixante-trois, & les plus anciennes Abbayes & Monasteres, avec les Boutiques des Libraires, les Imprimeurs, & les Relieurs de livres. Il y a huit portes, sçavoir S. Bernard, S. Victor, S. Marcel, ou Marceau, S. Jacques, S. Michel, S. Germain, de Bussy, & de Nesle : Avec cinq Faux bourgs, sçavoir S. Germain (qui est trésbeau, grand & bien bâti) S. Michel, S Jacques, S. Marcel, & S. Victor. Au Faux-bourg S. Germain doit estre veu l'Hôtel, dit le Luxembourg, bâti par la Reyne, Mere du Roy, qui est d'une grande étenduë, avec un beau Pavillon sur la porte principale, & quatre corps de logis tous liez : des beaux jardins, allées, fontaines, & bois derriere l'Hôtel.

Eglises. Il y a grande quantité d'Eglises à Paris, jusques à y en avoir compté soixante-neuf. Mais la principale & la plus auguste, est celle de Nôtre-Dame, bien avancée & desseignée par le Roy Robert (fils de Hugues Capet,) mais parachevée par Philippes Auguste. Ses fondemens sont assis sur des pilotis, & toute la masse est soûtenuë de cent vingt pilliers ou colomnes, faisans deux allées tout au tour dans l'œuvre, sans comprendre les Chapelles. Sa longueur est de cent septante-quatre pas, la largeur de soixante, & la hauteur de cent. Le Chœur est ceint & bâty de pierre, avec les histoires du Vieil & du Nouveau Testament gravées. Elle contient quarante-cinq Chapelles treillissées de fer : & a onze portes en tour. Sur les trois porteaux du frontispice de l'Eglise sont les statuës relevées en pierre de vingt-huit Roys, à commencer par Childebert jusques à Philippes Auguste. Et là se presentent deux hauts clochers, ou fortes tours quarrées, où sont huit grosses cloches. Dans le petit clocher sur la croisée de l'Eglise, il y a six cloches moindres. On monte au haut des grosses tours par trois cens quatrevingt-neuf degrez ; & on va d'une tour à l'autre par deux galleries hors d'œuvre, l'une haute, l'autre basse. On y remarque le Crucifix qui est au dessus de la grande porte du Chœur, avec la Croix & le pied du Crucifix fait en arcade, & l'Image de la Vierge Marie, au bas, comme chefs d'œuvre de sculpture, & faits d'une seule piece. De nouveau le chœur & la nef ont esté ornés de tableaux où l'or reluit de toutes parts, de mesme que dans les Chapelles. Cette Eglise est la premiere en dignité dans tout le Royaume, honorée de plusieurs belles dignitez d'Archidiacres, grands Vicaires, & servie de grand nombre de Chanoines,

Eglise de Nôtre-Dame.

Prestres, ou Chapellains, jusques à cent vingt-sept. Prés de l'Hôtel de l'Archevesque, qui a trois corps de logis est une maison destinée à nourrir les enfans trouvez ou exposez.

Sainte Chapelle — Aprés l'Eglise Nôtre-Dame, la Sainte Chapelle, qui est dans le Palais, merite d'estre veuë. Le beau bâtiment que l'on y voit est deu au Roy S. Loüis en l'an mil deux cens quarante-deux & suivans. La basse & haute Chapelle sont portées l'une sur l'autre par des colomnes és côtez, qui semblent foibles sans autre appuy au milieu, de sorte que l'ouvrage est jugé trés-hardi s'il y en a en France & de-çà les Monts. Sur la porte basse est l'Image de la Vierge, & sur la haute celle de Nôtre Seigneur: On y garde plusieurs precieuses reliques. Il y a de pareilles dignitez qu'entre les Chanoines de Nôtre-Dame, avec exemption de l'Ordinaire, comme dépendans immediatement du Saint Siege. Tous les benefices y sont de collation Royale.

Conventz. — Parmi les bâtimens anciens pour les Ordres des Religieux, le plus remarquable est celuy du *Les Tem-pliers.* Temple, pour les Chevaliers Templiers fondez l'an mil cent vingt-deux, & logez à Paris quelques années aprés. C'est un bâtiment vaste & spacieux, clos de murailles, avec une grosse tour quarrée, une belle Eglise, des Chapelles, & entier logement pour la Cour d'un Roy. Il y a une porte, une ruë, une échelle qui est encore droite, un quartier de la Ville grand & bien bâti, dit le Marais, qui se dénomment tous du Temple, ce qui en conserve la memoire, quoy que l'Ordre ait esté aboli par le Pape Clement V. sous Philippes le Bel l'an mil trois cens neuf.

Filles-Dieu. — On peut voir le Convent des Filles-Dieu, institué par Saint Loüis prés de la porte Saint De-

DE FRANCE. 199

nys: Celuy de Saint Victor, qui est de Chanoi- *S. Victor.*
nes Reguliers de S. Augustin, au Faux-bourg
Saint Victor, bâti par Loüis le Gros, & remis
par François I. Sainte Geneviéve qui est tres- *Sainte*
ancien, avec des Chanoines Reguliers. Celui de *Gene-*
Saint Germain des Prez est aussi fort ancien, *viéve.*
dans le Faux-bourg de ce nom-là, belle Abbaye,
riche & splendide: Son Eglise est bien bâtie, avec
le logement de l'Abbé, le tout clos de murailles,
qui est aujourd'hui un fils naturel de France.
L'Abbé est Seigneur du Faux-bourg & y a son
Bailli & sa justice. Il s'y tient annuellement au
mois de Fevrier une tres-belle & riche Foire, dit
de saint Germain. Les Convents des Cordeliers,
des Jacobins, des Augustins, des Celestins, des
Chartreux, des Feüillants, peuvent aussi estre
visitez, comme étans tres-beaux & bien bâtis.
Les cimetiers de saint Jean en Greve, & de saint
Innocent sont les plus considerables, principalement ce dernier, où les corps sont consumez
dans huit jours.

De tous les Colléges, celui de Navarre est le
plus beau & spacieux, bâti par Jeanne Reyne de
Navarre, & femme du Roy Philippes le Bel,
avec une belle Bibliotheque. Celui de Sorbonne *Sorbon-*
est plus ancien, & bâti par Robert de Sorbonne, *ne.*
familier du Roy Saint Loüis, & restauré par les
soins du Cardinal Duc de Richelieu, qui l'a fait
bâtir à la moderne. Les autres peuvent estre veus,
comme pieces anciennes, ayans pour fondateurs
divers Cardinaux, Seigneurs & particuliers. Ce- *Collège*
luy de Clermont en la ruë Saint Jacques est oc- *& Egli-*
cupé & bâti de nouveau par les Peres Jesuites, *se des*
lesquels ont aussi une fort belle Eglise dite Saint *Jesuites.*
Loüis, en la ruë saint Antoine, où le Portail est
tres-magnifique & d'une belle structure.

I iiij

L'Hôtel-Dieu y est fort ancien, sçavoir depuis l'an six cens soixante. La sale du Legat, ou l'Hôtel neuf est d'Antoine du Prat, Chancelier de France & depuis Cardinal & Legat en France : Il y a six sales grandes & petites, avec diverses charges & offices. La maison des Religieuses, qui est proche, sert les pauvres de l'Hôtel-Dieu. Elles font leur profession par devant le Doyen & les Chanoines de Nôtre-Dame. Au bout de la ceinture du Parvis de Nôtre-Dame se voit une grande statuë de pierre, qu'on croit estre celle d'Esculape.

En divers endroits de la Ville sont plusieurs autres Hôpitaux, où la curiosité peut porter chacun, mais particulierement en celui dit des Quinze-vingts, ruë saint Honoré, en memoire de trois cens aveuglez par les Sarrazins, fondé par le Roy saint Loüis, & celui de saint Loüis, lez Paris, fondé par le Roy Henry IV. pour y recueillir les pestiferez, bâti avec pavillons, courts, fontaines, & corps de logis separez.

Grand & petit Châtelet. Le grand & petit Châtelet sont les bâtimens plus anciens de Paris, attribuez à Jules Cesar, ou plûtost à l'Empereur Julian l'Apostat : Ils servent aujourd'hui à tenir la Cour & Justice ordinaire du Lieutenant Civil, & du siege Presidial, dit à cause de ce, le Châtelet, & pour leurs prisons.

L'Hôtel de Clugny. L'Hôtel de Clugny en la ruë des Mathurins, qui sert depuis long-temps à loger les Nonces du Pape, étoit aussi le Palais, ou Château des Thermes ou bains, où logeoit le mesme Empereur Julian. L'eau y étoit conduite d'une fontaine, qui se voit au village de Rongis prés de Paris, avec les traces des tuyaux ou aqueducs.

Palais. Le Palais a esté bâti sous le Roy Philippes le Bel, qui rendit le Parlement de Paris sedentaire par Enguerrand de Marigny, Surintendant des finances. Le bâtiment en est fort beau & spacieux. On y voit une fort belle sale, dite des Procureurs, qui fut rebâtie aprés l'embrasement arrivé l'an mil six cens dix-huit. Les statuës des Rois y étoient auparavant relevées en leur proportion naturelle. La table de marbre y fut consumée, qu'on remarquoit pour une des belles pieces de l'Europe. Toutes ses avenuës & galeries sont remplies de diverses boutiques, pourveus de toutes sortes de marchandises, & choses curieuses. On y doit voir la sale de l'Audiance, qui est belle & riche.

La Bastille est un Château ou forteresse trés-bien bâtie, assise contre la porte saint Antoine. Elle est de forme quarrée, avec quatre tours, & bons sossez. *Bastille.*

L'Arsenal est assis contre la riviere: ses bâtimens sont vastes, avec un beau logement pour le grand Maître de l'artillerie, des jardins, & des belles allées d'ormes. *L'Arsenal.*

Le Louvre est le logis ordinaire du Roy, lors qu'il est à Paris, son premier bâtiment est attribué au Roy Philippes Auguste, qui donna des murailles à Paris, la fit paver, & bâtir les Halles. Charles V. dit le Sage le repara & accreut, François I. & Henry II. son fils le paracheverent. Le bâtiment en est superbe, & d'une belle architecture. On y voit une sale dite des Antiques, en bas, remplie de pieces curieuses, comme est une Diane d'Ephese & autres, bien dignes d'être veuës. On remarque le pavillon principal du Louvre, comme une trés belle piece. *Louvre.*

L'Hôtel des Tuilleries est joint au Louvre par une trés-belle galerie, peinte & enrichie de tableaux representans les Rois de France. A cette *Tuilleries.*

I v

galerie où est attachée une autre, qui va le long de la riviere & conduit jusques aux Tuilleries, où se voit aussi un trés-beau jardin, qui doit être veu, avec l'escallier des Tuilleries ou du Pavillon, comme étant un chef-d'œuvre d'Architecture & une piece fort hardie, tournant en limaçon & suspenduë en l'air, sans noyau, qui soûtiennent les marches. Le Roy Henry IV. a fait parachever tous ces bâtimens.

Hôtel des Tournelles, ou Place Royale. L'Hôtel des Tournelles, qui étoit autrefois au lieu où est aujourd'hui la place Royale, fut démoli l'an mil cinq cens soixante-cinq, par le commandement de la Reyne Catherine de Medicis, parce que le Roy Henry II. son mari ayant esté blessé en un tournoy dressé en la rüe S. Antoine qui en est proche, étoit mort dans cet Hôtel.

Le Roy Henry IV. dés l'an mil six cens quatre, fit commencer les bâtimens & maisons de cette Place, qui sont de semblable hauteur & structure, avec les arcades & les allées couvertes, qui l'environnent. Au milieu de cette Place est posée une trés belle statuë en bronze du feu Roy Loüis XIII. d'heureuse memoire, Pere du Roy à present regnant, qui est fort relevé.

Hôtel de Ville. L'Hôtel de Ville fut premierement bâti de nouveau sous le Roy François I. l'an mil cinq cens trente-cinq, la premiere pierre en fut posée avec solemnité. Mais le Roy Henry IV. dés l'année mil six cens six, le fit remettre depuis le sol jusques au faîte, avec nouvelles reparations de la sale, pavillons, colomnes, & tour de l'horloge. Le devant de l'Hôtel est trés-beau, & d'une structure exquise, travaillé aussi delicatement que le bâtiment principal du Louvre. La Ville porte des gueules à une nef d'argent, au

D'E FRANCE.

chef d'azur femé de fleurs-de-lys d'or.

Les Princes & Seigneurs du Royaume ont leurs Hôtels dans Paris, dont les principaux & plus dignes d'eftre veus, font ceux de Condé, de Soiffons, de Vendofme, cy-devant de Mercœur, de Longueville, de Guyfe, de Mayenne, de Chrevreufe, de Nevers, de Sully, de Schomberg, & de Richelieu, dans la rüe faint Honoré, & plufieurs autres. *Hôtels.*

Quoy que l'eau de la Seine foit trés bonne & falubre, neanmoins depuis certaines années on a fait entrer dans la Ville par divers canaux ou aqueducs avec grande dépence, l'eau de plufieurs fontaines qu'on y voit en divers endroits, & dans les rües principales : comme en la rüe S. Jacques, S. Honoré, S. Innocent, rüe S. Avoye, & autres. L'eau eft attirée des fontaines de Rougis, découverte à trois lieües de Paris. *Fontaines.*

Le jardin Royal dreffé & contenu au fauxbourg S. Victor eft fort remarquable, pour eftre fourny de fimples exquis & recherchez de toutes parts. Le premier Medecin de fa Majefté en a la direction & conduite principale. *Iardin Royal.*

Il y a plufieurs belles Bibliotheques à Paris, trés bien fournies de bons livres, tant manufcrits qu'imprimez. Celle du Roy eft gardée dans le Convent des Cordeliers. Celle de S. Victor dans l'Abbaye, que nous avons déja mentionnée dans le faux-bourg, eft pleine de Livres anciens & manufcrits. Le College de Navarre & quelques Convents ont les leurs. Parmi les Libraires privées, celle de feu Monfieur le Prefident de Thou eft la plus remarquable & mieux entretenuë. Il y en a plufieurs autres que les perfonnes curieufes des Livres peuvent vifiter. *Bibliotheque.*

Toute la Police de Paris eft entre les mains

I vj

Police de Paris d'un Prevoſt des Marchands & de quatre Echevins, qui ſont tous en charge l'eſpace de deux ans. Il y a vingt-ſix Conſeillers de la Ville, & dix Sergents, qui ſervent aux Prevoſt des Marchands & Echevins. A ces Officiers ſont joints les ſeize Quarteniers, départis par autant de quartiers ou regions de la Ville, qui embraſſent toutes les Paroiſſes, que l'on compte, au moins les anciennes, au nombre de trente-trois. Et chacun de ces quartiers a nombre de Commiſſaires. Les Quarteniers ont ſous eux les Cinquanteniers ordonnez ſur les Dixeniers, pour la Police, repos & tranquilité des Habitans, contre tous ſeditieux, rebelles & étrangers. Il y a auſſi cent vingt Archers, ſoixante Arbaleſtriers & cent Arquebuſiers, qui ſont du corps de l'Hôtel de Ville, avec les Guets de pied & de cheval commandez par le Chevalier du Guet, qui a des Capitaines ſous lui. Le Guet eſt departi en douze diverſes places ou endroits de la Ville. Le Procureur de la Ville prend la qualité de Procureur du Roy. Les vingt-quatre Crieurs de vins & corps, ſont employez à faire les Convoys funebres, & n'y vont tous les vingt-quatre que pour le Roy ſeul. Les vingt-quatre porteurs de ſel ſervent auſſi à porter les corps des Rois decedez. Les cauſes qui concernent la ville de Paris & Faux-bourgs, en corps de communauté, ne peuvent eſtre traitées qu'en la Cour de Parlement de Paris en premiere inſtance. Le Prevoſt des Marchands & les Echevins ſont nobles, leur charge finie, avec tiltre & qualité de Chevalier.

Juſtice de Paris Le Prevoſt de Paris, homme de robbe-courte, a trois Lieutenans, ſçavoir, le Lieutenant Civil, le Criminel, & un Particulier, avec pluſieurs Conſeillers établis pour ſiege Preſidial, ſeant au

DE FRANCE.

Châtelet. Les Juge & Consuls des Marchands sont pris d'entre les Bourgeois de Paris en nombre de cinq seulement, dont le plus ancien & capable est Juge, & les autres quatre sont Consuls, & prestent serment en la Cour de Parlement. Ils sont seants au Cloître de Saint Mederic, au chevet de l'Eglise. Le bureau de la Marchandise est une autre maison, bâtie exprés prés Saint Josse.

Dans Paris est seante la Cour de Parlement, Cour des Pairs de France, la Chambre des Comptes, la Cour des Aydes, la Cour des Monnoyes, le grand Conseil, & finalement c'est le sejour de nos Rois & de leurs Conseils. L'Evesque de Paris a esté fait Archevesque depuis l'an mil six cens vingt-deux, avec attribution d'Eglises suffragantes distraites de l'Archevesché de Sens. L'Université est regie par un Recteur, & la Faculté de Theologie y est fort celebre, en l'Ecole de Sorbonne, dont nous avons parlé.

Estant à Paris il faut aller voir les lieux plus remarquables qui en sont proches. Outre Fontaine-bleau dont nous avons déja parlé, Saint Germain qui n'en est qu'à cinq lieuës, doit estre visité. Le premier bâtiment est deu au Roy Charles V. dit le Sage. François I. qui se plaisoit fort à la chasse, remit ce Château, ou maison Royale, qui est trés-belle & d'un fort bon air. Il y a un beau bois taillis, complanté de chesnes, & en un coin, qui regarde le Bourg, se montre une table de pierre fort grande: où fut traitée quelque trahison, qui fait que le bois en est appelé le bois de trahison. Le nouveau bâtiment est fort magnifique & Royal. On y voit six galeries & quatre ou cinq grottes soûterraines. 1. Orphée avec sa lyre fait sortir toutes sortes de bestes sauvages, qui s'arrestent à l'entour de lui,

S. Germain en Laye.

& les arbres fléchissent & s'inclinent : Le Roy suit avec le Dauphin & autres personnes. 2. Une fille joüe d'un instrument de Musique par l'artifice & mouvement des eaux, & plusieurs oyseaux artificiels chantent fort melodieusement. 3. Un Neptune fort armé de son trident, & assis sur un char au son d'une trompette sonnée par deux Anges ; le char est traîné par deux chevaux. 4. Persée delivre Andromede, & frappe un monstre marin de son épée. 5. Un dragon mouvant ses aîles leve sa teste, & l'abbaissant, vomit & jette quantité d'eau, pendant que les rossignols artificiels chantent fort doucement. On y voit aussi une grotte seiche pour y prendre le frais pendant les chaleurs de l'Esté. Les galeries & chambres sont ornées d'autres statuës & peintures.

Estant ici, l'on peut voir par mesme moyen Madrid, que le Roy François avoit fait bâtir à son retour d'Espagne, ayant esté delivré de prison : & S. Clou, avec la belle maison de l'Archevesque de Paris, & autres, & le monument du Roy Henry III. lequel y fut tué par Jacques Clement Jacobin.

Saint Denys. En un mesme voyage l'on peut aller à Saint Denys, qui n'est qu'à deux lieuës de Paris. Le lieu n'est considerable ou renommé, que par son ancienne & superbe Eglise, commencée assez bassement par le Roy Dagobert, mais grandement accreuë par Sugger Abbé, l'an six cens quarante-un ou environ. Elle est longue de trois cens quatrevingt-dix pieds, large de cent, & haute de quatrevingt, jusqu'à la voûte de dedans : le toict est beaucoup plus haut. Au devant sont deux grosses tours quarrées, où sont les cloches de l'Eglise de fin airain, sans comprendre les murailles & arcsboutans de son circuit, ny quatre

piliers qui portent des clochers, elle est soûtenuë *Sepultu-*
de soixante gros pilliers. Les portes sont d'ai- *re des*
rain couvertes d'or. C'est ici que sont ensevelis *Rois.*
d'ancienneté tous les Rois de France & les autres
Princes, à commencer par Dagobert fondateur
du Convent, & Loüis son fils, dans le chœur,
avec Charles Martel, Pepin son fils, Roy de
France, pere de Charlemagne. On y voit plusieurs autres Rois & Reynes relevées en albastre,
sur des tombes de marbre noir, dans le chœur,
avec leurs épitaphes. Hors du chœur sont plusieurs autres Rois & Officiers de la Couronne, &
entr'autres Bertrand du Guesclin, Connestable
de France. Dans la Chapelle du Roy Charles
V. se voit lui & sa posterité, & non loin de-là
est la magnifique sepulchre du Roy François I.
& de ses enfans, avec ses guerres, victoires &
faits gravez sur le marbre.

Dans la nef de l'Eglise est le tombeau de Loüis
XII. & d'Anne de Bretagne sa femme, relevez
en albastre. Dans une Chapelle neuve, ronde
& allant jusqu'au cimetiere est superbement posé
le corps du Roy Henry II. & de François II. &
Charles IX. ses enfans Rois de France. Cette
Chapelle a trente-quatre toises de circonferenc e
Il y a outre ce plusieurs corps Saints, quelques
reliques, & autres choses precieuses, avec tous
les ornemens du Sacre des Rois, qui sont gardez
dans le thresor, & portez à Rheims solemnellement lors du Sacre.

On y montre d'autres pieces exquises, de jaspe, porphyre, or, pierres precieuses. Les Reynes y sont couronnées aujourd'hui, comme fut
la Reyne mere Marie de Medicis en l'an mil six *Lieux à*
cens dix. Outre les lieux déja mentionnez, qui *voir hors*
sont proches de Paris, & où la curiosité peut *de Paris*

porter les Estrangers & les naturels François, pour en remarquer les beaux bâtimens modernes & quelques antiques, on fera bien pendant le séjour de Paris, de visiter le Château, Bois & Chapelle Royale de Vincennes, saint Maur, & Arcueil, où sont les traces des aqueducts Romains : & un Pont commencé à bâtir par le Roy Henry IV. & achevé pendant le regne de Loüis XIII. pour conduire les eaux à Paris, & dans l'Hôtel dit de Luxembourg, Ruel trés-belle maison, bâtie de nouveau par le Cardinal Duc de Richelieu, Conflans aussi belle maison & bien ornée, Chaliot, avec le Monastère des Bonshommes, assis sur la Seine, & fort agreable, avec une belle Bibliotheque : Chally & Long-jumeau, bâti par le feu Marquis d'Effiat, Surintendant general des Finances : Saint Cloud, assis sur la Seine, & un peu élevé, avec la maison de l'Archevesque de Paris, enrichie de marbres & de peintures, grottes & fontaines : Meudon garni de statuës antiques de marbre & de bronze : Le nouveau bâtiment fait au Château de Bissextre, à dessein de loger les estropiats de guerre : Versaille, où le Roy Loüis XIII. faisoit bâtir, & autres lieux de plaisir, ou maisons qui ne manquent point és environs de Paris.

Un peu avant Pasques, selon le Calendrier ancien, que les Anglois observent, on peut entreprendre commodement le voyage d'Angleterre : & n'est pas bon de le faire en autre temps. Il y en a qui descendent par la Seine, & passent les lieux suivans, sçavoir, Madrid, Saint Cloud, Argenteüil, S. Germain en Laye, Poissi, Mante, (bonne ville, avec siege Presidial, une Eglise dédiée à Nôtre-Dame, bâtie comme celle de Paris, & un fort beau Convent de Celestins)

Deux voyes pour aller à Roüen. Mante.

Vernon, Gaillon trés-belle maison à l'Archevêque de Roüen, avec un jardin, qui n'a guere son pareil en France, & une galerie garnie de peintures excellentes. On voit en la basse cour une table de marbre, dont les Venitiens firent present au Roy Loüis XII. qui a fait bâtir la maison. Louviers, ville bien assise & fortifiée, Pont de l'Arche, ville aussi bien fortifiée, & de-là entrent finalement à Roüen, ville capitale de Normandie. Les autres se servent de la commodité des chevaux du Messager, lequel y va tous les jours avec un écu au Soleil par teste, ou pour autre prix que l'on conviendra. La principale Ville où l'on passe en ce voyage de deux jours, est Pontoise, à cause du Pont qu'elle a sur Oyse, ville agreable & assez forte. Par de-là de cette Ville commence la Normandie. Il faut coucher en la petite ville de Magny, qui est en égale distance de Pontoise, que Pontoise l'est de Paris; Le lendemain aprés avoir fait sept lieuës, il faut descendre par une montagne haute & difficile, & dîner au Bourg de Fleury à l'Ecu de France. A cinq lieuës de-là l'on trouve la ville de Roüen.

NORMANDIE.

LA Normandie est separée du Beauvaisis par la riviere d'Epte à saint Clair, & de la Picardie par celle d'Eu au Levant; De la Bretagne, par la riviere de Cœsnon au Couchant: Du Mayne du côté d'Alençon, & du Perche, par la riviere de Sarte au Midy, étant bornée au Nord de la Mer Oceane. La haute Normandie comprend quatre Bailliages, sçavoir Roüen, Evreux, Caux & Gisors. La basse n'en a que trois, sçavoir Alençon, Caën, & Constantin. Les Lieutenans du Roy dans la Province gardent ce département, l'un étant établi en la haute, & l'autre en la basse Normandie. Il n'y a que sept Eveschez, en comprenant l'Archevesché, sçavoir, Roüen, Evreux, Sées, Bayeux, Lisieux, Coûtances & Avranches. Le principal fief du pays est le Duché d'Alençon, reüni à la Couronne. Le Royaume, ou Principauté d'Yvetot est possedé par la maison du Bailly. C'est un bourg & vieil Château à six lieües de Roüen. Il y a eu suite de Ducs de Normandie depuis Raoul, à qui le Roy Charles le Simple la donna avec sa fille Gisle en mariage. Les Rois d'Angleterre étoient devenus Ducs de Normandie depuis Guillaume, dit le Conquerant, bâtard d'un Duc de Normandie, lequel conquit le Royaume d'Angleterre, sur lequel il avoit droit. Le Roy Charles VII. en chassa finalement les Anglois, qui n'y sont point entrez depuis.

Le pays est garny de grande quantité de forests. Quoy qu'il soit froid, l'air y est sain & temperé. Il abonde en poires & en pommes, dont le vulgaire fait du cidre, qui est un goust agreable, & tient lieu de bon vin, dont la Province manque. Le poisson y est en trés-grande abondance, à cause de la Mer, & du grand nombre des rivieres qui sont en la Province. Il y a des quarrieres exquises d'alun de roche, de divers marbres, d'ardoise, & autres.

Les carrieres communes y sont en grand nombre pour les bâtimens. Les mines de fer y sont communes, avec quelques mines de cuivre & de vif argent. Le pays abonde en eaux minerales, dont celle des forges sont les plus celebres & frequentées. La Province est riche & puissante au trafic de bleds, cidres, bois de sapin, sel blanc porté à Paris, & autres choses. Les habitans de Roüen voyagent en toutes les Mers de-çà & de-là l'Equateur.

Roüen est une Ville fort grande & belle, qui a pourtant des ruës assez étroites en plusieurs endroits. Elle est assise sur la Seine d'un côté, & au Levant elle a deux petites rivieres, Auberte & Robec, qui entrent dans la Ville prés de la porte Saint Hilaire: font moudre jusques à onze moulins, & entre le Port & la porte de Guillaume Leon se déchargent dans la Seine. Le Pont qui est sur la Seine est des plus beaux de France, fort haut & large, avec treize arcades. Les plus grands vaisseaux arrivent jusques-là. Le Port y est double, separé par le Pont, sçavoir, le Quay de Paris au dessus du Pont, où s'arrestent les batteaux venans de Paris, & le Quay des Navires au dessous, où sont les Navires qui vont sur la Mer Oceane. Du Levant & du Midy, la Ville est dominée des montagnes voisines. Au chemin de Paris est le Monastere & fort Sainte Catherine, sur une montagne fort élevée, il fut démoli sous le regne de Henry IV.

Roüen.

L'Eglise de Nôtre-Dame est la principale, trés-belle & bien bâtie, au dedans & en son dehors. Elle est couverte de plomb, & a un chœur fort somptueux. Il y a trois tours, sçavoir, celle de Saint Romain, la tour de Beurre & la Pyramide. En celle de Beurre se voit une cloche qui est la plus belle de France, haute de treize pieds, large de trente-deux, & onze de diamettre, pesant quarante mil livres. On l'appelle

Eglise de Nôtre-Dame.

VOYAGE

Amboife, à cause de Georges d'Amboise, Cardinal & Archevesque de Roüen, qui fit bâtir la tour. La pyramide est faite de bois avec un grand artifice, revêtuë de plomb & dorée. En la Chapelle d'Amboise derriere le chœur, merite bien d'estre veu l'épitaphe du Cardinal d'Amboise, & d'autres Grands. La Chapelle des Innocens doit estre veuë aussi : Derriere le chœur est peint le Dragon, qu'on dit avoir grandement travaillé les habitans, & qui fut vaincu par Saint Romain Archevesque de la Ville, assisté de deux prisonniers ; d'où vient que le jour & feste de l'Ascension le prisonnier & criminel qui

La Fierté ou Chasse S. Romain.
a levé la Chasse ou Fierté de Saint Romain, est delivré & renvoyé absous. On y fait aussi une procession en memoire de la delivrance de ce Dragon, & le criminel est tenu d'y assister par soy ou par autrui durant sept ans.

S. Oüen.
L'Eglise & Abbaye de Saint Oüen est aussi fort belle, avec ses colomnes fort hautes & deliées, & des jardins trés-agreables qui en sont proches. C'est le logis du Roy quand il est à Roüen. On y voit deux fenestres opposées l'une à l'autre, representans la figure d'une rose.

Palais, & autres bâtimens publics.
Le Palais, où se tient la Cour de Parlement, est magnifique en ses sales & chambres, sur tout ce qu'on y appelle la Chambre dorée. L'Hôtel de Ville, les portes, & les maisons de plusieurs Officiers & autres particuliers y sont trés-bien bâties, quoy que pour le commun le maisonnage n'y soit pas beau. Il y a aussi quelques hôtels ou palais, & s'y voit au fond de la Ville, sur la Seine, un Château qu'on appelle le vieil Palais, fortifié de murailles & de tours.

Caën.
Il sera bon que nôtre Voyageur se détourne du droit chemin pour voir Caën, trés-belle Vil-

DE FRANCE.

se, sur une riviere dite l'Orne, qui traverse la Ville, & se décharge dans la Mer à trois lieuës de-là. Cette riviere-là se divise en deux : une seule arche du Pont joint les deux Villes. Sur cette arche est bâti l'Hôtel de Ville, fondé sur des pilotis en l'eau. En l'une des tours est la grosse horloge, qui sonne les quarts d'heure. C'est une Ville ancienne, qui a un fort bon Château & donjon. Il y a une Ecole de Droit, ou Université, fondée par Charles VI. Roy d'Angleterre, & une fort riche Abbaye de femmes.

On peut aussi voir le Havre de Grace, & autres lieux qui sont sur le chemin. Le Havre de Grace est une porte & clef de France en cet endroit. Il est imprenable, à cause de son assiette & de ses fortifications.

Ceux qui vont de Roüen à Dieppe, se servent de la commodité du Messager de Dieppe, qui vous baille des chevaux, & prend quarante-cinq sols pour teste : Les Messagers vont trois fois la semaine de Roüen à Dieppe, & autant de Dieppe à Roüen. On passe premierement par des lieux montueux, & de-là on vient à la plaine par quelques bourgs, qui de loin ressemblent à des forests, dautant que toutes les maisons sont environnées de trés-grands jardins, & les chemins mesmes sont bordez de-çà & de-là d'arbres fort hauts, & les sommets des arbres couvrent les maisons. On fait la dînée au Bourg de Tostes. *Commodité pour aller à Dieppe.*

Dieppe est une ville assise entre des montagnes étroites, quasi à l'entrée de la Mer, dont elle est battuë du côté du Nord. Son port est bien seur, mais il est étroit & serré d'entrée. Ses habitans sont renommez par leurs navigations en pays fort éloignez. On y voit quantité de Perroquets apportez des Indes. Les ruës de la Ville *Dieppe.*

font larges, & les maisons belles, quoi que non guere hautes. Le fort dit du Poller commande le Port, & de l'autre côté de la Ville, vers la terre, est le Château bien muni & fortifié : Au devant est la Citadelle, qui le couvre. La Ville est fortifiée de-çà & de-là le Port, prés de la Mer, & plus encore en la terre ferme, prés des moulins à vent. On fait ici divers ouvrages d'os de Baleine & d'yvoire. Le trajet d'ici en Angleterre est de vingt-quatre heures, si le vent est tant soit peu bon, & qu'on ait un habile Marinier, qui vous portera pour un écu d'or par teste, ou selon que l'on conviendra avec lui. Vous avez donc à passer ce grand fossé, que l'Autheur de la Nature a mis pour separer la France de l'Angleterre & des Pays-bas.

Avis à ceux qui seront descendus à Calais, du chemin qu'ils doivent tenir pour se rendre droit à Paris.

Boulogne. 1. Ils doivent premierement venir à Boulogne, qu'on nomme communément sur Mer: C'est une ville double, l'une haute, en un coin de laquelle est le Château, du côté de la terre, avec garnison & Gouverneur : l'autre basse, assise en la plaine, & joignant la mer, où est le Port. Il n'y a que cent pas de l'une à l'autre. Ce Havre est selon plusieurs, le port Gessoriac des anciens. Les Flamands & Hollandois nomment cette Ville-ci Beanen. On estime le Port de Calais plus assuré que celui de Boulogne, que les vaisseaux abordent fort difficilement. A cinq lieuës de Boulogne le long de la Mer, l'on remarque la Tour d'Ordre, qui est un ancien Phare. La riviere de Liane coule sous la ville, & ne porte point bateau. Elle se décharge dans la mer prés de Dunefort, que les Anglois ont fait bâtir. La Ville a titre de Comté, d'un pays assez grand, lequel quoy que sablonneux est neanmoins couvert d'arbres fruitiers, & bon pour la nourriture du bétail, principalement de chevaux, lesquels s'en peuvent tirer en grand nombre, bons & forts comme ceux d'Allemagne. Boulongne est un Evesché, lequel avec ceux d'Ypre & de S. Omer, étoient autrefois le ressort du Diocese de Theroüenne, Ville ruinée pendant les guerres.

2. Monstrueil est la seconde ville où ils doivent passer. C'est un petit Comté dépendant d l'ancien Comté de Ponthieu. C'est une Ville forte, & y a citadelle. *Monstrueil.*

3. Abbeville vient en suite, ville moderne, divisée par la riviere de Somme. C'est la capitale du Comté de Ponthieu: ainsi nommé des divers Ponts qu'on y voit, dans un pays marécageux, rempli d'eaux, & de difficile accez; Tous ces étangs se déchargent dans la Mer prés de S. Valery, ancien Monastere. *Abbeville.*

4. On vient de là à Amiens, qui est la ville capitale de la Picardie: la riviere de Somme y passe, & les fossez sont fort profonds. La ville est grande & populeuse, ayant un Siege Presidial, & un Evesque. Le Roy Henry IV. la reprit sur les Espagnols en l'an mil cinq cens quatre-vingt-dix-sept, & y fit bâtir une citadelle, prés de la riviere qu'on nomme des Celestins: Elle est jointe à la Ville par un Pont dressé sur un canal de la Somme: Il y a un Arsenal trés-bien munitionné. C'est ici une des clefs de France, & une ville importante, ornée d'une trés-belle Eglise Cathedrale dédiée à Nôtre-Dame, & accompagnée *Amiens.*

de plusieurs Chapelles, d'un bâtiment exquis & élabouré. Les Estrangers recommandent ici l'hôtellerie du Cardinal sur toutes autres.

Vous avez d'ici pour trois jours de chemin pour vous rendre à Paris, par un trés-bon pays, & d'agreables lieux, où vous passez par Clermont, Bourg assis sur une montagne.

PICARDIE.

Tout le chemin que dessus est par des Villes qu'on donne à la Picardie, Province de France assez considerable : Elle a du Levant le Retelois, & autres lieux de Champagne, du Midy l'Isle de France, du Couchant la Normandie, & du Septentrion la Mer Britannique, avec le pays d'Artois, de Cambresis, & de Henault. Sa longueur depuis Monstrueil jusques à Laon est de quarante-cinq lieuës. Ce n'est qu'une partie de l'ancienne Belgique, & des trois parties que l'on lui donne, il n'y en a qu'une qui n'est point au Roy, & qui est outre la riviere de Somme. Le pays est arrousé de plusieurs rivieres, dont les principales portent bateau : ce qui le rend trés-fertile & abondant, & comme le grenier de Paris. Le vin y deffaut, dequoi neanmoins l'on n'accuse pas le terroir, mais la nonchalance des habitans à planter des vignes. Au lieu du vin ils ont du cidre, ou des grains pour faire de la biere. Les Estrangers remarquent dans cette Province, contre ce qu'ils experimentent par tout ailleurs, que les hostes ne fournissans rien que le couvert, le pain, le vin, & les ustensilles, leur donnent la peine de faire apporter

les

les autres vivres du cabaret ou de la rotisserie.

Avis à ceux qui étans descendus à Calais, aprés avoir fait le tour de Flandres & des Pays-bas, se seront rendus à Cambray, pour de-là voyager jusques en Savoye, à Geneve, & en Suisse.

De Cambray ils peuvent aller droit à Peronne, qui est la premiere ville de France, qu'ils rencontrent de ce côté-là. Elle est assise dans un petit pays, nommé Santerre, en la basse Picardie. Son assiette est bonne du côté du Midy, où elle est sur la riviere de Somme, & a des marais joignans. Elle est bien fortifiée aux autres endroits. C'est une clef de France, & ville fort connuë dans les guerres passées. On peut voir ici l'Eglise de Nôtre-Dame trés bien bâtie, & d'une belle architecture. Le Chœur est magnifique, & tel qu'il n'y en a point de semblable en toute la Picardie. On vient aprés à Roye, ville frontiere & fortifiée. {Peronne}

De-là on se rend à Senlis, ville Episcopale. Elle est ancienne, & a un Bailliage & Siege Presidial. La forest de Rets l'entoure, d'où luy vient le nom ancien de *Sylvanectum*. Plusieurs belles maisons se trouvent proche de Senlis, qui peuvent estre visitées, & entr'autres Verneuil, érigé en Marquisat. Chantilly, maison Royale, & accompagnée de tous les ornemens & avantages que l'on y sçauroit desirer : & Anet, Château trés-agreable. De Senlis à Paris n'y a qu'une petite journée, de sorte qu'on y peut aller, & revenant en belle saison voir Dreux, dont le {Senlis}

{Dreux}

K

Château est en fort bonne scituation, mais il est ruiné. Il est assis sur la riviere d'Eure, & celle de Blaise passe une lieuë au dessus. La ville est bonne & ancienne, appellée ainsi des Druides, qui se tenoient dans sa forest, laquelle est aujourd'huy d'un grand revenu.

Anet.   Anet est assis sur la riviere d'Eure, & appartient au Duc de Vendosme. De Lorme Architecte renommé en a conduit le bâtiment, fait sous le Roy Henry II. en faveur de la Duchesse de Valentinois. Son portail est d'une structure admirable, & si icelui est une excellente horloge, qui a un cerf de bronze au dessus, plus grand que le naturel, qui sonne les heures du pied, & un peu auparavant on entend quinze ou vingt chiens de bronze, qui marchent & abboyent. La grande sale & les chambres y sont vitrées de chrystal. On y voit plusieurs jardins & parterres embellis de fontaines & roches artificielles, avec une Diane en marbre, ornée de branches de corail, & de plusieurs coquilles rares. Au jardin qu'on y nomme des Arbrisseaux, qui sont orengers, citronniers & grenadiers, se voit une fontaine avec une statuë de marbre, representant une femme, dont la chemise paroist moüillée, avec tant d'artifice que la veuë y est trompée. Il y a une Chapelle pavée de marbre blanc & noir, avec des pilliers d'ordre Corinthien, fondée pour douze Chanoines.

Chartres.   On doit voir par mesme moyen la ville de Chartres, sur Eure, ville ancienne & renommée à cause des Druides. Elle a un Evesque, un Bailly, & un Siege Presidial, entre l'Election & la Prevosté ou Justice ordinaire. Son Eglise principale, dédiée à Nôtre-Dame est superbement bâtie & fort ancienne, servie de septante-cinq

Chanoines, & dix-sept Dignitez, parmy lesquelles sont six Archidiacres, quatre Prevosts, vingt-quatre Chantres, quatorze Marguilliers affectez & ordinaires, tant Prestres que Laïcs. Autre que les Chanoines ne peut dire la Messe à l'Autel du Chœur. On y remarque ses deux clochers, comme les plus beaux, gros & hauts de tout le Royaume. Outre la Cathedrale, il y a sept Eglises Paroissiales dans la Ville, & trois és Faux-bourgs : sept Abbayes ou Convents dans la ville : Un College fondé par Poquet l'an mil cinq cens septante-deux, dont il porte le nom. La Ville a huit portes dont les six sont ouvertes.

Aprés avoir sejourné un mois ou environ à Senlis, on peut se remettre en chemin en saison commode, qui pourra estre vers la my-Juillet, pour se rendre à Lyon par la Bourgongne. Il faut aller à Troyes, ville capitale de la Champagne, *Troyes.* assise sur la Seine, grande & belle ville, ayant un Evesque, & outre l'Eglise Cathedrale dediée à S. Pierre, deux Eglises Collegiales, six Parroissiales, & une Abbaye : il y a un Siege Presidial, & plusieurs autres Jurisdictions ordinaires.

De Troyes on se rend à Dijon, capitale du *Dijon.* Duché de Bourgongne. La Ville est assise en une plaine agreable : le long de ses murailles est arrousé de deux rivieres, l'Ousche & Suson. Elle est close de bonnes murailles, tours & bastions, avec citadelle. Il y a un Maire & vingt-quatre Echevins. Les Estats du pays s'y tiennent de trois en trois ans, & la Cour de Parlement y est seante. Si les Rois y font leur entrée, ils jurent en l'Eglise Saint Benigne d'en conserver les privileges. On voit jusqu'à seize Eglises dans la Ville, où sont deux Abbayes, & une Sainte

K ij

Chapelle fondée par Philippes le Bon, Duc de Bourgongne, avec cinq Hôpitaux.

La Chartreuse qui est très-belle, se voit hors la Ville, avec les tombeaux des Ducs. On y remarque aussi le Palais où se tient le Parlement, la maison du Roy, bâtie par les Ducs, la Chambre des Comptes avec les Hôtels de plusieurs Seigneurs, par eux bâtis du temps des Ducs, sçavoir, d'Orenge, de Vergy, de Senecey, de Brioude, Tavanes, Cisteaux, Clairvaux, & autres. Es côteaux proche de la Ville se voit le fort de Talaut, qui est gardé, avec le Château & village de Fontaines, lieu de la naissance de S. Bernard.

BOURGONGNE.

LA Bourgongne est une Province de grande étenduë, ayant prés de cinquante lieuës de longueur, & vingt-cinq de largeur. La Champagne luy est au Nord, le Bourbonnois & le Nivernois au Couchant, le Beaujolois & le Lyonnois au Midy, & le Rhosne, qui la separe de la Savoye, de la Bresse & de la Franche Comté, au Levant. Autun, ville trés-ancienne, est l'un de ses Bailliages principaux. Mascon est un autre Bailliage de grande étenduë, ville assise sur la Saone, qui a porté tiltre de Comté, & le Masconnois tient aujourd'hui ses Estats à part qui se convoquent en mesme temps que ceux de la Bourgongne. La Province est appellée la Mere des Ordres, à cause de ceux de Clugny, Cisteaux & Tournus, dont les lieux sont en icelle. Elle est aussi la mere des bleds, des vins, des eaux & des forests. Ses bleds vont dans le Lyonnois, ou Provence, en Languedoc par le Rhofne, & de là en Espagne par la Mer. Ses vins sont en estime dans les pays plus éloignez. Le fer des mines de Bourgongne est porté à Lyon, & de là en Provence, Languedoc, & autres pays. Cette Province a eu tiltre de Royaume en divers temps; & sous le tiltre de Duché, elle a esté baillée par deux fois en appanage aux Fils de France. Elle a esté finalement reünie à la Couronne sous le Roy Loüis II. aprés la mort de Charles dernier Duc de Bourgongne, tué devant Nancy, & mort sans enfans masles.

Estant à Dijon, il ne sera point mal à propos d'aller jusques à Dole & à Besançon, qui sont les principales Villes de la Franche-Comté, qu'on appelle aussi haute Bourgongne, à la différence de celle que nous venons de décrire.

FRANCHE-COMTE'.

LA Franche-Comté est bornée de la Lorraine & de la haute Allemagne au Nord, du Duché de Bourgongne au Couchant, de la Savoye & de la Bresse au Midy, & des Suisses au Levant. La plaine y a de bons bleds & en quantité, avec des vins qui sont estimez & de trés-bonne garde. Les forests y sont d'un grand rapport, & sont appellées le troisiéme grenier de Bourgongne: les rivieres prenans leur source des montagnes voisines, produisent toute sorte de poisson. La Saone porte la carpe, l'Orignon le barbeau, le Doux, le brochet, la Louvre l'ombre, & l'Ain la truite. La source des eaux de Frepuis est trés-abondante & merveilleuse. Elle est en un trou large de quinze toises, & profond de vingt, dont la superficie est fort relevée, jusque à égaler le sommet d'un clocher voisin. Le pays produit de bons chevaux, & des haquenées naturelles. On y trouve du marbre noir, du jaspe, & de l'albastre en abondance. L'air y est fort bon & serain par tout, & grandement temperé en la montagne : les sels y abondent, & s'y font prés de Salins, Ville du pays qui prend son nom de-là ; & au bas du bourg a esté construit un ample & magnifique bâtiment, appellé la grande Saulnerie, & servant à enserrer les eaux sallées, à tirer, façonner & conserver le sel, & à loger les officiers necessaires, ce que dessus. Les Suisses, les Grisons, & quelques endroits d'Allemagne se fournissent de bleds, vins & sels de la Franche-Comté. Le pays est aujourd'huy sous la domination du Roy d'Espagne, depuis le mariage de Marie, fille unique de Charles dernier Duc de Bourgongne, tué devant Nancy, comme nous avons déja dit ; Et par le mariage de Marguerite, fille unique de Loüis Comte de Flandres & de Bourgongne, avec Philippes dit le Hardy, Duc de Bourgongne, il étoit parvenu en cette branche de la maison de France. L'Archevesque de Besançon est le seul Prelat du pays, & l'Université de Dole, est fameuse & pourveuë de Docteurs & Professeurs en toutes Facultez.

Dole. Dole est une ville ancienne assise sur le Doux, lequel y entre d'un côté & en sort par l'autre. C'est la capitale du Comté, & le Siege du Parlement. Elle a sept grands bastions revêtus de pierre, & a esté renduë une ville de guerre par l'Empereur Charles V. On y remarque une place ou marché quarré trés-grand, l'Eglise de Nôtre-Dame trés-magnifique, avec le College de Saint Hierosme, garny de plusieurs bons

Livres manuscripts, & celuy des Peres Jesuites.

Besançon est une trés belle & ancienne ville assise sur le Doux. Elle est libre & Imperiale, ses ruës sont belles, longues, & fort larges, les maisons bien bâties, dont les devants sont presque tous égaux. Le Doux la partage en deux, & l'on passe de l'une à l'autre sur un beau Pont. L'Hôtel de Ville y est magnifique, & a dans son enclos les halles, l'arsenal, de beaux greniers, & le Siege de la Justice, avec toutes ses appartenances. On y voit six fontaines en six endroits de la Ville, avec diverses figures & statuës de bronze, qui sont à remarquer, de mesme que certains lieux publics, qui gardent les noms anciens, quoy que corrompus, tels que sont le Chaumar, pour le champ de Mars; Champ Meuse pour le Champ des Muses; Chamlu pour le Champ de la Lune; Charmon pour la montagne des Charitez ou Graces, & autres semblables. On n'y entre que par cinq portes. L'Hôtel de Granvelle est plein de pieces rares en marbre & en bronze, qui sont diverses statuës des Dieux anciens, & de leurs Nymphes, avec celles de plusieurs Cesars & Empereurs, & quantité de peintures exquises de Michel-Ange, Raphaël Urbin, & autres. La Bibliotheque y est aussi trés-bien garnie de livres manuscrits. On y montre aussi l'Hôtel du Comte de Cantecroix avec son jardin. Les Eglises y sont en grand nombre, dont la principale est dediée à Saint Estienne, où l'on garde le Suaire de Nôtre Seigneur, porté solemnellement ès processions de la Feste Dieu & de l'Ascension. Aprés celle-là on remarque celle de Saint Jean, & prés de Dole est l'Arc triomphal de l'Empereur Tybere. Les Ecoles publiques y ont leurs Bibliotheques, & le College

Besançon.

des Jesuites y est trés beau. Il y a cinq Hôpitaux, plusieurs belles Chapelles. Le dehors de la Ville est beau en ses fortifications, riche vignoble, grandes prairies, & abondance de bleds; de sorte qu'on le nomme le grenier de toute la Bourgongne. On montre aussi dehors un rocher percé par Jules Cesar, faisant la guerre contre les Suisses. Le Gouvernement en est populaire, par quatorze personnes éleuës des sept quartiers de la Ville, avec une belle police, & plusieurs Officiers qui l'administrent.

Aprés avoir bien veu ces deux bonnes villes comme elles le meritent, il faut remonter par la Saonne, & là passer pour voir Beaune. C'est une ville qui n'est qu'à sept lieuës de Dijon, & est de son Bailliage. Elle est forte & bien remparée: il y a un fort Château bâti par le Roy Loüis XII. de deux belles sources d'eau qui en sont proches, l'une entre dans la ville, & l'autre va dans les fossez, & fait le tour des murailles. Son Hôpital est fort digne d'estre veu, pour estre une des plus belles pieces de France pour cette sorte de bâtiment, ressemblant plûtost à un Palais Royal, qu'à un logis pour recevoir les pauvres. C'est la fondation d'un Chancelier de Philippes le Bon, Duc de Bourgongne, nommé Nicolas Rolin. Le Roy & le Duc de Bourgongne y ont d'ancienneté leurs Chambres meublées de tout linge, & de la vaisselle necessaire. Il y a des logemens differens selon la condition des malades. Il a tous ses offices necessaires trés-bien distinguez; & sa grande cour est arrousée d'un ruisseau qui traverse la ville, pour le service, commodité & netteté du lieu. On peut voir dans le terroir de Beaune, le Monastere de Cisteaux, bâti dans une grande forest par un des

Beaune.

anciens Ducs de Bourgongne, où l'on remarque grande quantité de cisternes. C'est le chef de dix-huit cens Convents de Religieux, & de presqu'autant de Religieuses.

De Beaune il faut aller à Chaalons, assis sur la Saone, ville ancienne, qui porte tiltre de Comté. C'est un Evesché, & son Bailliage est d'un fort grand ressort. Sa citadelle est fortifiée de quatre bastions Royaux. Il y a Ville ancienne & nouvelle, & dans la vieille est le College des Pères Jesuites. On y peut voir assez bon nombre d'Eglises & Convents, & hors de la Ville se remarque l'Abbaye ou Prieuré de Saint Marcel, dependant de Clugny, avec des clochers fort beaux & de structure Gothique. Chaalons l'ancien a ses murs maçonnez de brique en partie, & d'une pierre fort solide & quarrée, avec trois ceintures dorées autour, d'où vient que la Ville porte en ses armes trois cercles d'or en champ d'azur. De Chaalons l'on descend sur la Saone jusques à Lyon, & on laisse Tournus ancienne & Abbaye, Mascon, grande & agreable ville, Belle-ville & Franche-ville.

De Lyon, où l'on peut se reposer & employer quelque temps pour s'en retourner en Allemagne par la Savoye & la Suisse, le tour que l'on prend pour voir Grenoble, ville assise sur l'Issero, & qui est distante de Lyon de seize grandes lieues, n'est point hors de propos de voir, si cette ville-là, qui est le Siege du Parlement du Dauphiné, n'a point esté veuë auparavant. Elle est au pied des Alpes & d'une montagne, qu'on nomme Chalemont. Le torrent du Drac qui est fort vehement & sujet à déborder, se passe sur un Pont fort haut, & d'une seule arche. Ses fortifications sont de huit gros bastions, & ce que l'on y voit

K v

de plus beau, tant pour les édifices publics que pour les maisons particulieres, est depuis le Gouvernement de François de Bonnes Duc de Lesdiguieres, Connestable de France. On y peut voir la maison du Roy dite la Tresorerie, la tour de l'horloge, le fort de la bastille & le Château de Visire, fort embelly & enrichy.

Grande Chartreuse. A trois lieuës de Grenoble se doit voir la grande Chartreuse bâtie à l'entrée des hautes montagnes, & accompagnée de toutes ses dependances, avec un Convent de Religieuses nommé Praviol, & dépendent de l'Ordre des Chartreux. On y remarque aussi une fontaine qui brûle par certain miracle de nature, qui fait que parmy ses eaux s'élevent certaines flammes capables de cuire ou frire des œufs. La tour sans venin, parce qu'elle ne souffre point aucun animal venimeux, & que si l'on en porte quelqu'un, il meurt à l'instant. On peut aussi visiter la maison *Lesdiguieres.* & Château de Lesdiguieres, trés-bien bâty & enrichy de marbres & autres ornemens, il est au bout de la vallée de Champ saur, arrousée du Drac, qui se joint à l'Issere, au dessous de Grenoble.

Barraux. A cinq lieuës de Grenoble est le fort de Barraux, bâty par le Duc de Savoye l'an mil cinq cens nonante-sept, & à une lieuë de-là est Mont-*Montmeillan.* meillan, ville & Château defendu de divers precipices, avec cinq gros bastions revêtus & entretenus de tenailles, & un puits creusé en la montagne. Cette place est tenuë pour une des meilleures de toute l'Europe. A deux lieuës de-là est Chambery, ville capitale de toute la Savoye.

SAVOYE.

LA Savoye est bornée au Septentrion du pays de Vaux, de Gex, & du Lac de Geneve, au Levant du Piedmont, au Couchant & au Midy le Rhosne & le Dauphiné. Le pays est long de soixante lieuës de France, & large de quarante-cinq, il est montueux, & a neanmoins ses collines & valons abondans en bleds & en vins. Les grandes neiges rendent les montagnes steriles en bleds. Il y a de fort bons vins en plusieurs endroits, & le Lac y fournit quantité de bon poisson. Il y a du saffran en la partie Meridionale, des côtez de Maurienne, Val-d'Æste & Canaves. Les montagnes & bois y ont la venaison en abondance & trés-bons. On y voit les lievres blancs, & des perdrix blanches, avec le faisan & la gelinote. Les fines ardoises s'y trouvent en abondance, avec les beaux marbres. La froideur des eaux y cause certaine enfleure de gosier, qu'on nomme goistre. Dans les glacieres du pays se trouve le chrystal, trés-beau, lequel est porté & travaillé à Milan. Le bouquetin, animal fort chaud, gris, & grand comme un cerf, fort vîte, se voit dans les montagnes: les chamois s'y prennent aussi en grande quantité. On y remarque aussi des marmotes sauvages & domestiques, dont la chair est fort bonne : c'est un animal gros comme un chat, avec les jambes courtes, & le poil rude.

Le pays a ses Ducs, autrefois Comtes, qui sont aussi Princes de Piedmont, qui commandent sur ces Etats avec toute souveraineté & indépendance. Ils sont Ducs depuis l'an mil quatre cens seize que l'Empereur Sigismond en donna la qualité à Amée VIII. qui fut depuis Pape sous le nom de Felix.

Chambery. Chambery est la ville principale du Duché de Savoye, Siege du Parlement, ou Senat du pays, qui a toûjours esté en reputation pour les decisions de ses Arrests, qui sont suivies és pays étrangers. La Ville a esté plus grande qu'elle n'est aujourd'hui : elle a trois grands faux-bourgs bien bâtis. Il y a plusieurs fontaines d'eau vive, distribuées par des canaux en divers quartiers de la Ville. Elle a un Château & une Sainte Chapelle, dont les bâtimens ne sont point achevez. On y voit quantité de belles Eglises & Convents, & un College des Peres Jesuites, avec une Eglise magnifique, bâtie par la liberalité du Duc Charles Emanuël. Le Doyen du Chapitre de Chambery est chef du Clergé de Saux sous l'Evêque de Grenoble, dont le Diocese étant composé de quatre Doyennez, celui de Savoye en est un.

GENEVE.

La ville de Geneve est assise entre le Lac qui porte son nom, le pays de Vaux, qui appartient au Bernois, le Bailliage de Gez, qui appartient au Roy de France, & la Savoye. Elle n'est qu'à quatre lieuës de la Franche-Comté, de sept de la ville de S. Claude, & d'une lieuë de Versoy au Bailliage de Gez. Le Rhosne la divise en deux parties inégales ; La plus grande se nomme la Ville, & la moindre le Faux-bourg S. Gervais,

DE FRANCE.

à cause d'une Eglise dediée à ce saint. On passe de l'un à l'autre sur trois Ponts de bois, mais plus ordinairement sur le grand & principal. Sur deux de ces Ponts on voit plusieurs moulins, & des maisons & boutiques d'artisans de part & d'autre. Sur le dernier, proche de la boucherie, se fait la poudre à canon. Au milieu des deux Ponts est une Isle, avec une tour fort ancienne, & bâtie comme l'on dit par Jules Cesar. La Republique s'en sert pour y tenir des munitions de guerre. Cette Isle est garnie de diverses maisons, & entr'autres y est celle qu'on nomme le Poids du bled. Du côté de la grande ville au bout du premier Pont se voit la Monnoye, avec son Horloge. On n'entre à Geneve que par trois Portes, dans les deux, sçavoir la porte de Rive, & la porte Neuve, par laquelle on va en France & en Savoye, sont de la grande Ville: Et le Faux-bourg S. Gervais n'a que la porte de Cornevin, pour aller en France & en Suisse. La grande est divisée en haute & basse: La haute se trouve habitée par des gens de Justice, de Lettres & Estrangers, & par les Libraires. La basse a deux belles ruës couvertes, de sorte qu'en tout temps on y peut aller sans estre moüillé: On voit là les Orfevres, Drapiers, & autres Marchands & artisans: La troisiéme ruë qui n'est point couverte, sert pour les charettes & chevaux, outre les bancs dont elle est garnie d'un côté & d'autre pour certains artisans. Les maisons y sont grandes & fort hautes, bâties pour la plus part de pierre de taille. Il y a de belles places, dont les principales sont celles du Marché au blé, où l'on voit les mesures de la Ville, le Moulard, qui est place du marché, la halle, & lieu du poids de toutes les marchandises, & la place S. Gervais.

Il n'y a que quatre Eglises ou Temples, dont

Portes.

Ruës.

Places.

Eglises ou Temples.
S. Pierre.

le principal est celuy de Saint Pierre, autrefois Eglise Cathedrale, qui a quatre Tours ou Clochers, fort hauts, en l'un desquels est l'Horloge, & en un autre aussi où l'on pose des sentinelles la nuit, & lequel est garni de quelques canons. Le dedans de ce Temple est plus beau que le dehors, quoi que les images en ayent esté abbatuës, ôtées ou effacées. Au Cloître de ce Temple, où sont plusieurs Chapelles, sont enterrez les Magistrats & les Ministres : les inscriptions anciennes, qui se remarquent en cette Eglise, font juger aux enfans doctes, que ç'a esté autrefois un Temple d'Apollon, ou au Dieu des Payens : & l'Aigle à deux testes, qui se voit au dehors de la muraille, d'une graveure ancienne, montre aussi que la ville a esté ci-devant libre Imperiale.

L'autre Temple est celui de la Madelaine, qui n'a qu'un clocher : le troisiéme est celui de Saint Germain : le quatriéme est au Faux bourg de S. Gervais, qui prend de-là son nom.

Hôtel de Ville.

L'Hôtel de Ville est superbement bâti à neuf, la porte est ornée de quatre colomnes de marbre noir, avec les armes de Ville au dessus. On y remarque sa belle montée sans degrez & à vis, bien pavée & fort large ; de sorte qu'une charette peut monter jusques au plus haut. On y voit une table contenant l'alliance faite par les Genevois avec les Bernois l'an mil cinq cens trente-six, douze Urnes anciennes pleines de cendres, trouvées avec quelques antiques, lors que les fossez furent agrandis, un Crocodile & un Ichneumon pendus. Contre la muraille de la chambre, où s'assemblent les Senateurs, se voyent peints sept Juges sans mains, sauf celui qui est au milieu, qui n'en a qu'une.

Arsenal.

L'Arsenal est joignant l'Hôtel de Ville, &

consiste en trois étages, les canons & munitions de guerre sont au premier. Au second se trouve tout ce qu'il faut pour armer bon nombre de gens de cheval : les picques, mousquets, & autres armes pour les gens de pied, avec les drapeaux gagnez sur les ennemis, les canons pris à Versoy, & les échelles, petard, matteaux & tenailles pris à l'escalade des Savoyards se voyent au troisième.

Le College est aussi un fort beau bâtiment, separé de la ville en un lieu haut, qui a sa veuë sur le lac. Il y a neuf classes en bas, & une sale au dessus, où s'assemblent les Ecoliers, pour oüir les exhortations qui leur sont faites. On voit au dessus une belle Bibliotheque, avec le logis du Principal, & des Professeurs en Hebreu, en Grec, & en Philosophie. On montre en la Bibliotheque une Bible traduite en François, depuis trois & quatre cens ans : les maisons des Regents, avec leurs jardins, sont en une autre cour. On y voit aussi le grand Hôpital, avec un autre moindre, & autres bâtimens, où l'on loge les infects au temps de peste. *College.*

La Ville est trés-bien fortifiée de plusieurs bastions prés des portes, & du côté du Lac, avec une forte tour, qu'ils appellent la Tour Maîtresse. La maison de l'Evesque sert aujourd'hui de Conciergerie pour loger les prisonniers.

Le Lac a des Ponts & descentes aisées, jusques au nombre de seize, dont il y en a trois dans la Ville. Non loin de l'un des Ports on voit l'Isle, où la Seigneurie tient quelques galeres, & les moulins pour battre la poudre. Prés de-là est le vivier ou reservoir à poisson, nommé la Serve, où les pescheurs conservent les plus belles truites pour en faire present aux personnes de marque qui passent par Geneve. Au milieu du Lac & prés des eaux vives se voit une pierre élevée par dessus l'eau, nommée la pierre de Neyton, jadis de Neptune, auquel on y sacrifioit autrefois, ou pour autre raison.

Le Rhosne se rend dans le Lac, & coule par dessus sans confondre ses eaux rapides avec les dormantes du Lac, & reprend son nom prés de l'Isle, où est le poids du bled, sepaře la grande ville de S. Gervais, reçoit la riviere d'Arye, qui vient des montagnes de Fossigny ; Aprés quoy, une partie du Rhosne se perd sous terre dans une caverne ou abysme profond, en un lieu dit l'Ecluse, qui est à cinq ou six milles de Geneve, puis non gueres loin de-là se rejoint au reste, & coule à son ordinaire.

On a montré cy-devant à Geneve un bel ouvrage, travaillé par un Orfevre demeurant sur le Pont, representant la ville sur une roche, avec diverses pierres enchassées, & tous les bâtimens, ruës, & artisans de toutes sortes. Cet ouvrage a esté porté par la France, & peut estre encore en son entier.

La Ville est bien assise, agreable, ayant le vignoble, les prairies, & les jardins à souhait : de bons bleds dans ses montagnes : les promenades belles, & les veuës delicieuses & bornées de montagnes & de rivieres. Elle est de grand trafic en étoffes de soye & livres ; fournie de trésbons vivres, en bleds & en vins, & toute sorte de fruits : leurs chapons aussi sont fort estimez, plus que ceux du Mans & de Loudun : l'air y est pur & sain : le froid supportable, & la chaleur moins importune qu'en France.

La Republique commande à plusieurs lieux & villages qui sont dans le pays de Vaux, dans les terres du Roy, ou dans celles du Duc de Savoye.

L'Evesque en a esté Prince temporel, qui a eu pour partie pour luy contester ce droit, le Comte de Genevois. Depuis l'an mil cinq cens trente-six, par le changement de Religion, & aprés l'alliance des Genevois avec les Suisses, & particulierement avec ceux de Berne, la porte a esté fermée à l'Evesque, & alliance jurée avec les quatre Cantons, de Zurich, Berne, Basle, & Schaffuse.

Cet Estat se gouverne aujourd'hui en Democratie, meslée d'Aristocratie, le peuple ayant tout le pouvoir, qu'il resigne à 25. Senateurs ou Seigneurs, dont les chefs compris dans ce nombre sont les quatre Syndics, qui portent des bastons noirs, ornez d'argent par les deux bouts. Le premier Syndic a la charge de l'Etat : les autres trois ont chacun leurs charges distinctes.

Des vingt-cinq se tire un cinquiéme en dignité aprés les Syndics, qui a charge de rendre justice en premiere instance. Il y a un Tresorier, un Procureur General, & autres Officiers.

Le Conseil de deux cens est élû par les vingt-cinq, & jugent des causes d'Etat. Le Conseil general composé de tous les peres de famille, Bourgeois & Citoyens, élit les Syndics & certains Officiers de Justice.

La Police y est administrée, & pour la garde de la Ville, chaque ruë a son Dixenier, & sur eux des Capitaines.

Les crimes y sont griévement punis, particulierement l'Adultere. L'Exercice de la Religion Catholique, Apostolique & Romaine n'est point permis dans Geneve, ny en lieux qui luy obeïssent.

La Suisse est fort proche de Geneve : Nous n'entreprenons pas ici de la décrire, & nous contenterons de marquer le chemin, qui doit ramener nôtre voyageur au Rhin, d'où il a esté pris en partant de Strasbourg.

Il faut qu'il passe par les lieux suivans : Versey, autrefois Château, maintenant petit lieu, & peu considerable : Coupet, avec Château, & portant tiltre de Baronnie : Noyon, avec un beau Château : Morges, aux Suisses : Molée, petite ville, mais agreable, bien bâtie, & avec de belles ruës : Rolbe, village bien assis, avec Château & tiltre de Baronnie.

Lausanne grande & riche ville, avec College: autrefois Siege d'un Evesque, transferé d'Avanches l'ancienne. Les Allemands en leurs voyages imprimez recommandent de voir ici un excellent Chirurgien, avec les instrumens de l'art par lui inventez, nommé M Fabry, Modon en Allemand, Milden : Payerne en Allemand, Petterlingen, assez bonne ville & bien assise. D'ici vous avez deux chemins à prendre. 1. D'aller à Fribourg en Vchtland, qui est un des Cantons Catholiques, composée de quatre parties, sçavoir le Bourg, l'Isle, la Ville-Neuve, & l'Hôpital, grande ville bien peuplée, Siege de l'Evesque de Lausane, dont les Bernois l'ont chassé. De-là on peut aller jusques à Berne, par une belle & agreable forest. 2. Passer Vviffelspurg, ou Avanches, petite ville assise au lieu où étoit l'ancien *Aventicum*, trés-belle ville, dont les ruines se voyent avec les restes de ses antiquitez : Il faut venir de-là à Morat. Murten aux Allemands, assise sur le lac qui porte son nom. C'est-là que Charles dernier Duc de Bourgongne fut défait par les Suisses, l'an mil quatre cens septante-six, dequoi l'on voit une inscription Latine & Allemande en une Chapelle, où sont les os de tous ceux qui moururent en la bataille.

Aprés avoir finalement passé à Arberge, ville des Bernois, on entre à Berne. De ces deux chemins, on est conseillé de choisir le dernier & d'aller de Berne à Fribourg, & revenir encore à Berne.

Berne est ainsi appellée d'un Ours, nommé Ber, au langage du païs : d'où vient que les Bernois nourrissent ordinairement un Ours & une Ourse en un lieu nommé par eux Barengrub, fossé aux Ours, qui est prés des fossez du second agrandissement de la Ville. La fosse est haute & quarrée, ouverte au dessus, pavée & murée de bonne pierre. C'est une Ville trés-belle & agreable, tant pour son assiette que pour ses ruës belles & larges, avec des arcades & pilliers de pierre de taille qui sont aux deux côtez, où l'on va à couvert, & des ruisseaux qui les rendent fort nettes ; la riviere d'Ar la ceint du Midy, du Levant, & du Nord. La Ville est aujourd'hui trés bien fortifiée, & bien capable de resister aux efforts de ses ennemis. Une colline proche qui la commandoit a esté de mesme fortifiée & bien peuplée. Il faut visiter son Eglise ou Temple & les drapeaux, ou autres trophées pendus à sa voûte, sa cloche, & le dernier jugement gravé au dessus de la porte, où l'on peut remarquer quelques curiositez qui ne sont pas à mépriser. On peut voir aussi l'Hôtel de Ville, la Chancellerie, & autre inscription gravée sur une tour, contenant l'occasion du bâtiment de Berne, & du nom qui luy fut mis, dont nous avons parlé. Aprés avoir laissé le Monastere de Fravvenbrun, remarquable pour une bataille donnée là au prés, vous arri-

Berne.

Soleure. vez à Soleure, vulgairement So othurn, canton de Suisse, & assis sur l'Ar. C'est une ville ancienne, divisée par un Pont en grande & petite, les maisons en sont agreables, & y a un beau Palais, où se tient l'Ambassadeur de France.

Il y a un beau Temple ou Eglise, on y remarque quelque tombeau des Hottomans, famille originaire de Silesie, & venuë en France, où les écrits d'aucuns d'iceux luy a donné reputation. On y voit aussi quelques inscriptions Latines & Allemandes sur un vieil clocher. A sept grandes lieuës d'Allemagne de-là est la ville de Basle, assise sur le Rhin, là où nous avions promis de reconduire le Voyageur, puis que nous l'avions pris par-là, partant de Strasbourg.

LES FLEUVES
DU ROYAUME
DE FRANCE.

Es principaux Fleuves desquels le pays de France est arrousé, les uns se retirent en la mer Oceane, & les autres en la Mer Mediterranée.

Ceux qui se retirent en l'Ocean, sont, Meuse, Moselle, l'Escault, la Somme, la Seine, la Loire, & la Garonne : avec aucuns autres, tant cheant en iceux, comme moins principaux & utiles.

Ceux qui tombent en la Mer Mediterranée, sont, le Rhosne, le Doux, la Saone & quelques autres, desquels particulierement avec les desusdits, nous ferons cy-aprés mention.

Les Fleuves qui entrent dans l'Ocean.

LA Meuse, dite des Anciens *Mossa*, vient en deux sources, l'une se portant d'une montagne assise entre Boumont & S. Thibault, prés la

Marche en Lorraine : le commencement de laquelle apparoît à Bozreil, l'autre sourdant au deſſous des murailles de Neuf-châtel, qui eſt l'endroit où ladite Meuſe commence à prendre ſon nom. Ce fleuve ſepare la France avec une partie des baſſes Allemagnes, le long de la Duché de Luxembourg, paſſe à Marche, Vaucouleur, Commercy, derriere S. Michel, & au milieu de Verdun, & là commence à porter batteau : puis s'en va à Dun, Stenay & Eſtain, ville de la Duché de Bar. Encore deſcend à Meziers, & à Mouzon, ſeparant la Comté de Baſſigny d'avec les hautes Allemagnes, puis ſe rend à Montbelial, paſſant par le travers dudit Baſſigny, en ſeparant encore la Franche-Comté d'avec ledit pays de Baſſigny, puis de-là à Dordrec ſe rend en la mer de Flandres.

Mozon petite riviere, vient des montagnes de la Marche, paſſe au deſſous de la Motte en Barois, & ſe rend à Neuf-châtel dans la Meuſe.

Moſſelle ou *Meſſelle*, fait ſeparation de France d'avec les baſſes Allemagnes, le long de la Duché de Luxembourg, vient des montagnes d'Auſſois : à demie journée de Baſle, s'écoule le long de ladite Duché, paſſe à Treves, & puis prés de Mets & de Toul, de-là au Pont à Mouſſon en Lorraine, ſe refléchit dans le Rhin en Hollande.

Laye vient d'auprés d'Auldenarde, vers les montagnes de Hainault, paſſe à Courtray, Harlebec, entre dans Gand, où il commence à porter batteau : ſe retire à Dermonde, à Anvers & à Bruges en Brabant, entre dans la mer, l'eau de ce fleuve eſt brune, tirant ſur le noir, & ſert aux teinturiers.

Schelde, dite Scalda, vient des endroits de

Valenciennes, passe à Tourdeil, entre en Gand, auquel lieu se conjoint avec la Laye, puis au sortir de-là, se separe & porte batteau jusques à Anvers & Bruges, se retire en la mer Oceane : l'eau de ce fleuve est blanche, à cause de sa source, qui est en terre blanche, & sert à nettoyer les blanchets.

Le Liz part des montagnes d'Aussois, prés Basle, passe prés Nancy en Lorraine, & se rend en la mer de Flandres.

L'Escault vient d'auprés de Bohain en Cambresis : lequel fleuve fait toute la separation du pays de Hainault d'avec la France ; passe à Cambray, Valentiennes, Tournay, Mont en Hainault, Gand, Dormonde, & Anvers, auquel lieu se rend en la mer Oceane.

Canche, fleuve d'Artois, vient d'auprés d'Avannes, passe par Ligny, dit sur Canche, Hesdin, Montreul, & prés de-là entre en la Mer.

Ostouvre vient d'auprés du Mont Lambert, passe par dessous le Pont de bricque, prés Bologne, puis sous l'Ecluse, dite d'Ostouvre, entre en la mer à six lieuës de Calais.

Veredicque, autrement dite la riviere des quatre fosses, vient d'auprés S. Omer, passe sous l'Ecluse, dite de Vieredich, & le long des Dunes se rend à la mer.

Sudouvre vient devers Burgues, passe par dessous l'Ecluse, dite de Sudouvre, se conjoint avec Ostouvre & Vieredicque, & toutes trois ensemble entrent dans la mer à six lieuës de Calais.

Le Truet, petit fleuve, vient de la basse Picardie, passe hors la ville de Guinguand, entre le Châtel & la porte S. Michel, passe par dessous le Pont Sainte Croix, en entrant & en sortant hors la Ville, au Pont de Thelech, de-là en la mer.

Hesdin petite riviere, faisant depart du Boulenois & de la Picardie, passe à Neufville Sampy, prés Montreuil, & de-là entre en la mer.

Nouveldam, grosse riviere, qui porte par écluses, separe le terroüer, dit le Franc, auquel est la ville d'Ismonde, d'avec le pays de Furnes, & ce par certaines écluses, au dessus desquelles y a un lieu nommé le Cuoque. Elle reçoit plusieurs autres rivieres venans d'Ypre, qui sont celles qui entre ledit Ypre, font icelle separation. Se rend à la mer de Nieuport en Flandres, passant sous deux Ecluses, dites de Nouveldam, sous lesquelles passent les rivieres, apelées Honstemeres, & Bulclanderes.

Somme separe la vraye Picardie d'avec la Comté d'Artois: commence prés S. Quentin en Vermandois, passe à Han & Peronne, vient à Amiens où elle se separe en quatre rameaux: lesquels à l'issuë de ladite ville se rassemblent au Pont S. Michel, & de-là se rend à Picquegny & Abbeville, puis entre en la Mer Oceane.

Le Vault, petite riviere du pays de Beauvoisis, passe à Neufville, dite sur le Vault, entre en la Somme.

Arée, autre petite riviere de Beauvoisis, passe par Rueil, dit sur Arée, entre en la Somme.

Therin, petit fleuve, passe à Montereul en Beauvoisis, à Moüy, dit sur Therin, puis auprés de Clermont, entre en la Somme.

Bresche, petite riviere, passe par Montereul, dit sur Bresche, puis prés de Clermont en Beauvoisis, entre en Somme.

Aultie, petite riviere, sort d'auprés d'Amiens, passe au Pas, dit d'Aultie, se rend en Somme.

Ingon

DE FRANCE.

Ingon passe à Nesle en Picardie, entre en Somme.

Bulles, petite riviere de Beauvoisis, passe au Mesnil, dit sur Bulles, & au Plessis, aussi dit sur Bulles, entre en Somme.

There, petit fleuve, passe à Villiers en Beauvoisis, entre en Somme.

Seine des anciens dite *Sequana*, qui donna le nom au Sequanois, vient de la Duché de Bourgongne, d'une vallée qui se trouve à deux traits d'arc, prés de l'Abbaye Duigny, à un quart de lieuë de Billy, petit village, à une lieuë de Chanceaux, bon bourg, se renforce dans l'étang de Nouë, puis passe à Chastillon, dit sur Seine, Melun, Corbeil, Paris, où elle fait deux Isles: puis retourne à S. Denys, à Mante, à Vernon, au Pont de l'Arche, à Roüen, & à la Boüille: puis tombe en la mer Oceane, entre Harfleur & Honfleur.

Tille, petite riviere, vient d'une fontaine qui est dans l'Abbaye de saint Seine en Bourgongne, passe à Margelle, à Beau-chasteau, dans la forest le Duc, & de-là se retire en Seine.

Oulche, ou Ourse, petit fleuve, vient de la forest le Duc, passe auprés de Dijon, où il reçoit un autre ruisseau, portant bonnes truites, nommée Suson, partant d'une vallée dangereuse, à cause des larrons, au dessous dudit Dijon, & ainsi tous deux ensemblement entrent en Seine, au Pont dit sur Seine, au chemin de Mussi-l'Evesque.

Clere, petite riviere de Normandie, passe par Malaunoy, & à deux lieuës de Roüen entre en Seine.

Laneron, petite riviere de Gastinois, passe à S. Maurice, dit sur Laneron, entre en Seine au

L

Pont Agaſſon, prés Chaſteau-Landon.

Biez, paſſe par la Selle en Gaſtinois, entre en Seine.

Loing, riviere de Gaſtinois, vient d'auprés Auxerre, paſſe par Chaſtillon, dit ſur Loing, Bleſneau, Saint Forgeau, Montargis, partie dedans, partie dehors, de là ſe rend à Nemours, à Grex, à Moret, & à Saint Memer, au lieu dit la Boſſe de Loing, entre dans Seine, porte batteaux depuis Montargis.

Verniſſon, petite riviere, vient d'auprés de Nogent ſur le chemin de Lion, paſſe par Perſigny, Courtra, dit ſur Verniſſon, & Villemanduel, ſe rend au gay Piſſeaux, au deſſus de Montargis dans la riviere de Loing, ne porte batteaux.

Verine, petite riviere, vient d'auprés ſaint Maurice, paſſe au guay, dit de Verine, & de-là ſe rend prés du Chaſtelet, dans la riviere de Loing. Ce petit fleuve fait ſeparation d'entre le Hurepois & le Gaſtinois.

Orge, autre petit fleuve, vient d'auprés de Mont-lehery, paſſe à Long-jumeau & Juvizy, tombe en Seine à Savigny, dit ſur Orge.

Ondelle, petite riviere ſur le chemin de Roüen, paſſe par Fleury, dit ſur Ondelle, & ſe rend en Seine.

Le Train vient d'au-deſſus de Montargis, porte batteaux, & là reçoit la marchandiſe d'Orleans pour entrer en Seine, aprés que ladite marchandiſe a fait neuf lieuës par charroy, depuis Gien juſqu'à Montargis, entre en Seine.

Bievre, petite riviere, vient des endroits du Val de Gallie, au deſſus d'un village, portant le nom de ruiſſeau, ſe rend au Pont Antony, Arqueil, Gentilly, Coppeaux, Saint Marcel,

DE FRANCE.

Faux-bourgs de Paris, & là sert à la teinture des bonnes écarlattes, retourne à saint Victor lez Paris : auquel lieu souloit entrer dans une poterne, qui par dessous terre se rendoit en une ruë, dite de Bievre, prés la Croix des Carmes, & delà en Seine ; maintenant y entre peu au dessous de ladite Abbaye.

Ayne, ou Aisné, ou Esne, vient des fontaines de Sully en Barrois, prend son nom d'un village au dessous de Clermont audit Barrois, vers sainte Menehoust passe à Ligny, Reteil, au bac à Berry, Pont à Verre, & là commence à porter batteaux, puis se rend à Veilly, à Soissons, dit Suraisne, & Compiegne ; auquel lieu s'assemble avec la riviere d'Oyse, à une lieuë de-là, toutes deux tombent dans la Seine.

Vesle petite riviere, vient de Nôtre-Dame de l'Epine, à deux lieuës de Chaalons, passe par Sessault, se rend prés de Rentes, à Fismes, Brayne, & à deux lieuës de-là entre dans la riviere d'Esne, ne porte batteau.

Suyp, petit fleuve, vient d'un village dudit nom, à cinq lieuës de Chaalons, passe à Pont Faverguay, Isles & bourg, dit sur Suyp : passage pour aller à Mesieres, entre à Neuf-chastel, & de-là tombe au bac à Berry, puis au Pont à Verre, se rend dans la riviere d'Esne, ne porte batteaux, à raison des ports & bacs, desquels les Seigneurs prennent gros revenus.

Oyse, ou Ayse, se perd d'auprés Guyse, passe à Mesieres, à Noyon, Pontoise, Vernueil sur Oyse, l'Isle-Adam, & de-là à Compiegne, auquel lieu se joint avec la riviere d'Esne, & ne porte batteau.

Saulsay, ou Saulseron, petite riviere platte, vient d'auprés du Châtel de Vaumondois, entre en la riviere d'Aife, environ une lieuë prés l'Ifle-Adam.

Byonne, petite riviere, vient d'au-deffous de Clermont, paffe par S. Martin, & fur Byonne, prés Pontoife, & de-là entre en la riviere d'Oyfe.

Aitte, ou Epte, vient d'au-deffus de Gifors, paffe à S. Clair, dit fur Aitte, au chemin de Roüen, puis à Gaigny, & tombe dans Seine, deux lieuës au deffous de Vernon.

Eure, en Latin, *Audura*, petite riviere, vient de la foreft de Menoult, dix lieuës au deffus de la ville de Chartres: depuis douze ans en ça commençoit à porter batteaux par éclufes, paffe à Nogent le Roy, Paffy, Guigny, & Louviers, & va cheoir dans Seine au deffous du Pont de l'Orge, environ une lieuë.

Iton, petite riviere, commence à la Charpenterie, à trois quarts de lieuë de Moulins en la Marche, paffe par Afpres, où il y a forges, à Verneüil au Perche, Bretueil, à Duadux, & de-là entre en Eure, ne porte aucun batteau.

Aulbe, vient d'auprés de Muffy l'Evefque, paffe au Pont Humbert, Bar, dit fur Aulbe, Meray fur Seine, & de-là entre en ladite Seine, porte batteau depuis ledit Meray jufqu'à Seine.

Voulzye ne porte batteaux, ainfi dite, pource qu'elle fait beaucoup de voltes & circuits, vient d'un étang épandu une lieuë au deffous de Provins, paffe au travers dudit Provins, & à S. Sauveur, entre en Seine au deffous de Bray. Se déborde fouvent, & fait dommage aux villes par où elle paffe.

Marne, des anciens dite *Matrona*, vient d'un village nommé Marneuf, à une lieuë de Langres entre deux costeaux de montagnes, passe au bas de Jainville prés saint Disier, dans Chaalons, hors d'Espernay, dans Dormans, Château-Thierry, Meaux, Lagny, & tombe à Charenton, deux petites lieuës au dessus de Paris dans la riviere de Seine.

Ourq, petit fleuve du pays de Vallois, vient d'auprés de Château-Thierry, entre la Croix & Vallay, prés du Château appellé Armentieres, passe par Crouy, Lisy, dit sur Ourq, & de-là à deux lieuës de Meaux, tombe en Marne.

Seigneul, petit fleuve de Brie, vient d'une Abbaye appellée Chaume, passe par la Ferté-Milon, se rend en Marne prés Charenton.

Le petit Morain, fleuve de Brie passe à la Ferté au col sous Joüarre, au Pont Condez, puis à Coüilly, & de-là se retire en Marne.

Blaise, petite riviere du Pertois, claire & fertile en truites, vient d'un village dudit nom prés saint Disier, passe par Vassy, tombe en Marne prés de Montirandel.

Sault, grand fleuve, combien qu'il ne porte batteaux, pource qu'il est en plat pays sur la Greu, vient d'auprés de Bar-le-Duc, passe par Vitry en Partois, & à une lieuë de-là entre en Marne, qui est l'endroit auquel on a depuis bâty Vitry la neuve.

Sousmerlan, petit fleuve, vient d'auprés l'Abbaye de la Chermoise prés de Montmer, passe par Orbedz & Comdeb, tombe dans Marne à Mesy, fait moudre les forges à fer de ce pays.

Tresne, petit ruisseau, vient d'auprés de Lisy, & des fontaines qui sont autour de Gandelu, & deux lieuës au de-là de sa source entre en Marne.

Noyuvre, petite riviere, entre en Marne prés Poigny.

Trezer, petite riviere de Gaſtinois paſſe à Ozoüer ſur Trezer, & entre en Marne.

Aronde paſſe à Gournay, dit ſur Aronde, au pays de Vallois, & à deux lieuës de-là, entre en la riviere de Marne.

Yonne vient du pays de Nivernois, à trois lieuës de Clemeſſy, qui eſt à dix lieuës d'Auxerre, paſſe audit Auxerre, à Sens, Pont ſur-Yonne, & de-là à Montereau, dit Faut-Yonne, ou Bourg-d'Yonne, auquel lieu tombe en Seine.

Entre Villeneuve & Sens, il y a une fontaine, dite Vernon, qui fait moudre un moulin, & à un quart de lieuë de là ſe perd en terre.

Serve, petit fleuve, paſſe à Mery, dit ſur Serve, entre dans Pont ſur-Yonne, au pays de l'Auxerrois, & ſe perd en ladite riviere d'Yonne.

Queurre en l'Auxerrois, paſſe à Buſſi, Arſi, & Luſſi, dits ſur Queurre, entre en Yonne.

Sye riviere, paſſe à Saint Aubin, dit ſur Sye, tombe en la mer, à Perteville prés Dieppe.

Yve, petit fleuve de Normandie, portant petit batteau, diviſe le pays de Beſſin d'avec la Comté d'Auge, vient d'auprés S. Pierre ſur Yve: paſſe par deſſous Troüart, Bures & Varaville, & de-là ſe rend à Gallenelles: puis deſcend à S. Sauveur d'Yve: & ſe rend en la mer Oceane.

Loyre, dite des Anciens *Ligeris*, vient des endroits montagneux de Montpeſat prés le Puy en Velay, paſſe par le Pays de Bourbonnois, Cohargues, S. Briſe, Sully, Beaulieu, Chaſtillon, S. Firmin: ſe rend à Nevers, à la Charité, Gyen, Orleans, Blois, Tours, Saumur, au Pont de Sey, & à une lieuë d'Angers: puis à Nantes, au deſſous de laquelle tombe en la Mer de Bretagne, à Lavau prés de Croiſil: auquel lieu perd son nom, parce que la mer regorgeant jusques au dessous de Nantes, n'est point si forte qu'audit Lavau : aucuns disent qu'elle entre à Saint Nazard, où Brutus édifia Croisil.

Loyret, ou Leret, petit fleuve de la Solomne, vient d'un lieu appellé la source, prés d'Olyvet, passe à saint Mesmyn, & au dessus se rend en Loyre : n'a de cours qu'environ deux lieuës.

La Maymer en Solongne, prés Oliver, est un lieu d'eau arrestée, où se rendent plusieurs ruisseaux : & là se perdent & amortissent comme en abysme.

La Connye, Palud en la Beausse, different de la riviere, en ce que l'espace de sept ans ou environ, il ne s'apparoit aucunement ; & aux endroits de son siege & arrest, demeurent quelques abysmes. Le reste sont belles prairies. Puis autres sept ans ensuivant est veuë couvrir environ vingt-cinq lieuës de pays. Tout lequel temps, l'on dit estre presage de cherté, n'a origine que dessous terre par abysmes, passe au dessous d'Arthenay, & se divise en deux bras : l'un desquels se rend à Vorise, l'autre à Ormoy prés saint Sebastien de Baignolet, lesquels deux bras s'assemblent à Chasteaudun, & audit lieu tombent dans la riviere de Loire.

Sysse, ou Scisse, ancien fleuve, vient d'eau dessus de Vauvray & Vernueil, au dessus de Tours, passe à Nazelles, & vient tomber en Loire au Pont de Chouzy, trois lieuës au dessous de Blois. Cette riviere est étroite, mais profonde, & porte des batteaux étroits & longs, qui se conduisent à rames & voiles.

Gartampe vient du pays de Limosin, prés la montagne du Dorat, suit le haut pays du Poictou, puis entre en Loire, & porte petits batteaux.

La Tardoüere vient du pays d'Auvergne, passe à Tarillac, à la Roche-Foucault, entre dans la Gratampe, & de-là en Loire.

Vienne vient des montagnes de Limosin par Limoges, Consollant, Availles, Chastelleraut & Chinon. Auquel lieu perd son nom, & tombe en Loire, & saint Martin de Cande, & au dessous de Saumur porte de gros batteaux.

Le Cleint vient des montagnes de Limosin, passe par Lusignan, Vivonne & Poictiers, puis tombe en Vienne, porte batteaux.

Clery, petite riviere de Berry, ainsi dite pour la clarté de son eau, passe par Chastillon en Berry, & à deux lieuës de-là fait separation de ladite Duché avec le Comté de Touraine, entre en Loyre.

La Creuse, vient d'auprés la Vaul franche au haut Berry, passe par Champiers, Maillezais, & Clugnas; se joint avec un autre petit fleuve, dit Creusault, à une lieuë de Courton, passe par Argenton & Aublanc en Berry, tombe au port de Pile, & à un quart de lieuë de-là s'assemble avec la Vienne, à la Haye en Touraine, puis chet en Loyre.

Croute, petit ruisseau de Berry, passe par une ferme nommée le Fau, à trois lieuës d'Argenton, & là separe le Berry du Limosin & haut Poictou, entre en la Creuse.

Le Blou, petit ruisseau, vient d'auprés de Pernat en Berry, passe par Saint Suivrain & Preslat, entre en la Creuse.

Bouzine, fleuve portant petit batteau, vient d'auprés Cuyz-dessous, passe par Chabenay, & au Pont Chrétien, entre en la Creuse.

Sœvre Saint Laurent, fleuve de Poictou, vient d'audessous de Saint Amand, passe à Malelievre,

Maulyon, Montagu, & se rend en Loyre, au droit de Nantes, sous le Pont Rousseau. Ce fleuve ne porte batteau, que quand la marine y est environ une lieuë au dessus de Nantes, parce qu'il est garni de force roches par dedans, & des montagnes à l'entour, & se déborde souvent, sert à plusieurs moulins au pays de Poictou.

Aure commence sur Vernueil au Perche, divise audit Vernueil le Perche-goüet d'avec la Normandie, passe à Nogent le Rotrou, entre en Loyre.

Mayne, ou Mayenne, qui donne le nom au pays du Mayne, vient des montagnes d'Alençon, passe par Mayenne la Juhest, Sablay, Laval, Angers; puis se rend en Loire, au village dit Bouchemaine, fait la separation de la Comté du Mans avec la Comté de Normandie; ne porte batteau qu'auprés de Laval.

Sarre vient d'auprés de Moulins en la Marche de Normandie, demi-lieuë au dessus de ladite Marche, & trois lieuës au de là de Mortagne au Perche; fait separation du pays de Perche avec ladite Normandie, passe par le Mesle, descend dans les fossez d'Alençon prés la muraille, & à une lieuë de là prés la ville du Mans, tombe en la riviere du Mayne, environ deux lieuës au dessus d'Angers.

Alier vient des montages de Forest, passe par Roane & Varenne, dits sur Alier; puis à Molins, Colandon, saint Leopardon, Aveurdre; & à demie lieuë de Nevers entre en Loire, au lieu dit le bec d'Alier.

Siole, petite & large riviere areneuse, & pour ce ne porte batteaux, vient des endroits de Lymousin & Combraille: passe prés d'Esbreusle, au Port de Senzac, à Escole saint Porchin: & une

L v

lieuë au deffous fe jette dans Alier; au lieu dit la Chaize.

Le Loire riviere du Perche & de Beauffe, vient de la Foreft de Champrond, paffe par Illiers en ladite Beauffe; Bonneval, prés de Chafteaudun & de Vendofme : de-là au Lude, à Malicorne, où il porte batteaux, & defcend en la riviere des Aftres.

Saftre vient d'auprés des montagnes d'Alençon, paffe prés de Vendofme, Lavardin, le Mans, & à Bonne-Eftable, fe retire en Loire au port d'Epinay : ne porte batteaux qu'à Bonne-Eftable.

Huygne vient des montagnes de Mortagne au Perche, defcend à Remaillard, Nogent le Rotrou, la Ferté-Benard, & à demie lieuë prés du Mans tombe en Saftre; & ne porte batteaux.

Mefme riviere du Perche, vient d'une fontaine de la Foreft de Beléfme, pafse en la Calabriere, vient à Bonnay, à Villiers, & à la prairie de Courbes, s'afsemble avec une autre petite riviere dangereufe, paffant par S. Germain de la Couldre : chet dans Huygne, entre l'Abbaye de la Palifse & de la Ferté-Benard. C'eft ce fleuve dont on dit au Maine que les bourgeois de ce pays boivent de bon vin, & leurs ferviteurs de mefme.

Nerine petite riviére du Perche : pafse par le guet de la Chaulfe, entre en la mefme.

Inde, ou Lindre, vient d'auprés faint Severre en Berry : pafse par Ardente, Chaftillon fur Indre, Chafteauroux, Chambon, Buzançaiz : & tombe en Loire, au defsus de Saumur.

La Coüard, petit fleuve, vient d'au-defsous de Crevant : pafse par la Chaftre : entre en Indre au Mouftier Porret.

L'Aultier vient d'entre la Lande, & les côteaux : passe au Pont de Sorgues & au Pont de Cé, qui est une lieuë au dessus d'Angers, entre en Loire : & ne porte batteau.

Yevre, prés de Bourges, passe à Neuvy, dit sur Yevre : entre en Loire.

Berenion vient de cinq lieuës au deça de Bourges : passe à Neuvy, dit sur Berenion : entre en Loire.

Laullier, petit fleuve, vient d'entre Germigy & Verolz en Berry : passe par Partinge, & S. Germain : entre en Loire.

Occre, vient d'auprés le Cernoy en Berry : passe par Aulny, S. Brisson, S. Martin sur Occre : entre en Loire prés Gien.

Barillon, petite riviere du Comté de Blois, passe par Ville-neuve, dit sur Barillon, entre en Loire.

Croutte, petit fleuve de Berry, passe à Argenton, entré en Loire.

Maite, passe par Beauvois en Poictou, entre en Loire.

Yve, ou Dyve, vient des montagnes du haut Poictou, prés Partenay : passe prés de Thoüars, au pas du Joug : entre en Loire prés de Nantes.

Le Choüer, vient des hautes montagnes de Poictou : passe sous le Pont Payant, par Partenay, entre en Loire.

Toüay, vient des montagnes du haut Poictou, au dessus de Secondigny : passe par le Talont : Azais, & Partenay, vient à Joug, S. Loup, Hervaut, Toüars, au Pont Oyson, au Port saint Just, à Montereul Besloy : & là descend en la riviere de Loire, au dessous de Saumur.

La Vive, fleuve ainsi dit, par la clarté de son eau, commence prés de Mirebeaux : passe dans

Moncontour en trois endroits : à S. Jouyn, Toüars, auquel lieu se rend en la riviere de Toüay : ne porte batteaux ne poisson, sinon des écrevisses.

Le Cousson, riviere de Solongne, vient d'auprés de Gyen, passe prés la maison rouge, au Guay regard, au dessus d'Alouse, par la Ferté Nobert, Ligny, la Ferté Hubert, dite aux oignons, Chambord : & entre en Loire au dessous & joignant Blois : ne porte batteaux ; mais fait moudre plusieurs moulins.

La Canle, autre ruisseau de Solongne qui se trouve au dessous des moulins de Maulefrou : entre Sourdon & Gay regnard : descend des Etangs & fontaines qui sont entre le Cousson & Beuveron : passe entre la Ferté & Chaulmont, à Manestreau & Votizon. Entre en la riviere de Cousson au dessous de Ligny : & n'a que trois lieuës de course, dangereuse pour les avives des chevaux. Elle est large comme une mer en Hyver, & l'Eté se passe à guay ; ne sert à moulins ne batteaux.

Le Beuveron prend sa naissance à Sourdon, village de la haute Solongne : passe par la Motte Beuveron, Chassenay, Moulin-neuf, Antioche, Chasteau-vieux, Villeneuve, Brassieux, lez Montes, lez Blois : entre la riviere de Loire au dessus dudit Blois : ne sert qu'à moulins & prairies.

Taronne, autre riviere de Solongne, dite ainsi pource que souvent elle tarit, vient d'entre les Etangs qui sont au dessous de Chaumont, descend par l'Etang de la Motte en l'Etang de Villeconte, & en l'Etang du gué Malon : puis de-là aprés Migdunum en Solongne, entre dans le Beuveron.

DE FRANCE.

Le Negent, ruisseau de Solongne, procedant de l'Etang de Malevaut, prés de la Paroisse de Noan le Fuzelier, descend à l'Etang de Calaisse, & de-là prés Vernoil, par Maigues, prés le Château fait moudre un moulin, dit Champ-bourreau, depuis la saint Michel, jusques à Pâques seulement, passe par plusieurs Etangs, & entre Ville-neuve & ledit Vernoil ; entre dans le Beuveron ainsi dit, pour ce que l'Esté il devient à rien, & se boit en terre.

La grande Sauldre, riviere de la haute Solongne, passe par Clermont, Brinon, Pierre-frite, S. Genoul, Sallebriz, Romorentin, les longs des pruniers, au Port de Sauldre, entre dans le Cher cy-aprés décrit, porte bonnes truites.

La petite Sauldre vient des égouts des Etangs qui sont au dessous de Soesmes, passe par ledit de Soesmes, entre dans la grande Sauldre, ne dure que deux lieuës ou environ.

Neerre, petit fleuve de Solongne, vient d'une lieuë au dessus d'Aubigny, passe par dedans ledit Aubigny ; est bonne pour les drapperies & tanneries, au dessous de Clermont, entre dans la grande Sauldre, porte bonnes écrevisses.

Rese, vient d'auprés de Precy le chetif, au pays de Berry, passe par Nançay, Aldeloup, ville Server, entre à Romorentin, & là se conjoint avec la Sauldre, porte batteaux.

Fouson, vient d'au-dessous de Vatan en Berry, passe à Crassay, Dun le Poillier, sainte Cecile, Ferpec, Premery, entre en la Sauldre.

Mahon, vient d'au-dessous de Creux en Berry, passe par Sellés, dit sur Mahon, Vif sur Mahon, Menest sur Mahon, Forpec, entre dans Fouson, au dessous dudit Forpec.

Mouton, vient d'auprés de Luçay en Berry,

passe à Moyers, entre en Sauldre.

Le Cher vient d'au-de-là des montagnes de Berry, passe par Château-vieux, Argentieres, Orvailles, Château-neuf, Vierzon, au Pont de Sauldre, là où il entre dans Loire, ladite Sauldre prés saint Aignan, faisant en ce lieu separation dudit Berry d'avec le pays de Touraine: depuis lequel endroit, environ neuf lieuës, porte batteaux jusques au dessus d'Amboise. Impetueuse & dangereuse riviere, & au déborder plus facheuse que Loire ; car elle change de cours plus souvent, & est grandement forte à tenir, & court si fort que le cheval n'y peut endurer. Porte saulmons, alozes, lamproyes, & autres poissons excellens, & son sable est de craye blanche.

Magieuvre, vient d'au-dessus de Fontenay, passe par Neuve Eglise, entre au Cher prés de Vaulx.

Oeul vient d'au-dessus de Montagut en Combrailles, passe par Colombiers, Savigny le Cómte, Cosme le Breton : & au dessous de Meaume entre dans le Cher, & porte batteaux.

Arnou, fleuve portant batteaux, vient d'auprés le Châteaumeillan : passe par S. Hilaire, Liguieres, S. Ambroise, Charroux, S. Georges, le Pont de Sou, entre au Cher au dessous de Vierzon.

Ther, petit fleuve, vient de deux sources, l'une au dessous de la Planche, l'autre au gué d'Amour : lesquels rameaux se joignans à Issoudun, & à quelque espace de là, entrent en Arnon, puis au Cher.

Aure, vulgairement appellé Eure, vient de dessous saint Solanges, passe à saint Germain, entre à Bourges du côté de saint Privé, où se

DE FRANCE.

joint avec Molins, & là reçoit plusieurs autres fleuves, se retirant à Tivay, Foicy, & Vierzon, auquel lieu entre dans le Cher.

Molon, petite riviere, vient d'auprés d'Acheres, au dessus de Quantelly, passe contre Moret, entre en Aure, Poictiers, du côté de saint Privé, tendant à saint Sulpice.

Auron vient d'au-dessous de Vvaligny, passe au Pont de Chargis, où il reçoit un ruisseau venant d'auprés de Chalancey, puis au Pont Dudes, à saint Denys de Palin, à Guiardin, & de-là à Bourges : entre dans Autre ou Eure, & fait des marests vers le Château de la ville.

Arette vient d'auprés de Charly en Berry, passe à Soubize, Crosses, Savigny, Ormoy : traverse au milieu de Bourges, de-là entre en Eure.

Colin, petit fleuve, vient des montagnes d'Auvergne, passe par Maubranches, & prés de Moulins entre en Aurette à l'entrée de Bourges.

Le Rif de l'Istre, passe prés de Louzoux, un bras duquel entrant en Beauregard, & Louzoux fait l'Etang, dit de la Roziere.

La Beure, ou Syvre vient de Surette, petit bourg de Poictou, dont elle prend le nom ; c'est à douze lieuës de Poictiers, passe à Niort, Sevriaux, Coulombs, Port-Marant, entre en la mer à six lieuës de la Rochelle.

La Charente vient d'un bourg, dit Charenton, dont elle prend le nom auprés du Port de Bueillac, entre en la Hochebron, & Ville-franche de Roargues : passe à Sivry, Verneüil, Maule, Montigny dit sur Charente, au pied d'Angoulesme, à Coignac, à Soubise, & là tombe en la mer.

La Boutonne, dite anciennement Voutonne, petite riviere naist d'une fontaine qui est à Chevotonne en Poictou : sous un Château au haut dudit village : passe au Tisay, saint Jean d'Angely, & là porte batteaux : puis se rend à Taulcaisne Voutonne, & de-là à Toulnay dite sur Charente, auquel lieu entre dans la Charente.

La Belle, petite riviere du haut Poictou, vient d'auprés de Messe, passe à Nôtre-Dame de Selle, & de-là entre en Boutonne.

La Brune, autre petite riviere du mesme pays, vient de Paiset le Tort, passe à Chezais & à Salignay, s'assemble avec la Belle, & tombe en la Boutonne.

La Touve, ou Touvre, vient de Touvres, ou bord de Touve, village une demie lieuë d'Angoulesme, passe à Maine, Guisneau, Argente, Villeman, prés d'Angoulesme : & une autre demie lieuë de-là au Pont au Gond s'assemble avec la Charente. Cette riviere ne dure qu'une lieuë : nourrit truites, cygnes, & forces oyseaux de riviere.

Gironde, ou Girande, ou Garonne vient des montagnes de Comminges, prés Arragon : passe à saint Bertrand, Tholose, Agen, Marmande, la Riole, Bordeaux : à quatorze lieuës au dessus duquel entre en la mer vers le Château de Talmont. Et pource que la mer Oceane repousse ledit fleuve, depuis là jusqu'à la Riole, quand veut ledit fleuve entrer dans icelle, à cette cause on l'appelle Gironde, ou Girande, ou Girand, en cet endroit.

Dordonne vient du mont d'Or en Auvergne, passe par le Limosin, à Cahors, Arbat, Bergerat, sainte Foy, Grand-Pont, Châtillon, Moisside, & là tombe en Garonne, trois lieuës au dessous de Bourdeaux.

La Dorne, fleuve de Perigord, vient des mon-

DE FRANCE.

tagnes dudit pays : paſſe par Piquoultraz, ſaint Anlaye, Parquouſt, & ſe rend en Dordonne.

Le Tar, ou Tarn, vient des montagnes de Givodan, au deſſus de Millaudi, paſſe par Alby, Gaillac, Uzaiz, Aged, à la pointe de Mulſac, entre en Garonne.

Baiſe, vient des montagnes de Gaſcogne: paſſe par le Condommois, à Montrabeaux, prés d'Eurans : ſe rend à Nerac dans la Garonne.

Le Drot, petite riviere d'Agenois, vient des montagnes de Gaſcogne : paſſe par le Mans, dit ſur Drot, & Salvetad de Caulmont, entre en Garonne.

Lot, vient des montagnes de Givodan, paſſe à Clerac, Villeneuve d'Agenois, contre la ville de Cahors, ſous trois Ponts nommez le Pont de Valendre, le Pont Nouveau, & le Pont Vieil, tombe dans la Garonne.

Le Dou, ou Ladour, vient des montagnes de Bigorre prés d'Arragon, paſſe à Tarbes, Montdroguet, Aire, ſaint Sere, Aſt, & tombe en la mer Oceane à Bayonne.

Genebiernes, vient des montagnes de Biart prés d'Arragon : paſſe à Bourde, l'Eſcart, Ortes : tombe en Ladour, à Bayonne.

Genearts, vient des montagnes du Sault prés Arragon : paſſe à Loron, Navarins, Sanneterre, & tombe en Ladour à Bayonne.

Nybe, vient des montagnes de Ronceaux en Comminges : tombe en Ladour à Bayonne, & s'étend parmi la cité.

Ore, ou Aure, petite riviere du Limoſin, vient des montagnes de Comminges, & paſſe par le Val appellé d'Ore ; l'on dit qu'en ce fleuve l'on peſche l'or : tombe en Ladour.

Le grand Lay commence dans les montagnes

du Sault à S. Paul : passe par Moulchain, sainte Cecile, aux Roches Baritault, à saint Hilaire le Vouyz, au pays Maufrais, à l'Abbaye de Trezay, aux Moustiers, & là se rend à Marœil : & de-là au Pont de la Claye, Curzon, & saint Benoist, où il entre en la mer Mediterranée : porte navires & batteaux, depuis Maufraiz jusques à la mer.

Le petit Lay, vient devers Bourguezeaux, au bas Poictou prés de Chauteaunay, & passe par l'Espineau : se rend dans le grand Lay, au dessous de Marœil, au bas Poictou : ne dure que deux lieuës ou environ, & ne porte batteau que vers ledit Marœil.

Le plus petit Lay commence au dessus de Coulongnes : passe à saint Michel le Cloud, Fontenay le Comte, à Uzaix, où elle prend batteau : auquel lieu a esté fait un Pont pour faire retomber la mer : se rend à la Rochelle dans l'Ocean.

La Semaigne, petite riviere ne portant batteaux, commence à saint Martin Lars, passe à la Chappelle Temer, à Thiray, à sainte Ermyme, Chalignay, Mainclers, à Marœil, auquel lieu se rend dans le grand Lay. Ainsi les trois fleuves susdits assemblez à Marœil, font dans la ville comme un grand lac, sur lequel on prend force oyseaux de mer, comme courliz, beccasses, hairons, butors, poüacres, & autres.

Les Fleuves qui se rendent en la Mer Mediterranée.

AUde, vient des montagnes du Sault, prés de Catalogne, passe à Limours, à Cerz, Carcassonne, Narbonne : & prés de-là tombe en la Mer de Midy.

DE FRANCE.

Le Lez, dit *Lenus*, vient d'une roche à cinq lieuës de Montpellier, descend à Monsermet, puis au Pont Juvenal, à côté dudit Montpellier: & de-là tombe en la mer prés de Maugue, ne porte aucun batteau.

Crault, vient d'une des montagnes de Givodan, nommée Augueval, descend à Vallerauge, Ganges, la Rocque, saint Basile, saint Guillain, Agde: & de-là tombe en la mer, porte batteaux prés Agde.

Le Var, ainsi dit, pour la varieté de son cours, separe la Provence d'avec le Piedmont: vient du col de Taroude, prés de l'Argentiere, passe par la Rochelle, se rend en la mer Mediterranée, au Port d'Antibe.

Le Rhosne vient du pied du mont Godard, duquel mesme endroit sort le Tesin, qui se rend en Piedmont, à Verseil & ailleurs: & le Rhein, qui se rend aux hautes Allemagnes, en plusieurs endroits, passe à Lozanne, où il se fortifie dans le Lac, qui dure environ six lieuës de long, & une demie de large: au commencement duquel Lac, est assise la ville de Lozanne, & à son extremité la ville de Geneve : qui fait que ce Lac porte indifferemment le surnom des deux villes. Ce fleuve depuis Geneve, fait le depart des pays de Bresse & Dauphiné, puis se retire à Lyon, à Valence, & en Avignon, & sous le Pont du saint Esprit, auquel lieu détermine le Languedoc de la Provence, se rend en Beaucaire & Tarascon, puis à Arles : auquel lieu se divise en deux branches, l'une desquelles se retire en Languedoc, à Aiguesmortes: & l'autre à trois lieuës de-là va aux trois Maires, où il entre dans la mer.

Legiere, fleuve rapide, vient d'au-dessus de

Grenoble : paſſe par Romans, entre dans le Rhoſne.

Argent, ſepare la Provence d'avec le Comté de Veniſe, entre dans le Rhoſne.

La Droſme, fleuve violent, né faiſant que mal au pays du Dauphiné, vient d'un gouffre de Lac, qui ſe trouve entre quatre montagnes, au pays de Treves : paſſe prés de Moneſtier du Liperche, où quelquefois il noye pluſieurs villages, vient à Châtillon : & là autour de Mantelan, entre en une autre rivieré qui vient du col de Ligneres, retenant toûjours ladite Droſme ſon premier nom : puis vient à Dye, Pontenet, à Putais, à côté d'Oreb, à Saillen hors la ville, à côté d'Oſtie, à Cert, à Meſeurre, à Levron, au bas de la ville : entre au Rhoſne un quart de lieuë de-là.

Vidourle, vient d'une fontaine prés la ville de Saulme en Languedoc, entre Niſmes & Lunel : deſcend à Sommieres, Meſſyllargues : entre au Rhoſne prés d'Aiguesmortes : ne porte batteau.

Le Gardon d'Alais, vient des Sevenes, haut pays de Languedoc, deſcend à Alais prés d'Uzail, paſſe au Pont du Gard : ſe rend à Baignols, à Fournais, à Haramond ſous Avignon, & de-là au Rhoſne : ne porte batteau.

Le Gardon d'Anduze, vient du meſme endroit que deſſus : paſſe à ſaint Jean de Gardemaigne, puis à Anduze : & prés la ville d'Uzaiz entre au Gardon d'Alais.

Iſere, ou Liſere, vient du mont Senis, ou de la Tarantaiſe : commence à Conſollant en Savoye : entre en Dauphiné, à Montmelian, & là porte batteau : paſſe par Grenoble & Romans : & trois lieuës au de-là, tombe dans le Rhoſne, au Port de la Roche de Clein.

La Durance, anciennement dite, *Druentia*, fleuve rapide en Provence, part du mont de Geneve de deux fontaines : l'une desquelles fait le petit fleuve de Turin, appellé Doüere : l'autre fait la Durance, laquelle incontinent passe à Guillestre, & prés d'Ambrun en Dauphiné, puis à Savine, Vauxerre, Tallart, & Cisteron, sous une arche trés-belle : auquel lieu, sort du Dauphiné, puis va au port de Sorgue, à Malestre, Cavaillon, en Avignon, & à une lieuë de là entre au Rhosne. Ce fleuve ne porte bateaux, pource qu'il est trop violent ; mais bien porte force reseaux de merryen, que les Anciens nommoient *Rates*, duquel merryen l'on fait de bonnes galeres : & se prend à Biscodon, Abbaye prés d'Ambrun en Dauphiné, & arrive ledit bois à Marseille par le Rhosne.

Le Drac, fleuve violent & rapide, parquóy ne porte batteaux : vient de Champollieu, village au Comté de Sampsur, passe par Montosier en Dauphiné, Chabottes, saint Bonnet, le Sault du Loup, au dessous des traverses du Corp: & de-là traverse prés de la Motte : auquel lieu il engendre les bains chauds, puis se rend à Claiz, Sessins, prés de Grenoble : entre en l'Isere, au dessous de la Baronnie de Sessenaigue.

Romanche, petite riviere, vient du bourg d'Oysans : perd son nom prés de Grenoble, & là il entre dans le Drac.

Severesse, torrent dangereux, vient de la vallée de Gaudemar, où le Soleil n'entre jamais : se perd à Andrac, environ un quart de lieuë au dessous d'Aspres, au Pont dit de Severesse.

Le Lard, ou Gar, riviere du Dauphiné, passe

au Pont Beauvoisin, auquel lieu fait separation dudit Dauphiné & Savoye: puis se rend au Pont dit du Lard, qui est un des plus beaux & excellens de France, parce qu'il a trois arches l'une sur l'autre, entre dans le Rhosne.

La Sorgue, sort d'une fontaine à Vauclusé en Provence, au Comté de Venise, où souloit Philosopher le Petrarque, Poëte Italien: laquelle sitost qu'elle est sortie, porte batteau, & passe par l'Isle de Venise, & vient descendre dans le Rhosne, au Port de la Taille, à une lieuë d'Avignon.

Arq, petite riviere & torrent dangereux, vient des montagnes de Provence: passe par Aix, & fait moudre plusieurs moulins, puis se retire au Matorgue, qui est comme un débordement de la mer Mediterranée, aux Cabannes de Borre à quatre lieuës de Marseille, ayant plusieurs villes à l'entour de soy, comme Borre, S. Chamaz, où se charge le bled de Provence pour porter en Barbarie: L'Isle de Martogue, où sont les fossez par où entre l'eau de la mer dans ledit Martogue Morignave, habitation du Comté de Provence, & autres. L'on dit que c'est *Fussa Mariana*: & que Marius fit rompre la roche en cet endroit pour faire un Arsenal, ainsi que les fossez d'Aiguesmortes.

La Saulne vient du Lisieu, sur les marches de Lorraine: passe prés de Dijon, Ausonne, Verdun, Mascon: puis de-là se rend à Lyon dans le Rhosne: fait depuis Lorraine jusques audit Lyon, le depart de la Duché de Bourgongne.

La Seigle vient des montagnes de S. Claude, passe à Launay, se rend entre Tornus & Mascon dans la Saone, au Pont appellé Trucherie, porte batteau jusques à Lyon, fait le depart de la basse Bresse, d'avec le Comté de Bourgongne.

La Grosne, fleuve rapide du Pays de Forest, part d'auprés S. Jean Gaule Royale, des montagnes de Charolois, passe par la Ferté sur Grosne, porte batteau, se rend dans la Saone entre Chaalons & Tournus, se déborde souvent parmi les champs, & s'épand par les grands chemins.

Vesle, petite riviere, vient des montagnes de Savoye, se rend prés de Mascon dans la Saone.

Le Doux petit fleuve, vient d'auprés Montbelial en Suisse, passe par Besançon & Dole, se rend prés Andonne en la Saone, auquel lieu elle perd son nom : & avec ladite Saone passe à Verdun, Severe, saint Jean de Laune, Chaalons, Torne & Mascon, & de-là vient à Lyon. Environ l'an mil cinq cens trente, fut rompuë une montagne par les Allemans, par laquelle le Doux entre au pays de Bourgongne, qui depuis ce temps cause inondation de la Saone.

FIN.

DESCRIPTION

des chemins plus frequentez par le Royaume de France, commençans par la ville de Paris, & tendans au Duché de Bretagne.

Pour aller de Paris en Bretagne, nous tiendrons le chemin de Vitry par Alençon.

De Paris à Alençon.

Noſtre-Dame de Boulogne l. 1. d
Le Pont ſaint Cloud b l. d
Vaucreſſon l. 1
Val de Galie.
Ville-preux * l. 3
Neauffle le Chaſtel b l. 2
S. Aubin
La Queuë l. 1. d
Houdan V. ch. † l. 1. d
Gouſſainville l. 1. d
Marolles l. d
La Meſangere l. d
Ceriſi l. d
Riviere d'Eure.
Dreux V. ch. * l. 1
Loings l. 4
Breſoles * l. 1
La Ferté au Vidame l. 2
S. Mauris l. 2
Forges à fer.

Les

DE FRANCE.

Les trois cheminées	l. 2	Le Mesle-sur-Sarte	l. 1
La Tarme, montagne	l. 1	Pons-Froment	l. 1
Touroude	l. 1	Le Mesniberoul	l. 1
Mortaigne sur montagne	l. 1	Passe un Pont.	l. 1
		Le jeu de Paume	l. 2
S. Aubin	l. 1	Alençon V. ch.	l. 1
Pont Montisambert	l. 1	Lieuës	38

D'Alençon à Vitray, premiere ville de Bretagne, où elle se joint au pays du Mayne.

Pont S. Denys	l. 2	S. George	l. 2
La lasselle	l. 1	Vautortu	l. 2
Prez	l. 1	Hervec	l. 1
S. Cir	l. 1	Javigray	l. 2
Javion †	l. 2	La Croisille	l. 2
Le Ribray	l. 2	Vitray V. ch.	l. 1
Mayence la Juseft	l. 4	Lieuës	28

De Paris à Rennes, ville principale du Duché de Bretagne, Evesché, Siege de la Cour de Parlement d'icelle Province.

Il faut tenir le chemin d'Alençon & Vitray cy-dessus par Dreux, la Ferté au Vidame jusques à Hervec, où nous avons compté environ lieuës 37.

Fougeres	l. 2
S. Aubin de Cormier l. 2	
Loffrey †	l. 1
Rênes v. ch.	l. 1
lieuës	43

De Renes à Guingand, ville principale de l'Evesché de Treguier.

La barre Becherel †	l. 5	Lamballe †	l. 3
		S. Brieu V. E.	l. 4
Dinan foire †	l. 5	Chastelandran †	l. 3
Jugon	l. 3		

Là se change le langage.

Guinguand V. E. †	l. 4	De Guinguand à Lan-	
	lieües 27	triguier	l. 3

De Guingand à Morlaye Port de mer, commode aux Anglois.

Guinguand		Morlaye V.	l. 2
Belisle b †	l. 4		lieües 9
Pantoul b	l. 3		

De Renes à saint Malo, forte place de Bretagne sur la mer.

Faut tenir le chemin de Guinguand cy-dessus jusques à Danian † l. 10	Chasteau-neuf l. 3
	S. Malo † l. 2
	lieües 15

De Renes à Vitray, tirant au Mayne.

Pont sur Villaine		Chasteaubourg	l. 2
Cesson	l. 1	S. Jean sur Villaine	l. 1
Noya sur Villaine	l. 1	Vitray	l. 2
Passe le Pont.			lieües 7

De Renes à Angers.

S. Estiers, Faux-bourg de Renes.
Verts l. 1. d
Saint Arnoul des boisseaux l. 1
Les trois Maries l. 1
Roraylandes † l. 3. d
Chasteau Biant v. ch. l. 2. d
Saint Julian de Voventes † l. 3
La Chapelle blanche l. 1
Le Levroux † l. 3
La touche aux asnes l. 4
Angers v. ch. E. universf. l. 3
Pays plein de bois & landes.
lieuës 23. d

D'Angers à Nantes, ville principale de Bretagne, Evesché, habitation des anciens Ducs.

Le petit Paris l. 2
Chastaulay l. 2
Ingrande † l. 1
Ancenis v. ch. l. 4
Oudon † l. 2
Maule en Roches l. 2
Tossay l. 1
Nantes v. ch. E. l. 1
lieuës 15

De Nantes à Vennes, Evesché.

Le Temple † l. 4
Savenay † l. 4
La Roche Bernard port l. 2
Murillac l. 3
Le Bourdon, maison des anciens Ducs l. 1. d
Vannes v. E. l. 1
lieuës 15. d

De Nantes à Brest grand port, le meilleur de Bretagne.

La Pasque Laye	l. 3	Le Perret b †	l. 3
Bogaric †	l. 4	Roestreman	l. 2
Roset Laudes	l. 2	Rerchais †	l. 4
Redon v. †	l. 3	La Fueillée †	l. 4
Se Pont Corbin	l. 2	Landernean port †	
Malestroit v. †	l. 3		l. 5
Josselin v. †	l. 5	Brest ch.	l. 2
Moyal v.	l. 3		lieuës 46
Pontigny	l. 1		

De Nantes à Saint Paul.

Faut suivre le chemin de Brest cy dessus jusques à Rerchais, où nous comptons environ l. 34
S. Paul environ l. 8
lieuës 42

De Nantes à Quimpercorantin en Cornoüaille par Vannes.

De Nantes à Vannes par le chemin ci-dessus.	l. 15	Pont secort V.	l. 3
		Quimperlay V. †	l. 2
		Rosseperdan b.	l. 4
Ancray port †	l. 4	Quimpercorantin V. ch. †	l. 4
Hannebont b. port †	l. 6		lieuës 28

Chemin du Duché de Normandie.
De Paris à Caën Université.

Le chemin d'Alençon ci-dessus jusques à
Dreux l. 16
Escorpain b. l. 2

DE FRANCE.

S. Lubin   l. 1   l. 1
Verneuil V. ch. †   l. 2   S. Germain de Vic-
Les Barix maison   l. 2   ques   l. 2
L'Aigle V. ch. †   l. 3   Jorob pont sur Yve †
Maubuisson   l. 2   l. 1
Eschaufourb ch. †   l. 2   S. Laurent du vaut des
Les Forges †   l. 2   Dunes   l. 4
Hiesme V. ch. †   l. 2   Caën V. ch. univers.
Trun b.   l. 1   l. 3
La Chappelle Souquet   lieues 46

De Caën à Coutances.

Juvigny pont †   l. 4   S. Benoist des Ombres
Cormelin b. †   l. 4   l. 1
Saint Lo V. ch. fort †   Le parc de Coutances
   l. 4   l. 1
S. Gilles en Constan-   Coutances †   l. 1. d
   tin   l. 1   lieues 16. d

De Caën à Cherbourg port de mer,
commode aux Anglois.

La croix de Quaran-   Querentan v. ch.   l. 2
   tonne   l. 3   Les ponts d'Overfo-
S. Legier   l. 2   terefle.
Bayeux v. E. †   l. 2   Saint Cosme du mont
Chessansoux   l. 2   l. 2
Trevieres   l. 2   Montebourg   l. 3
b' Assigny, ou Assigny   Valoignes †   l. 1, d
   l. 2. d   Nôtre-Dame Brix.   l. 1
   Passe le petit Vay bras   Cherbourg   l. 2
de mer.   lieues 24

M iij

CHEMINS

De Caën à Honfleur Port de mer à l'embouchure de la rivière de Seine.

Colombelles	l. 2	S. Martin	l. 2
Ranville	l. 1	Touque	l. 1
Salenelles	l. 1	Honflu	l. 3
S. Sauveur de Dive †			
l. 2			lieuës 12

De Paris à Falaise.

Faut suivre le chemin de Paris à Caën cy dessus, par Dreux jusques à Hiesme où nous avons compté environ l. 34
Chambuy b. ch. l. 2
Trun à l'orge l. 2
Les Ponts d'Aulnoy l. 1. d
Crecy l. 1
Falaise l. 2
lieuës 42. d

De Falaise à Vire.

Martigny	l. 2	Chamdosle	l. 2 d
le Pont Doüillay b		Vire ch.	l. 1. d
le Pont Escoulant †			lieuës 9
l. 2			

De Vire à Mortain.

Par saint Clair à main gauche à la croix de la banlieuë. l. 1
Le Pont de la Rovaudiere l. 1
La croix de Venjons l. 1
Sourdeval b. l. 1
Passe le gay de la Houssaye, & va à la Tournerie ferme l. 1
Neuf-bourg passe le pont Bossart à Mortain. l. 1
lieuës 6

De Paris à Avranches Evesché.

Faut venir à Falaise cy-dessus, Marigny, & au pont Doüillay sont environ	l. 4½	Pain d'avoine b. †	l. 4
		Mylly b.	l. 3
		la Forge coquelin	l. 3
Conday b. †	l. 2	Avranches V. ch. E.	l. 3
Trinchebray	l. 3		
Le barra de Montfoltray. †	l. 4	De-là on va à saint Michel par la Greve qui dure trois lieuës.	
la Roche	l. 4		

De Paris à Seez Evesché.

Faut venir jusques à Dreux cy-dessus au chemin d'Alençon	16	Chesnebrun b.	l. 2
		Crusse	l. 2
		Aspres b.	l. 1
Longs	l. 2. d	Moulins †	l. 2
Brezols †	l. 2. d	Tillieres	l. 1
Beauche	l. 2. d	Gasprée	l. 1
Les maisons rouges	l. 1. d	Seez †	l. 2
		lieuës	36

De Paris à Roüen ville principale du Duché de Normandie, Archevesché, siege du Parlement de cette Province.

La Chappelle	l. 1	la Ville-neuve	l. 1
S. Denys v. abb.	l. 2	le bord haut de Vigny	l. 1
Espiney	l. 1		
La belle Estoille p.	l. 1	Clery	l. 2
Franconville	l. 1	Magny b. †	l. 1
Pontoise v. ch. †	l. 2	S. Gervais	l. d
Biseux	l. 1	la Chapelle	l. d

CHEMINS

Cler sur Epte	l. 1	Le bord Bauldoüin	l. 1
...iller	l. 1. d	Longboel	l. 1
...icheville	l. 1. d	Franqueville	l. 1. d
...couys b. †	l. 1. d	Le Faux	l. 1
Granville sur Fleury b. l. 1. d		Roüen v. ch. †	l. 1
Fleury sur Andelle l. 2		lieues 27	

De Roüen à Honfleur par eau qui vent.

La Boüille †	l. 5	Le Pontaudemer v. †	l. 3
Bourg-Achart	l. 2		
La Chapelle de Bretot l. 2		Honfleur	l. 5
		lieues 17	

De Roüen au Havre de Grace, port de mer, à l'embouchure de Seine.

La Fontaine	l. 3	Harfleur	l. 3
Ducler	l. 1	Havre de Grace	l. 2
Caudebec †	l. 3	lieues 18	
L'Islebonne	l. 6		

De Roüen à Dieppe, port de mer.

Le mont aux malades.		Bellemesnil	l. 2
Bondeville	l. 1	Sauqueville	l. 2
Malaunay Claire riviere.	l. 1	Saint Aubin sur Sie †	l. 1
Cambres †	l. 1	Jauval	l. d
Le Vaumartin	l. 1	Dieppe	l. d
Tostes	l. 2	lieues 13	
Les quatre vents	l. 1		

DE FRANCE.

Chemins de Picardie.

De Paris à Amiens ville principale de Picardie, Evesché par Beauvais.

La Chapelle	l. 1
S. Denys	l. 1
Pierre fricte ou fiete	l. 1
S. Prix	l. 1
Moixelles	l. 1
Préfies	l. 2
Beaumont V. †	l. 1
Passe la riviere d'Oyse.	
Pizeux	l. 2
Sainte Geneviéve	l. 2
Tillart	l. 1
Becquit	l. 1
Varluy	l. 1
Losne	l. d
Beauvais V. E. Pairie †	l. 1
Viliers sous saint Lucian à l'équipée ferme	l. 1
Rouge maison	l. 1
Rontegny	l. 1
Crevecœur †	l. 2
Catray	l. 1
Bouverne	l. 1
Par Croissy & l'Escau	l. 1
Tilloe	l. 2
Champegueulle	l. 1. d
Amiens V. E.	l. 1
lieues	3 l

Autres chemins de Paris à Amiens par Clermont.

La Chapelle	l. 1
S. Denys en France	l. 1
Pierrofiste	l. 1
Sercelles	l. d
Villiers le bel	l. d
Le mesnil	l. 1. d
Luzarche b. ch. †	l. 1
Morlaye v. ch.	l. d
Gouvieux grand étang	l. 1
Saint Leu de Serans	l. 1
Montatairie	l. 1
Russ-len v.	l. 1. d
Crambonne v.	l. 1
Clermont v. ch. †	l. 1
S. Just	l. 4
Bertueil v. abb.	l. 4
Le Quesnoy v.	l. d
Montagalay	l. 1
Flex	l. 1. d
S. Saulieu	l. 1

M v

Le Dieu de pitié l. 1. d   Amiens   l. 1
Haucourt   l. d   lieuës 29
Dory   l. 1

D'Amiens à Abbeville.

Angers b.   l. 5   lieuës 10
Abbeville   l. 5

D'Amiens à Terouanne.

Saint Ouyn v. ch.   Monstreüil †   l. 2. d
  l. 2. d   S. Michel v.   l. 1
Donqueurre †   l. 2   Nemulle   q
Yutan   l. 2   Sampy v.   l. 2
Noyelle en chausses   Humberg v.   l. d
  l. 1   Fax Renty   l. d
Pouchet   l. 2. d Foquemberg   l. 1
Domoire   l. 1. d Teroüane   l. 3
Bures le secques l. 2. d   lieuës 23...d

D'Amiens à Bologne sur la mer, Calais.

Monstreüil cy-dessus   Souquel   l. 1
  l. 16   Le pont de Brique l. 1
le bac d'Atin sur Can-   Bologne v. ch. † l. 1
  che   l. d   Marquise †   l. 3. d
Brecsen v.   l... d   Calais v. ch.   l. 3. d
Neufchastel   l. 2   lieuës 30

D'Amiens à Arras.

Villiers le boscage l. 3   Basec   l. 2
Pont d'Aultie †   l. 3   Arras v. E.   l. 4
Pas en Artois   l. 2   lieuës 14

DE FRANCE. 275

D'Amiens à Bethune.

Polainville	l. . d	Estrée v.	l. 3
Orville	l. . d	Bethune v. †	l. 4
Sainte Marguerite	l. d		
Aulbigny b. †	l. 2		lieuës 12

De Paris à Soissons, ville ancienne, jadis capitale d'un Royaume.

La villette	l. . . d	Peray	l. 1
Le Bourget	l. 1. d	Levignan b.	l. 1
Le pont Yblon	l. . . d	Vaelmoise	l. 1
Le mesnil madame Rance v.	l. 3. d	Valsienne	l. 1
		Villiers courterest b. ch. *	l. 1
Villeneuve Dampmartin	l. 1	Le sault de cerf	l. 2. d
Dampmartin v. ch. †	l. 1	Crevançon	l. 2. d
		Soissons v. E. †	l. 1. d
Folemprise	l. 1		lieuës 21 d
Nantueil v. ch.	l. 1		

De Soissons à Guise.

Crouy b.	l. . d	S Marcel	
Le petit Frety	l. . d	Aulnoy	l. 1
Le grand Frety	l. . d	Chery en Laonnois	l. 1
Chavigron	l. 1	Crecy sur Cerre b.	l. . d
Visay †	l. 1	Pagny	l. d
Estouvelle	l. 1	Bony	l. 2
Chimy	l. d	Breptane †	l. 2
Sevilly	l. 1	Le Bucoy ferme	l. 1
Laon v. E. Pairie	l. . d	Guise v. ch.	l. 1

M vj

De Soissons à la Fere de Picardie.

Villeneuve l. 1. d   l... d
Cressi en Laonnois   Fourdrain v.   l. 1.
l. 2. d   La Fere v. ch.   l. 1. d
Nogent   l... d
Croucy le Chasteau   lieues 17. d

De Paris à Compiegne par Senlis.

Le Pont Yblon   l. 2. d   Senlis v. ch. †   l. 1
Vaux du Relan   l. 2   Verberic b.   l. 4.
Louvre en Parisis b †   La croix S. Oyan dans
l. 1   les bois   l. 2
S. Ladre   l. 1.   Compiegne   l. 2
La Chapelle   l. 1.
Pont Harmembois l... d.   lieues 27.

De Senlis à Guyse.

Malegenest   l. 2   Chiry la vallée   l. 1
Vilers Saint Famboule   Noyon v. E.   l. 1
l.. d.   Baben   l. 1
Villeneuve Poste   l. 1   Varcipont   l... d
Verberie V. †   l. 1.   Marez   l. 1.
La Croix saint Oyan   Oigne   l. 1.
l. 2   Gadlay †   l... d.
La Justice de Compie-   Viry   l. 1
gne   l. 2   Voux   l. 2
Le bac à Coisy †   l. 1.   Le Banducil   l. 2.
Sur la riviere d'Es-   Moüy   l. 1
ne.   Alaincourt   l... d
Le plessis Brion   l... d.   Bretigny   l... d.
Le Bac à Bery sur la ri-   Mesieres sur Oyse
viere d'Oysel   l. 1.   l... d.

DE FRANCE. 177

Cery l..d Guises l. 3
Ribemon v. ch. † l..d   lieuës 23. d

De Senlis à S. Quentin.

A Noyon cy-dessus   Hen v. ch.   l...d
  l. 13   L'Equipée   l. 2
La Magny   l. 2 S. Quentin v. ch. l. 7
Goulaicourt   l. 1   lieuës 28

De Senlis à Cambray.

S. Christophle   l. 1. d Nesle v.   l. 2
Pont saint Maixence v.   Licourt   l. 2
  ch.   l. 1. d Peronne †   l. 2
Gournay v. ch.   l. 5   Cambray v. E.   l. 7
Arçon sur Marc   l. 2   lieuës 27
Royo v. ch. *   l. 3

A Cambray par Hen.

Hen cy-dessus chemin   Espehy v.   l. 2
  de S. Quentin l. 16   Villeguillam   l. 1
Monchy la gasse v. l. 3   Magneres   l. 1
Hencourt   l. 1   Cambray v. E. † l. 2
Rosy v.   l. 1   lieuës 28

Chemins de Champagne & Brie.

De Paris à Rheims, Duché, Archevesché, Pairie.

Pentin   l. 1   Livry en Launoy abb.
Bondis   l. 1   l. 1

CHEMINS

Ville Parisis	l. 2	Saponnay	l. 1
Claye en France †	l. 1	Fere en Tartenois †	
Villeroy	l. 2		l. 1
Le guay de Tresme pe-		Nesle	l. 1
tit ruisseau	l. 4	Cohan	l. 1
Lify sur Ourq. b. †	l. 1	Igny	l. 1
Coulon v.	l. 2	Legery	l. 1
Gandelu	l. 1	Tramery	l. 1
Hantenesme	l. 1	Vvrigny	l. 1
Chommelan	l. 2	Rheims	l. 2
La Croix †	l. 2		lieuës 31. d
Vvalay	l. 1.d		

De Paris à Chaalons, Evesché, Comté, Pairie.

Le chemin de Claye en France cy-dessus † l. 6		Chasteau Tierry v. ch. †	l...d
		Paroy	l. 2
Meaux	l. 4	Savigny sur Marne	l. 2
Trille port bac	l. 1	Dormans v. †	l. 1
S. Jean des deux Ju- meaux outre Marne	l. 1	Le port à Pinson	l. 2
		La Cave de Ligny	l. 1
Fay sur Marne	l. 1. d	Ponselet sur Boursaut	l. 1
La Ferté au Col, dit sous Joüarre †	l...d	Mardeu	l. 1
Lusancy port sur Mar- ne	l. 1	Esperney v. abb. †	l. 1
		Jallon	l. 2
Nautoy sur Marne	l..d	Mattouge	l. 2
Charly sur Marne	l. 1	Pluvot	l. 2
Mont de Bonnay	l. 1	Chaalons sur marne	l. 2
Essaulme abb.	l. 1		lieuës 38

DE FRANCE.

De Chaalons à Vitry en Partois.

S. Germain	l. 2	Vitri en Partois v.	l. 3
Boigny	l. 1		lieües 7
la Chaussée	l. 1		

De Chaalons à Bar le Duc & à Nancy.

Nôtre-Dame de l'Epi-		Fou v. ch. *	l. 4
ne	l. 2	Toul v. *	l. 4
Foy *	l. 2	Nancy ville principa-	
Bar *	l. 6	le de Lorraine	
Ligny en Barrois v.			
ch. *	l. 4		lieues 3
Vaucouleur v. *	l. 4		

De Chaalons à Mets.

Par Meaux & Chaalons		Alouy	l. 2. d
ci-dessus où nous		A Mets	l. 2
avons compté envi-			lieües 69. de
ron	l. 39	Autres prennent de Vi-	
A la Chaussée	l. 4	try le Brûlé à Ve-	
A Vitry le Brûlé	l. 4	rancourt	l. 3
A S. Disier *	l. 4	A Barleduc	l. 3
A Ligny *	l. 3	A S. Aubin	l. 3
A Voa	l. 2	Et se remettent au	
A Toul	l. 3	premier chemin de	
A pont à Mousson *		Voua, Thou, &c.	
l. 6			

De Paris à Troye ville principale de Champagne, Evefché.

le pont Charenton   l. 1. d

CHEMINS

Greteil	l. 1	Rampillon	l. 2
Boiffi	l. 3	Valeine	l. 1
La vallée de gros Bois	l. 1	Provins v. ch. *	l. 2
		S. Ordin	l. 1
Brie comte Robert v. ch. *	l. 1	La Queuë	l. 1
		S. Merian	l. 1
Suines	l. 1	Nogent fur Seine †	l. 1
Guigne putain b. †	l. 1	S. Aubin	l. 1
Marmand	l. 1	Les trois maifons	l. 4
La maifon Rouge	l. 1	Le Pavillon †	l. 3
Grand Puits	l. 2	Troye	l. 4
Nangis	l. 1	lieuës	36

De Troyes à Langres, Duché, Evefché, Pairie.

Breviande b.	l. 1	Donfevoy b. †	l. 2
La Vacherie	l. 1	Longuay	l. 2
S. Patre	l. 2	Argo en Birrois v.	l. 2
Ville fous Bar	l. 1	S. Martin	l. 2
Bar fur Seine †	l. 2	Tournoane	l. 2
Loche	l. 2	Langres V. E.	l. 2 d
Autrecourt	l. 1	lieuës	24
Rux les Aux	l. 1		

De Troye à Bar-fur-Aube.

Caterangue on la Guillotiere	l. 2 d	ne Vandeuvre	l. 1 l. 1
Luciny b. †	l. 3	Bar-fur-Aube	l. 2
Magny Spere b.	l. 1	lieuës	11 d
La Villeneuve au Chef			

De Paris à Melun.

Le Pont Charenton	l. 1	Villeneuve Saint Geor-	

DE FRANCE. 281

ge † l. 2 Melun v. ch. † l. 3
Lourfain l. 3 lieuës 9

Chemin de Bourgongne, Duché.

De Troye à Dijon ville capitale du Duché de Bourgongne, siege de la Cour de Parlement dudit païs.	l. 2		
		Boncey	l. 1
		Chameffod	l. 2
		Affey le Duc	l. 1
		S. Marc	l. 2
Breviande	l. 1	Ampigne	l. 1
La Vacherie	l. 2	Baigneux les Juits *	l. 1
S. Parre	l. 2		
Chappes	l. 1	La Perriere	l. 1
Foucheres limite de Champagne & de Bourgongne, Bourguignon	l. 1	Chanceaux	l. 1
		Champigny. Là près fort la riviere de Seine.	l. 1
Bar-fur Seine v. ch. *	l. 1	S. Seine abb.	l. 1
		Val de Sufon *	l. 2
Villeneuve	l...d	La chefne rond dit haut cerne	l. 1
Pont fur Seine	l. 1		
Buffeul	l. 1	Talan à main droite	l. 2. d
Neuville	l...d		
Gie	l..d	Dijon v. ch. capitale du Duché de Bourgongne *	l...d
Gouterot	l...d		
Muffi-l'Evefque	l. 1		
Cheretiery *	l. 2		lieuës 35
Chaftillon fur Seine *			

De Dijon à Auxonne, ville forte.

Favernay	l. 2	Foreft.	
Janlay	l. 2	Auxonne v. ch. fortereffe & clef de	
Lonio	l. 1		

France sur la riviere
de Saone   l. 2   lieuës 7

De Dijon à S. Jean de Laune.

Brazé   l. 3   l. 4
Saint Jean de Laune   lieuës 7

De Dijon à Lyon, ville de grand trafic, Archevesché, Primat de France.

Gilli	l. 3	Chantatbau	l. 1
Nuis	l. 1	La Saule	l. 1
Argilli	l. 2 d	Saint Jean du Prethan	
Saint Averny ch. l. 1. d		l. 1	
Beaulne v. ch. †	l. d	Mascon v. ch. E. †	l. 1
Chagny	l. 3	Belleville v.	l. 3
Germoles	l. 5	S. George de Romain	
Chalons sur Saone v.		l. 1	
ch. E.	l. 5	Ville-Franche v.	l. 1
Derou	l. . d	Ance v.	l. 1
La Ferté sur Grosne	l. 2	Jean Laurent	l. 3
Senecé ch. †	l. . d	Lyon V. Archevesché.	
Tournut v. †	l. 4		l. 3
Montbelel	l. 2		lieuës 38. d

De Paris à Sens, Archevesché.

Il y a trois chemins,
l'un par Melun l. 9. d
les hautes loges   l. 2
les basses loges   l. 2
Moret   l. 2
Foussart   l. 2
Villeneuve la guiart † l. 2

La maladerie de Chaumont   l. 2
Champigny   l. 1
La Chappelle   l. . d
Villemanoche   l. . d
Pont-Yonne bac l. . d
S. Denys   l. 1
Sainte Colombe la

grande l. 1 lieuës 26. d
Sens V. Arch. † l. . d

Autre chemin de Brie-Comte-Robert.

Brie-Comte-Robert		ne †	l. 1
ci-dessus †	l. 7	Cannes	l d
Eury	l. 1	Villeneuve la Guiart	
Limoges	l. 12		l. 2
S. Germain †	l. 1	la maladerie de Chau-	
Sivry	l. 1	mont susdite	l. 3
Chastelay	l. 2	Et de-là par le chemin	
Valence	l.	susdit	l. . d
Montereau faut Yon-			lieuës 43

Le troisième chemin est par Fontaine-bleau, Maison Royale.

Ville-Juifve	l. 1	Fontaine-bleau	l. 2
Longboyau à Juvisi	l. 3	Moret v. ch. *	l. 2
Ris	l. d	Villeneuve la Guiart	
Essonne ou Corbeil *			l. 4
	l d	Et de-là par Champi-	
Le Plessis	l. 1	gny, & le premier	
Ponthiery	l. 1	chemin susdit	l. 6 d
Les hautes loges	l. 3		lieuës 28. d
Les basses loges	l. 2		

De Sens à Auxerre.

Vegon	l. 2	Ivigni sur Yone	l. 1
Villeneuve le Roy	l. 1	Espineau *	l. 1. d
Givry	l. 1	Bassou	l. 2. d
Villevallier *	l. 1	Espigney	l. . d
Villechien	l. . d	Auxerre v. ch.	l. 2
S. Aubin	l. . d		lieuës 13. d

CHEMINS

De Paris à Nevers, grand chemin de Lyon.

Ville-Juifve	l. 1	l. 3. d	
La Sauffaye	l. d	Mormant b.	l. 1
Juvifi	l. 3. d	Noyan *	l. 2
Riz	l. 1	Les Befars m.	l. 1
Effaune *	l. 3	La Buffiere	l. 2
Choify	l. 1	Briare fur Loire †	
Les Vernaux	l. 1		l. 2. d
Corance	l. 2. d	Bonny	l. 4. d
Milly en Gaftinois v. ch. *	l. 2. d	Neuvy	l. 1. d
		La Selle	l. 1
La chapelle la Reyne	l. 2	Cofne fur Loire v. ch.	l. 2. à
Varaut le plus droit, & qui veut pour meilleur logis, à faint Mathurin de Larchant	l. 1	Male taverne	l. 2
		Poully	l. 2. d
		Le Mefnil	l. 1
		La Charité v.	l. 2
		Gerungny	l. 2. d
Le pont Agaffon *	l. 3. d	Le Chefnay	l. d
Montargis v. ch. *		Nevers v. ch. E.	l. 3. d
		lieues	58

De Nevers à Lyon.

Magny	l. 3	S. Geran	l. 2
S. Pierre le Mouftier V. †	l. 2	Parigny	l. 1. d
		La Paliffe	l. 1. d
Villeneuve	l. 4	La Tour	l. 1. d
Moulins v. ch.	l. 3	S. Martin	l. 1. d
Talon	l. 1	La Pecaudiere †	l. 1
Beffay	l. 2	S. Germain l'Epinaffe	l. 2
S. Loup	l. 2		
Varennes croix	l. 1	Roanne †	l. 2

DE FRANCE.

l'Hôpital	l. 1.	d S. Antoine	l. 1
S. Saphorin de Lay †		La Bresle †	l. 2
l. 1. d		La Tour	l. 1. d
La Fontaine	l. 1. d	Lyon †	l. 1. d
La Chapelle †	l... d		lieuës 44
Tarare †	l. 1		

Chemins de Beausse, Touraine, Anjou, Sologne, Berry, Bourbonnois.

De Paris à Chartres.

Le Bourg la Reyne	l. 2	Bonnel	l. 1
Le Pont Anthoni	l. 1	Rochefort b.	l. 1
Massi b. ch.	l. 1	S. Arnoul v. †	l. 1
Palaiseau b. ch. †	l. 1	Ablis b.	l. 2
Cursay	l. 1	Le Gay de Lorray b.	
S. Cler de Goumais b.	l. 1		
	l. 2	Chartres v. ch.	l. 4
Chamusson	l. 1		lieuës 19

De Chartres à Vendosme.

Tynas	l. 3	Chasteaudun *	l. 1
Le Bois de Foucheres		Claye *	l. 1
	l. 4	Perou	l. 4
Bonneval *	l. 2	Vendosme *	l. 2
Marboué	l. 2		lieuës 21

De Chartres à Belesme, principale ville de la Comté du Perche.

S. Luperche	l. 3	Fraize †	l. 2
Longlappes	l... d	Champrond	l. 1

molandon l. 1
les Forges l. 1
Liverais l. 2
Villerais l. 2
Verrieres l. 1
à Hôtel truchard l. 1
L'Hôtel moulin l. 1
Belesme V. ch. l. 1
lieuës 15. d

De Chartres au Mans.

Suit le chemin ci-desus jusques aux Forges où il y a l. 3. d
la cloche l. .. d
Nogent le Rotrou l. 2
la Ferté Bernard l. 4
Seaux l. 2
Commeray l. 6
S. Mars de la bruiere l. 2
Yvray l. 2
le Mans V. ch. l. 1
lieuës 18

De Paris à Orleans, Evesché & Université.

le bourg la Reyne b. l. 1
l. 2 l. 2
le Pont Anthoni l. 1
Long-jumeau b. p. † l. 2
Linas b.
Mont le Hery v. ch. l. 2
Chastre sous mont le Hery V. l. 2
Torfou l. 1. d
Estrechy le larron l. 1. d
Estampes v. ch. † l. 2
Ville sauvage, maison.
Beausse commence.
Monervil à droite l. 3
Angerville la gaste l. 2
Champ à Lorry l. 3
Toury V. ch. † l. 1. d
Chasteau Gaillard l. 2
Artenay b. l. 2
La croix Briquet l. 1
Langeniere l. 2
Sercotes l. 1
Orleans v. ch. univ. † l. 3
lieuës 34. d

DE FRANCE.

D'Orleans à Tours, Archevesché, Jardin de France.

Nôtre Dame de Clery	l. 5	Blois	l. 2
S. Laurent des eaux †	l. 5	Choufy	l. 3
S. Dier	l. 4	Escutes	l. 2
Chambourg, maison Royale à main gauche.		Amboise †	l. 5
		Monlouis	l. 4
		la ville aux Dames	l. 1
Montlivault	l. 1	Tours †	l. 1
		lieuës 33.	

De Tours à Angers & Nantes.

le pont saint Cyre	l. 1	la Dragueniere	l. 2
Mailay	l. 3	De-là à Angers n'y a qu'une lieuë, & faut passer le pont des Forges sur l'Aurier.	
la pile saint Nicolas	l. 1		
S. Mars	l. 1		
Langers *	l. 1	Pont de Cé	l. 1
la Chapelle blanche, commencement d'Anjou	l. 5	Bouchemaine	l. 1
		Chanlonce *	l. 4
		Ingrande	l. 1
Choufay	l. 3	Ancenis *	l. 4
la Croix verde Fauxbourgs de la ville de Saumur *	l. 4	Ouldon	l. 2
		Maulné	l. 2
		Nantes *	l. 2
Les Rosiers *	l. 4	lieuës 43.	
S. Matrelin	l. 2		

D'Orleans à Bourges, Archevesché, Université.

Olivet *	l. 1	Menestea *	l. 5

Pier efiéte *   l. 5   Bourges v. univerf. l. 6
Soefmes   l. 2. d   lieuës 22
Meuvy   l. 2. d

De Bourges à Moulins.

S. Juſt   l. 3   Francheſſe   l. 2
Dun le Roy   l. 4   Sainte Menehouſt * l. 3
Pont chargy *   l. 3   Moulins v. ch.   l. 3
Venoul   l. 2   lieuës 23
Couleuvre *   l. 3

Suis le grand chemin de Lyon.

De Bourges à Varennes, ſans paſſer par Moulins.

S. Juſt   l. 3   Coſne en Bourbon-
Dun le Roy †   l. 4   nois †   l. 4
Le pont Dins   l. 2. d Le mont aux Moy-
Ainay le Chaſtel †   nes †   l. 4
  l. 2. d   Verneüil   l. 3
La Bruiere de l'aubeſ-   Varennes †   l. 3
  pin   l. 3   lieuës 19

Suis le grand chemin de Lyon.

De Bourges à Tours.

Meun   l. 3   Montrichard †   l. 4
Vierron †   l. 4   Chenonceaux   l. 3
Meneſtou †   l. 3   Tours †   l. 4
Pont de Saudre   l. 5   lieuës 31
Noyer †   l. 5

Chemins de Guyenne.

De Tours à Chinon,   Loudun, Tallars &
                                   Tallemont

DE FRANCE.

Talkmont.		Mallelievre	l. 2
Savomeres	l. 2	Montournoy	l. 4
Colombiers	l. 1	Pousance v †	l. 3
Vallere	l. 2	S. Mesmin b.	l. 2
Le pont Hunaul sur Indre	l. 2	Tillaix ch.	l. 3
La belle Croix	l. 1	Le Puis beliard b. * l. 2. d	
Beugnay	l. 1	Le Bour nouveau b.	l. 2
Chinon sur Vienne †	l. 1	Tourignay †	l. 2
		S. Florent *	l. 2
Le pont de la Nounain à Parilly	l. d	Le Tablier b.	l. 1
		Les Monstiers ch.	l. 2
Loudun v. ch. †	l. 2	La Guinardiere *	l. 2
Pas de Jeu	l. 2	La Grange de Talmont	l. 2
Toüars v. ch. †	l. 2		
S. Amant b. *	l. 3	Talmon dit Talon du monde V. ch.	l. 2
Bressuyre v. ch.	l. 2		
Maulevrier b. †	l. 3	lieües 56	

De Tours à Poictiers, Evesché, Université.

S. Avertin	l. 2	Vienne †	l. 4
Montbason	l. 1	La Tricherie	l. 4
Sainte Catherine	l. 2	Le pont d'Ausance	l. 1
S. More †	l. 2	Poictiers *	l. 1
Le port de pile †	l. 3	lieües 21	
Chastelleraut V. sur			

De Paris à Poictiers.

Ceux qui vont de Paris à Poictiers prennent la traverse à Amboise ci-dessus au chemin d'Orleans à Tours.

A Amboise depuis Paris il y a environ 16 l

Bierci sur cher l. 4

le Fau sur Indre * l. 3
Mantelan l. 3
Sémer l. q
La Selle l. 2
Le port de Pille là prés sur Creuse.

Suis le chemin décrit par Chastelleraut à Poictiers l. 11. petites lieuës.

lieuës 8¼

De Poictiers à la Rochelle.

Crouſtelles l. 1
Colombiers l. 1
Luſignan l. 2
Roüilly l. 1
Le Perron S. Maixant l. 1
Souldan l. 2
S. Maixant l. 1
Ville-Dieu du port de

Vau sur la Seure *
Nyort v. ch. * l. 2
Fontenay labatu * l. 2
La Neufoire l. 1
Courſon b. l. 1
Noairlay l. 2
La Rochelle v. port de mer l. ¾

lieuës 22

De Poictiers à Bourdeaux, Archevesché.

Colombiers l. 2
Luſignan v. l. 2
Chevais * l. 2
Cheray l. 1
La Barre l. 1
S. Leger de Maſſe l. 2
Brion b. * l. 2
La Ville-Dieu d'Aulnois l. 2
Aulnois l. 1
Failliers l. 1
Bricleu * l. 2
Eſcouyaux l. 1
Veneran l. 1
Xainctes v. E. * l. 1

Par l'Hôpital neuf, la maladerie, Ponts à Recoſe l. 1
S. Gervais l. 1
Preſſac b. * l. 1
La Tenaille b. abb. l. 1
S. Duyſan l. 2
Millambeaux l. 1
Petit Beauvoir * l. ..d
Pleine Seve l. 1
S. Aubin b. l. 2
Le pays de Feneſtres l. 2
Eſtauliers l. 1
Gigot * l. 2

DE FRANCE.

Blaye Forteresse *	l. 1	Blanc & fort	l. 1
Monte sur Languille.		Bourdeaux v. ch. Ar-	
Roche d'Etaux	l. 1	chevesché.	l. 1
Montferrant *	l. 2	lieuës 40. d

De Poictiers à Angoulesme & à la Roche-Foucaut.

Crouftelles	l. 1		l. 3
Rouffigny	l. 1	Maule	l. 3
Vivonne v.	l. 2	Tourrieres b. *	l. 1
Valence b. abb.	l. 3	Le pont de Touvre	l. 2
Couay b. *	l. d	Angoulesme v. ch.	l. d
Chaunay *	l. 2	De-là à la Rochefou-	
La maison blanche b.	l. 2	caut	l. 4
Ruffet d'Angoulmois *			lieuës 25

De Poictiers à Coignac.

Crouftelles	l. 1	Aigres b. *	l. 1
Vivonne v. ch.	l. 4	Villeneuf b.	l. 1
Gonay b.	l. 3	Anges b.	l. 1
Chaumais	l. 2	Aulville	l. d
Solzaiz	l. 1	Souveville b.	l. d
Montijan	l. 1	Corbillac	l. 1
Villers *	l. 1	Nausillac	l. 1
Villefegnan	l. 1	Coignac v.	l. 1
Touffon	l. 2		lieuës 23

De Bourdeaux à Bayonne, Evesché, Forteresse, Clef de France.

Bourdeaux cy-dessus		Le petit Bourdeau	l. 1
	l. 2. d	Aubart b. *	l. 1. d
Tauliers	l. 1	Belin	l. 2

CHEMINS

Muret	l. 2. d	S. Vincent de Tirosse	
Lyporet	l. 2. d		l. 2. d
Le Baubere V.	l. 2 d	Le Birac de la Bone*	
Jannuillet *	l. 2. d		l. 2
La Harie	l. 2. d	S Martin	l. 2
Lesperou	l. 3. d	Bayonne v. E. *	d. 1
Castels b.	l. 2. d		lieuës 35
Mayesc	l. 2. d		

D'Orleans à Limoges.

Olivet	l. 1		l. 2
La Ferté *	l. 4	S. Marsaut	l. 3
Chaumont	l. 3	Argenton sur Creuse*	
Chasteau vieil	l. 2		l. d
Millançay b.	l. 3	Le Aix v.	l. 2
Remorantin V. ch. *		Monet de Poictou	l. 2
	l. 2	Arnac *	l. 3
Vill. franche	l. 2	Cheezeaux	l. 1
Le Pont aux places	l. 2	Mottebel	l. 2
Grassay *	l. 3	Bassines	l. 1
Vatan	l. 2	Razei *	l. 1
Le Moulin Parrain	l. 5	La Cruseille	l. 4
Le bourg Dieu *	l. 2	Beaume	l. 2
Chasteauroux	l. d	Limoges v. ch. E.	l. 2
Laurier dans le bois v.			lieuës 54

De Limoges à Agen.

Vetoux	l. 1	Gabillon	l. 1
Saint Yriay la perche		Ayac	l. 1
v. ch.	l. 4	Bonneval	l. 1
L'Hôpital	l. 1	Rossignac *	l. 1
La Monaille	l. 2	Le Bugo	l. 2
S. Rapher b.	l. 2	Limel sur Dordonne	
Tourtoyrac abb. *	l. 1		l. 3

Cadouyn *	l. 1	S. Antoine de Figue-	
Montferrant ch.	l. 1	dauva	l. 1
Montpensier v. ch.	l. 1	Nôtre-Dame de Gari-	
Biron en Perigueux	l. 1	maz	l. 1
Montlanquin	l. 1	Le Caulet	l. 1
Sainte Radegonde	l. 2	Agen v. ch. *	l. 1
Ville-neuve d'Agenois v.	l. 1		lieües 31

D'Agen à Bayonne.

Agen cy-dessus.		S. Sever v. *	l. 3
Nera ch *	l. 3	Tarrys	l. 3
Sols v. ch. *	l. 3	Dacqs v. *	l. 4
Gabarret v.	l. 3	Aubin port	l. 1
Creon *	l. 2	Le barat de la Bene *	
S. Justin v.	l. 1		l. 5
Roy de Saut *	l. 1	S. Martin	l. 1
Le mont de Marsan * l. 3		Bayonne v. *	l. 2
			lieues 35

Chemins de Languedoc, Auvergne, Provence, Dauphiné, Lyon, &c.

De Bourges à Thou-		La Poste	l. 2
louse, Archevesché,		La Chastre en Berri	l. 2
Université, siege du		Nôtre-Dame de Lase-	
Parlement de Lan-		nay *	l. 2
guedoc.		Le Mars saint Paul	l. 3
Bourges par le chemin		Pré Benast abb.	l. 1
cy-dessus décrit l. 56		La Commanderie *	l. 2
Yssoldun *	l. 3	Jornage	l. 1.d
Baumiers	l. 4	La maison neuve *	l. 4
S. Chartier	l. 2	Felletin, la marche de	

Limosin	l. 4	de Roargues	l. 5
Belles enseignes	l. 4	Erdes *	l. 6
Nouy, marche de Li-		Gaillac v.	l. 4
mosin *	l. 4	Rabastin	l. 2
Esteron	l. 4	Castelmoton *	l. 4
Espontour *	l. 1	Thoulouse v. ch. Arc.	l. 2
la Rochebrou *	l. 4		
Port de Boillac, & de-			
là à Ville-Franche		lieuës 124. d	

De Bourges à Rion & Clermont.

Cosne en Bourbonnois		Gannat v. *	l. 2
cy-dessus	l. 19	Aigueperse	l. 2
Ville-Franche	l. 2	Auchy	l. 2
Sazereth *	l. 2	Rion v. ch.	l. 2
la Coutz	l. 2	Montferrant	l. 2
Chantelle *	l. 2	Clermont	l... d
Jenzar	l. 2	lieuës 39. d	

De Lyon à Thoulouse.

Heron *	l. 3	Elpalioux *	l. 3
Chasselles *	l. 3	Rodez *	l. 4
la Fontaine S. Galmier	l. 1	la Motte *	l. 3
		Tennon	l. 2
Saint Marcelin *	l. 3	Valderie *	l. 3
S. Bonnet	l. 2	la Barriere pays d'Al-	
Le pont Empeirac *	l. 2	bi	l. 1
Craponne	l. 1	Gaillac *	l. 3
S. Badel	l. 2	Rabasté ou Rabastin	l. 2
Poulaguet	l. 3	Buzot *	l. 2
la Vouste *	l. 2	Gemil	l. 1
S. Flour *	l. 5	Chastel mouron	l. 1
Chaudes aigues *	l. 4	Toulouse v. Archevesf.	
la Guiole	l. 5	Univers.	l. 2

DE FRANCE.

Aucuns tiennent le & Carcassonne.
chemin de Nismes, lieues 64.
Montpellier, Besiers.

De Lyon à Avignon, ville Papale Université.

Saint Saphorin d'O-   Montlimar *   l. 2. d
  son   l. 3. d   Chasteau-neuf   l. 2
Vienne v. Arch. l. 2. d   Donzere b.   l. 2
Autberive   l. 2. d   Pierrelatte *   l. 3. d
Roussillon *   l. 2. d   Le Palus b.   l. 2
S. Rambert   l. 2   Nôtre-Dame des Plans
Saint Vvallier v. * l. 2   l. d
La maison de Pilate l. 1   Montdragon v. ch.   l. d
Tain   l. 2. d   Morvas v. ch.   l. 1
Le port sur Isere l. 2. d   Capderousse v. *   l. 2
Valence *   l. 2. d   Fers Chasteau   l. 1
Le port de Livron   Le port sur Sorgue. l. 1
  l. 1. d   Avignon v. ch. Univ.
L'oriol *   l. 2   ; Comté   l. 2
Barbieres   l. 2. d   lieues 47.

D'Avignon à Aix, ville principale de Provence, siege de la Cour de Parlement dudit Pays.

Tarascon   l. 3   à Cavaillon v. E. l. 4
Le mas du Brau * l. 4   Mallemor v.   l. 4
Saint Eloy de Crau. *   Le port sur la Durance
  l. 3   l. 2
Aix †   l. 5   Lambec v.   l. 2
               lieues 15   Aix v. ch. Arch. * l. 3
Ou bien va d'Avignon   lieues 15.

CHEMINS

D'Avignon à Marseille, Eveſché, Port de mer.

Avignon ci-deſſus	l. 42	Françon v. *	l. 2
Cavaillon *	l. 4	Les cabannes de Berre	l. 2
Paſſe la Durance.			
Nirgon v.	l. 1	Les Peines b.	l. 3
S. Sanas b.	l. 2	Marſeille v. E. †	l. 3
Saint Eloy de Crau	l. 2. d		lieuës 61

De Lyon à Niſmes & à Montpellier, Eveſché, Univerſité.

Montlimar cy-deſſus	l. 28	Sorignac *	l. 2. d
		Niſmes v.	l. 3
Pierrelatte *	l. 4. d	Lunel *	l. 4
Le pont ſaint Eſprit *	l. 4. d	Montpellier v. E.	l. 3
Bagnole *	l. 3. d		lieuës 54

De Lyon à Narbonne ville forte.

Montpellier cy-deſſus	l. 52	Saint Tuberi v. *	l. 3
		Beziers v. *	l. 3
Gyan v.	l. 2	Narbonne v. Arch. †	l. 3
Bouginge v. *	l. 2		
Lupiat	l. 2		Lieuës 67

De Narbonne à Thoulouze.

Luſignan	l. 2	Caſtelnaudarri	l. 2
Monts	l. 3	Vignonnet †	l. 2
Carcaſſonne v. †	l. 4	Thoulouſe	l. 4
Villepeinte †	l. 4		lieuës 2½

De Montpellier à Thoulouse.

Pezenas	l. 5	Suit au reste le che-
Beziers	l. 4	min cy-dessus.
Carcassonne	l. 6	

De Thoulouse à Saint Jean Piedeport:

L'Isle	l. 4	Bourg Arbek	l. 3
Gimont	l. 2	Ortez	l. 2
Ouinct	l. 2	Pont d'Ortez	l. 2
Avos	l. 3	Sauveterre	l. 3
Baran	l. 2	S. Pelay	l. 2
Montesquiou	l. 2	S. Jean Piedeport ville	
Marsiac	l. 3	du Royaume de Na-	
Milbourguet	l. 2	varre	l. 5
Noya	l. 2		Lieuës 39
Molans	l. 2		

D'Avignon à Arles.

Tarascon †	l. 3	Arles v. ch.	l. 3
Saint Eloy de Crau †			lieuës 13
l. 7			

D'Avignon à Antibe & Nice:

Tarascon *	l. 3	Vidauben v.	l. 2
Le mas du brau	l. 3	Nuiz	l. 1
S. Eloy de Crau v. †		Poyet	l. 2
l. 4		Freiust v. ch.	l. 2
Tres v.	l. 3	Nopolo	l. 2
S. Maximin *	l. 3	La Cane v.	l. 1
Briquelles v. †	l. 4	S Victor †	l. 3
Le Luce.	l. 3	Antibo †	l. 2

N v

Villeneuve l. 3   Nice v. ch.   l. 1. d
S. Laurent l..d   lieuës 34. d

De Lyon à Grenoble.

La Ferandiere   l. 1   Vorefpe   l. 1
Irieux †   l. 3   S. Robert b. l. 1
Artais   l. 2   S. Martin   l. .d
Campieres †   l. 2   Grenoble v. E. l. .d
Rives bonnes épées l. 3   lieuës 15
Moirans †   l. 1

Autre chemin de Lyon à Grenoble.

S. Laurent   l. 3   La Meureté   l. .d
La Verpilliere l. 2   Moyrans   l. 2
Bourgoin   l. 2   Grenoble   l. 3
La Tour du Pin l. 2   lieuës 15. d
Cirine   l. 2

De Lyon à Romans.

S. Prie   l. 1   Rebours   l. 2
Etrieu   l. 2   S. Antoine de vien-
Artays   l. 2   nois   l. 2
Chatonnet   l. 2   Romans v. ch. l. 3
La coste saint André   lieuës 16
l. 2

De Grenoble à Suse.

Vigile   l. 3   La Madeleine l. 4
Olivet   l. 3   Mouftier   l. 4
Bourgduisan   l. 4   Briançon v. l. 3
Lansi   l. 4   Sufine   l. 4
Grave   l. 4   Ours   l. 3

DE FRANCE.

Esilles	l. 3		lieües 42
Suse	l. 3		

De Lyon à Chamberry.

St Laurent	l. 3	l. 3	
La Verpilliere	l. 2	La Gabelette	l. 2
Bourgoüin	l. 2	Passe le mont.	
La Tour du Pin	l. 2	Chamberry	l. 2
Le Pont de Beauvoisin			lieües 16

DESCRIPTION DES
chemins du côté d'Allemagne, & des lieux plus renommez de Flandres, & autres Provinces basses, Lorraine, Comté de Bourgongne, Savoye, Suisses, & de toute l'Allemagne haute & basse.

De Paris à Gand, ville capitale de Flandres, Parlement.

On vient à Amiens &		Haut Bourdin	l. 3
Betune cy-dessus,		L'Isle v. ch. *	l. 1
nous avons compté		Le Pontroncard	l. 2
d'environ	l. 41	Goutray v.	l. 2
Buveri	l. 1	Pairimguem v. *	l. 3
Violence	l. 1	Passe la riviere du	
La Basse v. †	l. 1	Lis.	

Gand v. ch.   l. 4   lieuës 61

*De Paris à Gand par la Poste, on vient à
Senlis, Peronne & Cambray cy-dessus,
où il y a 14 postes, &c. l. 43.*

Apré b.	l. 4	Polen	l. 4
Valenciennes	l. 4	S. Antoine	l. 4
Clevem b.	l. 4	Gand	l. 4
Landere	l. 4		lieuës 75
Lesini	l. 4		

*De Paris à Anvers, prend le chemin de
Senlis, Peronne & Cambray
cy-dessus.*

De Paris à Cambray		Tubite	l. 2
l. 34.		Bruxelles	l. 4
Apre	l. 4	Ville Vorden ch.	l. 6
Valencienne	l. 4	Malines	l. 3
Clevem	l. 4	Anvers, ville de grand	
Landere	l. 4	commerce	l. 4
Chasteau	l. 2		lieuës 68
Monsem	l. 2		

De Valencienne à Monts en Hainaut.

Bossu v. ch.	l. 4	lieuës 7
Monts v. ch.	l. 3	

*De Monts à Bruxelles & à Louvain, ville
capitale de Brabant & Université.*

La Genette	l. 5	Breine v. ch.	l. 2

D'ALLEMAGNE

Bruxelles v. ch.	l. 3	lieuës	14
Louvain	l. 4		

De Calais à Anvers.

Gravelinge	l. 3	Gand	l. 8
Dunkerchen	l. 4	Anvers	l. 2
Neuport	l. 4	lieuës	34
Bruges	l. 7		

De Calais à Londres l'on passe le bras de mer, qui dure environ sept lieuës jusqu'à Douvre.

Cantorberi	m. 12	Londres	m. 20
Grevesin	m. 2	Milles Angloises	55

D'Anvers à Mets.

Malines	l. 4	Horteville	l. 4
Louvain Universé	l. 4	Gibré en Bastonge	l. 2
Pré de Bay	l. 4	Martelange	l. 3
Perroé	l. 2	Arlou & Pouvin	l. 3
Namur	l. 3	Estange	l. 5
Curior	l. 2	Thionville	l. 1
Enten	l. 2	Mots	l. 4
Marché	l. 3	lieuës	44

D'Angers à Cologne.

Liexville	l. 2	Bisa b.	l. 2
Vetjgkumb v.	l. 2	Maſtrich v.	l. 2
Dieſt b.	l. 2	Herell v.	l. 3
Haſel b.	l. 3	Peckendorf b.	l. 2

CHEMINS

Gulicli v.	l. 2	Cologne v. E.	l. 1
Stainstraff b.	l. 2		lieuës 27
Vvida b.	l. 2		

D'Anvers à Francfort par Mayence.

Liex v.	l. 2	Andernach	l. 2
Stingen	l. 2	Canelius	l. 3
Harsel v.	l. 2	Renes	l. 2
Diest	l. 2	Prophart	l. 1
Hasel v.	l. 3	Veesel	l. 2
Mastrich v.	l. 4	S. Guoer v.	l. 1
Gulpen	l. 2	Drechshaose	l. 2
Aix	l. 3	Pingen v.	l. 1
Duren	l. 4	Mayence v.	l. 4
Viteich	l. 5	Francfort	l. 4
Ehendorff	l. 2		lieuës 52
Sensich	l. 2		

D'Anvers à Auguste ou Augspurg, par la Poste.

Mechel v.	l. 4	Leser	l. 3
Bruxelles v. ch.	l. 4	Lebersvveiller	l. 3
Vvacher v.	l. 4	Eckersvveiller b.	l. 3
Sausy	l. 3	Vvelstain	l. 3
Namur v. ch.	l. 3	Hinben Vvei haim	l. 3
Embling b.	l. 3	Rebenmundt b.	l. 3
Honginen	l. 4	Mandach b.	l. 3
Leisbier	l. 2	Rheinhausen	l. 2
Flamesol	l. 3	Busseller en Sueve v.	l. 3
Blusille	l. 4	Tittelhaim	l. 3
Asselbrun v.	l. 2	Entvveingen	l. 3
Arsfeld	l. 2	Kandistatt v.	l. 2
Nattem	l. 3	Teusavv	l. 2
Binsfeld b.	l. 3	Ebersbach	l. 2

DE FRANCE.

Altenstart	l. 2	Seheppach b.	l. 2
vverterstentten b.	l. 3	Autbach b.	l. 2
Echingen	l. 3	Auguste b.	l. 2
Guntzberg v.	l. 2	lieuës	100

De Champagne & Lorraine, on vient de Paris à Mets, ou Nancy. De Mets à Strasbourg.

Chasteau Salins	l. 3	Saverne v.	l. 4
Marsal	l. 1	Strasbourg	l. 4
Flatzbourg v.	l. 4	lieuës	18

Par autre chemin.

S. Ano	l. 5	Strasbourg	l. 4
Boucquenonne	l. 5	lieuës	18
Saverne v.	l. 4		

De Nancy à Strasbourg.

Repersuille	l. 7	Strasbourg	l. 3
Saverne v. ch.	l. 6	lieuës	16

De Strasbourg à Francfort.

Haghenau v.	l. 4	Vvormes v.	l. 3
Veissenbourg v.	l. 4	Oppenheb v. ¶	l. 4
Lautau v.	l. 3	Mayence v. Arch. ¶	
Spire v. E.	l. 4		l. 3
Ogersée v.	l. 1. d	Francfort v. ¶	l. 4
Franckental b.	l. 1. d	lieuës	32

CHEMINS

Autre chemin de Strasbourg à Francfort, & plus court.

Biscoff	l. 2	Siege de l'Electeur	
Liethrenavv v. ¶	l. 1	Palatin.	
Stolboffen v.	l. 1	Vveinnem b. ¶	l. 2
Higelsen	l. 1	Reinsen v. ¶	l. 2
Rastalt b. ¶	l. 1	Zuingenberg b.	l. 1
Milbourg ¶	l. 2	Darmstart v.	l. 2
Lincknau ¶	l. 2	Allhaiglen ¶	l. 1
Graben ¶	l. 2	Springlingen	l. 1
Hockenum ¶	l. 2	Francfort	l. 1
Heidelberg v. ch. ¶ l. 2		lieuës 25	

De Strasbourg à Heydelberg, on prend son chemin à Spire cy-dessus, où nous avons compté environ l. 15.

De Spire à Heydelberg   l. 3   lieuës 8

De Heydelberg à Francfort.

Vveinnem b. ¶	l. 2	Allhaillgen b. ¶	l. 1
Beinsein v. ¶	l. 2	Springlingen	l. 1
Zvvingenberg b.	l. 1	Francfort v.	l. 1
Darmstat v. ¶	l. 2		lieuës 10

De Strasbourg à Basle, Ville, Canton, Université.

Bensfeld v.   l. 4   Schlestat v. ¶   l. 2

D'ALLEMAGNE.

Kolmar v. †	l. 3	Basel ou Basle	l. 2
Eunsen v. ¶	l. 3		lieuës 15
Häpsen	l. 1		

Autre chemin de Strasbourg.

Krafft	l. 2	Ottmersen	l. 3
Poffzen	l. 2	Kemps	l. 1 d
Marckelzen v.	l. 2	Basel ou Basle	l. 1 d
Piessen	l. 2		lieuës 14

Ceux qui vont de Basle à Strasbourg par eau, passent par Brissac sous le pont.

De Strasbourg à Fribourg en Brisgavv.

Bensfeld	l. 4	Brissac v. ch.	l. 2
Scheletstad v.	l. 2	Fribourg Universf.	l. 2
Kolmar v.	l. 3		lieuës 15

De Strasbourg à Nuremberg.

Bischoff.	l. 2	Vveissach	l. 2
Liechtenavv	l. 1	Ditzengen	l. 1
Stolboffen v.	l. 1	Kendistart v.	l. 1
Higellen	l. 1	Schorndorff	l. 4
Rastat b.	l. 1	Gmunde	l. 2
Malsch	l. 2	Ellvvang	l. 4
Eringen v.	l. 1	Dinkerpeyhel	l. 2
Langenstainbach	l. 1 d	Dichabac	l. 4
Pfortzen v.	l. 1 d	Schvvabach	l. 2
Tief enbrunnam hagel schiefs	l. ... d	Nuremberg v.	l. 2
Vvormberg	l. ... d		lieuës 36

De Strasbourg à Augspur ou Auguste, on suit le chemin de Nuremberg jusques à Kandistat, où nous avons compté environ 14 lieuës.

Estingen v.	l. 1	Guntsburg v. ¶	l... d
Bochingen	l. 1	Knoringen	l. 1
Eberbach	l. 1	Burgavv b.	l... d
Göppingen v.	l. 1	Goltvving	l... d
Siessa	l. 2	Zusmerhausen	l. 1
Geysiingen v.	l. 1	Horsen ¶	l. d
Vveydenstenstetten	l. 1. d	Biber	l. 1
Langenovv	l. 1. d	Augspurg v. E.	l. 1
Leyphaim v.	l. 1. d	lieuës	32

De Nuremberg à Francfort.

Furth v.	l. 1	v.	l. 1. d
Bernbach	l. 1	Eselbach	l. 1
Elmkirchen	l. 1	Passe le bois dit Spes-	
Nevvstattlin v.	l... d	ser	l... d
Langenfeldt	l. 1. d	Bossembach	l. 4
Lamach	l... d	Oschenburg v. ¶	l. 2
Marché Biberach	l... d	Stockstat	l. 1
Kitzingen v. ¶	l. 5	Saligstal v.	l. 1
Vvrtzburg v. E. ¶	l. 3	Bibert	l. 2
Remling	l. 2	Francfort	l. 2
Langenfeldt sur le Main		lieuës	29

De Nuremberg à Leypzig Université en Misnie.

Buch	l. 1	Erlang v.	l. 1

D'ALLEMAGNE 307

Bairſdorff	l. 1	la Foreſt v.	l. 3
Forchhaim v.	l. 1	Salfel v.	l. 2
Hirſchshaid	l. 2	Rutelſtatt v.	l. 1
Bamberg v. E.	l. 2	Kahel v.	l. 2
Kandoltſdorff	l. 2	Ihena v.	l. 1
Kaltenbrun	l. 2	Dornoeck	l. 2
Koburg v.	l. 2	Naumburg v.	l. 1
Nevvſtattlin v.	l. 2	Vveyſſenfels v.	l. 2
Judenbach, qui eſt en la Foreſt de Turinge.	l. 1	Leyptzig v. Univerſ.	l. 1
Graſenthal, à la fin de			lieuës 36

De Nuremberg à Braunſvveigk.

Veyſſenavv	l. 1. d	Cotta v.	l. 7
Eottenſtain v.	l. 1	Vvolffenbutel	l. 6
Parreuht v.	l. 2	Braunvvéigk v.	l. 4
Sangethauſen v.	l. 3		

De Nuremberg à Prag, ville capitale de Boheme, Univerſité.

Lauff v.	l. 2	Vilſen v.	l. 6
Herſpruck	l. 2	Schebtrach v.	l. 5
Sulsbach	l. 3	Vveron v.	l. 2
Hirſchau	l. 2	Prag	l. 5
Vyeithauſen	l. 5		lieuës 32
Fravenberg	l. 2		

De Nuremberg à Ulm ville Imperiale.

Schuvvabach v.	l. 2	Knorza v.	l. 1
Vvaſſerman	l. 2	Ottingen v.	l. 2
Erlbach b. †	l. 1	Mordlingen v. †	l. 2
Guntzenhauſen v.	l. 1	Keſſingen b.	l. d

Deitingen †   l...d   Ulm. v.   l. 2
Gienga v   l. 2   lieuës 28
Langenavv v. l. 2

De Nuremberg à Munchen, ville capitale de Baviere.

Kornpurg   l. 2   l. 3
Schvvand   l. 1   Pfaffenhofen v. †   l. 4
Stain   l. 2   Prugk v.   l. 4
Dalmesing b.   l. 2   Munhen, siege du Duc
Greding   l. 2   de Baviere   l. 4
Rieding   l. 1   lieuës 25
Irgolstat v. Universi. †

De Nuremberg à Cassel, ville capitale du Landgraviat de Hesse.

Buch   l. 1   Mainningen   l. 3
Thenneloe   l. 1   Vvossen   l. 2
Erlang v.   l. 1   Herin Braytingen l. 2
Bayrsdorf   l. 1   Maresuol   l. 2
Forchbaim   l. 1   Berckha v.   l. 1
Bamberg v. E.   l. 4   Setze   l. 1
Bannach   l. 2. d   Rotemburg v.   l. 3
Eberach   l. 2. d   Melsingen   l. 3
Drobstall   l. 4   Cassel v. ch.   l. 2
Rumoldt   l. 1   lieuës 34

De Nuremberg à Ratisbonne, ou Regenspurg.

Feucht   l. 2   Deyningen   l. 2
Vertrienden   l. 1. d Hemaut   l. 4
Nevvenmarckt v.   Deurin   l. 2
  l. 1. d   Regenspurg v. Imp.

D'ALLEMAGNE. 309

l. 2   lieuës 13

De Leyptzeig à Stetin.

Dieben	l. 4	Nevvstan v.	l. 3
Khonrigk	l. 3	Angermind v.	l. 3
Vvittemberg v. Univ.		Gartz v.	l. 5
	l. 1	Stetinn v.	l. 4
Dreabretzen	l. 4	C'est la principale ville	
Beltz	l. 2	de Pomeranie, lieu	
Sormundt v.	l. 2	de grand commerce.	
Barlin v.	l. 4	lieuës 52	
Bernavv v.	l. 3		

De Leyptzeig à Regenspurg.

Aklemburg v.	l. 5	Schninhatten	l. 1. d
Zvvirckavv v.	l. 4	Pfraimbt	l. 1. d
Aurbach	l. 3	Naburg	l... d
Neunkirchen v.	l. 3	Schvvartzenfeld	l. 2
Eger v.	l. 3	Schvvandorf	l. 4
Vvaldt sachsen	l. 2	Deubitz	l. 3
Turschenreut	l. 2	Regenspurg	l. 4
Neustettlin	l. 3	lieuës 45	
Veyda	l. 3		

De Leyptzig à Prag.

Heimrichen	l. 2. d	Gommettavv	l. 4
Born v.	l... d	Lanna	l. 4
Frobourg v.	l. 2	Schlen v.	l. 3
Benich v.	l. 1	Prag	l. 4
Khemnitz v.	l. 2	lieuës 26	
Mariaberg v.	l. 3		

De Leyptzig à Vvittemberg en Saxe.

Diben   l. 4   l. 1
Kungrigk   l. 3   lieuës 8
Vvittemberg v. univerſ.

De Leyptzig à Francfort.

Lintzen v.	l. 2	Robel v.	l. 3
Vveiſſenfels v.	l. 2	Voll v.	l. 2
Naumburg v.	l. 2	Schlchters v.	l. 2
Neckersberg v.	l. 2	Staynach ſur le che-	
Butrelſtatt v.	l. 2	min	l. 1. d
Erdfurd v.	l. 2. d	Salminſter	l. 1. d
Gotta v.	l. 3	Gelhauſen v.	l. 2
Eyſenac v.	l. 3	Havo	l. 3
Schonſee	l. 2	Francfort v.	l. 2
Fach v.	l. 1	lieuës 36. d	

De Lubec à Francfort.

Oldeſla   Munſter v. E.
Hamburg v.   Beckhaim
Vver., paſſe l'Albe   Anricht
Staden   Rinn
Premerſurt   Vvintersberg
Mollen   Halinberg
Bruch v.   Vvetter v.
Bremem v. E.   Marburg v.
Dilmenharſt   Gieſſen v.
Vvildhauſen   Butzbach v.
Frocht   Fridberg v.
Drechsforden   Francfort v.
Oſenbruch v.   Il y a environ l. 70
Lengering   d'Allemagne.

D'ALLEMAGNE

De Francfort à Prag.

Aschemburg	l. 5	Vveistat	l. 4
Miltenpurg	l. 4	Eger v.	l. 4
Bischoffshaim	l. 4	Falkenavv	l. 3
Vvurtzburg v. E. ch.	l. 4	Schalkenvvald	l. 3
		Cada	l. 3
Detelbach	l. 4	Sacz	l. 3
Hasfurt	l. 5	Schlen	l. 6
Pamberg v.	l. 4	Prag v. E. Univerf.	l. 4
Lichtenfels	l. 4		lieuës 68
Kůmlbach	l. 4		

De Francfort à Auspurg par le pays de Franconie.

Oschemburg v.	l. 5	Vvalhufen	l...d
Miltemburg v.	l. 6	Sarteldof	l...d
Bischoffshaim v.	l. 4	Ktelshaim	l...d
Distelhaim	l...d	Berenbrunnen	l. 1
Konigshofen v.	l...d	Dinckelsphyhel	l. 1
Mergetheim	l. 1	Nordlingen y.	l. 3
Vvaclbach	l. 1	Herburg	l. 2
Herbsthausen	l. 1	Thonavverd	l. 2
Kichbach	l. 1	Marding	l. 1
Kelberbac	l...d	Vvestendorff	l. 2
Pflavvlfelden	l...d	Augspurg	l. 3
Rot	l...d		lieuës 37

Autre chemin de Francfort à Auspurg jufques à Heydelberg, faut tenir le chemin ci-deffus, & depuis Heydelberg à

Leyman	l. 2	Vviseloch v.	l. 1

412 CHEMINS

Angeloch	l. 1	Goppingen v. †	l. 3
Rieden	l. 1	Geſlingen v.	l. 2
Stetten	l. 1	Lauſen	l. 3
Braxhena par deſſus la montagne †	l. 1	Vvetterſtetten	l. 1
		Albeck	l. 2
Benixhen v.	l. 1	Leipham	l. 2
Biettingxen v.	l. 1	Guntzberg	l. d
Griemingen v.	l. 1	Zuſmethauſen b.	l. 3
Stamm	l. 1	Augſpurg v.	l. 3
Kandſtard v.	l. d		lieuës 31
Eſtingen v.	l. 1		

D'Augſpurg à Vvirtzburg.

Gerſthofen	l. 1	Dincxhelphibel v.	l. 3
Langvvaid	l. 1	Jeſta	l. 3
Vveſtendorff	l. 1	Rottemburg v.	l. 1
Marding	l. 2	Ochiſenfurg v.	l. 4
Thbnavverd v.	l. 1	Vvirtzburg v. E.	l. 3
Harburg	l. 2		lieuës 24
Nordlingen v.	l. 2		

D'Augſpurg à Nuremberg.

Betmoſſ	l. 3	Haydech	l. 2
Nevvburg v. †	l. 4	Roth v. †	l. 4
Eyſtet v. †	l. 3		lieuës 20
Beckthal	l. 2		

D'Augſpurg à Saltzpurg.

Omaringen	l. 1	Metzing	l. 1. d
Bachern	l. 1	Munchen v.	l. 1
Vogach	l. 2	Zornering	l. d
Nayſac	l. d	Ebersberg	l. 1
Eſting v. †	l. d	Vvaſſerberg	l. 3
		Obingen	

D'ALLEMAGNE.

Obingen	l. 2	Schiden	l... 3
Altenmarkt	l. 2	Brothausen	l. 1
Vvagin	l. 2	Saltzburg	l. 1
Poring	l. 2		lieuës 22
Schontom	l... d		

D'Augspurg à Regenspurg.

Fridberg	l. 1	Mospurg	l. 3
Par	l... d	Landshurt v.	l. 3
Zeydelbach	l. 2	Erbelspach	l. 3
Inversdorf	l... d	Nevvfar	l. 1
Kamesberg	l... d	Schietling	l. 3
Krambsberg	l. 1	Regenspurg	l. 3. d
Freysing	l. 1		lieuës 23

D'Auspurg à Vienne par terre.

Faut tenir le chemin de		Beurbach	l. 1
Regenspurg jusques		Vvaldkirchen	l. 2
à Landshurs où l'on		Desertingen	l. 1
compte environ		Alkosen	l. 2
l. 12 d		Lyntz v.	l. 3
puis poursuivre à		Martausen v.	l. 1
Geyselhausen	l. 1	Berg v.	l. 3
Vilsbiburg	l. 2	Greyn v. & faut passer	
Gingkofen	l. 2	le bois de Sperka	
Eckenfeld	l. 2		l. 3
Pfarkinchen v.	l. 1	Bossemurg	l. 1
Birinbach	l. 1	Marbach	l. 2
Karchhaim b.	l. 1	Emerdorf	l. 1
Rothof	l. 1	Agaspach	l. 1
Sharding	l. 1	Spitz	l. 1
Taufkirchen b.	l. 1	Vveizenkirchen	l. 2
Sigattigen	l. 1	Surnstain	l. 1
S. Vvilibold	l. 1	Krembs v.	l. 1

514   CHEMINS.

Gravenvverd	l. 1	Kar Neuburg	l. 2
Ashdorf	l. 2	Vienne	l. 2
Haufleuten	l. 1		lieuës 61 d
Stockerovv	l. 1		

D'Augspurg à Prag.

Fridberg v.	l. 1	Nevvkirhen v.	l. 2
Deüng	l. 1	Rots v.	l. 1
Aycha	l. 1	Vvaldt v.	l. 2
Strobenhaufen	l. 2	Deynts	l. 3. d
Birenbach	l. 1	Pilfeu v.	l. 5
Geyfendeld	l. 2	Rockenzan	l. 2
Schvvayg	l. 2	Servvitz	l. 1
Nevvstattlinno.	l. 2	Scheberach	l. 1
Abenfperg	l. 2	Vverron v.	l. 2
Regenfpurg, v. Imp.	l. 4	Prag	l. 3
Nittenarv	l. 4		lieuës 45. d
Bruck v.	l. 1		

D'Augspurg à Berne en Suisse.

Bodingen	l. 2	Stain	l. 2
Symmach	l. 2	Schaffhanflen v.	l. 2
Angelberg	l. 2	Baden en Suiffe v.	l. 3
Mindelhaim v.	l. 1	Accon	l. 3
Memmingen v.	l. 3	Mortgenthal	l. 3
Vvurtzen v.	l. 3	Riettvveil	l. 2
Ravenfpurg	l. 2	Berne v.	l. 3
Bachorn	l. 3	Depuis Berne fuit le	
Morfpurg, lieu où l'on s'embarque pour aller par le Lac à Conftance	l. 2. d	chemin à Lyon par Geneve cy-deffus, qui est environ l.	45
			lieuës 83. d

D'ALLEMAGNE.

D'Auspurg à Inspruch & Trente.

Hausstetten	l. 4	Passe le bois de Brennet à Cossensass	l. 2
Landsperg v.	l. 2		
Romenkessel	l. 1	Storzingen	l...d
Soya	l. 1	Beysser	l. 3
Schongauu v.	l. 2	Brixen	l. 1
Rotenbuch	l. 1	Klausen	l. 2
Amberg v.	l. 3	Kolman	l. 3
Echal	l...d	Elumavv	l. 2
Partakirch	l. 1. d	Botzen	l. 1
Mittenvvald	l. 3	Nevvmarks	l. 3
Seefeld	l. 3	S. Michel	l. 2
Zierel	l. 3	Nevis	l. 1
Inspruch v.	l. 2	Triendt, ou Trente	l. 1
Matracn	l. 3		
Staihach	l...d		lieuës 51
Lug	l. 1		

De Vienne à Inspruch.

Kalenberg	l. 1	Sresvarlch	l. 2
Nevvbourg Cloistre	l. 1	Vogelbruck	l. 2
Tresmaurgu	l. 2	Nevvenmarckt	l. 2
Hertzoburg	l. 2	Salzburg v.	l. 2
S. Boltin	l. 1	Reichanhall	l. 1
Linden Mark	l. 2	Loffersthal	l. 4
Strenburg	l. 2	Vverglen	l. 4
Lendin sur Enns	l. 2	Schvvats	l. 4
Obernberg	l. 2	Hall en la vallée dite Inthal v.	l. 1
Vvalts	l. 4		
Lambach	l. 2	Inspruch v.	l. 1
Schvvanns	l. 2		lieuës 50
Frankennark	l. 2		

O iij

De Vienne à Villach.

Straskirchen	l. 4	Iudemburg	l. 2
Nevvestar v.	l. 4	Hundzmarkt	l. 2
Nevvkitchen v.	l. 2	Saifling	l. 1
Glonits v.	l. 2	Nevvmarckt	l. 2
Schadvvienn	l. 1	Friesach	l. 2
Merzucblag	l. 1	Sant Veit	l. 2
Bruk sur Mur	l. 4	Feldtkirchen	l. 3
Comi	l. 3	Villach	l. 3
Michael	l. 1		lieuës 49
Cinkebfeld	l. 3		

De Prag à Vienne.

Bomischenbrot v.	l. 4	Osnam v.	l. 2
Planeys	l. 3	Gundersdorff	l. 2
Kolen v.	l. 1	Holobrunn	l. 4
Zalslvv	l. 3	Leutersdorff v.	l. 3
Habern	l. 2	Gellersdorff	l. 1
Polen	l. 2	Kornneuburg v.	l. 2
Kamnits	l. 2	Vvienn	l. 2
Trobits v.	l. 5		lieuës 37

De Prag à Vvitemberg.

Vvelberg	l. 3	Melschen	l. 3
Vvudin	l. 2	Stral	l. 4
Leurmetitz	l. 2	Thorgo v.	l. 3
Aussig	l. 3	Vvitemberg	l. 6
Gottleben	l. 4		lieuës 34
Dresen v.	l. 2		

D'ALLEMAGNE.

Les yssuës du Royaume de France par la Bourgongne & Savoye, pour aller en Allemagne.

De Langres à Basle.

Vesou	l. 12	Tan	l. 3
Auxois	l. 4	Sterne	l. 2
Pluviers v. baings	l. 3	Milhouze	l. 2
Le Lu...	l. 3	Basle	l. 3
Romermont	l. 3	lieuës	35

De Basle à Constance.

Rheinfelden v. †	l. 2	Diessenhofen	l. 1
Lauffenburg v.	l. 3	Stein v.	l. 1
Vvaldshut v.	l. 2	Stexborn v.	l. 1
Nevvkurchen v.	l. 2	Constance v. E.	l. 1
Schaffhusen v. †	l. 2	lieuës	15

De Constance à Inspruch, passage d'Italie.

Oberlingen v.	l. 1	Fressen v.	l. 4
Marchdorff v.	l. 2	Nazareit outre la Ferne	l. 4
Ravenspurg v.	l. 2		
Vvaugen v.	l. 2	Inspruch	l. 6
Eyssua	l. 2	lieuës	26
Rempten v.	l. 3		

De Basle à Chur, principale ville des Grisons.

Rheinfelden v.	l. 2	Raper Svveiller v.	l. 3
Seckingen v.	l. 1	Vvalenstat	l. 6
Lauffemberg v.	l. 2	Chur	l. 5
Baden v.	l. 3		
Zurich v.	l. 3		lieuës 25

De Basle au mont S. Gothart.

Leichstel v.	l. 2	passe le Lac.	
Zoffinghen	l. 1	Dorff	l. 1
Vvalhsauu	l. 2	S Gothart	l. 5
Lucern v.	l. 3		lieuës 20

D'Auxonne au Duché de Bourgongne à Besançon.

S. Pan	l. 2	S. Vit	l. 1
Dole V. E. universf.	l. 2	S. Fargeau	l. 2
Rochefort	l. 2. d	Bezançon ville Imp.	
Orchamps	l. 1	Arch.	l. d
Chranchet	l. 1		lieuës 12

De Bezançon à Montbelliart.

Rouchette	l. 1	Clervaut sur le Doux	
La Malemaison	l. 1	v. †	l. 3
Roland ch.	l. 1	Grange	l. 2
Suchin	l. 1	Montbelliart v. ch. †	
Baulne les Nonains v. †	l. 1		l. 2
			lieuës 14

D'ALLEMAGNE.

D'Auxonne à Dole & à Salins.

S. Pin	l. 2	La Grange des Arsures	
Dole univerſ. †	l. 2		l. 1
La Loy	l. 2	Salins V.	l. 1
Bermont	l. 1		lieuës 10
Villefarlet †	l. 1		

De Dijon à Geneve.

Rouvre	l. 2	Lyon le Saunier V. †	
Braze †	l. 2		l. 2 d
S. Jean de Laune v. †	l. 3	Orgelet V.	l. 2
		Moiran b.	l. 3
Paſſe la riviere.		S. Claude b. †	l. 4
S. Aubin †	l. 1 d	Samoſſer	l. 2 d
Paſſe le Doux.		Gex V. †	l. 2
Belle Veuë V. †	l. 2	Geneve ville libre	l. 2
Baterran	l. 2. d		lieuës 32

De Lyon à Geneve.

Neiron	l. 1. d	S. Germain	l. 2. d
Monluel v. ch. †	l. 2	Chaſtillon †	l. 1
Le port de Chalei	l. 3	Balon	l. 1
S Mori †	l. 1	Monte le Credo.	
Cormon	l. . d	Longeret	l. 1
Ambournei Ab v.	l. 1	L'Ecluſe	l. 4
S. Jean le vieil †	l. . d	Colongne	l. . d
Gezerien	l. . d	Le Pont de Blanfl.	l. . d
Sardon †	l. 2	Berney	l. . d
Pont de Maillan	l. 2	Lancy	l. . d
S. Martin	l. . d	Geneve †	l. . d
Nantua v. princ.	l. 1. d		lieuës 26. d

O iiij

CHEMINS

De Geneve à Mets.

Nion †	l. 3	Esquevilliers †	l. 3
Morges	l. 4	Conflans	l. 1
La Sarra	l. 2	Fortenay en Vauge	
Eselée †	l. 3		l. 3
Joigne	l. 2	Espinal †	l. 5
Pontarli †	l. 3	Charmes †	l. 5
S. Gourgon	l. 2	S. Nicolas	l. 5
Gonsan †	l. 3	Nomigni †	l. 5
Baulme les nonnes	l. 3	Mets †	l. 5
Monboufou †	l. 3		lieuës 64
Froté	l. 4		

De Geneve à Berne.

Nion	l. 3. d	Morat †	l. 2
Rolle	l. 2	Berne Canton	l. 6
Morges	l. 2. d		lieuës 26
Lausanne v. Universi. l. 2			
Momprevere	l. 2	Aucuns passent de Lausane à Romino l. 4	
Modon †	l. 2	A Pribourg	l. 6
Payerne †	l. 2	A Berne	l. 6
Avanches	l. 2		lieuës 16

De Geneve à Basle.

Morat cy-dessus † l. 20		Balestad	l. 2
Arberg	l. 4	Liechstel †	l. 2
Soleurre Canton	l. 4	Basle, Canton	l. 2
			lieuës 34

D'ALLEMAGNE.

De Berne à Ulm.

Burtolff	l. 1	ques à Morfpurg v.	
Arburg	l. 3		l. 1
Aravv	l. 1	Buchorn v.	l. 1 d
Lentzburg	l. 2	Ravenfpurg v.	l. 2
Mellingen	l. 2	Vvaldfée	l. 2
Baden en Suiffe v.	l. 1	Bibrach	l. 2
Kaylerftul	l. 1	Ulm v.	l. 4
Schaffhaufen v.	l. 2	Ceux qui vont de Lyon	
D effenhoff	l. 1	à Nuremberg tien-	
Stain	l. 1	nent ce chemin.	
Conftance V. l. 1. là où		lieuës 29. d
on paffe le Lac juf-			

De Geneve à Cure ou Coire, ville principale des Grifons.

A Berne cy deffus l.26		hes	l. 2
Bertueil	l. 2	Laque	l. 2
Otteville	l. 2	Veife	l. 2
Villefon	l. 2	Valiftat	l. 2
Cheracgnes	l. 3	Chur v.	l. 4
Sainte Marie deftermi-		lieuës 47

De Geneve à Chur par un autre chemin.

Faut tenir jufques à So-		Smerick	l. 1
lothurn ou Solleurre		Vvelfen	l. 1
cy-deffus au chemin		Vvalenftat	l. 3
de Bafle	l. 28	Menfeld	l. 2
Otten en Haro	l. 3	Pont du Rhin	l. 1
Bade v. †	l. 3	Chur	l. 1
Zurich v. Canton †	l. 2		lieuës 47
Medolf	l. 2		

CHEMINS

De Zurich on peut al- par le Lac à Vvaler à Meiland & à lenſtat.
Lacquin, & de-là

De Geneve au mont Sampion.

Tonon v. †	l. 5	pion	l. 3
Evian v.	l. 2	lieuës	27
S. Gingot †	l. 3		
S. Mauris en Vvalçi b. †	l. 3		
Martigni †	l. 4		
Sion v. E †	l. 4		
Lueche †	l. 3		
Brich au pied de la montagne de Sam-			

De Martigni on va à ſaint Brancher & l'on paſſe le mont ſaint Bernard pour entrer en Italie par Aouſte, Yrée & Verceil.

De Chambery à Geneve.

Aix bains v. †	l. 2	Le Luiſer †	l. 1. d
Rumilli v. †	l. 3	Cruſille b.	l. 1. d
Salanova ou la Caille l. 3		Geneve v. †	l. 1. d

DESCRIPTION DES
lieux plus renommez d'Italie, & issuës de France & Savoye pour aller audit pays.

De Lyon à Chambery, & de Grenoble à Suze, voy aux chemins de France.

De Chambery à Thurin.

Montmelian v. ch. *	l. 3	S. André l. 2. ou bien par Modane en bas † l. 8	
Aiguebelle v. ch. *	l. 4	Tremignon	l. 3
Argentine	l. 1	Lanebourg *	l. 1. d
La Chambre v. ch.	l. 3	passe le mont Senis.	
Trois ponts sur la riviere d'Ar, & puis à S. Jean de Mortane v. E. *	l. 4	La Poste	l. 2. d
		L'Hôpital	l. . d
		La Ferriere	l. 1
S. Julin	l. 1	Novalese *	l. 2
S. Michel †	l. 1		

Icy on commence à compter par milles dont les trois font une lieuë Françoise.

Suze v. ch.	m. 1	sus S. Michel	m. 4
S. Ambroise & au des-		Avillane v. ch. *	m. . d

O vj

S. Antoine Ab.   m. 1   Thurin v. Arch.   m. 3
Rovoli v. ch.   m. 1

Depuis Suze l'on compte par milles par toute l'Italie, qui sont grands, moyens ou petits. Grands en Piedmont, moyens en Lombardie, & petits en Toscane & Romagne.

De Thurin à Rome.

Chivas v.	m. 10	Burg S. Donnin	m. 10
Cilian	m. 9	Guert	m. 6
S. Germain	m. 9	Regio v. E.	m. 15
Verceil v. ch. E.	m. 8	Robiero	m. 7
Novarre v.	m. 9	Modena v. E.	m. 8
Buffalore	m. 10	Castel franc	m. 1
Milan v. ch. Arch.	m. 16	Samogia	m. 10
Marignon v.	m. 10	Boulongne la Grasse v. E. Université	m. 10
Lodi v. E.	m. 4		
Plaisance v. E.	m. 12	S. Raphael	m. 2
Pontenut	m. 5	Pianora	6
Firenzuole	m. 9		

Les monts Appennins.

Lavergnan	m. 3	La Poste	m. 4
Lagarde	m. 1	La Scarperie	m. 5
Anconelle	m. 1	Le pont	m. 3
Legian	m. 2	Taillefer	m. 2
Scarga l'Asino	m. 2	Vaille	m. 2
Pietramala	m. 5	Lucellatoio	m. 2
Filgiogo	m. 1	Le Lastre	m. 5
Fiorenzuola	m. 3	Mentou	m. 5

D'ITALIE.

Vintimiglia v.	m. 5	Levo	m. 3
Bordila	m. 5	Fria ou Pretia	m. 5
S. Remo v.	m. 5	Final v.	m. 5
Trapggia	m. 5	Vose	m. 3
S. Laurent	m. 7	Sprotorno	m. 3
Porto Nauritio	m. 8	Avay ou Vadi	m. 5
Onelia	m. 2	Savone V. E.	m. 7
Dian	m. 5	Varasse	m. 4
Au Cerf	m. 5	Coguretto	m. 4
L'engelia	m. 6	Renzavi	m. 5
Arasse	m. 2	Votri	m. 3
Albenga v.	m. 5	Pegli	m. 1
Cerial	m. 5	Sestri deponente	m. 5
Bergher	m. 2	Gennes v. Arch.	m. 3
		Mill.	168

L'on va de Provence à Gennes par un autre chemin plus court prenant par Cisteron & au Col de l'Argentiere.

De Cisteron à Nizze-re	m. 8	Sambucco	m. 7
		Vinay	m. 8
La Motte	m. 7	Domon	m. 5
Bellefarre	m. 7	Rocca	m. 5
La Briole de Provence	m. 10	Borgo	m. 5
		Canni V.	m. 8
Lost de Savoye	m. 7	La Marguerite	m. 8
Mayolans	m. 7	Mondevi v. E.	m. 6
Barcelonnette	m. 6	Lesegne	m. 9
Chastellart	m. 9	Plie	m. 9
Larce, & là passe la montagne	m. 8	Le Calcare	m. 8
		Savone v. E.	m. 10
Barcay	m. 8	mill.	165

Suis le chemin cy-dessus jusques à Gennes.

Ceux de Provence & Languedoc qui veulent aller à Milan, tiennent le chemin que je viens de décrire jusques à Canni, & vont à

La Trinité	m. 10	Mortara	m. 8
A la Victoria	m. 12	Vigeve, là passe le Tesin	m. 10
Albe v. E.	m. 8		
Ast v. E.	m. 12	Briagras	m. 6
Casal de Monferrat v. E.	m. 10	Milan v. Arch.	m. 14
Gozza	m. 10		mill. 110

De Gennes à Lucques.

La plûpart s'embarquent pour éviter les montagnes, & vont surgir ou à Sestri de levant, ou à Lerici, ou à Vioreggio; toutefois le chemin par terre est aussi pris par plusieurs, & est tel.

Boillasc	m. 6	S. Rimedio	m. 8
Necco	m. 6	Serezzana	m. 8
Rapallo	m. 6	Massa	m. 7
Chaiveri	m. 6	Pierra Santa	m. 7
Lestri de Levant	m. 6	Massagrogia	m. 8
Bracco	m. 6	Lucques v. E.	
Matatana	m. 6		mill. 86
Borghetto	m. 6		

De Luques à Florence.

Borgo à Bryono	m. 8	Pistora v. E.	m. 10

D'ITALIE

Poggio à caiano m. 10   mil. 49
Florence v. Arch. m. 10

De Luques à Sienne.

Verſegi   m. 17   Sienne v. E. Univerſ.
La Scala   m. 8   m. 13
Caſtel Florentino m. 8   mil. 56
Poggibonzi   m. 10

De Gennes à Milan.

Ponte decimo   m. 7   La Paille   m. 13
Borgo   m. 8   Aquapendente   m. 12
Florence v. Archeveſ.   S. Laurent   m. 4
m. 2   Bolſena   m. 2
S. Caſian   m. 8   Monflaſcon   m. 8
Tavernelle   m. 8   Viterbo   m. 8
Staggia   m. 10   Rouſſillon   m. 9
Siene, v. ch. Univerſité.   Monteroſſo   m. 1
m. 10   Bacans bois   m. 1
Luſignan   m. 8   Tre Capanne   m. 5
Boncouvent   m. 4   Rome   m. 5
S. Quirico   m. 7   mill. 377

L'on peut calculer environ trois de ces milles pour une moyenne lieuë Françoiſe.

Le chemin de Thurin à Rome, par la Poſte.

Moncalier v. ch. m. 3   Felizan   m. 8
Poirin   m. 5   Alexandrie de la paille
Bellot   m. 5   v. E.   m. 10
Aſt v. E.   m. 8   Tortone   m. 10

328 CHEMINS

Voguera	m. 10	Castel saint Jean	m. 8
Siatrizzo	m. 6	Rotofredi	m. 7
Stradella	m. 7	Plaisance v. ch. E.	m. 7

Et-puis suis le chemin sus écrit,

mill. 91

De Boulongne à Rome par la Romagne.

S. Nicolo	m. 9	Guallo	m. 7
Imola v.	m. 10	Nocera v. E.	m. 7
Fazenza v.	m. 10	Pontecentesimo	m. 7
Furli v.	m. 10	S. Horace	m. 9
Cesana v.	m. 10	Protte	m. 9
Savignano	m. 10	Strettura	m. 9
Remini v.	m. 9	Terni v.	m. 7
Gorian	m. 10	Ofricoli v.	m. 8
Montefiore	m. 8	Tevere passage au Bor-	
La Foglia	m. 8	gettho	m. 1
U. bino v.	m. 8	Civito Castellana	m. 4
Aqua lagna	m. 10	Rignan	m. 7
Cagli	m. 4	Castelnovo	m. 7
Cantiano	m. 4	Prima porta	m. 8
Schegia	m. 6	Rome	m. 7
Sigillo	m. 6		mill. 243

Ceux de Provence & de Languedoc, qui veulent aller à Rome, prennent leur chemin d'Avignon à

Treangue	l. 2	Sadaron	l. 3
Carpentras v. E.	l. 2	Empore	l. 3
Mormoiron	l. 3	S. Lazare	l. 3
Saur	l. 3	Saux v. ch.	l. 3

DE FRANCE.

Talaffort v. ch.	l. 1	Sufine	l. 4
Torſez	l. 4	Ours	l. 3
Ambrun v. Arch.	l. 4	Infilles	l. 4
S. Creſpin	l. 4	Suze	l. 3
S. Martin	l. 3		lieuës 54
Briançon v. E.	l. 2		

Et puis ſuivent les grands chemins ſuſdits.

De Lyon à Gennes on ſuit le Chemin cy-deſſus par Suze, Thurin, juſqu'à Felizan.

Au Coſtellas	m. 8	Poſte decimo	m. 7
Bazalucci	m. 9	Gennes v. Archeveſ.	
Gavi	m. 6		m. 8
Orragio v.	m. 6		mill. 50
Borgo	m. 6		

De Nizze à Gennes.

Turbi	m. 7	La Baſtia	m. 8
L'Iſola	m. 5	Pavie V. E. univ.	m. 10
Arqua	m. 5	Binaſco	m. 10
Bottola	m. 8	Milan	m. 10
Tortonne v. E.	m. 8		mill. 86
Uſghera	m. 10		

De Gennes à Veniſe.

L'on vient juſques à Voghera cy-deſſus, & puis à

Stiatizzo	m. 6	Zorleſco	m. 7
Stradella	m. 6	Pizzighithon	m. 7

CHEMINS

Cremone V. E.	m. 19	Bevilagua	m. 10
Bronouaille	m. 10	Montagnana	m. 9
S. Jacomo	m. 8	Padouë V. E. univerſ.	
Marcheria V.	m. 8		m. 18
Caſtellucio V.	m. 9	Lizza Fuſina	m. 5
Mantouë V. E.	m. 10	Veniſe	m. 5
Stella	m. 10		mill. 148
Sangonico	m. 10		

Et de Gennes à Voghare l'on compte environ m. 59   mill. 198

De Gennes à Veniſe par un autre chemin.

L'on vient juſques à		Guaſtalla	m. 7
Seſtri de Levant au		Morra	m. 12
chemin cy-deſſus,		Borgo forte	m. 8
& puis à Vareſe		Mantouë v. E.	m. 8
	m. 9		mill. 81
Borgo	m. 9		
Fornuovo	m. 19	Et de-là ſuis le che-	
Parme v. E.	m. 10	min cy-devant décrit.	
Berzella	m. 8		

De Milan à Veniſe par Mantoüe.

Marignan v.	m. 10		m. 9
Lodi v. E.	m. 10	Mercaric	m. 12
Zorleſco	m. 10	Caſtelluccie	m. 8
Pizigithon v.	m. 10	Mantouë	m. 10
Cremone v. E.	m. 12		mill. 101
Caſa della buona Vo-		De-là ſuit le chemin	
glia	m. 10	cy-deſſus de Gennes à	
S. Incomo à Poppio		Veniſe.	

D'ITALIE.

De Milan à Venise par Bresse.

La Casanova	m. 8	Scaldera	m. 10
Cassano	m. 10	Montebello	m. 10
Martinengo v.	m. 10	Vincense v. E.	m. 12
Coccai	m. 10	Padoüe v. E. universe.	
Bresse v E.	m. 10		m. 18
Pont Saint Marc	m. 10	Lizzefusina	m. 5
Rivoltella	m. 12	Venise	
Castelnovo	m. 9		mill. 147
Veronne v. E.	m. 11		

De Milan à Ferrare.

Prend de Mantoüe cy-dessus, & va à		Spalenton	m. 9
		Ferrare v. E. universe.	
Gouverno	m. 9		m. 10
Ostia	m. 10		mill. 50
Mazza	m. 11		

De Ferrare à Ravenne.

S. Nicolo	m. 13	Ravenne v. Archeves.	
Argento	m. 11		m. 10
Casa de Copi	m. 10		mill. 55
Fusignano v.	m. 12		

De Ferrare à Chur, ville capitale des Grisons.

Fiesco	m. 10	Fomma	Campagna
Laudimara	m. 10	m. 10	
Lignago	m. 18	Peschera	m. 12
Il pozzo	m. 16	Lunata	m. 10

532   CHEMINS

Bresle v. E.	m. 18	Passe le mont de la	
Isle V. ch.	m. 5	Berline.	
Passe le lac.		Pont Rasin	m. 20
Besigno	m. 15	Pont Camoas	m. 20
Bré	m. 18	Burgues	m. 12
Edelo	m. 16	Lauz	m. 12
Briglia	m. 10	La Badla	m. 12
Tirave	m. 20	Kur ou Coire	m. 12
Poschiano	m. 10		

De Milan au mont Sampion.

Cirlago	m. 15	Domo	m. 15
Varese	m. 15	Devedre	m. 9
Gavino	m. 10	Sampion	hostellerie
Lac Majeur.	—		m. 10
Margazy	m. 10		mill. 28

De Milan au Mont S. Gotthart.

Barlasina	m. 13	Giornech	m. 7
Como v. E.	m. 2	Foet	m. 8
Codelago	m. 8	Rolo	m. 8
Lugan	m. 8	S. Gotthart	m. 8
Bellinzon	m. 16		mill. 89
Poleze	m. 4		

De Milan à Trente.

La Cassina bianca	m. 8	Castelnovo	m. 8
Cassiano v.	m. 12	Volatni	m. 16
Martinengo	m. 10	Vé, ou Bé	m. 1
Coccai	m. 10	Roueré	m. 10
Bresle v. E.	m. 10	Trente v. E.	m. 10
Pont S. Marc	m. 10		mill. 122
Pivokella	m. 8		

D'ITALIE.

De Venise à Trente.

Marghera	m. 5	Hôpital	m. 19
Treniso v. E.	m. 12	Borgo	m. 10
Quer	m. 20	Porcei	m. 15
Feltre	m. 7	Trente v. E.	m. 5
La Scala	m. 10		mill. 94

De Venise à Chur, ou Coire, ville capitale des Grisons.

Lizza Fusnia	Passe le lac de Come,
Padoüe v. E.	Gaire
Montebello	La Rive
Scaldera	Chiavenna
Veronne v. E.	Cadelsin
Peschera sur le lac de Garde v.	Passe la montagne, Splonguel
Desenzan	Tousane
Liman	Chur v.
Bresse v. E.	Tous les lieux cy-
Palazola	mentionnez depuis Pa-
Bergamo v. E.	doüe jusques à Chur,
Pontida	sont autant de demies
Allec	journées ou repues.
Dache	

De Venise à Villach, ville de Carinthie, pour aller à Vienne en Austriche.

Marghera	m. 5	Sacil	m. 10
Treviso	m. 12	Santa Vogada	m. 10
Conegien	m. 15	Spilimberg	m. 10

CHEMINS

Hospitalet	m. 10	Malborghet	m. 7
Venzon	m. 13	Taruis	m. 5
Cuza	m. 12	Vvilla	m. 20
Pontrua	m. 8		mill. 125

De Venise à Rome.

Par mer à Chiozza		Cesenatico	m. 15
Fornace	m. 16	Belaere	m. 10
Geso	m. 16	Rimini	m. 9
Voloni	m. 15	Coriano	m. 10
Magna Vacca	m. 15	Montefiore	m. 5
Primaro porto	m. 15	Foglia	m. 7
Ravenna V. Arch.	m. 9	Urbino	m. 7
Cervia	m. 10		mill. 159

Trouve Urbino cy-dessus au chemin de Boulogne, à Rome par la Romagne, & poursuis.

De Venise à Ancone.

L'on va à Ravenne au chemin cy-dessus, puis à Alfavio	m. 10	Pezaro v.	m. 10
		Fano v.	m. 5
		Sinigalia v.	m. 10
Cesenadego	m. 10	Casa Bruciata	m. 19
Rimini	m. 15	Ancona v. E.	m. 10
La Catholique	m. 15		mill. 111

D'Ancone à Rome.

Osmo	m. 10	Varchiano	m. 7
Macerata	m. 8	Le pas de Spoleti	m. 9
Tollentino v. E.	m. 10	Spolet v. E.	m. 8
Valcimara	m. 9	Stretrura	m. 8
Mucia	m. 8	Terni v.	m. 8
Pian de Dignano	m. 7		mill. 92

D'ITALIE.

Poursuit le chemin qui est décrit cy-dessus au voyage de Boulongne à Rome par la Romagne.

D'Ancone à l'Aquila, ville de l'Abruzze.

Lorette	m. 15	Verznia	m. 7
Recanati	m. 3	Spoleti	m. 15
Passo du mezerata		Daroni	m. 10
	m. 10	Civita ducato	m. 15
Dorentina	m. 10	Borgetro	m. 5
Polverina	m. 10	L'Aquila	
Serraval	m. 8		mill. 123

Ceux qui viennent de devers l'Allemagne par Trento, & veulent aller à Rome font ce chemin.

Rouere	m. 12	Po hôtellerie	m. 12
Bô	m. 10	La Concorde	m. 9
Volarm	m. 10	Saint Martin	m. 7
Castelnovo	m. 9	Bon port	m. 8
Roverebelle	m. 9	La Crosette	m. 9
Mantoüa v. E.	m. 12	Lavin	m. 10
Saint Benedict. Abb.		Boulongne	m. 9
	m. 10		mill. 138

Puis ils suivent le chemin cy-dessus, à Rome par la Toscane, ou par la Romagne.

De Rome à Naples.

La Torre à Mezza   m. 8

556 CHEMINS

Marin	m. 6	Mola	m. 9
Velletri	m. 8	Garillan bac	m. 9
Cisterno v.	m. 6	Li Bagni	m. 8
Sermonera v.	m. 7	Castello	m. 9
Le Case nove	m. 8	Patria	m. 9
La Badia	m. 8	Pozzuolo v.	m. 7
Terracina v. E.	m. 9	Naples v. E.	m. 6
Fondi	m. 10		mill. 127

Autre chemin de Rome à Naples.

La Tour du Grec	m. 6	Ponte corvo	m. 9
Marin	m. 6	La Fratte	m. 10
La cave de Laglieri	m. 10	Garillan rivière & batteau	m. 12
Valmonton	m. 9		mill. 104
Gastel matteo	m. 9	Poursuis le chemin cy-dessus, depuis le Garillan à Naples.	
Florentin	m. 12		
Tosci	m. 9		
Ceptano	m. 12		

De Naples à Messine en Sicile.

La Tour du Grec	m. 6	Castrovilla	m. 7
Barbazon	m. 7	Ezato	m. 9
Solerno V. E.	m. 9	La Regina	m. 10
Taverne	m. 10	Cozenza v. E.	m. 12
Bevole	m. 8	Chaprocedo	m. 7
La Duchesse	m. 9	Martorana	m. 9
La Collette V.	m. 10	S. Biascio	m. 6
La Sale	m. 7	Laqua della fica	m. 7
Casal neuf	m. 9	Monte Lionne v.	m. 9
Rovere nogo	m. 7	S. Pietro	m. 8
Piria à Lauria	m. 12	Rosa	m. 7
Castel luccio	m. 9	S. Anne	m. 9
Val S. Martin	m. 6	Ponego	m. 9
		Fiumara	

D'ITALIE.

Fiumara de Mori, ou bien à Reggio ville, Evesché	m. 10	Et passe le Far. Messine v.	m. 12
			mill. 104

De Naples vers la Poüille, à Lecce, & en terre d'Otrante.

Morillan	m. 12	Bitonto	m. 12
Cardinal	m. 10	Caporto	m. 10
Vellin	m. 9	Conversano	m. 9
Dente-Cane	m. 10	Monopoli	m. 12
Porcacino	m. 10	Fagian	m. 9
Aqua viva	m. 12	Altone	m. 13
Ascoli v. E. en Poüilla	m. 12	S. Anne	m. 8
		Busveglia	m. 9
Casal del Conte	m. 9	S. Pierre	m. 10
Citignola	m. 12	Lecce	m. 12
Canossa	m. 14	Otrante	m. 12
Andria	m. 12		mill. 248
Rivo Castello	m. 10		

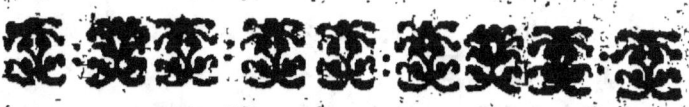

LES ISSUES DU ROYAUME
de France pour aller en Espagne, par Languedoc & Gascogne, & les chemins des lieux & villes plus renommez d'Espagne.

De Narbonne à Barcelonne, Valence, & Grenade.

Ville Falfe	l. 4	Fiton	l. 3

338 CHEMINS

Salses Forteresse	l. 4	Valence v. Evesché ville Royale	l. 4
Perpignan V.	l. 4	Cattaroia	l. 1
Bolon	l. 4	Silla	l.
L'ofcarmovo	l. 4	Almufaze	l. 1
Bafcaka	l. 4	Algemefi	l. 2
Girona V. E.	l. 4	Alzira	l. 1
Cafa bianca	l. 4	La puebla	l. 1
Roputa	l. 4	Xativa	l. 2
S. Sillon	l. 4	Valada	l. 3
La Rocca	l. 4	Almuxent	l. 1
Moncada	l. 2	La puente laiguera	l. 2 d
Barcelonne V. Evesché, ville capitale de Catalogne	l. 2	Alcaudetes	l. 2
Caftel del Fex	l. 4	Telca	l. 3
Cofte de garaf	l. 1	Jumilla	l. 4
Villanove	l. 4	Calafparra	l. 5
Tarragona v. Archev.	l. 4	Carvaca	l. 5
		La venta del moral	l. 4
Cambrilles	l. 4	Huefca	l. 3
L'Ofpedal	l. 1	Baça v.	l. 4
Petrillo	l. 3	La venta de Baul	l.
Tortofa v. E.	l. 3	La venta de Guer	l. 1
La Galera	l. 2	Guadiz	l. 3
Sralette	l. 3	Los bagnos de la piccia	l. 2
Salfadella	l. 3	Aquas blancas	l. 3
Cabanes	l. 3	La venta chimida	l. 2
Villa real	l. 3	Vveas	l. 2
Morviedre	l. 3		
Granade V. E. ville ample, magnifique, fiege du Royaume des derniers Princes Maures l. 2			lieuës 153. d

De Barcelonne à Sarragoſſe.

S. Filio	l. 2	Martorel	l. 2

D'ESPAGNE.

Mosquessa	l. 2	Caras	l. 4
Piera	l. 2	Fraga v.	l. 4
Igolada	l. 2	Candasmo	l. 3
S. Marie del Camin	l. 3	Brugellados	l. 3
Hostellettes	l. 2	Sainte Lucie	l. 3
Tailla dello	l. 2	Olfera	l. 3
Belpucci	l. 2	La Puebla	l. 4
Beglioc	l. 2	Sarragosse v. E.	l. 3
Lerida V. universs.	l. 2		lieuës 52

De Belpucci cy-dessus, à Monzon, où se tiennent les Estats d'Arragon.

Villa nova della barca	l. 4	Torrizon	l. 5
		Monzon v.	l. 4
Allogarie	l. 3		lieuës 14

De Monzon à Sarragosse.

Castel Flori	l. 4	Perdigera	l. 3
Sarignena	l. 3	Sarragossa v. E.	l. 4
Corbieri al corbirri	l. 3		lieuës 17

De Valence à Tolede.

Quiba	l. 5	Salires	l. 4
Sietraquas	l. 4	Honribua	l. 3
Requegna	l. 3	Francon	l. 3
Passagio	l. 6	Occagna	l. 3
Gampillo	l. 5	La vento Jepes	l. 4
Locaca	l. 5	Toledo V. Archeves.	l. 4
Puente Talavelas	l. 4		
Villart de Cagnos	l. 5		lieuës 56

P ij

De Valence à Cordouë & Seville.

Suis le chemin cy-des- La venta de Tolavillo
  sus, jusques à Mu-   l. 3
  xente, où nous com- Andugiar l. 3
  ptons environ l. 13 La venta de S. Julian
La venta del porto l. 3   l. 2
Almana l. 2 Aldea de rio l. 2
La Venta l. 2 Calpoio l. 3
Taponce l. 2 La puente de Arcoda
Eluilar l. 3   l. 3
Consiglia l. 3 La venta del Moutton
La ventas de S. Pedro   de la terra l. 1
  l. 2 Cordouë Cité E. l. 1
S. Anne l. 2 La venta de Romanas
Balazorte l. 2   l. 2
La venta de Segovia La venta de S. Andres
  l. 3   l. 1
Las Fuantzillas l. 2 Las posodas l. 3
Viveros l. 3 La venta l. 2
Villa nova de Alaaras Pegnar Flor l. 2
  l. 2 Lorra l. 2
La Puebla l. 3 Villa nova l. 2
La venta de Baranco Tossine l. 2
  l. 2 Bodegon l. 2
La venta de los santos Sevill v. E ville Roya-
  l. 5   le d'Andaloufie au
S. Stefan del porto l. 4   temps des Maures.
La venta de los Arquil-   l. 3
  los l. 3   lieuës 103
Limares l. 3

De Grenade à Cordouë.

La venta del fresno l. 2 Pinos l. 1

D'ESPAGNE.

Puetolope	l. 2	Baena	l. 2
Sequia	l. 1. d	Caftrorio	l. 2
Alcala Real	l. 1. d	La venta himistosa	l. 2
Aravita	l. 2	La venta del Carascal	
Caichena	l. 1		l. 2
Elmorion	l. 1	Cordoüe	l. 2
Elportafgo del Duc	l. 1		lieuës 22

De Muccia Cité jadis capitale du Royaume des Maures, à Grenade.

Cantatilla	l. 2	La venta de Baul	l. 1
Librilla	l. 4	La venta de Guar	l. 1
Venta Cottana	l. 4	Guadix v.	l. 3
Lorca v.	l. 3	Los baguos de la Picea	
La venta la mala	l. 3		l. 2
Velis el rubio	l. 3	Aquas blancas	l. 3
La venta del marque		La venta Chimada	l. 2
	l. 2	Yvea	l. 2
La venta del Alamo	l. 2	Grenade	l. 2
Baça V.	l. 3		lieuës 47
Aılar	l. 4		

De Seville à Cordoüe par autre chemin que le fus écrir.

La venta de torres blancas	l. 1	La venta zonchera	l. 1
		Carmona V.	l. 2
La venta de las staleras	l. 1	La venta de Almar	l. 4
		Fuentes	l. 1
La venta de l'Orsa	l...d	La venta del palmar	l. 2. d
La venta per Omingo	l...d	Ecira	l. 2. d
		La venta val calcado	l. 2

P. iij

La venta las vignas l. 1   Cordoue   l. 4
Alcazar   l. 1   lieuës 23

De Seville à Malega port de la mer Mediterranée.

Mairera	l. 4	Venta de las Salinas	l. 1. d
La venta Odino	l. 2. d		
La venta de la Huerta	l. 1. d	Venta de las penayas	l. 1
Marchena	l. 1. d	Venta del rio	l. 1
La venta	l. 2. d	Lora	l. 1
Osuna	l. 2. d	Venta	l. 1
Venta del rioblanco	l. 1. d	Venta	l. 2
		Venta Catama	l. 1
Venta de las yegas	l. 3. d	Malaga	l. 2. d
			lieuës 31. d

De Seville à Lisbonne, ville capitale du Royaume de Portugal.

Castilegia	l. 1	Portalguillo	l. 3
Las ventas de giner	l...d	Alqueria	l. 5
Aspartines	l. 1	Poremogo	l. 3
S. Lucar del Peçin	l. 2	Sorpa	l. 6
La venta de Hunal	l. 1	Gubba	l. 5
El Castilejo	l. 1	Bottaran	l. 5
Manzanilla	l. 1	Alcazar de Sal	l. 5
Villa Alva	l. 1	Parma	l. 2
Villa Rosa	l. 1	Marteca	l. 2
La Parma	l. 1	Gulba	l. 1
Niebla	l. 1	Palmella	l. 3
Triguexor	l. 3	Cubba	l. 3
Aveas	l. 2	Almaba	l. 3

D'ESPAGNE.

Lisbonne   l. 1   lieues 63

De Seville à Leon jadis Siege du Royaume.

L'on vient à Cordouë par le chemin cy-dessus, au voyage de Valence à Seville, où nous comptons environ   l. 21
Ou par Carmouë où nous en comptons   l. 23

Venta del Monton	Los Porcherizzas l. d
De la terra l. 1	La venta Guadelmes l. 1. d
La puenta d'Areola l. 1	La venta del Errero l. 1
La venta Malabrigo	
Adamons l. 2	La venta Taiada l. 2
La venta d'Aqua duce l. 1	La venta de Alcaide l. 1
La venta Navagont l. 1	La venta del Muleniglio l. 1
La venta del Fresno l. 1	Tartanedo l. 2
La venta dos Hormans l. 1	Al Mondoval, del campo l. 2
	Carraquel l. 3
La venta Fresuedilla l. 1	Ciodad Real l. 3
	Peravillo l. 2
La venta d'Aran l. 1	Malagon l. 2
La venta de los Locos l... d	La venta de Zarcuolla l. 2
La venta de la Croce l. 1	La venta d'Araxotan l. 2
La venta el Alamana l. 1	La venta Guadalerza l. 2
La venta Nuevas l. 1	Yvares l. 2

P iiij

CHEMINS

Orgas	l. 1		l. 1
La venta de Dierma		Mediana	l. 2
	l. 2. d	S. Vincente	l. 2
Tollede v. Arch. prim.		S. Domingo	l. 2
	l. 2. d	Paxiares	l. 2
Lazaro Buci	l..d	Arevalo	l. 3
La puente Guadarama		Ataquines	l. 3
	l. 2	S. Vincento	l. 1
Villa Miel	l...d	Valuerde	l...d
Hueccas	l. 1	Medina	l. 1. d
Noves	l. 1	Rueda	l. 2
San Silveſtro	l. 1	Tordeſillas	l. 2
Gifmonde	l... d	Torrelobaton	l. 3
Efcalona	l. 2	Caſtromonte	l. 2
Paredes	l. 1	Valuerde	l...d
Gadaharſo	l. 2	Medina de Rio ſecco	
La venta de los toros			l. 1
deguiſſando	l. 1	Moral de la reina	l. 2
La venta de la Tablada		Cuenca	l. 1. d
	l...d	Villalon	l. 1. d
Zebreros	l. 1. d	Monaſterio de Vego	
La venta de la Palomie-			l. 3
ra	l. 2. d	Manxilla	l. 3
La venta de S. Bartho-		Leon	l. 3
lomeo	l. 1. d	lieües 114. d	
La venta del Merches			

De Seville à Toledo, par la poſte.

Coſſina b.	l. 4	La venta del Reogal †	
Pignaflor b.	l. 4		l. 4
Las Poſadas †	l. 4	La venta del arcaire †	
Cordoua 4.	l. 3		l. 3
Adamos b.	l. 5	Mandoual des campos	
La venta de los locos			† l. 4
dames	l. 5	Canaluaches y.	l. 4

D'ESPAGNE

Ciudad real v.	l. 3	La venta de Efina	†
Malagon b.	l. 4	l. 3	
La venta de Rozatan †		Toledo v.	l. 3
	l. 4		lieuës 59
Jévanes b.	l. 4		

De France à Sarragoſſe, le plus droit eſt de Thoulouſe, prendre le chemin de Ganfran par Jaca, Ville aux montagnes, & de-là à Sarragoſſe, mais le plus ſeur eſt par Barcelonne, de Narbonne cy-deſſus décrit.

De Sarragoſſe à Bilbao.

Balgon	l. 5	Villafria	l. 2
Nucerim	l. 5	Alvania	l. 3
Malens	l. 4	Trevino	l. 2
Cortes	l. 2	La puebla	l. 1
Tudela V.	l. 3	Namlares	l. 1
Alfaro	l. 4	Huetio	l. 1
La Venta	l. 2	Accuye	l. 2
Calorra v.	l. 2	Horrozzo	l. 4
La venta	l. 2	Retta	l. 1
ontaguto	l. 1	Miravales	l. 2
nzillo	l. 3	Bilbao v.	l. 1
Logrogno v.	l. 2		lieuës 55
Viaſtreri	l. 3		

De Sarragoſſe à Segovia.

La Molla	l. 4	Tocza	l. 1
Alla Romera	l. 2	Ubierca	l. 1
L'Almogna	l. 3	A Lama	l. 1
El Fraximo	l. 3	Luna	l. 1
Calalajup V.	l. 3	Hariza	l. 1
Terrer	l. 1	Mon Real	l. 1

P v.

346 CHEMINS

Huerta	l. 1	Tortolla	l. 2. d
Arcos	l. 2	Guadalagiara	l. 2
Medinaceli v.	l. 2	Alcala des Enares	l. 4
Foncaliente	l. 1	Torrenzoncillos	l. 1
Siguenſa v.	l. 3	La venta de Biberos	l. 3
Veydes	l. 2	Madrid	l. 3 d
Los molinos	l. 1	Fuencarrar	l. 1
Burlalaro	l. 2	El colmenar	l. 4
Miralrio	l. 1	Jozas	l. 2
La caſa	l. 1	Segovia	l. 5
Padilla	l. 1	lieuës	68
Hitta	l. 1		

De Sarragoſſe à Lisbonne.

On ſuit le chemin de Segovia cy-deſſus, juſques à Alcala des Enares, où nous avons compté environ l. 48

Argenos	l. 2	Valpareizo	l. 3
S. Martin de la vega	l. 4	Naval moral	l. 1
		Almaras	l. 1
Yempozzuelos	l. 1	Las varcas de alballas	l. 1
Seſegna	l. 1		
Barnos	l. 1	Las caſas del puor	l. 1
Villa ſecca	l. 3		
Mozzigion	l. 3	Larizzeto	l. 2
Tolledo	l. 3	La venta de la vadera	l. 2
La venta elinels	l. 2		
Borrugion	l. 2	Caceres	l. 7
La Matta	l. 2	Mal parrida	l. 7
Cebello	l. 2	La Liſeda	l. 2
La venta albergus	l. 5	La venta varhgera	l. 3
Talavera	l. 1	Alboquerque	l. 2
Oropeſa	l. 6	Roncias	l. 4
La calzada	l. 2	Monfort	l. 2

D'ESPAGNE. 347

Extremos	l. 4	La venta Lavicco	l. 1
La venta del Duque	l. 2	La venta la Lesdra	l. 3
Royellos	l. 3	Riofrio	l. 2
Mont amor	l. 3	Aldea Galea	l. 2-d
La venta la Alaya	l. 2	Lisbonne v. Archev.	l. 3
La venta la Civier	l. 1	lieuës 148. d	
La venta la Regina	l. 1		

De Sarragoße à Salamanca.

Faut tenir le chemin de Segovia cy-dessus jusques à Heriza, où nous avons compté environ l. 20

Mutagulo, où commence la Castille	l. 2	Alchazares	l. 2
		Hogiales	l. 3
Lentesque	l. 3	Alchazares	l. 2
Almazzas	l. 2	Pozzal de Gallinas	l. 2
Centenare	l. 2	Medina del Campo v.	l. 1
Andalus	l. 2		
Tasueccho	l. 1-d	La Golosa	l. 1
Veinas	l. 1	La venta del campo v.	l. 1
Valdi Nebro	l. 1-d		
El Forgo Dosma	l. 2	El Capio	l. 1
S. Stefano	l. 2	Frenos de los Aios	l. 1
Castril	l. 2	Morlorido	l. 1
Oradera	l. 1	Petroso	l. 3
David	l. 2	Pitiequa	l. 1
Fresnillo	l. 1	La venta de Vellacos	l. 2
La Tour à unquo spese	l. 1	Morisco	l. 1
Ogiales	l. 2	Salamanca	l. 1
Nava di Rova	l. 2	lieuës 73	
La Parilla	l. 2		
Hogiales	l. 3		

P vj

De Salamanca à Lisbonne.

Aldea Tegiares	l...d	Userdual	l. 1
Calzadilla	l. 3	Redemegnos	l. 1. d
La Sagrada	l. 3	Punetti	l. 1. d
Las ventas	l. 4	Tanchas	l. 1
Cuidad Rodrigo	l. 4	Guillegan	l. 1
Vergaria	l. 3. d	Sinago	l. 3
La venta	l. 2. d	Sanarten	l. 3
Saburgnat	l. 2. d	Ocartaio	l. 2
Saint Stefan	l. 10. d	Saint Bugiar	l. 3
Val de Lobo	l. 1	Villa nova della Reina	l. 1
Mal puente de Capivam	l. 3	Castaguera	l. 1
Talaia	l. 2	Pones	l...d
Estinallas	l. 2	Villa Franca	l...d
Offreipiar	l. 2	El Aluerca	l...d
Serfedas	l. 2	Landra	l...d
Sa Vendra	l. 3	Povos	l. 1
Coruguada	l. 2	S. Giovan de Tales	l. 1
La venta de Giovan Das	l. 2	Saccaven	l. 1
Mendua	l. 1	Lisbonne V. Archev.	l. 2
La venta de la Langera	l. 3		
		lieuës	81. d

De Bayonne à Vagliadolid.

S. Jean de Lus, où se divise la France d'avec l'Espagne	l. 4	Villa Franca	l. 2
Irun préa Fontarabie	l. 4	Segura	l. 2
		Mont Saint Adrian	l. 4
Renteria	l. 3. d	Salvatiera	l. 3
		Vittoria	l. 3
		la Puebla	l. 5
Tolosetta	l. 3. d	Miranda de Estro	l. 4

D'ESPAGNE. 349

Pauco ruo	l. 3	retas	l. 3
Birbiesca	l. 4	La venta almoral	l. 5
Monastero de Rodi-		Torquemedai	l. 4
glias	l. 3	Mogos	l. 4
Castel de Pontes	l. 2. d	Duognas	l. 3 d
Burgos v. E.	l. 2	Cabeson	l. 3
Trantidos	l. 2. d	Vagliadolid	l. 4
Villa nova de las car-			
		lieuës	84. d

De Vagliadulid à Lisbonne.

Ponte de Duero	l. 3		l. 3
La ventosa	l. 2	Cazal de Cazeres	l. 2
Medina del Campo	l. 3	Rio del porco	l. 4
Carpio	l. 3	La venta alorca	l. 3
Cantalapietra	l. 3	Albuerch ch.	l. 3
Las Villoria	l. 3	Roncias	l. 2
La ventilia	l. 3	Montfort	l. 3
Alua de Tormes	l. 2	Teiros	l. 4
La Maia v.	l. 3	Estremos	l. 2
Gingvello	l. 4	La venta del Duque	l. 3
La Calzada b.	l. 3	Roiolos	l. 3
Lagnos	l. 2	Montemajor	l. 4
Aldeanueva	l. 3	Silveira	l. 2
La venta malabriga		Palla	l. 2
La venta del capparra		Ludera v.	l. 3
	l. 3	Rio Frio	l. 4
Carcasones	l. 4	Aldea Galgea où l'on	
Galisteo	l. 3	se peut mettre sur le	
Gorgiota	l. 2	Tage jusques à Lis-	
Cagnaveral	l. 3	bonne	l. 3
Las Barcas del conte		lieuës	105

De Vagliadolid à Toledo.

Ponte de Duero	l. 3	Ventosa	l. 2

CHEMINS

Medina del campo v.	l. 3	gida	l. 3
Taccinas	l. 4	Cebreos	l. 4
A Revalo V.	l. 3	Gadaarfo	l. 3
Pafciares	l. 3. d	Scalona	l. 4
Saint Domiago	l. 4	Nueves	l. 3
Medina V.	l. 4	La venta guarda Romo l. 3	
La venta el marches	l. 3	Toledo V.	l. 4
La venta de fronte fri-		lieuës 53. d.	

De Vagliadolid à Seville.

Tiens le chemin de Vagliadolid à Lisbonne cy-deſſus juſques à Caſal de Cazerez où nous avons compté environ   l. 60

Archazzares	l. 4	Calſadiglia	l. 3
Aldcalcavo	l. 4	Monaſtero	l. 4
La ventas de la errarias l. 4		Realeſio	l. 3
		Almeden	l. 3
Ghiuzen	l. 3	Perrottero	l. 2
Merida	l. 2	Caſtel bianco	l. 3
Torrel neſſia	l. 2	La Caſa del rio	l. 3
Almendraleſio	l. 2	Seviglia v. Arch.	l. 3
los Santos	l. 5	lieuës 110	

De Vagliadolid à Madrid.

Tien le chemin de Vagliadolid à Toledo cy-deſſus, juſques à Paſſiares, où nous avons compté environ   l. 18. d.

Alvagos	l. 2	Agoalda ramor	l. 3
Viglia Caſtin	l. 1	Allatorre diſodonet	l. 4
Creſpinal	l. 3	La Rozas	l. 2

D'ESPAGNE.

Madrid   l. 2   lieuës 37. d.

De Madrid à Toledo.

Axitatas	l. 2	Oriel	l. 3
Torrenxouciglias de la		Toledo v. Arch.	l. 3
calzada	l. 3		lieuës 14
Viglia luongua	l. 3		

De Madrid à Guadalagiaria & Torregios.

La venta de Biveros	l. 3		
	l. 3 d	El Alamo	l. 1
Torrenxoncillos	l... d	Casa ruvos	l. 1
Alcala des Enares	l. 2	Camerena	l. 2
Guadalagiara v.	l. 4	Fundaseda	l. 1
Al Coreon	l. 2	Torregios	l. 1
La puente de Zarzule			lieuës 21

De S. Jean de Piedeport à S. Jacques en Calice ou Compostelle.

Roncevaulx	l. 7	cavada	l. 4
Pont de Paradis	l. 4	Grignon	l. 3
Pampelune ville capitale de Navarre	l. 5	Berserrat	l. 3
		Villa Franca	l. 3
		Villa nuova	l. 4
Estella v.	l. 4	Burgos v. E.	l. 4
Oriola	l. 2	Fornello	l. 2
Larco del Rey	l. 2	Fontana	l. 2
Vinas	l. 4	Castro sotis	l. 2
Logrogno v.	l. 1	Ponte de Muta	l. 3
Navarret	l. 2	Formessa	l. 4
Nugara v.	l. 3	Carion	l. 4
Saint Domingo de la		Cascadeggia	l. 2

CHEMINS

Saint Giovanni	l. 2	Villa franca	l. 2
Saint Fongon	l. 4	Salvaterra	l. 4
Brunelio	l. 4	Malafava	l. 6
Mansilia	l. 3	Tre Castelli	l. 4
Lion de Spagna v.	l. 2	Villa nuova	l. 4
Saint Michel	l. 4	Ponte de min	l. 4
Ponte de Paqua	l. 4	Saint Iacomonelle	l. 4
Storga v.	l. 5	Villanova	l. 3
Ravanella	l. 4	Villa Rossa	l. 1. d.
Villa nueva	l. 2	Compostella v. Arch.	
Sette molini	l. 3		l. 1. d.
Ponserrado	l. 3		
Cacanellus	l. 2		lieuës 158

De Saint Jacques au Cap de finibus Terræ.

Alla puenta mastida	l. 3	la puente Arbara	l. 2
		la villa de Cese	l. 3
Gegua	l. 2	Cap de finibus Terræ	
Les barretes	l. 2		l. 2
Mongessu	l. 2		lieuës 16

De Saint Jacques à la Corugna, port de mer aux Asturies.

Busea	l. 2	Aldea de Santa Chri-	
A Siquero	l. 1	stiana	l. 2
Polo	l. 1	El Burgo	l...d
Espedal de Broma	l. 2	La Corugna	l...d
la Traviessas	l. 2		lieuës 10

D'ESPAGNE.

De Lagrogno à Tudela.

Ancociglio	l. 2	La venta del riconde Solo	l. 2
La venta de Lagufceio	l. 2	Alfaro	l. 2
La venta de Seguera	l. 2	Tudela	l. 4
Calaoria	l. 2		lieuës 16

De Saint Jacques de Compostelle à Alicant au Royaume de Valence, qui est tout le travers d'Espagne.

S. Marco	l. 1	Caveros	l. 2
La vaccula	l. 1	Ponferrada	l. 4
Ferreiros	l. 2	Molina facca	l. 1
Archa	l. 1	Regio	l. 2
Melid	l. 3	Azebbo	l. 1
La puente capagne	l. 3	La venta	l. 1
Legondi	l. 2	Fruoenzevandou	l. 1
Goncar	l. 2	El Ravaual	l. 1
Puorto Maria	l. 2	El Espidal de Ganfo	
Guiada	l. 1		l. 1
Sarria	l. 3	Palazios de val Duerno	
Mutaa	l. 2		l. 3
Tria Castello	l. 2	Afterva	l. 2
Fuoenfria	l. 2	La venneza	l. 2
El Hospedal	l. 1	La Torre	l. 2
Cebrero	l. 2	La noria	l. 1
La fama	l. 1	La puente Beizana	l. 1
Rebera de Valcazar	l. 2	Los molinos	l. 1
		Benavente	l. 2
Villa Franca	l. 4	La Aldea	l. 1
Campo de Narrari	l. 1	Villal pando	l. 1

CHEMINS

La morta	l. 5	La puente de guadagnarine	l...d
Bar dexillas	l. 3		
Rueda	l. 2	Toledo v. Arch.	l. 2 d
Medina del campo V. Arch.	l. 2	Nambrocca	l. 2
		Almonacid	l. 1. d
Valverde	l. 1	Bogas	l. 5
S. Vincente	l. 1	Flembecque	l. 2
Attachines	l...d	Villa cagnas	l. 5
Arenalo	l. 3	La publa de domfebrique	l. 2
Pasciares	l. 3		
S. Domingo	l. 2	La publa	l. 1
S. Vincente	l. 4	El tovoso	l. 2
Medina	l. 1	Mangia vacca	l. 2
La venta del Marques	l. 2	La mesas	l. 1
		El provintia	l. 3
La venta de saint Bartholomeo	l. 1	Villa minaia	l. 5
		La Roda	l. 3
La venta de la Palometa	l. 1	La Ginetta	l. 3
		Albazire	l. 3
Zebreros	l. 2. d	Chinchinella	l. 5
La venta la Fablada	l. 1. d	Xetruvella	l. 3
		Guazza	l. 3
La venta de los toros de guil.	l. d	Monte alegre	l. 1
		La venta Giovan Gil	l. 2
Cadaatso	l. 2		
Paredes	l. 1	Yecla	l. 2
Escalona	l. 2	Villena	l. 4
Gismonde	l. 1	Elda	l. 3
S. Silvestro	l. d	Monforte	l. 2
Neve	l. d	Alicante	l. 4
Huveccas	l. 1	lieuës 173	
Vilamiel	l. 1		

D'ESPAGNE.

De Burgos à Cuenca & de-là à Grenade.

La venta de los molinos	l. 1. d	Toralua	l. 1
Hontoria	l. 1	Ulgliar	l. 1
La venta de Ruma Legior	l. 2	La venta	l. 1
		Gogliaron	l. 2
Mangiares	l. 1	Guencha	l. 1
Savarrubia	l. 1	Val de gaugas	l. 4
La revertas	l. 1	La Parra	l. 1
Huerta del Rey	l. 2	Valverde	l. 1
Alcabiglia	l. 2	Valadiego	l. 1
Sayas	l. 1	La venta Talayvelas	l. 1
S. Stavan de Gormas	l. 1	La venta Gomas	l. 2
		San Clemente	l. 2
Tucas	l. 1. d	Villa robledo	l. 6
El Fresno	l. 1. d	La hofia	l. 4
Madredano	l. 2	Villa hermosa	l. 1
Rotortiglio	l. 1	Montiel	l. 1
Miedes	l. 1	La publa	l. 3
Atienza	l. 2	La venta del villa de Cicilla	l. 2
Guermedes	l. 3		
Vaides	l. 1	La venta de los Sanctos	l. 1
Mandayona	l. 2		
Las Tyernes	l. 1	Calestiar	l. 2
Zi fuentes	l. 2	La varca de guada limar	l. 2
Sauvoa	l. 2		
Salmaron	l. 3	La torre de Pedrogil	l. 2
Val de Olivas	l. 1		
Vindiel	l. 1	La puente de ubeda	l. 3
Piegro	l. 1		
Albatat de los Nogales	l. 2	La venta de las goardas	l. 1

La venta coruagial l. 2   La venta del fonte l. 3
La venta del duque l. 2   Granada v. Archevef.
Guadaorluna   l. 2   l. 3
La venta nuocua   l. 2   lieues 102. à
Afnallos   l. 1.

De Burgos à Toledo.

Caftiglio Sarrafin l. 2   La venta   f. 1. d
Logoglios   l. 2   Aliobendas   l. 1. d
Lerma   l. 3   Madril v. ch.   l. 3
Bababon   l. 3   Scietafe   l. 2
Gumiel dazzan   l. 2   Humanegios   l. 3
Aranda de Duero   l. 2   Illiefcas   l. 2
El Aldea   l. 2   Giunchilios   l. 1
Zerezo   l. 1   La venta   l. 1
Somofiera   l. 2   Couagnas   l. 1
Robregordo   l. 1   Olies   l. 1
Burrago   l. 3   La venta del Promutor
El Alvea   l. 3   l. 1
Pard gli   l. 1   Toledo   l. 1
S. Auftin   l. 2   lieues 48

De Burgos à Sarragoffe.

Garbadol   l. 2   Gragnon   l. 1
Yveas   l. 1   S. Domingo de la Cal-
Sandueldo   l. 2   zada   l. 1
Val de buntes   l. 1   Nagiara   l. 4
Vigilia franca   l. 2   Heremita de S. Anton.
Todos los fantos   l. 1   Navarrette   l. 1
Dolorado   l. 1   Logroguo   l. 2
Vigilia miefta   l. 1   Conzinglio   l. 2
Redeziglia   l. 1   Mont Agudo   l. 3

D'ESPAGNE.

La venta	l. 3	Cortes	l. 2
Calahorra v.	l. 2	Maglien	l. 2
El Aldea	l. 2	Vizzeniche	l. 4
Al Faro	l. 2	Dalagon	l. 2
Tude de la Navarra v. l. 4		Saragozza	l. 8
			lieuës 7

De Burgos à Bilbao.

La venta Horones	l. 2	Berguanda	l. 1
Monasterio de Rodiglia	l. 3	Effegio	l. 2
		La venta	l. 1
Castiglio de Peones	l. 1. d	Parverama	l. 2
		Hordugna	l. 2
Venta de Pradanos	l. 1. d	Lusciandro	l. 2
		Lorjo	l. 2
Biruiesca	l. 1	Miravaglis	l. 2
Brisaligna	l. 1	Rigoriaga	l. 1
Siveda	l. 1	Bilbao	l. 2
Pancorvo	l. 2		lieuës 30
S. Gadea	l. 3		

De Laredo à Vittoria.

Guecas	l. 1	Mortio	l. 1
Sanvosollo	l. 2	Messaga	l. 1
Regnalde	l. 1. d	Vittoria	l. 4
Loquendo	l. 1		lieuës 11. d

De Laredo à Leon.

El puorto	l. 2	S. Vincente	l. 2
Praves	l. 2	Lianes	l. 5
Santander	l. 2	La venta de Luarco	l. 2
Lestras	l. 2	Villa vitiosa	l. 2
Homilias	l. 3	Aviles	l. 3

la venta del condo l. ½
Leon v. E.   l. 2   lieuës 19

De Leon à Toro.

Villa nova de las ma-		Santa Fimia	l. 1. d
zanas	l. 1	Cabreros	l. 1
El Rebolar	l. 1	Quotanes	l. 1
Val delcace	l. 1	S. Pedro de la Tar	l. 1
Retuorta	l. 1. d	Villar de Dom Diego	
Val de mora	l. 1		l. 1. d
Gordoncillo	l. 1. d	Tara buoena	l. 1. d
Los Molinos de Mon-		Toro v.	l. 1
cales	l. 1. d		lieuës 18. d
Caſtro verde	l. 2		

De Medina del Campo à Toledo.

Valverde	l. 1. d	da	l. 1. d
San Vincente	l. 1. d	La venta de los toros	
Ataquines	l. 1	de Guil	l. 1. d
Areval	l. 1	Cadaarſo	l. 1
Paiares	l. 1	Paredes	l. 2
La venta	l. 3	Eſcalona	l. 2
Saint Domingo	l. 1	Gimonde	l. 2
S. Vincente	l. 2	S Silveſtre	l. d
Medina	l. 1	Neves	l. d
La venta del Marches	l. 2	Hueccas	l. 1
La venta di ſan Barto-		Villa miel	l. 1
lo	l. 2. d	La puente de Guarara-	
La venta di Polombera		mal	l. d
l. 1		Lazaro buci	l. 2
Zeberos	l. 2. d	Toledo	l. d
La venta de la Tobla-			lieuës 57

D'ESPAGNE

De Medina del Campo à Astorga.

Rueda	l. 2	La Puente Balzana	l. 1
Tordesiglias	l. 2	El Anotia	l. 1
La Mota	l. 3	La Terre	l. 1
Villalpando	l. 5	La Vannezza	l. 1
El Aldea	l. 1	Astorga	l. 1
Bonavente	l. 4		lieuës 25
Los Molinos	l. 2		

De Medina del Campo à Salamanca.

La Golosa	l. d	Pittiegna	l. 1
Las ventas del Campo	l. 2	Las ventas de Valesco	l. 2
El calpio	l. 1. d	Morisco	l. d
Fresno de los aios	l. d	Salamanca	l. 1
Mollerido	l. 2. d		lieuës 14. d
El pedroso	l. 3		

De Medina del Campo à Riosecco.

Alla Ruceda	l. 2	Valverde	l. 1
Tordesillas	l. 2	Riosecco	l. 1
Torre labaron	l. 3		lieuës 11
Castromonte	l. 2		

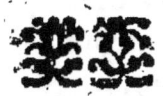

MEMOIRE DU PRIX
& valeur des Monnoyes d'Allemagne.

Monnoye d'Ausbourg.

7 Heller, ou deniers ⎫   ⎧ Creutzer.
8 Pfenning,   ⎪   ⎪ Bemisch.
5 Creutzer,   ⎬ va-   ⎨ Plappart.
10 Plappart,   ⎪ lent   ⎪ Florin.
29 Bemisch & 2.   ⎪ un   ⎪
Pfenning,   ⎭   ⎩ Florin.

Monnoyes des Princes Electeurs du Rhin.

Les florins qui ont leurs poids, valent ordinairement   26. Albus.

30. Albus,   ⎫ valent ⎧ lb ou pfund
             ⎬   ⎨ pfenning.
15. Albus,   ⎭ une   ⎩ lb heller.

7 Albus & demy ⎫ va- ⎧ demi lb heller
17 Schilling,   ⎬ lent ⎨ lb pfenning.
pfenning,   ⎪   ⎪
10 Schilling,   ⎭ une ⎩ lb pfenning.

DES MONNOYES. 361

34 Sobilliag & 6. heller font un florin.
20. Schilling heller une lb heller.
280. Pfenning font un florin.
8. Pfenning un Albus.
242. Pinger heller un florin.
12. Binger heller, un Albus.
9. Binger heller, un Schiliag heller.

Monnoye de Francfort.

27. Alb. en hellers de Francfort, } valent un { florin.
24. Shilling de Francfort, } valent un { florin.
219. Hellers de Francfort, } { florin.

20. { Hellers de Francfort } un vieux Tour-
18 { font aussi } nois.

Un nouveau Tournois vaut deux Schillings de Francfort.

7 { Hellers de Franc- } 1 levv en Angl.
8 { fort valent, } 1 Albus.
9 { } 1 Schilling.

1 Marck en Pfenning de Cologne est trois florins & demy.
1 Marck d'argent vaut un florin & demy.
1 Schilling en Pfenning de Cologne, font douze Pfenning, & valent trois Schilling.
4. Pfenning de Cologne, font neuf heller, & un Schilling.
1 Schilling Leichtpfenning vaut treize heller & demy.
2 Schilling Leichtpfenning, valent un Schilling de Cologne.

Q

8 Schilling de Cologne valent un florin.
1 Vierdung Pfenning, vaut neuf Schilling.
6 Leichtpfenning, valent sept & demy vieux hellers.
10 Nouveaux hellers, valent sept vieux.
1 Lb de vieux hellers, vaut un florin & quatre engelich.
1 Lb de nouveaux Hellers, vaut vingt Schilling.

Monnoye de Nuremberg.

2 Heller,		1 Pfenning.
5 Pfenning,		1 Fünffer.
50 Fünffer & 2. Pfenning,		1 florin.
30 Pfenning,	valent	1 lb.
8 lb & 12. Pfen.		1 florin.
252 Pfenning,		1 florin.
7 Pfenning,		1 Gros.
36 Gros,		1 florin.

Monnoye d'Austriche.

1 Florin,		8 Schilling.
1 Schilling,	vaut	30 Pfenning.
1 Pfenning,		2 Hellers.
4 Pfenning,	valent	1 Creutzer.

Monnoye de Hongrie.

1 florin,		110 Pfenning
1 Pfenning,	vaut	2 Hellers.

DES MONNOYES.

Monnoye de Meissen.

24 Gros valent un florin.
1 Gros, 6 lovven Pfen.
2 Florins, } { 144 lovven Pf.
1 Gros, } { 12 Pfenning.
52 Pfenning, } { 1 florin.
60 Gros, valent 1 Schock.
20 Gros, } { 1 vieil Schock.
21 Schneberger, } { 1 florin.
2 Gros à l'Epée, } { 1 Schneberger.

Monnoye de Strasbourg.

6 Pfenning, } { 1 Plappart.
8 Pfenning, } valent { 1 Batz.
4 Pfenning, } { 1 Vierer.
2 Pfenning, } { 1 Creutzer.
2 Helbbling, } { 1 Pfenning.
2 Ortling, } { 1 Heller.
12 Pfenning, } valent { 2 Plappart.
21 Plappart, } { 1 florin.
126 Pfenning, } { 1 florin.

Monnoye de Wirtemberg.

6 Pfenning, } { 1 Schilling.
11 Pfenning, } { 1 Batz.
8 Pfenning, } { 1 Bemisch.
11 Heller, } valent { 2 Creutzer.
20 Schilling, } { 1 lb.
28 Schilling, } { 1 florin.
168 Pfenning, } { 1 florin.

Q ij

Monnoye de Saltzbourg & Ratisbonne.

8 Pfen. de Bavieres,
30 Pfen. de Bavieres, } va- } 1 Gros.
8 Schilling, } l en t } 1 Schilling.
7 Schilling, } } 1 lb.
} } 1 florin.

Monnoye de Prag.

9 Pfen. ou 12. heller, } } 1. Gros.
60 Gros, } valent } 1 Schock.
40 Gros, } } 1 Marck.

Monnoye d'Ulm.

6 Pfenning, } } 1 Schilling.
21 Heller, } valent } 1 Bemisch.
7 Heller, } } 1 Creutzer.
20 Schilling, } } 1 lb.

Monnoye de Dannemarck.

52 Gros, [valent] un florin.

Monnoye de Pologne.

42 Gros, } } 1 florin.
16 Schilling, } valent } 1 Marck.
4 Pfenning, } } 1 Vvith.
3 Marck, } } 1 florin.

DES MONNOYES.

Monnoye de Lubeck.

12 Pfenning,   1 Schilling.
1 Vierdung,   valent   9 Schilling.
36 Schilling,   1 Marck.
68 Schilling,   1 florin.

Monnoye de kunigsberg & de Dantzic.

6 Pfenning,   1 Schilling.
15 Schilling,   1 Vierdung.
80 Schilling,   1 florin.
480 Pfenning,   1 florin.
60 Schilling,   valent   1 Marck.
15 Pfenning,   1 Stott.
6 Stott,   1 Vierdung.
24 Stott,   1 Marck.
32 Stott,   1 florin.

Monnoye de Cologne.

6 Morchen,   1 Schilling.
2 Schilling,   valent   1 Vveispfenning.
24 Vveispfenning,   1 florin.

Monnoye de Suisse.

4 Augster,   1 Creutzer.
12 Angster,   1 Bemisch.
60 Creutzer, ou   valent   1 florin du Rhin.
260 Angster,

Monnoye de Basle.

6 Rappen, } { 1 Plappart.
25 Plappart, } valent { 1 florin.
144 Rappen, } { 1 florin.
1 Creutzer, } { 5 Hellers.

Monnoye d'Anvers.

1 lb } { 1 Schilling.
1 Schilling, } { 12 Gros.
2 Gros, } { 1 Stiber.
1 Schilling, } { 6 Stiber.
1 Stiber, } valent { 2 Creutzer.
36 Stiber, } { 1 F Ecu.
28 Stiber, } { 1 florin.
240 Pfenning, } { 1 lb.
7 lb de Flandres, } { 30 florins.
8 Engelich, } { 1 Stiber.

EN Italie il y a aussi grande diversité de Monnoyes. Les meilleures especes que l'on y puisse porter, sont écus, pistoles d'Espagne, trébuchans 15. grains ou 16. Car l'écu sol n'y est point plus estimé que la pistole. Les comptes communs en toute la Lombardie, à Gennes & en Toscane, se font à livres, sols & deniers, mais les livres ne sont pas par toutes égales. Le Piedmont avoit les livres Ducales d'argent, dont les trois faisoient l'écu, mais cela a varié.

A Milan, un écu d'or de quinze grains trébuchant, vaut 120 sols, ou six livres. Il s'y forge des Ducatons d'argent qui s'y employent pour cinq livres & demie, tellement que ceux qui vont de Savoye (où ses especes ne s'employent que pour six florins & demy) à Milan font notable profit s'ils en peuvent recouvrer & qu'ils les y rapportent.

Quatre testons de France, valent à Milan, cinq livres & dix-huit sols de leurdite monnoye.

La menuë monnoye, sont quatrains, dont il en faut quatre pour un sol.

A Venise l'écu d'or de poids, y vaut vingt de leur monnoye, & encore un sol, ou marquet davantage, si l'on veut barquiner.

Le Ducaton d'argent vaut sept livres ou cent quarante marquets.

Trois quatrins valent un marquet.

Un marquet vaut douze bagatins.

Le Ducat courant de Venise, qui est une monnoye imaginaire, selon laquelle se tiennent les écritures & comptes des banquiers & marchands, vaut six livres quatre sols, ou marquets de leur monnoye.

A Boulogne l'écu d'or se met pour nonante boulognins.

Un boulognin sont six quatrins.

Une mariola deux boulognins.

Une gabelle vingt-six quatrins.

Un Carlin six boulognins & deux quatrins.

Un Jules cinq boulognins.

Un blanc quarante quatrins.

Un Pirastra vingt boulognins.

Un gabelon vingt-six boulognins.

A Rome l'écu de poids, y vaut douze paules.

Le teston trois paules.

Un paule dix bajocquets.

Un bajoc quatre quatrins.

Les monnoyes d'Espagne nous sont peu connuës, autres que leurs écus simples & doubles, & leurs reales d'argent, dont les douze font à present l'écu.

Le voyageur prendra en gré ce peu que je dis icy des monnoyes, & m'excusera sur les raisons que j'ay dites cy-dessus,

FIN

MEMOIRE
DES RELIQUES,
Qui sont dedans le Thresor de S. Denys en France.

PREMIEREMENT.

UN des Cloux de Nôtre Seigneur.

Une grande corne de Licorne de valeur inestimable.

La Lanterne de Malcus, qu'il portoit lorsque Nôtre Seigneur fut pris par les Juifs au Jardin d'Olivet.

Le Chef de S. Denis tout d'or massif, porté par deux Anges, enrichy de pierreries.

En la premiere Armoire.

LA Croix de Saint Laurent qui est d'or, enrichie de pierreries, dedans laquelle y a une verge du gril où S. Laurent fut martyrizé.

Le Menton de Saint Loüis enchassé en argent doré, enrichy de pierreries.

L'épaule de Saint Jean-Baptiste, enchassée en argent doré, dans laquelle y a plusieurs Saintes Reliques que l'on appelle des Tables de tous les Saints, enrichie de pierreries.

Le Bras de Saint Eustache, en argent doré.

Le Doigt de Saint Barthelemy Apôtre, enchassé en argent doré.

*L

Le Baston de la Confrairie de Saint Denis, qui est d'argent doré.

Une petite Teste d'enfant, qui est d'agate.

Des Reliques de Saint Loüis, Evesque de Marseille, enchassées en argent doré.

La Cruche où nôtre Seigneur échangea l'eau en vin.

Les anneaux des Reynes, qui sont d'or, enrichies de pierreries.

L'Ongle d'un Griffon.

Le Cornet de Roland le Furieux neveu de Charlemagne.

Les Reliques de Saint Pantaleon enchassées en argent doré.

Deux Couronnes, que le Roy Henry IV. a fait faire, l'une d'or, & l'autre d'argent doré, enrichies de pierreries.

Une belle petite Image de Nôtre-Dame qui est d'yvoire.

Un Nouveau Testament d'argent doré, enrichy de pierreries.

Le livre d'Epistres, couvert d'argent.

La Couronne de Loüis Treiziéme, enrichie de pierreries.

Les Reliques d'Isaye le Prophete, qui vivoit mil ans devant nôtre Seigneur.

La seconde Armoire.

Le Chef de Saint Hilaire, Evesque de Poictiers, enchassé en argent doré.

La Mittre, bien enrichie de pierreries.

Les Reliques de Saint Denis, enchassées en argent doré, lesquelles furent inhumées par les Anges au Mont de Sinay.

Des Reliques de Saint Nicolas, Evesque de

Memoire des Reliques.

Myrrhe, enchassées en argent doré.

Une image de Nôtre-Dame, qui est d'argent doré, qui tient en sa main des Drappeaux, dont nôtre Seigneur fut enveloppé en son enfance.

Des Reliques de Sainte Marguerite, enchassées en argent doré.

Le Calice où Saint Denis celebroit sa Messe, ses Buirettes & son Ecritoire.

Le Sceptre de la main de Justice de Henry IV.

Le Sceptre que l'on porte aux festes solemnelles, qui est d'or.

Un Os d'une des mains de Saint Denis, enchassé en argent doré.

L'effigie de la Reyne de Saba, qui est d'Agate, garnie d'or.

Un petit Crucifix taillé sur du Christal de Roche.

Une petite Fiolle d'Agate.

L'effigie de Marc-Antoine, qui est d'Agate.

La troisieme Armoire.

Une belle Croix toute d'or, enrichie de pierreries, dans laquelle il y a du Bois de la vraye Croix.

Une petite Chapelle d'argent doré, dans laquelle y a toutes les Reliques qui sont à la sainte Chapelle de Paris, sçavoir du sang de nôtre Seigneur, de ses Cheveux, de son Sepulchre, de son Saint Suaire, de l'Eponge, le Linge, dont il fut couvert en l'arbre de la Croix, de la terre du Mont de Calvaire, de la verge de Moyse, du Lait de la Vierge Marie, de ses Cheveux, & du Couvre-chef.

La Main de Saint Thomas.

Le Doigt qu'il mit au côté de nôtre Seigneur, enchaſſé d'argent doré, enrichy de pierreries.

Une Image de Nôtre-Dame, qui tient une fleur-de-lis en ſa main, dedans laquelle il y a de ſes Cheveux.

Une Couronne d'or que Jeanne d'Evreux Reyne de Navarre, a fait faire, qui eſt enrichie de pierreries.

Une Image de Saint Jean l'Evangeliſte, qui eſt d'argent doré, où il y a de ſes Cheveux.

Un vaſe d'Agate & d'émeraudes, où le Roy Salomon beuvoit.

La Croſſe de S. Denis, garnie d'or & d'émail.

Une belle Mittre toute couverte de perles & de pierreries.

Un beau grand Calice tout d'or.

Une autre petite Mittre, toute couverte de perles & de pierreries.

Le baſton du Chantre, qu'il porte en proceſſion quand il fait l'Office, aux bonnes Feſtes, qui eſt d'argent doré.

Pluſieurs belles Agraffes, qui ſont d'or enrichies de pierreries.

L'Agraffe du manteau du Roy Dagobert.

L'Agraffe du manteau de S. Denis.

Une petite Roze de drap d'or, dedans laquelle y a pluſieurs anneaux de Reyne.

Un beau Calice émaillé.

La main de Juſtice de Saint Loüis, qui eſt d'or.

La quatriéme Armoire.

Une belle Croix enrichie de pierreries, de Charles le Chauve fils de Charlemagne, tout d'or, enrichie de belles pierreries, dedans la-

Mémoire des Reliques.

quelle y a des Reliques de Saint Georges & de Saint Ordre, & Saint Apolinaire, qu'il mettoit sur son buffet quand il traittoit les Princes de la Cour, & mettoit-on Flambeaux de cire pour faire reluire les pierres.

Un beau Vaze d'agate, qui est estimé à cinquante mil écus, que Philippes le Hardy fils de Saint Loüis a apporté d'Egypte, dans lequel boivent les Reynes quand elles sont couronnées.

Un Vaze de christal de roche, qui a servy au Temple de Salomon.

Un Vaze d'agate, qui tient une chopine.

Columna referens veram longitudinem Domini nostri. Ibidem vera forma lapidis quem remotum à Sepulchro mirabantur mulieres.

Un autre Vaze d'argent, qui est godronné.

Un Vaze d'agate, où il y a deux Cordons d'or.

Le Chef de Saint Benoist, qui est d'argent, enrichy de pierreries. Et un Os de son bras enchassé en argent doré.

La Couronne de Saint Loüis, qui est toute d'or, enrichie de pierreries, où il y a un Ruby, estimé vingt-cinq mil écus, dedans lequel y a une épine de la couronne de nôtre Seigneur.

L'Epée Royale que les Rois portent quand ils sont couronnez.

Le Sceptre Royal, & la main de Justice que les Rois portent quand ils sont couronnez & sacrez, qui sont d'or.

Speculum quo Virgilius Maro dicitur usus.

L'Agraffe du Manteau Royal, toute d'or, enrichie de pierreries.

L'Agraffe du Manteau du Chantre, qui est

toute d'or, enrichie de pierreries, & il y a un ruby estimé douze mil écus.

Un petit Crucifix de la vraye Croix, que le Pape Clement III. a taillé, lequel est enchassé en or.

L'Effigie de l'Empereur Neron, qui est d'agate, garnie d'or, & enrichie de pierreries.

La Coupe de Salomon, garnie d'or, enrichie de pierreries, dedans laquelle il beuvoit.

Les Esperons des Rois qu'ils portent quand ils sont couronnez, qui sont d'or.

Les habits du Roy Charles IX. qui sont sur l'effigie d'Henry IV.

Les habits du Roy, qui regne à present.

L'Epée de Saint Loüis.

L'Epée de la Pucelle d'Orleans.

L'Epée de l'Archevesque Turpin, Chancelier de Charlemagne.

Les Reliques qui sont dans l'Eglise.

Les trois Corps Saints, Saint Denis, Saint Rustic, & S. Eleuthere.

Les Sepultures des Roys de France, qui sont dedans le Chœur à Saint Denis.

LE Roy Dagobert, premier Fondateur.

Le Roy Pepin, Pere de Charlemagne, & sa Femme.

Clovis Second.

Charles Martel Maire du Palais, le Pere de Pepin.

Loüis Charloman, bastard de Loüis le Begue.

Hugues Capet & Adot, premiers Rois des Capets, dont sont descendus les Bourbons.

Le Roy Robert & sa Femme Constance.

Henry premier & Loüis le Gros.

Le Roy Philippes fils de Loüis le Gros & sa Femme.

Carloman Frere de Charlemagne.

Charles le Chauve.

Philippes le Hardy Fils de Saint Loüis & sa Femme Isabelle d'Arragon.

Philippes le Bel.

Loüis Hutrin.

Sa Fille Jeanne Comtesse d'Evreux, Reyne de Navarre, & son petit Fils le Roy Jean.

Philippes de Valois, sa Femme & le Roy Jean son Fils.

Philippes le Long & sa Femme.

Charles le Bel.

François Premier.

Charles Quint.

Charles Sixiéme.

Charles Septiéme.

Charles Huitiéme.

Charles Neuviéme.

François Premier, sa Femme & ses Enfans.

Henry Second & ses Enfans.

Henry Troisiéme.

François Second.

La Reyne Marguerite.

Henry Quatriéme.

Le Duc d'Orleans.

Madame la Duchesse d'Orleans, Madame la Duchesse de Montpensier, Femme de Monsieur, Frere du Roy, Duc d'Orleans.

FIN.

Antiquité de la Sainte Chapelle Royale du Palais à Paris.

LA sainte Chapelle est aussi de la fondation de nos Rois. Saint Loüis la fit édifier pour y faire, comme il faisoit, sa devotion, & où ceux qui luy demandoient Justice, & ceux qu'il commettoit pour la rendre, & luy-mesme le premier, alloient invoquer le Saint Esprit. La Justice & la pieté sont deux sœurs germaines, issuës de mesme sang. Et pource que les ayeuls rendoient la justice à la porte de leurs chambres & au milieu de leurs Palais, il voulut que la Pieté & la Religion eust là pareillement son Temple, comme jadis l'avoient eu l'honneur & la vertu dedans la vieille Rome, & tous proche l'un de l'autre.

L'enqueste de la Canonisation de ce pieux Prince porte qu'il dépensa à faire cet édifice plus de quarante mil livres tournois, & que l'ornement des chasses & reliques qu'il donna valoit bien cent mil livres, qui étoient grandes sommes pour le temps. Aussi est-ce un bâtiment d'une architecture admirable, telle que nous pouvons voir. Et Maistre Jacques Androüet, dit du Cerceau, l'un des plus grands Architectes qui se soient jamais trouvez en la France, ainsi qu'a remarqué M. Estienne Pasquier en ses recherches: disoit qu'entre tous les bâtimens faits à la moderne, il n'y en avoit point de plus hardy que celuy-là: appellant bâtimens à la moderne, comme l'Eglise Nôtre-Dame de Paris, & autres tels, qui fur nouveaux deffeins furent introduits depuis le déclin de l'Empire de Rome, n'ayant rien emprunté de toutes ces parades qui étoient auparavant, telles que celles dont depuis le fieur de Claigny voulut embellir le Louvre, fejour ordinaire de nos Rois mefmes, outre cette architecture, je fouhaite que l'on confidere les vîtres de ce lieu, qui furent faites de telle façon que les Vitriers tiennent pour certain, que l'ufage & manufacture d'icelles a efté depuis perdu.

La mefme enquefte de ce Roy porte encore, qu'il donna tant de bled & de rentes à dix ou douze Chanoines qui y étoient, qu'ils recevoient bien cent livres par chacun an, & qu'il leur fit bâtir des maifons pour leur commodité. Et à ce Sanctuaire il départit liberalement plufieurs beaux & riches threfors, la Couronne d'Epines de nôtre Seigneur, les langes & drapelets dans lefquels il fut envelopé par la Vierge, une chafne de fer dont il fut lié, la nappe fur laquelle il fit la Cene avec fes Apôtres en l'inftitution du faint Sacrement de l'Autel, une partie de la vraye Croix, l'Eponge, le fer de la Lance dont Longis luy perça le cofté, la robbe de pourpre que Pilate luy vétit par mocquerie, le rofeau que les Juifs luy mirent au lieu de Sceptre, une piece de la pierre de fon glorieux Sepulchre, une partie du faint Suaire, une Croix de triomphe, du lait de la Vierge, la Verge de Moyfe, une partie du Chef de faint Jean-Baptifte, faint Clement, faint Simon, qui font les plus beaux joyaux qui foient demeurez à nos Rois, & à la confervation defquels ils fe doivent autant & plus étudier qu'à la confervation de leur Couronne, Joyaux augmentez depuis d'un coffret d'argent doré, dans lequel fut enfermé le chef de ce Religieux Prince, aprés qu'il fut canonisé.

Long-temps aprés que cette Chapelle eût esté ainsi bâtie & enrichie, Charles V. l'annoblit encore grandement. Ce fut luy qui obtint du faint Siege permission au Thresorier d'icelle d'user de mittre, anneau & autres ornemens Pontificaux (excepté la crosse) & donner benediction tout ainsi qu'un Evesque celebrant le Service divin dedans le pourpris & enceinte de ce Sanctuaire où reposent ces precieuses marques de nôtre Redemption.

Et pource que cette sainte Chapelle est vrayement Royale de fondation, aussi monsieur Pasquier nous apprend en ses recherches, que nos autres Rois la voulurent, par succession de tems, honorer des fruits & émolumens de leurs Regales. Le premier qui l'en gratifia fut Charles VII. non à perpetuité, mais pour trois ans seulement, lesquels étant expirez, il les continua à autres trois ans par ses patentes du 1. Mars 1342. Le tout pour estre employé moitié pour le Service divin & l'autre moitié pour l'entretenement des bâtimens & édifices. Et par autres subsequentes du 18. Avril 1358. il leur continua cet octroy pour quatre ans, portans les lettres que le revenu fust receu par ses receveurs ordinaires plus proches des lieux où écherroient les Regales, & par eux baillez au Changeur du Tresor, pour estre par luy convertis à la refection & reparation des ornemens & vêtemens de ladite sainte Chapelle, ainsi qu'il seroit par les Seigneurs des Comptes ordonné. Loüis XI. soudain aprés le décéds de son pere, voulant passer outre, par ses lettres du 13. Septembre 1465. leur accorda tant qu'il vivroit le profit des Regales : pour employer la moitié à l'entretene-

de la Sainte Chapelle. 251

ment des ornemens, vétemens, & linge de l'Eglise, & pour soûtenir les vitres d'icelle. Ces lettres furent presentées à la Chambre, qui ne les voulut verifier tout à fait, ains les restreignit à neuf ans par son arrest du 6. Novembre 1565. Depuis ce temps on ne fit doute de leur accorder cet octroy à la vie de chaque Roy. Et de fait quasi par un vœu solemnel tous les successeurs de Loüis XI. leur octroyerent à leurs avenemens tous ces profits, tant qu'ils vivroient, & ne fit-on difficulté à la Chambre d'en verifier les lettres. Charles VIII. par ses patentes du 12. Decembre 1483. Loüis XI. le second an de son regne, le douziéme de Juillet 1498. François I. le 18. de Mars 1514. Henry son Fils le 2 Novembre 1547. jusques à ce que Charles IX. par son Edit de Moulins du vingtiéme Fevrier 1565 ordonna que de-là en avant tous ces fruits appartiendroient à perpetuité à la sainte Chapelle.

Cette Eglise a encore plusieurs autres prerogatives, comme de dépendre immediatement du S. Siege Apostolique : marcher de pair avec les Chanoines de Nôtre-Dame aux processions publiques, & avoir ses Benefices & prebendes en la collation de nos Rois.

L'Evesque de Tuscule Legat en France de la part du Saint Siege consacra la haute Chapelle le 27. jour d'Avril 1248. Et le mesme jour Philippes Archevesque de Bourges, dédia la basse à l'honneur de la glorieuse Vierge mere de nôtre Seigneur.

En l'an 1630. un plombier étant dans le Clocher de cette Sainte Chapelle, & s'étant endormy proche du plomb qu'il avoit fondu pour recouvrir le Clocher, le feu prit malheureusement & brûla non seulement le Clocher, mais mesme tout le toict de l'Eglise, & n'eût esté le prompt secours qu'y apporterent les marchands du Palais interessez pour les boutiques qui sont immediatement au dessous de ce Temple, sur lesquelles le plomb fondu découloit des goutieres avec autant de rapidité que l'eau du Ciel en temps d'orage, ce superbe ouvrage eût entierement esté brûlé & consumé ; le Roy Louis XIII. repara au mesme temps cet édifice, & le Clocher qui étoit demeuré à faire jusques à present, se construit aujourd'huy plus beau qu'auparavant par la liberalité de Louïs XIV. légitime successeur des saintes intentions de ses Predecesseurs, aussi bien que de leurs Couronnes.

F I N.

REMARQUES

NECESSAIRES POUR faire observer les changemens considerables, arrivez en ce Royaume, depuis la derniere Edition de ce Livre.

ON a voulu laisser les choses comme elles étoient cy-devant dans ce Voyage de France, afin de faire voir en quel état étoit ce Royaume, quand la premiere impression en a esté faite, pour mieux faire connoistre en un lieu separé les grandes revolutions qui sont y arrivées, par la supression des Chambres my-parties & des Chambres de l'Edit, par la revocation de l'Edit de Nantes; & les differens changemens qu'on peut aisément remarquer dans les Ordres, Ecclesiastique & militaire, dans la Maison du Roy & dans la Justice, & sur tout les dernieres Conquestes du Roy: ainsi on a cru que de petites Remarques sur chaque page donneroient plus de satisfaction & de curiosité pour les lire, étant separées du corps du Livre; On observera donc qu'en la

Page 1. Toute la Province d'Artois, partie de celle de Hainaut, & le Luxembourg avec toutes ses dépendances, sont à present sous la domination Françoise; ce qui fait voir que la Picardie & la Champagne ne sont plus frontieres comme elles le pouvoient estre au temps de l'édition de ce Livre; car depuis ce temps-là Louis le Grand, à present heureusement régnant, a soumis sous son obeïssance ces Provinces qui luy appartenoient legitimement. *M

Page 2. La Province de la Franche-Comté & le Duché de Lorraine sont presentement en la possession du Roy.

Page 3. La domination du Roy est à present beaucoup plus étenduë ; le Cambresis dont la Capitale est Cambray en dépend : cette ville a le siege d'un Archevesque qui prend la qualité de Prince du Saint Empire; il est Comte de Cambresis. *A la mesme page* 3. Ces plusieurs belles Provinces que l'Auteur dit estre éclypsées de ce Royaume, sont presque toutes reünies à present sous l'obeïssance de leur legitime Prince.

Page 4. Au denombrement fait de toutes les Provinces qui composent ce Royaume, il faut ajoûter les Conquestes de nôtre invincible Monarque, qui sont la Province entiere de la Franche-Comté, conquise la premiere fois en l'année 1668 & en 1674. pour la seconde. La ville de Luxembourg qui donne le nom à la Province ; la Flandre Françoise où il y a de trés-belles villes ; la ville de Cambray, comme on a déja dit cy-dessus, Strasbourg capitale de l'Alsace ; Cazal ville du Monferrat en Italie, &c.

A la mesme page 4. Entre les Parlemens de France il faut ajoûter celuy de la Franche Comté, qui de Dole a esté transferé à Besançon, depuis que cette Province est sous l'Empire François.

On peut encore ajoûter icy les Conseils souverains qui jugent en dernier ressort : Il y en a quatre, sçavoir le Conseil souverain de Roussillon, qui se tient à Perpignan : il porte les Robes rouges ; le Conseil Provincial d'Artois, qui se tient à Arras, est souverain pour les causes civiles ; & les deux autres sont établis à Tournay & à Pignerol ; outre ces quatre Conseils il y a encore

Remarques.

celuy d'Alsace qui a esté transferé le 23. Septembre 1673. d'Ensisheim à Brisac.

A la mesme page 4. Entre les Archeveschez il faut presentement mettre celuy de Cambray qui a pour *Suffragans les Evesthez d'Arras*, de Tournay, de S. Omer, d'Ypres; & celuy de Besançon, qui a pour suffragant l'Evesché de Bellai; entre les Eveschez, celuy de Strasbourg dont l'Evesque a esté honoré de la Pourpre du Cardinalat en la promotion d'Innocent XI. aussi-bien que Monsieur le Camus, Evesque de Grenoble capitale du Dauphiné.

Page 19. Gaston Jean-Baptiste, oncle du Roy à present regnant, joüit pour son appanage des Duchez d'Orleans &c. Il y a déja plusieurs années qu'il est mort; c'est presentement *Monsieur*, frere unique du Roy, qui possede cet appanage, c'est pourquoy il est appellé communément *Monsieur le Duc d'Orleans*.

Page 13. Emanuel-Theodose de la Tour d'Auvergne Cardinal de Boüillon, du titre de saint Pierre aux liens, Docteur de la Maison & Societé de Sorbone, fut nommé par le Roy à la Charge de grand Aumonier de France, vacante par le decez du Cardinal Antoine Barberin, neveu du Pape Urbain VIII. Camerlingue de la sainte Eglise, Archevesque & Duc de Rheims, & premier Duc & Pair de France, qui mourut le 3. jour d'Aoust 1671.

Page 25. A la place de Monsieur le Duc de Vendôme Amiral de France, est à present Monsieur le Comte de Toulouse, Loüis-Alexandre de Bourbon, legitimé de France, qui depuis le mois de Novembre de l'année 1683. porte la qualité de grand Amiral, ou grand Maître des Mers, Chef & Sur-intendant general du commerce & Navigation de France.

Page 26. La Charge de grand Maître d'Artillerie, & Sur-intendant general des poudres & salpestres, est possedée aujourd'huy par Louis de Crevant de Humieres, Maréchal de France, Gouverneur & Lieutenant general de Flandre & des Conquestes faites par le Roy, depuis le Traité des Pyrenées.

Page 29. La Charge de Sur-intendant des Finances a esté suprimée par le Roy, qui prend luy-mesme le soin de l'administration de ses Finances, pour obvier aux abus qui s'y sont glissez par le passé.

Le Conseil Royal des Finances est composé de Monsieur le Chancelier de France, de Monsieur le Duc de Beauvilliers, chef du Conseil, de Monsieur le Pelletier, Controleur general, de Monsieur Pussort & de Monsieur d'Argouges.

Page 32. Aux Chambres dont le Parlement est composé, il faut ajoûter la Chambre de la Tournelle civile, établie en l'année 1667. Elle connoist des appellations en matiere civile jusqu'à la somme de mille livres ou de cinquante livres de rente.

Page 33. Il y a déja plusieurs années que la Chambre de l'Edit a esté suprimée.

Page 34. Au nombre des Parlemens il faut ajoûter celuy de Besançon pour la Franche-Comté, comme on a dit cy-dessus.

Page 36. Les Chambres my-parties de Conseillers Catholiques & de la Religion Pretendue Reformée, qui avoient esté établies en faveur de ceux de ladite Religion, sont suprimées depuis plusieurs années par tout ce Royaume, aussi-bien que les Chambres de l'Edit.

Page 40. En parlant de la Cour des Aydes de

Paris, l'Auteur ne fait mention que de deux Chambres, mais il y en a une troisiéme qui a esté creée en l'année.. ainsi le nombre des Officiers en est beaucoup augmenté comme on peut facilement voir dans *l'Etat de la France, de la derniere édition.*

Page 42. Deux personnes exercent à present alternativement les Charges de Tresorier de l'Epargne sous le nom de Garde du Tresor Royal.

En la mesme page 42. Il y a trois Charges de Tresorier des parties Casuelles, sçavoir, l'Ancien, l'Alternatif & le Triennal.

Page 44. L'Auteur de ce Livre dit si peu de choses du Grenier à Sel, que l'on a cru devoir dire que le Siege de cette Jurisdiction est établi pour juger des contestations qui arrivent au sujet des Gabelles, de la distribution du Sel, & des droits du Roy.

Page 46. & 47. Il y auroit en cet endroit un grand champ de s'étendre sur la Religion Pretenduë Reformée qui a esté tolerée jusqu'à present; mais comme ce sujet ne regarde point le dessein de l'Auteur qui ne parle des choses à un Voyageur, que comme en passant, il suffira de dire que le Roy a revoqué l'Edit de Nantes donné par Henry IV. en faveur de ceux de cette Religion, qui leur en permettoit le libre exercice; ce Prince a commencé de la saper par ses fondemens, en ordonnant de tems en tems la démolition de ses Temples qui se trouvoient dans les Provinces de son Royaume, & puis insensiblement il en a ruiné tout l'édifice, par la démolition du Temple de Charenton ; si-bien qu'à compter depuis l'an 1561. que le premier Edit, appellé de Janvier, fut donné en faveur de ceux qui professoient la nouvelle Religion, jusqu'en l'année 1685. que l'Edit de Nantes a esté revoqué; il est aisé de voir que le Calvinisme, comme les autres heresies, a eu en ce Royaume son commencement, son progrez & sa fin, en l'espace de cent vingt-cinq années.

Page 48. A la verité les François qui faisoient profession de la Religion Calviniste, étoient en bien plus grand nombre dans de certaines Provinces que dans d'autres; mais comme par un miracle visible le Ciel a secondé les vœux & le dessein d'une entiere reünion projetté par nôtre pieux Monarque, en obligeant par une sainte violence les brebis égarées à rentrer dans l'unique bercail de la vraye Eglise, on a lieu de croire que toute la France est à present Catholique, ou du moins réunie à la foy Catholique : Dieu veüille que ce soit de bonne foy, ainsi l'on pourra dire, avec quelque vray semblance, que le Royaume du Roy tres-Chrétien est entierement Catholique, la diversité de croyance en étant tout à fait bannie.

REMARQUES
Sur les changemens arrivez en la ville de Paris.

Pag. 143. LEs changemens qui sont arrivez depuis quelques années en cette ville, sont si considerables qu'ils meriteroient un volume particulier pour en faire un juste détail; c'est ce qu'on n'entreprend pas icy pour ne point passer les bornes qu'on s'est prescrites; on se contente seulement de faire remarquer les principaux, comme les nouveaux édifices publics, les Fossez comblez, les nouveaux Quais & les Places publiques menagées dans le cœur de la Ville, sans parler de plusieurs autres choses que l'on fera observer chacune en leur lieu.

Les Fontaines publiques qui étoient autrefois dans les differens quartiers de Paris, étoient si mal construites, qu'on a cru ne pouvoir mieux commencer les embellissemens de cette Ville, que par la demolition de ces édifices, à la place desquels, ou tout proche, on a pratiqué de petits endroits que l'on a ornez de sculpture & d'ingenieuses inscriptions, qu'on a mises au dessus de chaque Fontaine pour distribuër l'eau dans chaque quartier.

La Porte saint Antoine qui donne le nom à tout son Faux bourg, est la plus considerable de Paris; c'est par cette Porte que les Ambassadeurs tant ordinaires qu'extraordinaires, font leur entrée publique. Au bout du Fauxbourg vers la campagne on peut aller voir l'Arc de Triomphe; la beauté de son Modele, quoy qu'il ne soit que de plâtre, fait croire aisément que ce sera un des plus magnifiques Edifices publics de l'Europe.

En rentrant dans la Ville par la mesme porte saint Antoine, & tournant à gauche par le Boulevart qui est nouvellement planté d'arbrisseaux, on trouve la Porte saint Louis, qu'on a élevée depuis quelques années; elle conduit à quelques petits Villages les plus proches qu'il y ait en sortant de Paris.

En continuant toûjours la mesme route on se trouve à l'endroit où étoit autrefois la Porte du Temple qui a esté démolie depuis peu : cela rend le quartier beaucoup plus agreable qu'il n'étoit. Tout proche est une nouvelle Eglise que les Peres

*M iij

de Nazareth ont fait bâtir.

Les Portes de saint Martin & de saint Denys, qui donnent chacune leur nom aux Fauxbourgs contigus, ont esté rebâties depuis quelques années ; ce sont plûtost des Arcs de Triomphe que de simples portes, l'Architecture n'a rien de mieux finy ; & la sculpture n'y a pas épargné ses plus beaux ornemens.

Dans le Faux-bourg saint Denys on peut aller voir la maison de saint Lazare, que les Peres de la Mission, qui en sont en possession, ont fait rebâtir de fond en comble.

La Porte neuve n'est point connuë sous ce nom, on l'appelle presentement la Porte de la Conference : elle conduit au Cours de la Reyne, qui est une des plus agreables promenades qu'il y ait autour de Paris. Tout proche dans un petit Village appellé le Roule, il y a une Pepiniere où l'on voit de trés-belles fleurs au Printems ; le Roy l'a fait faire pour fournir de fleurs les parterres de Versailles & des Tuilleries. Où est encore à present l'Hôtel de Vendôme & le Convent des Capucines, on travaille en dedans à faire une Place qui sera la plus belle & la plus spatieuse de Paris ; elle doit estre ouverte de sorte qu'il n'y aura de maisons que sur trois lignes seulement faites en arcades par le moyen desquelles on pourra aller à couvert, & sous lesquelles seront aussi les entrées des maisons, comme à la place Royale ; au milieu de cette Place on élevera une statuë équestre du Roy, sur un grand pié d'estal de marbre blanc.

Au haut de la ruë des petits Champs il y a une nouvelle Place publique, que l'on appelle *la Place des Victoires*, on y verra la Statuë pedestre du Roy, élevée en cet endroit par les soins du Maréchal de la Feüillade.

Le grand Conseil qui se tenoit il n'y a pas encore long-temps dans le Cloistre de saint Germain l'Auxerrois, est à present dans la ruë saint Honoré proche la Croix du Tiroir, à l'Hôtel d'Aligre.

Le Pont Rouge ou des Tuilleries qui n'étoit autrefois que de bois, ayant esté emporté pendant l'Hyver, plusieurs années consecutives par les glaces & par les grosses eaux; le Roy en fait actuellement élever un de pierre qui n'est encore qu'à moitié; un Pont en cet endroit est d'une trés-grande utilité pour la communication de la Ville au Faux-bourg saint Germain. On ne dira point icy de quelle maniere celuy à la construction duquel on travaille incessamment, sera construit; selon les apparences on aura suivy le modele de celuy du Pont neuf, on l'appellera le *Pont Royal*.

Il ne sera peut-estre pas hors de propos d'avertir icy, que la Cour des Monnoyes qui se tenoit autrefois au dessus de la Chambre des Comptes, est depuis peu dans la Cour neuve du Palais, dont l'entrée est vers la place Dauphine.

En cet endroit où étoit autrefois le jardin de l'Hôtel du premier President, il y a une longue galerie couverte où se trouvent toutes sortes de Marchands, comme dans les autres Salles du Palais, avec lesquelles elles ont communication par une porte faite exprés.

Au milieu du Pont nôtre-Dame on a fait une Pompe qui envoye de l'eau de la Seine dans les quartiers de la Ville qui en sont les plus éloignez, les vers qui sont au dessus de la Porte sont trés-beaux.

Depuis plusieurs années on a fait démolir les portes Dauphine, de Bussy & de saint Germain de sorte que le Faux-bourg saint Germain est comme incorporé avec l'Université, quoy-que tout ce quartier ne laisse pas de se nommer toûjours le Faux-bourg saint Germain.

La Justice que l'Abbé de saint Germain des Prez faisoit rendre dans l'enclos de son Palais aux habitans du Faux-bourg, a esté reünie au Châtelet, aussi-bien que beaucoup d'autres pasticulieres qui étoient dans Paris. Le Pere Dom Prieur de l'Abbaye de saint Germain est grand Vicaire né de l'Archevesque de Paris dans ce qui regarde le spirituel depuis la reünion de sa Jurisdiction à celle de l'Archevesque.

Tout recemment on vient d'abattre les Portes de saint Michel, de saint Jacques, de saint Marceau & de saint Victor, & en mesme temps on en a comblé les fossez sur le terrain desquels on a bâty des maisons qui joignent la Ville aux Fauxbourgs : de sorte que des huit Portes que l'on contoit autrefois dans l'Université il n'y a plus que celle de saint Bernard qui soit sur pied, elle a esté rebâtie de neuf depuis plusieurs années.

Une trés-grande partie des Eglises de Paris ont esté rebâties depuis un demy-siecle ; entr'autres le Val de Grace, les Benedictins Anglois, les Religieuses Feüillantines, la Paroisse de saint Jacques du Haut-pas, toutes Eglises qui sont dans le Faux-bourg saint Jacques. Dans l'Université on peut voir la Sorbonne, l'Eglise de saint Benoist, saint Nicolas du Chardonnet, saint Loüis en l'Isle, les Minimes de la place Royale, les Peres de Nazareth au quartier du Temple, la Paroisse saint Roch dans la ruë saint Honoré, les Religieuses de l'Assomption. Outre cela on peut encore aller voir les trois grands Hôpitaux où sont renfermez les pauvres de l'un & l'autre

Remarques.

xxx, Il y a encore l'Hôpital de la Charité, au Faux-bourg saint Germain, desservy par les Freres de la Congregation de saint Jean de Dieu.

Le College de Clermont où les Jesuites enseignent à la jeunesse les belles Lettres, s'appelle presentement le College de *Loüis le Grand*.

La Bibliotheque du Roy est à present dans la rue Vivien, au quartier de saint Honoré.

Le nombre des vingt-quatre Crieurs de Vins & de corps est maintenant de trente.

Edifices nouvellement bâtis autour de Paris, & les maisons Royales qui n'en sont éloignées que de quatre ou cinq lieues tout au plus.

A l'extremité du Faux-bourg saint Jacques, au midy de la ville de Paris, est *l'Observatoire Royal* : on commença à élever cet Edifice en l'année 1667. & fut achevé en très-peu de tems. Ce qui doit paroistre surprenant, est que dans tout le corps de ce bâtiment il n'y a point de fer ny de bois employé. Son escalier qui est de pierre, passe pour un trait tout à fait hardy. Plusieurs personnes qui s'adonnent à l'Astronomie, y sont logées. On y conserve dans une Salle particuliere quelques machines curieuses, dont la plus grande partie a esté inventée par ceux qui composent l'Academie des Sciences; on y voit entr'autres des Miroirs d'acier, d'une grandeur considerable, & dont les effets sont surprenans.

Outre cela au midy de ce bâtiment on a élevé depuis peu une Tour de Charpente qui forme une espece de Pyramide, haute de vingt toises; on y monte par un escalier de cent quatrevingt-sept degrez, afin de porter les verres de la grande Lunette, à la hauteur que l'on a besoin pour s'en servir dans les observations Astronomiques.

Dans la plaine de Grenelle est l'*Hôtel Royal*

des Invalides : c'est un des plus achevez Edifices qu'il y ait peut-estre au monde : les fondemens en furent jettés environ l'année 1670. & fut mis en l'état qu'il est aujourd'huy en l'espace de dix années. Cette maison est destinée pour le logement, l'entretien & la nourriture des soldats estropiez, ou qui ont servy dans les armées du Roy un temps fort considerable ; il ne reste plus pour la derniere perfection de ce beau Bâtiment, que l'Eglise soit entierement achevée ; le dessein en paroist bien pris. Le bel ordre s'y fait remarquer en toutes choses ; la propreté dans toutes les cours, chambres & refectoirs est trés-grande. La chose que l'on admire le plus, est la cour interieure, qui est parfaitement quarrée & trés-bien pavée. A chaque costé de cette cour il y a quatre grands Refectoirs sur les murailles desquels on voit peintes les principales Conquestes que le Roy a faites, & les batailles qu'il a remportées sur ses ennemis. L'habit que la maison fournit aux soldats, est de couleur bleuë sans aucun ornement : Celuy des Officiers qui s'y sont aussi retirez, est orné d'un petit galon d'argent, pour les distinguer des autres.

A une lieuë de-là, proche le village de *Seve*, on a fait sur la Seine un Pont de bois pour la commodité de ceux qui vont à Versailles.

Tout proche il y a le *Château de Meudon* qui appartient à present à Monsieur le Marquis de Louvois, c'est peut-être une des plus belles terrasses qu'on puisse voir.

A deux lieuës de-là est *Versailles*, Maison Royale, où l'Art s'est épuisé pour rendre ce lieu le plus delicieux du monde ; en un mot il suffit de dire que c'est le séjour le plus ordinaire de Loüis le Grand ; que c'est en ce lieu qu'il tient sa

Remarques.

...r; pour en donner une idée en quelque manière proportionnée à la magnificence de ce Chef-d'œuvre de l'Art.

On ne dira rien icy de la Machine de *Marly*, inventée pour faire monter l'eau de la Seine, & ensuite l'envoyer à Versailles; cette entreprise seroit d'une trop longue haleine, elle merite seule une description à part.

Saint Germain en Laye, autre Maison Royale, n'est éloignée de Paris que de quatre lieuës, c'est un sejour des plus agreables qu'il y ait dans la France pour la serenité de son air, & pour la belle veuë de son Château. Le feu Roy Loüis XIII. en aimoit fort la demeure.

Le Château de *Saint Cloud* est à deux petites lieuës de Paris; il appartient à Monsieur le Duc d'Orleans, Frere unique du Roy. Les Etrangers ne doivent pas negliger d'aller voir cette belle Maison, ils y verront sur tout, dans le jardin, la Cascade qui est d'un dessein trés-bien imaginé, & ils admireront la beauté de l'Edifice, la magnificence des Appartemens, l'œconomie de son Jardin, & les jets d'eau qui y sont trés-frequens.

Le Château de *Madrid* que le Roy François I. fit bâtir à son retour d'Espagne, est dans le bois de Boulogne; il n'est presentement habité que par des ouvriers en soye qui y font des bas de soye au métier, l'Architecture en paroist assez belle & reguliere.

Il ne faut pas oublier d'aller à la ville de *Saint Denys en France*, qui n'est éloignée que de deux petites lieuës: on y va voir l'Eglise qui est d'une trés-haute antiquité, où sont les Tombeaux de la plus grande partie de nos Rois & Reines. Quelques grands personnages comme Bertrand du Queſclin & Monſieur le Maréchal de Turenne y ſont encore enterrés. Cette Egliſe a le titre d'Abbaye qui eſt en commende ; dans le Convent on y conſerve le Treſor de ſaint Denys, ſelon le langage vulgaire.

Le Château de *Vincennes*, où ſe gardent les Priſonniers de guerre remarquables. Il y a dans ce Château une ſainte Chapelle deſſervie par des Chanoines de fondation Royale. On y va encore voir par curioſité quantité d'animaux amenez des Pays éloignez, que l'on nourrit avec un très-grand ſoin.

Le Château de *Saint Maur* appartient à Monſieur le Prince de Condé ; il eſt éloigné de Paris de deux liëues.

Dans le village de *Choiſy* il y a une agreable Maiſon qui appartient à Mademoiſelle de Montpenſier ; elle n'eſt éloignée que de trois lieuës.

Areueil eſt un village à une lieuë de Paris, où l'eau paſſe par deſſus un Pont pour ſe communiquer à pluſieurs reſervoirs ; d'où enſuite elle va ſe répandre dans pluſieurs Fontaines publiques de Paris.

Dans le village de *Conflans* eſt la maiſon de plaiſance de l'Archeveſqué de Paris ; la ſituation en eſt charmante, & l'aſpect fort agreable & divertiſſant.

FIN.

www.ingramcontent.com/pod-product-compliance
Lightning Source LLC
Chambersburg PA
CBHW052044230426
43671CB00011B/1775

Arcona. les ruines de la tour d'*Arcona*, où le fameux pirate *Stechenbechel* avoit fixé sa résidence. La ville fut détruite l'an 1168 par *Woldomar*, Roi de Danemarck.

On compte environ vingt-huit lieues de *Stralfund* en *Suéde*. Le paquebot prend cette route en été, mais l'hiver, que les mers sont glacées, il traverse le *Sund*. M. *Weftphal*, libraire, Profes- **Gripfwald.** seur dans l'Université de *Gripfwald*, au midi de *Stralfund*, nous montra plusieurs urnes de différentes grosseurs, faites comme des cruches de terre, & remplies d'os calcinés. On y trouve des épées pliées, des fers de piques, des queux pour aiguiser les armes, & des cailloux que l'on jettoit probablement avec la fronde. Il me dit qu'il en avoit fait déterrer près de trois cent. On les découvrit pour la premiere fois à *Levenhagen*, environ une lieue au midi de *Gripfwal*, en labourant les champs, non point dans des caveaux, mais dans la terre. On n'en trouva qu'une dans une montagne qui est auprès. Il prétend que ce sont des tombeaux des *Vandales*. On voit dans une isle de l'*Oder*, **Wolgaft.** vis-à-vis *Wolgaft*, les ruines d'un magnifique château, où les Ducs de *Wol-*

gaſt faiſoient leur réſidence ; je n'ai rien vu de ſi beau de ma vie. On parle beaucoup de la ſtatue d'une jeune femme que l'on trouva dans un ſouterrein, deux faulx lui ſervoient de bras, & on la faiſoit embraſſer aux criminels, pour qu'elle les coupât en deux.

Nous paſſâmes dans l'iſle d'*Uſedom*, pour voir le fort de *Penemunder*, que le Colonel *Dylep* défendit ſi courageuſement. Il fut cependant pris, mais il ſe fit tuer en combattant, pour ſe conformer à l'ordre que Charles XII lui avoit donné, & que l'on trouva dans ſa poche. {Penemunder.}

Etant arrivé dans la *Pologne*, je queſtionnai quelques habitans au ſujet de la *Plique*, qui eſt moins fréquente dans ce canton qu'ailleurs. Ce n'eſt que le bas peuple qui y eſt ſujet. Cette maladie conſiſte dans un entortillement ou entrelacement extraordinaire des cheveux, leſquels ſont tellement collés enſemble, qu'ils forment un ſpectacle monſtrueux. Elle eſt accompagnée de démangeaiſons, & quelquefois de l'enflure de la tête, mais elle n'a rien de dangereux, lorſqu'on laiſſe agir la nature, & elle ſe guérit d'elle même ; mais lorſqu'on coupe les cheveux, ou qu'ils ſe rompent, {La Pologne.}

A ij

ils répandent du sang, le malade est attaqué de maux de tête horribles, sa vue s'affoiblit, sa raison s'altere, & il court souvent risque de la vie. Les Polonois l'attribuent à un maléfice, & j'appris qu'on venoit de brûler dix vieilles femmes que l'on soupçonnoit de ce crime.

<small>Le Marquisat de Brandebourg.</small> Etant arrivés dans le *Brandebourg*, nous passâmes par quelques domaines des Chevaliers luthériens de S. Jean de Jérusalem, qui dans le tems de la réformation, se séparerent au nombre de six Commandeurs, du Grand-Maître, & élurent le Prince Charles, neveu du premier Roi de Prusse. Je m'infor-

<small>Franckfort.</small> mai à *Franckfort* sur l'*Oder* d'une eau qui a la vertu de pétrifier les corps, & de l'*Osteocolle*. On me dit que la premiere ne faisoit seulement qu'endurcir le bois; & j'appris depuis d'un médecin de *Berlin* qu'on ne trouvoit point d'*Osteocolle* dans ce canton, & que ce qu'on disoit de la premiere de cette eau, étoit une pure fiction.

<small>Berlin.</small> La nouvelle ville de *Berlin*, ses palais, les richesses qu'ils renferment, la bibliothéque, la salle où s'assemblent les membres de l'Académie des sciences, l'arsenal, &c. sont dignes de la curiosi-

té des étrangers, & il n'y en a aucun qui ne le connoisse. Le fameux *Puffendorff* est enterré dans l'Eglise de S. Nicolas, avec cet épitaphe sur son tombeau :

D^{NR.} SAMUELIS LIB. BARON DE PUFFENDORFF, CONSIL. INTIMI SERENISS. ELECT. BRAND. OSSA HEIC RECUBANT ANIMA CŒLO RECEPTA. FAMA PER TOTUM ORBEM VOLITAT. NATUS 15, 8 JAN. 1632. MORTUUS 26. OCT. 1694.

Le Roi de Prusse a une maniere toute particuliere de recruter ses armées. Certain nombre de paroisses ont ordre de fournir tant d'hommes pour former une compagnie, & il est permis aux officiers d'enrôler celui qui leur plaît, sans en excepter les enfans qui sont au berceau, sauf à les renvoyer lorsqu'ils n'ont pas la taille requise. Tous les fils des gentilshommes sont obligés de servir, & lorsqu'un officier subalterne déserte, on le pend en effigie dans la place publique. La verrerie qui étoit à *Potsdam* a été transférée à *Rispen*, à *Potsdam* cause de la commodité du chauffage. On y fabrique des verres qui coûtent

A iij

jusqu'à cent cinquante livres la piece : on y contrefait aussi le Grenat. Je vis à *Potsdam* parmi les grenadiers du Roi, un nommé *Kirkland*, natif de la Comté de *Longford* en *Irlande*, & quoiqu'il n'eût que vingt-sept ans, il avoit sept pieds trois pouces de haut, & son gras de jambe un pied huit pouces de circonférence. Il étoit très-fort & très-bien proportionné. On croit que les *Lombards*, qui envahirent l'*Italie*, & qui ont donné leur nom à sa partie septentrionale, étoient originaires du Marquisat de *Brandebourg*.

Wittenberg.
Luther & *Melancthon* sont enterrés à *Wittenberg*. On y voit encore la maison du D^r. *Faustus*, au sujet duquel on débite quantité d'histoires. Il y a des

Mansfeld. mines de cuivre près de *Mansfeld* & d'*Eisleben*. La mine est une pierre noire dans laquelle on trouve souvent des figures de poissons, & même quelque peu d'argent. Le palais des Comtes est bâti d'un dendrite, rempli de figures

Eisleben. d'arbres. *Luther* étoit natif d'*Eisleben*. Il y a un ruisseau d'eau salée qui prend sa source dans les mines, & va se jetter dans le lac d'*Eisleben*, dont l'eau est pareillement salée, ce qui n'empêche pas qu'on n'y trouve divers végétaux, quantité de carpes & autres poissons d'eau douce.

Il y a à *Hall* plusieurs sources d'eau salée, qui fournissent quantité de sel, une fameuse Université & une maison pour les orphelins où l'on enseigne la grammaire & la philosophie. Elle fut fondée l'an 1697 par le D`r`. *Frank*, & elle a depuis augmenté considérablement. On y éleve & nourrit gratuitement cent & onze orphelins, & en outre trois cent quarante-huit étudians, dont cent étudient la théologie, vingt-quatre domestiques, & quarante pauvres filles orphelines. Il y deux cent & quatre-vingt pensionnaires qui mangent à part, & qui payent une somme modique pour leur nourriture & leur logement. L'autre partie, qu'on appelle le *Pédagogue*, est pour les jeunes gens de condition. Ils logent de six en six avec leur maître, & il y a deux tables pour eux. Les étudians se levent à cinq heures, prient Dieu dans leurs chambres jusqu'à six, déjeûnent à neuf, dînent à midi, soupent à sept heures, disent leurs prieres à neuf & se couchent à dix. Ils ont trois jours de vacance par semaine, & ils en profitent pour aller se promener avec leurs maîtres. On leur en-

Hall.

seigne le latin, le grec, l'hébreu, & ils se rendent aux écoles publiques pour étudier la philosophie. Les orphelins & ceux qui composent la seconde société, s'occupent dans les heures de loisir à scier du bois. Ceux du *Pédagoge* ont différens amusemens, comme le jardinage, le tour, le dessein, la peinture, l'anatomie, la botanique, la physique expérimentale, la partie pratique de l'astronomie, laquelle consiste à polir des verres, à construire des télescopes & autres instrumens semblables. Ils apprennent aussi la musique, & donnent des concerts deux fois par semaine, mais il leur est défendu de sortir sans permission. Le dimanche est destiné à la priere & aux autres exercices de dévotion. On les invite la derniere année à assister aux leçons que l'on donne sur l'Ecriture Sainte, afin qu'ils se perfectionnent dans les langues grecque & hébraïque. Après qu'ils ont achevé leur cours de philosophie, ils vont à l'Université pour y étudier les sciences relatives à la profession qu'ils veulent embrasser. En un mot, cet établissement est le plus beau que je connoisse. On compte deux mille étudians dans cette Université. J'eus le plaisir de lier connoiſſance avec Mr. Jean-Philippe Barratiere, jeune homme d'un ſçavoir prodigieux, que le lecteur me ſçaura ſûrement gré de lui faire connoître. Il naquit à *Swoback*, qui eſt quatre lieues au couchant de *Nurenberg*, le 19 Janvier 1721. Son pere étoit de *Romans* dans le *Dauphiné*, & miniſtre de l'égliſe françoiſe à *Hall* : ſa mere étoit de *Châlons-ſur-Marne* dans la *Champagne*. Le françois étoit ſa langue maternelle, & il ne fut pas plutôt en état de parler, que ſon pere lui montra le latin & le grec, dans leſquels il fit les progrès les plus rapides. Il commença à ſix ans à étudier l'hébreu, le chaldéen, le ſyriaque & l'arabe. Lorſqu'il fut au fait de ces langues, il s'adonna à l'étude de l'hiſtoire, ſurtout à celle de l'Egliſe. Il lut quantité d'hiſtoriens, entr'autres Joſephe, Tillemont, tous les auteurs claſſiques, & enſuite les écrits des Peres de l'Egliſe. Il étudia la philoſophe, la théologie & la critique, & il poſſédoit à onze ans toutes les différentes connoiſſances dont je viens de parler. On obſervera qu'il ne lut jamais aucune Grammaire, & qu'il n'eut d'autre maître que ſon pere. Il liſoit un volume in-folio en douze jours, & il avoit une mémoire ſi prodigieuſe, qu'il se rappelloit à l'instant tous les faits, & qu'il lui suffisoit de lire une histoire deux fois, pour sçavoir tout ce qu'elle contenoit. Il aimoit beaucoup à dormir, il se couchoit à huit heures, & se levoit à neuf, & il employoit le reste de son tems à la lecture. Il ne se promenoit jamais qu'un livre à la main ; il aimoit naturellement la solitude, & n'avoit aucun goût pour les divertissemens, de quelque nature qu'ils fussent. Les mathématiques & l'astronomie étoient ses études favorites, & il possédoit parfaitement ces deux sciences à l'âge d'onze ans. Il se plaisoit aussi beaucoup à l'étude de l'histoire & de la philosophie. Il entreprit à onze ans de traduire d'hébreu en françois les voyages du Rabbin Benjamin, qu'il publia en un volume *in-12* de dix-huit feuilles, avec huit dissertations historiques & philologiques, qui contenoient vingt-quatre feuilles. Il ne mit qu'un mois à cette traduction, quoiqu'il n'y travaillât que deux heures par jour ; les notes & les huit dissertions ne l'occuperent que deux mois, de maniere qu'il eut fini le tout dans les deux derniers mois de sa onzieme année, & dans le premier de sa douzieme : mais son ouvrage ne parut qu'en 1734 : on fait beaucoup de cas de ses dissertations. A l'âge de treize ans, il entreprit de réfuter en latin ce que *Grellius* le Socinien a écrit sur le commencement du premier chapitre de l'Evangile de Saint Jean, sous ce titre : *Initium Evangelii Sancti Joannis Apostoli ex antiquitate ecclesiastica restitutum, indidemque nova ratione illustratum.* Son livre contient trente-quatre feuilles *in*-12, il y fait paroître beaucoup de jugement, une grande connoissance de la langue hébraïque, de l'histoire & des Peres, & sur-tout beaucoup de zele pour sa religion. Le latin dans lequel il est écrit, lui étoit aussi familier que sa langue maternelle. Il a pour titre *Ante Artemonius*, & il a été imprimé à *Nurenberg* en 1735. Il composa la préface le dernier jour de sa quatorzieme année. Son pere ayant été appellé vers le printems de la même année pour desservir l'église françoise de *Stetin*, il passa par *Hall*, ce qui donna occasion à son fils de se faire connoître aux Professeurs de cette Université : ils furent tellement étonnés de son sçavoir & de son érudition, qu'ils en parlerent au Roi, qui, pour l'attacher à cette Université, le nomma Ministre de l'église françoise. Ce fut là

qu'il commença à étudier la philosophie de Wolf, de Malebranche, de
Descartes, de *Newton*, l'algébre, les
mathématiques & l'astronomie. Il regardoit l'algébre comme une étude séche, & abstraite, aussi l'abandonna-t-il
pour se livrer à celle de l'astronomie
& de l'histoire ancienne. Il ne sçavoit
point encore bien l'allemand lorsqu'il
arriva à *Hall*, mais lorsque nous le vîmes, il possédoit parfaitement cette langue & entendoit assez l'anglois pour
lire les écrits de Newton & de Pope; il
entendoit aussi l'égyptien, mais il n'en
fit jamais son étude. Après qu'il fut
fixé à *Hall*, il étudia l'histoire de tous
les Empereurs Romains, & lut plus de
cent volumes. Le Roi lui conseilla
d'étudier le droit, & quoique cette
science ne fût pas de son goût, il y
fit assez de progrès pour composer un
Traité des loix naturelles, dont il con-
fia l'examen à la société royale de Berlin, dont il étoit membre. J'ai appris
toutes ces particularités de sa propre
bouche, & je lui ai vu traduire en latin
quantité de passages d'Auteurs Orientaux, avec autant de facilité que d'élé-
gance. On trouvoit toujours à profiter
dans sa conversation. Il publia en latin,

& de quelques autres Contrées. 13

à l'âge de dix-huit ans, une chronologie des Papes, à laquelle il joignit quatre dissertations, sçavoir deux sur les constitutions Apostoliques, la troisieme sur les écrits de Denis, qu'on appelle improprement l'Aréopagite & la quatrieme sur Agrippa le jeune, Roi de Judée. Il étoit d'une taille médiocre pour son âge; il avoit la physionomie modeste & spirituelle, les yeux fort beaux, & une contenance grave & décente; il avoit la répartie prompte & parloit avec beaucoup de facilité. Il avoit obtenu le grade de Maître ès Arts à *Hall*. La foiblesse de son tempérament le rendoit sujet à de fréquens maux de tête, & sur-tout lorsqu'il avoit trop lu. On avoit été obligé quelque tems auparavant de lui couper la moitié de l'index de la main gauche, à l'occasion d'une humeur scrophuleuse qui se jetta dessus. Cette opération n'arrêta point les progrès de l'humeur, & le mal empira au point qu'il mourut le 5 d'Octobre 1640, dans sa 20 année.

L'Empereur *Rodolphe* est enterré dans la Cathédrale de *Mersbourg* avec la main gauche dont l'amputation lui causa la mort. Il la prit avant que de mourir & fit quelques réflexions sur l'audace qu'il

Mersbourg

avoit eue de la lever contre l'Empereur Henri IV, son Seigneur & maître légitime, que l'on punit comme il le méritoit.

Leipsick. On voit dans la bibliothéque de l'Université de *Leipsick* une statue de bois noir du dieu *Paster* des Germains, qu'on appelloit aussi *Benstardon Benstrie*. On la trouva à *Rattenberg*. Elle a environ deux pieds de hauteur, & le même enbonpoint que *Bacchus*. Il a la tête un peu élevée, la main droite posée dessus, & la gauche appuyée sur son genou. On en a fait une copie en bronze qui est actuellement dans le palais du Prince de *Swarzbourg*. Nous fumes à *Altramstad*, où le Roi Charles XII campa pendant une année entiere, & où l'on conclut deux fameux traités. Entre cet endroit & *Lutzen* est le champ de bataille où *Gustave-Adolphe* fut tué. On y a élevé un monument, mais sans inscription.

Meissen. C'est à *Meissen* qu'est la manufacture de porcelaine de Saxe. On ne m'y montra que ce qu'on a coutume de montrer à tous les étrangers, & voici ce que j'appris à son sujet. Un garçon apothicaire de *Berlin*, nommé *Bedker*, trouva le moyen de se faire donner par un

Juif une poudre ou teinture, qui, à ce qu'on prétend, convertissoit les métaux en or. Le Roi de Prusse lui donna ordre de venir à la cour, où il le fit garder à vue, mais il trouva le moyen de se sauver à *Wittenberg*, où le Roi de Pologne le fit arrêter, & enfermer dans le château de *Konigstein* La teinture lui ayant enfin manqué, il fit différens essais sur les terres de *Saxe*, & trouva enfin le secret d'en faire de la porcelaine. Le Roi fut si content de cette découverte, qu'il le créa Baron, & lui assigna des appointemens considérables. Cette manufacture fut établie il y a quarante ans; & il n'y en a que vingt que l'inventeur est mort. Elle appartient au Roi; il n'y a qu'un seul endroit à *Dresde* & à *Leipsick* où on la vende, & la plus commune est aussi chere que celle de la Chine en Angleterre. On ne fit d'abord que la porcelaine rouge non vernissée, mais aussi polie que du marbre; on l'a abandonnée depuis. On y fait des tuyaux d'orgue, des statues de trois pieds de hauteur, & différentes especes d'animaux & d'oiseaux avec leurs couleurs naturelles, & autres pieces semblables.

Il y a quantité de vignobles sur les

montagnes de *Dresde*, mais le vin qu'on y boit est mêlé avec de l'eau-de-vie. Il y a à *Freidberg*, à une petite journée de *Dresde*, plusieurs mines d'argent, de cuivre, de plomb, d'antimoine & d'arsenic, qui appartiennent à l'Electeur de Saxe, & qu'on exploite d'une maniere particuliere. La sépulture de la famille Electorale étoit autrefois à *Meissen* ; elle est aujourd'hui à *Fridberg*. J'ai appris que l'on fabriquoit à *Sneeberg*, avec le *Cobalth*, de l'émail bleu. On trouve en Saxe plusieurs belles sortes de marbres, entr'autres un marbre verd fort tendre, appellé *Serpentine*, dont on fait divers petits ustenciles. On y trouve aussi du jaspe, de l'agathe, de l'asbeste & une grande quantité de pierres précieuses, comme des améthystes, des topases, des opales, des chalcédoines, & dans quelques rivieres du *Voigtland*, de la poudre d'or.

Dresde. Tous ceux qui ont été en Allemagne connoissent la ville de *Dresde*, & il faudroit un volume entier pour en décrire toutes les beautés. Il y a à *Zuinger-Garten* une très-belle collection de curiosités naturelles & artificielles, d'instrumens de mathématiques & d'estampes. Le trésor du Roi renferme ce qu'il y a de plus curieux & de plus précieux dans les arts, & en fait de bijoux. On voit dans un autre endroit une collection de *Harnois* de chevaux & de différentes sortes d'armes. Le *Palais d'Hollande*, qu'on appelle aussi le *Palais des Indes*, contient tout ce qu'il y a de plus curieux à la Chine & au Japon, & quantité de pieces de porcelaines de *Drefde* ; tous les meubles sont d'étoffes des Indes. Le petit palais de Turquie est entiérement meublé à la Turque, & orné de peintures relatives à ces contrées. Le palais du Grand Jardin, qui est hors de la ville, est rempli d'une infinité de pieces antiques. Il est bâti au milieu d'un jardin, orné de quantité de bustes. Une partie du palais de *Pilenitz*, qui est à trois lieues de la ville est bâti dans le goût Chinois. Le pont de l'*Elbe*, que le feu Roi fit élargir, est un des plus beaux qu'il y ait en Europe : il a quatre cent quarante pieds de long sur trente-six de large, il est composé de neuf arches, & entiérement bâti de pierres de taille. Il y a de chaque côté un chemin pour les gens de pied. Ceux qui sortent de la ville passent d'un côté, & ceux qui y viennent de l'autre, ce qui prévient tout embarras. Pour cet effet, il y a à chaque extrémité une barriere qui occupe la moitié de la longueur du pont, qu'on n'ouvre que pour ceux qui suivent le chemin qui leur est indiqué.

Koningstein.

Le fort de *Koningstein*, qui est à côté du chemin de la *Bohême*, est bâti sur un rocher perpendiculaire, qui a depuis cent jusqu'à trois cent pieds de hauteur, & environ un demi-mille de circuit. Aucun étranger ne peut y entrer sans la permission du Gouverneur de *Dresde*. La montée en est curieuse & difficile. On y voit un puits creusé dans le roc, qui a, dit-on, six cent pieds de profondeur. Ce château est encore fameux par la Tonne que le feu Roi y a fait construire. Les douves ont près d'un pied d'épaisseur; elle a trente pieds de long, & les ornemens en sont fort beaux. Elle est toujours remplie de vin du Rhin, & elle contient quatre cent soixante-dix muids, & par conséquent quatre-vingt de plus que celle d'*Heidelberg*.

CHAPITRE IV.

De la Bohême.

Lorsque nous fûmes arrivés de l'autre côté des montagnes de *Bohême*, nous ne pûmes nous lasser d'admirer la beauté du pays. Nous ne pûmes aller à *Teplitz* à cause du mauvais chemin & de la neige qui étoit tombée. Cette ville est fameuse pour ses bains chauds, & pour ses carrieres de craie. La *Bohême* fut d'abord habitée par les *Boïens* & ensuite par les *Marcomans*. La situation de *Prague*, que l'on croit être l'ancien *Marobudunum*, est la plus belle qu'il soit possible d'imaginer. L'ancienne ville étoit probablement sur la hauteur de *Vissherad*, où étoit le château des Ducs de *Bohême*; le Roi *Wratislas* y fit bâtir une Eglise en 1088. C'est dans la Cathédrale que sont les tombeaux des Rois de *Bohême*, & ceux des deux Patrons du pays, sçavoir, *Wenceslas* & Saint Jean *Népomuscene*.

La chapelle du premier est incrustée de plusieurs sortes de jaspes de *Bohême*, parmi lesquels sont des améthystes & des agathes, mais assez mal distribuées. La châsse du second est ornée de figures & autres ornemens en argent. C'est dans la même Eglise que se fait le couronnement des Rois & des Reines de *Bohême* par les mains de l'Archevêque & l'Abbesse de S. George. *Jean Huss* étoit Curé de l'Eglise de *Saint Gal*; on y montre son calice; sa chaire & plusieurs manuscrits de ses sectateurs & de ceux de *Wickleff*. Le Collége des Jésuites est un des plus vastes qu'il y ait dans l'Europe. Les Franciscains Irlandois y ont un couvent composé d'environ soixante dix religieux. Le fameux *Tycho-Brahé* est enterré dans l'Eglise de *Toyna*; il étoit attaché à Rodolphe II, qui le combla de bienfaits. Il est représenté en relief avec une cotte d'arme de maille, la main gauche appuyée sur la garde de son épée, & la droite sur un globe. Il a autour du cou une chaîne, d'où pend une médaille. Voici l'inscription qui est autour :

ANNO DOMINI 1603, DIE 24 OCTOBRIS OBIIT ILLUSTRIS ET

GENEROSUS TYCHO-BRAHE DNS.
IN KNUDSTRUP SACRÆ CÆSA-
REÆ. MAJESTATIS CONSILIARIUS
CUJUS OSSA HIC REQUIESCUNT.

Il y a au-dessus un autre monument de marbre avec une longue épitaphe dessus. L'Université de *Prague* est composée de six mille étudians ; & l'on dit qu'il y en avoit autrefois trente mille. On voit dans la cour du palais royal une très-belle statue de Saint George, qui fut fondue l'an 1333. L'Observatoire qui est dans le jardin, à quelques défauts près, peut. passer pour un excellent morceau d'architecture. Ce fut, si je ne me trompe, Ticho-Brahé qui le fit bâtir, & qui l'appropria à son usage. Le palais des Comtes de *Lobkowitz*, de *Webna*, de *Coloutrat*, de l'Archevêque, & des Norbertins, sont dignes de la curiosité des étrangers ; les autres sont de mauvais goût. Ceux des Comtes *Hallasli* & *Straka* sont fort vastes, mais le plus magnifique est celui du prince *Tschemen*.

Le pont de *Prague* sur la *Muldaw*, Le Pont. est un des plus beaux de l'Europe. Il fut commencé par l'Empereur Charles

IV, l'an 1357, & ne fut achevé qu'en 1502. Il a 1580 pieds de long, & 30 pieds 4 pouces de large; il eſt compoſé de dix-ſept arches, & entiérement bâti de pierres de taille. On a placé des deux côtés ſur chaque pile la ſtatue d'un Saint.

L'Hôpital. On a commencé près de la ville un hôpital magnifique pour les malades & les infirmes, compoſé de treize cours, dont deux ſont achevées. Les Comtes de *Pelting* ont à une lieue au nord de *Prague*, un palais appellé *Troya*, dont l'architecture eſt fort bonne. Nous vîmes à *Weſſenberg* (la montagne blanche) l'endroit où les impériaux, commandés par Ferdinand II, battirent l'Electeur Palatin Frédéric, qui avoit épouſé la fille de Jacques I, Roi d'Angleterre. Ce dernier perdit le Royaume de *Bohême* & ſon Palatinat, après avoir été couronné à *Prague*, & les conquérans bâtirent un Egliſe ſur le champ de bataille. Près de là eſt le parc d'*Eynſtern*, dont le bâtiment a la figure d'une étoile. Il eſt à trois étages & à ſix pointes. Il y a ſix appartemens en forme de lozange, avec une ſalle ronde au milieu. Les plafonds des appartemens du plein pied ſont ornés de compartimens en relief, qui représentent divers sujets historiques, l'étage du milieu n'a point d'ornemens, & au haut est une salle où est représentée la bataille dont je viens de parler.

On prétend que *Prague* est, après Rome, Londres & Paris, la plus belle ville de l'Europe. La Noblesse y vit splendidement, & d'une maniere convenable à son rang ; & la campagne y est si agréable, que la plûpart des chefs de famille refusent des emplois, de crainte d'être obligés d'en sortir. {Noblesse de Prague.}

Il y a à *Carlsbad* deux sources minérales, dont une qui est extrémement chaude, est dans le lit même de la riviere. Elle laisse par-tout où elle passe un sédiment qui prend un aussi beau poli que le jaspe. Cela vient probablement des particules pierreuses & minérales que l'eau charrie avec elle. On trouva dernierement en creusant les fondemens d'une maison une espece de pierre blanche fort tendre, dans laquelle étoient quantité de petits cailloux blancs & ronds comme des pois, parmi lesquels il s'en trouva qui avoient la forme d'un œuf. Ces cailloux étoient composés de plusieurs enveloppes minces, disposées par couches. L'eau des bains {Carlsbad.}

forme sur sa surface une pellicule de l'épaisseur d'une gaufre, qui étant séche, se réduit en poussiere. On prétend que cette eau minérale est un composé de craie, de bol rouge, de nitre, d'alun, de vitriol, de fer & d'esprit de soufre volatil. La source du moulin, qui est à quelque distance, est de même nature, moins chaude & moins chargée de particules minérales. On s'en sert en guise de bain & de boisson sur le lieu, & on la dit bonne pour les personnes d'un tempéramment chaud & foible ; les autres conviennent davantage à celles d'un tempérament froid & robuste. Ces eaux en général passent pour lever les obstructions, pour chasser la gravelle, & pour faire cesser la stérilité. Il y a à un demi-mille de la ville une fontaine, qu'on appelle *la fontaine aigre*, dont l'eau est chalybée, & aussi forte que celle de *Spa*. On en boit avec du vin, & elle a une qualité purgative. Il y en a une autre à deux lieues de *Slackenwald*, qui posséde les mêmes propriétés, & que l'on boit à *Carlsbad* avec du vin. Le Prince de *Bade* y a un très-beau palais. Le régime que l'on observe en prenant ces eaux est extrémement désagréable. On y trouve quantité de

noblesse

noblesse des environs, sur-tout de Saxe & de Bohême, & le Czar Pierre y fut trois fois pour en boire. On fabrique à *Carlsbad* des manches de couteaux damasquinés, & de la vaisselle d'étain, que l'on tire des mines de *Slackenweld*; cette derniere est fort estimée. Il y a aussi des mines d'étain à *Shonfield* & à *Lauterback*, & une fonderie à *Crazlitz*, qui est à six milles.

Nous trouvâmes à cinq lieues de *Carlsbad*, sur le chemin d'*Egra*, près du village d'*Hammersberg*, une fontaine d'eau chalybée, moins forte que celle de *Spa*, & plus loin une source minérale. Il y a à *Shonbach*, près des frontieres de la Saxe plusieurs mines de cinnabre, dont on tire du vif-argent; & à une lieue au nord d'*Egra* une source d'eau minérale de même nature que celle de *Pirmont*, dont on use en guise de bain & de boisson. Il y en a une autre auprès, dont l'eau est trouble, & qui ne sert que pour les bains. Quelques-uns croient qu'*Egra* est l'ancien *Usbium*; d'autres le placent à *Besenbeug* sur le *Danube*, vis-à-vis d'*Ips*.

La Bohême est gouvernée par un *Burgrave* ou Viceroi, & par le Conseil de *Prague*. Tous les gentilhommes font

Tome VII.   B

valoir eux-mêmes leurs terres, & tous les paysans sont serfs. Ils ne peuvent se marier ni tester sans le consentement de leurs Seigneurs, aussi les haïssent-ils souverainement. Le Prince profite de cette disposition d'esprit pour contenir la noblesse dans son devoir, car elle craint toujours qu'il ne rende la liberté aux vassaux. Le cristal de *Bohême* est presqu'aussi beau que celui d'Angleterre ; on taille les verres à *Breslau*, & j'en ai vu un dont la façon seule avoit coûté vingt livres sterling. On trouve quantité de curiosités naturelles dans la *Bohême*, indépendamment de celles dont j'ai parlé. Il y a au couchant de *Prague* près de *Kutenberg*, des mines d'argent mêlé de cuivre, où l'on trouve une espece de cristal que l'on croit être formé par les fleurs du cuivre ; on y trouvoit aussi autrefois de l'antimoine. Il y a aussi des mines d'argent à *Joachamsdale*, qui est six lieues au nord de *Carlsbad*, & une espece de terre appellée *Medulla Saxi*, qui prend le même poli que le marbre. J'oubliai de demander si ce n'étoit pas ce qu'on appelle communément de la *Serpentine*. C'est dans les environs que sont les montagnes de grenats, qui contiennent de l'ar-

& de quelques autres Contrées,

gent & du fer. Les grenats de *Bohême* font les plus estimés. Cette contrée produit aussi quantité de pierres précieuses, entr'autres des améthistes, des opales, des topases, & du très-beau cristal de roche, parmi lequel il s'en trouve de jaune que l'on vend pour des topases

CHAPITRE V.

Le Cercle de Baviere.

Le Danube.

ÉTANT arrivés près d'*Egra*, nous entrâmes dans le haut Palatinat de *Baviere* & nous vîmes à *Waldsassen* une très-belle Abbaye de l'ordre de Citeaux. Nous vînmes de là dans la basse *Baviere*, & à *Ratisbonne* sur le *Danube*, auquel Appien donne le nom d'*Ister*, depuis le confluent de la *Save*, & Strabon depuis la cataracte qui est près d'*Axiopolis*. Nous entrâmes ici dans l'ancienne *Vindélicie*, ainsi appellée des rivieres *Vinde* & *Lycus*, qui se joignent au-dessous d'*Augsbourg*. Les Romains ayant conquis cette contrée de même que la *Rhétie*, ils en firent une province sous le nom de la derniere, & appellerent les habitans de la premiere *Rhæti Vindelici*.

La Vindélicie.

Ratisbonne.

Ratisbonne s'appelloit *Reginum* du nom de la riviere qui se jette dans le *Danube. Castra Reginensia* étoit auprès. Elle devint la capitale des *Boïens* qui se fixerent dans ces contrées, après qu'ils eurent été chaſſés de la *Bohême*. On croit qu'elle s'appelloit auſſi *Auguſta Tiberii*, à cauſe d'une colonie que Tibere y envoya. Cette ville étoit la ſtation de la troiſieme légion italique, d'où vient qu'on l'appella *Quartanorum Colonia*. Il y a une Abbaye Ecoſſoiſe à *Ratiſbonne*. Son pont paſſe pour le plus beau qui ſoit ſur le *Danube*; il eſt compoſé de quinze arches, & il a environ trois cens cinquante verges de long, ſur huit de large.

Nous nous embarquâmes ſur le *Danube* pour nous rendre à *Vienne*. On peut faire ce voyage en très-peu de tems, parce que les bateaux font une lieue & demie par heure; mais ceux qui portent les marchandiſes, ſont près d'un mois à remonter ce fleuve.

Il y a à quatre lieues au-deſſous de *Ratiſbonne* un village appellé *Aubourg* dont la ſituation s'accorde avec celle d'*Auguſtana Caſtra*. Je crois que *Straubing* eſt *Serviodunum*. On ne peut rien voir de plus beau que les vitres de la Collégiale pour les peintures & la correction du deſſin. Nous paſsâmes par *Oſterhoven*, que l'on croit être *Petrenſia Caſtra*. On place *Quintiana* à *Kin-*

Aubourg.

Straubing.

Passau.

zen. *Passau*, que les Latins appelloient *Batava Castra*, est sur l'*Inn* ou l'*Ænus* des anciens, & *Noricum* à l'orient. Cette ville étoit autrefois fameuse par ses mines de sel, & par les épées qu'on y fabriquoit. *Boiodurum* étoit de l'autre côté sur l'*Inn*. Les habitans de ces contrées ont beaucoup de dévotion pour une Vierge qui est à *Passau*. On voit dans une muraille qui est près de la Cathédrale une tête colossale de pierre, que l'on croit être celle d'une ancienne statue de Saint Christophe. On débite plusieurs histoires à son sujet. L'*Iltz* se jette dans le *Danube* vis-à-vis de *Passau*. On y trouve des perles qui ont un œil noirâtre, mais dont quelques-unes ne sont point inférieures à celles d'Orient. L'eau de cette riviere passe pour être fort saine, & pour guérir les écrouelles. Elle est de couleur noirâtre. Celle de l'*Inn* est d'un verd pâle, celle du *Danube* jaune; & l'on distingue leurs couleurs avant qu'elles prennent leur cours dans le même lit.

CHAPITRE VI.

De la Haute & de la Basse Autriche.

L*INTZ* est sûrement le même que Lintz.
Lentia. On m'a dit qu'on avoit trouvé un chemin Romain qui alloit à
Saltzbourg, & une colonne itinéraire.
C'est une très-belle ville, l'Archiduc
d'Autriche y a un palais, & les Chevaliers de l'ordre Teutonique un Prieuré, ou une Commanderie. *Lintz* est
fameuse pour ses canons de fusils, & il
y a une manufacture de draps & d'étoffes de soie. *Enns* s'appelloit *Anasus* Enns.
dans le moyen âge ; & la riviere sur laquelle elle est située s'appelle encore
Enns.

On voit encore à *Lorch*, qui est à un Lorch.
demi-mille au midi des murailles de
cette ville, quelques restes de l'ancien
Lauriacum, qu'on appelloit aussi *Aureliana Lauriacensis*. C'étoit là, & à
Lentia, que campoit la seconde lé-

gion. Lorsque les Empereurs Romains passerent en-deçà des Alpes, ils résiderent d'abord à *Sirmium*, & ensuite dans la ville dont je viens de parler ; & il y a tout lieu de croire que la cohorte Prétorienne y avoit aussi ses quartiers. Les *Huns* saccagerent cette ville l'an 570, & elle fut entiérement rasée l'an 737, à l'exception de la Cathédrale. On voit, dans l'encoignure nord-ouest de l'ancienne ville, des vestiges d'un fossé, qui s'étend jusqu'à l'Eglise de *Saint Nicolas de Lorch*, & forme un vaste circuit. Ce peut être le reste des anciennes murailles ; car l'on trouve dans ces ruines quantité de médailles d'argent du bas Empire. Il y a deux reliefs, dont l'un dans la Cathédrale, & l'autre dans la ville d'*Enns*. Je vis les lignes que l'on construisit depuis *Enns*, pour s'opposer aux progrès des Turcs (*a*). Il

_____

(*a*) Quelques-uns prétendent qu'*Aschaw*, près de *Lintz*, est *Jovidum*, & *Erlack Elegium* ; *Lacus* ou plutôt *Locus Felicis*, *Oberwels*, que je crois être *Niderwall Sée* dans la carte d'*Homan* : *Ips est ad pontem isis*. On trouve plusieurs médailles près de *Fechlarn*, que l'on croit être *Arlape* & *Melch Namarc*. On observera que *Stanacum* peut être *Neykir-*

y a près de *Greyn* plusieurs rochers dans le lit du *Danube*, d'où l'eau se précipite & forme plusieurs torrens au bas. Les Bénédictins ont sur la montagne qui est au-dessus de *Melck*, la plus belle Abbaye qui soit dans l'Europe, tant pour les bâtimens, que pour l'Eglise, dont les statues, les sculptures & les dorures sont ce qu'on peut voir de plus superbe. On trouva dans les environs quatre bas-reliefs qu'on a enchâssés dans les murailles de l'Eglise. L'un représente Romulus & Remus avec la louve qui les allaite, & le second un monument sépulchral ; on y trouve aussi quelques médailles, mais en moindre quantité qu'à *Pecklarn*. Nous passâmes par le château de *Diernstain*, où l'on dit que Richard, Roi d'Angleterre, fut détenu prisonnier pendant près de dix-huit mois. On trouve des médailles sur les bords de la riviere qui passe près de *Stein*. La riche Ab-

---

ken, entre *Aschaw* & *Passau*, & *Lesserding Ovilabim*. On conjecture que *Trasmar* est *Trigisanum*, *Pixendorf Pirumtortum* ; & quant à l'Abbaye de *Ketwind*, ce n'est point *Czeizelmaer*, mais *Comagena*, qui n'est point sur le *Danube*, mais à deux lieues de ce fleuve.

baye de Bénédictins de *Gotweich*, qu'on appelle communément *Ketwind*, est deux milles au sud-est de *Maubern*. *Godefroi Beselius*, qui en est Abbé, est un prélat rempli d'humanité, & extrémement versé dans la littérature. Il vient de publier une histoire de son Abbaye, une carte d'Allemagne du moyen âge & un essai sur la maniere dont on écrivoit dans les différens siecles. Il a une très-belle collection de médailles & de curiosités naturelles, entr'autres de pierres sur lesquelles sont les figures de différentes fleurs & de différens animaux; on les trouva près de *Wurtzbourg*, & je n'ai rien vu de plus curieux dans mes voyages. On a trouvé sur cette montagne quantité de médailles, & trois inscriptions. Quelques-uns croient qu'elle faisoit partie du *Mont Commagenus*. C'est à *Cloyster Newbourg* que commencent les montagnes qui séparoient la *Norique* de la *Panonnie supérieure*. A l'orient est un endroit appellé *Calenberg*, & un vieux château, où résidoient anciennement les Ducs d'Autriche, après qu'ils eurent abandonné *Melck*. Quelques-uns croient que c'est *Cetius*, dont il est fait mention dans les Tables ; mais ce pourroit bien être

& de quelques autres Contrées. 35
Cloyster Newbourg, car l'on soupçonne que l'Itinéraire se trompe à l'égard de la distance de cette place.

Vienne est une ville si connue, que je me dispenserai d'en donner la description. On croit que *Baden* est l'ancienne *Aquæ*, fameuse pour ses bains. Les Archiducs ont un palais à *Nieustat*, où l'Empereur Maximilien I alloit fort souvent : il y avoit fait bâtir un hermitage, & il est enterré dans l'Eglise. Les Comtes *Senni*, *Frangipani* & *Ragotzki* y furent enfermés ; le dernier trouva le moyen de se sauver, & les deux autres furent décapités, & enterrés dans le même endroit. On croit que *Mandorf*, au midi de *Petronel*, est le *Mutenum* de l'Itinéraire, d'autres ont prétendu sans aucun fondement que c'étoit *Musa*. Il y a une source d'eau minérale chaude impregnée de soufre, dont on ne se sert qu'en guise de bain.

L'ancienne *Carnuntum*, capitale de la *Panonie* supérieure, paroît avoir été dans l'endroit où sont aujourd'hui *Petronel*, *Altenbourg* & *Haymbourg*. Cette ville étoit très-ancienne. Le Consul *Licinius* l'assiégea en vain dans la premiere année de la guerre contre *Persée*, Roi de Macédoine, c'est-à-dire, cent

Baden.

Carnuntum.

B vj

soixante-onze ans avant Jesus-Christ. Tibere la prit l'an 10 de Notre Sauveur. C'étoit là que campoit la quatorzieme légion, & que les Romains tenoient la flotte qu'ils avoient sur le *Danube*. C'étoit aussi la résidence du Préfet. On y envoya une colonie, elle fut faite ville municipale, & l'Empereur Marc-Aurele y séjourna long-tems. *Altenbourg* & *Petronel* sont deux pauvres villages, éloignés l'un de l'autre d'environ une lieue. Je vis à moitié chemin du côté de l'orient des vestiges des anciennes murailles, qui me parurent avoir environ un mille de circuit. Il y a toute apparence que les fauxbourgs s'étendoient fort avant de côté & d'autre, du moins à en juger par la quantité de briques & de ruines que l'on voit dans les champs, sur-tout dans le parc & près de la riviere, où l'on trouve quantité de médailles. Tous ces endroits étoient probablement fortifiés du tems des Romains. Je vis près de *Steinabrun* un vieux chemin qui se portoit vers le sud, & qui alloit probablement à *Scarabantia*, *Saberia* & *Pætovio*. Entre ce chemin & *Steinabrun*, est un endroit qui m'a paru avoir servi de camp. Quelques-uns croient que *Carnuntum*, que

& de quelques autres Contrées. 37
les *Panoniens* bâtirent, étoit à *Haym-bourg*; que la colonie Romaine de *Petronel*, le palais & les bains d'*Altenbourg*, étoient contigus & ne formoient qu'une seule ville. Environ un quart de lieue au midi des ruines qui sont au couchant de *Petronel*, on voit dans le milieu des champs, les restes d'un arc de triomphe. Le bas est bâti de pierres brutes, & le haut d'un mélange de pierres & de briques. Il paroît avoir été revêtu de pierres de taille. Quelques-unes des pierres paroissent avoir appartenu à d'anciens édifices, ce qui me fait croire qu'on le bâtit à la hâte. L'arcade a environ vingt pieds d'ouverture, & dix d'épaisseur, & les pieds droits douze pieds de large. Le ceintre de l'arcade est élevé d'environ vingt-quatre pieds au dessus du niveau du terrein, qui s'est élevé considérablement dans quelques endroits. Le massif qui est au-dessus, a quinze pieds de hauteur, & il paroît qu'il y avoit une autre arcade contiguë, ce qui formoit en tout quatre arches comme au *Forum de Janus* à Rome. Comme ce monument est éloigné de la riviere & hors de la ville, il est plus naturel de croire que c'étoit un arc de triomphe pareil à ce-

Petronel.

lui de *Laodicée* en *Syrie*, & qu'on l'éleva en l'honneur de Tibere ; car nous lisons dans Dion Cassius qu'on lui décerna les honneurs du triomphe, & qu'on lui érigea deux arcs de triomphe dans la *Panonie*. Environ un demi-mille au sud-ouest de cet arc, on voit les restes d'un édifice, qui peut avoir servi d'amphithéatre. On voit quelques anciennes inscriptions à *Petronel*, une entr'autres dans le palais du Comte de *Traun*, qui fait mention d'un portique. On y voit aussi deux reliefs, dont l'un représente Mercure avec les emblêmes qui lui sont propres, sçavoir un caducée, une bourse & un coq, & l'autre *Vertumne* avec une gerbe de bled d'une main, un marteau de l'autre, & un chien à ses côtés. Il y a deux autres inscriptions à *Altenbourg*, dont l'une est dans le palais de l'Archiduc, & l'autre dans la maison d'un tailleur de pierres : il y a aussi un bain d'eau minérale, dans laquelle il paroît que le soufre domine. L'inscription la plus curieuse est celle de l'hôtel de ville d'*Haymbourg*, par laquelle il paroît que *Carnuntum* étoit une ville municipale. On y voit deux reliefs, dans l'un desquels la ville est représentée sous la figure d'une femme

Altenbourg.

Haymbourg.

& de quelques autres Contrées. 39

couronnée de tours, avec une patere de la main droite, & une corne d'abondance de l'autre. Le second relief ne différe de celui-ci, que par le gouvernail & le globe qu'elle tient de la main droite. Il y a à l'orient d'*Haymbourg* une montagne sur laquelle il paroît y avoir eu un camp. On y trouve quantité de médailles mal frappées, dont un côté représente une tête d'homme, & l'autre un cheval. On y fabrique du tabac en poudre, que l'on tire de *Debreokſin* en *Hongrie*, & quelques draps. Les Tartares s'y rendirent l'an 1683, & massacrerent inhumainement la plûpart des habitans qui s'étoient réfugiés dans le château.

Comme nous retournions à *Vienne*, nous vîmes à douze milles de *Petronel*, & environ à un mille de *Vishmund*, les vestiges d'une vieille muraille. C'est probablement *Æquinoctium*. *Manſwerth* me paroît être *Ala Nova*, & le même que *Villagai* des Tables. *Sweckat* est [Sweckart] fameuse pour ses fabriques de toiles peintes, & pour l'entrevue que l'Empereur Léopold y eut avec le Roi Jean Sobieski de Pologne, après la levée du siége de Vienne; à l'occasion de laquelle on a élevé un obélisque avec une inscription. L'Empereur a un palais à *Eberſdorf*, où l'on voit la figure d'un eſturgeon que l'on pêcha dans le *Danube*; il avoit ſoixante-dix pieds de long, & il peſoit huit cent quatre-vingt-ſept livres. On pêche communément ce poiſſon au-deſſous de *Bude*, & il eſt très-bon à manger.

Rodolphe II, étant allé au *Nouveau Gebaw*, fit enfermer le camp de Solyman le Magnifique, à la maniere des Turcs, de murailles flanquées de tours, avec un jardin au milieu. On voit au couchant les veſtiges d'un camp, qui eſt probablement celui des Turcs, & au nord une maiſon de plaiſance, que ce même Empereur fit vraiſemblablement bâtir. Les jardins ſont conſtruits en forme de terraſſe, & l'on découvre de-là le *Danube* & tous les environs auſſi loin que la vue peut porter.

CHAPITRE VII.

De quelques villes de Hongrie qui sont dans les environs de Vienne, & entre Presbourg & Bude.

Nous fîmes un voyage au sud-est de *Vienne* pour voir quelques anciennes villes d'*Hongrie*. Nous fûmes de *Neustat* à *Oedenbourg*, que l'on croit être *Julia Searabantia*, dans la contrée appellée les *Deserts des Boïens*. Nous vîmes à *Haska*, une lieue à l'orient d'*Oedenbourg*, une pile sépulchrale avec cette inscription : M. S C A R B, qui semble signifier que c'étoit une ville municipale. On trouve à *Oedenbourg* quantité de reliefs, de médailles, d'inscriptions & autres antiquités semblables. Les routes & les différences des itinéraires depuis cet endroit jusqu'à *Vindebona*, varient si fort, que les Ecrivains modernes ne sçavent à quoi s'en tenir.

Comme mon deffein n'eft point d'entrer dans aucune difcuffion fur ce fujet, je me contenterai d'obferver qu'on peut fe rendre au même endroit par trois différens chemins, felon qu'on voyage à cheval, dans l'été ou dans l'hiver.

Scharpin. Nous fûmes à *Scharpin*, que quelques-uns croient être *Scarabantia*, mais fi cela étoit on y trouveroit quelques antiquités, & nous n'en vîmes aucune. C'étoit une ville confidérable que les Turcs brûlerent. *Stenemanger* eft fûrement *Colonia Claudia Sabaria*, que quelques-uns placent à *Sarwar*, à caufe de la conformité des noms, mais fans aucun fondement, car on n'y trouve aucun monument. On dit que le Préfet de la Panonie y faifoit fa réfidence, & *Aurélien-Victor* affure que Septime Severe y fut proclamé Empereur. *Spartien* dit que ce fut à *Carnuntum*. Nous vîmes à *Stenemanger* plufieurs bouts de colonnes de granite. Il y a tout lieu de croire que Domitien honora cette ville de fes bienfaits, car nous vîmes deux infcriptions en fon honneur, dans lefquelles fon nom étoit effacé, ainfi qu'on le fit dans toutes les autres par ordre du Sénat. On trouve dans la ville plufieurs autres infcriptions & reliefs cu-

Stenemanger.

& de quelques autres Contrées. 43
rieux. On prétend sans aucun fondement qu'Ovide y est enterré. On dit encore que Saint Martin y naquit l'an 335, & que son pere y exerçoit la charge de Tribun de Constantin le Grand.

Le lac de *Newsidlersée* est l'ancien lac *Peiso*, dont l'Empereur *Galerius* conduisit l'eau dans le *Danube* par le moyen d'un canal de communication avec la *Rabnitz*, qui prend sa source dans les marais qui sont à l'orient. Son eau est salée & quelquefois fort basse, & le lac peu poissonneux. Le sol est impregné de quantité de nitre, & l'on fabrique quantité de salpêtre à *Newsidel*. Ce fut près de ce lac qu'*Hunnimund*, Roi de *Savia* fut totalement défait par *Théodomir*, frere de *Walamir*, Roi des *Goths*. Il y a près du lac de *Wolf* une source d'eau minérale sulphureuse que l'on fait chauffer, & dont on use en guise de bain; & à *Eisenstatt* plusieurs mines de fer que les habitans négligent d'exploiter, parce qu'ils trouvent mieux leur compte à cultiver la vigne. Le prince *Esterhazi* y a un très-beau palais. Cette ville fut donnée à l'Empereur Fréderic III, par Mathias Corvin, Roi d'Hongrie, comme un gage pour

Newsidlersée.

Wolf.

Eisenstatt.

44   *Description de l'Orient,*
la couronne d'Hongrie que l'Empereur lui céda, ainsi qu'on le voit dans une inscription qui est au palais.

Au sortir de *Vienne* nous nous rendîmes en *Hongrie* au nord du *Danube* & nous traversâmes les montagnes que l'on croit être l'extrémité du mont *Crapacz*, qui séparoit la *Hongrie* & la *Dacie* de la *Sarmatie* (a). Après que Presbourg. les Turcs eurent pris *Bude*, *Presbourg* devint la capitale de la Hongrie, on y garde les marques de la royauté, & les Turcs n'ont jamais pu la prendre.

Ayant pris notre route à l'orient, en tirant au midi du *Danube*, nous pas-Carls-sâmes par *Carlsbourg*, que l'on croit être bourg. *Gerulata*, où nous vîmes les vestiges d'un retranchement, dont une partie a

---

(a) Ce sont des montagnes fort étendues de l'orient à l'occident, entre la Pologne au nord, & la Haute-Hongrie, & la Transilvanie au midi. Elles ont différens noms, selon les endroits qu'elles touchent. Les Allemands l'appellent *Veissenberg* & *Scheberg* entre la *Moravie* & la *Hongrie*, & les Esclavons *Tatary*, & du côté de la Russie & de la Transilvanie, on la nomme *Krempach* & *Serpely*, & plus au levant, les Russes l'appellent *Bias Seiady*, & entre la Pologne & la Hongrie *Tarczal*, en Hongrois, & *der Munch* en allemand.

& de quelques autres Contrées. 45

été emportée par le *Danube*, & les fondemens de quelques édifices Romains. On croit qu'*Altenbourg* est *Ad Flexum*. On a trouvé à *Wiselbourg*, qui est demi-lieue à l'orient, deux ou trois inscriptions. Nous vîmes près d'une ferme appellée *Baratfoldaye*, les fondemens d'une muraille d'environ trois cent pieds en quarré, & plusieurs briques dans un terrain que l'on venoit de remuer, & dans lequel on nous dit que l'on trouvoit souvent des médailles. Cette ferme est éloignée de deux milles d'Hongrie, de *Rahab* & d'*Altenbourg*, & nous conclûmes que c'étoit *Quadrata*, ce qu'aucun Auteur n'a observé. *Rahab* est l'ancienne *Arrabo*. Cette ville fut prise par les Turcs l'an 1594, & on la leur reprit quatre ans après à l'aide d'un stratagême. Il y avoit autrefois plusieurs inscriptions, mais il n'en reste plus qu'une, qui est encastrée avec un relief dans la muraille septentrionale de la Cathédrale. Nous vîmes aussi une inscription & un relief dans un village appellé *Ais* (*a*). La

Altenbourg.

Quadrata
Rahab.
Arrabo.

――――――――――

(*a*) *Bana* est deux lieues au midi de *Rahab*. On dit qu'il y a des mines, & ce peut être

Commorre.

Zeny.
Bregetio.

citadelle de *Commorre* n'a jamais été prise. Il y a dans la ville trois cercueils de pierre, & plusieurs inscriptions qu'on y a transportées de *Zeny*. On croit communément que *Bregetio* étoit dans le même endroit que *Gran*, mais nous avons découvert par le moyen des distances & des inscriptions qu'on a trouvé à *Zeny*, une lieue au-dessous de *Commorre*, que *Bregetio* étoit dans ce dernier endroit. Environ un demi-mille au couchant de *Zeny*, est un endroit entouré d'un petit fossé, où il paroît y avoir eu des maisons; il y en a un autre à l'orient. On trouve entre le dernier & l'endroit où étoit anciennement la ville, les débris d'un théatre ou d'un amphithéatre. Tout autour de l'ancienne ville sont les vestiges d'un double fossé, qui a six cent quarante pas du levant au couchant, & sept cent cinquante du septentrion au midi. Il y a

---

Ad murres, ou *Ad muros*. On prétend que *Justine*, veuve de Valentinien, résidoit avec son fils Valentinien dans un village près de *Bregetio*, *in valla muro cincta*, qui pouvoit être *Ad muros*. La *Panonie* inférieure étoit à l'orient d'*Arrabo*.

& de quelques autres Contrées. 47

au nord deux autres fossés, qui s'étendent environ deux cent pas jusqu'à la riviere. Un peu plus bas de l'autre côté est un enclos d'environ cent trente pas en quarré, avec deux entrées, & deux fossés qui aboutissent à la riviere : ils paroissent avoir été construits pour en défendre le passage, & on appelle cet endroit *Leanywar*. Nous trouvâmes de part & d'autre quantité de briques Romaines, mais toutes les inscriptions ont été transportées dans deux Eglises qui sont environ une lieue à l'orient, dans un endroit appellé *Futusy*. Elles sont dans une espece de péninsule que forme la *Dotis* dans l'endroit où elle se jette dans le *Danube*. Nous vîmes au sud-ouest de l'Eglise qui est à l'orient, une inscription où il est parlé de la premiere légion qui étoit logée à *Bregetio* ; & ayant apperçu une grosse pierre à l'extrémité orientale de l'Eglise, nous la fîmes déterrer, & nous trouvâmes une inscription dessus, qui faisoit mention de même que l'autre, de la troisieme légion de *Thrace*. Nous vîmes sur un autel de la même Eglise deux ou trois autres inscriptions tronquées, & quelques reliefs. Nous trouvâmes au village de

Zeny le couvercle d'une pile sépulchrale; & à la porte de l'église calviniste une pierre avec une inscription, que les paysans ne voulurent point déterrer. On nous dit qu'il y avoit une autre inscription à une lieue au midi du village.

Dotis. Nous étant détournés environ quatre lieues au sud-est du chemin de *Gran*, nous arrivâmes dans une petite ville appellée *Dotis*, qui me parut être très-ancienne, & dont la situation s'accorde parfaitement avec celle de *Floriana*. Il y a dans un coin de l'Eglise un pilastre quarré avec deux compartimens de trois pieds de long, dans chacun desquels est un relief qui m'a paru représenter quelques divinités du paganisme, parmi lesquelles je ne pus distinguer que Junon avec son paon. Il y a dans le château un relief d'Hercule qui combat le lion de Nemée, & dans la maison d'un particulier un gros cercueil de marbre avec une inscription, de chaque côté de laquelle est un Cupidon appuyé sur un flambeau éteint : il m'a paru avoir servi de tombeau à la femme d'un médecin ordinaire de la premiere légion, *Adjutrix*, laquelle étoit native de *Forum Hadriani*, dans la Basse-Allemagne,

que

que l'on croit être *Voorbourg*, vis-à-vis *Ryswick*, à une lieue de la *Haye*. Ce furent les Turcs qui firent fortifier le château, mais ils le firent sauter l'an 1565, lorsqu'ils l'abandonnerent. On trouve dans cet endroit, de même que dans les montagnes des environs des carrieres de marbre rouge commun, & quelques sources minérales, que je n'eus pas le loisir de voir.

Au sortir de *Dotis*, nous fîmes quatre lieues au nord, au pied des montagnes, nous passâmes près des deux Eglises de *Futusy*, & nous vinmes à *Almas*, qui est environ à quatre lieues de *Commorre*, & à trois de *Bregetio*. C'étoit là probablement qu'étoit *Azao*, que l'Itinéraire place entre *Bregetio* & *Lacus Felicis*, & qui peut être le même que *Lepavist* que les Tables placent à six milles de *Bregetio* : on n'y trouve aucune antiquité. Demi-lieue au-delà est *Nesmid*, la premiere poste en venant de *Commorre*, dont il est éloigné de six milles d'Hongrie. Nous côtoyâmes encore le *Danube* pendant deux milles, jusqu'à un endroit où nous fûmes obligés de monter une montagne, parce que le terrein étoit inondé, & nous arrivâmes à *Neudorf*. Environ un quart

Almas

Tome VII. C

de lieue au nord oueſt de la ville, il y a près de la riviere une montagne d'où l'on découvre le pays à perte de vue, & qu'on a pu fort bien appeller *Locus Felicis*, dont le *Lacus Felicis* des Tables eſt probablement une corruption. Elles ſe trompent pareillement à l'égard de *Valſée* ſur le *Danube* en Allemagne, dont la ſituation n'eſt point inférieure à celle dont je viens de parler. L'Itinéraire place cette ville à dix-huit milles de *Bregetio*, & c'eſt à peu près ſa diſtance, car elle n'eſt pas à plus de ſept lieues de *Zeny*, *Neudorf* qui eſt au-delà n'étant qu'à quatre milles d'Hongrie de *Commorre*. Ce qui m'a confirmé dans ce ſentiment eſt une place appellée *Gardellaca* dans les Tables, qui eſt à treize milles de *Lepaviſt* que je crois être *Almas*, de maniere que la diſtance entiere de *Bregetio* eſt de dix-neuf milles, ce qui eſt beaucoup plus juſte que celle que l'Itinéraire lui aſſigne. Je me fonde encore ſur le nom; car c'étoit probablement une place qui ſervoit à défendre le paſſage du *Danube*, & les bateaux y paient encore aujourd'hui un droit. Mais ce qui termine toute diſpute, ce ſont les inſcriptions Romaines qu'on y trouve, dont deux font à l'hermitage qui est sur la montagne, la troisieme sur un autel encastré dans une muraille, & la quatrieme sur le piédestal d'une statue qu'on y a érigée par dévotion. Je vis dans le cimetiere de *Neudorf* un morceau d'autel, & une ancienne pierre avec quelques caracteres dessus. Les rebelles d'Hongrie s'étoient fortifiés sur cette montagne & ils y furent tous taillés en pieces. Je vis parmi les ruines du fort quantité de briques Romaines, & dans d'autres endroits les fondemens de quelques murailles que les Romains avoient sans doute bâties.

Gran étoit autrefois le lieu de la résidence des Rois d'Hongrie, mais on le prendroit aujourd'hui pour un gros village plutôt que pour une ville; & comme il ne s'y fait aucun commerce, les habitans n'ont d'autre moyen pour subsister que l'agriculture. *Gran* est la Métropole de la province de la Haute-Hongrie, de même que *Colocza* l'est de la Basse. L'Archevêque de *Gran*, qui réside à *Presbourg*, est Primat de toute la *Hongrie*. Le château est très-fort d'assiette. Solyman II. le prit l'an 1542, & ne le garda pas long-tems; mais il resta entre les mains du Sultan

Gran.

Achmet jusqu'en 1683. L'armée confédérée de l'Empereur & du Roi de Pologne battit celle des Turcs près du château de *Barcan*, de l'autre côté du Danube, & reprit la ville & le château de *Gran*, quatre-vingt ans après que les Turcs s'en furent emparés. Ces derniers tenterent de la reprendre en 1685, mais les Ducs de Lorraine & de Baviere les obligerent à lever le siége, & leur livrerent bataille dans la plaine où passe le chemin de *Commorre* à *Bude*. Les Turcs, quoiqu'au nombre de soixante mille hommes, furent entiérement défaits; ils abandonnerent leur camp & tout leur bagage, & ceux qui échapperent à l'épée du vainqueur, se retirerent dans les montagnes de *Bude*. La bataille se donna au nord de la chapelle où les Chrétiens furent enterrés. La victoire fut si complette que les infideles furent contraints de demander la paix. Etienne III. & Bela IV. sont enterrés dans cette ville. Saint Etienne, Roi d'Hongrie naquit à *Gran* & fut baptisé, à ce qu'on dit, dans une chapelle qui est près de la Cathédrale, où étoient probablement les Fonts baptismaux. La Cathédrale qui est dans le château est presqu'entiérement ruinée, à l'exception de la porte occidentale, qui est un chef-d'œuvre d'architecture gothique. Elle est bâtie de marbre de différentes couleurs, & ornée de figures de Saints. Le *Roi Bela* y est représenté tenant le relief de l'Eglise dans sa main, avec l'Archevêque à côté de lui : je crois que ce fut lui qui fonda la Cathédrale. La chapelle attenante à l'Eglise est d'une très belle architecture, & revêtue de marbre rouge. Elle fut bâtie par le Cardinal *Bacocz* l'an 1507. Quelques Auteurs prétendent qu'il y a des bains à *Gran*, mais je n'ai pu sçavoir où ils étoient. Nous passâmes par l'endroit où se donna la fameuse bataille dont j'ai parlé ci-dessus, & près de la chapelle où furent enterrés les Chrétiens qui y perdirent la vie, & ayant repris le grand chemin de *Bude*, nous vîmes au nord le mont *Pilis*, à l'orient duquel sont les ruines d'un grand monastere. Nous arrivâmes au village de *Czaba*, où il y a une paroisse, & un peu plus loin sur le chemin une autre Eglise ruinée, où l'on trouva il y a quelque tems deux inscriptions qui sont actuellement dans l'Eglise paroissiale; je ne doute point qu'on n'en trouvât quantité d'autres, si l'on

Czaba.

C iij

se donnoit la peine de fouiller parmi les décombres. *Crumeros*, que je crois être la même que *Lusimari*, a pu fort bien être dans cet endroit. C'étoit un fort qui servoit à défendre le passage de la montagne. Il est parlé dans une des inscriptions de la quatrieme légion qui y étoit cantonnée.

Etant arrivés au-dessus du village de *Woresivar*, nous quittâmes la grande route pour nous rendre à *Saint André*, qui est à l'orient sur le *Danube*. Nous arrivâmes à une croix qui est vis-à-vis une Eglise ruinée qui est au nord, près de laquelle est une colonne itinéraire, & quoique les noms des Empereurs soient presqu'effacés, nous ne laissâmes pas que de reconnoître ceux de Marc-Auréle, Antonin & de Lucius Verus, au-dessous desquels sont ces lettres AB. AC. MP, qui marquent probablement les milles qu'il y avoit depuis cet endroit jusqu'à *Arincum* ou *Bude*, bien que les nombres soient effacés. Nous passâmes par deux villages de la *Rascie* (*a*), sçavoir *Sobantza* & *Pomasz* : on

―――――――――――

(*a*) La *Racie* est un pays de la Turquie d'Europe, qui forme maintenant la partie sep-

voit à l'orient du dernier les ruines d'un château. Nous arrivâmes dans la petite ville de *Saint André*, qui est presque toute habitée par des *Rasciens*, qui y ont plusieurs Eglises ; les Valaques y en ont deux, & les Allemands une. Nous fûmes obligés, faute d'auberge, de loger dans un méchant cabaret, où nous ne trouvâmes pas seulement un lit. Nous envoyâmes chercher des provisions au marché, & nous les fîmes apprêter dans un bouchon. Il y a vis-à-vis cette ville une isle d'environ une lieue de large, qui s'étend depuis *Visegrad* jusqu'à *Bude*.

S. André.

Nous fîmes quatre lieues au nord jusqu'à *Visegrad* : nous passâmes par *Bogdani*, vis-à-vis duquel nous vîmes sur la rive orientale du *Daunbe* une

Visegrad.

───────────

tentrionale de la *Servie* : il est ainsi nommé de la riviere de *Rasca*, qui, après l'avoir arrosé, se jette dans la grande *Morave*. Il a eu autrefois des Rois propres de la famille de *Nimagna* ; ensuite il a été uni à la *Servie*, avec laquelle il est tombé sous la puissance des Turcs. Ses principales villes sont *Belgrade*, *Samendrie* & *Colomback*. On appelle ceux de ce pays les *Rasz* en allemand, & les *Rasciens* en françois.

petite ville appellée *Vatz*. Il y a vis-à-vis *Visegrad* une montagne sur laquelle est un château ruiné, dont l'assiette est extraordinairement forte. Ce fut là que l'on garda les marques de la royauté jusqu'au tems que les Turcs s'emparerent de cette contrée, & depuis elle a été souvent prise & reprise par les Hongrois & par les troupes des Othomans. Quelques Rois Hongrois, entr'autres Mathias Corvin, y ont fait leur résidence. Charles, Roi de Naples, ayant été déclaré Roi d'*Hongrie*, & ayant reçu une blessure à la tête, on le transporta dans ce château sous prétexte de vouloir le panser, & on l'étrangla.

CHAPITRE VIII.

De Bude, & de quelques autres contrées de la Hongrie & de la Croatie.

La ville de *Bude* a beaucoup souffert des guerres, mais on y voit encore deux mosquées turques parfaitement bien bâties. La forteresse fut prise l'an 1526 par Solyman le Magnifique, & il la perdit l'année suivante. Il y rentra l'an 1529, & les Chrétiens tenterent inutilement de la lui enlever ; mais enfin le Duc de Lorraine la prit d'assaut l'an 1680. Elle sauta l'an 1723, à l'occasion d'un magasin à poudre auquel le tonnerre mit le feu ; & il reste aujourd'hui peu de chose du palais des Rois d'Hongrie que Mathias Corvin, le protecteur des arts & des sciences, y avoit fait bâtir ; non plus que de la bibliothéque qu'il avoit composée. Le vieux *Bude*, qui est au nord, est sûrement l'ancien *Ancinçum* ou *Aquincum*;

[marginal note: Bude.]

on y trouve quantité de reliefs & d'inscriptions dans lesquelles il est fait mention de la seconde légion *Adjutrix* qui avoit ses quartiers à *Acincum*. Elles sont la plûpart dans la maison des Comtes de *Schetsin*. Nous vîmes au nord du vieux *Bude* des vestiges des murailles de la ville, & les restes d'un édifice, qui nous parut être un amphithéatre. L'eau se rendoit à la ville par un aqueduc d'environ une lieue de long, soutenu dans plusieurs endroits par des arcboutans, & dont la solidité étoit augmentée par les pétrifications que l'eau formoit, & que j'ai vues dans plusieurs autres aqueducs. On voit quantité de ruines au nord du vieux *Bude*, mais il m'a été impossible de deviner la nature des bâtimens dont elles sont formées. Il y a dans le fauxbourg de *Rascie* un fragment de statue habillée à la longue, dont la tête manque. La ville de *Bude* est fameuse par ses eaux minérales chaudes, qu'on dit être un composé d'or, de fer, de soufre, de sels, d'alun & de plusieurs autres minéraux. Il y a cinq bains qui possedent tous des qualités différentes, dans l'un desquels il se forme de pétrifications pareilles à celles de *Carlsbad*.

Pesth, qui est probablement *Transa-*   Pesth.
cincum, est vis-à-vis *Bude*, & le séjour
en est fort agréable. On y trouve quelques inscriptions & plusieurs bouts de
colonnes de granite. Il y a sur la riviere qui coule au nord de la ville une
ruine qui paroît être l'extrémité d'un
pont, mais comme il n'est pas proba-
ble que l'on en ait construit un dans cet
endroit, tant à cause de la difficulté de
l'entreprise, qu'à cause qu'il n'en est
aucune mention, il est plus naturel de
croire que ces ruines sont les restes d'u-
ne tour qui défendoit le passage de la
riviere. Les habitans mourroient de faim
sans les deux tribunaux où se décident
toutes les affaires civiles de la *Hongrie*.

Nous fûmes de *Bude* à *Stool-Weissen-
berg*. C'est à une lieue au midi de la
ville que finissent les montagnes qui
bordent une partie de la plaine qui est
au midi de *Bude*. On appelle cet endroit *Promontorium*, & le Comte de
Marsili prétend y avoir trouvé un édifice Romain. Nous trouvâmes quantité
de briques dans les champs, & il a bien
pu y avoir eu un fort pour défendre
le passage. Il y a quantité de carrieres
de pierre de taille dans les montagnes;
& nous vîmes à quelque distance les

C vj

60 *Description de l'Orient*,
restes d'un chemin que les Turcs avoient fait construire. Les personnes versées dans les antiquités de la *Hongrie*, disent qu'*Attila* & les premiers Rois des *Huns* résidoient dans la plaine qui est à l'orient de *Bude*, sçavoir à *Yasberin*, ou dans les environs. Je vis à deux milles de *Bude*, dans la maison du Baron *Banitzky*, qu'on appelle *Martinweiser*, un relief d'Hercule qui tue l'hydre de Lerne, un second qui représente un tombeau, & un troisieme un autel sur lequel sont deux reliefs, dans l'un desquels est une personne qui tient un *simpulum*: on appelloit ainsi un petit vase qui servoit aux libations. On trouva tous ces reliefs à *Bude*. Le pays, quoique naturellement fertile, est inculte & assez mal peuplé. La noblesse fait élever dans ses terres quantité de bêtes à cornes, qu'elle envoie vendre en Allemagne, & même en Italie. Les moutons du pays ont les cornes faites comme celles de la Gazelle.

Stool-Wissenbourg. *Stool-Weissenbourg* est situé dans un marais qui s'étend de part & d'autre de la *Sarwtiz* jusqu'à *Simontornya*, ce qui fait que l'air y est fort mal sain. Cette derniere ville est fameuse pour ses vins, que l'on vend pour du *Tokai*,

& de quelques autres Contrées. 61
de même que ceux d'*Eperies* & de *Cas-chaw*. On conjecture par la quantité d'inscriptions & de reliefs qu'on y a trouvé, qu'il y a eu anciennement une ville sur le chemin de *Sirmium* à *Lauriacum* ou *Carnuntum* ; dans le premier cas, ce seroit *Valco*, & dans le second *Cimbrianæ*. On dit que les Rois de Hongrie y résiderent quelque tems, & qu'ils avoient leurs tombeaux dans la ville, & qu'elle ne consistoit qu'en un palais & une Collégiale, dont les débris prouvent encore la magnificence. Les Turcs la détruisirent, & on n'a pu sçavoir ce que les corps des Rois sont devenus. Quelques-uns de leurs tombeaux, de même que les reliefs de marbre rouge dont ils étoient ornés, sont encastrés dans les murailles de la ville, avec la plûpart des incriptions. Les Turcs prirent cette ville l'an 1543 ; l'Empereur Mathias la reprit l'an 1601 ; mais ils y entrerent l'année suivante, & la garderent jusqu'en 1688; l'Empereur fit démolir ses fortifications l'an 1703. On y voit encore une mosquée, une fontaine, & les débris d'un bain.

Nous vîmes en allant à *Vesprin*, du côté du sud-est, un marais qui me pa-

Vesprin.

rut s'étendre vers le lac *Balaton* , & dans ce cas il s'enfuivroit que la *Sarvitz* fort de ce lac, au lieu que les cartes placent le marais & la riviere au nord-oueft. Nous paſsâmes par le village & le château de *Palota*, qui tint quelque tems contre les Turcs ; tous les champs font remplis de Fraxinelle. *Veſprin* eſt ſitué ſur un rocher d'environ un demi-mille de circuit, autour duquel eſt le fauxboug. Cette ville fut priſe & repriſe pluſieurs fois dans la premiere guerre contre les Turcs, mais elle eſt enfin reſtée aux Impériaux. Il y a une fort belle Cathédrale, avec une chapelle ſouterreine, où l'on dit que Saint Emerick, Duc de Hongrie, alloit fort ſouvent.

Le lac Balaton. Nous trouvâmes ſur le chemin du lac *Balaton*, environ à une lieue de *Veſprin*, des payſans qui fouilloient parmi les décombres d'un ancien édifice pour en tirer les pierres. C'étoit probablement un fort qui ſervoit à défendre le paſſage. Le lac *Balaton* eſt très-poiſſonneux, & lorſque la gelée eſt venue, les payſans font des trous dans la glace, jettent leurs filets dedans, & en retirent une quantité de poiſſon prodigieuſe. Il y a ſur la rive une ſource d'eau minérale spiritueuse, purgative, dont le goût approche de celle de *Pirmont*. On la fait chauffer lorsqu'on veut en user en guise de bain. On prétend qu'elle contient beaucoup de nitre, & ce qui me le persuade est l'incrustation qui se forme autour des chaudieres dans laquelle on la fait chauffer. On ne sçauroit concevoir la quantité de paysans qui s'y rendent tous les matins. Nous le traversâmes dans un bac vers l'extrémité occidentale ; c'est dans cet endroit que se jette la *Sala*, qui traverse la contrée de *Salawar*. On fit passer notre voiture sur un radeau porté par quatre bateaux faits d'une piece de bois creuse.

Nous vîmes, en traversant les bois, quantité d'Eglises & de villages ruinés par les dernieres guerres. Les habitans sont la plûpart Calvinistes, & quelques-uns Catholiques Romains & Luthériens. Les cabarets y sont si mauvais, que nous aimâmes mieux rester dans les bois que d'y entrer. Nous arrivâmes enfin à *Canisha*, ville autrefois fortifiée, que les Turcs prirent l'an 1600. Les Impériaux l'assiégerent plusieurs fois ; & ne la prirent que sous l'Empereur Léopold,

Canisha.

qui la fit raser : elle n'est plus aujourd'hui qu'un village.

Nous passâmes la *Drave* pour nous rendre dans la *Croatie*, & ayant repassé l'ancien lit de la *Drave*, nous retournâmes à *Le Grad* en *Hongrie*. Cette riviere a changé de lit depuis quarante ans, de maniere que cette ville se trouve aujourd'hui entre l'ancien lit & le nouveau. Il y a dans le premier un petit ruisseau, qui se jette dans la *Drave* un quart de lieue au-dessous de *Le Grad*, & qui forme une isle d'environ une lieue & un quart de tour. *Le Grad* est composé de cinq cent maisons, dont cent sont habitées par des Luthériens, qui ne souffrent aucun Ministre parmi eux. Nous fûmes au village de *Stridona*, la patrie de *Saint Jerôme*, où l'on a bâti une chapelle, où sont représentés les principaux événemens de sa vie. On dit qu'il naquit à *Stridona* sur les confins de la *Dalmatie* & de la *Panonie*, mais comme la *Panonie* s'étendoit plus loin, je croirois plutôt qu'il naquit à *Zerin* dans la *Croatie*, ou selon d'autres à *Sdregna* dans l'*Istrie*.

Czakathurn peut être *Alicanum* ?

& de quelques autres Contrées. 65

étant fur le grand chemin de *Pettaw* à *Stenemanger*, l'ancienne *Sabaria*. On y voit une pierre avec une infcription latine & quelques reliefs, dont l'un repréfente Romulus & Remus, avec la louve qui les allaite, & un autre un capricorne avec une queue de poiffon. Nous quittâmes la Hongrie pour entrer dans la *Croatie*.

C'eft le Duc de Lorraine qui eft le premier Viceroi de Hongrie, & le Palatin tient le fecond rang après lui, en qualité de Généraliffime des troupes du royaume. Il eft élu par les Etats, lefquels font compofés de la haute & petite nobleffe, du Clergé, & des députés des villes, & il préfide à leurs affemblées. La religion dominante eft la Catholique Romaine; les Luthériens, les Calviniftes & les Rafciens du rite grec, y font fimplement tolérés; ils ont des Eglifes dans les villes où il n'y a point de Catholiques, & leurs miniftres ne perçoivent point la dîme, comme ceux de Tranfilvanie. Les Luthériens tirent les leurs de la Saxe, & les Calviniftes d'*Alba Julia*. Il y a quantité de Rafciens du rite grec en Hongrie, qui font corps avec les *Chingeners*, qui ont les mêmes qualités que les Bohé-

Etat de la Hongrie.

miens. Ils commercent en coutellerie, & campent autour des villes, mais on n'en souffre aucun dans l'Allemagne.

Histoire naturelle. L'air & le climat de Hongrie passent pour être très-mal sains pour les étrangers, ce qui vient de la quantité de nitre dont l'air est rempli : les jours y sont chauds, les nuits froides, & les rosées abondantes, il est dangereux de coucher dehors, à moins qu'on ne soit bien couvert. Les vins du pays ont un fumet agréable, mais ils sont pésants, & causent la pierre & la gravelle. Le sol est extrémement fertile, & produit une si grande quantité d'arbres, qu'on est obligé de les dépouiller de leur écorce pour les faire mourir, & ensuite de les brûler. Les bois & les pâturages sont si communs dans les environs des villes, que les voyageurs peuvent en user, sans que les habitans y trouvent à redire. Les montagnes, sur-tout celles qui sont au nord-est, renferment quantité de mines d'or, d'argent, de cuivre, de fer, de plomb, d'antimoine & de cinnabre. Les principales sont au nord de *Gran*, à *Neusoll*, *Altsoll*, *Kremnitz* & *Schemnitz*. Il y a au nord-est de la derniere des mines de sel, qui en fournissent à toute la Hongrie : il y

& de quelques autres Contrées. 67

en a d'auſſi blanc & d'auſſi tranſparent que l'albâtre.

On pêche dans le Danube des eſturgeons qui ont juſqu'à vingt-un pieds de long. Ils viennent du Pont-Euxin, & remontent le fleuve dans le printems juſqu'à *Bude* pour frayer. On les entoure avec un filet, & lorſqu'on voit qu'ils ſont pris, un homme ſe jette dans l'eau, les perce ſous le ventre, & les traîne ſur le rivage. On doit bien ſe garder de les approcher lorſque l'eau a beaucoup de fond, car ils tueroient un homme d'un coup de queue. Leur chair a le même goût que celle du Turbot.

Le Royaume de *Croatie* eſt un des cinq qui dépendoient de la Hongrie; les quatre autres étoient la Dalmatie, l'Eſclavonie, la Servie & la Boſnie. Nous fûmes à *Waraſdin*, qui eſt à quelque diſtance du Danube; les fortifications en ſont médiocres, & la ville n'a rien de remarquable. La *Croatie* eſt gouvernée par un *Ban* ou Viceroi, qui releve du Souverain d'Hongrie. Les habitans ne paient aucun impôt, & n'ont jamais voulu en payer aucun, mais en revanche, ils fourniſſent des ſoldats, qu'ils ſoudoyent eux-mêmes, les gen-

La Croatie.

tilhommes servent en qualité d'officiers ou de volontaires. Ils sont extrêmement braves & fidéles à leur Souverain. C'est ce même peuple, si je ne me trompe, qui en tems de guerre envoie la moitié de ses gens en campagne, tandis que l'autre reste dans le pays pour cultiver la terre. Sa langue est l'esclavonne. C'est une langue orientale qui est d'un grand usage dans les contrées nord-est du globe, & dont les dialectes s'étendent jusqu'à la Chine, si bien qu'on peut la regarder comme une langue mere. On prétend que la langue hongroise est un dérivé de l'hébreu & des autres langues orientales. Les *Huns* sont les mêmes que les *Scythes*, qui habitoient auprès du *Palus Méotide*.

CHAPITRE IX.

De la Stirie.

La *Stirie* est appellée *Steir Marck*, c'est-à-dire, *Stirie sur les frontieres* de l'Allemagne ; car *Marck* signifie bornes, frontieres, limites ; d'où vient qu'on appelloit *Margravats* les contrées limitrophes, & ceux qui les gouvernoient *Margraves*. Leur emploi paroît avoir été le même que celui des *Duces Limitanei* de l'Empire Romain, qui gouvernoient les contrées & les provinces limitrophes. Les Empereurs accorderent ces contrées à leurs Généraux avec le titre de *Margraves*, à condition qu'il défendroient les frontieres de l'Empire contre leurs ennemis.

Pettaw est l'ancienne *Petovia*, laquelle étoit située sur la montagne du château, & sur les éminences qui sont au nord. Lorsque les Romains assiégerent cette ville, les habitans des environs vinrent à son secours ; mais Auguste fut à leur rencontre pour les empêcher de jetter du secours dans la ville, & fut blessé au genou d'un coup de pierre. Les Romains en firent une colonie, comme il paroît par les inscriptions que l'on voit encore dans l'Eglise de Saint Martin, qui est à un mille de la ville, & à *Emssield*, dans la maison du Comte de *Saur*. Il y a à environ une lieue hors de la ville, dans les jardins du Baron *Cramp*, un cercueil d'albâtre, dont les ornemens m'ont paru être du moyen âge. On voit plusieurs reliefs dans le château, & un dans la ville qui représente l'histoire d'Orphée & quelques autres sujets. La pierre sur laquelle il est, est d'albâtre; elle a seize pieds de long sur six de large, & le P. de Montfaucon l'a inséré dans son Antiquité expliquée.

Il y a dans le château de l'Evêque de *Seccau*, au-dessus de *Leibnitz*, plusieurs inscriptions & reliefs, qu'on a probablement trouvées dans la vallée qui est au-dessous. Il paroît par une inscription qui est dans celui de *Gratz*, que du tems de l'Empereur Maximilien, on trouva à *Leibnitz* un vaisseau de terre rempli de cendres & d'ossemens, parmi lesquels il y avoit une médaille Romaine; d'où l'on conclut que

& de quelques autres Contrées. 71

Muroela étoit quelque part dans les environs de *Leibnitz*. Nous prîmes le grand chemin de *Trieste* & de *Vienne*, & nous arrivâmes dans la belle & floriffante ville de *Gratz*, capitale de la *Stirie*, que l'on croit avoir été bâtie par les *Vindi* ou les *Sclavi* fur la montagne où eft le château, environ cinq cent quatre-vingt ans après qu'ils eurent conquis la *Panonie*, *Carnium* & *Noricum*; mais après que Charlemagne les en eut chaffés, & qu'il eut fixé l'*Arab* pour les bornes de la *Germanie*, ils bâtirent *Windish-Gratz*, qu'on appella dans la fuite *Gratz des Bavarois*, parce que ces derniers s'y établirent.

Gratz.

Les Marquis de *Stirie* réfidoient à *Styre*, & ce fut l'Empereur Fréderic Barberouffe qui érigea leur domaine en Duché. Cette famille s'étant éteinte à la mort d'*Ottocarus*, ce Duché revint à Léopold le Vertueux, beau-pere d'*Ottocarus*, & Marquis d'*Autriche*, qui réfidoit à *Gratz*. C'eft de *Charles de Gratz*, fils de *Ferdinand I*. que la maifon d'Autriche defcend en ligne directe, fçavoir de Ferdinand II. fon fils: c'eft ce qu'on appelle la ligne de *Gratz*, car Maximilien II. fils aîné de Ferdinand I. eut pour fucceffeur fon fils aîné

Rodolphe II. auquel succéda son frere cadet *Mathias*, à la mort duquel la ligne de *Maximilien II.* fut éteinte. Elle fut continuée dans la personne de *Charles de Gratz*, fils cadet de *Ferdinand I.* lequel étant mort avant *Mathias* son aîné, *Ferdinand II.* succéda à l'Empire.

On trouve quantité d'inscriptions dans le palais de l'Archiduc d'Autriche, de même que dans la ville, ce qui donne lieu de croire que *Carrodunum* étoit dans les environs. Nous fîmes une lieue jusqu'à l'Eglise de *Strangany*, qui est sur une montagne, où je vis une inscription & quelques reliefs. Il y en avoit d'autres qu'on a transportées ailleurs, & il y a tout lieu de croire que la ville étoit anciennement dans cet endroit, car c'est une ancienne Eglise Métropolitaine, dont plusieurs autres dépendent.

Nous prîmes notre route par le mont *Cetius*, qui séparoit le *Noricum* de la *Panonie*, & de-là au nord jusqu'à *Rettlestein*, qui est vis-à-vis une haute montagne de même nom, sur le sommet de laquelle il y a, dit-on, une grotte de deux milles de profondeur, dans laquelle on trouve ce qu'on appelle

pelle des os de dragons, qui ne sont probablement que ceux des animaux que les bêtes de proie y ont porté ; car nous ne pûmes y aller, parce qu'il nous falloit traverser la riviere. Nous fûmes de-là à *Maria-Zell*, où il y a une image de la Vierge, pour laquelle les peuples ont beaucoup de vénération. Le trésor est des plus riches ; on y voit quantité de bagues de diamants, & de pierres gravées, des statues, & des vases d'or & d'argent, dont quelques-uns sont enrichis de pierres précieuses. Il y a sur le chemin une forge, où l'on réduit en gueuses le fer que l'on tire des mines d'*Eisenarts*, qui est au couchant. Ces mines & celles de l'Archevêché de *Salizbourg*, sont probablement les mêmes d'où l'on tiroit le fer de la *Norique*, dont les Anciens faisoient tant de cas. Les montagnards de la *Stirie* sont fort sujets au gouëtre, ce qu'on attribue à l'eau de neige qui leur sert de boisson.

Mariazell.

Il n'y a d'autre Evêché dans la *Stirie* que celui de *Seccau*. Il y a dans la Cathédrale une chapelle revêtue de marbre & richement décorée, que Charles de Gratz fit bâtir pour servir de

Seccau.

sépulture à sa famille. Nous vinmes de-là dans la *Carinthie* (*a*).

Le Comté de *Cilley* fait aujourd'hui partie de la *Stirie*. Il fut gouverné pendant trois cent ans par ses propres Comtes, jusqu'à la fin du quinzieme siecle, qu'il passa dans la maison d'Autriche. C'est à *Gratz* que s'assemblent ses Etats & ceux de *Stirie*.

Nous nous rendîmes de *Laubach* dans la *Carniole*. Après avoir fait cinq milles, nous traversâmes la *Save*, que les Tables placent mal-à-propos à neuf milles d'*Emona*. Nous passâmes la *Trisntiz* (*b*) cinq milles plus loin. *Trajanibourg*, ou la *Montagne de Trajan*, est un village situé au pied d'une montagne, à cinq milles d'Allemagne, de *Laubach*. Nous y trouvâmes trois anciennes inscriptions. Ce doit être la

---

(*a*) Je conjecture qu'*Houndsmark* étoit *Ad pontem*, que les Tables placent entre *Ovilabis* & *Patovio*; & que *Neumark* n'est point *Noreia*, comme quelques-uns l'ont cru, ainsi que je le prouverai ailleurs.

(*b*) Je crois que *Mutatio ad quartodecimo* de l'Itinéraire de Jérusalem, & *Ad decimo* des Tables, étoient dans les environs.

& de quelques autres Contrées. 75
Manſio, appellée *Hadrante* ou *Adriante*; ces endroits ſont dans la *Carniole*.

Etant arrivés dans le comté de *Cilley*, nous vîmes à *Frantz* une grotte où l'on trouve quelques pétrifications curieuſes; mais nous ne pûmes ſçavoir ſi elle communiquoit ou non avec le ruiſſeau qui coule au-deſſous. Cet endroit étoit probablement *Ad medias*. *Upellis* étoit ſur la même route à ſeize milles de *Cilley*; & le village de *Cuple* paroît avoir retenu quelque choſe de ce nom.

Cilley eſt l'ancienne *Cileia*, appellée dans une inſcription *Claudia Cileia*, à cauſe probablement que *Claudius* y fonda une Colonie. Nous y vîmes pluſieurs têtes avec des cornes de taureaux ou de béliers, ce qui nous fit conjecturer qu'on y adoroit Jupiter Ammon. On trouve un grand nombre d'antiquités & d'inſcriptions, tant dans la ville que dans les environs, ſur-tout dans les Egliſes de Saint Maximilien & de S. André, de même qu'à *Okanick* ſur le chemin de *Vienne*, & dans le château appellé *Ober Cilley*. Les Comtes de *Cilley* ſont enterrés dans l'Egliſe des freres Mineurs: ils logeoient dans le palais qui appartient aujourd'hui à l'Archiduc d'Autriche.

<small>Comté de Cilley.</small>

<small>Cilley.</small>

CHAPITRE X.

De la Carinthie.

Freisach. Nous fûmes de *Seccau* dans la *Stirie*, à *Freisach* dans la *Carinthie* que je crois être *Noreia*, quoique d'autres prétendent le contraire. Je me fonde sur Strabon, qui nous apprend qu'il y avoit à *Noreia* de mines de fer, & que l'on trouvoit de l'or parmi le sable des rivieres. En effet, il y a des mines de fer à une demi-lieue de la ville, & des mines d'argent dans les montagnes qui sont à l'orient, mais qu'on n'exploite plus, parce qu'elles sont probablement épuisées. On trouve quantité de reliefs & d'inscriptions dans la ville, & tout auprès des carrieres de marbre gris, dont les habitans se servent pour bâtir leurs maisons.

Gurck. *Gurck* est une ville Episcopale. J'y vis une pierre fort ancienne avec une inscription à moitié effacée, & un relief qui représente une personne avec un vase à la main. Quelques-uns croient sans fondement que cette ville est la même que *Graviacis*. Il y a à *Saint Veit* un bassin de fontaine de neuf pieds de diametre, que l'on trouva près du moulin de *Solfeld* : il est surmonté d'une petite statue de bronze, que l'on trouva dans le même endroit, avec plusieurs reliefs & inscriptions Romaines. {Saint Veit.}

Nous prîmes le chemin de *Solfeld* (a), appellée par les Latins *Solva*, ou *Flavium Solvense*, que l'on croit être une colonie fondée par *Vespasien* avec le titre de ville municipale. Quelques- {Solfeld. Solva.}

(a) Nous trouvâmes sur la route des inscriptions dans tous les endroits suivants ; dans les Eglises d'*Unter Milbuck*, de *Saint Donat*, de *Saint Michel*, de *Prunniers-Cross* & de *S. Antoine*, & au moulin, où l'on voit les ruines d'un ancien édifice. On dit qu'il y avoit au midi de la croix, un temple dédié au soleil ; mais je n'y vis autre chose que quantité de briques répandues dans les champs. Je vis sur la montagne qui est au-dessus du moulin, les ruines d'un édifice. Ayant fait encore un quart de lieue vers l'orient, nous passâmes par la maison d'un gentilhomme, qui est près de *Meiselbourg*, d'où nous nous rendîmes aux Eglises de *Possaw* & de *Rotzendorf*, & de-là à *Tilshack*, qui est un palais qui appartient au Comte de *Grobenich*.

uns prétendent qu'elle fut détruite par *Attila*, mais sans aucun fondement ; & comme *Odoacre* chassa tous les *Romains* de la *Norique*, il est plus naturel de croire que ces villes n'étant plus habitées, elles tomberent insensiblement en ruine. On l'appelle *Maria Sol* d'une Eglise de même nom, où l'on voit un ancien vase qui sert de fonts baptismaux. La ville étoit anciennement bâtie, partie dans la plaine, & partie sur la croupe des montagnes ; & s'étendoit probablement depuis l'Eglise d'*Arndorf* jusqu'à *Lindwurmb Gruben*, qui en est éloigné d'une lieue. Elle s'étend à gauche jusqu'à la riviere, & à droite sur la montagne jusqu'à l'Eglise de *Retzendorf* & au bois de *Telshach*.

Au sortir de *Maria Zell*, nous entrâmes dans la plaine où est le monument appellé *Kaisarstool*. Il consiste dans une grosse pierre de six pieds de long sur cinq de large, posée debout, sur laquelle il y en a une autre du côté du couchant, qui s'appuie dessus. Il y a entre-deux deux petites pierres, sur l'une desquelles est le fragment d'une inscription latine. Le siége est de l'autre côté, il consiste en une pierre posée sur un chapiteau gothique, de cha-

& de quelques autres Contrées. 79

que côté de laquelle il y en a une autre, contre laquelle on posoit les armes. Au haut de la grosse pierre sont écrits ces mots : *Rudolphus Dux* , qui fut le premier qui posséda la *Carinthie*. *Æneas Sylvius* fait mention d'une cérémonie extraordinaire qu'on observoit dans l'installation des Ducs. Le palais de *Tonsonberg* est sur la montagne qui est au couchant. On y montre plusieurs choses relatives à Maximilien I. qui y naquit , à ce qu'on prétend ; mais on sçait que *Neustat* fut le lieu de sa naissance. Nous vîmes dans cet endroit quantité d'inscriptions & de reliefs.

Clagenfurt est une des plus jolies villes que j'aie vues dans mon voyage. Les maisons en sont très-bien bâties, & il y a des ruisseaux dans toutes les rues (a). On n'y trouve ni médailles, *Clagenfurt.*

(a) *Cellarius* croit que c'est *Claudia* ou *Claudivium* ; mais je conjecture plutôt que c'est *Beliandro*, sur le chemin de *Varuno* à *Juvavia*, quoique les distances ne s'accordent point. Le chemin passoit le long de la *Drave*, où est maintenant celui de *Saltzbourg*, jusqu'à *Clagenfurt*. On m'a dit que l'on voyoit les restes d'un chemin Romain dans la vallée d'*Heyden*, environ une lieue à l'orient de *Clagenfurt*.

D iv

ni antiquités, ou s'il y en a, elles sont en petit nombre. On voit dans la rue une statue colossale, dont la tête est cassée ; elle m'a paru tenir de la main gauche des faisceaux Romains : on y voit aussi un relief qui représente Hercule & un centaure. On nous parla d'une inscription, qu'il ne nous fut pas possible de voir ; il y en avoit quantité autrefois. Nous en copiâmes une qui est dans une l'Eglise ruinée sur la montagne de *Spittalberg*, à une demi-lieue au nord-ouest. Il y a dans la place une fontaine de cinquante-cinq pieds de long, surmontée d'un dragon de trente pieds, qui est les armories de la ville. Elle est faite d'une espece de pierre verdâtre que l'on trouve dans le pays ; sur le devant est une statue colossale d'Hercule avec sa massue levée, qui paroît vouloir assommer le monstre. Nous côtoyâmes la rive septentrionale du *Wurtsée* ou du lac, dont les eaux sont mal saines, & causent le dévoiement & la colique. On y pêche quantité de truites, de barbeaux & d'écrevisses. Nous vîmes sur une montagne le palais de *Landscroon*, où l'on trouva dernierement quantité de médailles Romaines. Le lac *Ossiaker* est à deux

Wurtsée.

Le Lac Ossiaker.

lieues au nord-ouest. Il croît quantité de noyers autour de ces deux lacs, dont le fruit sert à faire de l'huile pour les peintres, & le marc, de nourriture aux pauvres gens, qui le mangent avec du pain. Quelques Auteurs font mention des noix du lac *Ossiaker* sous le nom de *Tribulus aquaticus*, ajoutant qu'on en fait du pain. M'étant informé de la chose, j'appris que ce lac produisoit une plante dont la baye servoit à faire du pain ; mais qu'il étoit mal sain, & causoit souvent des fiévres.

Quelques-uns croient que *Villach* est le même que *Julium Carnium*, mais cela est faux. Cette ville est à quarante milles d'Italie, de *Volkmark*, que l'on croit être *Virunum* ; & comme *Graviacis* en étoit éloignée de quarante & un milles, il a plus d'apparence que c'est celle-ci. On nous dit qu'il y avoit quelques ruines près de la ville, entre la *Drave* & la *Guil*, mais nous n'en trouvâmes aucune. On a publié les inscriptions qui y sont, & nous en trouvâmes plusieurs autres sur le chemin de *Spittal*, qui est huit lieues au couchant, sur-tout dans l'Eglise de Sainte Anne, qui est à une demi-lieue de la ville, à *Hillerberg*, à *Vistritz*, dans l'Eglise de

{Villach.}

D v

Saint *Paternion*, & dans un palais qui appartient à un noble Vénitien. *Minuno* a pu être près du dernier de ces endroits.

S. Peterhulst. Teurnia.

Saint Peterhulst est sur une colline isolée près de la *Drave*, & l'on croit que c'est *Teurnia*, que Pline met au nombre des villes de la *Norique* dans les environs du *Danube*. Gruter rapporte une inscription, dans laquelle il est parlé du *Duumvir* de *Teurnia*. On l'appelloit ainsi dans le moyen âge, elle étoit le siége d'un Evêque, & la Métropole de la *Norique*. On y voit quelques inscriptions, & un morceau d'un cercueil de pierre. On dit qu'on y en trouva un rempli de cornes de différens animaux. Nous vîmes deux reliefs, dont l'un représentoit S. Pierre & S. Paul, & l'autre un Evêque & une autre figure. On trouve au haut de la montagne les fondemens de quelques murailles, dont on a presqu'emporté toutes les pierres.

De retour à *Villach*, nous primes notre route au midi, & au bout d'une lieue, nous trouvâmes deux sources d'eau minérale chaude, appellée *Warmbad*, qui contient du soufre, de la chaux & quelques autres minéraux. On n'en boit point parce qu'elle purge, mais on prétend qu'en guife de bain, elle réfout les nœuds qui fe forment dans les jointures, & fortifie les membres qui ont été difloqués.

Nous entrâmes dans les montagnes appellées par les Anciens *Alpes Noricæ* pour les diftinguer de celles qui font au midi, & qu'ils appelloient *Alpes Carnicæ*. Il y a dans l'Eglife d'*Arnoldftein* deux anciens reliefs, dont l'un repréfente une efpece de crocodile avec la queue entortillée, & l'autre les buftes d'un homme & d'une femme; le premier tient un rouleau dans fa main, & eft habillé d'une façon toute particuliere.

CHAPITRE XI.

Du Comté de Gorice, & du Duché de Carniole.

Comté de Gorice.

Gorice.

Comorns.

LE Comté de Gorice fut ánciennement gouverné par ses propres Comtes, & devint ensuite sujet aux Ducs de Carniole. L'ancienne ville de Gorice paroît avoir été dans l'endroit où les Comtes avoient leur château. On me dit qu'il y avoit une tête d'une ancienne statue, que nous n'eûmes plus le tems de voir. On nous montra le tombeau du dernier Comte, dont les armes sont surmontées d'une couronne qui ressemble à la thiare que portoient les Phrygiens. Nous fûmes de-là à Comorns, où sept à huit Patriarches d'Aquilée ont résidé en tems de guerre. Ils logeoient probablement dans le château qui est au sommet de la montagne, & dont on voit encore quelques restes.

Nous fûmes à *Hayddenshaft* (a), qui est sur le chemin de *Vienne* à *Venise* ; celui de *Villach* est beaucoup plus court, mais la poste n'y passe point. Le Comté de *Gorice* produit d'excellens vins. Le bas peuple parle la langue *Forlane*, qui est un composé de l'italien, du françois & de l'esclavon ; mais les gens de qualité parlent italien.

Hayddenshaft.

Nous fûmes d'*Hayddershaft* dans la *Carniole*, qui faisoit autrefois partie du pays des *Carni* ; mais les *Windi* ou *Selavi* étant venus s'établir dans la basse & la moyenne *Carniole*, on l'appella *Windisch-Marck* ; & ce qu'on appelle la langue *Windisch*, est un dialecte que l'on parle dans toute cette contrée. Nous entrâmes dans la vallée

La Carniole.

(a) Le nom de ce village signifie *Paganisme*, & les Italiens l'appellent *Ideusina*. Ce nom, joint aux médailles & aux autres antiquités qu'on y trouve donne lieu de croire que c'est une ancienne ville, & la même probablement que *Mutatio* appellé *Castra* dans le voyage de *Jérusalem*, où il est ensuite parlé des *Alpes Julia*. Il y avoit anciennement un chemin depuis cet endroit jusqu'à *Ober Laubach*, qui passoit sur la montagne ; mais on en a fait un nouveau dont le détour est de quatorze milles.

où coule la riviere *Vipao*, qu'on appelloit anciennement *Frigidus*, près de laquelle Théodofe remporta une victoire fignalée fur *Eugene*. L'endroit appellé *Ad Frigidum amnem*, dans l'Itinéraire étoit, à ce que je crois, fur le chemin d'*Aquilee* à *Emona*. Le nouveau chemin de *Venife* à *Vienne* paffe par cette vallée & par *Gorice*, laiffant le grand chemin de *Vienne* à *Triefte*, à *Prewalt*, qui eft à fix lieues de *Triefte*. Nous prîmes celui qui conduit à *Laubach*, nous gagnâmes au bout de deux lieues le fommet des *Alpes Carnicæ* ou *Juliæ*, & étant arrivés dans une gorge où il y a une hôtellerie, nous quittâmes le grand chemin pour nous rendre à *Hydria*, à deffein de voir la mine de vif-argent qu'on y exploite depuis plus de deux cents ans, & qui paffe pour la plus riche de l'Europe. Cette mine a près de huit cents pieds de profondeur, & lorfque nous y arrivâmes, on travailloit à en étançonner les rameaux, & à conftruire des efcaliers pour y defcendre commodément. La mine confifte en une ardoife noire, entremêlée d'argile de même couleur dans laquelle on voit le vif-argent en forme de petits globules ronds. On brife la pierre & on la lave

Hydria.

& de quelques autres Contrées. 87

pour l'en tirer, & sur cent livres de cinnabre, on retire cinquante livres de vif-argent. On trouve dans le ruisseau qui traverse le village, quantité de parcelles de mercure vierge, que le bas peuple ramasse en cachette, bien que cela soit strictement défendu.

Nous nous rendîmes par *Ober Laubach* à *Laubach* qui est l'ancienne *Emona*. La ville étoit anciennement au midi de la riviere, & s'étendoit vers le nord, où ses murailles servent encore d'enceinte à une partie de la ville même; comme l'Eglise de Saint Pierre, qui est l'ancienne Eglise paroissiale, est aussi au nord, à un demi-mille de la ville, on conclut de-là que la ville s'étendoit autrefois jusqu'à cet endroit. On trouve dans la ville, de même que dans l'Eglise de *Sistra*, qui en est éloigné d'un mille, plusieurs inscriptions anciennes. On dit que *Laubach* fut bâti par les *Argonautes* qui remonterent l'*Ister*. La montagne sur laquelle le château est bâti, quoique extrêmement escarpée, est couverte d'arbres, & ce fut là probablement qu'ils bâtirent la ville.

Nous retournâmes à *Ober Laubach*, l'ancien *Nauportum*, sur la riviere de *Laubach*, appellée par les anciens *Nau-*

<small>Laubach.</small>

<small>Ober Laubach.</small>

portus. Pline dit que cette ville reçut son nom des Argonautes, dont le vaisseau remonta jusqu'à cet endroit. Tacite parle de *Nauportum* comme d'une ville municipale; & nous y trouvâmes une inscription. Environ à un mille d'*Ober Laubach*, la riviere forme trois grands ruisseaux au sortir de la montagne.

Riviere de Laubach.

Pour expliquer la nature de cette riviere, il faut sçavoir qu'il y a dans les contrées méridionales de la *Carniole* plusieurs rivieres qui se perdent sous terre, entr'autres la *Untz*. L'autre est la *Poig*, qui a sa source dans les montagnes de *Carso*, au nord de *Trieste*. Elle forme dans la carte d'Homan trois ruisseaux, qui après s'être réunis, se perdent sous terre. On prétend qu'elle prend son cours dans une grotte qui est près de *Postoine*, & qu'après avoir coulé sous terre l'espace de vingt milles d'Angleterre, elle vient sortir par une autre qui n'est pas loin de *Planina*, près du château de *Kleinhausel*, où on l'appelle la *Untz*. Elle reçoit dans cet endroit un ruisseau qui vient du lac de *Czirknitz*, & après avoir parcouru environ trois milles d'Angleterre, elle se perd de nouveau à *Eibenchufs*. Elle revient sortir trois milles plus loin, près

& de quelques autres Contrées. 89
de la Chartreuse de *Frudenthall*, sous le nom de *Untz*. Elle se perd à trois milles au-dessus pendant l'espace de deux milles, & revient sortir près d'Ober-*Laubach* sous le nom de *Laubach*. Les sources & le cours de ces rivieres sont dignes de la curiosité des étrangers.

Nous fûmes d'*Ober Laubach* au village de *Planina*, où nous étant détournés du grand chemin l'espace de cinq milles d'Angleterre vers l'orient, nous arrivâmes sur le lac de *Czirknitz*, qui est la chose la plus curieuse que l'on puisse voir dans la nature. Il a environ vingt milles de circuit, il se vuide communément vers le mois de Juin, lorsque la saison n'est point pluvieuse, & l'on y seme du bled. Il reçoit sept ou huit ruisseaux, qui se vuident par deux grandes ouvertures qui sont au couchant. Le bassin forme une pente douce de part & d'autre d'un canal profond, dans lequel il y a environ douze trous; & il y en a d'autres au midi du lac, par lesquels l'eau entre & sort. L'eau baisse dans les tems secs, & dans les grandes gelées, & après que le lac a commencé de baisser, si le tems reste au sec pendant

Lac de Czirknitz.

deux mois, il n'en reste plus que dans le canal, lequel commence à se dessécher au bout de quatorze jours, l'eau s'écoule par la plus grande ouverture, & il tarit au bout de quinze autres jours. L'eau commence pour l'ordinaire à baisser dans le mois de Juin, & revient généralement dans celui de septembre ; mais cela dépend du tems ; car lorsque l'année est seche, il se vuide jusqu'à trois fois, & depuis trente ans, l'eau ne s'est point retirée pendant sept ans. Il y a sept principales ouvertures par où l'on a observé que l'eau s'écouloit réguliérement. Comme le terrain est plus élevé du côté du nord-ouest qu'ailleurs, elle commence à s'écouler par les ouvertures qui y sont. On donne différens noms à ces ouvertures. Celle de *Vodonos*, qui est la plus élevée & la plus grande, reste à sec une heure après que l'eau a commencé à baisser. *Retia* commence à se vuider une heure après, & tarit dans le même espace de tems. *Kreutz* commence à se vuider six heures après, & est environ deux heures à tarir. Trois jours après *Reschetto* commence à se vuider, & reste à sec au bout de deux heures & demie. Trois jours après *Koten* se vui-

& de quelques autres Contrées. 91

de au bout de quatre heures : ces deux dernieres ouvertures font au midi du lac. Trois jours après, *Leuifcha* commence à se vuider à son tour, & tarit au bout de six heures. A mesure que l'eau se retire dans le canal, elle laisse à découvert un rocher appellé *Ribeskakamen*, & pour lors les pêcheurs se disposent à jetter leurs filets dans le premier trou. Il ne commence pas plutôt à se vuider, qu'ils les plongent dedans, & prennent le poisson que l'eau entraîneroit avec elle sous terre; il y en a même qui y entrent, & le suivent bien avant pour ne point le manquer. Quantité de petits poissons se sauvent dans les trous qui n'ont point d'issue, & on laisse aux femmes le soin de les attrapper. Lorsque le lac reste un an ou deux sans se vuider, il fourmille de poissons; il y en a moins lorsqu'il se vuide tous les ans. Les poissons qu'il produit sont des merlus, la tanche, un espece d'anguille; on y pêche des écrevisses de neuf pouces de long, & même plus. La pêche appartient à la Chartreuse qui est auprès; mais après que l'eau s'est retirée, on permet aux habitans d'y pêcher, moyennant une petite somme. Lorsque le lac se vuide de bonne heure, on seme sur les bords du bled sarrasin; & le dedans devient une belle prairie, où croissent quantité de plantes rares, qui servent à nourrir le bétail. On trouve parmi les roseaux quantité de liévres, de bécasses & des bécassines. Dès que les pluyes commencent; l'eau s'écoule à l'instant par les ouvertures. Lorsque le lac tarit en été, il reste environ deux mois à sec; si c'est dans le printems, deux mois, & en hiver environ dix jours. Le canal se remplit au bout de vingt-quatre heures, & le lac au bout d'une semaine. Quelquefois l'eau revient de bonne heure & inonde ce qu'on a semé. Il est couvert en hiver de cignes, de canards sauvages & d'oyes, & ce qu'il y a de plus extraordinaire est, qu'au bout de quelques jours on voit dans le même endroit des oiseaux aquatiques, du poisson, du bled, des pâturages, & toutes sortes de gibier & de volaille. Il y a du côté où les bords du lac sont les plus élevés quatre ouvertures, où dans les tems d'orage on entend un bruit pareil à celui d'un tambour. Il y en a deux d'où il sort dans ces tems là quantité d'oiseaux aquatiques, entr'autres des buisars aveugles, dépouillés d'une partie de leurs plumes. La raison en est qu'étant entraînés dans ces trous lorsque l'eau se retire, ils font effort pour en sortir, & s'arrachent les plumes en frottant contre les rochers. Le grand jour les éblouit si fort au sortir delà, qu'il est aisé de les tuer ou de les prendre. Nous vîmes au bas du rocher un trou dans lequel un homme peut entrer; il y a toujours de l'eau, & il étoit plein lorsque nous y fûmes. Il y en a deux à l'extrémité occidentale du lac, par lesquels l'eau a coutume de s'écouler. Les deux courans se réunissent, & après avoir coulé environ l'espace de deux milles sous terre, ils viennent sortir dans une petite prairie entourée de bois. L'eau va passer à un demi-mille plus loin sous une espece de pont naturel, formé par un rocher de deux cent pieds de haut, & de cent vingt pieds d'épaisseur; au-dessus duquel est un passage, élevé de cent quarante pieds au-dessus de l'eau, & de cent quarante pieds de large. Environ cent verges plus loin, le torrent se jette dans la grotte de *S. Kanzien* qui a deux cent pieds de hauteur & cent de largeur, & vient sortir par un passage étroit d'environ trois milles de longueur près de *Planina*, où il se joint avec la *Untz*, dont j'ai parlé ci-dessus. Le passage étoit tellement rempli d'eau, que nous ne pûmes y entrer ; on peut le faire lorsque le lac est à sec, & on y trouve quantité de pétrifications curieuses. J'ai dit ci-dessus ce qu'on pensoit du cours des rivieres qui se jettent dans la *Laubach* ; mais mon opinion est que la *Poig*, & quelques autres rivieres qui sont à l'orient, & qui sont plus hautes que le lac, prennent leur cours sous terre, & que, communiquant avec ses ouvertures, elles le remplissent ; & que, venant à tarir, l'eau du lac doit nécessairement tarir aussi. Homan fait passer ces rivieres par *Gottsche*, *Weixelberg*, *Guttenfelds* & *Sneebery*.

Grottes. Nous fîmes cinq milles depuis *Planina* jusqu'à *Luek*, pour voir une grotte que la nature a formée dans un rocher de trois cent pieds de hauteur, & dont l'entrée est ce qu'on peut voir de plus curieux. On trouve à mi-chemin une cavité spacieuse, dans laquelle est un château, où l'on arrive par un passage pratiqué dans le rocher. L'entrée de la grotte est au-dessous, & il y a au fond une cavité qui se retrécit insensiblement, & qui ne laisse qu'autant d'espace qu'il faut pour un petit ruisseau. La grotte a depuis dix pieds jusqu'à cinquante de hauteur, & depuis cinq pieds jusqu'à quinze de largeur. La plus grande partie est séche, mais il y a des endroits où l'eau filtre à travers & forme des pétrifications, dont quelques-unes ressemblent à des dais gothiques. Nous reprîmes le grand chemin à *Postoina*. Il y a dans cet endroit une grotte d'environ un mille de longueur, & médiocrement haute, dans laquelle passe une riviere que je crois être la *Poig* dont j'ai parlé ci-dessus. Il y a au-dessus un pont naturel, que l'eau a probablement formé. Toute la grotte est remplie de stalactites. Nous fûmes à deux milles de ce viliage pour voir la grotte de Sainte Marie Magdelaine, dont les pétrifications sont extrémement curieuses à voir. Elle est entiérement incrustée de rocailles qui forment diverses figures grotesques d'une beauté admirable. Au sortir de *Postoina*, nous traversâmes les montagnes de *Carso*, pour nous rendre à *Trieste*.

Trieste étoit une colonie Romaine, connue sous le nom de *Tergeste*. On y a trouvé quantité d'inscriptions & d'antiquités, entr'autres un arc de triom-

Trieste.

phe, dont les faces étoient ornées de plusieurs pilastres corinthiens, surmontés d'un attique. Le terrain s'est considérablement élevé tout autour. Della Croce l'a fait graver dans son histoire de *Trieste*. On voit au clocher de la Cathédrale quatre colonnes corinthiennes cannelées, qui paroissent avoir fait partie du portique d'un temple. On en a ôté l'entablement. La frise est ornée de casques, de boucliers, & de différentes sortes d'armes. Il y a dans le clocher une tête colossale d'Auguste, & dans les murs de la Cathédrale deux beaux bas-reliefs qui représentent le combat des Amazones. On voit sur un autre plusieurs têtes d'une famille qui portoit le nom de *Barbius*; dans la ville les restes d'un théatre bâti de pierres & de briques, & sur le port les ruines d'un mole que les Romains avoient fait construire, & qui avançoit plusieurs centaines de pas dans la mer.

Aqueduc. On voit à dix milles à l'orient de *Trieste*, dans les montagnes de *Carso*, les restes d'un aqueduc qui conduisoit l'eau d'une fontaine à la ville. Il a quatre pieds six pouces de largeur, & il est revêtu de briques qui le retrécissent d'un pied dix pouces; il est voûté d'un bout

bout à l'autre. On descend du château de Saint Servolo dans une grotte remplie de pétrifications curieuses.

Proseccio est situé près de la mer, sur une éminence, à sept milles au couchant de *Trieste*. Ce doit être le château de *Pucinum*, dont Pline & Ptolemée font mention. Pline rapporte que Livie attribuoit sa grande vieillesse au vin de *Pucinum* dont elle faisoit usage, & qui étoit fort rare de son tems. Cette ville est encore fameuse pour ses vins muscats.

Proseccio.

Nous nous rendîmes sur la riviere *Timao*, la même que le *Timave*, qui étoit si renommé dans l'antiquité. Cette riviere a fourni matiere aux Poëtes, qui ont jugé à propos de la placer près de *Padoue*, pour mieux s'accommoder à l'histoire d'*Antenor* ; & quiconque s'en rapporteroit à la description qu'ils en donnent, se trouveroit fort éloigné de la vérité. Les anciens Géographes & les Naturalistes placent sa source fort loin, & lui font faire vingt milles de chemin sous terre. Elle prend sa source dans les montagnes de *Carso*, au nord-est de *Trieste*, où on l'appelle la *Recca*. Elle coule l'espace de vingt milles sous les montagnes, & forme en

Le Timave.

sortant sept branches, dont la grosseur varie selon les tems. On dit qu'elle fait souvent beaucoup de bruit en sortant, d'où vient qu'on appelle cet endroit *S. Joanni della Trumba* (S. Jean de la Trompette). Ce que les Poëtes disent de ses embouchures & du bruit de ses eaux, doit s'entendre de celui qu'elle fait au sortir des montagnes. Elle se partage ensuite en trois ruisseaux d'eau douce, qui, après s'être réunis, vont se jetter ensemble dans la mer. Il y avoit tout auprès un temple consacré à Diomede, où l'on sacrifioit tous les ans un cheval blanc à Neptune, dont le port & la grotte étoient tout près. Nous vîmes près de leur source un pavé en mosaïque, & comme on travailloit derniérement au chemin, on découvrit les fondemens de quelques murailles. Il y a encore actuellement un bois dans les environs. L'air de cette contrée est fort mal sain, ce qu'on attribue aux exhalaisons des eaux, qui ne valent rien pour boire. Il y a dans les montagnes, qui sont au-dessus de la source du *Timave*, trois fosses extrémement profondes, dans deux desquelles il y a de l'eau; mais les bords en sont si escarpés qu'il seroit dangereux d'y defcendre pour voir la communication qu'elles peuvent avoir. Il y a à l'embouchure du *Timave* une petite ifle appellée *Belforte*, que la mer a prefque emportée, de maniere qu'elle la couvre prefque toute dans les hautes marées. Les Anciens parlent de certaines fources chaudes qui groffiffoient & diminuoient avec la marée.

CHAPITRE XII.

De l'Istrie.

Muglia. Capo d'Istria. Nous fretâmes une barque à *Trieste* pour aller voir les villes d'*Istrie* qui sont sur la côte. Nous trouvâmes à *Muglia* quelques anciens reliefs, & une inscription. *Cabo d'Istria* est situé dans une isle, qui communique avec le continent par un pont & une chaussée. Il n'y a que trois pieds d'eau entre deux dans la basse marée. C'est l'ancienne *Ægida*, qu'on appelloit dans le moyen âge *Justinopolis*; mais on sçait aujourd'hui que l'inscription qu'on dit y avoir trouvée, & qui portoit que la ville avoit été bâtie par *Justin*, est une inscription forgée à plaisir; on dit cependant que cet Empereur y fit construire une forteresse. Nous n'y trouvâmes d'autre antiquité qu'un vase avec une inscription fort courte.

Pirano. Les fonts baptismaux de l'Eglise de *Pirano* consistent dans un ancien vase;

sur lequel est un Cupidon en relief, monté sur un dauphin. On conjecture que la ville est postérieure à *Attila*. *Umago*, où nous vîmes une inscription, peut être *Nerigum* de l'Itinéraire, étant à vingt-huit milles de *Trieste*, & à dix-huit de *Parentium*. L'air de *Citta Nova* est si mauvais, que ses habitans l'ont presque abandonnée. On y trouve quelques inscriptions. Cette ville, qui est fort ancienne, est probablement la même que *Mutila* ou *Favena*, dont il est parlé dans Tite-Live. Le siége de *Laubach* y fut une fois transferé; & c'est la raison pour laquelle ses Evêques prennent encore aujourd'hui en latin le titre d'Evêque d'*Emona*. Les Historiens d'*Istrie* prétendent que cette derniere ville étoit dans les environs ; ils donnent à l'ancienne riviere de *Nauportus* le nom de *Quiete* ; & disent que les ruines de l'ancienne ville sont quatre milles plus haut au nord de la *Quiete*. Nous fûmes les voir, & nous trouvâmes en effet les ruines d'une ville ou d'un château, qui nous parut avoir été bâti dans le moyen âge. *Cluvier* conjecture que c'est la *Salvo* des Tables, ce qui ne peut être, vu qu'on la place entre *Parentium* & *Pole*.

Umago.

Citta Nuova.

Parenzo. Parenzo, qu'on appelloit autrefois *Parentium*, étoit fameuse pour un temple de Neptune, dont on voit encore les fondemens à l'extrémité occidentale de la ville, qui m'a paru avoir cinquante pieds de longueur, & dont il est parlé dans une inscription qui est dans la place, de même que des moles dont on voit encore les débris. On dit que l'Empereur Othon se servit de ses matériaux pour bâtir la Cathédrale. On y voit quelques ouvrages en mosaïque, dont celui qui représente des tridents & des dauphins, peut avoir fait partie de l'ancien pavé du temple. Il y a sur le rivage de la mer quelques autels dont les inscriptions ont été effacées par les vagues.

Isle de S. Nicolas. L'isle de Saint Nicolas, qui est vis-à-vis *Parenzo*, appartient aux Bénédictins de Saint George de Venise, & est entiérement plantée d'oliviers.

Orsera. *Orsera* & son territoire appartiennent à l'Evêque de *Parenzo*; mais le Pape en a la souveraineté.

Rovigno. *Rovigno* est une ville extrémement peuplée, où il se fait un grand commerce de vins & d'huiles. Vis-à-vis est l'isle de Saint André, où il y a un couvent de Bénédictins : elle est entiérement couverte de bois. Nous vîmes en allant à *Pole*,

& de quelques autres Contrées. 103

la petite ville de *Perdoli*, laquelle est Perdoli.
habitée par des Grecs qui s'y fixerent
après la prise de *Candie*. Il y a quelques
isles vis-à-vis le port de *Pole*, entr'autres
celle de *Saint Nicolas*, qui a près de S. Nicolas.
cinq milles de circuit. Elle est couverte
de buissons, & n'est habitée que par
des carriers qui fournissent du marbre
commun à Venise. Celle de *Brioni* qui
est auprès, est également fameuse pour
ses environs. Il y a quelques autres isles
dans la baie, dans l'une desquelles est
une ancienne Eglise grecque. On voit
dans celle de *Scoglio Grande* les ruines
d'un château, & les débris d'un ancien
temple.

Pole a retenu son ancien nom. Elle Pole.
s'appelloit *Julia Pietas*, & l'on dit
qu'elle fut bâtie par les *Colchiens*, qui,
n'ayant pu retrouver les *Argonautes*,
n'oserent point retourner auprès du Roi
Æetes. Cette ville fut faite colonie Romaine du tems d'Auguste : elle fut d'abord détruite par *Attila*, & ensuite
par les Vénitiens, & elle est aujourd'hui peu considérable, si l'on en excepte ses antiquités. Son amphithéatre
est un des plus beaux qui soient au
monde ; je parle du dehors, car le dedans est entiérement détruit, à l'excep-

E iv

tion des murailles sur lesquelles portoient des siéges de bois. Il est bâti de grosses pierres de taille, liées avec des crampons de fer. On descend de l'amphithéatre dans un passage souterrain de trois pieds de haut, & de dix-huit de large, dans lequel il y a plusieurs détours, mais qui paroît aboutir à la mer ; il servoit probablement à faire écouler les eaux qui s'amassoient dans la plaine. Le Marquis Maffei en a donné le dessein & la description. Le temple d'Auguste & de Rome est près de la mer, & sert aujourd'hui de maison. Il y a tout auprès un autre temple qui lui ressemble si fort, qu'il y a toute apparence qu'il ne servoit que pour la symétrie. On trouve à l'extrémité méridionale de la ville un arc sépulchral, qui paroît avoir été bâti par une Dame de la famille des *Sergiens*. Il est orné de sculptures & de vignes, sur-tout des deux côtés de la porte, en dedans de roses distribuées par compartimens, & il y a dans le ceintre un aigle qui tient un serpent avec ses serres. On trouve près du théatre les débris d'un bain froid, qui forme un demi-cercle de vingt-six pieds de diametre ; on y monte par quatre marches, & la source est dans le milieu. Il y a à l'orient de la ville, à côté d'une montagne, un théatre appellé *Zadro*, qui étoit en entier il y a deux cent ans, & dont on trouve le deffein dans *Serlio*. Un ingénieur le démolit & se fervit des matériaux pour bâtir un fort sur la montagne; mais comme il ne servoit à rien, on jugea à propos d'en murer l'entrée. On trouve tout auprès plusieurs belles corniches de marbre blanc, qui appartenoient vraifemblablement au théatre. Je copiai l'infcription dont parle *M. Spon*: elle ne dit point que *Pole* fût une République, mais seulement une ville Romaine qui avoit ses loix & ses magistrats, & que ses habitans avoient érigé l'autel dont il parle. *Pole* est aujourd'hui une ville très-pauvre & dont l'air est trèsmal sain. Il paroît que la Cathédrale & les autres Eglises ont été bâties avec les matériaux de l'ancienne ville. On voit fur le rivage de la baie, à deux milles au couchant de la ville, les restes d'un phare qu'on appelle la *Tour de Roland*, il est bâti de briques, & je ne doute point que ce ne soit un ouvrage des Romains.

CHAPITRE XIII.

Du Frioul, & de quelques autres contrées d'Italie.

Nous traversâmes un peu au dessus du *Timave*, dont j'ai parlé, la riviere de Saint-Jean, & nous entrâmes dans le *Frioul*, qui appartient aux Vénitiens. Cette riviere sort du lac de *Pietra Rossa*, & après avoir coulé l'espace d'un mille au-delà du château, elle se perd pendant un demi-mille sous une montagne, & revient sortir environ à deux milles de la mer, & est navigable. L'eau entre dans le lac du côté du nord-est, ce qui donne lieu de croire qu'elle vient d'un autre qui est deux milles plus haut, & qu'on appelle *Lago Dobardo*. Elle reçoit le petit ruisseau de Saint Antoine, dont la source est au midi de *Monte Falcone*, à quelque distance de la mer. Tout auprès sont les bains sulphureux de *Monte-Falcone*, dans lesquels l'eau de la mer entre par une communication souterraine. Nous fûmes curieux de voir le lac de *Pietra Rossa*, que l'on croit être le lac *Timave*, dont parle Tite-Live, & où les Romains camperent dans la guerre qu'ils eurent avec les peuples de l'*Istrie*. Il y a au midi une haute montagne où l'on voit les vestiges d'un retranchement, & qui est probablement l'endroit où les Romains camperent. Les montagnes qui sont au nord s'appellent *Vallone*; il y a au bas quelques maisons qui portent le même nom. C'est là probablement que les *Istriens* se mirent en embuscade, & d'où ils se coulerent à la faveur de la nuit derriere les deux collines qui sont à l'orient de la haute montagne, où les Romains étoient campés, & les attaquerent avant le jour, sans être apperçus de leur camp, qui étoit du côté de la mer. Cette montagne n'en est éloignée que d'un mille & demi, de sorte que l'historien a pu bien dire qu'elle étoit près de la mer. Nous traversâmes le *Lisenzo*, & nous entrâmes dans la Comté de *Gradisca* qui appartient à la maison d'Autriche. Nous vîmes dans la maison du Baron *Delfin* quelques inscriptions & quelques antiquités qui y ont été portées d'Aquilée. Nous rentrâmes au sortir de là dans le territoire de Venise. Les fortifications de *Palma* sont très-belles, & la ville très-bien bâtie; mais elle n'étoit pas encore achevée de mon tems. Nous trouvâmes sur le chemin de *Palma* à *Aquilée*, bon nombre d'inscriptions & d'antiquités à *Deal*, *Campolongo*; *Villa Michaelis*, & *Villa Vicentina*, où nous logeâmes. Nous allions tous les jours à *Aquilée*, & nous retournions chez nous à l'entrée de la nuit pour nous garantir du mauvais air. Nous fûmes le lendemain à *Cervignan*, *Saint Martin* & *Mureis*, pour voir les inscriptions & les antiquités qui y sont. *Terzo* étoit probablement à un tiers de mille d'*Aquilée*. Nous n'eûmes pas plutôt passé la *Terzo*, que nous vîmes des fondemens à notre gauche; & à quelque distance de là, un aqueduc qui s'étend jusqu'à *Aquilée*, & dont les arches sont remplies de pétrifications. La muraille a sept pieds d'épaisseur & environ dix de hauteur, mais elle m'a paru avoir été plus haute. Nous ne pumes découvrir d'où l'eau venoit, mais il y a tout lieu de croire que c'étoit de la riviere qui passe à *Terzo*. L'ancien chemin d'*Aquilée* à *Concordia* passoit le

[marginalia: Palma.]

long de cet aqueduc, & l'on traverſoit les marais & la riviere d'*Ariſa*, qu'on appelloit *Alſa* ſur un pont qu'on appelle aujourd'hui le *Pont de Roland*, qui eſt à cinq milles d'*Aquilée*, & dont on voit encore quelques reliefs. Il eſt parlé de ce chemin & de ce pont dans une inſcription que nous vîmes dans un couvent de Religieuſes, & que nous ne manquâmes pas de copier. Le nom de l'Empereur, qui eſt probablement *Domitien*, étoit effacé. Nous traverſâmes pluſieurs petits ruiſſeaux ſur des ponts de pierres de taille, que les Romains avoient ſans doute fait conſtruire ; nous vîmes quelques ruines près de l'Egliſe de Saint Etienne, & une inſcription dans une maiſon qui eſt auprès. Nous arrivâmes enfin à *Aquilée*, ville fameuſe   Aquilée. dans l'hiſtoire ancienne, que les Romains firent bâtir, pour s'oppoſer aux incurſions des Barbares. Elle fut érigée en colonie Romaine l'an 570 de Rome ; & l'on accorda trois milles pieds de terrain aux habitans, cent aux Centurions, & cent cinquante aux Chevaliers, ce qui fait en tout ſeize milles de terrain en quarré. Ils jouirent dans la ſuite des mêmes privileges que les Citoyens Romains, & ils furent aggrégés à la Tribu *Velenienne*. Les Empereurs y résiderent souvent, surtout pendant la guerre qu'ils eurent à soutenir contre les *Germains*. Les Dames d'*Aquilée* firent un trait de bravoure, que je ne dois point passer sous silence. L'Empereur *Maximin*, ayant assiégé la ville, & les habitans ne pouvant plus se servir de leurs arcs faute de cordes, elles se couperent les cheveux pour en faire. Les troupes, voyant la résolution des assiégés, & craignant d'avoir du pire, couperent la tête à *Maximin*, & se soumirent au Sénat. La ville fut entiérement rasée par *Attila* l'an 453; *Narsés* la fit rebâtir, mais elle n'a jamais pu recouvrer son ancienne splendeur. Nous vîmes quelques inscriptions dans lesquelles il est fait mention de *Belenus* : c'étoit le nom sous lequel les habitans d'*Aquilée* & ceux des contrées occidentales de la *Gaule* adoroient *Apollon*. On croit qu'un de ses temples étoit à *Sainte Marie Belligné*, où nous vîmes les fondemens d'un édifice considérable, & six belles colonnes de granite d'Egypte. Les anciennes murailles d'*Aquilée* que les Patriarches firent bâtir existent encore & peuvent avoir deux milles de circuit.

& de quelques autres Contrées. 111

La ville, ou pour mieux dire, le village, est sur la rive orientale de la riviere qui se jette dans la *Natiso*. Il y a quantité d'inscriptions à *Aquilée*, surtout dans le couvent de Religieuses, & chez le Chanoine *Bertoli*, à qui nous devons les antiquités & les inscriptions d'*Aquilée*. Il y a dans la Cathédrale une petite chapelle dans laquelle on prétend que Saint Jerôme fut baptisé, & une niche où l'on garde les saintes huiles que l'on distribuoit autrefois dans tout le Patriarchat. Le pavé de l'Eglise est en mosaïque, & l'on voit dessus les noms des personnes qui en firent la dépense. Après qu'*Attila* eut détruit la ville d'*Aquilée*, les Patriarches transporterent leur siége à *Grado*, qui dans un Synode fut reconnue pour la Métropole de *Venise* & de l'*Istrie*. Ils obtinrent quantité de terres & de privileges, qu'ils ont laissé perdre dans la suite. Les Lombards établirent un autre Patriarche, qui établit sa résidence à *Cormons* & *Cividad Friuli*; mais cette affaire fut terminée par le Pape dans un Concile qui se tint à *Mantoue*. Les Patriarches retournerent à *Aquilée*; ils furent ensuite à *Udine* & à *Venise*, d'où ils revinrent à *Udine*; & le siége de

Venise fut érigé en Patriarchat. Ils obtinrent il y a quelque tems, le privilege de nommer leurs successeurs; mais l'Archiduc d'Autriche refusa de le reconnoître, prétendant que la nomination lui appartenoit; il voulut même exiger qu'ils prêtassent hommage à l'Empereur, parce qu'*Aquilée* appartient à la maison d'Autriche, & sur leur refus, on fit saisir leurs revenus. Le Patriarche ne peut se fixer à *Aquilée*. C'est le Sénat qui nomme les Chanoines, mais l'Archevêque exige qu'ils soient nobles, & se réserve la nomination du Patriarche. Tous ces démêlés ont réduit la ville d'*Aquilée* dans un état déplorable.

Nous nous rendîmes d'*Aquilée* dans les isles; nous remontâmes ensuite la *Limene*, qu'on appelloit anciennement *Romatinus*, jusqu'à *Porto Gruaro*. *Concordia* est un peu au-dessous: c'étoit autrefois une colonie Romaine dont il ne reste que quelques reliefs & quelques inscriptions. Nous entrâmes dans le *Frioul* par *Ponteba Veneta*, & nous fûmes à *Venzone*, où l'on trouva il y a quelque tems, quelques cadavres entiers, comme ceux de *Bremen*, que l'on conserve dans un caveau qui est sous le

Venzone.

Baptiſtaire. Nous vîmes ſur le chemin d'*Udine* une inſcription à *Spitaletto*, & une autre à *Gemona* avec quelques reliefs. Nous arrivâmes à *Triceſimo* que l'on croit être à treize milles d'*Aquilée* & de *Julium Carnicum* : elle eſt appellée *Ad Triceſimum* dans les Tables. Nous vîmes une inſcription dans le château. On croit que *Julium Carnicum* eſt *Julia*. Cette ville eſt dans les montagnes de la contrée qu'on appelle *Cargnia*, & l'on prétend qu'on y a trouvé quelques ruines.

<small>Triceſimo.</small>

Udine eſt une très-belle ville, que l'on dit avoir été bâtie par Attila après la deſtruction d'*Aquilée*. C'eſt la patrie de Paul l'Hermite. On montre dans le palais du Comte *Gorgi* quantité d'inſcriptions & d'antiquités, entr'autres pluſieurs urnes, parmi leſquelles il y en a de verre : on les trouva à *Aquilée*. Il y a dans l'Egliſe des Religieuſes de Sainte Claire une ancienne tête de marbre fort curieuſe. C'eſt la réſidence du Patriarche d'*Aquilée*, qui y a fondé un ſéminaire & une bibliothéque. L'hôtel de ville conſiſte dans un grand bâtiment gothique, vis-à-vis duquel *Palladio* a fait conſtruire un beau portique ionique. Nous traverſâmes en allant à *Cividad*

<small>Udine.</small>

di Friuli le lit de la *Torre* ou de l'ancien *Turrus*, qui se jette dans la *Natiso*. Les eaux de ces deux rivieres se rendent en été à *Udine* par deux ruisseaux. *Cividad di Friuli* est certainement *Forum Julii*; elle fut détruite par *Théodoric*, mais on la rebâtit dans la suite. C'étoit là que résidoient les Ducs du *Frioul* & les Patriarches d'*Aquilée*. Nous y trouvâmes quelques inscriptions où il est parlé de la Tribu *Scaptiane*, à qui l'on croit que cette colonie appartenoit. C'est la patrie du poëte *Cornelius Gallus*, favori d'Auguste, & de Paul, Diacre d'*Aquilée*. Il y a quantité de manuscrits précieux dans la Collégiale, entr'autres un Nouveau Testament latin, écrit en grosses lettres quarrées, qui m'a paru du sixieme siécle. Il appartenoit aux Ducs de *Frioul*, dont on voit encore les noms dessus, entr'autres ceux d'*Anselme*, *Pierre* & *Ursus*. Les Dominicains ont une histoire de Paul Diacre, qu'ils disent avoir été écrite de son tems. On pratique dans la Collégiale le jour de l'Epiphanie une cérémonie extraordinaire, en mémoire de la souveraineté temporelle dont le Patriarche jouissoit anciennement.

& *de quelques autres Contrées.* 115
Le Diacre, qui a lu l'Evangile, met un casque de bois sur sa tête, & prenant une épée nue dans sa main, il va trouver le Prêtre qui officie, & la brandit plusieurs fois devant lui.

CHAPITRE XIV.

Des isles de Grado, Gorgli, & de quelques autres contrées d'Italie.

Grado. ON donne le nom de *Lagunes* au pays qui est entre *Aquilée* & *Grado*, parce qu'il est couvert d'eau dans la haute marée. En allant à *Grado*, nous fûmes dans l'isle de Saint-Côme ou de *Gorgo*, pour voir l'Eglise qui y est. La ville de *Grado* occupe presque toute l'isle. Quoique la Cathédrale ne paroisse point ancienne, il y a cependant douze cent ans que son pavé est fait, comme cela paroit par les inscriptions grecques & latines qu'on y trouve, & qui font mention de ceux qui en ont fait la dépense.

Gorgli. Nous fûmes de *Grado* dans l'isle de *Gorgli*, qui est le siége d'un Evêque, & où l'on trouve quelques antiquités. Il y a à *Torcello*, qui est une

& de quelques autres Contrées. 117
des isles de Venise, une Cathédrale que l'on dit avoir été bâtie l'an 697. Nous vîmes à Venise la bibliothéque de *Pisanni*, & le cabinet du Signor *Apostolo Zeno*, Poëte, & si je ne me trompe, Historiographe du défunt Empereur. Il consiste en un grand nombre d'antiquités & de médailles. M. *Marc-Antoine Diedo*, Noble Vénitien, nous fit la politesse de nous montrer le sien. On y trouve quantité de médailles grecques qui n'ont point encore été publiées. Il fit cette collection pendant qu'il étoit Amiral du Levant, & Gouverneur d'Istrie, de Dalmatie, de Corfou, de Zanthe & de Céphalonie. En allant de *Venise* à *Trevise*, nous passâmes par *Altino*, appellée par les Latins *Altinum*, qui fut détruite par *Attila*. Nous n'y trouvâmes que deux inscriptions. On nous montra à *Bassano* plusieurs tableaux du *Bassan* & de ses quatre fils. Nous ne vîmes à *Feltri*, l'ancienne *Feltria*, qu'une seule inscription ; nous en trouvâmes trois à *Belluno*, avec un cercueil de marbre orné de trois beaux reliefs. Le clocher de la Cathédrale est fort beau, & le dedans de l'Eglise a été bâti d'après le dessein de *Palladio*.

118 *Description de l'Orient;*
La *Fiave* dans cet endroit est si profonde & si rapide, qu'on fait huit milles par heure, j'arrivai à *Trente*, d'où je me rendis par *Mantoue* à *Livourne*, où je m'embarquai pour *Alexandrie d'Egypte*.

DESCRIPTION
DE
L'ORIENT.

LIVRE VI.

Observations Géographiques.

CHAPITRE PREMIER,

Remarques sur la Géographie ancienne.

J'AI suivi, comme je l'ai dit dans ma Préface, les cartes publiées par ordre de M. de Maurepas, dans ce qui concerne la figure de la Terre, & la situation des ports de mer. J'ai mis les anciens noms en caracteres romains, & les modernes en italiques, & lorsque le nom d'une ville n'est qu'en caracteres romains, on doit se souvenir que c'est celui que les anciens & les modernes lui donnent. Il faut en excepter la *Syrie* & quelques autres contrées, où j'ai inféré quelques villes conformément aux distances que les Itinéraires leur donnent, observant de les marquer par des figures que j'ai mises entre deux, encore que l'on ignore les noms que les modernes leur donnent. Quant aux autres, je n'ai point marqué leurs anciens noms, lorsque j'ai eu lieu de soupçonner qu'elles pouvoient être dans les endroits où elles sont placées dans nos cartes, à l'exception des ports, des caps, des rivieres & des lacs, que l'on peut déterminer par leur situation.

Le cap *Sassoso* de l'isle de *Candie* est le même que celui de S. Sebastien, que les anciens appelloient le *Prémontoire de Dion*, au couchant duquel est le cap de *Sainte Croix*; & j'ai eu tort de les confondre.

Quant à la carte de l'*Asie Mineure*, j'ai lieu de croire que ce que j'ai avancé dans mon voyage d'*Alep* à *Constantinople*, au sujet de la riviere d'*Hermus*,

&

& de quelques autres Contrées. 121
& d'*Ancyre* dans la *Phrygie*, est faux, aussi l'ai-je corrigé dans ma carte. Il peut se faire aussi que *Sis* que l'on trouve sur la route, soit la même qu'*Anawasy*, & *Tocia* que *Ticua*. Je me suis apperçu aussi que j'ai pris l'isle de *Saint-André* qui est près de *Cyzique*, pour *Calolimno*; la raison en est que le mauvais tems m'empêcha d'y aller, lorsque je fus de *Rodosto* à *Montagna*. Je l'ai placée dans la carte de la *Propontide* vis-à-vis le *Rhyndacus*, ce qui s'accorde avec la situation de l'isle *Besbicus* des anciens. J'ai suivi pour la carte de la *Thrace* & de la *Grece* celles qu'*Homan* a données du cours du *Danube*, de la *Grece* & de l'*Achaïe*, excepté pour la *Morée* où je me suis conformé à celle de *Samson* pour la figure de la terre & le cours des rivieres. A l'égard des noms & de la situation des villes méditerranées, j'ai suivi, excepté pour le couchant, une carte moderne de la *Grece*, que *Jacques Gustaldo* a fait imprimer à *Venise*, parce qu'elle m'a paru contenir les noms modernes des villes, d'après les observations qui ont été faites de son tems.

A l'égard des villes situées sur la *Propontide*, je les ai placées, tant dans

Tome VII. F

cette carte que dans celle de l'*Afie Mineure*, d'après mes propres obfervations, au lieu que la carte de la *Propontide* eft exactement la même que celle de *Bonn*. J'y ai marqué la route de *Salonique* à *Conftantinople*. Elle eft prefque la même que la route Romaine appellée *Via Egnatia*, d'où l'on fe rendoit des deux ports les plus fréquentés d'Italie, fçavoir de *Dyrrachium* & d'*Apollonie* à *Conftantinople*. Elle paffoit par *Theffalonique* & *Millifurgis*, qui en eft à vingt milles, & probablement dans les environs de *Kifely*, & à vingt-fix milles de *Salonique*, fur le chemin de *Conftantinople*. Elle paffoit enfuite par *Apollonie*, qui étoit dix-huit milles plus loin, près d'*Orphano*, qui en eft éloigné de dix-neuf milles. *Saint Paul* y fut dans le voyage qu'il fit d'*Amphipolis* à *Theffalonique*. Et paffoit encore par *Philippi*, qui eft trente-deux milles plus loin, & dont on voit encore les ruines. L'Apôtre écrivit une lettre aux habitans de cette ville ; elle eft environ fix milles au nord de *Cavalla*. On paffe aujourd'hui par *Cavalla*, qui eft à vingt-trois milles d'*Orphano*, d'où l'on compte vingt-deux milles jufqu'à *Carab Ensheh*, qui eft probablement la même que les anciens appelloient *Acontifma*, & qui étoit à vingt deux milles de *Philippi*. *Néapolis* étoit entre *Philippi* & *Acontifma*. La seconde ville que l'on trouve sur la route est *Caraoulago*, qui en est éloignée de vingt-trois milles. Elle pouvoit être vers les *Etables de Diomede*, que l'on place à quarante milles; *Topiro* étoit entre deux, à dix milles, probablement sur le lac appellé dans la carte marine *Lago*, que je crois être celui de Stentor (*Lacus Stentoris.*) Dix-huit milles plus loin est un village de *Bulgares*, dont la distance est exactement la même que celle d'*Impara* ou *Pyrsoalis*, qu'on appella dans la suite *Maximianopolis*. Vingt-quatre milles plus loin est *Osikneh*, qui pouvoit être dans l'endroit où est *Trajanopolis*, qu'on dit être éloigné de cinquante-sept milles; *Bricize* étoit entre deux. Cette distance, de même que les autres qui suivent dans l'Itinéraire, sont trop grandes. On trouve vingt-deux milles plus loin, *Develia*, que je crois avoir été plus près de *Rodosto* qu'*Apris* que l'on place à vingt-six milles, au lieu que *Develia* n'est qu'à quatorze. On compte quatre-vingt milles de *Trajanopolis* à *Apris*, mais il paroît que ce n'est pas la route directe, vu qu'on y place *Cypsala*, qui est probablement la même qu'*Ypsala*; elle a dû être au midi de *Trajanopolis*, environ seize milles au nord de l'embouchure de la riviere *Heber*. Il y avoit une autre route de *Trajanopolis* à *Héraclée*, au sujet de laquelle j'ai fait quelques observations ailleurs.

En considérant plus attentivement la situation de *Plotinopolis* & de *Trajanopolis*, il y a tout lieu de croire que la premiere étoit à *Ouzounkupri*, & la seconde à l'orient, dans l'endroit où est *Jeribol*.

J'ai suivi dans ce que j'ai dit des rivieres *Ardah*, *Tounsah* & *Meritcheh*, ce que j'en avois appris à *Andrinople*; mais je vois que d'autres font venir la *Tounsah* du nord, font passer la *Meritcheh* par *Philippopoli*, & venir l'*Ardah* du couchant; & je crois effectivement que la *Meritcheh* passe par *Philippopoli*. *Ienegia*, près la *Næstus*, a retenu dans la langue turque quelque chose du nom de *Néapolis*, & sa situation est la même. Saint Paul étant parti de *Troas*, fut à *Samothrace*, &

le lendemain à *Néapolis* (a) & de-là à *Philippes*. *Stratonice* étoit probablement située fur la baie qui eſt au midi du mont *Athos*. *Stephanus* dit qu'elle étoit près de la *Carie*, ce qui me perſuade que c'eſt la ville du mont *Athos* qu'on appelle aujourd'hui *Cares*. *Palaiocaſtro* ne ſçauroit être *Thronium*, car celui-ci étoit ſur le *Boagrius*, à quelque diſtance de *Pharmacuſe*, où *Attalus* fut tué, & Jule Céſar pris par les pirates. J'ai une médaille de bronze dont un côté repréſente une tête avec la barbe, & l'autre un taureau qui reſſemble à l'*Urus*, avec cette inſcription ΦΑΡΜΑ, ce qui me fait croire qu'il fut tué dans cette iſle.

Comme *Samſon*, dans ſa carte de la *Morée*, n'a placé pluſieurs villes anciennes que par conjecture, & d'après les deſcriptions que les anciens en ont données, j'ai mieux aimé les placer dans

---

(a) Act. des Apôtres c. XVI. v. 11. 12. C'étoit une ville ſituée ſur les confins de la *Thrace* & de la *Mecédoine*, à quelque diſtance de *Philippe*, vis-à-vis l'iſle de *Thaſus*, qu'il ne faut pas confondre avec la ville & le royaume du même nom, qui fait partie de l'*Italie*.

les endroits où on les met aujourd'hui. J'ai observé que la premiere riviere qui est au couchant de *Corinthe* est la *Nemée*, & la seconde l'*Asopus*.

Malgré les soins que je me suis donnés pour rendre mes cartes les plus correctes qu'il m'a été possible, je ne doute point qu'il n'y ait bien des erreurs, quant aux anciennes villes. Je puis m'être trompé dans mes conjectures, mais elles serviront du moins à fixer leur situation. Je serai ravi qu'on me fasse connoître les fautes que je puis avoir commises, parce que cela servira à perfectionner la Géographie ancienne.

CHAPITRE II.

Itinéraire d'Europe.

COMME je n'ai point parlé dans mes observations sur l'Europe de quantité de villes que j'ai vûes, j'ai cru faire plaisir au lecteur de l'instruire de la route que je pris à mon retour du Levant, & avant que de m'y rendre. J'y ai joint celle que je tins dans le voyage que je fis en France & en Italie en 1733 & 1734, ce qui, avec la description que j'ai donnée de l'Orient, comprend toute la tournée que j'ai faite.

SICILE.

Novembre 13. 1740.

MESSINE, *Messana*, *Mamertina*. Ville considérable d'Italie en Sicile, dont elle est la seconde capitale, dans la province de *Demona*, avec un Archevêché, & un des plus beaux ports de mer de la Méditerranée; sur le bras de mer que l'on appelle le *Phare de Meſſine*. Elle eſt fort ancienne, & d'un très-grand commerce, ce qui la rend très-peuplée.

ITALIE.

Royaume de Naples.

REGGIO ou RHEGE, REGGE. Ville du Royaume de Naples, dans la baſſe Calabre, dont elle eſt la capitale, avec un Archevêché & un port de mer ſur la côte du Phare de Meſſine, dans une belle plaine, vis-à-vis de la Sicile. Elle eſt à huit milles de Meſſine à l'orient en paſſant vers le cap de Spartivento, & autant du cap dell'*Armi* au ſeptentrion, en allant vers *Cozenſa*, dont elle eſt à près de quatre-vingt-dix milles.

SCYLLA, *Scylla*. C'eſt un écueil de la mer Méditerranée, compoſé de pluſieurs rochers, dans le Phare de Meſſine, devant le cap de *Sciglio*, & vis-à-vis du goufre nommé *Charybde*. Cet écueil fait beaucoup de bruit, & eſt extrémement dangereux, lorſque la mer eſt agitée.

BAGNARA, *Bagnara*. Petite vil-

& de quelques autres Contrées.

le de la Calabre ultérieure, province du royaume de Naples, avec le titre de duché. Elle est sur la côte de la mer de Toscane, entre *Gioia* & *Rhegio*.

PALMA, *Palma*. Bourg du royaume de Naples, dans la basse Calabre, sur la côte de la mer de Sicile & du golfe de *Gioia*, près de *Seminare* & de l'embouchure de la riviere de *Marro*, à sept milles d'*Oppido* au couchant, & à vingt-trois de *Rhegio* vers le nord.

ROSARNO, *Rossarnum*. Ville d'Italie, dans la Calabre ultérieure, près de la riviere de *Metramo*, au levant de *Nicotera*. C'étoit anciennement une ville des Brutiens, laquelle s'aggrandit des ruines de *Seunnus*, détruite par les Sarrasins. Son Evêché a été transféré à *Nicotera*.

MONTE LEONE, *Hippo*, *Vibo Valentia*. Ville du royaume de Naples, dans la Calabre ultérieure, au pied du mont Apennin, & proche de la côte du golfe de Sainte-Euphémie, dont elle n'est qu'à quatre milles. Elle fut presque ruinée par le tremblement de terre qui arriva le 27 de Mars 1638.

CASTIGLIONE.

LAGO NEGRO, *Lacus Niger*,

Neralium. Petite ville du royaume de Naples, dans la province de la *Basili-cate*, au pied du mont Apennin, & aux frontieres de la principauté citérieure, à cinq milles de *Lauria* au septentrion, & à sept du golfe de *Policastro* au levant.

COSENZA, *Consentia.* Ville du royaume de Naples, capitale de la Calabre citérieure. C'est une des principales villes du royaume, avec un Archevêché, sur la riviere de *Grati*, où elle reçoit le *Vasento*, au pied d'une montagne, & à l'entrée d'une fort belle plaine, avec un bon château sur une colline. Elle a été plusieurs fois maltraitée par des tremblemens de terre.

LAURIA, *Lauria*, *Ulci.* Ville du royaume de Naples, dans la province de la Basilicate, aux confins de la Calabre citérieure, au pied du mont Apennin, à huit milles de la côte de la mer de Naples, & du golfe de *Policastro*, sur le chemin de *Salerne* à *Cosenze*.

ROVELO NERO.

EVOLI, *Ebolum, Ebulum, Eburi.* Ville du royaume de Naples, dans la principauté citérieure, avec titre de duché, à six mille pas du golfe de

& de quelques autres Contrées. 131

Salerne au levant, à quinze de *Salerne*, & à six de la riviere de *Selo* & de la ville de *Campagne*.

SALERNE, *Salernum, Salerna.* Ville du royaume de Naples, dans la principauté citérieure dont elle est capitale. Ses habitans l'appellent *Salerno*. Elle est sur la côte de la mer de Naples & du golfe de *Salerne*, à qui elle donne le nom, & près du torrent de la *Busalona*, avec un bon port, un ancien château sur une hauteur, & un Archevêché, qui fut érigé en 794 par Boniface VII.

NOCERA, *Nuceria.* Ville du royaume de Naples, en *Pouille*, dans la *Capitanate*, avec un Evêché suffragant de l'Archevêché de *Benevent*. On l'appelle aussi *Nocera delli Pagani* ou *Luceras*. Elle est dans une belle plaine entre *Benevent* & *Manfredonia*, à sept milles de *Troia* au septentrion en allant vers *S. Severo*.

L'ANNONCIATA.

NAPLES, *Neapolis.* Ville d'Italie, capitale du royaume de Naples, dans la province de *Labour*, dont elle est la principale. C'est une des plus grandes & des plus peuplées de l'Europe. Elle

F vj

est extrémement sujette aux tremblemens de terre.

SORRENTO, *Surrentum.* Ville du royaume de Naples, dans la province de *Labour*, avec un Archevêché, sur la côte du golfe de Naples, aux confins de la principauté citérieure, & dans une belle plaine, près des montagnes de même nom, à six milles du cap de *Campanella* vers le septentrion, & vers Naples, dont elle n'est éloignée que de vingt-quatre milles.

CAPRI & l'isle de CAPRI, *Capreæ.* Isle du royaume de Naples, qui fait partie de la principauté citérieure, sur la côte de laquelle elle est située, près de *Campanella*, dont elle n'est séparée que par un petit détroit de trois mille pas de large, qu'on appelle les *Bouches de Capri*, au midi du golfe de Naples, où commence la côte du golfe de *Salerne.* Elle n'a pas plus de douze milles de circuit, & elle a une petite ville dans sa partie méridionale qu'on appelle aussi *Capri.*

ISCHIA, *Ischia*; *Ænaria*, *Inarime*, *Pithecusa*. Isle du royaume de Naples, sur la côte de la province de *Labour*, dont elle fait partie, & de laquelle elle n'eſt éloignée que par un trajet de mer de deux milles vers le cap de *Miſene*, à un mille ſeulement de l'iſle de *Prochita*. Elle a environ vingt milles de circuit.

BAJE, *Bajæ*. Château du royaume de Naples, dans la province de Labour, ſur le golfe de *Pouzzol*. Il eſt petit, & ſur une côte entre le mont de *Miſene* & le petit lac d'*Averne*.

CUMES, *Cumæ*. C'étoit une ville conſidérable de la *Campanie*, dont on voit les ruines dans la terre de Labour, province du royaume de Naples, ſur la côte du golfe de *Gaïete*, à une lieue de la ville de *Pouzzol*. On voit près de ces ruines la grotte de la Sibile Cumée ou italique.

POUZOL, *Pozzuolo*, *Puteoli*. Ville du royaume de Naples, dans la province de Labour, avec un Evêché ſuffragant de l'Archevêché de Naples. Elle eſt ſituée ſur une colline ſur la côte de la mer de Naples; ſon port eſt bon & ſûr. Elle eſt à trois milles de *Baie* & de *Miſſene*, & à huit milles de Naples au couchant. Elle a dans ſon territoire trente-cinq bains d'eaux minérales & médicinales.

PORTICI.

NOLE, *Nola*. Ville du royaume de Naples, dans la province de Labour, avec un Evêché suffragant de l'Archevêché de Naples, dans une belle plaine. L'Empereur Auguste y mourut l'an 14 de J. C.

BENEVENT, *Beneventum*. Ville du royaume de Naples, dans la principauté ultérieure, située sur une colline près de la riviere de *Sabato*, où elle reçoit le *Calore*. Elle a un Archevêché considérable, dont plusieurs Evêques sont suffragans. Elle est éloignée de vingt-huit milles de *Salerne* au septentrion, autant de *Capouë* au levant, & de trente-deux de *Naples* au levant d'été.

AVERSE, *Aversa*. Ville du royaume de Naples, dans la province de Labour, que ses habitans nomment *Aversa*. Elle est dans une très-belle plaine, à moitié chemin entre *Capouë* au septentrion, & Naples au midi, avec un Evêché suffragant de l'Archevêché de Naples ; mais exempt de sa jurisdiction. Elle a été bâtie par les Rois Normands.

CAPOUE, *Capua*. Ville du royaume de Naples, dans la province de Labour, sur la riviere de *Voltourne*,

& de quelques autres Contrées, 135
Les habitans l'appellent *Capua*. Elle est honorée d'un Archevêché, dans une très-belle plaine, avec une bonne forteresse. Elle est à vingt milles de Naples au nord, autant de *Sessa* au levant d'hiver, & environ à douze milles de la mer de *Naples*.

FONDI, *Fundi*. Ville du royaume Naples, dans la province de *Labour*, sur les frontieres de l'Etat de l'Eglise & de la Campagne de *Rome*, avec un Evêché suffragant de l'Archevêché de Capouë, mais qui est exempt de sa jurisdiction. Elle est dans une plaine entre des montagnes, mais mal peuplée, à cause du lac de *Fondi* qui est auprès & de son mauvais air, à cinq milles de la côte de la mer & du golfe de *Gaïete*, & à dix de *Terracine* au levant.

Etat de l'Eglise.

VELETRI, *Velitræ*. Ville de l'Etat de l'Eglise, en Italie, dans la Campagne de Rome, sur une hauteur, avec un Evêché qui ne releve que du Saint Siége, & qui est uni à perpétuité à celui d'Ostie, toujours possédé par le Doyen du College des Cardinaux. Elle est proche d'*Albano* & *della Riccia*, dont elle n'est éloignée que de cinq ou six milles, sur le chemin de Rome à Naples.

MARINO, *Marinum*, *Villa Marina*. Château d'Italie, dans l'Etat de l'Eglise & dans la Campagne de Rome, sur un côteau, à douze milles de Rome au levant, en allant vers Naples, dont il n'est qu'à six milles.

ROME, *Roma*. Ville capitale de l'Italie & de l'Etat Ecclésiastique, que tout le monde connoît, & dont il est par conséquent inutile de parler.

CITTÀ CASTELLANA ou CITTA DI CASTELLO, *Tifernum*, *Tiberinum*. Ville d'Italie, dans l'Etat de l'Eglise & en *Ombrie*, sur les frontieres de l'Etat du Grand Duc de Toscane, avec un Evêché qui ne releve que du Saint Siége, & un territoire assez étendu, que l'on appelle *il Contado di Citta di Castello*. Elle est sur le Tibre, & appartient au Pape, étant à dix milles du bourg du Saint-Sépulchre au midi, & à dix-huit d'*Arezzo* au levant vers *Cagli*.

OTRICOLI, *Otriculum*, *Otriculum Novum*. Petite ville de l'Etat de l'Eglise dans l'*Ombrie*, sur les confins de la *Sabine*, sur une montagne à deux

& de quelques autres Contrées. 137

milles du *Tibre*, entre *Narni* & *Civita Caſtellana*, à trois milles au-deſſous de la jonction de la *Nera* au *Tibre*, en allant vers *Rome*, dont elle eſt éloignée de trente-deux milles.

TERNI, *Ternum, Interamna, Interamnia*. Ville de l'Etat de l'Egliſe, en Italie dans l'*Ombrie*, avec un Evêché qui ne releve que du Saint Siége. Elle eſt ſituée dans une belle plaine, ſur la *Nera*, aux confins de la *Sabine*, à douze milles de *Spolete* au midi, en allant à *Narni*, dont elle n'eſt qu'à ſix milles, ſur le grand chemin de *Rome*.

SPOLETE, *Spoletum, Spoletium*. Ville d'Italie, dans l'Etat de l'Egliſe dans l'*Ombrie*, ſur le torrent de *Teſſin*, partie dans une plaine, & partie ſur une côte, avec un Evêché qui ne releve que du Saint Siége. Elle eſt dans le pays à qui elle donne le nom de *Spoletin*, à douze milles de *Terni* au ſeptentrion, à dix-huit de *Narni* en allant vers *Camerino*, & à treize milles de *Foligni* au levant d'été.

FOLIGNO, *Fulginium, Fulginia, Fullinium*. Ville d'Italie, dans l'Etat de l'Egliſe, en *Ombrie*, ſur la petite riviere de *Topino*, avec un Evêché qui ne releve que du Saint Siége. Elle

138 *Description de l'Orient,*
est dans une plaine au pied de l'*Apennin*, à dix milles d'*Assise* au levant d'été, & vingt-un de *Pérouse* vers *Spolete*, dont elle n'est qu'à treize milles.

SPELLO, *Hispellum, Ispellum, Colonia Julia Hispella*. Place de l'Etat de l'Eglise, en Italie, dans l'*Ombrie*, au pied de l'*Apennin*, sur une montagne où on voit les ruines d'un amphithéatre, & quantité de restes de l'antiquité. Elle est à trois milles de *Foligno* en allant vers *Assise* & *Spolete*.

ASSISE, *Assisium*. Ville d'Italie, dans l'Etat de l'Eglise, en *Ombrie*, avec un Evêché qui ne releve que du Saint Siége. Elle est à quatre milles de la riviere de *Chiascio*, onze milles de *Pérouse* au levant, en tirant vers *Foligni*, & à onze de *Gubio*.

PÉROUSE, *Perusia*. Ville d'Italie, dans l'Etat de l'Eglise, capitale de l'*Ombrie* où elle est située, & du *Pérousin*, à qui elle donne son nom. Elle est sur une montagne près du *Tibre*, avec un Evêché qui ne releve que du Saint Siége, une forteresse, & une Université. Elle est à sept milles du lac de *Pérouse* au levant, en passant par *Assise* qui n'en est qu'à douze milles, & à vingt-huit milles d'*Orviete* au septentrion, en allant vers *Urbin*. Ses habitans l'appellent *Perugia*.

Toscane.

CORTONE, *Cortona, Croto, Cyrtonium*. Ville d'Italie, dans la *Toscane*, & dans l'Etat de *Florence*, sur les frontieres de l'*Ombrie*, avec un Evêché qui ne releve que du Saint Siége. Elle est sur une haute montagne près des confins de l'Etat de l'Eglise, à quatre milles du lac de *Pérouse* au septentrion, vers *Arezze*, & à huit des marais de *Chianes* au levant vers *Pérouse*.

AREZZO, *Aretium*. Ville d'Italie, dans l'Etat du Grand Duc de *Toscane*, avec un Evêché suffragant de l'Archevêque de *Florence*; mais exempt de sa jurisdiction. Elle est située sur une montagne dans le territoire de *Florence*, à trois petits milles des marais de la *Chiane*, qui se décharge un peu plus loin dans la riviere d'*Arne*, à scize milles de *Citta di Castello* au couchant, & à trente de *Pérouse* au couchant d'été.

FLORENCE, *Florentia, Fluentia*. Ville d'Italie dans la *Toscane*, dont elle est la capitale, & dans le *Florentin* ou l'Etat de *Florence* à qui elle donne son nom. Elle est comme séparée en deux par l'*Arne* qui la traverse, & qu'on y passe sur quatre ponts de pierres. Elle a un Archevêché & une Université. Il y a deux citadelles pour la sûreté de la ville, qui est à cent vingt milles de *Bresse* au midi, & à cinquante-cinq de *Bologne*.

FIORENZOLA, *Florentiola*. Ville du grand duché de *Toscane*, sur la riviere de *Santerno*, au pied du mont *Apennin*, & dans le territoire de *Florence*, aux frontieres du *Boulonois*, & presque au milieu entre *Florence* au midi, & *Bologne* au septentrion, à vingt-six milles de chacune.

Etat de l'Eglise.

BOLOGNE, *Bononia*, *Felsina*. Ville d'Italie, dans l'Etat de l'Eglise & un des plus considérables de toute l'Italie, près de la petite riviere du *Rhin*. Ses habitans l'appellent *Bologna*, & souvent *Bologna la Grassa*, parce qu'elle est dans un pays très-fertile & très-abondant. Elle est à trente milles de *Ferrare* vers le midi, & à quatre-vingt-douze de *Venise*, & quatre-vingtquinze de *Rome*, & presque au milieu entre *Milan* au couchant, & *Ancone* au levant d'hiver, & à quatre-vingt-dix de *Bresse*.

Duché de Modene.

MODENE, *Mutina*. Ville d'Italie en *Lombardie*, capitale de l'Etat du Duc de ce nom à qui elle appartient. Elle est située dans une grande plaine, sur un canal, entre les rivieres de la *Sechia* & du *Panaro*, mais plus proche de la premiere. Elle a un Evêché suffragant de l'Archevêque de *Bologne*, avec une bonne citadelle & un beau palais. Cette ville est à vingt milles de *Bologne* à l'occident, en allant vers *Reggio*, dont elle n'est qu'à seize milles, & à soixante-quinze de *Bresse* au midi.

REGGIO, *Regium Lepidium, Regium Lepidii*. Ville d'Italie, en Lombardie, capitale du duché de même nom, dans l'Etat du Duc de Modene, à qui elle apartient, avec un Evêché suffragant de l'Archevêque de *Bologne*, & une citadelle. Elle est dans une fort belle plaine, entre *Modene* à l'orient, & *Parme* à l'occident, & quinze milles du chacune.

Etats d'Autriche.

PARME, *Parma.* Ville d'*Italie*, en *Lombardie*, capitale du duché de ce nom, fur la riviere de *Parme* qui la traverfe ; avec un Evêché fuffragant de l'Archevêché de *Boulogne*, une citadelle & un beau palais, & une Univerfité. Elle eft prefque à moitié chemin entre *Modene* au levant, & *Plaifance* au couchant, à vingt-cinq milles de chacune.

PLAISANCE, *Placentia.* Ville d'*Italie*, capitale du duché de ce nom, en *Lombardie*, à un mille du *Pô*, dans une belle plaine, avec un Evêché fuffragant de l'Archevêché de *Boulogne*, un ancien château & une bonne citadelle. Elle eft à trente milles de *Pavie* à l'orient, & à quarante-huit milles de *Breffe*, & à quarante milles de *Milan* au levant d'hiver, en allant vers *Parme*, dont elle eft à trente-cinq milles.

MARIGNAN, *Melignanum, Merinianum.* Place d'*Italie*, dans le duché de *Milan*, fur la riviere de *Lambro*, dans une belle campagne, à dix milles de *Milan* à l'orient, en allant

& de quelques autres Contrées. 143
vers *Lodi*, dont elle est à pareille distance.

MILAN, *Mediolanum*. Ancienne ville d'Italie, capitale de l'*Insubrie* & de la *Gaule Cisalpine*, sur la petite riviere d'*Olona*, entre les rivieres du *Tessin* & de l'*Adda*. On dit qu'elle fut fondée par les Gaulois 395 ans après Rome. Sa distance de *Rome* est de trois cent vingt-cinq milles au couchant d'été, & à vingt milles de *Pavie* au septentrion.

LE LAC MAJOR, *Verbanus Lacus*. Lac de *Lombardie*, au duché de *Milan*. Ceux du pays l'appellent *il Lago Maggiore*. Il s'étend en long du septentrion au midi l'espace de trente-six milles ; mais sa largeur n'est que du cinq ou six milles. Il est traversé dans toute sa longueur par la riviere du *Tessin*, qui vient du mont *Saint-Godard*.

ARONE, *Arona*. Ville d'Italie au duché de *Milan*, & dans le territoire de *Milan*, sur la rive occidentale du *Lac Major*, & sur les confins du territoire de *Novare*, à deux milles d'*Anghiera*, qui lui est opposée sur l'autre côté de ce lac, à seize milles de *No-*

vare vers le septentrion, & quatorze de *Milan* au couchant d'été.

COME, *Novocomum*. Ville d'Italie, au duché de *Milan*, sur le lac de ce nom, avec un Evêché suffragant du Patriarche d'*Aquilée*. Elle donne le nom au pays de *Comasque*, qui est aux environs. Elle est à la pointe méridionale du lac de *Come*, à six milles seulement de l'Etat de Suisse & des Bailliages au levant, en allant vers *Bergame*, dont elle est à vingt-cinq milles, & à vingt-cinq de *Milan* au septentrion vers *Coire*.

BARCASINA.

PAVIE, *Papia*, *Papia Flavia*, *Ticinum*. Ville d'Italie, dans la *Lombardie*, & au duché de *Milan*, dont elle est la seconde, au territoire de ce nom, & sur la riviere du *Tesin*, que l'on y traverse sur un beau pont de pierre. Elle a un ancien château, un Evêché, qui est exempt de la jurisdiction de l'Archevêque de *Milan*, & une Université. Elle est à vingt milles de *Milan* au midi.

LODI, *Laus Pompeia nova*, *Laus Pompeii*. Ville d'Italie, dans le *Lodesan*, à qui elle donne son nom. Elle est

est sur la riviere d'*Adda*, à vingt milles de *Milan*, & autant de *Plaisance*, de *Pavie* & de *Creme*. Elle est épiscopale, suffragante de Milan.

CREME, *Crema*. Ville d'Italie, en *Lombardie*, dans l'Etat de la république de *Venise*, au *Crémasque*, sur la riviere de *Serio*, avec un Evêché suffragant de l'Archevêché de *Boulogne*. Elle est à neuf milles de *Lodi* au levant d'été, en allant vers *Bresse*, dont elle est à trente milles, & à vingt de *Plaisance* au septentrion vers *Bergame*.

PIZZIGHITON.

CREMONE, *Cremona*. Ville d'Italie, au duché de *Milan*, dans le *Crémonois*, dont elle est la principale, sur le *Pô*, avec un Evêché suffragant de l'Archevêché de *Milan*, aux frontieres du *Parmesan*. Elle est presque au milieu entre *Mantoue* à l'orient, & *Pavie* à l'occident, à cinquante milles de *Milan* au levant, & à quinze au-dessous de *Plaisance*.

BOZOLO, *Bozolum*. Bourg & château de *Lombardie*, au *Mantouan*, à deux milles de la riviere d'*Oglio*, & presque au milieu entre *Mantoue* & *Crémone*.

GOITO, *Goitum*. Bourg ou petite

ville du duché de *Mantoue*, en Italie, entre le lac de *Mantoue* & celui de la *Garde*, vers les confins de *Venife*, fur la riviere du *Mincio*, que l'on paffe fur un pont.

Territoire de Venife.

VILLA FRANCA.
BUSSOLONGO.
CHIUSA, *Chiufa*. Bourg de l'Etat de Venife, dans le *Frioul*, fur la riviere de *Fella*, à une lieue au-deffous de *Ponteba*.

ALLEMAGNE.

Trentin.

ROVEREDO, *Revere* ou *Revereid*, *Roboretum*. Bourg & château d'Allemagne, au comté de *Tirol*, fur les frontieres de l'Italie & de l'Etat de Venife, près de l'*Adige*, à douze mille pas de *Trente* vers le midi, & autant du lac de la *Garde* à l'orient, & à quarante-fept de *Breffe* au feptentrion.

TRENTE, *Tridentum*. Ville d'Allemagne, au comté de *Tirol*, dans une vallée, fur la riviere d'*Adige*, entre de

& de quelques autres Contrées. 147
fort hautes montagnes, avec un Evêché suffragant du Patriarchat d'*Aquilée*. Les Allemands l'appellent *Trient*, & les Italiens *Trento*. Elle est dans la province d'*Etschland*, à six milles d'Allemagne de *Bolzen* au midi, à vingt-quatre d'*Inspruck* en allant vers le lac de la *Garde*, dont elle est à quatre milles.

SALORN.

BOLZAN, *Bocenum*. Ville d'Allemagne, au comté de *Tirol* & dans la province d'*Etschland*, sur la riviere d'*Eyscoh*, qui se rend dans l'*Adige* deux mille pas plus bas. Elle est presqu'au milieu entre *Bressenon* au septentrion, & *Trente* au midi, à six milles d'Almagne de chacune, & à douze de la ville d'*Inspruck*.

Tirol.

CLAUSEN, *Clausa*, *Coveliacum*. Petite ville d'Allemagne, dans le *Tirol*, entre *Brixen* & *Bolzen*, près de la riviere d'*Ersoch*.

BRIXEN ou Bressenou, *Brixia*, *Brixino*, *Brixinia*, *Brixinum*. Ville d'Allemagne, dans le comté du *Tirol*, au pied des monts de *Breuner*, à la

G ij

jonction des rivieres d'*Aycha* & d'*Eiſoch*, environ à douze lieues de la ville d'*Inſpruck*, vers le midi.

STERCZING ou STERTZINGEN, *Fortia Caſtra*, *Vipitenum*. Place d'Allemagne au comté du *Tirol*, ſur la riviere d'*Eiſoch*, au pied de la montagne du grand *Brenner*, à cinq mille d'Allemagne d'*Inſpruk* au midi.

MATRA, TYRAY, *Metreium, Matreio*. Ancien bourg de la *Rhétie*, dans le comté de *Tirol*, ſur la riviere d'*Ultz*, à trois lieues d'*Inſpruck*, du côté du midi.

INSPRUCK, *Œni Pons*. Ville d'Allemagne, capitale du *Tirol*, ſur la riviere d'*Inn*, d'où lui vient ſon nom, comme qui diroit *Pont-ſur-l'Inn*. Elle eſt dans une vallée au pied des *Alpes*, avec un fort beau château, dans la province d'*Inthal*, à vingt-quatre milles d'Allemagne de *Trente* vers le ſeptentrion, & à trente de *Saltzbourg* vers le couchant.

HALL, *Halla ad Œnum*. Petite ville d'Allemagne, au *Tirol*, ſur l'*Inn*, d'où on la nomme *Hall in Inthal*, à deux lieues d'*Inſpruck* au levant. Elle a une citadelle & des ſalines.

SCHANTZ.

RATNBERG.

Baviere.

REICHENHALL. Ville de la haute Baviere dans la régence de *Munich*, sur la rive droite de la *Sala*, à trois lieues de *Saltzbourg*.

HALS. Bourg de la basse Baviere dans la régence de *Landshout*, près de *Passau*.

SALTZBOURG, *Salisburgum*, *Juvavia*. Ville d'Allemagne, au cercle de Baviere, capitale de l'Archevêché de même nom, sur la riviere de *Saltzach*, avec un fort beau château, à treize milles d'Allemagne de *Passau*, en allant vers *Villach*.

ALTENMARKT.

WASSERBERG.

MUNICH, *Monachium*. Ville d'Allemagne, capitale du duché de Baviere, sur la riviere d'*Iser*. Ses habitans l'appellent *Munchen*, & les Italiens *Monaco di Baviera*.

SCHLEISHEIM. Château de plaisance de l'Electeur de Baviere, à quatre lieues de *Munich*.

FRISING, *Frisinga*, anciennement *Fruxinum*. Ville d'Allemagne, dans le duché & le cercle de Baviere, sur la riviere d'*Iser*, où elle reçoit le torrent *Mosac*, partie sur une montagne, & partie dans la plaine, avec un Evêché suffragant de l'Archevêché de *Saltzbourg*, à cinq milles d'Allemagne de *Munich* vers le septentrion.

PRUCK-AN-DER AMBER, *Ambra*. Bourg du duché de Baviere, sur la riviere d'*Amber*, à cinq lieues de *Munich* vers le couchant.

Souabe.

AUSBOURG, *Augusta Vindelicorum*. Ville d'Allemagne, capitale de la *Suabe*, au confluent de la riviere de *Leck* & de celle de *Wertach*. Les *Lycates*, peuples de la *Rhétie*, la fonderent & la nommerent *Damasia*. C'est une ville libre & impériale, située dans le pays d'*Algou*, sur la frontiere de la Baviere, à six milles d'Allemagne du Danube au midi, & à neuf de *Munich* au couchant, vers *Ulme*.

BURGAU, *Burgovia*. Petite ville & château d'Allemagne, dans la *Suabe*, qui donne son nom au marquisat de *Burgau*, qui est aux environs, & qui appartient à l'Empereur. *Burgau* ou *Burgow* est sur la riviere de *Mindel*, à

& de quelques autres Contrées. 151
deux lieues du *Danube*, & à cinq de la ville d'*Ulme*.

ULM, *Ulma, Hulma.* Ville d'Allemagne, dans la *Suabe*, sur le Danube, qui commence d'y porter bateau, & qui y reçoit la riviere d'*Iser*. Elle fut faite libre & impériale l'an 1346, par l'Empereur Louis de Baviere.

NORTLINGUE, *Norlinga, Nerolinga, Aræ Flaviæ.* Ville d'Allemagne, en Souabe, sur le ruisseau d'*Eger*. Elle est libre & impériale depuis l'an 1251.

OETTINGEN, *Ottinga.* Petite ville d'Allemagne, en *Souabe*, dans la principauté de ce nom, dont elle est la seule considérable, sur la petite riviere de *Vernitz*, à deux milles d'Allemagne de Norlingue au levant d'été en allant vers *Nuremberg*.

Franconie.

ANSPACH, *Anspachium.* Petite ville d'Allemagne en *Franconie*, & dans le *Nordgau*, sur la riviere d'*Onolzbach*. C'est la principale du burgraviat de *Nuremberg*, & la résidence du Marquis d'*Anspach*. Elle est à six milles d'Allemagne de *Nuremberg* vers le couchant,

G iv

& à sept de *Norlingue* au septentrion.

NUREMBERG, *Norinberga*, *Noricorum Mons*. Ville considérable, dans le cercle de *Franconie* & au *Nortgau*, dont elle est la capitale, ainsi que du burgraviat de son nom. Elle est au pied d'un rocher, avec un ancien château sur la *Pegnitz*, qui tombe dans la *Regnitz*, à quatorze milles de *Ratisbonne* au couchant d'été.

ERLANG, *Erlanga*. Petite ville du cercle de Franconie, sur la riviere de *Rednitz*, dans le marquisat de *Culembach*, aux confins de l'Evêché de *Bamberg* & du territoire de *Nuremberg*.

BAMBERG, *Bamberga*. Ville d'Allemagne, dans le cercle de Franconie, sur la riviere de *Rednitz*, qui tombe dans le *Mein* un peu plus bas, avec un Evêché suffragant de l'Archevêque de Mayence, à six milles d'Allemagne de Nuremberg au septentrion.

Haute Saxe.

COBOURG, *Coburgum*, *Melocabus*. Bourg d'Allemagne, en Franconie, à six milles d'Allemagne de *Bamberg*, avec une territoire assez étendu.

& de quelques autres Contrées. 153

SAALFIELD. Comté ou district du duché de Magdebourg, dans la haute Saxe, *Halle* en est la capitale.

RUDELSTADT. Petite ville d'Allemagne, dans la *Thuringe*, au cercle de *Swartzbourg*, près de la riviere de *Sala*, avec un beau château.

UHLSADT.

ORLAMONDE, *Orlamunda, Orlæ Ostium*. Petite ville d'Allemagne, dans la Thuringe, sur la riviere de *Sala*, vis-à-vis de l'embouchure de l'*Orla*, d'où elle tire son nom, qui signifie la *bouche de l'Orla*, à trois lieues au-dessus de *Jene*.

KALA. Petite ville de la principauté d'*Altenbourg*, sur la *Sale*, sujette à la maison de *Saxe Gotha*.

JENE, *Jena*. Petite place d'Allemagne, dans la *Thuringe*, sur la *Sale*, à trois milles de *Naumbourg* au midi, avec une fameuse Université.

WEIMAR, *Vimaria*. Petite ville d'Allemagne, dans la *Thuringe*, sur le ruisseau d'*Ilm*, à trois milles d'Allemagne d'*Erfort* à l'orient.

ERFORT, *Erfordia* Ville d'Allemagne, dans la *Thuringe*, dont elle est la capitale, sur la petite riviere de Ge-

G v

ra, à cinq milles de *Jene*, & quatorze de *Leipsic*.

GOTHA, *Gotha*. Petite ville d'Allemagne, dans le cercle de la haute Saxe, en Thuringe, dans l'Etat du Prince de Saxe Gotha, à qui elle appartient. Elle n'est qu'à trois milles d'Allemagne d'*Erford* au couchant.

EISENACH, *Isnacum*. Petite ville d'Allemagne, dans la Thuringe, avec un château sur le ruisseau de *Nesse*, qui se jette dans la *Verre*, aux frontiere de la *Hesse*, à sept milles d'Allemagne d'*Erford* vers le couchant.

CREUTZBOURG, *Cruciniacum*. Bourg de Silésie, sur la riviere de *Brinnitz*, dans la principauté de *Brieg*, à douze lieues de la ville de *Brieg* vers le levant.

Haut Rhin.

LEICHTENAU. Petite ville & bailliage de la basse Hesse.

CASSEL, *Casella*, *Cassilia*. Ville d'Allemagne, dans le cercle du haut Rhin, capitale du landgraviat de la basse Saxe, sur la riviere de *Fulde* aux frontieres du duché de Brunswick, à

& de quelques autres Contrées. 155
douze milles d'Allemagne de *Marpurg*, & autant de *Fulde* au septentrion.

HIRSCHFELD, *Hirschfelda*. Ville d'Allemagne, dans la basse Hesse, sur la riviere de *Fulde*, à sept milles de Cassel.

FULDE, *Fulda*, *Buchovia*. Ville d'Allemagne, dans le pays de *Buchau* au cercle du haut Rhin, sur la riviere de même nom. Il y a une Abbaye de l'ordre de Saint Benoît, qui est la plus belle & la plus riche de l'Europe. La ville n'est qu'à quatre milles d'Allemagne de *Hirchfeld* au midi, & à onze de Cassel en allant vers Wurtzbourg.

HAMELBOURG, *Hammelburgum*. Petite ville du cercle du haut Rhin, dans l'Etat de l'Abbaye de *Fulde*, sur la riviere de *Saul*, aux confins de la Franconie, & à huit lieues de *Wurtzbourg* du côté du nord.

Franconie.

WURTZBOURG, *Vurtzburgum*, *Herbipolis*. Ville d'Allemagne, capitale de la Franconie, dans l'Etat de son Evêque, sur la riviere du *Mein*, à dix-neuf milles au-dessus de Mayence au levant, à quinze de Francfort en allant vers Bamberg.

LOHR, *Locoritum*. Petite ville d'Allemagne en Franconie, & capitale du comté de *Reineck* sur le *Mein*, & dans l'Etat de l'Electeur de Mayence.

Le Palatinat du Rhin.

SHAFFENBOURG.
HAINAU.
OVERBACK.
MAYENCE, *Moguntia*. Ville d'Allemagne, au cercle du bas Rhin, & dans l'électorat de même nom, sur le bord du Rhin, qui reçoit un peu au-dessus le *Mein*. Elle est belle, riche, grande, défendue par une citadelle, avec un Archevêché & une Université, à trois milles d'Allemagne au-dessous de Vormes au septentrion.

OPPENHEIM, *Oppenhemium*. Ville d'Allemagne, dans le bas Palatinat, sur le Rhin, sur la pente d'une colline, avec un vieux château ; à trois milles d'Allemagne au-dessous de Mayence au midi, en allant à *Vormes*.

VORMES, *Vormacia*. Ancienne ville d'Allemagne, enclavée dans le

& de quelques autres Contrées. 157
bas Palatinat, située sur le Rhin, à trois milles au-dessous de *Manheim* au nord.

MANHEIM, *Manhemium.* Ville d'Allemagne, au bas Palatinat, au confluent du *Rhin* & du *Neckre*, à trois milles au-dessous de *Spire* au nord, dans une belle plaine.

HEIDELBERG, *Heidelberga.* Ville d'Allemagne, capitale du bas Palatinat, dans le pays de *Creichgou*, & dans une plaine, au pied des montagnes, avec un pont de bois sur le *Neckre* & une Université. Elle est à deux milles d'Allemagne du Rhin & de *Manheim* au levant.

SPIRE, *Spira, Nemetes.* Ville d'Allemagne, au cercle du bas Rhin, enclavée dans l'Evêché de ce nom, mais néanmoins ville libre & impériale, sur le bord du Rhin où il reçoit le ruisseau de *Spirbach*, sous la protection de l'Electeur Palatin, avec un Evêché suffragant de l'Archevêché de *Mayence*.

PHILIPSBOURG, *Philipsburgum.* Petite ville & forteresse d'Allemagne, au Palatinat du Rhin, dans l'Evêché de Spire, & au pays de *Creichgou*, dans des marais, à l'embouchure de la *Sarza* dans le *Rhin*, à une lieue de *Spire*, & à six d'*Heidelberg* du côté du midi.

GERMERSHEIM, *Vicus Julius.* Petite ville d'Allemagne, au Palatinat du Rhin, chef-lieu d'un bailliage de même nom, près de l'endroit où la riviere de *Queich* se décharge dans le *Rhin.*

Alsace.

STRASBOURG, *Straſburgum, Argentina.* Ville de France, capitale du landgraviat d'Alsace, & dans la basse Alsace, sur la riviere d'*Ill*, qui s'y rend dans la *Breuſch*, proche du Rhin, qu'on y passe sur un pont de bois. Elle a un Evêché suffragant de l'Archevêché de Mayence, une Université ou Académie.

KELL ou KEHL (le fort de). Fort d'Allemagne dans le marquisat de Bade, sur la rive droite du Rhin, dans une isle que forme ce fleuve, à l'opposite de Strasbourg.

MARCHELSHEIM.

HUNINGUE, *Huninga.* Forteresse de France, dans le *Sondgau*, avec un pont de bois sur le Rhin, vis-à-vis du *Briſgau* & sur la frontiere de la Suisse, à mille pas au-dessous de *Baſle.*

La Suisse.

BASLE, *Basilea*. Ville de Suisse, capitale du canton de Basle sur le Rhin, qui la sépare en deux parties inégales, qui communiquent ensemble par un pont. C'est une ville épiscopale suffragante de Besançon ; mais l'Evêque réside à *Porentru*, depuis la réformation. Elle est à demi-lieue de la forteresse d'*Hunningue*, & à quatorze milles d'Allemagne de Strasbourg au midi.

LEICHSTAL.

WALBOURG, *Walburgum*. Bourg & château d'Allemagne, dans le cercle de Suabe.

SOLEURRE, *Salothurum*. Ville de Suisse, capitale du canton de ce nom, sur la riviere d'*Aar*, qui la partage en deux, à cinq milles d'Allemagne de Berne au septentrion, à sept de Fribourg en allant à Basle.

ARBERG, *Arberga*. Ville de la Suisse en *Argau*, au couchant de Berne.

MORAT, *Moratum*. Ville de Suisse, au pays de *Vaud* & sur le bord du lac de ce nom, en *Uchtland*, à deux lieues de Fribourg au septentrion, & trois de Berne au couchant.

AVENCHES, *Aventinum.* Ville de Suisse, au canton de Berne, & au pays de Vaud sur une colline près du lac de Morat, & des confins du canton de Fribourg, à trois milles de Berne vers le couchant, & quatre de Lausanne vers le nord.

PAYERNE, *Paterniacum.* Ville de Suisse, dans le pays de Vaud, au canton de Berne, sur la petite riviere de la *Broye.* Les Allemands la nomment *Peterlingen.* Elle n'est qu'à deux milles d'Allemagne d'Avenches, & à trois de Fribourg au couchant.

MOULDON, *Minnidunum.* Ville de Suisse, au pays de Vaud, sujette au canton de Berne, & située sur le ruisseau de la Broye, vers les confins du canton de Fribourg. Les Allemands l'appellent *Milden.*

LAUSANNE, *Lausanna.* Ville de Suisse, capitale du pays de Vaud, au canton de Berne, située entre les ruisseaux de *Laus* & d'*Anne.*

MORGES, *Morsea.* Petite ville du pays de Vaud, en Suisse, sur le lac de Genève, à deux lieues de Lausanne vers le couchant. Elle appartient au canton de Berne.

S. PREX.

ROLLE, *Rotulum*. Petite ville de Suisse, dans le pays de Vaud, sur le bord du lac de Genève, à quatre lieues de Lausanne vers le couchant. Elle a titre de Baronie.

NYON, *Neomagus, Nevidunum*. Petite ville de Suisse, au pays de Vaud, dans le canton de Berne, avec un château sur une colline, sur le lac de Genève, à quatre lieues de la ville de Genève.

GEX, *Gesium*. Petite ville de France, capitale de la Seigneurie de même nom, au pied du mont S. Claude, entre le mont Jura, le Rhône, le lac de Genève & la Suisse.

GENEVE, *Geneva, Aurelia Allobrogum*. Ville enclavée dans la Savoie, aux frontieres de France & du pays de Gex, & aux confins de la Suisse, sur la riviere du Rhône, qui y sort du lac de Genève, & qu'on y passe sur deux ponts de bois. Elle est à sept lieues d'Annecy au septentrion, à quinze de Chambery & à vingt-quatre de Lyon.

La Savoie.

LA BONNE-VILLE, *Bonna, Bonnopolis*. Petite ville de Savoie, capitale du pays de Faucigny, avec un ancien château fur la riviere d'Arve. Elle eft dans le bas Faucigny, à deux lieues au-deffous de Clufe, à quatre d'Annecy vers l'orient.

LA CLUSE, *Clufæ*. Petite ville de la Savoie, dans le Faucigny, fur la riviere d'*Arve*, à fept lieues d'Annecy au levant.

SALANCHES, *Salanchiæ*. Petite ville de Savoie, capitale, du haut Faucigny, fur un ruiffeau qui fe jette dans la riviere d'*Arve*, à quatre ou cinq lieues au-deffus de Clufes.

CHAMOIGNY.

ANNECY, *Annecium*. Ville de Savoie, au duché de Genevois, dont elle eft la principale, fur le bord du lac d'Annecy, où la petite riviere de Tiond en fort, & au pied du mont Saymenoz.

THONON, *Tunonium*. Ville du duché de Savoie, capitale du Chablais, fur la rive méridionale du lac de Genève, à cinq lieues de Laufanne au midi, à fept de Genève au levant, près de Ripaille, & de l'embouchure de la riviere de Drance dans le lac.

EVIAN, *Aquianum*. Petite ville du duché de Savoie, dans le pays de Chablais, & sur le bord du lac de Genève, à deux lieues de Thonon.

S. GINGO, *Fanum Sancti Gingonis.* Bourg de Savoie, dans le Chablais, & au pays de Gavot, sur la côte méridionale du lac de Genève, près du mont de Morges, & aux confins du Valais.

La Suisse.

AIGLE, *Ala, Aquilegia.* Bailliage de Suisse, dans le canton de Berne, sur la frontiere du bas Vallais.

VILLE-NEUVE, *Villa-Nova.* Petite ville de la Suisse au canton de Berne, & au pays de Vaud, sur la côte orientale du lac de Genève, près de l'endroit où il reçoit le Rhône, & aux confins de la Savoie.

VEVAY, *Viviacum, Vibiscum.* Bourg de la Suisse, au canton de Berne, & dans le pays de Vaud, sur la rive septentrionale du lac de Genève, à treize mille pas de Lausane au levant.

FRIBOURG, *Friburgum.* Ville de la Suisse, capitale du canton qui porte son nom, sur la riviere de *Sana.*

MORAT. *Voyez ci-dessus art.* de la Suisse.

NEUFCHATEL, *Neocomum.* Ville de Suisse, au comté de Neufchâtel, dont elle est la principale, sur la côte septentrionale du lac de Neufchâtel qui y reçoit le torrent de *Scion*. Les Allemands l'appellent *Newenburg*.

ARBERG. *Voyez art. de la Suisse.*

BERNE, *Berne.* Ville de Suisse, capitale du canton de ce nom, dans le Nuitlandt, sur la riviere d'*Aar*.

LUCERNE, *Lucerna.* Ville de Suisse, capitale du canton de ce nom, dans l'*Argou*, sur le lac de même nom, à la sortie de la riviere de *Russe* qui traverse la ville.

ZUG, *Tugium.* Bourg ou petite ville de Suisse dans le canton de même nom, dont elle est la principale, sur une côte près du lac de Zug.

ZURICH, *Tigurum.* Ville considérable de Suisse, dans le canton de ce nom, dont elle est la principale. Elle est partagée en deux par la riviere de *Limat*, à sa sortie du lac de Zurich. Elle est presque au milieu entre Schafhouse au nord, & Lucerne au midi, à vingt cinq mille pas de chacune.

WINTERTHUR, *Vinterthura.* Petite ville de Suisse, dans le canton de Zurich, sur le ruisseau d'*Eulach*,

& de quelques autres Contrées. 165
près du château de *Kibourg*, à trois milles d'Allemagne de Zurich.

FRAVENFELD, *Fravenfelda*. Petite ville de Suisse, capitale du *Thurgau*, sur la riviere de *Murg*, à deux lieues de son embouchure dans le *Thur*, à cinq ou six lieues de la ville de Constance, vers le couchant d'hiver.

CONSTANCE, *Constantia*. Ville d'Allemagne, en Suabe, aux frontieres de la Suisse, sur le lac de *Zell*. Elle a un évêché suffragant de l'Archevêque de Mayence.

STEIN, *Stenium Steina*. Petite ville de Suisse, au canton de Zurich, avec un pont de bois sur le Rhin, un peu au-dessous de sa sortie du lac de *Zell*, aux frontieres de l'Allemagne & de la Suabe.

SCHAFHOUSE, *Scaphusia*. Ville de Suisse, capitale du canton de ce nom, sur le Rhin, à quatre milles de Zurich au septentrion.

EGLISOU, *Eglisovia*. Petite ville de Suisse, au canton de Zurich, avec un pont sur le Rhin, un peu au-dessus de l'endroit où il reçoit le *Glatz*, à trois milles d'Allemagne de Zurich au septentrion.

KEYSERSTUL, *Forum Tiberii*.

Place de Suisse, avec un pont sur le Rhin, au comté de Bade, & dans la seigneurie de l'Evêque de Constance, presque au milieu entre Basle au couchant & Constance au levant, dont elle est à neuf milles d'Allemagne.

BADE, *Badenæ Aquæ*. Petite ville de Suisse, sur la riviere du *Limat*, qui se rend peu après dans l'*Aar*. Elle appartient aux huit plus anciens cantons, & on l'appelle dans le pays *Baden*, & quelquefois *Ober-Baden*, le *haut-Bade*, pour la distinguer de celle qui est plus bas en Suabe.

BRUCK ou BRUGG. *Pons*. Petite ville de l'Argou en Suisse, dans le canton de Berne. Elle prend son nom du pont qu'elle a sur la riviere d'*Aar*, un peu au-dessus de l'embouchure du *Ruff*.

ZURZACH, *Zurzecum*. Bourg de Suisse, sur le Rhin qui y reçoit un peu plus bas l'*Aar*, aux frontieres de la Suabe, & à quatre milles d'Allemagne au-dessous de Schafhouse à l'occident.

WALDSHUT, *Waldhusta*. Petite ville d'Allemagne dans la Souabe, & une des quatre villes frontieres sur le Rhin, dans le *Klegou*, à deux milles d'Allemagne au-dessus de Laufembourg au levant.

LAUFFEMBERG, *Lauffemburgum.* Ville d'Allemagne, dans la Souabe, une des quatre villes forestieres, près de la chûte du Rhin. Elle appartient à l'Empereur, étant de son ancien patrimoine, & presqu'à moitié entre Schafhouse au levant, & Basle au couchant.

RHEINFELD, *Rhenolfeda.* Ville d'Allemagne, dans la Suabe, & une des quatre villes forestieres, avec un pont sur le Rhin, joignant les forestieres de la Suisse, & vers le Brisgaw.

AUGST, *Augusta Rauracorum.* Ville des Suisses, dans le canton de Basle, proche du Rhin, & à trois lieues de Basle. C'étoit autrefois une ville épiscopale & considérable.

BASLE, *Basilea. Voyez ci-dessus, art.* de la Suisse.

L' Alsace.

ALTKIRCH. Petite ville de France dans le *Sundgau*, chef-lieu d'un bailliage. C'est-là que se tient l'official de l'Evêque de Basle, pour la partie du diocèse, qui est à la France.

BEFORT, *Befortium.* Ville de l'Allemagne Françoise, capitale du

Sundgau propre, à trois lieues de Monbeliard.

MONBELIARD, *Mons Bellicardus*. Petite ville au comté de ce nom, qui étoit censée des dépendances de la Franche-Comté. Elle est sur une côte près du ruisseau d'*Alaine*, qui se rend dans le Doux, & proche des montagnes de Vauge, avec un château.

Franche-Comté.

CLERVAL, *Claravallis*. Bourg de la Franche-Comté, sur la riviere de Doux, entre Besançon & Monbeliard.

BAUME, *Balma*. Petite ville de France, au comté de Bourgogne, sur le Doux, à quatre lieues de Besançon, en tirant vers Monbeliard.

BESANÇON, *Besontio, Vesontio*. Ville de France, dans le comté de Bourgogne, au bas d'une montagne, & divisée en ville ancienne & nouvelle par la riviere de Doux, avec un Archevêché qui a pour suffragants les Evêques du Bellay, de Lausanne & de Basle.

Alsace.

Alsace.

CERNAY, en Dormois, *Cernayum*. Petite ville de Champagne, sur la riviere de Dorvie, qui se jette dans celle d'Aine, à quatre lieues de Sainte-Menehou, & autant de Grandpré.

RUFFACH, *Rufacum*. Ville de France, dans la haute Alsace, & au Mundat, sur le ruisseau de Rotbach, à trois milles d'Allemagne de Brisac à l'occident.

HOBURG.

COLMAR, *Colmaria*. Ville de France, capitale de la haute Alsace, sur la riviere d'*Ill*, à deux lieues de Brisac & du Rhin vers le couchant.

GUEMAR.

SCHELSTAT, *Seleſtadium*. Ville de France, dans la basse Alsace, sur la riviere d'Ill, & aux confins de la haute Alsace, à quatre milles d'Allemagne de Brisac au couchant.

Lorraine.

SAINTE-MARIE-AUX-MINES ou MARKICK. Petite ville de France, dans la Lorraine allemande, sur la riviere de *Leber*.

S. DIEY, *Fanum Sancti Deodati.* Ville de France en Lorraine, & au pays de Vauge, sur la Meurte, & près des frontieres de l'Alsace, à dix lieues de Brisac au couchant.

NEUF-VILLE. Seigneurie considérable dans le cercle du haut Rhin, près des frontieres de la Lorraine, à quelque distance de Salm.

AI ISRAEL.

SAINT-NICOLAS, *Fanum Sancti Nicolai.* Bourg de France en Lorraine, sur la riviere de Meurte, à deux lieues au-dessus de Nancy au midi.

NANCY, *Nancium.* Ville capitale de la Lorraine, près de la riviere de Meurte, & la résidence ordinaire des Ducs de Lorraine.

Duché de Bar.

PONT-A-MOUSSON, *Mussipontum.* Ville de Lorraine, dans le Barrois, sur la Moselle, vis-à-vis du château ruiné de Mousson, qui est sur une hauteur, d'où lui vient ce nom, avec une Université.

JOUI.

METZ, *Metæ.* Ville de France, dans le pays Messin, à qui elle donne

& de quelques autres Contrées. 171

le nom & sur la Moselle, qui y reçoit la Seille, avec un Evêché suffragant de l'Archevêché de Trèves.

THIONVILLE, *Theodonis Villa.* Ville forte du Pays-Bas François, au duché de Luxembourg, avec un pont sur la Moselle, aux frontieres de la Lorraine.

KONIGSMACHRE, *Machra Regis.* Bourg de France, au duché de Luxembourg, près de la Moselle, & dans la prévôté de Thionville.

SIRCK, *Sirca.* Petite ville de France, dans la Lorraine, sur la Moselle, avec un château, aux frontieres du Pays-Bas & du duché de Luxembourg.

Duché de Luxembourg.

REMIE.
GRAVE MACHEREN.

Cercle du bas Rhin.

TREVES, *Treviri, Augusta Trevirorum.* Ville d'Allemagne, capitale de l'Archevêché & de l'Electorat de ce nom, sur la Moselle & aux frontieres de la France & du duché de Luxembourg.

H ij

GEMMINGEN, *Gemminga*. Petite ville du Palatinat du Rhin, dans la préfecture de Bretten, entre Hailbron & Philisbourg.

CREUTZNACH, *Cruciniacum*. Ville d'Allemagne, au Palatinat du Rhin, dans le Hondsruc, & sur la riviere de Nau qui la sépare en deux parties avec un château.

INGELHEIM, *Ingelheimum*. Petite ville d'Allemagne, au bas Palatinat & sur le Rhin, avec un ancien château où naquit Charlemagne l'an 732.

MAYENCE. *Voyez ci-dessus au Palatinat du Rhin*.

BINGEN, *Bingium*. Ville d'Allemagne, au cercle électoral, & dans l'électorat de Mayence, avec un château sur une colline, sur le bord du Rhin, où il reçoit le Nau que l'on y passe sur un pont de pierre, quatre milles d'Allemagne au-dessous de Mayence au couchant.

S. GOWAR, *Fanum Sancti Goari*. Petite ville d'Allemagne, sur la rive gauche du Rhin, au bas comté de Catzelloboge, près du Hondsruck & de l'Etat de l'Electeur de Trèves.

COBLENTZ, *Confluentes*. Ville d'Allemagne au cercle du bas Rhin,

& dans l'État de l'Electeur de Trèves, où la Moselle se jette dans le Rhin, vis-à-vis de la forteresse de Hermanstein.

ANDERNACH, *Antenacum*. Petite ville d'Allemagne, sur le Rhin, dans l'électorat de Cologne, sur les confins de celui de Trèves & du duché de Juliers, dans une plaine, à trois milles au-dessous de Coblentz.

BONNE, *Bonna*. Ville d'Allemagne, dans le cercle de Westphalie, & dans l'Etat de l'Electeur de Cologne, dont elle est la résidence ordinaire, à quatre milles d'Allemagne au-dessous de Cologne au midi.

BERG & BERGHEN, *Montanus Ducatus*. Province du cercle de Westphalie en Allemagne. Ce duché appartient à l'Electeur Palatin.

JULIERS, *Juliacum*. Ville d'Allemagne, capitale du duché de ce nom, dans le cercle de Westphalie, sur la riviere de Roure.

AIX-LA-CHAPELLE, *Aquisgranum*. Ville d'Allemagne, dans le cercle de Westphalie, sur les limites du duché de Juliers, & de celui de Limbourg. C'est où se doit faire le couronnement des Empereurs, selon la bulle d'or.

Hollande.

MASTRICHT, *Trajectum ad Mosam*. Ville des Pays-Bas, au Brabant, sur la Meuse, au confluent du Jecker.

Liége.

LIEGE, *Leodium*. Ville d'Allemagne enclavée dans le Pays-Bas, sur la riviere de Meuse, avec un Evêché suffragant de l'Archevêché de Cologne. Elle est ville libre & impériale, mais sujette à son Evêque.

SPA, *Spadanus Vicus*, Bourg d'Allemagne, au pays de Liége, & au marquisat de Franchimont, sur les frontieres de Luxembourg, & sur la riviere d'Ambleve, renommée pour ses bains.

Limbourg.

LIMBOURG, *Limburgum*, Ville du Pays-Bas, dans le duché de ce nom, sur une montagne avec un fort château, près de la riviere de Vese, sur la frontiere de l'Etat de Liége.

Flandre.

NAMUR, *Namurcum*. Ville du Pays-Bas, capitale du comté de même nom, sur la gauche de la Meuse, où elle reçoit la Sambre, avec un Evêché suffragant de l'Archevêché de Cambray.

BINCHE ou BINS, *Binchium*. Ville du Pays-Bas, au comté de Hainaut, près de la petite riviere de Haisne, qui a sa source dans ce quartier.

MONS, *Montes Hannoniæ*. Ville du Pays-Bas, capitale du Hainaut, sur la petite riviere du Trouille, qui se jette dans l'Haisne.

VALENCIENNES, *Valentianæ*. Ville de France, au Pays-Bas, dans le comté de Hainaut, sur l'Escaut, qui la sépare en deux, & qui y reçoit le ruisseau de Ronel.

CAMBRAY, *Cameracum*. Ville de France, au Pays-Bas François & dans le Cambrésis, sur l'Escaut, aux frontieres de la Picardie & de l'Artois, avec un Archevêché.

DOUAY, *Duacum*. Ville de France, au Pays-Bas, dans la Flandre Françoise, sur la riviere de Scarpe, aux frontieres de l'Artois.

S. AMAND, *Amandopolis*. Petite ville du Pays-Bas François, au comté de Flandre & au Tournaisis, sur la Scarpe, aux confins du Hainaut, avec une célebre abbaye, fondée par Saint Amand.

TOURNAY, *Tornacum*. Ville de France, au Pays Bas, & dans le comté de Flandre, sur l'Escaut, avec un Evêché suffragant de l'Archevêché de Cambray. Elle est la capitale du Tournaisis.

LILLE, *Insulæ*. Ville de France, dans le Pays-Bas Francois, dont elle est la capitale, sur la riviere de la Deul.

IPRES, *Ipra*. Ville de Flandre, au Pays-Bas, sur la riviere d'Iperlec, avec un Evêché suffragant de l'Archevêché de Malines.

BEAUMONT, *Bellomontium*. Ville de Pays-Bas François, au comté de Hainaut.

STEINBERG.

CASSEL, *Mons Cassellus*. Ville du Pays-Bas, au comté de Flandre, sur une montagne, à trois lieues de Saint-Omer au levant & vers Ipres, dont elle est à quatre lieues.

S. OMER, *Audemaropolis*. Ville de France, au Pays-Bas François, & au

& de quelques autres Contrées. 177
comté d'Artois, entre des marais, sur la riviere d'Aa, avec un Evêché suffragant de l'Archevêché de Cambray.

CALAIS, *Caletum.* Ville de France, en Picardie, & au comté de Guines, avec un port de mer sur la côte de l'Océan.

Londres.

Août 30. 1741.

Août 30. 1733.

France.

Calais, Boulogne, Montreuil, Abbeville, Amiens, Clermont, Chantilly, S. Denys, Vincennes, Paris, S. Cloud, S. Germain, Marly, Versailles, Meudon, Fontainebleau, Sens, Auxerre, Dijon, Châlons, Macon, Ville-Franche, Lyon Vienne, Valence, Viviers, S. Esprit, Ville-Neuve, Avignon, Nismes, Montpellier, Arles, Salon, Aix, Marseille, Toulon, Fréjus, Antibes.

ITALIE.

Piémont.

ONEILLE ou ONEGLIA, *Onelia.*

Place d'Italie, sur la côte de Gênes, & sur la riviere du Ponent. Elle est enclavée dans l'Etat de la république de Gênes, mais elle dépend du Duc de Savoie depuis l'an 1576.

Etat de Gênes.

ALBENGA, *Albingaunum.* Ville d'Italie, dans l'Etat de Gênes & sur la côte du couchant, que l'on appelle ordinairement la *Riviere de Gênes.* Elle est dans une plaine sur le bord de la mer, à l'embouchure de la petite riviere de Centa, avec un Evêché suffragant de l'Archevêché de Gênes, dont elle est à cinquante milles au couchant.

LOUANO.

FINAL, *Finalium.* Petite ville d'Italie, au marquisat de ce nom, sur la côte de Gênes, dans la riviere du Ponent, avec un ancien château fort, & un petit port, entre Savone à l'orient, & Albengue à l'occident.

SAVONE, *Savona.* Ville d'Italie, dans l'Etat de la république de Gênes, & sur la riviere de Ponent, avec un Evêché suffragant de l'Archevêché de Milan.

UTRI.

& de quelques autres Contrées.

SESTRI-DI-LEVANTE, *Sextum*. Bourg d'Italie, dans l'Etat de la république de Gênes, & sur la côte de la riviere de Ponent, d'où lui vient ce nom pour le distinguer de l'autre. Il est à six milles de Gênes au couchant, en allant à Savone.

S. PIETRO DI ARENA.

GENES, *Genua*. Ville d'Italie & capitale de l'Etat de ce nom, avec un Archevêché, érigé en 1132 par le Pape Innocent II. Elle donne le nom à la côte de Gênes.

Toscane.

LIVOURNE, *Liburnus*. Ville d'Italie, dans l'Etat du Grand Duc de Toscane, au Pisan, avec un très-beau port de mer qui la rend fort riche & de grand commerce. Elle est dans des marais près du mont Negro.

PISE, *Pisæ*, *Pisa*. Ville d'Italie, en Toscane, dans le Pisan ou territoire de Pise, à qui elle donne le nom, avec un Archevêché, une Université & une bonne citadelle, sur la riviere d'Arne.

LUCQUES, *Luca*. Ville d'Italie, capitale de la république de ce nom, au Luquois, & dans la Toscane, près du Serchio, avec un Evêché suffragant de l'Archevêché de Pise, mais exempt de sa jurisdiction.

PISTOIE, *Pistoria*. Ville d'Italie, en Toscane, & dans l'Etat de Florence, dans une plaine près du ruissau de Stella, au pied du mont Apennin, avec un Evêché suffragant de l'Archevêché de Florence.

POGGIO CHIANO. Bourg d'Italie, dans la Toscane, fameux à cause du palais qu'y ont les Grands Ducs.

FLORENCE.

PRATOLIN, *Pratolinum*. Château d'Italie, en Toscane, & dans une vallée, à cinq milles de Florence, où est la maison de plaisance du Grand Duc.

FIELE.

S. CASSIANO.

POGGIBONZI. Petite ville d'Italie, en Toscane.

SIENNE, *Sena*, *Colonia Senensis*. Ville d'Italie, en Toscane, dans le Siennois, dont elle est la capitale, avec un Archevêché. C'étoit autrefois une république puissante.

Etat de l'Eglise.

AQUAPENDENTE, *ìcula*,

Aquæ Tarinæ. Ville d'Italie dans l'Etat de l'Eglise, dans la province du Patrimoine, sur une côte, près de la riviere de Paglia qu'on y passe sur le pont Grégorien. Elle fut érigée en Evêché en 1650 par le Pape Innocent X.

BOLSENE, *Volsinium.* Petite ville de l'Etat de l'Eglise, dans la province du Patrimoine, sur une colline, près du lac de Bolsene, & sur la côte septentrionale, aux confins du territoire d'Orvieto, sur le chemin de Sienne à Rome.

MONTE FISACONE, *Mons Physcon.* Ville de l'Etat de l'Eglise, dans la province du Patrimoine, sur la pente d'une montagne, près du lac de Bolsene, avec un Evêché qui ne releve que du Saint Siége, à dix milles de Viterbe & à cinquante de Rome.

VITERBE, *Viterbium.* Ville de l'Etat de l'Eglise, dans la province du Patrimoine, dont elle est la capitale, avec un Evêché qui ne releve que du Saint Siége.

RONCIGLIONE, *Roncilio.* Ville de l'Etat de l'Eglise, dans la province du Patrimoine, & sur le ruisseau Falisco, près du petit lac de Ronciglion, nommé anciennement *Ciminius Lacus.*

ROME, *Roma.* Ville capitale de l'Italie & de l'Etat Ecclésiastique.

PORTO, *Portus Romanus.* Ville ruinée d'Italie, dans l'Etat de l'Eglise, à l'embouchure du Tibre dans la Méditerranée, & dans la province du Patrimoine, où étoit autrefois le port d'Auguste.

OSTIE, *Ostia Tiberina.* Ville ruinée de l'Etat de l'Eglise, dans la Campagne de Rome, à l'embouchure du Tibre, dans la mer de Toscane, d'où lui vient son nom. Elle est vis-à-vis de Porto.

CIVITA LAVINIA, *Lavinium.* Petite ville de l'Etat de l'Eglise, dans la Campagne de Rome & dans le pays de la marine, à cinq milles de Veletri vers Ostie.

NEMI, *Nemus.* Château de l'Eglise, dans la Campagne de Rome, sur le lac de ce nom, sur une colline, à dix-huit milles de Rome à l'orient.

La RICCIA, *Aricia.* Bourg & château d'Italie, dans l'Etat de l'Eglise, & dans la Campagne de Rome, dont elle est à seize milles.

GENZANO.

ALBANO, *Albanum.* Petite ville d'Italie, dans l'Etat de l'Eglise, &

& de quelques autres Contrées. 183

dans la Campagne de Rome, avec titre de principauté. C'eſt un de ſix Evêchés ſuffragants de Rome, & affectés aux ſix plus anciens Cardinaux.

CASTEL GANDOLFO, *Arx Gandulſi*. Bourg de l'Etat de l'Egliſe, dans la Campagne de Rome, avec un beau château, où les Papes vont ſouvent paſſer quelques beaux jours du printems & de l'automne.

MARINO, *Marinum, Villa Marina*. Château d'Italie, dans l'Etat de l'Egliſe, & dans la Campagne de Rome, ſur un côteau, avec une belle maiſon de la famille des Colonnes, à douze milles de Rome au levant.

GROTTA FERRATA, *Grotta Ferrata*. Abbaye célebre d'Italie, de l'Etat de l'Egliſe, & dans la Campagne de Rome, près de Freſcati, & à quinze milles de Rome. Elle eſt de moines Grecs de l'ordre de S. Baſile.

FRASCATI, *Tuſculum Novum*. Ville d'Italie, dans l'Etat de l'Egliſe, & dans la Campagne de Rome, avec un Evêché qui ne releve que du Saint Siége. Elle eſt connue par la beauté de ſes eaux. Elle eſt petite, mais célebre par les maiſons de plaiſance des Seigneurs & des Princes Romains, qui les appellent *des Vignes*. Elle est à douze milles de Rome au levant, sur le chemin de Terracine & de Naples. C'est là que sont la villa de Ludovisio, la villa Borghese & la villa Aldrobandini, qu'on appelle, à cause de la beauté de sa vue, Belvedere. Tusculum, où Cicéron composa ses Tusculanes, est environ à une lieue de Frascati.

TUSCULUM.

PALESTRINE, *Præneste*. Ville de l'Etat de l'Eglise, dans la Campagne de Rome, avec un Evêché qui ne releve que du Saint Siége, & qui est toujours affecté à un des plus anciens Cardinaux. Elle est entre des montagnes & au bas d'une côte.

TIVOLI, *Tibur*. Ville de l'Etat de l'Eglise, dans la Campagne de Rome, avec un Evêché qui ne releve que du Saint Siége. Elle est sur une colline, aux confins de la Sabine, sur la riviere du Teverone, qui y fait une très-grande cascade.

CIVITA CASTELLANA, *Fescennia*. Ville de l'Etat de l'Eglise, dans la province du Patrimoine, près de la petite riviere de Tercia, sur une montagne, près du Tibre, avec un Evêché qui ne releve que du Saint Siége.

& de quelques autres Contrées. 185

FALERE ou FALARE. *Voyez* Civita Castellana.

CAPRAROLE, *Caprarola* Château d'Italie, dans l'Etat du Pape, & dans la province du Patrimoine, bâti sur le dessein de Vignole.

NARNI, *Narnia* ou *Narna*. Ville d'Italie, dans l'Etat de l'Eglise, en Ombrie, sur la Nera, au pied d'une montagne, avec un Evêché qui ne releve que du Saint Siége, entre Terni & Otricoli.

TERNI, *Ternum. Voyez ci-dessus.* Etat de l'Eglise.

SPOLETE. *Voyez ci-dessus.* Etat de l'Eglise.

FOLIGNO. *Voyez ci-dessus.* Etat de l'Eglise.

TOLENTIN, *Tolentinum*. Ville de l'Etat de l'Eglise, en Italie, dans la Marche d'Ancone, sur la petite riviere de Chiento, avec un Evêché suffragant de l'Archevêché de Termo, à six milles de San Severino au levant.

MACERATA, *Macerata*. Ville d'Italie, dans l'Etat de l'Eglise, capitale de la Marche d'Ancone, sur une montagne, près de la petite riviere de Chiento, à cinq lieues de son embouchure, avec un Evêché suffragant de l'Archevêché de *Ferme*, & une petite Université.

RECANATI, *Recinetum*. Ville d'Italie, dans l'Etat de l'Eglise, & dans la Marche d'Ancone, sur le haut d'une montagne, près de la riviere de Potenza, à cinq milles de Lorette vers le couchant d'hiver.

LORETTE, *Lauretum*. Ville d'Italie, dans l'Etat de l'Eglise, & dans la Marche d'Ancone, sur une montagne, à trois milles de la côte du golfe de Venise, avec un Evêché qui ne releve que du Saint Siége.

ANCONE, *Ancona*. Ville d'Italie, dans l'Etat de l'Eglise, & ci-devant capitale de la Marche d'Ancone, à laquelle elle a donné le nom, avec un Evêché qui ne dépend que du S. Siége.

SINIGAGLIA, *Senogallia*. Ville de l'Etat de l'Eglise, au duché d'Urbin, à l'embouchure de la petite riviere de Nigola, dans le golfe de Venise, avec un Evêché suffragant de l'Archevêché d'Urbin.

FANO, *Fanum Fortunæ*. Ville d'Italie, dans l'Etat du Pape, enclavée dans le duché d'Urbin, sur la côte du golfe de Venise, avec un Evêché qui ne releve que du Saint Siége.

PESARO, *Pisaurum*. Ville d'Italie, dans l'Etat de l'Eglise, au duché d'Urbin, sur la côte de la mer Adriatique, & à l'embouchure de la riviere de Foglia, avec un Evêché suffragant de l'Archevêché d'Urbin.

SAN MARINO, *Fanum Sancti Marini*. Petite ville d'Italie, enclavée dans l'Etat de l'Eglise, & au duché d'Urbin, sur les confins de la Romagne. Elle donne le nom à la petite république de S. Marin qui jouit de sa liberté depuis plus de mille ans.

RIMINI, *Ariminium*. Ville d'Italie, dans l'Etat de l'Eglise, & dans la Romagne, à l'embouchure de la riviere de Marechia dans le golfe de Venise, avec un Evêché suffragant de l'Archevêché de Ravenne.

CERVIA, *Cervia*. Ville de l'Etat de l'Eglise, dans la Romagne, dans une plaine, sur la côte du golfe de Venise, avec un Evêché suffragant de l'Archevêché de Ravenne, & des salines de grand revenu. Elle est entre les rivieres de Savio & Pisatello.

RAVENNE, *Ravenna*. Ville archiépiscopale d'Italie, dans l'Etat de l'Eglise, capitale de la Romagne, à l'embouchure de la riviere de Montone dans le golfe de Venise.

FAENZA, *Faventia.* Ville d'Italie, dans l'Etat de l'Eglise, & dans la Romagne, sur la riviere de Lamone, avec un Evêché suffragant de l'Archevêché de Ravenne.

IMOLA, *Imola.* Ville d'Italie, dans l'Etat de l'Eglise, dans la Romagne, sur la riviere de Santerno, avec un Evêché suffragant de l'Archevêché de Ravenne, dans une très-belle plaine, aux confins du Boulonois & du Ferrarois.

BOLOGNE. *Voyez ci-dessus.* Etat de l'Eglise.

FORT URBIN, *Forte Urbano, Aræ Urbani.* Forteresse d'Italie, dans l'Etat de l'Eglise, & au Boulonois, sur la frontiere du Modénois, ainsi nommée par le Pape Urbain VIII, qui la fit bâtir.

Duché de Modéne.

MODENE. *Voyez ci-dessus.* Etat de Modéne.

Etat de l'Eglise.

FERRARE, *Ferraria.* Ville d'Italie au duché de ce nom, dans l'Etat de l'Eglife, avec un Evêché qui ne releve que du Saint Siége. Elle eft fur un petit bras du Pô que l'on appelle le Pô mort, d'où l'on a tiré un canal de cinq à fix milles jufquà Francolin, fur le grand bras du Pô, pour la facilité du commerce.

Etat de Venife.

ROVIGO, *Rhodigium*. Ville d'Italie, capitale du Polefin, ou province de ce nom, dans l'Etat de la république de Venife, aux confins du Padouan. C'eft le lieu de la réfidence de l'Evêque d'Adria. Elle eft fur un petit canal de l'Adige.

MONSELICE, *Mons Silicis*. Petite ville de l'Etat de la république de Venife, au Padouan, avec un château fur une colline, près du petit Bachilione. Elle eft affez peuplée, dans une plaine, à cinq milles d'Efte au levant, entre Padoue au feptentrion, & Rovigo au midi.

ARQUIA, *Arquata*. Bourg d'Italie au Padouan, dans l'Etat de la république de Venife, à quatre milles d'Este & neuf de Padoue au midi. Il n'est remarquable que par le long séjour & la sépulture du fameux Poëte Pétrarque.

ABANO, *Aponus.* Village d'Italie du domaine des Vénitiens, à une lieue de Padoue, du côté de l'occident méridional, célebre par ses eaux minérales & ses bains chauds.

PADOUE, *Patavium, Padua.* Ville d'Italie, dans l'Etat de la république de Venise, dans une belle plaine entre Venise & Vérone, avec un Evêché suffragant du Patriarchat d'Aquilée. On dit qu'elle est plus ancienne que Rome.

FUSINA.

VENISE, *Venetia.* Ville d'Italie, capitale de la république de ce nom, une des plus grandes, des plus peuplées & des plus belles de l'Europe.

LIDO.

MURANO, *Muranum.* Petite ville des Vénitiens, à une mille de Venise, sur une isle des Lagunes, où il y a une manufacture de glaces.

VICENCE, *Vicentia.* Ville d'Italie, en Lombardie, au pays de même nom, dans l'Etat de la république de Venise, avec un Evêché suffragant du Patriarche d'Aquilée. On appelle ses habitans les Vicentins.

VERONE, *Verona*. Ville considérable d'Italie, en Lombardie, dans l'Etat de la république de Venise, & au Veronois à qui elle donne le nom, avec un Evêché suffragant du Patriarche d'Aquilée. Elle est sur l'Adige, qu'on y traverse sur quatre ponts de pierre, à soixante milles de Ferrare.

PESCHIERA, *Piscaria*. Place forte de la Lombardie, dans l'Etat de Venise & au Veronois, sur les confins du Bressan & du duché de Mantoue, à l'endroit même où la riviere de Menzo sort du lac de la Garde.

DESENZANO, *Decentianum*. Bourg d'Italie, dans l'Etat de la république de Venise, au territoire de Bresse & sur les bords du lac de Garde, aux frontieres du Mantouan, à neuf milles de Peschiera au couchant.

BRESCIA, *Bressia*. Ville d'Italie, dans l'Etat de la république de Venise. Les François l'appellent Bresse.

PALAZZOLO, *Palatiolum*. Bourg de l'Etat de Venise, en Lombardie, au Bressan, avec un pont de pierre sur la riviere d'Oglio, à quatre milles au-dessous du lac d'Iseo au midi, dans une fort belle plaine.

Milanois.

MILAN. *Voyez ci-dessus* Etats d'Autriche.

NOVARE, *Novaria*. Ville d'Italie en Lombardie, dans le duché de Milan & au Novarois, à qui elle donne le nom, avec un Evêché suffragant de l'Archevêché de Milan, dont elle est à vingt-cinq milles au couchant, en allant à Verceil.

Piémont.

VERCEIL, *Vercellæ*. Ville d'Italie en Piémont, & dans le Vercellois, avec un Evêché suffragant de l'Archevêché de Milan, sur la Sesia, sur les frontieres du duché de Milan, dont elle faisoit autrefois partie.

TURIN, *Taurinum*. Ville d'Italie, capitale de la principauté de Piémont, avec un Archevêché, sur le Pô. Le Duc de Savoie y fait sa résidence ordinaire.

AVEGLIANA.

SUSE, *Segusium*. Ville d'Italie, en Piémont, capitale du marquisat de Suse, elle appartient au Duc de Savoie.

La

La Savoie.

MODANÉ.
S. ANDRÉ.
S. JEAN DE MAURIENNE, *Mauriana*. Ville de Savoie, au comté de Maurienne, entre des montagnes, sur la riviere d'Arche, avec un Evêché suffragant de l'Archevêché de Vienne.

MONMELIAN, *Monmelianum*. Forteresse de Savoie, sur un rocher escarpé, au bord de l'Isere, & près des frontieres du Dauphiné, à sept lieues de Grenoble.

CHAMBERY, *Camberium*. Ville capitale de la Savoie, dans le duché de Savoie propre, dans une plaine, sur les ruisseaux de Laisse & d'Albans, où réside le Sénat de la province.

PONT-BEAUVOISIN, *Pons Bellovicinus*. Bourg de France en Dauphiné, sur la riviere de Guyer, qui le sépare de la Savoie. Il y en a même une partie au-delà du pont. Il est sur le grand chemin de Lyon à Chambery, à deux petites lieues du Rhône au midi, & à six de Grenoble.

Tome VII.   I

France.

LYON, *Lugdunum.* Ville capitale du Lyonnois, au confluent du Rhône & de la Saône, & une des plus belles & des plus considérables villes de l'Europe par sa situation, sa grandeur & ses richesses. Elle fut fondée sous l'empire d'Auguste par *Lucius Munacius Plancus.* Claudien y naquit, & Severe, irrité de ce qu'elle avoit pris le parti d'Albinus contre lui, la saccagea. L'Empereur Gratien y fut tué par Andragatius, Général de la Cavalerie, que Maxime avoit dépêché après lui. La ville de Lyon est à cent lieues de Paris au midi. On y a tenu des Conciles généraux & provinciaux.

VILLE-FRANCHE, *Villa Franca.* Ville de France dans le Beaujolois, dans une plaine, sur le ruisseau de Mergou qui se jette dans la Saône. Elle est à dix milles au-dessous de Mâcon au midi, en allant vers Lyon, dont elle n'est éloignée que de cinq milles.

MACON, *Matisco.* Ville de France, au duché de Bourgogne, dans le Mâconois, avec un Evêché suffragant de l'Archevêché de Lyon, & un pont

& de quelques autres Contrées. 195
de pierre fur la Saône qui la fépare de la Breffe. Elle eft fur la pente d'une côte, prefqu'à mi-chemin entre Châlon-fur-Saône au feptentrion, & Lyon au midi, à onze lieues de chacune.

TOURNUS, *Tinurcium.* Ville de France au duché de Bourgogne, fur la riviere de Saône, dans le Mâconois, entre Châlon au feptentrion, & Mâcon au midi, à vingt lieues & demie de chacune de ces deux villes, & à dix-fept au-deffus de Lyon vers le nord.

CHALON, *Cabilo.* Ville de France, au duché de Bourgogne, fur la Saône, capitale du Châlonois, avec un Evêché fuffragant de l'Archevêché de Lyon; à onze lieues au-deffus de Mâcon vers le feptentrion, à vingt-deux de Lyon, en allant vers Dijon, dont elle eft éloignée de douze lieues.

CHAGNI, *Chaniacum.* Petite ville de France, au duché de Bourgogne, dans le Châlonois, fur la Dehune, à trois lieues de Châlon & à deux de Beaune.

BEAUNE, *Belna.* Ville de France au duché de Bourgogne, dans le Dijonnois, célebre par la bonté de fes vins. Elle eft à quatre lieues de la Saône à l'occident, & à fept de Dijon au midi,

I ij

en paſſant vers Châlon, dont elle eſt éloignée de cinq lieues.

NUITZ, *Nucium*. Petite ville de France, au duché de Bourgogne, dans une plaine, preſqu'au milieu entre Dijon au ſeptentrion & Beaune au midi, à quatre lieues de chacune. Elle eſt ſur le ruiſſeau de Muſin.

DIJON, *Divio*. Ville de France, capitale du duché de Bourgogne, dans le Dijonnois, ſur la riviere d'Auſche. Elle eſt grande, belle & bien peuplée, avec un ancien château. Les Ducs de Bourgogne y faiſoient autrefois leur réſidence.

LANGRES, *Lingones*. Ville de France, en Champagne, ſur une montagne, près de la ſource de la riviere de Marne, avec un Evêché ſuffragant de l'Archevêché de Lyon, & dont l'Evêque eſt Duc de la ville & Pair de France. Elle eſt grande, forte & ancienne, étant à vingt-trois lieues de Troyes au levant d'hiver, en allant vers les confins de la Franche-Comté, dont elle n'eſt qu'à ſix lieues.

CHAUMONT, *Calvus Mons*. Ville de France en Champagne & dans le Baſſigny, ſur une montagne, près de la riviere de Marne, à cinq lieues de

& de quelques autres Contrées. 197

Langres au septentrion, & autant de Bar-sur-Aube à l'orient. Elle n'a été enceinte de murs qu'en l'an 1500.

JOINVILLE, *Jovilla*. Ville de France en Champagne, avec titre de principauté, sur la riviere de Marne, vers la frontiere du Barrois, à huit lieues au-dessous de Chaumont en Bassigny au septentrion, en allant vers S. Dizier, dont elle n'est qu'à six lieues.

S. DIZIER, *Fanum Sancti Desiderii*. Ville de France, en Champagne, sur la Marne, & aux confins du Barrois. Charles-Quint la prit en 1544 après un long siége, mais elle fut rendue par le traité de Crespy.

VITRI, *Victoriacum Francicum*. Ville de France, en Champagne, dans le Perthois, dont elle est la principale, sur la riviere de Marne, où elle reçoit l'Orne. Elle fut bâtie par François I. à l'endroit où étoit autrefois le village de Mauriac.

CHALONS, *Catalaunum*. Ville de France, en Champagne, sur la riviere de Marne, avec un Evêché-Comté-Pairie, suffragant de l'Archevêché de Reims. Elle est grande, forte & dans une belle plaine, à trente-six lieues au-deſſus de Paris au levant, en allant à Verdun, dont elle eſt à vingt lieues.

REIMS, *Remi.* Ville conſidérable de France, capitale de la Champagne, dans une plaine agréable, & bornée à deux lieues preſque tout autour par des montagnes ſablonneuſes où l'on recueille d'excellent vin. La riviere de Veſle arroſe une partie de ſes murailles. Le portail de ſa Cathédrale paſſe pour le plus beau de France.

LAON, *Laudunum.* Ville de France en Picardie, dans la province de l'iſle de France, & au pays Laonnois, avec un Evêché ſuffragant de l'Archevêché de Reims, dont l'Evêque eſt Duc & Pair de France. Elle eſt ſur une haute montagne, à trente lieues de Paris au levant d'été.

LA FERE, *Fara* Ville de France, en Picardie, dans la Tierache, ſur la riviere d'Oiſe, à quatre lieues de Laon à l'occident, & à cinq de Saint-Quentin au midi. Elle étoit très-forte, ce qui n'empêcha pas Henri IV. de la prendre. Ses fortifications ont été raſées.

HAM, *Hamum.* Ville de France, en Picardie, dans le Vermandois, ſur la riviere de Somme, entre Pérone au septentrion, & Noyon au midi, & à quatre lieues de Saint-Quentin au couchant d'hiver.

PERONE, *Perona*. Ville de France, dans la Picardie, & au pays de Santerre, sur la riviere de Saône. Elle est forte, tant par sa situation entre des marais, que par les ouvrages qu'on y a fait. Ce fut dans son château que mourut Charles le simple l'an 926.

ARRAS, *Atrebatum*. Ville de France au comté d'Artois, dont elle est la capitale, sur la riviere de Scarpe, avec un Evêché suffragant de l'Archevêché de Cambray, & une citadelle. Les Flamands l'appellent *Atrecht* dans leur langue. Elle est presqu'au milieu entre Tournay & Amiens, à cinq lieues de Douay au couchant, & à neuf de Cambray.

BETUNE, *Bethunia*. Ville de France au Pays-Bas, & dans le comté d'Artois, sur le ruisseau de la Biette, à huit lieues d'Arras au septentrion, & à cinq d'Aire. Gaston de France, Duc d'Orléans, la prit aux Espagnols l'an 1645.

AIRE, *Æria*. Ville de France dans l'Artois, sur la Lis, & aux confins de la Flandre, entre des marais. Elle est défendue par le fort de S. François.

200 *Description de l'Orient,*

S. OMER, *Audemaropolis.* Ville de France, au comté d'Artois, entre des marais, & sur la riviere d'Aa, avec un Evêché suffragant de l'Archevêché de Cambray. Elle est assez régulierement fortifiée.

CALAIS, *Caletum.* Ville de France, au Pays-Bas, & au comté de Guines, fort peuplée, avec un port sur l'Océan. C'est le passage ordinaire de France en Angleterre, dont elle n'est séparée que par un détroit de sept lieues. Elle fut prise en 1447 par Edouard III, Roi d'Angleterre, après un long siége.

Londres.

Juillet 1. 1734.

Mai 20. 1736.

Artois.

CALAIS.

Flandre Françoise.

GRAVELINES, *Gravelina.* Ville du Pays-Bas dans la Flandre Françoise, sur la côte & à l'embouchure de la riviere d'Aa dans la Manche du nord, sur la frontiere de la Picardie.

DUNQUERQUE, *Dunquerca.* Ville de France, au Pays-Bas François & au comté de Flandre, avec un bon port sur la côte de la mer du nord. Elle est à l'embouchure de la riviere de *Colme.*

Flandre.

FURNES, *Furna.* Ville du Pays-Bas, au comté de Flandre, à une lieue de la côte de la mer, à deux lieues de Nieuport au couchant, sur le canal qui va à Dunquerque, dont elle n'est qu'à trois lieues.

NIEUPORT, *Novus Portus.* Ville du comté de Flandre, & au quartier du Franc, un peu au-dessus de l'embouchure de la riviere d'Iperlée, dans la Manche, dont elle est éloignée d'une demi-lieue, avec un petit port.

OSTENDE, *Ostenda.* Ville du Pays-Bas, au comté de Flandre, avec un bon port sur la Manche ou mer du nord, à l'embouchure de la riviere de Gueule.

GAND, *Gandæ.* Ville capitale du comté de Flandre, sur la riviere de l'Escaut, qui y reçoit la Lis, la Lieve & la Moere, lesquelles, se partageant en plusieurs bras, y forment une vingtaine d'isles qu'on y traverse sur près de quatre-vingt-dix ponts. Elle a un Evêché suffragant de l'Archevêché de Malines.

BRUGES, *Brugæ*. Ville du Pays-Bas Espagnol, dans le comté de Flandre, avec un Evêché suffragant de l'Archevêché de Malines.

ALOST, *Alostum*. Ville du Pays-Bas au comté de Flandre, sur la riviere de Deure, à moitié chemin de Gand à Bruxelles.

Le Brabant.

BRUXELLES, *Bruxellæ*. Ville du Pays Bas Espagnol, au duché de Brabant, sur la petite riviere de Senne. C'étoit autrefois le séjour des Ducs de Brabant.

LOUVAIN, *Lovanium*. Ville du Pays Bas, au duché de Brabant, sur la riviere de Dile, & au quartier de même nom, avec une fameuse Université.

MALINES, *Mechlinia*. Ville des Pays-Bas Espagnols, au duché de Brabant, sur la riviere de Dile, avec un Archevêché.

LIERE. Ville du Pays-Bas, au duché de Brabant, au quartier d'Anvers. On l'appelle plus ordinairement Lire.

ANVERS, *Antuerpia*. Ville du Pays-Bas, dans le duché de Brabant, sur l'Escaut.

BREDA, *Breda*. Ville du Pays-Bas, au Brabant, sur la riviere de Merckque, avec un ancien château qui a titre de baronie. Elle appartient au Prince d'Orange.

La Hollande.

DORT, *Dordracum*. Ville des Provinces-Unies du Pays-Bas, au comté de Hollande, dont elle est la capitale, dans une petite isle que l'on nomme l'isle de Dort, & qui fut formée par une inondation l'an 1421.

ROTERDAM, *Roterodamum*. Ville des Provinces-Unies du Pays-Bas, dans la Hollande méridionale, & au quartier de Schieland, sur la riviere de Meuse, qui y reçoit le ruisseau de Roter qui donne son nom à la ville, & y forme un très-bon port. C'est la patrie du fameux Erasme.

TERGOU. Ville du comté de Hollande, qu'on appelle souvent Goude.

DELFT, *Delphi*. Ville du comté de Hollande, & au pays de Delftland, sur la petite riviere ou canal de Schie.

LA HAYE, *Hagæ-Comitum*. C'est le plus beau bourg du comté de Hollande, & le plus grand de toute l'Europe. C'est là que les Etats Généraux tiennent leurs assemblées.

LOSDUN.

SCHEVELING, *Schevelingum*. Village du comté de Hollande, sur le bord de la mer, à une grande demi-lieue de la Haye, où l'on va par un grand chemin pavé de briques, & bordé d'arbres des deux côtés.

LEYDE, *Lugdunum Batavorum*. Ville des Provinces-Unies du Pays-Bas, dans la Hollande, capitale du Rhinland, sur l'ancien bras du Rhin qui se perd dans les dunes un peu plus bas, & près de la mer de Harlem.

KATWICHT-OP-ZEE.

ROOMBERG.

HARLEM, *Harlemum*. Ville des Provinces-Unies du Pays-Bas, en Hollande, & au pays de Kenmer, dont elle est la principale, près de la mer de Harlem.

AMSTERDAM, *Amstelodamum*. Ville des Provinces-Unies, dans celle de Hollande, capitale de l'Amstellandt, sur le petit golfe d'Yé, à l'embouchure de la riviere d'Amſtel, dont elle tire ſon nom.

MUNICKEDAM, *Monachodamum*. Petite ville du Pays-Bas, en Hollande avec un petit port, ſur le Zuyder-Zee, dans la Nord-Hollande, à deux lieues d'Amſterdam vers le ſeptentrion.

EDAM, *Edamum*. Ville de la Nord-Hollande, ſur le Zuyder-Zee, avec un bon port, à trois ou quatre lieues d'Amſterdam du côté du nord.

PURMEREND, *Purmerenda*. Petite ville de la Hollande, entre des étangs, dans la Nord-Hollande, à deux lieues d'Edam, & à trois d'Amſterdam vers le ſeptentrion.

HORNE, *Horna*. Ville des Provinces Unies en Hollande, dans l'Oueſt-Friſe, dont elle eſt la principale, avec un bon port ſur le Zuyder-Zee.

ENCHUSE, *Enchuſa*. Ville de la Nord-Hollande, avec un bon port ſur la côte du Zuyder-Zee. Les habitans la nomment *Enchuyſen*.

MEDEMBLIC, *Medemblicum*. Ville de la Nord-Hollande, avec un port ſur la côte du Zuyder-Zee, à deux lieues d'Enchuſe au couchant d'été.

ALCMAR, *Alcmaria*. Ville de la

Nord-Hollande, & dans le pays de Kenmerland, entre deux lacs.

BEVERWICK, *Beverovicus*. Bourg de Hollande, entre Harlem & Alcmaer.

MAARSEN.

BATTERSTEIN.

UTRECHT, *Utrajectum*. Ville des Provinces-Unies du Pays-Bas, capitale de la province d'Utrecht sur le Rhin.

DUERSTEDE.

RHENEN, *Rhena*. Bourg de la Seigneurie d'Utrecht, & sur le Rhin, aux frontieres de la Gueldre.

NIMEGUE, *Noviomagus*. Ville du Pays-Bas, dans les Provinces-Unies, capitale du duché de Gueldre.

Duché de Cleves.

CRANENBERG, *Cranenburgum*. Bourg du cercle de Westphalie en Allemagne, près de la ville de Cleves, du côté du couchant.

CLEVES, *Clivia*. Ville d'Allemagne, dans le cercle de Westphalie, capitale du duché de ce nom, près du Rhin, dont elle n'est pas éloignée de plus de trois mille pas.

EMMERICK, *Emmericum*. Ville

d'Allemagne, au duché de Cleves, dans le cercle de Westphalie, sur le Rhin.

Hollande.

SCHENKENSCHANS, *Scenchii Munimentum.* Forteresse d'Allemagne, au duché de Cleves, sur le Rhin, à l'entrée du Betau, où ce fleuve commence à faire les deux bras, du Rhin & du Wahal, à la pointe & dans un endroit qui n'est joint au Betau que par une petite langue de terre, à un mille d'Allemagne, au-dessous d'Emeric vers le couchant, & à autant de Cleves vers le septentrion. Elle est ainsi appellée de Martin Schenck qui la fit bâtir.

ARNHEIM, *Arnheimium.* Ville des Provinces-Unies du Pays-Bas, au duché de Gueldres, & dans le quartier d'Arnheim, dit autrement le Velaw sur le Rhin, à deux lieues de Nimegue vers le septentrion.

DIEREN.

ZUTPHEN, *Zutphania.* Ville des Provinces-Unies du Pays-Bas, au duché de Gueldres, & au quartier de Zutphen sur l'Issel, qui y reçoit le Berkel.

LOO, *Loa.* Petit bourg de la Gueldre hollandoise, environ à trois lieues de Deventer vers le couchant.

DEVENTER, *Deventria.* Ville des Provinces-Unies du Pays-Bas, dans la province de Transiselane, dont elle est la capitale, sur la riviere d'Issel.

ALLEMAGNE.

Cercle de Westphalie.

BENTHEM, *Benthemum.* Bourg & château d'Allemagne, dans la Westphalie, & au comté de même nom, dont il est le principal lieu, près de la riviere de Vecht.

RHEINÉ.

OSNABRUCK, *Osnabrugum.* Ville d'Allemagne, en Westphalie, dans l'Evêché de même nom, dont elle est la principale, sur la petite riviere de Hase, avec un ancien château, appellé Peterbourg, où est la résidence de son Evêque, qui est suffragant de l'Archevêque de Cologne.

MUNSTER, *Monasterium.* Ville d'Allemagne, capitale de la Westphalie, & dans l'Evêché de même nom,

& *de quelques autres Contrées.* 209

dont elle est la principale, sur le ruisseau d'Aa, qui se rend un peu après dans l'Ems.

PADERBORNE, *Paderbornæ*. Ville d'Allemagne, en Westphalie, & dans l'Evêché de même nom, près de la source de la riviere de Lippe, dans une plaine.

PYRMONT, *Pyrmontium*. Bourg d'Allemagne, dans le cercle de Westphalie, célebre par ses eaux minérales.

HAMELEN, *Hamelia*. Ville d'Allemagne, dans la basse Saxe, au duché de Brunswick, sur le Veser, entre Hildesheim à l'orient, & Paderborne à l'occident.

CERCLE DE LA BASSE SAXE.

Electorat d'Hanovre.

HANOVRE, *Hannovera*. Ville d'Allemagne, dans la basse Saxe, & au duché de Brunswick, sur la riviere de Leyne, & au pays de Calemberg.

HILDESHEIM, *Hildesia*. Ville d'Allemagne, dans la basse Saxe, & dans l'Etat de l'Evêque de ce nom, qui est suffragant de l'Archevêque de Mayence, sur le ruisseau d'Innerste.

LAMPSPRING. Petite ville de l'Evêché d'Hildesheim.

ZELLERFIELD.

CLANSTHALL.

ANDERSBERG.

Duché de Brunſwick.

GOSLAR, *Goſlaria*. Ville d'Allemagne, libre & impériale, enclavée dans l'Etat du Duc de Brunſwick Volfenbutel, ſur le torrent de Godſe qui ſe rend peu après dans le Wacre, aux confins de l'Evêché d'Hildesheim.

VOLFENBUTEL, *Volferbytum*. Ville d'Allemagne, dans la baſſe Saxe, & au duché de Brunſwick, dans des marais, avec une bonne forteresse, ſur la riviere d'Oakre.

SALTZDALL, *Vallis Salinarum*. Magnifique château de plaiſance du Duc de Volfenbutel, avec de beaux jardins, à deux lieues de Brunſwick. Il tire ſon nom d'une ſaline qui a été découverte dans cette contrée.

BRUNSVIC, *Brunſvicum*. Ville d'Allemagne, capitale du duché de ce nom, dans la baſſe Saxe, ſur la riviere d'Okre.

Electorat d'Hannovre.

ZELL, *Cella*. Ville d'Allemagne, au duché de Lunebourg, sur la riviere d'Aller, avec un beau château.

FERDEN, *Verda*. Ville d'Allemagne, dans la basse Saxe, & au duché de ce nom, sur la riviere d'Aller, qui se jette peu après dans le Veser. Elle a un Evêché suffragant de l'Archevêché de Mayence, qui a été fondé par Charlemagne.

DELMENHORST, *Delmenhorstium*. Petite ville d'Allemagne, au cercle de Westphalie, dans le comté de Delmenhorst, dont elle est la principale, sur la petite riviere de Delme, qui se jette dans le Veser.

BREMEN, *Brema*. Ville d'Allemagne, dans le cercle de la basse Saxe, sur le Veser, capitale du duché de ce nom; mais libre & anséatique, qui fut faite impériale en 1646 par l'Empereur Ferdinand III.

BUXTEHUDE.

HARBOROUG.

LUNEBOURG, *Luneburgum*. Ville d'Allemagne, capitale du duché de même nom, dans le cercle de la basse Saxe, & sur la riviere d'Ilmenau.

LAWEMBOURG, *Lawenburgum.* Ville d'Allemagne, dans la basse Saxe, sur la riviere d'Elbe, capitale du duché de ce nom.

HAMBOURG, *Hamburgum.* Ville d'Allemagne, dans le Holstein, & au pays de Stormare, une des plus grandes & des plus considérables de toute l'Allemagne : elle est ville libre & impériale, & des quatre principales anséatiques, sur l'Elbe.

Duché de Holstein.

ALTENA, *Altenachium.* Ville d'Allemagne, au duché de Holstein, près de Hambourg, dont elle n'est pas éloignée de demi-lieue, ensorte que c'est presqu'un de ses fauxbourgs. Elle appartient au Roi de Danemarck.

BRAMSTEDE.

NIEW MUNSTER.

KIELL, *Chilonium.* Ville d'Allemagne, au duché de Holstein, & dans le Holstein propre, avec un port dans une petite baie, à l'embouchure de la petite riviere de Swerin, qui vient du marais de Ploen, & un château sur une hauteur.

PREETZÉ.

PLOEN, *Plona*. Place d'Allemagne, au duché de Holſtein, dans le pays de Wagre, entre deux étangs de même nom, à quatre milles d'Allemagne de Kiell.

Evêché de Lubeck.

LUBECK, *Lubeca*. Ville d'Allemagne, au cercle de la baſſe Saxe, & au duché de Holſtein, au pays de Wagrie, dont elle eſt la principale, ſur la riviere de Trave, qui y reçoit la Stekenitz & le Wackenitz, avec un Evêché ſuffragant de l'Archevêché de Brême.

Electorat d'Hannovre.

RATZBERG, *Raceburgum*. Ville d'Allemagne, au cercle de la baſſe Saxe, entre les duchés de Mecklenbourg & de Lawenbourg.

Duché de Mecklenbourg.

GADEBUSCH, *Lacus Dei*. Ville du Mecklenbourg, avec un château, remarquable par la victoire que les Suédois remporterent ſur le Roi de Danemarck, le 20 Décembre 1712.

SWERIN, *Suerinum.* Ville d'Allemagne, dans la basse Saxe, & au duché de Mecklenbourg, sur le petit lac de même nom, avec un Evêché suffragant de l'Archevêché de Brême, & un ancien château, résidence d'un des Ducs de Mecklenbourg, qu'on appelle pour cela le Duc de Mecklenbourg Swerin.

WISMAR, *Vismaria.* Ville d'Allemagne, dans le duché de Mecklenbourg, avec un bon port sur la côte de la mer Baltique, & une citadelle.

GUSTROU, *Gustrovium* Ville d'Allemagne, au cercle de la basse Saxe, & dans la partie orientale du duché de Mecklenbourg, au quartier de Venden, entre des marais.

ROSTOCK, *Rostochium.* Ville d'Allemagne, au cercle de la basse Saxe, & dans le duché de Mecklenbourg, sur le torrent de Varne qui y forme un port, & qui se rend deux milles plus bas dans la mer Baltique.

RIBNITZ, *Ribnitium.* Ville d'Allemagne, en basse Saxe, dans le duché de Mecklenbourg, sur un petit golfe de la mer Baltique, à cinq lieues de Rostock vers le levant.

CERCLE DE LA HAUTE SAXE.

Poméranie.

DAMGARTEN, *Damgardia.* Petite ville d'Allemagne, dans la Poméranie royale, & dans le comté de Bard, à l'embouchure de la riviere de Rekenitz, à neuf lieues de Stralfund au couchant.

STRALSUND, *Stralfunda.* Ville dans la Poméranie citérieure, avec un port fur la côte de la mer Baltique, vis-à-vis de Rugen, dont elle n'est féparée que par le petit détroit de Stral, qui donne le même nom à la ville.

RUGEN, *Rugia,* Ifle d'Allemagne, dans la mer Baltique, fur la côte du duché de Poméranie, dont elle fait partie, n'en étant féparée que par un petit détroit, vis-à-vis de Stralfund au midi.

GRIPSWALD, *Gripfvaldia.* Ville d'Allemagne, au duché de Poméranie, avec un port fur le mer Baltique. Elle étoit autrefois libre & impériale.

WOLGAST, *Volgaftia.* Ville d'Allemagne, capitale de la Poméranie citérieure, & dans le territoire de même nom, à l'embouchure du bras de l'Oder, nommé le *Pfin*, & un port au-dessous de la petite isle de Ruden, qui est la plus commode de toute la Poméranie.

USEDOM, *Usedomia*. Isle d'Allemagne, dans la mer Baltique, au duché de Poméranie.

PENEMUNDER.

ANCLAM, *Anclamum*. Ville d'Allemagne, dans la Poméranie citérieure, sur la riviere de Pene, appartenante au Roi de Suéde avec le pays aux environs.

STETIN, *Stetinum*. Ville d'Allemagne, capitale du duché de Poméranie, dans la Poméranie propre, avec un pont sur l'Oder & un ancien château ; elle est anséatique.

PERITZ, *Piritium*. Bourg d'Allemagne, dans la Poméranie citérieure, & au duché de Stetin, près de l'Oder, aux frontieres de la Marche de Brandebourg.

Brandebourg.

SOLDING. Jolie ville de la Nouvelle Marche de Brandebourg, dans le cercle & sur le lac de même nom.

LANDSBERG,

LANDSBERG, *Landsberga*. Petite ville de la Nouvelle Marche de Brandebourg, sur la Warte.

Pologne.

TREBECHE.
SCHEWRIN.
BLASE.

Brandebourg.

STERNBERG, *Stellomontanum*. Bourg ou petite ville des Etats de Brandebourg, dans le duché de Sternberg, à six lieues de Francfort sur l'Oder vers le levant.

REPPEN. Forteresse de la Nouvelle Marche de Brandebourg, au cercle de Sternberg.

FRANCFORT, *Francofurtum ad Oderam*. Ville d'Allemagne, dans la moyenne Marche de Brandebourg, sur l'Oder, aux frontieres de la Silésie & de la Lusace.

BERLIN, *Berolinum*. Ville d'Allemagne, dans le cercle de la haute Saxe, & dans la moyenne Marche de Brandebourg, sur la riviere de Sprée, dans des marais, capitale de l'électorat de Brandebourg.

CHARLOTTENBOURG.

POTZDAM. Maison de plaisance du Roi de Prusse, dans la moyenne Marche de Brandebourg, dans une isle formée par la Sprée & la Havel, à huit lieues de Berlin.

BRANDEBOURG, *Brandeburgum*. Ville d'Allemagne, dans le cercle de la haute Saxe, dans la moyenne Marche de Brandebourg, à qui elle a donné le nom, sur la riviere de Havel, qui la divise en deux parties.

WITEMBERG, *Vitemberga*. Ville d'Allemagne, capitale du duché de Saxe, sur l'Elbe.

ANHALT, *Castrum Anhaltinum*. Château d'Allemagne, dans la haute Saxe, qui donne son nom à la principauté d'Anhalt, sur la petite riviere de Seske.

DESSAU, *Dessavia*. Ville d'Allemagne dans le cercle de la haute Saxe, capitale de la principauté d'Anhalt, sur l'Elbe, où elle reçoit la Multe, avec un beau château.

ZERBST, *Zervesta*. Petite ville d'Allemagne, au cercle de la haute Saxe, & dans la principauté d'Anhalt, où réside ordinairement un Prince d'Anhalt, nommé le Prince d'Anhalt-Zerbst.

MAGDEBOURG, *Magdeburgum.* Ville d'Allemagne, au cercle de la basse Saxe, dans le duché de même nom, dont elle est la capitale, avec un beau pont sur l'Elbe, & un ancien Archevêché.

BERNBOURG, *Bernaburgum.* Petite ville d'Allemagne, avec un ancien château dans le cercle de la haute Saxe, & dans la principauté d'Anhalt, sur la riviere de Sale où elle reçoit la Vippre.

Comté de Mansfeld.

MANSFELD, *Mansfeldia.* Ville d'Allemagne, en Thuringe, au comté de même nom, dont elle est la principale, avec un château sur une montagne, à cinq milles d'Allemagne de Hall au couchant. Elle appartient à l'Electeur de Saxe.

EISLEBEN, *Eisleba.* Petite Ville d'Allemagne, dans le cercle de la haute Saxe, & au comté de Mansfeld, qui appartient à l'Electeur de Saxe, remarquable, parce que Luther y naquit en 1483, & qu'il y mourut en 1546.

HALL, *Halla Saxonum.* Ville d'Allemagne, au cercle de la haute Saxe, & en Misnie, sur la Sale.

Electorat de Saxe.

MERSBOURG, *Mersoburgum*, Ville d'Allemagne, dans la Misnie, au cercle de la haute Saxe, sur la riviere de Sale, avec un Evêché suffragant de l'Archevêché de Magdebourg.

LEIPSICK, *Lipsia*. Ville d'Allemagne, au cercle de la haute Saxe, en Misnie, dans l'Osterland, sur le torrent de Pleiss. Elle appartient à l'Electeur de Saxe.

ALT-RANSTAD, *Alt-Ranstadium*. Petit village d'Allemagne, dans la haute Saxe, fameux par le Traité que Charles XII, Roi de Suéde, y fit avec Auguste II, Electeur de Saxe & Roi de Pologne, le 24 Septembre 1706.

HUBERSBOURG.

DRESDE, *Dresda*. Ville d'Allemagne, au cercle de la haute Saxe, & dans la Misnie, sur la riviere d'Elbe.

MORITZBOURG. Château du marquisat & du cercle de Misnie, à trois lieues de Dresde.

PILNITZ. Ancien château royal dans la Misnie, sur l'Elbe, avec un très-beau parc, à trois lieues de Dresde.

& de quelques autres Contrées. 221

KONIGSTEIN, *Konigstenium*. Petite ville de la Misnie, dans la haute Saxe, sur l'Elbe, défendue par une citadelle.

Bohême.

BUDYN. Petite ville de Bohême, avec un vieux château, près de l'Eger, dans le cercle de Slanitz.

WELBURN.

PRAGUE, *Praga*. Ville capitale du royaume de Bohême, dans la Bohême propre, sur la riviere de Mulde qui se jette dans l'Elbe, à trois milles d'Allemagne au-dessous. Elle a un Archevêché, érigé par le Pape Clément VI.

CARLSBAD, *Thermæ Carolinæ*. Petite ville de Bohême, dans le cercle d'Ellenbogen, sur la Toppel, remarquable par ses bains d'eau chaude.

SCHONBACH.

EGRA. Ville de Bohême, sur la riviere de même nom.

Haut Palatinat de Baviere.

RATISBONE, *Ratisbona*. Ville d'Allemagne, libre & impériale, appellée par ceux du pays *Regensbourg*. Elle est dans le cercle de Baviere, sur le Danube, qui y reçoit la riviere de Regen avec un Evêché suffragant de l'Archevêché de Saltzbourg, fondé par Charlemagne. On y tient fort souvent les diettes de l'Empire.

STRAUBING, *Straubinga*. Ville d'Allemagne, dans la Baviere, sur le Danube, à six lieues au-dessous de Ratisbone au levant.

DECKENDORF, *Deckendorfum*. Petite ville du duché de Baviere, dans le gouvernement de Straubing, à une demi-lieue du bord septentrional du Danube, vis-à-vis de l'embouchure de l'Iser.

VILSHOFEN. Petite ville de Baviere, dans la régence de Landshout, au confluent de la Vils & du Danube.

PASSAU, *Patavia*. Ville d'Allemagne, dans la basse Baviere, sur le Danube, où il reçoit l'Inn & l'Ill, entre le duché de Baviere au couchant, & la haute Autriche au levant.

Cercle d'Autriche.

ASCHAU, *Aschavia*. Ville de la haute Autriche, en Allemagne, sur le

& de quelques autres Contrées. 223
Danube, à l'embouchure de la petite riviere d'Afcha, entre la ville de Lintz & celle de Paſſau.

ALTENSHAYM.

LINTZ, *Lintium.* Ville d'Allemagne, capitale de la haute Autriche, avec un pont ſur le Danube & un fort beau château ſur une colline au-deſſus.

ENS, *Enſia.* Ville d'Allemagne, dans la haute Autriche, ſur l'Ens, qui ſe rend dans le Danube un mille d'Allemagne plus bas.

IPS. Petite ville de la baſſe Autriche, dans le quartier du haut Wienerwald.

MELCK, *Melicum.* Petite ville d'Allemagne, dans la baſſe Autriche, ſur le Danube, à l'embouchure de la Piela, avec un bon château ſur un côteau.

STEIN, *Stenium.* Petite ville d'Almagne dans la baſſe Autriche, avec un ancien château, & un pont de bois ſur le Danube, vis-à-vis de Mantern.

MANTERN. Petite ville de la baſſe Autriche, dans le quartier du haut Wiener-wald, ſur le Danube.

GOTWEICH, *Gotvicum.* Belle Abbaye de l'ordre de S. Benoît, dans la baſſe Autriche: elle dépend immédiatement du Pape.

K iv

CALEMBERG.

CLOSTER NEUBOURG.

VIENNE, *Vienna.* Ville d'Allemagne, capitale d'Autriche, sur le Danube, avec un Evêché suffragant de l'Archevêché de Saltzbourg.

SHOENBRUN.

MAURBACH.

LAXEMBOURG, *Laxemburgum.* Petite ville d'Allemagne, dans l'Autriche, sur la petite riviere de Schuecha, à quatre lieues de Vienne du côté du midi.

BADE, *Aquæ Pannonia.* Petite ville d'Allemagne, dans la basse Autriche, dans la basse forêt de Vienne, remarquable pour ses bains & ses eaux minérales.

NEUSTAD, *Neustadium.* Ville d'Allemagne, dans la basse Autriche, près du ruisseau de Bischau, qui se jette dans la Leith, avec un Evêché suffragant de l'Archevêché de Saltzbourg.

Hongrie.

ŒDENBOURG, *Sopronium.* Petite ville de la basse Hongrie, dans le comté de même nom, près des frontieres de la basse Autriche, à un mille d'Allemagne du lac de Neudsidler au midi.

SCARPIN.

STENEMANGER.

GUNTZ, *Guntia*. Bourg & château d'Allemagne, dans la basse Autriche, sur la riviere de Guntz, aux confins de la Hongrie.

LOCAHOUSE.

EKENMART.

WOLF.

SCHADENHORFF.

EISENSTATT.

MANERSDORFF.

Autriche.

BRUCK.

HAIMBOURG, *Comagenum*. Bourg d'Allemagne, dans la basse Autriche, sur une montagne, au bord du Danube, vis-à-vis l'endroit où il reçoit la Morave, environ à dix lieues de Vienne, vers les frontieres de Hongrie.

PETRONELL. Isle dans la basse Autriche, avec un bois & un château, au quartier du bas Wiener-wald.

VISCHMUND.

EBERSDORFF, *Eberstorfium.* Château d'Allemagne, dans la basse Autriche, sur le Danube, à deux milles au-dessous de Vienne au levant, où les Empereurs ont une maison de plaisance.

NEWGEBAW.
EKERSAU.
SCHLOSHOFF.

Hongrie.

PRESBOURG, *Posonium.* Ville du royaume de Hongrie, au comté de même nom, dans la haute Hongrie, dont elle est censée la principale, sur le bord du Danube, avec un ancien château sur une côte.

CARLBOURG.

ALTENBERG, *Flexum.* Ville de la basse Hongrie, sur un bras du Danube, qui y reçoit la petite riviere de Leith, vis-à-vis de la petite isle de Schut, à quatre milles d'Allemagne des frontieres de la basse Autriche.

RAAB, *Arrabo.* Ville de la basse Hongrie, sur le Danube, qui y reçoit la riviere de Raab. On l'appelle aussi Rab, & fort souvent Javarin.

COMORE, *Crumerum.* Belle &

grande ville de la baſſe Hongrie, capitale du comté de même nom, ſur le Danube dans l'iſle de Schut.

DOTIS, *Data.* Petite ville de la baſſe Hongrie, dans le comté de Comore, appartenante à l'Empereur.

NEUDORF.

GRAN. Ville de Hongrie ſur le Danube, qu'on appelle plus ſouvent Strigonie, avec un Archevêché.

WORESMAR.

S. ANDRÉ, *Fanum Sancti Andreæ.* Village de la baſſe Hongrie, ſur le Danube, un peu au-deſſus de Bude.

VISIGRAD.

BUDE, *Buda.* Ville capitale du royaume de Hongrie, ſur le Danube qu'on y paſſe ſur un pont de bateaux, & qui la ſépare de la ville de Peſt qui eſt de l'autre côté. Les Allemands l'appellent *Offen.*

WEISSEMBOURG, *Alba Julia.* Ville du royaume de Hongrie, dans la Tranſilvanie, ſur la petite riviere d'Ompay.

VESPRIM, *Veſprimium.* Ville de la baſſe Hongrie, au comté de même nom, avec un Evêché ſuffragant de l'Archevêché de Strigonie, à la ſource de la riviere de Sarwize, près de la forêt de Bakon, & sur la côte septentrionale du lac Balaton.

BALATON, *Volcæ-Paludis*. Lac de la basse Hongrie, que les Allemands appellent *Platzée*. Il s'étend en long l'espace de trente milles du couchant d'hiver au levant d'été, entre Albe Royale au levant, & Canise au couchant. Il n'a pas plus de six mille pas de large. La riviere de Sarwize sort de ce lac.

TOPLOCZA.

CANISE, *Canisia*. Ville de la basse Hongrie, au comté de Salawar, & sur la petite riviere de Sala entre des marais; mais forte, aux frontieres de la Hongrie Autrichienne.

Le GRAD.

Croatie.

WARASDIN.

Stirie.

PETTAU, *Pettavium*. Ville d'Allemagne, dans la basse Stirie, sur la Drave, & aux confins de l'Esclavonie, dépendante de l'Archevêque de Saltzbourg à qui elle appartient.

FRIDAU. Ville de la baſſe Stirie, ſur la Drave.

Hongrie.

STRIGONIE, *Strigonium*. Ville de Hongrie, ſur le Danube, qu'on y paſſe ſur un pont de bateaux. Ceux du pays la nomment Stegran, & les Allemands Gran.

CZACKETHURN. Place forte d'Allemagne, dans la baſſe Stirie, ſur les frontieres de Hongrie.

ALLEMAGNE.

Stirie.

LUTTENBERG, *Lutenberga*. Bourg du cercle d'Autriche, dans la baſſe Stirie, vers la Hongrie, ſur la Muer, à ſix lieues de Caniſe.

RACKELSBOURG, *Rachelburgum*. Ville d'Allemagne, dans la baſſe Stirie, ſur la riviere de Mure. Les Eſclavons l'appellent *Radeoni*.

MURECK ou MURZECK, *Murzecum*. Bourg & château d'Allemagne, dans la baſſe Stirie, ſur la riviere de Muer.

LEIBNITZ.

GRATZ, *Graiacum*. Ville d'Allemagne, capitale du duché de Stirie, sur la riviere de Muer, avec une petite Université.

FROWENLEITTEN.

PRUCK-AN-DER-MUER, *Pons Muræ*. Ville d'Allemagne, dans la haute Stirie, sur la riviere de Muer, d'où lui vient son nom, avec un château.

KAPSENBERG.

MARIENZEL, *Mariæ-Cella*. Village d'Allemagne, en Stirie, sur la frontiere de l'Autriche, sur le torrent de Saltz.

LEUBEN, Lewben ou Lauben, *Laubenum*. Bourg & château d'Allemagne, dans la haute Stirie, sur la riviere de mure, à sept milles de Gratz.

SECKAU, *Secovium*. Bourg & château d'Allemagne, dans la haute Stirie, sur le torrent de Gayl, qui se rend un peu plus bas dans la Mure, près du château de Leibnitz, avec un Evêché suffragant de l'Archevêché de Saltzbourg.

KNITTELFELD. Jolie ville de la Stirie, sur la Muer.

JUDENBOURG, *Judenburgum*. Ville d'Allemagne, dans les pays héréditaires de l'Empereur, sur la riviere de Mure, dans la haute Stirie, environ à deux milles d'Allemagne des confins de la Carinthie.

NEWMARK.

Carinthie.

FREISACH. Ville de la basse Carinthie, d'où dépend un district de six lieues en quarré. Elle appartient à l'Archevêque de Saltzbourg.

STRAESBOURG, *Straesburgum.* Petite ville d'Allemagne, dans la Carinthie, sur la petite riviere de Gurcz, avec un château où réside ordinairement l'Evêque de Salzbourg.

GURCK, *Gurcum.* Jolie ville d'Allemagne, dans la basse Carinthie, avec un Evêché suffragant de Saltzbourg, sur la riviere de Gurck.

S. VEIT, *Fanum Sancti Viti.* Ville d'Allemagne, aux pays héréditaires, & dans la basse Carinthie, dans une belle vallée, à la jonction des torrens de Wilitz & de Glac.

SOLFELD.

CLAGENFURT, *Clagenfurtum.* Ville d'Allemagne, capitale de la Carinthie, près du lac de Verd, dans une grande plaine, sur la petite riviere de Glaw.

VILLACH, *Villacum*. Ville d'Allemagne, dans la haute Carinthie, au pied du mont de Laur, & dans une vallée, sur la Drave, qui y reçoit la petite riviere de Geyl. Elle dépend de l'Evêque de Bamberg.

S. PATERNION.

SPITAL, *Hospitale*. Bourg d'Allemagne, dans la haute Carinthie, sur le Lyser, près de la Drave, à douze lieues au-dessus de Clagenfurt.

S. PETER-HULST.

ARNOLDSTEIN.

TARVIS. Ville de la Carinthie, remarquable pour ses fourneaux pour la fonte des mines de fer. Elle dépend de l'Evêché de Bamberg.

PONTEBA IMPERIALE, *Ponteba*. Petite ville d'Allemagne, dans la haute Carinthie, sur la petite riviere de même nom, qui sépare la Carinthie du Frioul & de l'Etat de Venise, & se rend peu après dans celle de Fella. Elle dépend de l'Evêque de Bamberg.

ITALIE.
Frioul.

PONTEBA VENETA. Village de

l'Etat de Venise, au pied des montagnes des Alpes, à sept milles d'Allemagne de Villach au midi, en allant vers Trevise & vers Udine, dont elle est éloignée de six milles.

VENZONE.

GEMONA, *Glemona.* Place d'Italie, au Frioul, & dans l'Etat de la république de Venise, sur la Tajamento, environ à trois milles d'Allemagne du pied des Alpes, & des frontieres de l'Allemagne.

ARTEGNO.

TRICESIMO.

UDINE, *Utinum.* Ville d'Italie, capitale du Frioul, dans l'Etat de la république de Venise, près de la riviere de Torre. C'est la résidence ordinaire du Patriarche d'Aquilée. Les Allemands l'appellent *Weyden.*

CIVIDAD DI FRIULI, *Forum Julii.* Petite ville d'Italie, au Frioul, dans l'Etat de la république de Venise, sur la riviere de Natisone, au pied des Alpes, à sept milles d'Udine au levant, en allant vers Gorice, dont elle n'est qu'à cinq milles.

ALLEMAGNE.

Comté de Gorice.

CORMONS.

GORICE, *Goritia*. Ville d'Italie, capitale du comté de ce nom, dans le Frioul, petite, mais forte, sur le Lisonzo, appartenante à la maison d'Autriche. Elle est au pied des monts, avec un ancien château sur une roche, aux frontieres de l'Etat des Vénitiens, entre les Alpes & le golfe de Trieste.

La Carniole.

IDRIA, *Idria*. Petite place d'Italie, dans le Frioul, & au comté de Gorice, au pied des Alpes, sur le torrent d'Idria, aux frontieres de la Carniole. Elle est sujette à l'Empereur.

OBER LAUBACH, *Neoportus*. Ville d'Allemagne, dans la Carniole, sur la riviere de Laubach, vers ses sources, environ à trois lieues de Klein Laubach, & à cinq de Laubach vers le midi.

LAUBACH, *Laubacum*. Ville d'Allemagne, capitale du duché de

& de quelques autres Contrées. 135

Carniole, sur la petite riviere de même nom, avec un Evêché suffragant du Patriarche d'Aquilée, mais exempt de sa jurisdiction.

CILLEY, *Cilleia*. Ville d'Allemagne, au duché de Stirie, dans le cercle d'Autriche, & au comté du même nom dont elle est la capitale, aux confins de la Carniole, & sur la riviere de Suane, qui se rend dans la Save. Elle appartient à l'Empereur.

Retour à Ober-Laubach.
PLANINA.

CZIRKNITZ, *Czirnitsa*. Bourg d'Allemagne, dans la Carniole seche, situé sur la rive occidentale du lac de Czirknitz, à qui il donne le nom, au pied des Alpes & près de la forêt de Byrpamer.

LEUK.
POSTAINA.

TRIESTE, *Tergeste*. Ville d'Italie, en Istrie avec un petit port sur la côte de la mer Adriatique & du golfe de Trieste, à qui elle donne le nom, & un Evêché suffragant du Patriarche d'Aquilée.

L'Istrie.

MUGLIA, *Muglia*. Bourg & château de l'Etat de Venife, en Iftrie, fur la côte du golfe de Triefte, & prefqu'à moitié chemin entre Capo d'Iftria & Triefte.

CAPO d'ISTRIA, *Caput Iftriæ*. Ville d'Italie, en Iftrie, fur la côte du golfe de Venife. On l'appelle autrement *Cavo d'Iftria*.

ISOLA, *Infula*. Bourg d'Italie, en Iftrie, fur la côte du golfe de Triefte, à cinq milles du Cap d'Iftrie au couchant : il appartient aux Vénitiens.

PIRANO, *Piranum*. Petite ville de l'Iftrie, à trois lieues de Capo d'Iftria vers le midi. Elle eft fur une petite prefqu'ifle, formée par le petit golfe de Largone & celui de Triefte.

UMAGO, *Umagum*. Petite ville d'Italie, en Iftrie, avec un port fur la côte du golfe de Venife, mais peu habitée à caufe du mauvais air. Elle depend de la république de Venife.

CITTA NOVA, *Æmonia*. Petite ville d'Italie, en Iftrie, dans l'Etat de la république de Venife, avec un port fur la côte du golfe de Venife, près de l'embouchure de la riviere de Quieto, avec un Evêché fuffragant du Patriarche d'Aquilée ; mais peu habitée, à caufe du mauvais air.

PARENZO, *Parentium.* Petite ville d'Italie, en Iſtrie, dans l'Etat de la république de Veniſe, avec un Evêché ſuffragant du Patriarche d'Aquilée, mais peu habitée à cauſe du mauvais air.

Isle de S. Nicolas.

ORSERA, *Urſerium.* Petite ville des Vénitiens, ſur la côte de l'Iſtrie, à l'embouchure du Lemo, entre la ville de Rovigo & celle de Parenza.

ROVIGNO, *Rovinium.* Petite place d'Italie, dans l'Etat de la république de Veniſe, en Iſtrie, avec un petit port ſur la côte du golfe de Veniſe. Elle ſe dépeuple à cauſe du mauvais air.

POLA, *Pola.* Ville d'Italie, dans la partie méridionale de l'Iſtrie, avec un Evêché ſuffragant du Patriarche d'Aquilée.

La Carniole.

TRIESTE, *Tergeſte.* Ville d'Italie, en Iſtrie, avec un petit port ſur la côte de la mer Adriatique & du golfe de Trieſte à qui elle donne le nom, & un Evêché ſuffragant du Patriarche d'Aquilée. Les Allemands la comprennent sous les annexes de la Carniole, quoiqu'elle soit de l'Istrie, & qu'elle joigne les confins de l'Etat de Venise. On y voit un ancien château nommé *Zuchi*, & un autre voisin, situé sur une haute montagne.

SAN SERVOLO.

PROSECIO, *Pucinum*. Château d'Italie, en Istrie, sur une montagne près de la côte de la mer Adriatique. Il appartient à l'Empereur comme Archiduc d'Autriche, & n'est qu'à cinq milles de Trieste au couchant.

DUCINO.

ITALIE.

Frioul.

MONTEFALCONE, *Veruca*. Petite ville d'Italie, au Frioul, avec un château, sur une montagne, près du golfe de Trieste. Elle appartient à la république de Venise.

GRADISQUE, *Gradisca*. Place forte d'Italie, au Frioul, & au comté de Goritz, sur un rocher, près de la riviere de Lisonzo.

PALMA. Forteresse d'Italie, dans l'Etat de la république de Venise, & au Frioul, près de la riviere de Torre, qui se jette dans le Lisonzo, aux confins des Etats de l'Empereur & du comté de Goritz.

AQUILÉE, *Aquileia*. Ville ruinée d'Italie, dans la province du Frioul. Les habitans l'appellent *Aquileia*, & les Allemands *Aglar* & *Aglarn*. Elle est décorée d'un Patriarchat, & située entre la riviere de Lisonzo au levant, & l'Ansa au couchant.

Isles de S. COSME.
GRADO.
CORGLE.

CONCORDIA, *Concordia*. Ville ruinée d'Italie, au Frioul, dans l'Etat de la république de Venise, sur la petite riviere de Lemene, entre Aquilée & Altino.

PORTO GRUARO, *Portus Gruarti*. Petite ville d'Italie, dans l'Etat de la république de Venise, au Frioul, sur la riviere de Lemene.

Etat de Venise.

VENISE, *Venetiæ*. Ville d'Italie, capitale de la république de ce nom.

MURANO, *Muranum*. Isle des Lagunes, à un mille de Venise, où il y a une manufacture de glaces.

Isles de S. CHRISTOPHE.
S. MICHEL.
BURANO.
TORCELLO.
MAZORBO.
S. FRANCESCO DEL DESERTO.
du NOUVEAU LAZARET.
LIDO.
La GRATIA.
S. CLEMENTE.
S. SPIRITU.
PALEGIA.
MALACOMO.
S. SERVOLO.
S. NICOLA.
LIDO.

ALTINO, *Altinum*. Ville ruinée d'Italie, dans l'Etat de la république de Venise, dans la Marche Trévisane, près des Lagunes de Venise, & de l'embouchure de la petite riviere de Sile.

TRÉVISE, *Tarvisium*. Ville d'Italie capitale de la Marche Trévisane, dans l'Etat de la république de Venise & au Trévisan, avec un Evêché suffragant du Pataiarche d'Aquilée. Elle est sur la Sile, dans une grande plaine entrecoupée de plusieurs ruisseaux.

BASSANO

& de quelques autres Contrées.

BASSANO, *Baſſanum*. Ville de la Lombardie, dans l'État de la république de Veniſe, dans une vallée fort étroite de la Marche Tréviſane, ſur la riviere de Brenta.

PRIMOLANO.

FELTRI, *Feltria*. Ville d'Italie, capitale du Feltrin, dans l'Etat de la république de Veniſe, & dans la Marche Tréviſane, ſur une montagne près du ruiſſeau d'Aſone, qui ſe rend dans la Piave, avec un Evêché ſuffragant du Patriarche d'Aquilée.

BELLUNO, *Bellunum*. Ville d'Italie, Dans l'Etat de Veniſe & dans la Marche Tréviſane, capitale du Bellunois, ſur la riviere de Piave, avec un Evêché ſuffragant du Patriarche d'Aquilée.

Allemagne.

TRENTE.
ROVEREDO.

Italie.

BUSSOLONGO.
VILLA FRANCA.
MANTOUE.

S. BENEDETO.

MIRANDE ou LA MIRANDOLE, *Mirandola*. Petite ville de Lombardie, capitale du pays & duché de ce nom, entre le duché de Mantoue au septentrion & celui de Modéne au midi.

BUON PORTO.
MODENE.
BOLOGNE.
FIORENZOLA.
FLORENCE.
LIVOURNE.

CHAPITRE III.

Conclusion, avec des réflexions sur les voyages, les mœurs & les coutumes des peuples, & la vicissitude des choses humaines.

Lorsque je formai le dessein de passer dans le Levant, je prévis aussitôt les dangers & les difficultés inséparables de ce voyage, & je me proposai de faire le plus d'observations que je pourrois, sur-tout par raport à l'antiquité, l'histoire naturelle, les coutumes & les mœurs des peuples qui habitent cette contrée. Je mets au nombre des avantages que les jeunes gens retirent de leurs voyages, la connoissance des langues vivantes, laquelle est absolument nécessaire aux personnes employées dans le ministere ; les occasions qu'ils leur procurent de satisfaire leur curiosité, & le goût qu'ils leur inspirent pour l'architecture, la sculpture, la peinture & l'histoire des pays où ils passent. Quelques-uns, qui voyagent avec plus de fruit, lient connoissance avec les habitans & des étrangers qu'ils rencontrent, étudient avec soin les mœurs & les coutumes des personnes qu'ils fréquentent, se défont des préjugés de l'éducation, & apprennent à se conformer aux mœurs & aux usages des pays où ils se trouvent ; & réfléchissant sur les vertus & les vices des hommes, ils s'attachent à imiter les unes & à fuir les autres ; & lorsqu'ils sont de retour chez eux ils introduisent parmi leurs compatriotes les coutumes qu'ils jugent pouvoir convenir au pays qu'ils habitent & au caractere qu'ils ont reçu de la nature.

En observant les inconvéniens attachés aux différentes sortes de gouvernemens, ils apprennent à se soumettre à celui sous lequel ils sont nés ; & les peines & les travaux qu'ils ont souffert dans leurs voyages, contribuent à leur faire mieux goûter la liberté, le bien-être & l'affluence dont ils jouissent ; après qu'ils sont retournés dans le sein de leur patrie. Tout homme qui voyage dans d'autres vues que celles que je viens de dire, court risque de se corrompre, au lieu de se perfectionner; car tous les pays se ressemblent à peu de chose près, & les voyages par eux-mêmes produisent peu de changement dans l'ame, à moins qu'on n'ait soin de la perfectionner par les observations que l'on fait.

Les ouvrages de la nature & de l'art seroient peu de chose par eux-mêmes, s'ils se bornoient à satisfaire une vaine curiosité. Ils deviennent pour un voyageur un motif d'admiration pour la puissance & la sagesse du Créateur, qui a sçu varier les choses d'une maniere si merveilleuse, & donné aux hommes l'intelligence nécessaire pour se procurer les plaisirs & les commodités de la vie.

La connoissance de l'antiquité & de la géographie sert d'assaisonnement à l'étude de l'histoire. L'architecture, la peinture & la sculpture fournissent à quantité d'artistes le moyen de subsister, font circuler les especes, & encouragent l'industrie. Un tableau & une statue peuvent fournir d'aussi bonnes leçons pour les mœurs qu'un poëme épique.

Les révolutions qu'ont souffert les pays où ils passent, peuvent fournir matiere à quantité de réflexions utiles. Celles qui sont arrivées dans les gouvernemens leur donnent lieu d'examiner si elles sont l'effet de la vertu ou du vice. Lorsqu'ils voyent des contrées entieres dépeuplées, des villes aussi fameuses que l'ancienne Babylone, servir aujourd'hui de repaire aux bêtes sauvages, ils ne peuvent que s'appercevoir que les vices & la dépravation des mœurs sont les causes naturelles, & les avant-coureurs de la chûte des Empires; que les villes qui ont fleuri dans le monde, n'ont dû leur élévation qu'à la vertu. Voyant que les révolutions des Empires ont été prédites, ils sont assurés qu'elles ne sont ni l'effet du hasard, ni des causes naturelles, mais celui d'une Providence qui étend ses vues sur toutes les choses créées; qui les a garantis des dangers où ils se sont trouvés, & qui a pris soin de les ramener chez eux, pour les faire jouir en sûreté des fruits de l'expérience qu'ils ont acquise dans leurs voyages.

ADDITIONS

Et Remarques Historiques & Critiques du Tome IV.

Page 221. La *Canée, capitale, &c.* La Canée est la seconde place de l'Isle ; car outre qu'elle est plus petite que Candie, le Viceroi de cette ville commande au Pacha de la Canée & à celui de Retimo. Toute l'Isle est soumise à ces trois Généraux, & chacun y a son département. On ne compte qu'environ quinze cent Turcs dans la Canée, deux mille Grecs, cinquante Juifs, dix ou douze marchands François, un Consul de la même nation, & deux Capucins qui en sont les aumôniers. Le corps de la place est bon ; les murailles sont bien revêtues, bien terrassées, défendues par un fossé assez profond, & il n'y a qu'une porte du côté de terre.

Les Vénitiens qui avoient fait fortifier cette ville, l'auroient facilement reprife, s'ils avoient fçu profiter du défordre où étoient les Turcs, lorfque les Chrétiens fe préfenterent. Il n'y avoit dans la Canée gueres plus de deux cent perfonnes en état de porter les armes, dont la plupart étoient des renégats.

Pag. 237. *Aptére étoit éloignée, &c.* Bérecynthe, montagne fameufe chez les anciens, étoit fans doute dans le voifinage d'Aptére. Comme ce nom s'eft perdu, il eft impoffible de la diftinguer parmi celles qui font dans les environs de cette ville. On n'oubliera jamais le nom d'une montagne où les Dactyles Idéens trouverent l'ufage du feu, du fer & du cuivre.

Pag. 242. *La ville du Cydonia fut affiégée, &c.* Une ville auffi puiffante que Cydonia, qui faifoit pencher la balance du côté du parti pour lequel elle fe déclaroit, dans les troubles de Cnoffe & de Gortyne, qui réfifta feule à la puiffance de ces deux villes liguées enfemble pour la détruire, avoit befoin d'un bon port, & je n'en connois point d'autre dans ce quartier-là que celui de la Canée, ou de la Sude. Quoique la Sude femble conferver encore quelques reftes du nom de Cy-

& de quelques autres Contrées. 249
donia, cependant elle est bâtie dans une Isle, & n'est point opposée aux terres des Lacédémoniens dans le Peloponnese, par où Diodore de Sicile & Strabon ont fixé la situation de Cydonia. Pline décide positivement la position de cette ville, puisqu'il la marque vis-à-vis trois petites Isles, qui sont sans doute l'Isle de Saint Odoro, & les écueils de Turluru.

Pag. 244. *Le Couvent qu'on appelle la petite Trinité, &c.* Ce Couvent est à une demi-journée de la Canée, tout près du Cap Melier. Il y avoit autrefois cent Religieux, mais il n'y en a pas aujourd'hui cinquante, quoique ce soit le plus beau Monastere de l'Isle, après celui d'Arcadi. Chaque Religieux paye sept écus de capitation. Les revenus de ce Couvent sont en huile, vin, froment, avoine, miel, cire, bestiaux, fromages & laitages. La récolte des olives y est quelquefois si abondante, que les Religieux ne pouvant suffire à les amasser, sont obligés de partager le fruit qui est à terre, avec ceux qui le cueillent, & de leur donner quelque argent pour abattre celui qui est sur les arbres.

Pag. 249. *La fameuse ville de Gortyne*

étoit située, &c. Les ruines de Gortyne ne sont qu'à six mille du Mont Ida, au pied des collines, à l'entrée de la plaine de Messaria, qui est proprement le grenier de l'Isle. Ces ruines montrent assez quelle a été la magnificence de l'ancienne ville, mais on ne sçauroit les regarder sans peine. On laboure, on séme, on fait paître les moutons parmi les débris d'une quantité prodigieuse de marbre, de jaspe & de granite. Au lieu de ces grands hommes qui avoient fait élever de si beaux édifices, on ne voit que de pauvres bergers.

On trouve parmi les ruines de Gortyne des colonnes de jaspe rouge & blanc, semblable au jaspe de Cosne en Languedoc. On y en voit d'autre tout-à-fait semblable au Campan : à l'égard des figures, il en reste peu, les Vénitiens ayant enlevé les plus belles.

Theophraste, Varron & Pline, parlent d'un Platane qui étoit à Gortyne, & qui ne perdoit ses feuilles qu'à mesure que les nouvelles poussoient. Il parut si singulier aux Grecs qu'ils publierent que les premieres amours de Jupiter & d'Europe, s'étoient passées fous fes feuillages. Ce fut apparemment cette avanture fabuleufe qui donna occafion aux habitans de Gortyne de frapper une médaille, où l'on voit d'un côté Europe affez trifte, affife fur un arbre moitié platane & moitié palmier, au pied duquel eft un aigle à qui elle tourne le dos. Elle eft repréfentée de votre côté, affife fur un taureau entouré d'une bordure de feuilles de laurier.

Pag. 318. *De l'Ifle de Scio, &c.* Les habitans de Scio veulent que leur Ifle ait 120 milles de tour. Strabon lui donne 900 ftades, c'eft-à-dire 112 milles & demi de circuit Tout cela peut être vrai; car outre que la différence de ces mefures eft peu confidérable, de toutes les manieres de défigner la grandeur d'une Ifle, celle d'en mefurer la circonférence eft la moins exacte, à caufe de l'inégalité des côtes, dont on ne juge le plus fouvent que par eftimation.

Pag. 363. *Mytiléne autrefois la capitale de l'Ifle, &c.* Caftro, ou l'ancienne Mytiléne, n'eft point aujourd'hui comparable à la ville de Scio: mais l'Ifle de Métélin eft beaucoup plus grande que celle de Scio, & s'étend bien avant au nord-eſt. Strabon donne à Lesbos 137 milles & demi de tour, & Pline 168 milles, & même juſques à 195.

Pag. 383. *De l'Iſle de Tenedos.* Strabon ne dit autre choſe de cette Iſle, ſinon qu'il y avoit une ville, deux ports, & un temple dédié à Apollon Smithien. Ce ſurnom fut donné à ce Dieu à l'occaſion des mulots. Ils faiſoient de ſi grands dégats dans les champs des Troyens & des Eoliens, qu'ils eurent recours à l'Oracle de Delphes, qui leur répondit qu'ils en ſeroient délivrés s'ils ſacrifioient à Apollon Smithien.

Pag. 413. *Les Samiens ſont extrémement adonnés*, &c. Ces inſulaires vivent aſſez heureuſement, & ne ſont pas maltraités des Turcs. L'Iſle doit payer 1290 billets de capitation à cinq écus le billet, ce qui fait la ſomme de 6450 écus. L'Aga qui met ſon cachet ſur chaque billet, exige encore un écu, & les Papas qui font la répartition des billets, retirent dix ſols par billet, de ſorte que les particuliers payent ſix écus dix ſols. Quand un Grec meurt ſans enfans mâles, l'Aga hérite de tous les champs labourables : les vignes, les champs plantés d'oliviers, & les jardins appartiennent aux filles, & les parens ont le droit de rétention lorsque les terres se vendent.

La Scamonée de Lamos répond parfaitement à la description qu'en donne Dioscoride. Elle naît dans les plaines de Mysie, entre le mont Olympe & le mont Sipyli; mais il est surprenant que du tems de Dioscoride on préférât le suc de cette espece au suc de la Scamonée de Judée, qui est la même que celle de Syrie. Celle de Samos & de Scalanova se consomme dans l'Anatolie.

La grande quantité de chênes dont Samos étoit couverte, lui avoit fait donner le nom de *l'Isle aux Chênes*.

ADDITIONS

Et Remarques Historiques & Critiques du Tome V.

Pag. 5. J<small>E</small> *m'embarquai à Mytiléne & j'arrivai à Smyrne, &c.* Smyrne est une ville fort ancienne, bâtie, à ce que disent les Grecs, par l'Amazone Smyrne, qui lui donna son nom. On la voit représentée sur les médailles antiques de cette ville avec une double hache & le petit bouclier d'Amazone, & l'on voit à l'entrée de la forteresse son buste de marbre. Les gens du pays font des contes ridicules sur cette tête, & disent que c'est celle d'une certaine reine de Smyrne, qui vivoit du tems d'Alexandre le Grand; d'autres veulent que ce soit Sémiramis.

Des sept Eglises de l'Apocalypse, Smyrne est la seule qui subsiste encore avec honneur; elle doit cet avantage à Saint Policarpe, à qui Saint Jean, qui l'avoit formé dans l'Episcopat, écrivit par ordre du Seigneur : *Soyez fidele jusques à la mort, je vous donnerai la couronne de vie.* Les autres villes que Saint Jean avertit par ordre du Seigneur, sont ou de misérables villages, ou d'autres tout-à-fait ruinés. Sardes, si renommée par les guerres des Perses & des Grecs ; Pergame capitale d'un grand Royaume ; Ephese qui se glorifioit d'être la Métropole de toute l'Asie, sont de petites bourgades bâties de boue & de vieux marbres. Le port de Smyrne est un grand golfe de huit lieues de tour, & qui a presque par-tout un bon ancrage & une bonne tenue. Il y a une espece de Darse ou petit port fermé pour les galeres & les barques Turquesques. La Douane qu'on y a bâtie est une maison avancée dans la mer, & fort propre, quoiqu'elle ne soit que de bois peint & vernissé. La bonté de son port, si nécessaire pour le commerce, l'a conservée & fait rebâtir plusieurs fois, après avoir été renversée par les tremblemens de terre.

Il n'y a point de Pacha à Smyrne ; mais seulement un Sardar qui commande deux milles Janissaires qui logent dans la ville ou dans les environs. La justice y est administrée par un Cadi.

Rien ne donne une plus belle idée de la magnificence de l'ancienne Smyrne, que la description que Strabon en a laissée. Les Romains pour se conserver la plus belle porte de l'Asie, traiterent toujours les citoyens de Smyrne fort humainement, & ceux-ci pour n'être pas exposés à leurs armes, les ménagerent beaucoup, & leur furent fideles. Ils se mirent sous leur protection pendant la guerre d'Antiochus; il n'y eut que Crassus, Proconsul Romain, qui fut malheureux auprès de cette ville. Non-seulement il y fut battu par Aristonicus, mais pris & mis à mort; sa tête fut présentée à son ennemi, & son corps enseveli à Smyrne. Perpenna vengea bien-tôt les Romains, & fit captif Aristonicus.

Tibere honora Smyrne de sa bienveillance & régla les droits d'Asyle de la ville. M. Aurele la fit rebâtir après un tremblement de terre. Les Empereurs Grecs qui la posséderent après les Romains, la perdirent sous Alexis Comnene. Tzachas, fameux Corsaire Mahométan, voyant les affaires de l'Empire embrouillées, se saisit de

Clazomene, de Smyrne, & de Phocée. L'Empereur y envoya son beau-frere Jean Ducas avec une armée de terre, & Caspax avec une flotte. Smyrne se rendit sans coup férir, & le Gouvernement en fut donné à Caspax, qui revenant de la ville reçut un coup d'épée de la main d'un Sarrasin, qui avoit volé une grosse somme d'argent à un bourgeois, & qui voyant sa condamnation inévitable, déchargea sa rage sur le Gouverneur.

Après la bataille d'Angora, Tamerlan assiégea Smyrne, & campa tout près du Fort Saint-Pierre, que les Chevaliers de Rhodes avoient fait bâtir, & où la plûpart des Chrétiens d'Ephèse s'étoient retirés. Ducas qui nous a donné la relation de ce siége, en a rapporté deux circonstances bien singulieres. La premiere, que Tamerlan fit combler l'entrée du port, en ordonnant à tous ses soldats d'y jetter chacun une pierre. La seconde, qu'il fit construire une Tour composée en partie de pierres & de têtes de morts, rangées comme des pieces de marqueterie. Après la retraite des Tartares, Smyrne resta à Cineites fils de Carasupasi, Commandant d'Ephèse, & qui avoit été Gouverneur de Smyrne sous Bajazet.

Pag. 41. De *Scalanova*. Scalanova est une assez jolie ville, bien bâtie, bien pavée, & couverte de tuiles creuses. Son enceinte est presque quarrée, & telle que les Chrétiens l'ont bâtie. Il n'y loge que des Turcs & des Juifs. Les Grecs & les Arméniens en occupent les fauxbourgs. On voit beaucoup de vieux marbres dans cette ville. Les avenues de Scalanova sont agréables par leurs vignobles. Son port est un port d'armée, il regarde le Ponent & le Mistral.

Il y a dans cette place un Cadi, un Disdar & un Sardar. On ne compte qu'une journée de Scalanova à *Tire*, autant à *Guzetlissar ou beau Château, qui est la fameuse Magnésie sur le Méandre*, à une journée & demie des ruines de Miles.

Pag. 43. *Nous arrivâmes au village d'Aiasolouk, au nord-est de l'ancienne ville d'Ephese, &c.* Je ne crois pas qu'il y ait de ville au monde qui conserve de si grands & de si tristes restes de son ancienne splendeur. On ne voit par-tout que des morceaux de marbre, des murailles renversées, des colonnes, des chapiteaux & des troncs de statues entassés les uns sur les autres, avec des fragmens d'inscriptions ; en un mot, cette fameuse ville n'est plus qu'un cadavre, si je puis employer la pensée de Cicéron.

La forteresse qui est sur une éminence est apparemment l'ouvrage des Empereurs Grecs. Il y a sur la porte qui est à l'Orient trois bas-reliefs qui ont été tirés de quelque monument. Celui du milieu est Romain, & mieux fait que les autres. Quelques-uns se sont figurés qu'il représentoit un martyre de chrétiens, & ils ont appellé ce portail la porte de la persécution. D'autres croient, avec plus de raison, qu'il représente la destruction de Troye, & Hector traîné par Achille.

Pag. 75. *Les détours du Méandre sont si nombreux, &c.* Plusieurs auteurs ont parlé du Méandre, mais personne n'en a fait une si belle description qu'Ovide dans ses Métamorphoses.

Non secus ac liquidis, Phrygius Mœander in undis
Ludit & ambiguo lapsus refluitque fluitque,
Occurensque sibi venturas adspicit undas ;
Et nunc ad fontes, nunc ad mare versus opertum
Incertas exercet aquas, &c.
In mare deducit sessas erroribus undas.

Pag. 91. *De Melaſſo*. Melaſſo n'eſt pas la ville de Milet, comme Ortélius, Ferrari & tous les modernes l'aſſurent. Le temple de Jupiter qui étoit à 60 ſtades de la ville, s'y voit encore entier. L'autre, qui eſt plus vaſte & plus ſuperbe, eſt dédié à Auguſte, comme il paroît par l'inſcription de la Friſe.

Pag. 128. De *Laodicée ſur le Lycus*. Laodicée eſt appellée par les Turcs *Eſkihiſſar*, le vieux château; auſſi eſt-ce une ville entiérement ruinée; & il n'y a qu'un moulin ſans autre habitation. La ville de Coloſſe à qui Saint Paul adreſſe une Epître, n'en eſt éloignée que de 21 milles, & les Grecs l'appellent *Chonos*. Elle a au nord-eſt la riviere Lycus qui ſe perd dans le Méandre. Cette riviere eſt la même que Tite-Live appelle Marſyas, du nom du Satyre qu'Apollon écorcha tout vif pour avoir eu la témérité de lui diſputer la gloire de bien chanter. Quinte-Curce nous donne une deſcription exacte & très-belle de ce fleuve, & remarque que ſa ſource eſt au ſommet d'une montagne, d'où il tombe ſur un rocher avec grand bruit, & que venant à s'épandre dans la plaine, il arroſe les

& *de quelques autres Contrées.*

campagnes voisines, conservant ses eaux toujours claires sans les mêler avec d'autres. Et parce qu'il ressemble par sa couleur à la mer quand elle est calme, les Poëtes, dit cet auteur, ont pris delà occasion de feindre que les Nymphes éprises d'amour pour lui, faisoient leur demeure sur ce rocher. Il ajoute que jusques dans l'enceinte des murailles de Colosse il garde son nom de Marsyas; mais qu'au sortir des remparts, comme il s'enfle & devient impétueux, il change de nom, & qu'on l'appelle *Lycus*.

Pag. 139. Vis-à-vis Laodicée, & environ une lieue au nord du Lycus, sont les ruines d'*Hierapolis*, &c. Hierapolis est une ville entiérement déserte, & les Turcs appellent ses ruines *Bambouk Kalé*, *Tour de Coton*, à cause des rochers blancs qui sont aux environs. Elle est au pied d'une haute colline, qui a au midi une plaine de cinq milles de largeur, & presque vis-à-vis de *Laodicée*. Le Lycus passe entre l'une & l'autre, mais plus proche de *Hierapolis*. On y voit une si grande quantité de ruines de temples anciens, & tant de belles sources d'eaux minérales propres à guérir les maladies, qu'on ne doit pas s'étonner que les anciens lui ayent donné le nom d'*Hierapolis*, c'est-à-dire, *Ville Sainte*. Il y reste un grand théâtre de marbre à quarante degrés, sur le portail duquel est une inscription à Apollon surnommé Archegetes

Pag. 249. *Les Turcs appellent quelquefois les Châteaux, &c.* On s'imagine que les deux châteaux qui défendent l'entrée de la mer de Marmora, & par conséquent celle de Constantinople sont des places d'importance ; cependant celui du côté d'Asie n'est qu'une enceinte de murailles, avec un méchant fossé de trois ou quatre pieds de profondeur, & celui du côté de l'Europe qu'une tour ronde avec deux boulevarts avancés en cœur d'une maniere gothique. Ces deux châteaux ne sont point sur le plan des deux anciennes villes Sestos & Abydos, comme le veulent nos Dictionnaires Géographiques. Il n'y paroît aucune masure antique, & ce n'est pas l'endroit le plus étroit de l'Hellespont.

Pag. 271. Les Turcs qui habitent à Lampsaque ne sont pas si scrupuleux qu'en bien d'autres lieux, où ils n'osent cultiver la vigne, le vin leur

& de quelques autres Contrées. 263
étant défendu par la loi de Mahomet. Ici, sous prétexte d'avoir des raisins, ils ne laissent pas de faire des vins cuits qui leur sont permis, & de l'eau-de-vie, dont les moins scrupuleux usent aussi-bien que nous. La Mosquée est assez belle, & les gens du pays disent qu'elle a servi d'Eglise aux Chrétiens, & en effet les chapiteaux des quatre colonnes qui soutiennent le portique, sont ornés de croix.

Pag. 369. Il y a sur la hauteur, &c. un endroit appellé l'*Atmeidan*, &c. Cette place a d'un côté la face d'un vieux Serrail, qui n'a rien de superbe, & de l'autre la Mosquée neuve du Sultan Achmet, qui est une des plus magnifiques de Constantinople.

Pag. 183. Il y a *un gros Château sur le sommet*, &c. Le Château d'Angora est à triple enceinte, & ses murailles sont bâties de gros quartiers de marbre blanc, & d'une pierre qui approche du porphyre. Il y a dans la premiere enceinte une Eglise Arménienne bâtie, à ce que l'on prétend, sous le nom de *la Croix*, depuis 1200 ans. Elle est fort petite & fort obscure, éclairée en partie par une fenêtre, qui ne reçoit le jour qu'au travers d'une pierre quarrée de marbre semblable à de l'albâtre poli & luisant comme du talc; mais il est terne en-dedans, & la lumiere qui passe au travers est rougeâtre, & tire sur la cornaline.

Angora est à quatre journées de la mer Noire par le plus court chemin. La caravane d'Angora à Smyrne met 20 jours, & l'ancienne ville de *Cotyæum*, à qui les Turcs ont conservé le nom de *Cataye*, est à moitié chemin. Les caravanes vont d'Angora à Pruse dans dix jours; d'Angora à Kesarie en huit; d'Angora à Sinope en dix; d'Angora à Ismith, ou l'ancienne Nicomédie en neuf jours: enfin d'Angora à Assamboul en douze ou treize jours.

Pag. 231. *Le promontoire sur lequel Chalcédoine est bâtie, &c.* Les Turcs appellent Chalcédoine *Cadikioi*, & les Grecs *Chalcédona*. Ils croient que le Concile se tient dans l'Eglise Métropolitaine. Elle n'est aujourd'hui qu'un gros village, où il y a autour quelques jardins qui servent de lieux de divertissement à ceux de Constantinople.

Pag. 235. *Scutari; que les Turcs appellent Scudar, &c.* De Chalcédoine on monte au cap de *Scutari*, appellé anciennement

anciennement le *Bœuf*, ou le *Passage du Bœuf*, ce qui prouve qu'il faut prendre cet endroit-là pour le commencement du Bosphore, puisque ce bœuf ou cette vache prétendue y traversa le canal à la nage. Chares Général Athénien battit auprès de ce cap la flotte de Philippe de Macédoine qui assiégeoit Byzance. On y enterra Damalis femme de ce Général, laquelle mourut de maladie pendant ce siége ; & les Bizantins, pour reconnoître plus autentiquement les services que Chares leur avoit rendus, y dresserent un autel en l'honneur de sa femme, & une colonne qui soutenoit sa statue. Ce lieu retint le nom de *Damalis*, qui signifie *une vache*.

Il ne faut pas confondre ce cap avec le marché aux bœufs de Constantnople, que les Historiens ont quelquefois appellé simplement le bœuf, & qui étoit dans la XIe région de la ville. Ce marché avoit pris son nom d'un fourneau de bronze qui avoit la figure d'un bœuf, & qu'on y avoit apporté des ruines de Troye. Le Saint martyr Antipas y fut consumé. On y brûloit aussi les criminels.

Quoique ce ne soit pas la coûtume des Turcs de relever les villes ruinées, ils ont cependant rebâti Scutari que les Perfans avoient réduit en cendre; & la raifon en eft qu'ils regardent cette place comme un des fauxbourgs de Conftantinople, ou comme leur premier repofoir en Afie; c'eft d'ailleurs un des principaux rendez-vous des marchands & des caravanes d'Arménie & de Perfe qui trafiquent en Europe.

Pag. 319. La *fituation de Conftantinople*, &c. Il faut diftinguer deux parties dans Conftantinople celle qui eft en-deçà du port, & celle qui eft de l'autre côté : la partie en-deçà du port, eft l'ancienne Byzance, & Conftantinople, dont le plan approche affez de la figure d'un triangle. Deux de fes côtés font battus de la mer, fçavoir celui du port, qui eft le plus courbe de tous, & celui qui va de la pointe du ferrail aux fept tours; le troifieme eft plus long que les autres, & fe trouve fur la terre ferme. On donne d'ordinaire près de fept milles à chacun de deux premiers, & neuf milles à celui-ci. Le premier angle de cette ville eft aux fept tours, le deuxiéme à la pointe du Serrail & le troifiéme à la Mofquée d'Ejoub vers les eaux douces.

Les murailles de Conftantinople font

assez bonnes, celles du côté de terre forment une double enceinte d'environ vingt pieds de distance l'une de l'autre, & sont munies d'un fossé à fond de cuve d'environ vingt-huit pieds de largeur. La muraille extérieure, haute d'environ deux toises, est défendue par deux cent-cinquante tours assez basses; la muraille intérieure a vingt pieds de hauteur, & ses tours qui répondent à celles de l'extérieur, sont d'une assez belle proportion. Les crénaux, les courtines, les embrâsures sont bien entendues, mais sans artillerie. Les murailles depuis les sept tours jusques au serrail, & celles qui sont le long du port, paroissent plus négligées, & l'on n'en sçauroit faire le tour à cause que plusieurs avancent jusques sur l'eau. Les tours de ces deux côtés sont espacées assez également ; mais elles ont été souvent maltraitées par les tempêtes, & relevées en différens tems par les Empereurs Grecs.

Il y a sept portes depuis la pointe du serrail jusques aux sept tours, cinq du côté de terre, & onze sur le port, mais par quelque porte que l'on entre, il faut presque toujours monter; & Constantin qui avoit dessein de rendre

Constantinople semblable à Rome, ne pouvoit pas trouver de terrein plus élevé en collines.

Pag. 363. *Galata est situé au nord du port de Constantinople*, &c. Galata forme l'entrée du port du nord, & c'est-là qu'on tendoit la chaîne qui le fermoit. Cette chaîne prenoit de la pointe du Serrail au château de Galata, qui sans doute étoit bâti sur le cap opposé. Xiphylin n'a pas oublié cette chaîne dans la description qu'il a donnée après Dion Cassius du siége de Byzance par l'Empereur Severe. Leon l'Isaurien la fit détendre, lorsque les Sarrasins se présenterent pour assiéger Constantinople, ce qui les obligea d'abandonner leur dessein ; car ils appréhenderent qu'on ne la tendît après qu'ils seroient entrés dans le port, & qu'on ne les y enfermât. Constantin Paleologue, le dernier Empereur des Grecs, opposa cette chaîne à la flotte de Mahomet II, & ce conquérant n'osa pas entreprendre de la faire forcer ni couper ; mais on traîna par ses ordres, à force de bras, 70 vaisseaux, & quelques galeres sur la colline du côté de Pera, dont un corps d'armée occupoit les hauteurs. On équipa tous ces bâtimens, & on les lança dans le port tous chargés d'artillerie.

Pag. 365. *De Pera.* La situation de *Pera* est tout-à-fait charmante; on découvre delà toute la côte d'Asie & le Serrail du Grand Seigneur. Les Ambassadeurs de France, d'Angleterre, de Venise & de Hollande, ont leurs hôtels dans *Pera*: celui de l'Empereur, ceux de Pologne & de Raguse, logent dans Constantinople.

Pag. 367. *Les Turcs y fondent de fort bons canons.* Ils y emploient de bonne matiere, & gardent d'assez justes proportions, mais leur artillerie est simple & sans ornemens. Ils n'ont aucun goût pour le dessin & n'en auront jamais, parce que leur religion leur défend de dessiner des figures, & que c'est sur elle qu'on se forme le goût pour la sculpture & pour la peinture. Ils ne profitent pas des morceaux d'antiques qu'ils ont chez eux.

Pag. 369. *De l'Atmeidan.* Ordinairement le Vendredi, au sortir la Mosquée, les jeunes Turcs qui se piquent d'adresse, s'assemblent à l'*Atmeidan*, bien propres & bien montés, & se partagent en deux bandes qui occupent chacune un des bouts de la place. A chaque signal qu'on fait, il part un cavalier de chaque côté, qui court à toute bride un bâton à la main en forme de jagaye. L'habileté consiste à lancer ce bâton & à frapper son adversaire, ou à éviter le coup. Ces cavaliers courent si vîte, qu'on a de la peine à les suivre des yeux.

Pag. 393. *Gallipoli*. Gallipoli est une grande ville à l'embouchure de la Propontide ou mer de Marmara, dans un détroit d'environ cinq milles de largeur, à vingt-cinq milles des Dardanelles, à quarante milles des Isles de Marmara, & à douze de Constantinople. Gallipoli est dans une presqu'Isle qui a deux ports, l'un au midi & l'autre au nord. On y compte environ dix mille Turcs, trois mille cinq cent Grecs, un peu moins de Juifs. Le Bazar, où l'on vend les marchandises, est une belle maison à plusieurs dômes couverts de plomb, & passe pour le plus bel édifice de la ville. Les portes des Grecs & des Juifs n'ont qu'environ deux pieds & demi de hauteur, de même que dans plusieurs villes de la Turquie, & l'on se sert de cette précaution, pour empêcher que les Turcs dans leurs débauches n'entrent

& *de quelques autres Contrées.* 271
à cheval chez les Chrétiens & chez les Juifs, où ils commettent souvent mille insolences.

Pag. 216. *Cette Isle est appellée par Homere Samos, &c.* L'Isle de Céphalonie est deux fois plus grande que celle de *Corfou*; car elle a environ cent-quarante milles de tour & l'autre n'en a pas plus de soixante-dix. Il y a un grand port fermé de tous côtés, mais dont l'ancrage est mauvais. Il y en a un autre au levant appellé *Pescarda*, qui n'est bon que pour les petits bâtimens. Vis-à-vis est l'Isle de *Thiaki*, qui n'en est séparée que par un trajet de trois ou quatre milles, ce qui l'a fait nommer par quelques-uns la petite Céphalonie. La conformité de nom fait qu'on la prend pour l'Isle d'Ithaque, une des principales du Royaume d'Ulysse; mais je crois qu'Ithaque est un autre écueil éloigné de sept ou huit milles de là, appellé *Jathaco*, qui est bien plus petit que cette Isle.

Pag. 221. *Le port du château est la principale ville de l'Isle, &c.* A main droite du château d'Andros, on entre dans la vallée de *Megnitez* aussi agréable que celle de *Livadie*, & arrosée par les belles sources qui viennent des environs de la *Madona de Cumulo*, chapelle fameuse tout au haut de la vallée. Ces sources font tourner huit ou neuf moulins; l'une des plus considérables sort du rocher même qui fait partie de la chapelle. Les autres villages sont:

Messi, Strapurias, la Pichia, Livadia, Merta, Chorio, Aladina, Falica, Curelli, Pitropho, Megnitez, Lamiro, Apsilia, Steniez, Vurcorti, Arna, Amelocho, Atinati, Vouni, Castaniez, Cochilu, Lardia, Gianistes, Gridia, Piscopio, Capraria, Aipatia.

Pag. 225. *Les ruines de Paleopolis sont à deux milles d'Arna, &c.* Le village d'*Arna* est bâti par gros pelotons séparés les uns des autres, à mi-côte d'une vallée ornée de platanes & de fontaines. Le village d'*Arna*, & celui d'Amelocho ne sont peuplés que d'Albanois vêtus encore à la mode de leur pays, & qui vivent encore à leur maniere, c'est-à-dire, sans foi ni loi.

Pag. 236. *On ajoute même que les sodats de la garnison firent sauter du haut des remparts, &c.* Depuis ce tems-là, pour reprocher aux habitans de ces trois villages le peu de cœur qu'ils montrerent dans cette occasion, le premier de Mai le Provéditeur accompagné des Contadins & des Feudataires de la République, suivi de la milice avec l'étendart de Saint Marc, va tous les ans à cheval à l'Eglise de Sainte Vénerande sur la montagne de *Cecro*, & l'on y fait une décharge de mousqueterie, après avoir crié trois fois, *vive Saint Marc*; ensuite l'on danse, & la fête finit par un repas. Les Feudataires qui manquent de se trouver à cette cérémonie, payent un écu pour la premiere fois, & perdent leur fief s'ils y manquent jusqu'à trois.

Pag. 258. *Les habitans de Naxos prétendoient que ce Dieu avoit eté nourri chez eux, &c.* D'autres croient que Jupiter l'avoit confié à Mercure pour le nourrir dans l'antre de *Nyse* sur les côtes de la Phénicie du côté qui s'approche du Nil, d'où vient que Bacchus fut nommé *Dionysus*.

La célébre époque que Diodore de Sicile nous a conservée touchant le débordement du pont Euxin dans la mer de Grece sert à attester la plupart des faits qui se sont passés dans quelques-unes de ces Isles. Elle nous découvre le fondement de plusieurs fables qu'on a publiées. Il assure que les habitans de l'Isle de Samothrace n'avoient pas oublié les prodigieux changemens qu'avoient fait dans l'Archipel le débordement du pont Euxin, lequel d'un grand lac qu'il étoit auparavant, devient une mer considérable par le concours des rivieres qui s'y dégorgent. Ces débordemens inonderent l'Archipel, en firent périr presque tous les habitans, & réduisirent ceux des Isles les plus élevées à se sauver sur les plus hauts sommets des montagnes. Combien de grandes Isles vit-on alors partagées en plusieurs pieces ! N'eut-on pas raison après cela de regarder ces Isles comme un nouveau monde, qui ne put être peuplé que dans la suite des temps ? Il n'est donc pas étonnant que Pline parle de certains changemens incroyables à ceux qui ne réfléchissent pas sur ce qui s'est passé dans l'Univers depuis tant de siécles.

Etienne le Géographe raconte deux fables, qui marquent la bonté de cette Isle, sçavoir que les femmes y accouchent à huit mois, & qu'il y coule une source de vin qui lui avoit sans doute attiré le nom de *Dyonisius*, dont parle Pline.

Le Grand Seigneur n'a pas lieu d'appréhender de révoltes dans cette Isle.

Les Dames y sont d'une vanité ridicule; on les voit venir de la campagne après les vendanges, avec une suite de trente à quarante femmes, moitié à pied, moitié sur des ânes. L'une porte sur sa tête des serviettes de toile de coton, ou quelque jupe de sa maîtresse; l'autre marche avec une paire de bas à la main, une marmite de grès, ou quelques plats de fayance : on étale sur le chemin tous les meubles de la maison, & la maîtresse montée sur quelque méchante rosse, entre dans la ville comme en triomphe à la tête de cette troupe. Les enfans sont au milieu, & le mari fait l'arriere-garde.

Pag. 277. *Des Isles de Délos.* Délos a pris son nom du mot Grec *delein* qui signifie *paroître*, parce que selon quelques auteurs elle parut la premiere, après l'écoulement des eaux du déluge, qui arriva dans le siécle d'Ogygès, long-tems avant celui de Deucalion. Cette fable est mal inventée, en supposant même que ces déluges particuliers eussent pu sensiblement enfler la mer; car les eaux venant à se retirer, Delos auroit été une des dernieres à paroître, étant une Isle fort basse.

Pag. 291. *L'Isle de Thermie est à*

ving-cinq milles de *Syra*. Nos faiseurs de cartes défigurent le nom de cette Isle, l'appellant *Fermia* ou *Fermina*; mais son véritable nom est *Thormia*, à cause des eaux chaudes qu'on y trouve, car le mot Grec ne signifie autre chose.

Pag. 297. Les marbres d'Oxford nous apprennent que Simonides, fils de Leoprepis, inventa une espece de mémoire artificielle, dont il montroit les principes à Athènes, & qu'il descendoit d'un autre Simonide, grand poëte aussi estimé dans la même ville. L'un de ces deux Simonides inventa ces vers lugubres que l'on chantoit aux enterremens.

Pag. 288. *L'Isle de Zia est assez bien cultivée*, &c. Cette Isle devoit être beaucoup plus grande, si Pline a été bien informé des changemens qui lui sont arrivés. Autrefois, suivant cet auteur, elle tenoit à l'Isle d'Eubée, la mer en fit deux Isles & emporta la plus grande partie des terres qui regardoient la Béotie.

Pag. 305. *Les habitans de l'isle*, &c. Les oignons de *Serpho* sont fort doux, & les habitans sont si glorieux de les avoir, & les trouvent si délicieux, qu'ils dédaignent de prendre les perdrix qui mangent la moitié de leurs grains & de leurs raisins.

Origène voulant faire connoître à Celse, qu'il étoit ridicule de reprocher la naissance à Jesus-Christ, lui dit : Quand même il seroit né dans l'Isle de *Serpho*, quand il seroit né le dernier des Sériphiens, il faut convenir, qu'il a fait plus de bruit dans le monde que les Themistocles, que les Platons, que les Pythagores, que les plus sages des Grecs, que les plus grands Rois & leurs Généraux.

Pag. 306. *L'Isle de Milo quoique petite*, &c. Un Miliote nommé Capsi s'érigea en petit Roi de *Milo*; il ne manquoit ni de courage ni de talens pour gouverner; mais il fut assez mal avisé pour aller rendre visite sans gardes à un Turc, Capitaine de vaisseau, qui lui avoit fait des propositions avantageuses de la part du Grand Vizir. Il ne fut pas plutôt sur le bord du Turc, que l'on mit à la voile, & ce malheureux, qui n'avoit régné que trois ans, fut pendu à Constantinople à la porte de la prison des esclaves. Il fut moins prudent que ces anciens habitans de *Milo* dont parle Plutarque, lesquels ayant planté une colonie à

Cryaffa ville de *Carice*, firent cacher des poignards dans le sein de leurs femmes, & s'en servirent pour couper la gorge aux habitans de la ville, qui les avoient invités à un festin, dans le dessein de les faire mourir.

Pag. 309. *Milo est une roche presque toute creuse, &c. Les mines de fer qu'elle contient, y entretiennent des feux perpétuels.* Il est certain que la limaille de fer s'échauffe considérablement, lorsqu'on la mouille avec de l'eau commune; mais cette chaleur est bien plus forte, lorsqu'on se sert de l'eau de mer; & si l'on mêle du soufre en poudre avec la limaille, on voit brûler ce mélange quelque tems après l'avoir humecté. Il est donc vraisemblable que les feux qui se font continuellement sentir dans cette Isle, ne viennent que de la matiere ferrugineuse, & du soufre qu'on y trouve presque par tout, & ces matieres s'échauffent avec l'eau marine dont elles sont abreuvées.

Il est bon de remarquer, que ce rocher spongieux & caverneux, qui sert de fondement à *Milo*, est comme une espece de poêle qui en échauffe doucement la terre, & lui fait produire les meilleurs vins, les meilleures figues,

& les melons les plus délicieux de l'Archipel.

On y voit de beaux troupeaux de chevres, dont le lait fert à faire de très-bons fromages. Clément d'Alexandrie, & Julius Pollux, n'ont pas oublié les chevraux de *Milo*, dans le dénombrement qu'ils ont fait des meilleures chofes que l'on peut manger dans la Grece.

Pag. 237. *Il y a près de vingt villages de chaque côté du Bofphore de Thrace, &c.* Le canal de la mer Noire, qu'on appelle autrement le *Bofphore de Thrace*, commence à la pointe du ferrail de Conftantinople, & finit vers la colonne de Pompée, dont j'ai parlé au chapitre où je décris cette capitale de l'Empire Othoman. Les anciens lui donnent cent vingt ftades de longueur, qui reviennent à quinze milles; mais ils fixent le commencement de ce canal entre Byzance & Chalcédoine, & le font terminer au Temple de Jupiter, où eft aujourd'hui le nouveau *Château d'Afie*. Ce canal n'eft point en ligne droite; fon embouchure a la forme d'un entonnoir du côté de la mer Noire, regarde le nord-eft, & doit fe prendre à la colonne de Pompée, d'où l'on compte près de trois milles jufques aux nouveaux Châteaux. Celui d'Afie eſt bâti fur le cap où étoit le Temple de Jupiter diſtributeur des bons vents, d'où vient qu'on appelle cet endroit *Jero*, du mot corrompu *Jeron*, qui fignifie un *Temple*. Le Château d'Europe eſt fur le cap oppofé, où étoit autrefois le Temple de Serapis. A commencer de ces Châteaux, le canal fait un grand coude, où font les golphes de *Saraïa* & de *Tarabié*, & de là il tire au fud-eſt vers le ferrail appellé *Sultan Solymam Kioſc*, à la diſtance de cinq milles des Châteaux. Le même canal s'approche enfuite par un autre coude du fud jufques à la pointe du ferrail, où il finit. On compte deux milles & demi de ce vieux coude aux vieux Château, & de là au ferrail ou à la pointe de Byzance fix milles. Le canal a donc en tout feize milles & demi de long. Sa largeur aux nouveaux Châteaux, où étoient les Temples dont j'ai parlé, eſt d'un mille & demi, ou deux milles dans quelques endroits. Le lieu le plus étroit eſt aux vieux Châteaux, dont celui d'Europe fe trouve fur la hauteur où les anciens avoient bâti un Temple à Mercure, & qu'ils appelloient à caufe de cela le cap *Hermée*. Ce cap se trouvoit, suivant les anciens à moitié chemin du canal, dont la raison est qu'ils le faisoient terminer d'un côté entre Chalcédoine & Byzance, & de l'autre au Temple de Jupiter. Cet endroit n'a pas plus de huit cent pas de large, & le canal est presque aussi resserré un peu plus bas à *Courichismé*, village bâti au pied du cap que les anciens nommoient *Esties*, d'où il s'élargit jusqu'au serrail environ de la largeur d'un mille, ou d'un mille & demi. Les eaux de la mer Noire entrent avec assez de vîtesse dans le canal des nouveaux Châteaux, & s'étendent dans les golphes de *Saraïa* & de *Tharabié*, d'où tirant, sans augmenter de vîtesse vers le Kiosc du Sultan Solyman, elles sont obligées de se réfléchir vers le midi, sans que leur mouvement paroisse augmenté, si ce n'est entre les vieux Châteaux, où le lit est le plus étroit. Le rétrécissement du canal augmente dans cet endroit-là la vîtesse des eaux, & elles se réfléchissent en outre obliquement du *Cap Hermée*, sur lequel est le vieux Château d'Europe, entre le cap de *Condil-bachesi* en Asie, & reviennent en Europe vers *Courichismé* au cap des

Esties, d'où elles enfilent la pointe du ferrail. Lorsque le vent du nord souffle, la rapidité est si grande entre les deux Châteaux, qu'il n'y a point de bâtiment qui puisse s'y arrêter, & qu'il faut un vent opposé au courant pour le faire remonter; mais la vîtesse des eaux diminue si sensiblement, que l'on monte & que l'on descend sans peine, lorsque les vents sont foibles.

Il y a des courans singuliers dans le *Bosphore de Thrace*, dont le plus sensible est celui qui le parcourt en long depuis l'embouchure de la mer Noire, jusques à celle de *Marmara* qui est la *Propontide* des anciens. Ce courant, avant d'y entrer, heurte en partie contre la pointe du ferrail; une partie de ces eaux passe dans le port de Constantinople, & vient se rendre en suivant le tour du couchant vers le fond qu'on appelle les *Eaux douces*. Ce qui passe des eaux du canal dans le port de Constantinople, forme un courant qui suit le tour des murailles de la ville; tout le reste se dégorge dans la mer de *Marmara* entre le ferrail & Chalcédoine.

Les deux petites rivieres des eaux douces forment un courant dans le port de Constantinople du nord-ouest à l'est, qui balayant les côtes de *Galata* & de *Topana*, se continue par celle de *Fondoxli* jusques vers *Arnautcui*, en remontant le canal du côté des Châteaux, par un cours opposé à celui du courant. On ne doit donc pas être surpris, que les bateaux montent à la faveur de ce petit courant, tandis que les autres descendent en suivant le cours du grand. Il y a toute apparence que les eaux qui sortent du port, heurtant de biais contre le grand courant, se glissent vers le nord; au lieu que ce grand courant les entraîneroit ou les repousseroit si elles se présentoient d'un autre sens. On a aussi remarqué qu'il y a un petit courant dans l'enfoncement de la côte de *Scutari*, de sorte que les eaux du grand courant qui frappent contre le cap de *Scutari*, se réfléchissent vers le nord. Les eaux du grand courant étant parvenues au cap *Modabouron*, remontent le long de la côte de Chalcédoine vers le cap de Scutari, & forment une autre espece de courant.

Il est difficile de rendre raison d'un autre courant caché, qu'on peut appeller le *courant inférieur*, parce qu'on ne l'obferve que dans le grand canal au-deffous du grand courant, que l'on doit nommer le *courant fupérieur*, lequel roule fes eaux depuis les Châteaux jufques dans la mer de Marmara. Les eaux qui occupent la furface de ce canal jufques à une certaine profondeur, coulent des Châteaux au ferrail; mais au-deffous de ces eaux, il y a une partie de l'eau du même canal, qui fe meut dans un fens contraire & qui remonte vers les Châteaux ; auffi les pêcheurs ont-ils remarqué que leurs filets, au lieu de tomber à plomb dans le fond du canal, s'étoient entraînés du nord vers le fud depuis la furface de l'eau jufques à une certaine profondeur, tandis que l'autre partie de ces mêmes filets, qui defcendoit depuis cette profondeur jufques au fond du canal, fe courboit dans un fens oppofé. Suivant la même obfervation des pêcheurs, les deux courans oppofés, l'un fupérieur & l'autre inférieur, font très-fenfibles dans l'endroit du Bofphore qu'on appelle *l'Abîme* Peut-être y a-t-il dans ce lieu-là un gouffre profond formé par un rocher creux comme un cuilleron, dont la partie cave regarde les Châteaux. Suivant cette fuppofi-

& de quelques autres Contrées. 285

tion, les eaux qui font vers le fond du canal, heurtans avec violence contre ce rocher, doivent en se réfléchissant prendre une détermination contraire à celle qu'elles avoient auparavant, c'est-à-dire, rebrousser vers les Châteaux, & couler dans un sens opposé à celui du courant supérieur. Il n'est pas facile d'expliquer pourquoi le Bosphore vuide si peu d'eau, sans que la mer Noire, qui en reçoit une si prodigieuse quantité en devienne plus grande. Cette mer qui est d'une étendue si considérable, outre le *Palus Meotides*, reçoit plus de rivieres que la Méditerranée. Tout le monde sçait que les plus grandes eaux de l'Europe tombent das la mer Noire par le moyen du Danube, dans lequel se dégorgent les rivieres de Suabe, de Franconie, de Baviere, d'Autriche, de Hongrie, de Servie, de Transylvanie, de Valaquie. Celles de la Russie noire & de la Podolie, se rendent dans la même mer par le moyen du Niester. Celles des parties méridionales & orientales de la Pologne & de la Russie septentrionale & du pays des Cosaques, y entrent par le Nieper ou Borysthène. Le Tanaïs & le Copa passent dans la mer Noire par le Bosphore Cimmérien. Les rivieres de la Mingrelie, dont le Phase est la principale, se vuident aussi dans la mer Noire, de même que le Casalmar, le Sangaris, & les autres fleuves de l'Asie mineure qui ont leur cours vers le nord.

Néanmoins le Bosphore de Thrace n'est comparable à aucune des grandes rivieres dont on vient de parler. Il est certain d'ailleurs que la mer Noire ne grossit pas, quoiqu'un réservoir augmente lorsque la décharge ne répond pas à la quantité d'eau qu'il reçoit. Il faut donc que la mer Noire se vuide & par les canaux souterreins, qui traversent peut-être l'Asie & l'Europe, & par la dépense continuelle de ses eaux, lesquelles s'abreuvent dans la terre & s'écoulent bien loin des côtes.

Supposé que la mer Noire ait été un véritable lac sans décharge, formé par le concours de tant de rivieres il ne pouvoit se vuider, suivant la conformation des lieux, que par le Bosphore de Thrace, les montagnes qui sont entre-elle & la mer Caspienne, s'opposoient à son ouverture du côté de l'Orient. Les eaux du Palus Méotides tombent dans la mer Noire du côté du nord, bien loin de permettre que celles de la mer Noire s'y dégorgent. Les rivieres d'Asie repoussent aussi la mer Noire du sud au nord. Le Danube les éloigne de son embouchure du côté du couchant. Il n'y avoit donc que ce recoin, qui est au nord-est au-dessus de Constantinople, où elles pussent creuser la terre sans opposition, entre le fanal d'Europe & celui d'Asie. La décharge ne se pouvoit pas même faire du côté d'aucun de ces fanaux, à cause que les côtes en sont très-escarpées : ainsi les eaux de la mer Noire furent obligées de passer dans l'endroit où il n'y avoit que du terrein ; & ce fut là qu'elles commencerent à se creuser un canal en se présentant de front par une colonne qui amollit les terres & les emporta par différentes secousses. Les eaux se firent d'abord une ouverture en ligne droite entre les deux rochers où sont les nouveaux châteaux, & détremperent les terres qui occupoient le premier coude où sont les golphes de Saraïa & de Tharabié, contraintes de se tenir dans un bassin bordé de rochers fort élevés ; mais leur pente naturelle les fit ensuite descendre jusqu'au

Kiofc de Solyman II, & de-là changeant de détermination par la rencontre d'autres nouveaux rochers, elles formerent le fecond coude du canal dont les terres obéirent du côté du midi. Cette route fut fans doute tracée par l'auteur de la nature, qui fe fervit des eaux pour creufer les terres dont elle étoit remplie; car fuivant les loix du mouvement qu'il a établies, elles fe jettent toujours du côté où elles trouvent le moins de réfiftance. Celles de la mer Noire continuerent à charrier les terres qui fe trouvoient entre les deux rochers où font les vieux châteaux, & elles poufferent le canal jufques à la pointe du ferrail, dont le fond eft une roche vive & folide. Ce bras de mer emporta peut-être tout d'un coup la digue de terre qui réfiftoit entre Conftantinople & le cap de Scutari, d'où il fe dégorgea dans la mer de Marmara.

Ce fut dans ce tems-là, fuivant les apparences, qu'arriva cette grande inondation dont parle Diodore de Sicile. Cet auteur affure que les peuples de Samothrace, Ifle fituée à gauche de l'entrée des Dardanelles, s'apperçurent de l'irruption que le pont Euxin fit

dans

dans la Propontide par l'embouchure des Isles Cyanées ; car le Pont Euxin que l'on regardoit dans ce tems-là comme un grand lac, augmenta de telle sorte par la décharge des rivieres qui s'y dégorgeoient, qu'il déborda dans la Propontide & inonda une partie des villes de la côte d'Asie, lesquelles étoient apparemment plus basses que celles d'Europe. Malgré cette situation, les eaux monterent jusques sur les plus hautes montagnes de Samothrace, & firent changer de face à tout le pays. Ce changement arriva long-tems avant le voyage des Argonautes, car ces héros n'entreprirent cette expédition que 1263 ans avant J. C. Cela doit nous persuader que l'écoulement de la Propontide dans la Méditerranée, s'étoit fait long-tems auparavant par la même mécanique.

Polybe s'étoit imaginé que le Pont Euxin devoit se changer en marais, & ne croyoit pas que le tems en fût éloigné, croyant que le limon que les rivieres y charrient devoit former une barre capable d'en embarrasser l'embouchure, de même que de son tems on en voyoit une de vase aux bouches du Danube. Heureusement pour les

Turcs, le Bosphore s'est conservé, & est même devenu plus grand. Il n'y a pas à craindre qu'il s'y forme de barre; cela n'arrive qu'à l'embouchure des rivieres, dont les eaux sont repoussées vers les terres par les vagues de la mer, & par les marées.

Quelque rapide que soit le Bosphore, ses eaux ne laissent pas de se geler dans les grands hivers. Zonare assure qu'il y en eut un si rude sous Constantin Copronyme, que l'on passoit à pied sur la glace de Constantinople à Scutari. L'an 401, sous l'Empire d'Arcadius, la mer Noire fut glacée pendant vingt jours, & après que la glace fut rompue, on en vit passer devant Constantinople des morceaux effroyables.

Il est vraisemblable que les eaux de la Propontide, qui n'étoit peut-être anciennement qu'un lac formé par les eaux du Granique & du Rhyndacus, ayant trouvé plus de facilité à se creuser un canal aux Dardanelles, que de se frayer un autre passage, se répandirent dans la Méditerranée, & décharnerent, si je puis m'exprimer ainsi, les rochers, à force de laver les terres. Les Isles de la Propontide ne sont autre chose que les restes des rochers que les eaux ne purent dissoudre, de même que celles qui sont à l'embouchure de la mer Noire, & que les anciens ont connues sous le nom d'Isles Cyanées d'Europe & d'Asie. Le débordement du Pont Euxin dut apporter de grands changemens dans les Isles de la mer Egée, sur-tout dans celles qui s'y trouverent exposées en ligne droite. L'Isle de Samothrace, qui est à côté du canal, en fut tellement inondée, que ses habitans ne sçavoient où se retirer, & que les pêcheurs, lorsque les eaux eurent baissé, tiroient avec leurs filets des chapiteaux de colonnes, & d'autres morceaux d'architecture.

Il est certain que les eaux du nord tombent dans la Méditerranée par le Bosphore Cimmérien, par celui de Thrace, & par le canal des Dardanelles, qui est un autre espece de Bosphore, ou bras de mer qu'un bœuf peut traverser à la nage. La décharge de la Méditerranée dans l'Océan est au détroit de Gibraltar, entre le mont Atlas & celui de Calpe, où il y avoit une digue qu'il ne falloit que déboucher. Il peut se faire que l'irruption qui se fit alors dans l'Océan ait submergé ou emporté l'Isle Atlantide que Platon place au-delà des côtes d'Espagne.

La Tour de *Lecandre* est tout près du cap de Scutari. L'Empereur Mannuel la fit bâtir sur un écueil d'environ deux cent pas de tour, & en fit construire une autre du côté de l'Europe au couvent de Saint George, pour y tendre une chaîne qui fermât le canal. Cette Tour est quarrée, terminée par un comble pointu, garnie de quelques pieces d'artillerie, enfermée dans une enceinte qui est aussi quarrée : elle est presque sans défense, & n'a pour toute garnison qu'un concierge. Le premier village du Bosphore au-delà de Scutari est *Cassourgé*, ensuite *Stavros*, lequel reçut ce nom d'une croix dorée posée sur le haut d'une Eglise que Constantin y fit bâtir. Après *Stavros* on découvre le village de *Flengelcui*, qu'on nommoit autrefois *Chrysoceramos*, ou *Brique dorée*, à cause d'une Eglise couverte de briques de couleur d'or. Avant que d'arriver au vieux Château d'Anatolie, on rencontre deux autres villages, dont le premier se nomme *Coule* ou *Coulé-Bachesi*, & l'autre *Candil-Bachesi*, & l'on passe deux ruisseaux.

Coulé-Bachefi est sur la pointe que les anciens nommoient le cap *Cecrium*, & qui s'appelle encore *Cecri*, opposé au cap des *Esties*, au bas duquel est bâti *Conrouchismé*. *Candil - Bachefi* est à l'embouchure du premier ruisseau qui se jette dans le golphe de *Napoli*, nom qui vient peut-être de *Nicopolis*, que Pline décrit dans ces quartiers-là. Les Turcs appellent ce ruisseau *Ghirocsou*, ou *l'eau verte*, de même que l'autre qui est près du Château. Le second ruisseau que l'on passe avant que d'arriver au vieux Château d'Asie, s'appelle aussi *l'eau verte*, & c'est le plus grand ruisseau qui se jette dans le Bosphore du côté de l'Asie. Les anciens le nommoient *Arete*, & quelques Grecs l'appellent encore *Enarete*. Tous ces quartiers sont occupés par les jardins du Grand Seigneur. Ils s'étendent non-seulement depuis les premieres *eaux vertes*, jusques à celle-ci, mais même jusqu'à Sultan Solyman Kiosc, & delà suivant la côte, ils vont finir à l'embouchure de la mer Noire. Tout le reste du pays est destiné pour les grandes chasses de l'Empereur.

Du tems des Empereurs Grecs, il y avoit deux Châteaux sur le Bosphore, l'un sur la côte d'Asie, & l'autre sur celle d'Europe, qui défendoient le passage du canal dans sa partie la plus étroite. On les laissa tomber en ruine dans la décadence de l'Empire. Les Turcs les ont rétablis en différens tems, avant même qu'ils fussent les maîtres de Constantinople.

Le nouveau Château d'Europe fut bâti par ordre de Mahomet IV, vis-à-vis celui d'Asie. Le vieux est situé dans l'endroit le plus étroit du canal sur un cap opposé à celui où est le Château d'Asie. Les Empereurs Grecs avoient fait bâtir autrefois des forteresses sur ces caps, mais les Turcs voyant la situation avantageuse de ces lieux les ont encore mieux fortifiées. Amarat II ayant déclaré la guerre à Uladislas Roi de Pologne voulut s'assurer le passage du Bosphore; & comme les Châteaux des Grecs tomboient en ruine, il fit démolir le monastere de *Sosthenien* dédié à Saint Michel, & fondé par Constantin, & les matériaux furent employés pour bâtir ce Château. Il y a trois grandes tours, deux sur le bord du canal, & la troisieme sur la croupe. Ces tours sont couvertes de plomb, épaisses de trente pieds, & les murailles de leur enceinte, qui est triangulaire, ont environ vingt-deux pieds d'épaisseur; mais elles ne sont pas terrassées. Les embrasures sont horribles, de même que celles des autres Châteaux du Bosphore & des Dardanelles. Les canons sont sans affuts, & il faut beaucoup de tems pour les charger.

Ce Château porte le nom de *Vieux* depuis que Mahomet IV a fait bâtir ceux qui sont à l'entrée de la mer Noire. Mahomet II en donna le Gouvernement à Pherus Aga, avec ordre de faire payer les droits à tous les bâtimens qui passeroient par-là. Erizzo, Capitaine Vénitien, n'ayant pas voulu baisser les voiles, son vaisseau fut coulé à fond, & il se sauva à terre avec trente hommes de son équipage: mais il fut empalé par ordre du Gouverneur, on coupa la tête aux autres, & on les laissa sur le rivage sans sépulture. Le Château de Mahomet II est bâti sur le cap de Mercure dont parle Polybe. Le Temple de ce Dieu est bâti dans l'endroit le plus étroit du Bosphore, a-peu-près entre Byzance & le Temple de Jupiter *Distributeur des vents*. Denis de Byzance appelle ce même cap le

Chien rouge. C'est-là que venoit aboutir l'autre tête du pont sur lequel Darius fit passer son armée pour aller combattre les Scythes. La premiere tête de ce grand ouvrage étoit en Asie, dans l'endroit le plus étroit du Bosphore, vis-à-vis l'autre Château.

Pag 240. *Il y avoit près du château d'Asie, que l'on regarde comme l'entrée du Bosphore, en venant de la mer Noire, &c.* Les anciens avoient une idée si affreuse de la mer Noire, qu'ils n'osoient y entrer sans faire dresser des autels & des temples à tous les Dieux & à toutes les Déesses de leur connoissance. Tout le détroit de l'embouchure étoit nommé *Hiera, lieux sacrés*. Outre le temple que fit bâtir sur la côte d'Asie Phryxus, fils d'Athamante & de Nephele, qui porta la Toison d'or dans la Colchide; les Argonautes qui entreprirent le même voyage pour rapporter ce trésor en Grece, ne manquerent pas d'implorer le secours des Dieux, avant que de se hazarder sur une mer si dangereuse.

Pag. 378. *S'il en faut juger par la route des Argonautes Phinopolis ou la cour de Phinée, &c.* Le portrait qu'Apollonius fait de Phinée, & les moyens que ce Prince donna aux Argonautes pour passer les roches Cyanées, sont tout-à-fait singuliers. Phinée averti que cette troupe de héros venoit d'arriver chez lui, se leva de son lit, & marcha moitié endormi, s'appuyant d'une main sur un bâton, & se cramponnant de l'autre contre les murailles. Il trembloit de langueur & de vieillesse; à peine sa peau qui étoit collée sur ses os, pouvoit les empêcher de se séparer. Dans cet état, il parut comme un spectre à l'entrée d'un sallon, où il ne fut pas plutôt assis, qu'il s'endormit sans pouvoir dire un seul mot. Les Argonautes furent surpris de le voir; cependant Phinée reprenant un peu ses esprits. Héros, leur dit-il, qui faites l'honneur de la Grece, car je connois qui vous êtes par la science que j'ai de deviner, ne vous retirez pas, je vous en conjure, sans m'avoir délivré du malheureux état où je suis. Y a-t-il rien de plus cruel que de mourir de faim dans l'abondance des vivres. Ces maudites harpies viennent m'ôter les morceaux de la bouche, & infectent ce qui reste sur mes plats d'une puanteur si horrible, qu'il n'y a personne qui en puisse goûter: mais il est porté par l'Oracle, que ces vilains oiseaux seront dissipés par les fils d'Aquilon.

Zetes & Calaïs, qui étoient de la troupe, furent touchés du sort de ce malheureux Prince, & lui promirent leur secours. On servit le souper, mais dès que Phinée voulut toucher à la viande, les harpies sortant des nuages, parmi des éclairs affreux, fondirent sur la table avec un bruit surprenant, dévorerent tout ce qu'il y avoit; après quoi elles s'enfuirent laissant une puanteur insupportable. Les fils d'Aquilon les poursuivirent, & les auroient atteintes, si Iris ne les eût avertis qu'ils devoient bien se garder de les tuer, que c'étoient les chiens de Jupiter; & qu'elle juroit par le Stix qu'on les enverroit si loin, qu'elles n'approcheroient plus de la maison de Phinée.

On ne peut s'empêcher d'admirer l'invention de ce Prince qui, n'ayant point de boussole non plus que les Argonautes, leur conseilla avant que de passer les Isles Cyanées de lâcher une colombe. Si elle passe saine & sauve au-dessus de ces rochers, leur dit-il, faites force de rames & de voiles, & comptez plus sur vos bras, que sur les vœux que vous pourriez faire aux Dieux : mais si elle revient, faites volte-face, & revenez sur vos pas.

La Cour où Phinée faisoit sa résidence, s'appelle aujourd'hui *Mauromolo*. C'est un beau monastere de Caloyers, qui ne payent pour tribut qu'une charge de cerises. On dit qu'un Sultan s'étant égaré à la chasse autour de cette maison, & ne croyant pas être connu des Religieux, leur demanda la colation. Les Moines qui sçavoient qui il étoit, lui présenterent du pain & un plat de cerises, & il les trouva si bonnes, qu'il les déchargea de la capitation, à condition qu'ils porteroient tous les ans une charge de cerises au serrail.

ADDITIONS

Et Remarques Historiques & Critiques du Tome VI.

Pag. 177. D<small>E</small> *l'Isle de Delos*, Une suite de siécles change beaucoup la face d'un pays. Hérodote assure que cette Isle étoit fertile en palmiers, mais aujourd'hui il n'y en a pas un seul, & il n'y vient que du lentisque, qui est l'arbrisseau qui porte la gomme de mastic. On tient qu'il n'en produit que dans l'Isle de Chio; mais il y a apparence que si on le cultivoit de même à Delos, il en produiroit aussi.

Delos a pris son nom du mot grec *Delein*, qui signifie paroître, parce que selon quelques auteurs elle parut, la premiere des autres Isles, après l'écoulement des eaux du déluge, qui arriva au siécle d'Ogygès, long-tems avant celui de Deucalion. Mais c'est une fable mal inventée; car les eaux

& de quelques autres Contrées. 301
venant à se retirer, Delos auroit plutôt été des dernieres à paroître, étant une Isle fort basse.

Pag. 196. *La ville de Corinthe, &c.* On compte cinq milles du golfe d'Egine jusques à Corinthe. Les maisons de cette ville sont accompagnées de jardins de citronniers & d'orangers, & sont par grouppe de dix ou douze dans un endroit, d'une vingtaine dans l'autre, avec des terres labourées entre deux. Le plus gros de la ville où il y a plus de bâtimens joints ensemble est le *Bazar*, qui n'est pas fort beau. La campagne est pleine de villages & de métairies. Les revenus du pays consistent en froment, orge, olives, huile, laines, bétail & vin. Corinthe étoit une colonie de Romains qui vinrent s'y établir, après que le Consul Memmius eut saccagé la ville & dissipé les anciens habitans.

Pag. 197. *Le château de l'Acrocorinthe, &c.* Les avenues en sont fort escarpées, & le chemin fort étroit. Il n'y a qu'une seule entrée : mais il faut passer deux portes avant que d'être dedans. Il contient trois Mosquées avec leurs minarets, & cinq ou six petites Eglises de Grecs. Il étoit apparemment bien peuplé, & comme une petite ville, du tems que les Vénitiens le possédoient ; car il y reste quantité de maisons, quoiqu'une partie tombe en ruine. C'est le refuge des Turcs contre les descentes des Corsaires. Au levant & au nord du rocher il y a deux petits châteaux attachés au grand, qui ont chacun leur Aga particulier qui les commande. Il y a dehors une éminence au sud-ouest un peu moins haute, par où Mahomet II battit le château, qui se défendit quatorze mois contre ce conquérant, & céda enfin à sa bonne fortune.

Pag. 199. *Le golfe de Lepanthe, &c.* Lepanthe étoit anciennement appellée *Naupactus*, d'un mot Grec qui signifie bâtir un vaisseau, soit que les Heraclides eussent fabriqué là le premier navire. Aujourd'hui ceux du pays l'appellent *Epactos*. Lepanthe est dans une situation assez bizarre, autour d'une petite montagne faite en pain de sucre, au haut de laquelle est le donjon de la forteresse. Avant que d'y arriver, il faut passer quatre ou cinq murailles. Quand on vient par mer, il semble qu'elle soit collée à la montagne la plus haute, qui est au nord; mais elle

& de quelques autres Contrées. 303
en est séparée par des vallons qui rendoient la place assez forte avant l'usage du canon. Le port est fort petit, & peut se fermer à chaîne, n'ayant pas cinquante pieds d'ouverture, & cinq cent de tour ; aussi n'y entre-t-il que des barques médiocres.

Pag. 205. *Patras dans le premier tems, &c.* Patras n'est qu'à un quart de lieue de la mer, sur une éminence, qui touche une montagne assez haute au nord. Au lieu le plus élevé de la montagne, il y a une forteresse, qui est vraisemblablement dans le même lieu où étoit celle des Romains.

Pag. 216. *Cette Isle est appellée par Homere Samos, &c.* L'Isle de Cephalonie, au siecle d'Homere, portoit le nom de *Samos*, & avoit une ville du même nom, qui ne devoit pas être loin du port de *Pescarda*. C'étoit la plus grande Isle des Etats d'Ulysse, & je m'étonne que Strabon ne lui donne que trois cents stades de tour, qui ne font que trente-cinq milles, & Pline quarante-quatre, quoiqu'elle en ait plus de six vingt.

Pag. 231. *L'Isle de Tine, &c.* Cette Isle est mieux cultivée & plus peuplée que les autres Isles Cyclades, qui sont sous la domination Ottomane, parce qu'elle est à couvert des insultes des Corsaires chrétiens. Elle n'a point de port, mais seulement une plage appellée Saint-Nicolas, où les vaisseaux vont donner fond, auprès de laquelle étoit la ville de cette Isle. L'Isle est fertile en bled, en figues & en raisins. Tout le roc y est presque de marbre, & il y en a encore des carrieres qui ont été autrefois travaillées. La soie n'y est pas fort belle, & les ouvriers sont si mal adroits, qu'au lieu de lui donner du lustre en la travaillant, ils lui ôtent celui qu'elle avoit.

Pag. 274. *L'Isle de Mycone, &c.* Mycone, qu'on appelloit anciennement *Myconos*, est l'Isle où les Poëtes disoient que les Centaures défaits par Hercule étoient enterrés. Elle n'est séparée du Delos que de trois milles de trajet, & non pas de quinze. Entre cette Isle & Delos il y a un écueil que les Francs appellent Dragonera, & les Grecs *Tragonisi*, comme qui diroit l'Isle des Boucs. Les femmes n'y sont point cruelles, quoique pour la plupart elles soient très-belles. Leur habit est tout-à-fait particulier. Le corps est de velours rouge ou brun; les manches sont de toile, & ont plus d'une aune de large, sur autant de long. Le cotillon fort plissé, ne descend qu'un peu plus bas que le genou, & la chemise paroît dessous jusqu'au soulier; elle est plissée de même, & ouvragée de soie.

Pag. 287. *Le mont Cynthe, &c.* Strabon nous en fait accroire, en voulant que le mont Cynthe, qui est au milieu de l'Isle, soit une haute montagne, puisqu'elle n'a que vingt ou trente toises de hauteur.

Pag. 298. *L'Isle de Joura, &c.* Cette Isle, qu'on appelloit autrefois *Scyros*, avoit la réputation d'être un très-mauvais séjour, & l'on y envoyoit en exil des personnes de qualité de Rome. Aujourd'hui elle est tout-à-fait inhabitée, la grande quantité de rats ayant fait déserter ces insulaires, si nous ajoutons foi au rapport de Pline. Juvenal lui donne le surnom de *Courte*, parce qu'en effet elle est très-petite; & Virgile celui de profonde, parce que la mer qui l'entoure a beaucoup de fond.

Pag. 299. *L'Isle de Joura est le lieu le plus stérile & le plus désagréable de l'Archipel, &c.* Joura n'a que douze mille de tour, & Pline en a-bien connu le circuit. Dans la carte de Grece dreſſée ſur les mémoires de M. Baudrand, il eſt fait mention de l'Iſle de *Joura*, placée entre *Syra* & *Andros*, & beaucoup plus grande que la premiere de ces Iſles. Suivant les apparences on a voulu marquer *Joura* dont nous parlons, cependant l'auteur de la carte marque une autre Iſle de *Joura* près de *Delos*, où aſſurément il n'y en a point.

Quelques auteurs pour repréſenter la miſere du pays, ont dit que les mulets étoient contraints, pour vivre, de ronger le fer, tel qu'on le tiroit des mines.

Pag. 316. *Il n'y a qu'un méchant village dans l'Argentiere*, &c. Il n'eſt fait aucune mention de *l'Argentiere* dans l'hiſtoire ancienne; cette Iſle a toujours ſuivi la deſtinée de *Milo*. Dans le renverſement de l'Empire des Grecs par les Latins, Marc Sanude noble Vénitien la joignit au Duché de *Naxie*, avec quelques autres Iſles voiſines; elle ſe trouva enſuite enveloppée dans la conquête de l'Archipel par Barberouſſe.

Pag. 369. *Je paſſai de Meſſine à Reggio*, &c. Cette ville n'a rien de

& de quelques autres Contrées. 307
remarquable; mais en général elle est mieux bâtie & plus agréable que Modene. On vante beaucoup l'Eglise de Saint-Prosper, mais quand on vient de Rome & de Naples, il est difficile d'admirer les Eglises de *Reggio*. On a trouvé quelques anciennes inscriptions, dans lesquelles cette ville est appellée *Regium Lepidi*, mais ce *Lepidus* n'est pas autrement désigné. L'autre *Reggio* de la Calabre ultérieure étoit nommé *Regium Julium*, & l'on a remarqué que les habitans de la pemiere sont appellés par les auteurs Latins *Rhegienses*, & les autres *Rhegini*. La riviere *d'Ensa* est à huit milles de *Reggio* & on la passe sur un pont.

Pag. 383. *Je fus deux fois au sommet du mont Vesuve, &c.* Chacun sçait que le *Vesuve* est proche de Naples dans l'ancienne campagne qu'on nomme aujourd'hui *Terre de Labour*, la plus fertile & la plus agréable de l'Italie. Si les approches de cette montagne sont dans quelques endroits affreuses & stériles, le terroir, à peu de distance, est bon au souverain degré; & du côté de l'orient, elle est chargée de vignes qui s'élevent sur des grands peupliers, & qui donnent des vins excellens.

Les anciens auteurs parlent de cinq ou six éruptions furieuses avant l'Empire d'Auguste; mais ils n'ajoutent aucune circonstance. On a observé que quand les feux souterreins peuvent se frayer une issue par l'ouverture de la montagne, les tremblemens de terre ne sont pas si grands; mais qu'au contraire les secousses sont terribles, lorsque les matieres enflammées ne trouvent point d'issue.

Pag. 392. *Le rocher qui fait la pointe du cap a été autrefois fendu en deux par un tremblement de terre.* On appelle ce rocher *la Spaccata*, & la montagne de la Trinité. Il s'est séparé du haut en bas, depuis la cime jusques à la mer. La distance de cette séparation est de quatre à cinq pieds dans l'endroit par où l'on y entre, mais elle s'élargit un peu vers le haut; & il est manifeste qu'il s'est véritablement ouvert. Les habitans disent que ce fut un des prodiges qui arriva lorsque notre Seigneur rendit l'esprit, & ils font voir contre un des côtés de l'ouverture de la montagne, comme l'empreinte d'une main sous laquelle le rocher s'est amolli. Ils racontent qu'il s'amollit en effet, sur le défi que lui en fit un incrédule.

& ils ont gravé ce distique au-dessous.

Improba renuit mens verum quod fama fatetur
Credere ; at hoc digitis saxa liquata probant.

On a construit des degrés pour descendre entre ce double rocher, & on a pratiqué assez avant une petite chapelle, qui est dédiée à la Trinité, à Saint Anne & à Saint Nicolas de Bary.

Pag. 399. *De Florence.* Florence contient huit mille huit cent maisons, & soixante mille ames, vingt-deux hôpitaux, quatre-vingt-neuf couvens, quatre ponts, sept fontaines de pierre grisâtre, qu'ils appellent *Pietra forte*, que l'on tire des carrieres voisines. Une bonne partie des maisons est bâtie de semblables pierres, & l'on prétend que ses Palais sont les mieux construits de toute l'Italie.

Pag. 401. On doit voir à *Modène la fameuse Sechia rapita, &c.* Quoique Modène soit située dans un bon pays, elle est fort pauvre faute de négoce. Ses fortifications tombent en ruine, ses rues sont petites & sales. Les belles maisons y sont rares, & cette ville seroit peu connue sans son ancienne réputation,

& sans le séjour qu'y fait son Duc.

Pag. 404. *Les statues d'Alexandre I. & de Ranuce I. Ducs de Parme, &c. méritent l'attention des voyageurs qui vont à Plaisance.* Plaisance est mal peuplée, & ses maisons sont presque toutes de brique. Ses fortifications ne valent pas grand chose, quoiqu'on les vante beaucoup.

Pag. 405. *Pavie que les Latins appellent Ticinum, &c.* La ville de Pavie a perdu tout son ancien lustre. On ne diroit pas à la voir, qu'elle a été le séjour de plus de vingt Rois, & la capitale de leur Royaume. Le château est une vieille masse comme abandonnée, & les fortifications de la ville sont dans un très-pauvre état.

Pag. 407. *J'assistai à Milan, &c.* Quoique la ville de Milan ait souvent été ravagée, & même détruite par les fléaux de la peste & de la guerre, elle s'est si bien rétablie, qu'on peut la compter aujourd'hui entre les plus grandes & les plus belles villes de l'Europe. Sa forme est circulaire, le circuit de ses murailles est d'environ dix milles, & l'on y compte trois cent mille habitans.

La citadelle de Milan est un hexa-

& de quelques autres Contrées. 311
gone régulier, bien revêtu, bien muni de canon, avec de bons foſſés & une bonne contreſcarpe. Si l'on raſoit les vieilles murailles, les tours, les donjons & quantité de maiſons qu'elle renferme, la place en vaudroit infiniment mieux.

L'Egliſe Cathédrale eſt un ouvrage prodigieux; elle eſt moins grande d'une ſixieme partie que Saint Pierre de Rome, mais il y a infiniment plus de travail.

Pag. 279. *Je me rendis de Milan au Lac Majeur & aux Iſles Borromées.* Les Iſles Borromées ſont à quarante mille de Milan. Elles ſont agréables dans l'éloignement, mais elles n'ont rien de rare ni d'extraordinaire. Un Provincial qui n'auroit rien vû, les admireroit, ſi on l'y tranſportoit tout-à-coup; mais la même choſe n'arrivera pas à ceux qui ont un peu rodé le monde. On y paſſe en allant de Milan à Genêve.

Pag. 413. Ni les cartes de Géographie, ni les autres deſcriptions qu'on a faites de Mantoue, ne donnent aucune idée de ſa ſituation. On repréſente ordinairement cette ville au milieu d'un lac, dont on la fait à-peu-près également environnée, ce qui n'eſt pas. La riviere du *Mincio* trouvant un pays-bas, elle s'élargit, & forme une espece de marais douze ou quinze fois plus long qu'il n'est large. Mantoue est bâtie sur un terroir ferme dans un des côtés de ce marais. Lorsqu'on vient de Crémone, on passe une chauffée longue de deux ou trois cent pas ; & de l'autre côté, quand on va vers Véronne, le marais, ou le lac, est beaucoup plus large. Il y a quelques endroits où ses eaux sont toujours courantes, & d'autres où elles croupissent & infectent tellement l'air de Mantoue, que dans la saison des plus grandes chaleurs, tous ceux qui peuvent quitter la ville en sortent.

Pag. 421. *La plupart des étrangers qui vont en Allemagne passent ordinairement par Munich.* Munich est au centre de la Baviere. Les deux tours de l'Eglise dédiée à la Vierge, ont trois cent trois pieds de hauteur. Les tuyaux des orgues de cette même Eglise sont de buis, & ces orgues sont fort bonnes. Il se tient deux Foires par an à Munich; la premiere le Dimanche d'après l'Epiphanie, & la seconde, le jour de Saint Jacques.

Pag. 430. *On montre dans les Bibliotheques de Basle plusieurs choses relatives*

& de quelques autres Contrées.

à *Erasme, &c.* Basle est la plus grande, la plus belle & la plus riche ville de tous les cantons, quoiqu'elle n'ait pour toute clôture qu'une muraille appuyée de quelques tours. Son Université la rend aussi fort célébre. Le Rhin y est déja fort large & fort rapide ; il passe dans la ville, & un beau pont de pierre fait la communication des deux parties que ce fleuve sépare.

L'Eglise Cathédrale est un édifice assez considérable. On y voit le tombeau du fameux Erasme.

Les horloges de Basle avancent toujours d'une heure : à midi, par exemple, elles sonnent & marquent une heure, & ainsi du reste. Les uns rapportent cette coutume au tems que le Concile fut tenu dans cette ville en 1440, & disent que c'étoit afin que les personnes qui composoient l'assemblée se séparassent, & se retirassent un peu plutôt qu'elles n'auroient fait, si on ne les avoit pas ainsi trompées. Les autres racontent que les Magistrats ayant eu avis que des Conspirateurs devoient exécuter leur dessein à une certaine heure précise, ordonnerent qu'on fît avancer l'horloge, pour rompre leurs mesures ; & qu'en mémoire de ce stratagême qui réussit heureusement, on a toujours fait avancer les horloges d'une heure.

Chacun sçait que le fameux Holbein étoit natif de Basle. Ce peintre n'avoit point eu de maître, aussi remarque-t-on une maniere particuliere dans ses ouvrages. Sa danse est dans un lieu public, contre la muraille du cimetiere de l'Eglise Françoise. C'est une suite de toutes sortes de gens, qui se tiennent par la main, & que la mort qui mene le branle, conduit au tombeau. Il y a des personnes de tout âge, de tout sexe & de toute condition.

Pag. 431. *Il y a dans l'Eglise de Saint Ursus à Soleurre, &c.* Soleurre est dans une vallée fertile, sur la riviere d'Aar, laquelle passe aussi à Berne. Cette ville se vante d'une très-grande antiquité, & se dit *Sœur de Troyes*. Son nom latin se trouve écrit de diverses manieres dans les auteurs modernes; mais dans l'itinéraire d'Antonin, elle est appellée *Solothurum*, à cause, disent quelques-uns, d'une tour qu'on y avoit érigée en l'honneur du soleil. Cette ville est environnée de fortifications régulieres, & revêtues de grands quartiers d'une espece de marbre blanc. Le peuple y est fort superstitieux. On y voyoit autrefois un grand Crucifix habillé à la Suisse.

Il y a sur le bord du lac de *Morat* une espece de chapelle toute remplie des os des Bourguignons, qui y furent défaits au nombre de dix-huit mille, par l'armée des Suisses & des Lorrains, avec l'inscription suivante.

DEO OP. MAX.

CAROLI INCLYTI ET FORTISSIMI DUCIS BURGUNDIÆ, EXERCITUS MURATHUM OBSIDENS AB HELVETIIS CÆSUS HOC SUI MONUMENTUM RELIQUIT ANNO M. CCCC. LXXVI.

Pag. 431. *Un tremblement de terre occasionna dans la Cathédrale de Lausanne, &c.* La situation de Lausanne est extrêmement rude, & cet endroit a je ne sçai quoi, qui paroît d'abord sauvage, cependant tous ceux qui connoissent cette ville l'aiment. Les promenades y sont fort agréables, particulierement vers le lac, & tout le monde se loue de la politesse des habitans. L'Eglise Cathédrale est assez

O ij

grande & assez belle pour le pays, & il y a quelques années que la muraille, toute épaisse & toute forte qu'elle est, fut fendue au sud du chœur & entr'ouverte par un tremblement de terre, depuis le haut jusqu'au fondement. L'ouverture étoit si large, que les écoliers qui jouoient dans la place avoient coutume d'y mettre leurs manteaux & leurs porte-feuilles. Quelque tems après, un nouveau tremblement de terre rapprocha les deux côtés du mur, & les resserra si bien, qu'ils sont à-peu-près dans leur premier état.

Pag. 445. *L'Electeur de Cologne a à Bonne &c.* Bonne fut bâtie par *Drusus.* L'opinion commune est que cette ville fut ainsi nommée *ab Omine*, comme *Beneventum*, *Maleventum &c.* Le Palais est peu de chose.

Id. On voit à *Cologne, que les Latins appelloient Colonia Agrippina, &c.* Cologne fut faite ville Impériale par l'Empereur Othon l'an 993. Constantin y avoit bâti un pont de pierre qui fut détruit l'an 1124 par l'Evêque Brunon.

Pag. 446. *Il y a dans le Duché de Juliers, &c.* Juliers est située dans une plaine sur la *Roer*, & est assez bien

& *de quelques autres Contrées.* 317
fortifiée. Les Protestans y ont liberté d'exercice.

Id. Aix-la-Chapelle, qu'on appelloit anciennement *Aquisgranum*, &c. Cette célébre ville est toujours grande & belle, quoiqu'elle ait perdu de son ancien lustre. Elle a conservé presque toute sa liberté. Charlemagne l'ayant presque tout de nouveau rebâtie cette ville, qui pendant près de quatre siécles avoit été dans un triste état, depuis le sac qu'y fit Attila, l'honora de plusieurs priviléges, la déclara capitale de la Gaule Transalpine, & la choisit pour le lieu ordinaire de son séjour. Il érigea aussi la grande Eglise, qui donna lieu à la nouvelle dénomination de cettte ville qu'on nommoit *Aquisgranum*, dit-on, d'un Prince Romain, nommé *Granus*, frere ou cousin de Néron. Ce Prince ayant fait la découverte des eaux minérales, bâtit là un château, & jetta les premiers fondemens de la ville.

Voici une inscription qui est sur le bassin d'airain d'une fontaine publique, vis-à-vis celle de l'Hôtel de Ville.

Hic, aquis per granum principem quemdam Romanum Neronis & Agrip-

pæ fratrem inventis, calidorum fontium thermæ à principio conſtructæ. Poſtea vero, per Dominum Carolum Magnum Imp. conſtituto ut locus hic ſit caput & Regni ſedes trans Alpes, renovatæ ſunt, quibus thermis hic gelidus fons influxit olim, quem nunc demum hoc æneo vaſe illuſtravit S. P. Q. Aquiſgranis, Anno Domini 1620.

Charlemagne y mourut âgé de ſoixante-douze ans, l'an 14 de ſon Empire, le 48 de ſon régne, & l'an de grace 814. Depuis Charlemagne, pendant l'eſpace de plus de cinq ſiécles, beaucoup d'Empereurs voulurent être couronnés à Aix. Charles IV régla abſolument la choſe par une des conſtitutions de la Bulle d'or : il ordonna que les Empereurs y recevroient la premiere couronne.

Pag. 449. *La carriere de Maſtricht, &c.* Cette ville eſt de médiocre grandeur, aſſez bien bâtie & bien fortifiée. On trouve aux environs diverſes ſortes de coquillages, ſur-tout vers le village de *Zichen* ou *Tichen*, & ſur la petite montagne appellée *des Huns*.

La ville de Liége eſt aſſez grande,

bien peuplée & ornée de quelques beaux bâtimens : l'Eglise Cathédrale & le Palais Episcopal sont les deux principaux. Le Chapitre de Liége étoit autrefois le plus honorable de tout l'Empire. On lit dans les Annales de cette ville, que l'an 1131, lorsque le Pape Innocent deuxiéme y couronna l'Empereur Lothaire second, ce Chapitre, qui assistoit à la Cérémonie, se trouva composé de neuf fils de Rois, & de quatorze fils de Ducs, Princes Souverains, de ving-neuf Comtes du Saint Empire & de huit Barons. Aujourd'hui cela est bien déchû. Il n'y a point de bourgeois, docteur licencié dans l'Université de Louvain, qui ne puisse être Chanoine de Liége.

La Meuse sépare Liége en deux parties, mais la principale est sur la rive gauche. Un beau pont de pierre les réunit ; & les arches de ce pont donnent passage à de grandes barques, qui y apportent toutes sortes de denrées, & qui servent beaucoup à la commodité du négoce de cette ville.

REMARQUES a ajouter à celles de l'Article d'Egypte, contenues dans le premier Volume.

L'Icneumon du Nil. Cet animal qu'on trouve dans la haute & la basse Egypte, se tient pendant les innondations du Nil dans les jardins & aux environs des villages, & lorsqu'il fait sec dans les champs sur les bords du Nil. Il se coule sur le ventre pour surprendre sa proie. Il se nourrit de plantes, d'œufs & de volaille, dont il fait un grand dégât. J'ai dit qu'il déterroit les œufs que le crocodile pond dans le fable, & qu'il étoit son ennemi déclaré. Il gronde & abboie lorsqu'on le met en colere. Il est faux qu'il entre dans gueule du crocodile, & qu'il lui ronge les intestins.

La Chauve-souris d'Egypte. Cet oiseau qui est de la grosseur d'une petite souris, se tient dans les jardins de Rosette près du bord du Nil.

Le Rat qui saute. Il a la tête d'un liévre, les mouſtaches d'un écureuil, le grouin d'un pourceau, le corps, les oreilles & les jambes de devant comme celles d'un rat, celles de derriere, comme celles d'un oiſeau, & la queue d'un lion. Il eſt de la groſſeur d'un gros rat. Il ne ſe ſert que des pieds de derriere, auſſi ne marche-t-il que par bonds & par ſauts. Lorſqu'il s'arrête, il colle ſes pieds contre ſon ventre, & s'appuie ſur ſes genoux. Il ſe ſert pour manger des pattes de devant. Il dort le jour & ne marche que la nuit ; il eſt difficile à apprivoiſer, & ſe nourrit de pain de froment & de graine de ſeſame.

L'Hippopotame. Quoique j'aye parlé de cet animal dans nos remarques ſur l'article d'Egypte, j'ai cependant cru faire plaiſir au lecteur de lui communiquer les obſervations ſuivantes.

Son cuir ſeul fait la charge d'un chameau. Il eſt l'ennemi déclaré du crocodile, qu'il tue par-tout où il le rencontre. Il n'habite point au-deſſous des cataractes du Nil. Il fait des dégâts affreux par tout où il paſſe, & comme il eſt très-vorace, il ravage dans un inſtant des champs entiers de froment &

de trefle. Plus il fait de voyages à terre, plus on est assuré de la crue du Nil.

Le Dromadaire. Il pese mille livres, & au défaut de paturage, les Egyptiens le nourrissent avec des noyaux de dattes pilés.

Le Giraffe. Cet animal est de la grosseur d'un petit chameau. Il a le corps, la tête & les jambes couvertes de taches noirâtres de la largeur de la paume de la main, dont la couleur varie selon le jour où on les voit. Sa longueur depuis le bout du museau jusqu'à la queue est de vingt-quatre palmes.

Le Vautour d'Egypte. Cet oiseau fréquente la voirie qui est près du Caire, & se nourrit avec les chiens des charognes & des immondices qu'il y trouve. Il y a des personnes riches & charitables qui ont ordonné par leurs testamens de distribuer soir & matin à ces vautours de la viande fraîche. Cet oiseau est extrêmement hideux. Il a la face pelée & ridée, les yeux grands & noirs, le bec noir & crochu, les serres longues & crochues, le corps tout couvert d'immondices, & on ne peut le voir sans horreur. Il suit tous les ans la caravane de la Mecque, & mange les immondices & les chameaux qui meurent sur la route.

Le Hibou cornu. Cet oiseau est assez commun en Egypte. Il est de la grosseur d'un hibou ordinaire, & loge dans les masures, & même dans les maisons habitées. Il est si vorace dans la Syrie, que lorsqu'on laisse les fenêtres ouvertes, il entre la nuit dans les maisons, & tue les enfans.

La Hupe noire. Cet oiseau, qui est de la grosseur du choucas, vit dans les champs & les maisons de la basse Egypte dans le tems où le Nil baisse, savoir dans les mois de Septembre & d'Octobre, & se nourrit d'un insecte qui ressemble au cloporte.

Le Corbeau d'Egypte. Il est gros comme une alouette, il se loge dans le creux des arbres, & se nourrit d'insectes.

L'Halcion d'Egypte. On le trouve dans la basse Egypte ; il fait son nid sur les dattiers & les sycomores qui croissent aux environs du Caire, & se nourrit de grenouilles, d'insectes & de poisson. Il a à-peu-près le même cri que le corbeau.

On peut voir ce que j'en ai dit dans les remarques sur l'Egypte.

Le *Pluvier*. Il y a deux sortes de Pluviers en Egypte, sçavoir le pluvier d'Automne, & le pluvier à trois ergots. Le premier est gros comme une poule, & le second comme un pigeon.

Charadrius Himantopus. Cet oiseau se rend en Egypte au mois d'Octobre, & on le trouve dans les lacs.

Celui d'Alexandrie est de la grosseur d'une alouette. Il y en a un autre, appellé par Linnœus *Charadrius Agyptius*, qu'on trouve dans les plaines d'Egypte, & qui se nourrit d'insectes.

Le *Charadrius spinosus*, que les François appellent le *Dominicain*, a le bec noir & blanc comme l'habit de ces Religieux.

Le *Kervan*. On trouve cet oiseau dans la basse Egypte dans les bois d'Acacia, près des sépulcres des anciens Egyptiens, & dans les déserts. Il est de la grosseur d'une corneille. Il a la voix glapissante comme le pivert noir, mais plus agréable, ce qui fait qu'on le tient en cage. La chair est dure, savoureuse & sent l'aromate. Il est très-vorace & mange les rats & les loirs. Il boit fort peu, & lorsqu'on le met jeune en cage, il se passe d'eau plusieurs mois, pourvû qu'on le nourriffe avec de la viande crue macérée dans l'eau.

Le Canard de Damiete. On le trouve près des côtes de Damiete, & il eft de la groffeur d'un canard ordinaire. Il eft très commun dans les environs de cette ville, fur-tout entre Alexandrie & Rofette, près du port de Bichie, où on le prend au filet.

Celui du Nil fe trouve dans la haute Egypte & dans la mer Rouge. Il a le col & le deffus de la tête blancs, tachetés de gris, & une raie blanche qui s'étend derriere les yeux; la poitrine grifâtre rayée de noir; le ventre & les cuiffes de la même couleur, & les flancs rayés de gris. On le prive aifément, & les Arabes l'appellent *Bah*.

L'Hirondelle du Nil. Cet oifeau que les Arabes appellent *Abunures*, reffemble beaucoup à la mouette, & eft très-commun fur le canal de Trajan au commencement de Janvier. Il cherche fa nourriture dans le limon du Nil, & fe nourrit d'infectes fans aîles, de petits poiffons & d'immondices. Il a le bec noir, la tête & le col grifâtres vers le haut, avec de petites taches noires; le tour des yeux noir, tacheté de blanc, le dos, les aîles, & la queue grifes; le ventre & le deſſous du cou blancs; les jambes rouges, & les onglets noirs. Il eſt de la groſſeur d'un pigeon, & on le trouve ſur le Nil.

La Perdrix. Il y a dans les environs des pyramides d'Egypte & dans les déſerts une perdrix griſe plus petite que nos perdrix ordinaires. Les Arabes l'appellent *Katta.*

Le Pélican. Il arrive en Egypte à la mi-Septembre, & forme en volant un angle aigu comme les oies ſauvages.

L'oiſeau Niais. On en apporte quantité de vivants en Egypte vers le milieu & la fin du mois de Novembre. On le prend au filet pendant la nuit, peu de tems avant que les eaux ſe retirent.

Le Cygne. On le trouve ſur la côte de Damiete.

Le Crocodile. J'en ai parlé dans mes remarques ſur l'Egypte, auxquelles j'ajouterai les ſuivantes. Le crocodile a cela de commun avec les oiſeaux qui ſe nourriſſent de graines, qu'il avale des cailloux pour faciliter la digeſtion des alimens qu'il prend. Il rend ſes excrémens par la bouche, & il ſe rend à terre toute les fois qu'il eſt obligé de ſe vuider. Les vieux crocodiles ont sous l'aisselle une folicule de la grosseur d'une noisette, dans laquelle est une matiere épaisse qui a l'odeur du musc. Comme ce parfum est fort estimé, les Egyptiens ont soin de l'enlever. Lorsque le mâle veut s'accoupler avec sa femelle, il la renverse sur le dos avec son museau.

Les œufs du crocodile sont plus gros que ceux des poules, & plus petits que ceux des oies. Leur coque est épaisse, ridée & d'un blanc sale.

Sa graisse employée en forme de topique est bonne contre le rhumatisme & la rigidité des tendons. Son fiel est bon pour les yeux, & contre la stérilité. On le donne aux femmes à la dose de six grains, & on en forme un pessaire avec du coton. Les Arabes regardent ses yeux comme un excellent aphrodisiaque. Cet animal cause des maux infinis dans la haute Egypte ; il dévore souvent les femmes qui vont puiser de l'eau à la riviere, & les enfans qui se divertissent sur le rivage, ou qui ont l'imprudence de s'y baigner.

Le Caméléon. Cet animal est très-sujet à la jaunisse sur-tout lorsqu'il est en colere : ce cas excepté, il change rarement du noir au jaune ou au verd, qui est la couleur de son fiel, dont on apperçoit aisément le mélange avec le sang, parce que cet animal a les muscles minces, & la peau transparente. Le caméléon d'Egypte est plus petit & plus rare que celui d'Asie.

Le Lézard d'Egypte. On le trouve dans les montagnes & les plaines d'Egypte.

Le Lézard Gecko. Il est commun au Caire, tant dans les maisons qu'à la campagne. Son venin s'exhale des lobules des orteils, & il est si âcre qu'il cause à l'instant des pustules rouges & enflammées, accompagnées d'une démangeaison pareille à celle que cause la piquure de l'ortie. Il cherche tous les endroits & toutes les choses imprégnées de sel marin, & laisse ce venin dangereux par-tout où il passe.

Le Lézard du Nil. On le trouve dans les marais qui sont dans le voisinage du Nil.

Le Stinc. On trouve cet animal dans l'Arabie Pétrée, près de la mer Rouge, & dans la haute Egypte sur les bords du Nil. Les Orientaux l'emploient en qualité d'aphrodisiaque. Plusieurs auteurs croient mal-à-propos que le Stinc est un poison.

La Vipere des boutiques. On la trouve en Egypte, & on en envoie tous les ans quantité à Venife pour faire la thériaque.

La Cérafte. L'Egypte eft fon pays natal.

La Vipere hajè. On la trouve en Egypte. Lorfqu'elle eft irritée, elle enfle fa gorge & fon cou quatre fois plus que ne l'eft fon corps.

Le Serpent jaculus, la Couleuvre, le Serpent cornu. On les trouve tous trois en Egypte.

Du climat de l'Egypte. On eft furpris que les plantes puiffent fubfifter fans pluie en Egypte pendant fix mois. Cela nous paroît extraordinaire en Europe, où le tems eft plus fouvent pluvieux que fec. Cependant il y a des plantes qui fubfiftent depuis fix cents ans, fur lefquelles il n'eft peut-être pas tombé fix onces d'eau. De ce nombre font les fycomores qui font autour du Caire & dans la haute Egypte, où il tombe peut-être dix gouttes de pluie tous les deux ou trois ans. Si les plantes d'Egypte manquent de pluie, elles ne manquent point d'eau. Le Nil leur procure un fecours que le Ciel leur refufe. L'Egypte n'eft qu'une riviere continue depuis le premier d'Août jusqu'à la fin d'Octobre. Un étranger qui arrive dans ce tems-là, & qui ignore la cause de cette inondation, la regarde comme un miracle de la nature. Il s'imagine voir une mer, dans laquelle croissent toutes sortes de végétaux, & d'où s'élevent des sycomores, des acacias, des cassiers, des saules & des tamarisćs. Telle paroît l'Egypte pendant tout le tems qu'elle est inondée. Les plantes, dont la plûpart sont des *semper virens*, ne manquent point d'eau, & l'art en fournit à celles auxquelles la nature en refuse; car les Egyptiens sont très-versés dans l'hydraulique, & ont grand soin d'arroser leurs jardins.

Depuis ce tems-là jusqu'au commencement d'Avril, il régne une autre saison; l'eau se retire peu à-peu, & tout le pays est couvert d'un limon que le Nil a déposé, & qui rend l'Egypte le pays le plus fertile qui soit au monde. Le laboureur séme alors son froment avec moins de peine, & plus d'espérance d'une récolte abondante, que n'en ont les Européens. C'est là le travail auquel ils vaquent dans le mois d'Octobre & de Novembre. Viennent ensuite les plantes que le terrein produit naturellement ; elles font en petit nombre, & encore y a-t-il lieu de croire que les femences y ont été tranſportées par les oiſeaux ou qu'elles ſont les mêmes que celles que nous avons en Europe. Les arbres ſe dépouillent de leurs feuilles à la fin de Décembre & au commencement de Janvier, & il en vient d'autres avant qu'elles ſoient entiérement tombées.

Le Muſa & le Palmier, qui font les richeſſes & l'ornement de l'Egypte, ſe diſpoſent dans ce tems-là à donner leur fruit. Après que le premier s'eſt dépouillé des vieilles feuilles qui ſont près de ſa racine, il en pouſſe d'autres au ſommet, & les nouvelles pouſſent dans les mois de Décembre & de Janvier. On fait la récolte dans le mois d'Avril ; après quoi l'on ne s'apperçoit plus que l'Egypte ait été inondée. Elle n'eſt point entiérement dénuée de pluie dans les mois de Novembre, Décembre, Janvier, Février & Mars ; mais on obſerve que cela n'a lieu que près de la Méditerranée ; & il pleut quelquefois ſi fort à Alexandrie, Roſette & Damiete, que les habitans s'en trouvent incommodés. Il arrive quelquefois dans ce tems-là qu'un nuage répand en passant quelques gouttes de pluies au Caire. C'est ce qu'aucun voyageur n'a observé, & delà vient que les Européens n'ont aucune idée du climat de l'Egypte, les uns assurant qu'il y pleut, d'autres que non, en quoi tous deux ont raison. Après la récolte & avec le mois de Mai, commence la plus rude saison de l'Egyte, je veux dire l'été, qui fait que le pays ressemble à ceux du nord, dans les mois de Janvier & de Février. La terre est remplie de crevasses, de même que dans les plus fortes gelées, avec cette différence que dans ceux-ci elles sont cachées par la neige, au lieu qu'il n'y a rien en Egypte qui cache son misérable état.

L'Egypte, deux mois auparavant, méritoit que pour la voir, on fît un voyage du nord au sud. C'est de l'aveu de tous les voyageurs le plus beau pays de l'univers, sur-tout lorsqu'on la voit vers la fin de Décembre du haut des pyramides. Ce pays qui est si agréable pendant nos hivers, est horrible en été. Les oiseaux l'abandonnent, & se retirent vers le nord. Les plantes spontanées se flétrissent, on met à couvert celles que l'on cultive,

& il ne reste que l'arrête-bœuf & la chicorée. Tous les bords du Nil sont couverts de melons, de concombres & de sésame, qui mûrissent dans les champs, où on les a semés après le froment, ce qui a fait croire à bien des voyageurs qu'on faisoit deux ou trois récoltes en Egypte. Tout ce pays cependant ne se ressent pas également de la chaleur. Il faut en excepter les hauteurs qui sont aux environs de Rosette & de Damiete, lesquelles dans ce tems-là sont couvertes de riz qu'on y séme au mois de Mai, & qu'on recueille dans celui d'Octobre, graces à l'eau du Nil qu'on y conduit avec des travaux & des dépenses infinies. C'est pendant ces chaleurs excessives qu'on doit admirer la sagesse du Créateur, qui, pour prévenir la ruine totale du pays, a voulu qu'il tombât de la rosée matin & soir. Elle est sur-tout utile aux arbres, qui périroient sans elle, au lieu qu'avec ce secours ils réussissent à merveilles. Cette rosée tombe dans le tems que les nuages s'avancent du nord vers le sud, c'est par leur nombre que les Egyptiens jugent de la plus ou moins grande crue du Nil. Ces nuages courent le Ciel le matin, se dissipent lorsque le soleil commence à paroître, & les nuits sont aussi sereines dans le fort de l'été, qu'elles le sont dans le nord dans le cœur de l'hiver.

Le Ciel est toujours le même en Egypte, & c'est là vraisemblablement ce qui a porté les anciens Egyptiens, & les Arabes qui leur ont succédé, à cultiver l'Astronomie.

REMARQUES
SUR
LA PALESTINE
ET LA MER MORTE.

1. Le sel est une craie friable, impregnée de sel, & extrêmement semblable à celui de l'Egypte.

2. Couvert d'une croûte de sel.

3. De globules de terre glaise, ronds & compactes. Il y en a dans la glaise près de la côte.

4. Du schistus ou de l'ardoise semblable au caillou, répandue çà & là sur le rivage.

5. De couches perpendiculaires d'une argile noirâtre, laminée parmi la glaise commune sur les bords.

6. Nuls roseaux.

7. Nulle plante sur le rivage. Une plante infecte avec une fleur labiée, à quelque distance, & une autre d'un goût salin dans la plaine.

8. Les Arabes amaſſent toutes les automnes une quantité conſidérable daſphalte ſur le rivage. Ils le portent à Damiete, où on l'emploie à teindre les laines.

9. Quantité de coquillages ſur le rivage.

10. Les Arabes prétendent qu'il n'y a point de poiſſons dans cette mer; mais les coquillages qu'on y trouve me paroiſſent prouver le contraire.

11. Point de navigation.

12. Les montagnes voiſines ſont compoſées d'une pierre calcaire fort tendre, que la mer paroît avoir formée.

13. L'ardoiſe qu'on trouve dans les montagnes, n'eſt autre choſe que de l'aſphalte pétrifié.

14. L'âpreté des montagnes éloignées.

15. L'aſphalte reſſemble au baume de mummie, & n'eſt que la même ſubſtance; ce qui donne lieu de croire qu'il y a en Egypte quelque lac impregné de la même matiere.

16. Les pétrifications que l'on trouve ſur le rivage oppoſé, ſont les mêmes que celles qu'on voit dans les lacs d'Egypte qui ſont à ſec.

17. La pomme de Sodôme est le fruit du Solanum melongena.

Thermes de Tibériade.

1. La source est au pied d'une montagne, à la porté d'un coup de pistolet du lac de Génézareth, & à un quart de lieu de la ville de Tibériade.

2. La montagne est composée d'une pierre noire, fragile & sulphureuse, que l'on trouve par gros quartiers dans les environs de Tibériade, mais par morceaux détachés sur les côtes de la mer morte, tant ici, que près du lac de Génézareth. On tire de cet endroit des meules de moulin qu'on envoie par eau d'Acre en Egypte. Il y en a une quantité prodigieuse à Damiete.

3. La source qui vient de la montagne est d'un diametre égal à celui du bras d'un homme, & il n'y en a qu'une seule.

4. L'eau est si chaude, qu'on ne sçauroit y tenir long-tems la main sans s'échauder : elle approche du degré de l'eau bouillante.

5. Elle a une odeur sulfureuse très-forte.

6. Un goût amer approchant de celui du sel marin.

7. Le sédiment que l'eau dépose, est noir & pâteux; il sent le soufre & est couvert de deux pellicules, dont l'inférieure est d'un beau verd foncé, & la supérieure de couleur de rouille. A l'entrée de l'orifice où l'eau forme des petites cascades en tombant sur les cailloux, on ne trouve que la premiere pellicule, & elle ressemble si fort à de la conserve, qu'on pourroit aisément prendre cette production minérale pour une production végétale: mais près de la riviere où l'eau est calme, on voit ces deux pellicules, la jaune dessus, & la verte dessous. Le bain est dans une misérable maison qui est auprès, & qui tombe en ruine, parce que personne ne fait usage de ces présens de la nature.

Description du vrai Baume de la Mecque.

Le baume de la Mecque est jaune transparent. Il a une odeur résineuse & balsamique très-agréable. Il est tenace & gluant, il s'attache aux doigts & file beaucoup. Il ne se fond ni ne se liquéfie à la chaleur du soleil de la Natolie.

C'est le meilleur stomachique que

l'on connoisse, étant pris à la dose de trois grains. Il est admirable pour guérir les plaies récentes, & il suffit d'en verser quelques gouttes dessus, pour les consolider en peu de temps.

Pour connoître s'il est naturel ou falsifié, versez-en une goutte dans de l'eau; si elle reste dans la même place sur sa surface, le baume ne vaut rien; mais si elle s'étend en forme de pellicule mince, qu'on puisse enlever avec un cheveu, ou un brin de fil ou de soie, sans que l'eau perde sa transparence, c'est un signe qu'il est bon. Les Turcs conviennent eux-mêmes qu'il est difficile d'en trouver qui résiste à cette épreuve; le vrai baume de la Mecque ne se trouvant qu'entre les mains du Sultan, ou de quelques Grands Seigneurs qui l'ont reçu de quelqu'un qui a été à la Mecque.

Maladies d'Egypte & de Syrie, & leurs remedes.

Les maladies qui régnent dans ces deux contrées sont, la peste, la fievre de Damiete, la fievre synoque, la fievre tierce, la céphalalgie, la colique, le calcul, l'asthme, l'affection histérique, le ver solitaire, l'ophthalmie, la vérole, la dartre d'Alep, l'hernie, la stérilité.

Les personnes attaquées de la peste, ont les yeux larmoyans, & la langue couverte de pustules blanches.

La fiévre de Damiete régne pendant l'hiver, mais encore plus dans le printems. Elle est accompagnée d'un pouls fort & fréquent, d'une grande chaleur & d'une soif ardente; le malade a la langue séche & pâteuse, & les yeux rouges & enflammés. Elle se termine au bout de deux ou quatre jours par une stupeur & une tumeur d'un côté, accompagnée d'une douleur & d'une rougeur dans le bras, le pied, la jambe. Avant cette crise, on sent ondoyer quelque peu de sérosité dans le crâne au-dessous de l'os frontal. Cette crise n'est pas toujours d'un bon augure, car le malade meurt souvent. S'il en réchappe, l'enflure & la stupeur ne laissent pas que de continuer. Les Arabes l'appellent *Nyſham*, fluxion chaude, pour la distinguer de l'appoplexie, qu'ils appellent *Nyſh-bred*, fluxion froide.

Pour guérir la fiévre synoque, les Grecs pilent un coquillage & en font un cataplafme qu'ils appliquent fur la plante du pied du malade, où il fait élever une puftule. C'eft le feul reméde qu'ils emploient dans les fiévres, même dans le fort du mal, & il leur réuffit.

Voici la cure fympathique que les Grecs de la Morée prefcrivent pour la fiévre tierce. A l'inftant que le friffon commence, le malade va s'affeoir fous un pêcher, & y refte jufqu'à ce que l'accès foit paffé. Ils difent qu'il guérit de fa fiévre, mais que l'arbre meurt.

Les Arabes, pour appaifer les maux de tête, la rafent & fe font plufieurs incifions autour de la future coronale, laiffant couler le fang jufqu'à ce que la douleur foit appaifée, obfervant de ne point offenfer les vaiffeaux, & ne faifant ces incifions que dans la peau & dans les parties charnues.

Pour appaifer la colique, prenez le lumignon d'une chandelle & du favon d'Allemagne, mêlez-les enfemble, & faites-en des pillules ; ou bien de la poix, faites-en des pillules de la groffeur d'un pois, & prenez-en trois ou quatre, lorfque l'accès commence.

Les Orientaux fe guériffent du calcul, en buvant de l'eau dans laquelle ils ont fait infuser des feuilles d'amandier séches.

Voici un remede pour l'asthme que j'ai appris à Smyrne. Coupez une mouette par morceaux, faites-la cuire dans l'eau, & buvez-en le bouillon.

Pour l'affection hystérique, prenez une datte, ôtez-en le noyau, & après l'avoir remplie de mastic pulverisé, mettez-la rôtir sur le charbon. Humez-en la fumée par le nez, & après qu'elle aura cessé de fumer, & que le mastic sera fondu, mangez-la. Cela doit se faire dans le paroxisme.

Le ver solitaire est un fléau dont les habitans d'Egypte ne sont point exempts. Ce ver est si commun, que les deux tiers des habitans du Caire y sont sujets. Ceux qui en souffrent le plus, sont les Juifs, le bas peuple & les Cophtes ; il y a peu de Turcs qui l'ayent. Les Médecins du Caire l'attribuent unanimement aux alimens dont ils usent, & je suis persuadé que les melons, les concombres & les fruits dont ils se nourrissent, ne contribuent pas peu à l'engendrer. Les Juifs & les femmes y sont plus sujettes que les autres, à cause de la quantité de confitures qu'elles mangent. Ces Médecins ne connoiffent qu'un feul reméde, qui eft le pétrol pris intérieurement. On le donne les trois derniers jours du quartier de la lune, & au cas que le malade ne rende point les vers qu'on croit avoir tués, on réitére la dofe.

Les maux des yeux font très-communs en Egypte, fur-tout au Caire, où la plupart des habitans font fujets à l'ophthalmie & à la pforothalmie, ce que j'attribue à la chaleur exceffive du climat, & à la pouffiere dont l'air eft rempli. Cette caufe n'eft pas la feule, & en voici une autre beaucoup plus confidérable. Les habitans, fur-tout ceux qui habitent près du canal, ont dans leurs maifons un puits ou une foffe qui leur fert de latrines, & qui communique avec le canal qui traverfe la ville. On ouvre ce dernier une fois l'année pour le nettoyer, & cela dans le fort des chaleurs. Comme il eft rempli de limon du Nil & des matieres putrides qui s'y font rendues de ces foffes, il n'eft pas étonnant que le miafme qui en fort, occafionne ces fortes de maladies.

Un homme âgé de quarante ans avoit des ulceres vénériens au front, au nez, au menton & dans la gorge, qui lui avoient fait perdre la voix. Il but de l'eau de goudron environ une pinte & demie par jour. Au bout d'un mois les ulceres qu'il avoit dans la gorge se guérirent, & il recouvra la voix; les autres disparurent successivement, & trois mois après il n'en restoit plus qu'un au nez, qui diminuoit de jour à autre.

A l'égard de la dartre d'Alep, les enfans & les femmes, & non plus que les hommes qui vont à Alep ne sont jamais exempts de cette maladie. Il n'y en a pas un seul sur mille qui l'évite. Les seuls qui en soient exempts sont ceux qui ont les cheveux noirs, & qui sont d'un tempérament mélancolique. Elle dure ordinairement six mois, & quelques-uns l'ont pendant un an. Elle affecte souvent les joues des femmes, & leur cause plus de mal lorsqu'elle se guérit, que lorsqu'elle continue, laissant une cicatrice qui les défigure. Elle n'a point de siége fixe; elle attaque tantôt les joues, les épaules, le nez, & le gland de la verge. Les habitans l'attribuent à l'eau qu'ils boivent.

Quelques Syriens assurent qu'ils ont

été guéris de leur hernies, au moyen d'un cautere au scrotum.

A l'égard de la stérilité, le mari & la femme qui veulent la faire cesser, doivent boire en se couchant une tasse à thé d'eau de gérofle distillée. Ce remede passe pour souverain en Egypte dans ces sortes de cas.

Il y a des accoucheuses Turques & Grecques, qui n'ont jamais eu d'autre maître que l'expérience. Les femmes ont une grossesse heureuse, elles accouchent sans peine, & l'on en voit peu qui meurent en travail. Après que l'enfant est né, on lui coupe le cordon ombilical, & l'on applique dessus le cautere actuel. On lui saupoudre la tête avec de la poudre de noix de galle & de muscade mêlées ensemble; elle forme une croûte qu'on laisse jusqu'à ce qu'elle tombe d'elle-même. On a soin de lui plier les bras & les jambes, & delà vient que les Orientaux sont plus agiles que les Européens.

Maniere dont on prépare la Casse en Egypte.

On cueille les siliques avant qu'elles soient tout-à-fait mûres, & on les porte dans une chambre sur une couche de feuilles de palmier & de paille, de six pouces de hauteur. On les amoncelle dessus, & l'on ferme la porte. On les arrose le lendemain avec de l'eau, & on les laisse ainsi amoncelées pendant quarante jours, jusqu'à ce qu'elles soient devenues noires. D'autres les enterrent, mais cette derniere méthode est inférieure à l'autre.

De la Scammonée.

La meilleure vient de Marasch, à quatre journées d'Alep, près des frontieres de l'Arménie. On l'apporte à Alep dans de petits sacs de peau, d'où les marchands l'envoient à Londres & à Marseille. On la tiroit autrefois du Mont-Carmel par la voie d'Acre; mais il n'en vient plus aujourd'hui, les Arabes aimant mieux piller les voyageurs, que de la cultiver.

Mummie minérale.

La mummie minérale est une substance bitumineuse, luisante, friable, noire, & presque sans odeur, qu'on tire de la Perse. Elle coûte depuis deux jusqu'à cinq sequins la drachme en Egypte, selon qu'elle est plus ou moins rare & plus ou moins bonne. On prétend que cette mummie est un vulnéraire excellent. Les Egyptiens en composent un onguent en la mêlant avec de l'huile de senteur; & disent que la jambe d'un homme qui a été fracturée se guérit au bout de vingt-quatre heures avec ce remede, ils l'appellent mummie minérale, parce qu'elle ressemble à la masse qu'on tire du crâne des mummies.

Onguent de Mummie.

Les Egyptiens composent un onguent potable, en mêlant de la poudre de mummie avec du beurre. Ils l'appellent *Manteg*, & en boivent lorsqu'ils ont reçu quelque blessure. Un maure fut guéri en peu de temps d'un coup de couteau qu'il avoit reçu dans le flanc, & qui avoit percé les muscles intercostaux, en buvant deux livres de cet onguent, & en en frottant la plaie. Les Egyptiens l'emploient aussi pour les maladies de leurs bestiaux.

La vertu nutritive de la Gomme Arabique.

Les Abyssiniens se rendent tous les ans au Caire, pour y vendre des esclaves, de l'or, des éléphans, des drogues, des singes & des perroquets. Ils traversent des déserts affreux; & comme leur voyage dépend du temps, ils sçavent aussi peu que les marins combien ils resteront en route, ce qui les expose souvent à manquer de vivres. C'est ce qui arriva en 1750 à la caravane; elle resta deux mois en chemin, & les vivres lui ayant manqué, ceux qui la composoient eurent recours à la gomme arabique, & elle servit à nourrir plus de mille hommes pendant deux mois.

Richesses de l'Egypte.

On assure que l'Egypte paye mille bourses par jour, mais que le Grand Seigneur n'en reçoit qu'une petite partie. Le reste entre dans les coffres des Beys du Caire qui gouvernent le pays, & l'on ne peut y lever que quarante mille hommes en temps de guerre. Abdalha Pacha ayant été nommé Sultan d'Egypte, pria le Gouvernement de lui compter deux cents mille ducats, & on le satisfit au bout de quelques heures. Il en demanda cinq mille à Ibraïm Kiaja, qui les lui donna. De pareilles sommes prouvent que l'Egypte ne manque point d'argent. Ce même Ibraïm ayant usurpé l'Egypte, donna au Pacha, quelques jours après son arrivée, un festin somptueux & le servit à table avec son frere Rodoan Kiaja, qui étoit l'autre usurpateur. Après le repas, il fit des présens au Pacha pour la valeur de trente mille ducats; mais ce dernier dut sans doute être fâché de les recevoir des mains d'un homme, qui sous l'apparence d'un respect simulé, avoit dessein de lui faire connoître son pouvoir.

Lorsqu'on peut avoir une marchandise de la premiere main, & la vendre soi même sans que personne aille sur nos brisées, on peut faire tel gain que l'on veut. Le plus gros de la somme est pour le fabriquant, le marchand a le profit pour lui, & l'acheteur supporte la perte. C'est-là le fondement des richesses de l'Angleterre & de la

Hollande. Les François ont voulu suivre leur exemple en Egypte; mais ils ont toujours été obligés de céder une partie du profit à leurs maîtres. Un François achete du caffé à la Mecque de la premiere main; il le porte à Marseille, où il le vend aux Hollandois, aux Génois & aux Suisses, & gagne quelque peu dessus. Ces derniers le vendent aux Allemands, aux Suédois, aux Russes, &c. & y gagnent encore. Le François auroit eu ce profit, s'il l'avoit porté lui-même dans les lieux où les Hollandois &c. ont été le vendre.

Les Turcs, sans en excepter les plus pauvres, s'habillent de neuf à leurs *Beiram*, ce qui constitue les gens en place dans une dépense si considérable, qu'un Grand Seigneur au Caire ne peut habiller sa maison à moins de vingt mille ducats.

DESCRIPTION

De plusieurs Plantes curieuses qui croissent dans les Isles de l'Archipel, & dans quelques autres contrées du Levant.

STACHYS *cretica latifolia.* Cette plante est une des plus remarquables des environs de la Canée. Sa racine est ligneuse, tortue, longue d'un pied, roussâtre, tirant sur le brun, garnie de fibres moins foncées, épaisses de deux lignes, longues de sept ou huit pouces. Ses tiges sont hautes de près de deux pieds, quarrées, épaisses de deux ou trois lignes, couvertes d'un duvet blanc & cotonneux accompagnées à chaque nœud de deux feuilles longues de trois pouces sur un pouce & demi de large, arrondies en oreillettes à leur base, d'où elles diminuent insensiblement jusqu'à la pointe, laquelle est émoussée. Ces feuilles sont chagrinées, veinées, verd-blanchâtre, ondées, légerement crénelées : elles diminuent considérablement depuis le milieu de la tige vers le haut, & n'ont qu'environ un pouce & demi de long, sur huit ou neuf lignes de large; à peine ont-elles demi-pouce de largeur vers l'extrémité de la plante. Des aisselles de toutes ces feuilles, le long de la tige & des branches, naissent à plusieurs rangs assez serrés, des fleurs disposées par anneaux. Chaque fleur est un tuyau, long de demi-pouce, épais d'une ligne, percé vers le fond, blanchâtre, évasé en deux lévres couleur de rose, dont la supérieure a plus de demi-pouce de long, creusée en gouttiere, velue sur le dos, obtuse, & comme échancrée à la pointe : la lévre inférieure est de même longueur, découpée en trois piéces, deux latérales fort petites, & celle du milieu qui a quatre lignes de long sur plus d'un demi-pouce de large. Le calice est un autre tuyau de demi-pouce de long, blanc, cotonneux, évasé & divisé en cinq pointes purpurines, dures & piquantes. Il renferme un pistile à quatre embryons, surmonté par un filet gris de lin fourchu, accompagné de quelques étamines attachées à leur naissance au bord intérieur du tuyau de la fleur. Les embryons deviennent ensuite autant de graines longues d'une ligne, arrondies sur le dos, pointues de l'autre côté, noirâtres. La fleur est sans odeur, & les feuilles sans saveur remarquable.

Orchis cretica maxima, flore pallii episcopalis formâ. La racine de cette plante est à deux tubercules blancs, charnus, presque ovales, d'environ vingt-cinq lignes de long, pleins de suc, plus chevelus que ne le sont les tubercules de ces espéces de genre, dont les fibres sortent seulement du bas de la tige. La tige de celle-ci, est d'environ un pied de haut, sur quatre lignes d'épaisseur, garnie à sa naissance, en maniere de gaîne, de deux ou trois feuilles longues de trois pouces, sur près d'un pouce & demi de largeur, veinées, verd-gai, beaucoup plus petites le long de la tige, sur-tout dans les endroits où les fleurs naissent de leurs aisselles. La coëffe ou la partie supérieure de ces fleurs est à cinq feuilles, trois grandes & deux petites ; les grandes ont six ou sept lignes de longueur, sur trois ou quatre de largeur, cambrées, pointues, couleur de rose, rayées de verd sur le dos: les deux petites feuilles sont posées alternativement parmi les grandes: à peine ont-elles trois lignes de longueur, sur une ligne de largeur. La feuille inférieure de cette fleur, qui est la plus grande & la plus belle de toutes, a près de quinze lignes de long, & commence par une maniere d'estomac de pigeon verd-jaunâtre, dont la tête tire sur le verd; le reste de la feuille est une espéce de chape d'Evêque, arrondie & chantournée en bas, retroussée, découpée en trois parties, dont la moyenne est la moindre, légerement crénelée, & qui paroît comme échancrée; les deux autres parties sont plus pointues. La chape est minime-tanné veloutée, relevée de je ne sçai quoi de purpurin & de brillant comme le dos des abeilles. Deux éminences pointues, verd-jaunâtre & velues, s'élevent un peu au-dessous & à côté de l'estomac de pigeon, lequel fait partie d'un cartouche oblong, dont le bas qui est minime fauve, est orné de fleurons jaunâtres, terminés en maniere d'ancre. Le fleuron inférieur est relevé d'une tache assez grosse de même couleur

& de quelques autres Contrées. 355
que le cartouche. La queue de cette fleur est longue d'environ un pouce, épaisse de deux lignes, & comme torse : elle devient le fruit dans la suite.

Salvia cretica, frutescens, pomifera, foliis longioribus, incanis & crispis. C'est un arbrisseau touffu, haut d'environ deux ou trois pieds ; le tronc en est tortu, dur, cassant, épais de deux pouces, roussâtre, couvert d'une écorce grise, gersée, divisé en plusieurs branches grosses comme le petit doigt, subdivisé en rameaux dont les jets sont quarrés, opposés deux-à-deux, blanchâtres, cotonneux, garnis de feuilles opposées aussi par paires, longues de deux pouces & demi, quelquefois davantage, sur un pouce ou quinze lignes de largeur, chagrinées, blanchâtres, frisées, veinées fort proprement, roides, dures, pointillées par-dessous, soutenues par un pédicule long de sept ou huit lignes, cotonneux & sillonné. Les fleurs naissent en maniere d'épi, long d'un pied, rangées par étages assez serrés. Chaque fleur est longue d'un pouce ou de quinze lignes. C'est un tuyau blanchâtre, gros de quatre ou cinq lignes, évasé en deux lévres, dont la supérieure est creusée en cuilleron, velu, bleuâtre, plus ou moins foncé, longue de huit ou dix lignes. L'inférieure est un peu plus longue, découpée en trois parties, dont les deux latérales bordent l'ouverture de la gorge, qui est entre les deux lévres ; la partie moyenne s'arrondit, & se rabat en maniere de collet, échancrée, bleu-lavé, frisée, marbrée, panachée de blanc vers le milieu. Les étamines sont blanchâtres, divisées à peu-près comme l'os hyoïde. Le pistile qui se courbe & se fourche dans la lévre supérieure, est garni de quatre embryons dans sa partie inférieure, lesquels deviennent autant de graines ovales, noirâtres, longues d'une ligne. Le calice est un tuyau long de demi-pouce, verd-pâle, mêlé de purpurin, découpé irrégulierement en cinq pointes, évasé en maniere de cloche.

Cette espece de sauge a une odeur qui participe de la sauge ordinaire & de la lavande. Les jets de cette plante piqués par des insectes, s'élevent en tumeurs dures, charnues, de huit ou neuf lignes de diametre, presque sphériques, gris-cendré, cotonneuses, d'un goût agréable, garnies assez souvent de quelques feuilles en maniere de fraise.

Leur chair est dure & transparente quelquefois comme de la gelée. Ces tumeurs se forment par le suc nourricier, extravasé à l'occasion des vaisseaux déchirés par la piquure.

Caryophunus græcus , arboreus leucoii folio peramaro. La racine de cet œillet est grosse comme le pouce, couverte d'une écorce brune, dure, ligneuse, divisée en plusieurs autres racines peu chevelues, & pousse au travers des fentes des rochers un tronc tortu, haut de deux pieds, gros d'environ deux pouces, ligneux, cassant, dur, blancsale en-dedans, revêtu d'une écorce noirâtre, gersée, raboteuse, & comme relevée de quelques anneaux. Ce tronc produit plusieurs tiges branchues, brunes aussi, si ce n'est vers le haut, où les jeunes jets sont verd de mer, garnies de feuilles de même couleur, longues d'un pouce, sur trois ou quatre lignes de largeur, obtuses à leur pointe, opposées deux à deux, charnues, cassantes, touffues, ameres comme du fiel. Ces jets s'allongent de la hauteur d'un demi-pied, chargés de feuilles semblables aux précédentes, mais plus étroites, & soutiennent ordinairement une seule fleur, quelquefois c'est un bouquet assez gros. Chaque fleur est à cinq feuilles, longue d'un pouce & demi, qui ne débordent que de demi-pouce hors du calice, arrondies & découpées en crête de coq, gris de lin, rayées de veines plus obscures, & marquées vers leur base d'autres rayes purpurin foncé. La queue de ces mêmes feuilles est étroite, blanche, & renfermée dans le calice. Ce calice est un tuyau long d'un pouce sur une ligne de diametre, un peu renflé vers le bas, où il est accompagné d'un autre calice à plusieurs écailles, pointues & couchées les unes sur les autres. Du fond du grand calice s'élevent des étamines minces & blanches, chargées chacune d'un sommet gris de lin : le pistile n'a que cinq lignes de long, cilindrique, verd-pâle, terminé par deux cornes blanches qui surmontent les étamines. Lorsque la fleur est passée, ce pistile devient une espece de coque roussâtre dans sa maturité, renflé vers le milieu, laquelle s'ouvre par la pointe en cinq parties, & laisse voir des semences noires, plates, minces, blanches en-dedans, les unes ovales, les autres circulaires, attachées à de petits filets, qui du corps du placenta leur porte le suc nourricier.

Scrophularia, glauco folio, in amplas lacinias divifo. La racine de cette plante eſt longue d'un pied & demi, groſſe au collet d'un pouce & quelques lignes, dure, rouſſâtre en dedans, brune en dehors, piquant en fond, diviſée en quelques fibres chevelues. La tige qui s'éleve ſouvent à deux ou trois pieds, eſt branchue dès le bas, ligneuſe, & devient un ſous-arbriſſeau dégarni de feuilles, ſi ce n'eſt vers le haut. Ses feuilles ont huit pouces de long, elles ſont liſſes, luiſantes, diviſées à-peu-près comme celles de la Thapſie, c'eſt-à-dire, en parties oppoſées ſouvent deux à deux, inciſées juſques à la côte, & recoupées profondément dans leur longueur. Cette côte embraſſe une partie des branches, & fournit des vaiſſeaux très ſenſibles, dont les ſubdiviſions s'étendent vers les bords des feuilles : elles diminuent juſques à l'extrémité des branches parmi pluſieurs brins chargés de fleurs ſemblables à celles des autres eſpeces. Ces fleurs ſont des godets de cinq lignes de long, verdâtres, de trois lignes de diametre, diviſés en deux lévres pourpre-foncé, dont la ſupérieure eſt partagée en deux parties aſſez rondes, terminées en pointe, au-dessous desquelles il y a deux autres petites parties de même couleur. Le calice de ces fleurs est un bassin d'une seule piece, partagé en cinq parties arrondies, du fond duquel sort un pistile terminé par un filet assez long. Ce pistile s'articule avec la fleur en maniere de gomphose, & devient ensuite une coque longue de quatre lignes presque ronde, terminée en pointe dure, piquante, brune, laquelle s'ouvre en deux parties & laisse voir deux loges remplies de semences noires assez menues. Cette plante vient dans les fentes des rochers de Zia le long de la marine, & n'est pas rare dans les autres Isles de l'Archipel. Elle est amere & sent mauvais.

Heliotropium, humi fusum, flore minimo, semine magno. La racine de cette plante est longue d'environ deux pouces, épaisse seulement d'une ligne, chevelue, blanche, & pousse quelques tiges tout-à-fait couchées par terre, dont les plus longues ont plus d'un demi-pied, verd-pâle, velues, branchues, accompagnées de feuilles presque ovales, longues de demi-pouce, sur quatre lignes de large, verd-pâle aussi, velues, veinées, & de même tissure

& de quelques autres Contrées.

sure que celles de l'herbe auxe verrus, mais d'un goût un peu plus âcre. Elles ne diminuent pas vers le haut, excepté tout proche des sommités où elles n'ont que deux ou trois lignes de long. Toutes les branches finissent par un épi en queue de scorpion, long d'un pouce à quinze lignes, chargé de deux rangs de fleurs blanches, de même figure que celles de l'espece ordinaire; mais à peine leur bassin a-t-il demi-ligne de large. Le fond en est verdâtre, & les bords sont découpés en dix pointes, cinq alternativement plus grandes que les autres. Le pistile est accompagné de quatre embryons; mais pour l'ordinaire la plupart de ces embryons avortent, & lorsque la fleur est passée, l'on ne trouve qu'une seule graine longue d'une ligne & demie, bossue d'un côté, plate de l'autre, pointue par un bout, couverte d'une peau blanchâtre, sous laquelle il y en a une autre noirâtre, laquelle couvre une espece de coque pleine de moëlle blanche. Cette plante vient dans les champs autour du port de l'Isle de Zia.

Scorzonera Græca, saxatilis & maritima, foliis variè laciniatis. La racine de cette plante, qui est longue d'un pied, grosse comme le pouce, peu fibreuse, produit une tige haute d'un pied & demi, droite, cassante, velue, rayée, verd-pâle, pleine de moëlle, accompagnée par le bas de feuilles velues aussi, roides, longues de sept ou huit pouces, larges de trois ou quatre, découpées profondément jusques vers la côte, & crénelées inégalement sur les bords. Celles qui naissent le long des tiges sont fort écartées les unes des autres, beaucoup plus petites, relevées d'une grosse côte blanche de même que celles d'en bas. Les dernieres feuilles sont menues & dentées seulement sur les bords. Les tiges se divisent quelquefois en branches presque nues, dont chacune soutient une fleur d'un pouce & demi de diametre, jaune, semblable à celle de la scorzonere ordinaire; les demi-fleurons ont un pouce de long; ils sont fistuleux & blancs à leur naissance, obtus & dentés à leur extrémité, garnis à l'ouverture de la fistule d'une gaîne, au travers de laquelle s'échappe un filet à deux cornes. Chaque fleuron porte sur un embryon de graine delié & barbu. Le calice a la forme d'une petite poire longue d'un pouce, sur sept ou huit lignes d'épaisseur, à plusieurs écailles verd-pâle ou rougeâtres vers le milieu, mais blanches & déliées sur les bords. Les demi-fleurons sont longs d'environ vingt lignes, blancs & fistuleux dans le calice, jaunes ailleurs, & débordent d'un pouce, équarris, dentés à leur pointe, larges de deux lignes. De la fistule s'éleve une gaîne longue de trois lignes, qui laisse échapper un filet jaune fourchu à cornes recoquillées en bas. Chaque demi-fleuron porte sur un embryon de graine blanc, long d'une ligne, lequel devient une semence grisâtre, velue, épaisse de près d'une ligne, canelée, longue de deux lignes & demie, pointue par le bas, remplie d'une chair blanche. Cette graine est un peu courbe, garnie d'une aigrette longue de neuf ou dix lignes, blanc-sale tirant sur le roussâtre, assez séche & cassante, composée d'une douzaine de grains.

Ptarmica incana, pinnulis cristatis.

Cette plante croît dans l'Isle de Stenosa. Sa racine est ligneuse, grisâtre vers le collet, épaisse de trois ou quatre lignes, accompagnée de fibres roussâtres, longues d'environ un demi-pied, tortues & chevelues. Elle pousse plusieurs têtes, d'où naissent quantité de feuilles très-blanches, longues de deux pouces & demi, sur la côte desquelles sont rangées tantôt alternativement, & tantôt par paires, d'autres feuilles de deux ou trois lignes de long, sur une ligne & demie de large, découpées en maniere de crête de coq, cotonneuses, blanches, aromatiques ameres. De ces têtes naissent des tiges hautes de neuf ou dix pouces, épaisses d'une ligne, cotonneuses aussi, blanches, garnies de quelques feuilles semblables aux inférieures, mais plus petites. Chacune de ces tiges est terminée par un bouquet, large d'un pouce & plat en dessus, composé de plusieurs fleurs serrées les unes contre les autres, soutenues par des queues inégales. Le calice de ces fleurs est long de deux lignes, sur une ligne de large, à plusieurs écailles blanches, velues, pointues, lesquelles embrassent des fleurons & des demi-fleurons de la maniere ordinaire. Les fleurons sont jaune pâle, découpés à cinq pointes; les demi-fleurons sont de même couleur, larges d'une ligne. Toutes ces pieces sont portées sur des embryons, lesquels dans la suite deviennent des graines plates, longues de demi-ligne, un peu plus étroites, brunes, avec une bordure blanchâtre, féparées par de petites feuilles membraneufes, pliées en gouttiere.

Afparagus creticus fruticofus, craffioribus & brevioribus aculeis, magno fructu. Cette plante fort au travers des fentes des rochers par des tiges longues depuis un pied jufqu'à deux, épaiffes d'environ trois lignes, tortues, anguleufes, grifâtres, courbées fouvent vers le bas, branchues dès leur naiffance, fubdivifées en plufieurs rameaux canelés épais d'une ligne, verd-pâle, tirant fur le verd de mer, garnies de tems à autres de gros piquans difpofés par bouquets. Les plus gros de ces piquans ont fept ou huit lignes de long, fur une ligne d'épaiffeur; les autres font la moitié plus courts, mais ils font tous fermes, verd-pâle, rayés, rouffâtres, & quelquefois noirâtres à la pointe. De la bafe de ces piquans fortent plufieurs fleurs le long des branches, foutenues par des queues fort minces. Chaque fleur eft à fix feuilles verdâtres, tirant fur le jaune, difpofées en étoile, recourbées ordinairement en bas, longues de deux lignes & demie, fur une ligne de largeur, pointues & rayées. Le piſtile eſt un bouton à trois coins, long d'une ligne, entouré de ſix étamines longues d'une ligne, chargées chacune d'un ſommet jaune. La fleur ſent comme le bouquin. Le fruit a un demi-pouce de diametre ; il eſt relevé de trois boſſes arrondies, charnu & partagé en trois loges, remplies chacune d'une ſemence ſphérique & dure. Cette plante varie, il y en a dont les piquans ont un pouce de long.

Apium græcum ſaxatile, crithmi folio. La tige de cette plante, qui ſort auſſi des fentes des rochers, s'éleve à la hauteur d'environ deux pieds, groſſe comme le petit doigt, entrecoupée de nœuds, tortue, branchue, accompagnée vers ſa naiſſance de pluſieurs bouquets de feuilles touffues, tout-à-fait ſemblables à celles de la percepierre, longues d'un demi-pied ſur trois ou quatre pouces de large, verd de mer, charnues, caſſantes, diviſées & ſubdiviſées en trois pieces, longues de neuf ou dix lignes, ſur une ligne de large, pointues, d'un goût aromatique & piquant. La baſe de ces feuilles eſt pliée en gouttiere, & embraſſe une partie de la tige, laquelle eſt rayée, pleine de moëlle, branchue ordinairement dès le bas, garnie de feuilles semblables aux précédentes, mais qui n'ont que deux ou trois pouces de long. Celles des branches n'ont qu'un pouce ou un pouce & demi. Toutes ces branches & leurs subdivisions se terminent par des bouquets larges d'environ deux pouces assez arrondis, dont les rayons n'ont qu'un pouce & demi de haut, velus de même que la sommité de la plante, & chargés d'autres petits bouquets de fleurs à cinq feuilles blanches, longues seulement d'une ligne & demie. Le pistile & le calice de ces fleurs deviennent des graines longues d'une ligne & un quart, grisâtres, larges de moins de demi-ligne, pointues par les deux bouts, un peu courbes, cannelées, ameres & aromatiques. Cette plante croît dans l'Isle de Nicouria.

Origanum dictamni cretici facie, folio crasso, nunc villoso, nunc glabro. Cette plante croît dans l'Isle d'Amorgos. Sa racine est quelquefois grosse comme le pouce, ligneuse, longue d'environ un pied, brune, gersée, rougeâtre en dedans, accompagnée de fibres chevelues & tortues. Elle pousse quelques têtes d'où naissent des tiges hautes de huit ou neuf pouces, quarrées, verd de mer, quelques-unes simples, les autres branchues, garnies de feuilles ferrées, opposées deux à deux, rondes ou ovales, terminées insensiblement en pointes presque en acarde gothique, longues de neuf ou dix lignes, assez semblables à celles du Dictame de Crete; mais des feuilles de l'Origan dont je parle, les unes sont quelquefois épaisses comme un double, charnues & toutes lisses; les autres sont plus minces & légerement velues: il y en a d'insipides, d'autres piquantes, d'odoriférantes, & d'autres qui ne sentent rien du tout. Toutes ces feuilles ne diminuent gueres, si ce n'est vers le haut des branches & des tiges, lesquelles se divisent ordinairement en deux épis, où se terminent par un seul. Chaque épi est long de quinze ou vingt lignes, sur cinq ou six lignes de large, formé par quatre rangs d'écailles purpurin-lavé, ovales, pointues, longues de quatre ou cinq lignes, assez lâches entr'elles, & quelquefois verd-pâle à bords purpurins. De leurs aisselles naissent des fleurs qui s'épanouissent successivement, gris de lin lavé, longues de neuf ou dix lignes. Ce sont des tuyaux épais de demi-ligne, blanchâtres, évafés en deux lèvres, dont la fupérieure eft longue de deux lignes & demie, obtufe & pliée en gouttiere. L'inférieure eft de même grandeur, arrondie & divifée en trois parties obtufes, terminée par derriere par un éperon de demi-ligne de longueur. Les étamines font plus longues que la lèvre fupérieure, mais de même couleur, & chargées de fommets divifés en deux bourfes. Le calice eft un tuyau long de deux lignes & demie, verd-pâle, coupé en flûte, dans le fond duquel meuriffent deux ou trois graines fort menues, noirâtres ; car de quatre embryons qui font au bas du piftile, il y en a toujours quelqu'un qui avorte.

Lunaria fruticofa, perennis, incana, leucoii folio. Cette plante a la racine groffe comme le pouce, rouffâtre & gerfée, accompagnée de fibres longues & chevelues. Ses tiges font ligneufes, hautes d'environ un pied, couvertes d'une écorce rougeâtre & gerfée vers le bas, blanchâtres dans la fuite, garnies à leur naiffance de plufieurs bouquets de feuilles affez femblables à celles du violier blanc, touffues, longues d'un pouce ou dix-huit lignes, fur quatre ou cinq de large, drapées, cotonneufes, blanches, fans goût ni odeur. Elles diminuent le long des tiges, lesquelles s'allongent en maniere d'épi chargé de fleurs à quatre feuilles jaunes, longues de neuf ou dix lignes, ovales à l'extremité qui eſt oppoſée à leur queue. Cette fleur eſt couverte d'un calice à quatre feuilles blanches, lequel renferme un piſtile de même couleur, oblong, terminé par une petite tête, & entouré d'étamines à ſommets jaunes. Lorſque la fleur eſt paſſée, ce piſtile devient un fruit preſque ovale, d'environ un pouce de haut, ſur huit ou neuf lignes de largeur, tout-à-fait plat, cotonneux & blanc, au chaſſis duquel ſont attachées une ou deux ſemences plates, rouſſâtres, rondes, d'environ deux lignes de diametre, bordées d'un feuillet plus clair, très-délié, un peu échancré d'un côté. La chair de cette ſemence eſt brune auſſi, amere & d'un goût brûlant. Cette plante croît dans l'Iſle de Caloyero, & fleurit dès le printems.

Campanula ſaxatilis, foliis inferioribus billetis, cæteris nummulariæ. La racine de cette plante eſt groſſe comme le pouce, engagée dans les fentes des rochers, blanche, douce, pleine de lait. Ses premieres feuilles ſont ſemblables à celles de la Pasquerete, disposées en rond, verd-brun, luisantes, longues de deux pouces & demi, sur demi-pouce de large. Celles qui accompagnent les tiges ressemblent à celles de la Nummulaire, & sont charnues, lisses, verd-gai, longues de huit ou neuf lignes, terminées insensiblement en pointe, soutenues par une queue fort courte, assez serrées sur des tiges longues de huit ou neuf pouces, & qui souvent pendent des fentes des rochers, épaisses d'une ligne, laiteuses & pleines de moëlle blanche. Des aisselles des feuilles naissent tout le long des tiges des fleurs en cloche, longues de sept ou huit lignes, sur quatre ou cinq de large, bleu-lavé, découpées en cinq parties, en arcade gothique. Le pistile sort du fond de cette fleur, blanc & terminé en ancre à trois crampons, environné à sa base de cinq étamines blanches, larges & longues d'une ligne, chargées chacune d'un sommet jaune fort étroit. Le calice est un bassin long de cinq lignes, verd-pâle, large de trois lignes, goderonné de cinq côtes, découpé à cinq pointes en étoile. Il devient un fruit à trois loges remplies de semences rougeâtres tirant sur le brun, lisses, polies, luisantes, ovales, longues d'une ligne. Toute la plante est insipide. Cette plante croît dans l'Isle de Cheiro.

Cakile græca, arvensis, siliquâ striatâ, brevi. Cette plante est branchue & touffue dès sa naissance, haute d'un pied & demi ou deux pieds. Sa tige est épaisse de trois lignes, verd-brun, légerement velue, anguleuse, remplie de moëlle blanche, subdivisée en plusieurs rameaux, accompagnée de tems en tems de feuilles assez semblables à celles qui naissent sur les branches de la roquette des jardins. Celles de la plante dont je parle ont environ deux pouces & demi de long, elles sont d'un verd foncé, charnues, âcres, brûlantes, mucilagineuses, découpées jusques vers la côte, & elles diminuent à mesure qu'elles approchent des fleurs. Des aisselles de ces feuilles naissent de petits brins garnis de feuilles encore plus menues. Les extrémités des branches sont chargées dans leur longueur de fleurs à quatre feuilles blanches, longues de cinq lignes, qui ne débordent hors du calice que d'environ deux lignes, sur une ligne & demie de large. Le calice est à quatre feuilles aussi, & de son centre s'élevent six étamines blanches, chargées de sommets jaunes. Le pistile qu'elles entourent n'a que trois lignes de long, il est surmonté par un filet & devient dans la suite un fruit long de cinq ou six lignes, épais de deux, cannelé, terminé en pointe, composé de deux pieces articulées bout-à-bout de telle sorte que la partie inférieure qui est un peu creuse, reçoit la tubérosité de la partie supérieure. L'une & l'autre sont d'une substance spongieuse, & renferment chacune dans une loge particuliere une semence roussâtre, longue de demi-ligne. Cette plante croît à Milo & dans quelques autres Isles.

Campanula græca saxatilis, jacobeæ folio. Cette plante, qui n'est haute que d'environ deux pieds, est arrondie en sous-arbrisseau, touffu & branchu dès le bas. Ses premieres feuilles ont environ huit pouces de long, sur deux pouces & demi de large, & commencent par une queue de quatre pouces de long, creusée en gouttiere fort déliée sur les côtés. Au-delà de cette queue les feuilles vont en s'élargissant, & sont découpées profondément de chaque côté comme celles de la jacobée ordinaire, luisantes, parsemées de veines blanches de même que la côte. Les feuilles qui naissent le long des branches n'ont qu'environ deux ou trois pouces de long, & ne perdent que leur queue en conservant leur figure. Les dernieres n'ont que quatre ou cinq lignes de large, sur un pouce & demi de long; elles sont pointues & légerement crénelées. La tige de cette plante est ligneuse, grosse comme le pouce à sa naissance, toute chargée de fleurs à ses extrémités. Chaque fleur est une cloche haute d'environ quinze lignes, évasée jusqu'à près de deux pouces, bleu-layé, découpée en cinq parties taillées en arcade gothique, dont la pointe est tournée en dehors. Le calice a un pouce de long, découpé en pointe fort aiguë, rabattue en maniere d'aîle. Le pistile s'éleve du centre de la fleur, blanc & velu jusques vers le milieu, verdâtre ensuite, terminé en forme d'étoile à cinq rayons, accompagné à sa naissance de cinq étamines blanches, longues de deux lignes, sur trois lignes de large, courbées vers le pistile, chargées d'un sommet long de quatre lignes. Le calice devient un fruit arrondi en maniere de tête, de neuf ou dix lignes de diametre, partagé par des cloisons membraneuses en cinq loges dont chacune est garnie d'un placenta chargé de graines plates, luisantes, assez brunes. Toute la plante rend du lait & n'a aucune odeur. Ses feuilles sont un peu astringentes. Elle croît dans l'Isle de Policandro.

Verbascum græcum, fruticosum folio sinuato candidissimo. Cette plante croît dans l'Isle de Thermie. Sa racine est ligneuse, longue d'un pied, plus grosse quelquefois que le pouce, sur-tout au collet, gersée, un peu amere, accompagnée de fibres assez chevelues. Ses tiges sont aussi plus grosses que le pouce, dures, blanches en dedans, couvertes d'une écorce grisâtre, hautes d'un pied & demi, chargées de feuilles par bouquets, longues de sept ou huit pouces, blanches, cotonneuses, drapées, larges de trois ou quatre pouces, mais ondées & frisées beaucoup plus proprement que celles du bouillon blanc frisé. Les feuilles du centre des bouquets sont encore plus drapées, plus épaisses & d'un blanc jaunâtre. D'autres tiges s'élevent du milieu de ces bouquets à la hauteur d'environ deux pieds, garnies de quelques feuilles plus courtes, plus épaisses & plus blanches. De leurs aisselles naissent tout le long des tiges, & comme par pelotons, des fleurs jaune-pâle, larges d'un pouce, découpées en cinq parties arrondies, dont les deux supérieures sont un peu moindres que les autres. Toutes ces fleurs sont percées au fond, & du bord de ce trou sortent cinq étamines purpurines, couvertes d'un gros duvet blanchâtre, crochues, garnies de sommets rouge-orangé. Le calice est un godet long de cinq lignes, cotonneux, divisé en pointe, duquel sort un pistile terminé par un filet rougeâtre. Ce pistile devient une coque roussâtre, longue d'environ quatre lignes sur deux lignes de large, dure, pointue, partagée en deux loges, & qui s'ouvre en deux pieces garnies de graines menues & noirâtres.

Aristolochia chia, longa, subhirsuta, folio oblongo, flore minimo. La racine de cette plante a un pied & demi, ou deux pieds de long, épaisse de deux pouces, piquante en fond, dure, ligneuse, traversée par un nerf fort solide jaunâtre, marbrée par rayons de blanc & de roussâtre, couverte d'une écorce charnue, légerement purpurine.

Cette racine est garnie de peu de fibres, mais elle est d'une amertume insupportable, & pousse plusieurs têtes qui produisent quantité de jets blanchâtres, qui se terminent par des tiges hautes d'un pied dans le printems. Elles s'étendent ensuite jusqu'à vingt pieds, fermes, solides, épaisses de deux lignes, verd-pâle, rudes, cannelées, purpurines à leur naissance, & couchées par terre. Ces tiges sont garnies à chaque nœud d'une feuille longue d'environ trois pouces, sur deux pouces & demi de largeur à la base, qui est arrondie en deux oreilles, au-delà desquelles elle se retrécit insensiblement, & se termine par une pointe obtuse, qui finit par un petit bec fort court. Le dessus de la feuille est verd-brun, luisant, veiné, à carreaux irréguliers ; le dessous est verd-mat, relevé d'une nervure assez sensible. De leurs aisselles naît une fleur soutenue par un pédicule long d'un pouce ou deux, terminée par un calice anguleux à six grosses cannelures rudes, & long d'environ un demi-pouce. Chaque fleur est courbée en forme d'S, longue de trois pouces & demi. Elle commence par une vessie grosse de huit ou neuf lignes, verd-pâle, mêlée de purpurin, anguleuſe, laquelle ſe prolonge en tuyau recourbé, épais de demi-pouce, terminée par une grande gueule preſque ovale, de dix-huit ou vingt lignes de diametre, dont les bords ſont également arrondis. Le creux de cette gueule eſt tout parſemé de poils blancs, longs d'une ligne & demie. Le fond en eſt purpurin, noir & livide, marqueté de quelques taches plus claires qui tirent ſur le jaunâtre, & relevé d'une groſſe éminence dans l'endroit où la gueule commence à ſe retrécir en tuyau. L'intérieur de ce tuyau eſt auſſi purpurin, noirâtre, couvert de poils, de même que le dedans de la veſſie qui eſt plus pâle. On trouve au fond de cette veſſie un bouton hexagone de deux lignes & demie de diametre, relevé de groſſes côtes, entre leſquelles il y a des ſommets qui répandent une pouſſiere jaune. Cette fleur n'a point d'odeur, toute la plante eſt amere.

Borrago Conſtantinopolitana, flore reflexo, cæruleo, calyce veſicario. La racine de cette plante eſt groſſe comme le petit doigt, longue de quatre ou cinq pouces, noirâtre en dehors, charnue, garnie de fibres de même couleur, longues de près de demi-pied, blanchâtres, en dedans, remplies d'une humeur glaireuse & fade. Elle pousse des feuilles longues de demi-pied sur quatre ou cinq pouces de large, terminées en pointe ; mais divisées à leur base en deux oreilles arrondies. Ces feuilles sont soutenues par un pédicule long de sept ou huit pouces, arrondi sur le dos, creusé en gouttiere de l'autre côté, blanchâtre & qui se distribue en plusieurs nerfs assez gros, lesquels se répandent jusques sur les bords. Ces feuilles sont verd-brun, rudes & parsemées de petites bubes couvertes de poil ras : elles sont d'un goût fade & mucilagineux comme les racines. La racine est haute d'un pied ou de quinze lignes, solide, rude, velue, épaisse de deux ou trois lignes, branchue dès le bas, garnie de petites feuilles semblables aux autres, mais longues seulement d'environ deux pouces, sur un pouce & demi de largeur. Les fleurs naissent vers le haut le long des branches, elles sont assez déliées & rouge-brun. Chaque fleur est de huit ou neuf lignes de diametre, soutenue d'une queue de près de demi-pouce de long, gonflée par derriere en maniere de veſſie blanchâtre, qui n'a gueres plus d'une ligne de large en tout ſens. Le devant de cette fleur qui eſt d'un bleu céleſte, eſt diviſé en cinq parties diſpoſées en roue, larges d'une ligne, réfléchies par derriere, obtuſes à leur pointe. Du milieu de la fleur qui eſt blanchâtre, quoique le reſte ſoit bleu, ſortent cinq étamines longues de trois lignes, velues à leur baſe, blanches auſſi, chargées chacune d'un ſommet bleu. Le calice eſt un godet long & large d'une ligne & demie, découpé en cinq pointes, velu, & pouſſe de ſon centre un piſtile quarré, ſurmonté d'un filet purpurin, long d'un demi-pouce. Ce calice ſe dilate en veſſie de quatre ou cinq lignes de diametre, ſur un demi-pouce de long, anguleuſe, hériſſée de poils longs d'une ligne & demie. Le piſtile devient un fruit à quatre graines qui ont la figure d'une tête de vipere, mais qui n'ont qu'une ligne de long, luiſantes, verd-gai d'abord, puis noirâtres.

Symphytum Conſtantinopolitanum, Borraginis folio & facie, flore albo. Sa racine eſt longue d'un demi-pied, épaiſſe de cinq ou ſix lignes, diviſée en groſſes fibres chevelues, blanchâtres en dedans, couvertes d'une peau noire, mince & comme gercée; les tiges ont plus d'un pied de haut, & sont épaisses d'environ quatre lignes, verd-pâle, légerement velues, assez pleines de suc, de même que le reste de la plante, creuses, inégalement cannelées, accompagnées de feuilles sans ordre, assez éloignées les unes des autres, semblables à celles de la bourrache. Les inférieures ont quatre ou cinq pouces de longueur, sur deux pouces ou deux pouces & demi de largeur, terminées en ovale pointu, verd-brun, d'un goût fade & mucilagineux comme la racine, soutenues par un pédicule large à sa naissance d'environ trois lignes, creusé en gouttiere d'un côté, arrondi de l'autre; ces feuilles diminuent à mesure qu'elles approchent de la plante. De leurs aisselles sortent de petits bouquets d'autres feuilles, & les branches se subdivisent en brins, chargés pour l'ordinaire de deux petites feuilles, au milieu desquelles se trouvent quelques fleurs blanches, rangées en queue de scorpion, & qui ne s'épanouissent que les unes après les autres. Chaque fleur est un tuyau penché en bas, long d'environ sept lignes. La moitié de cette fleur qui est hors du calice est évasée en maniere de cloche d'environ trois lignes d'ouverture, découpée légerement sur les bords en huit pointes, qui ont à peine demi-ligne de long, terminées en arcade gothique; l'autre moitié de la fleur qui est enfermée dans le calice; n'a qu'une ligne de diametre. De l'intérieur du tuyau où il commence à s'évaser, s'élevent cinq feuilles blanches, longues d'une ligne & demie, sur un quart de ligne de largeur à leur base, & c'est de leurs aisselles que naissent cinq étamines de même couleur, hautes d'une ligne, chargées de sommets. Le fond du tuyau est percé par le pistile, qui est surmonté d'un filet très-délié, long d'environ huit lignes. Le calice est un autre tuyau long de près de quatre lignes, velu, découpé en cinq parties. Les quatre embryons du pistile deviennent autant de semences faites comme la tête d'une vipere.

Geranium orientale columbinum, flore maximo, asphodeli radice. La racine de cette plante est à plusieurs navets longs d'environ deux pouces & demi, charnus, cassants, styptiques, rougeâtres en dedans, bruns en dehors, épais d'environ six lignes, quelquefois davantage, terminés en une queue déliée & chevelue. Le corps de cette racine qui est ordinairement couché en travers & ligneux, lorsque la plante est vieille, produit des tiges hautes de huit ou neuf pouces, épaisses d'une ligne, verd-pâle, velues, couchées sur terre vers leur naissance, relevées ailleurs, opposées deux à deux à chaque nœud, semblables par leur grandeur, leur couleur & leur tissu à celles du *Bec de Grue* qu'on appelle *Pied de Pigeon*. Celles de l'espece dont je parle ont des pédicules longs de trois pouces, déliés, velus. Les fleurs naissent le long des branches, & sortent des aisselles des feuilles, qui vont en diminuant à mesure qu'elles approchent de la sommité. Ces fleurs s'épanouissent les unes après les autres, soutenues par des queues ordinairement fourchues, & longues de trois ou quatre pouces. Chaque fleur est à cinq feuilles disposées en rose, longues d'environ un demi-pouce, sur trois lignes & demie de largeur, arrondies à la circonférence, pointues à leur naissance, purpurin-lavé, rayées dans leur longueur de quelques lignes plus foncées. De leur centre s'éleve un pistile haut de deux lignes, surmonté par une houpe purpurine. Les étamines sont blanches, très-déliées, & les sommets jaunâtres. Le calice est à cinq feuilles longues de quatre lignes, pointues, verd-pâle, rayées, disposées en étoile.

Orchis Orientalis, & Lusitanica, flore maximo, papilionem referente. La racine de cette plante est composée de deux tubercules charnus, presque ronds, tirant sur l'ovale, blanc-sale, pleins d'une humeur glaireuse & fade : le plus gros a un pouce de diametre ; l'autre est plus petit & comme flétri, & tous deux n'ont que des filets chevelus. Sa tige est haute d'environ un demi-pied, épaisse de deux ou trois lignes, enveloppée de quelques feuilles alternes, dont les graines sont couchées les unes sur les autres, & se dilatent ensuite en feuilles semblables à celles du lys, luisantes, lisses, veinées, pointues, longues de deux ou trois pouces, sur un pouce de large. Celles qui sont près des fleurs sont beaucoup plus petites & plus pointues. Ces fleurs forment un bouquet à l'extrémité de la tige. Chaque fleur est à six feuilles, dont cinq qui sont élevées, font une

espece

espece de coëffe pupurine & rayée; les trois extérieures ont près d'un demi-pouce de longueur; les deux inférieures font plus étroites & plus courtes, mais très-aiguës. La feuille inférieure est la plus grande de toutes, & fait l'ornement de la fleur, car elle lui donne la forme d'un papillon qui vole. Cette feuille se termine au haut par une petite gorge surmontée d'une tête purpurine foncée : elle finit par derriere par une queue ou éperon blanchâtre long de quatre lignes ; le reste est éparpillé en forme de rabat large d'environ un pouce, frisé sur les bords, haut de plus d'un demi-pouce, blanc, rayé très-proprement de veines de couleur de pourpre. Le pédicule de la fleur est long de quatre lignes, sur une & demie d'épaisseur; il est tors en spire, verd-pâle, & devient dans la suite une capsule semblable à un petit fanal long de demi-pouce, sur trois lignes de large, composé de trois côtes assez fortes, lesquelles reçoivent autant de panneaux membraneux & rouffâtres, dont la surface intérieure est chargée d'une bande veloutée qui n'est autre chose qu'un duvet de semences très menues, mblables à de la sciure de bois. La fleur est sans odeur & paroît vers la fin d'Avril; toute la plante a un goût fade & glaireux.

Thymelæa pontica, citrei foliis. La racine de cette plante qui a demi-pied de long est grosse au collet comme le petit doigt, ligneuse, dure, divisée en quelques fibres, couverte d'une écorce de couleur de citron. Cette racine pousse une tige d'environ deux pieds de hauteur, branchue quelquefois dès sa naissance, épaisse d'environ trois lignes, ferme, mais si pliante qu'on ne sçauroit la casser, revêtue d'une écorce grise accompagnée vers le haut de feuilles disposées sans ordre, semblables par leur figure & leur consistance à celles du citronier. Les plus grandes ont environ quatre pouces de long sur deux de large; elles sont pointues par les deux bouts, lisses, verd-gai, & luisant, relevées au-dessous d'une côte assez grosse, laquelle distribue des vaisseaux jusques vers les bords. De l'extrémité des tiges & des branches, poussent, vers la fin d'Avril, de jeunes jets terminés par de nouvelles feuilles, parmi lesquelles naissent les fleurs attachées ordinairement deux à deux sur une queue longue de neuf ou dix lignes. Chaque fleur est un tuyau jaune-verdâtre, tirant sur le citron, gros d'une ligne sur plus de demi-pouce de long, divisé en quatre parties divisées en croix, longues de près de cinq lignes sur une ligne de large, un peu pliées en gouttiere, & qui vont en diminuant jusques à la pointe. Quatre étamines fort courtes se trouvent à l'entrée du tuyau, chargées de sommets blanchâtres & déliés, surmontées de quatre autres étamines de pareille forme. Le pistile qui est au fond du tuyau est un bouton ovale, long d'une ligne, verd-gai, terminé par une petite tête blanche. Le fruit n'étoit encore qu'une baie verte & naissante, dans laquelle on distinguoit la jeune graine. Toute la plante est assez touffue. Les feuilles écrasées ont l'odeur de celles du sureau, & sont d'un goût mucilagineux, qui laisse une impression de feu assez considérable, de même que tout le reste de la plante. L'odeur de la fleur est douce, mais elle se passe aisément. Cette plante croît sur les collines & dans les bois éclaircis. C'est de toutes les espèces connues de ce genre celle qui a les feuilles les plus grandes.

Blattaria Orientalis, Bugulæ folio, flore maximo virescente, lituris luteis in semicirculum striato. La racine de cette plante est composée de trois ou quatre navets charnus, longs depuis un pouce jusqu'à trois, épais d'environ deux lignes jusques à un demi-pouce, blancs, cassants, couverts d'une peau brune gercée, garnis de quelques fibres assez déliées, attachés à un collet gros comme le petit doigt. Les premieres feuilles que cette racine pousse, sont presque ovales, semblables à celles de la bugle, bosselées, ondées sur les bords, longues d'un pouce & demi ou deux, sur quinze lignes de large, soutenues par un pédicule de deux lignes de long, plat par-dessous, purpurin & répandu jusques à l'extrémité des feuilles en plusieurs vaisseaux de même couleur. La tige n'a le plus souvent qu'environ neuf à dix pouces de haut sur une ligne d'épaisseur: elle est légerement velue, accompagnée de feuilles de sept ou huit lignes de long, sur quatre ou cinq de large. Celles d'en bas sont lisses, les autres parsemées de quelques poils de même que la tige. De leurs aisselles naissent vers le haut des fleurs assez serrées & disposées en maniere d'un gros épi. Chaque fleur est un bassin de près de quinze lignes de diametre, découpé en cinq parties arrondies, dont les deux supérieures sont un peu moindre que les autres. Le fond de cette fleur est d'un verd-celadon de même que les bords, lesquels tirent un peu sur le jaune; mais les parties arrondies dont on vient de parler, sont rayées en demi-cercle d'un jaune vif qui perce de part en part. Du trou qui occupe le centre de cette fleur, partent deux bandes purpurines, mêlées de blanc, lesquelles vont aboutir au demi-cercle jaunâtre des deux parties supérieures; & du même bord de ce trou naissent deux étamines blanchâtres, terminées par des sommets courbes remplis de poussiere jaune. Outre ces étamines, on voit sur les bords du même trou des floccons purpurins, velus, cotonneux, & soyeux. Le calice est un bassin verd-pâle, long de quatre lignes, découpé en cinq parties jusques vers le centre, dont il y en a trois plus étroites que les autres. Le piſtile qui eſt au milieu, eſt arrondi, velu, long d'une ligne, terminé par un filet beaucoup plus long. Cette plante eſt une véritable eſpece d'*herbe aux mites*, qui varie non-ſeulement par la hauteur de ſa tige, mais encore par la couleur & la grandeur de ſes fleurs.

Sphondilium Orientale, maximum. La racine de cette plante eſt haute d'environ cinq pieds, épaiſſe d'un pouce & demi, creuſe d'un nœud à l'autre, cannelée, verd-pâle, accompagnée de feuilles de deux pieds & demi de long ſur deux pieds de large, découpées juſques à leur tête en trois grandes parties, dont celle du milieu eſt recoupée en trois pieces, & la moyenne de celle-ci eſt encore taillée de même. Toutes ces feuilles ſont liſſes par-deſſus, blanches & velues par-deſſous, ſoutenues par une tête plus groſſe que le pouce, ſolide, charnue, embraſſant la tige par deux grandes aîles, qui forment une eſpece de gaîne de neuf ou dix pouces de long. Des aiſſelles de ces feuilles ſortent de grandes branches auſſi hautes que la tige, & quelquefois davantage, chargées de fleurs blanches tout-à-fait semblables à celles du *Sphondylium* commun; mais les ombelles qui les soutiennent ont un pied & demi de diametre. Les graines, quoique vertes & un peu avancées, sont un peu plus grandes que celles des autres especes de ce genre.

DISSERTATION
HISTORIQUE

Sur l'Egypte, & sur les Rois qui l'ont gouvernée.

L'EGYPTE dont j'ai parlé dans la premiere partie de cet ouvrage, renfermoit anciennement vingt mille villes, & une multitude incroyable d'habitans. Elle est bornée au levant par la mer Rouge & l'Isthme de *Suès*, au midi par l'Ethiopie, au couchant par la Libye, & au nord par la mer méditerranée. Le Nil la parcourt du midi au nord l'espace de près de deux cents lieues. Le pays est resserré de côté & d'autre par deux chaînes de montagnes, qui dans quelques endroits ne laissent entr'elles & le Nil qu'une plaine d'une demi-journée de chemin, & quelquefois moindre.

On peut diviser l'ancienne Egypte en trois parties principales, la haute Egypte, qu'on appelle autrement *Thébaïde*, qui étoit la partie la plus méridionale ; l'Egypte du milieu, nommée *Heptanome*, à cause de sept Nomes qu'elles enfermoit ; la basse Egypte, qui comprenoit le *Delta*, & tout ce qu'il y a de pays jusqu'à la mer Rouge, & le long de la méditerranée jusqu'à *Rhinocorure*, & au mont *Casius*. Toute l'Egypte fut réunie sous Sésostris en trente-six Nomes, savoir dix dans la Thébaïde, dix dans le *Delta*, & seize dans le pays qui est entre deux. Les villes de *Syenne* & d'*Eléphantine* séparoient du tems d'Auguste l'Egypte de l'Ethiopie, & servoient de bornes à l'Empire Romain.

Thebes, qui donna son nom à la Thébaïde, le pouvoit disputer aux plus belles villes de l'Univers, ainsi qu'on peut le voir dans la description que j'en ai donnée. L'Heptanome avoit pour capitale *Memphis*, à laquelle le grand Caire semble avoir succédé. La basse Egypte, à qui les Grecs donnoient le nom de *Delta*, à cause de sa figure triangulaire, forme une espece d'Isle.

L'Egypte a toujours été regardée par les anciens comme l'école la plus renommée en matiere de politique & de sagesse, d'art & de sciences. Ses travaux consistoient à former les hommes, & les plus grands hommes, un Homere, un Pythagore, un Platon, Lycurgue, Solon y allerent pour se perfectionner. L'Ecriture loue Moyse d'avoir été instruit dans toute la sagesse des Egyptiens.

Les Egyptiens sont les premiers qui ayent connu les régles du Gouvernement. Ils comprirent que la vraie fin de la politique étoit de rendre les peuples heureux en leur rendant la vie commode. Le Royaume étoit héréditaire; mais, selon Diodore de Sicile, les Rois ne se conduisoient pas comme dans les autres Monarchies, dont le Prince ne reconnoît d'autres régles de ses actions que sa volonté. Ils étoient obligés plus que les autres de se conformer aux loix qu'ils appelloient sacrées ; & la coutume ancienne ayant tout réglé, ils se fussent deshonorés, s'ils avoient vécu autrement que leurs ancêtres.

L'emploi de les servir n'étoit confié qu'aux personnes les plus distinguées par leur naissance & par leur vertu; car, comme dit Diodore, il est rare que les Rois se portent au vice, s'ils ne trouvent dans ceux qui les approchent des approbateurs de leurs déréglemens, & des Ministres de leurs passions. Les loix leur marquoient non-seulement la qualité des viandes, & la mesure du boire & du manger, mais encore leurs heures, & ce qu'ils devoient faire dans la journée. On ne leur servoit que des mets communs; la simplicité régnoit dans tout le reste, & Plutarque rapporte qu'il y avoit dans un temple de *Thébes* une colonne sur laquelle on avoit gravé des imprécations contre un Roi, qui le premier avoit introduit la dépense & le luxe parmi les Egyptiens.

Le principal devoir des Rois étant de rendre la justice à leurs peuples; c'étoit aussi à quoi ceux d'Egypte donnoient le plus d'attention, persuadés que de ce soin dépendoit le repos des particuliers & le bonheur de l'Etat.

Ce qu'il y avoit de meilleur parmi les loix des Égyptiens, étoit que tout le monde étoit obligé de les observer. Une coutume nouvelle, ainsi que le dit Platon, étoit un prodige, & tout s'y faisoit toujours de même. Le meurtre volontaire & le parjure y étoient punis de mort; le calomniateur étoit condamné au supplice qu'auroit subi l'accusé, si le crime s'étoit trouvé véritable. On punissoit aussi de mort celui qui pouvant sauver un homme, ne le faisoit pas. Il n'étoit pas permis d'être inutile à l'Etat. Chaque particulier étoit obligé de faire inscrire son nom & sa demeure dans un registre public, d'y marquer sa profession, & de déclarer de quoi il vivoit, & il étoit puni de mort s'il énonçoit faux. Les emprunts étoient également défendus, parce que c'est d'eux que naissent la fainéantise & les fraudes; & le Roi Asychis avoit fait à ce sujet une loi qui ne permettoit à un homme d'emprunter qu'à condition d'engager à son créancier le corps de son pere; & c'étoit une impiété & une infamie de ne pas le retirer. Celui qui mouroit sans le faire, étoit privé des honneurs qu'on avoit coutume de rendre aux morts.

La polygamie étoit permise en Egypte, excepté aux Prêtres; ils ne pouvoient épouser qu'une femme, & de quelque condition qu'elle fût, les enfans étoient réputés libres & légitimes. Les vieillards étoient fort respectés en Egypte; les jeunes gens étoient obligés de se lever devant eux, & de leur céder par tout la place d'honneur. Cette loi avoit passé d'Egypte à Lacedemone. La principale vertu des Egyptiens étoit la reconnoissance.

Les Prêtres Egyptiens tenoient le premier rang après les Rois; ils avoient de grands priviléges & de grands revenus, & leurs terres étoient exemptes de toute imposition. Le Prince leur donnoit beaucoup de part dans sa confiance & dans le gouvernement. Les Egyptiens au rapport d'Herodote, prétendent être les premiers qui ont établi des fêtes & des processions pour honorer les Dieux. Ils immoloient différens animaux selon les pays. C'est d'eux que Pythagore emprunta son dogme de la métempsycose. Les Prêtres étoient les gardiens des livres sacrés, & jamais nation ne fut plus superstitieuse que celle des Egyptiens, ainsi qu'on peut le voir dans l'article où je parle de leurs Dieux. Le bœuf Apis, nommé par les Grecs *Epaphus*, étoit le plus célébre ; on lui avoit bâti des temples magnifiques ; on lui rendoit des honneurs extraordinaires pendant sa vie, & de plus grands encore après sa mort. Sous Ptolémée Lagus, le bœuf Apis étant mort de vieillesse, la dépense de son convoi, outre les frais ordinaires, monta à plus de cinquante mille écus.

Je ne dirai rien ici des cérémonies des funérailles, parce que j'en ai parlé ailleurs. La profession militaire étoit fort considérée en Egypte, & les familles destinées aux armes étoient après les familles sacerdotales celles qu'on estimoit les plus illustres. Les soldats avoient douze arures, (c'étoit une portion de terre labourable, qui valoit à-peu-près un demi-arpent) exemptes de toute imposition. On fournissoit par jour à chacun cinq livres de pain, deux livres de viande, & une pinte de vin. L'Egypte entretenoit quatre cents mille soldats, bien qu'elle fût peu guerriere. Elle aimoit la paix, parce qu'elle aimoit la justice, elle n'avoit des soldats que pour sa défense, & elle ne songeoit point à faire des conquêtes, bien qu'elle ait produit d'illustres conquérans.

Les Egyptiens avoient l'esprit inventif, mais ils le tournoient aux choses utiles. Leurs Mercures avoient rempli l'Egypte d'inventions merveilleuses, & les inventeurs de choses utiles recevoient de leur vivant & après leur mort des récompenses proportionnées à leurs travaux. Ils ont été les premiers à observer le cours des astres, & à régler les cours de l'année sur celui du soleil. Ils ont aussi inventé & perfectionné la médecine. Les laboureurs, les pastres, les artisans, qui formoient les trois conditions du bas étage en Egypte, ne laissoient pas d'y être fort estimés, sur-tout les laboureurs & les pasteurs. Nulle profession n'étoit regardée comme basse, & par ce moyen tous les arts acquéroient leur perfection. La loi assignoit à chacun son emploi, qui se perpétuoit de pere en fils; on ne pouvoit ni en avoir deux, ni changer de profession. Passons aux Rois d'Egypte.

Il n'y a point dans l'antiquité d'histoire ni plus obscure, ni plus incertaine que celle des premiers Rois d'Egypte. Cette nation follement entêtée de son antiquité & de sa noblesse, s'imaginoit qu'il étoit beau de se perdre dans un abîme de siécles qui sembloit l'approcher de l'éternité. A l'en croire, les Dieux d'abord, & ensuite les demi-Dieux ou Héros, la gouvernerent successivement l'espace de plus de vingt mille ans. Après les Dieux & les demi-Dieux régnerent des hommes, dont Manéthon nous a laissé trente Dynasties.

L'Histoire ancienne d'Egypte contient 2158 ans, & on la divise en trois parties. La premiere commence à l'établissement de la Monarchie fondée par Ménès ou Mesraïm fils de Cham, l'an du monde 1816, & finit à la destruction de cette même Monarchie par Cambyse Roi de Perse l'an 3479, & cette premiere partie comprend 1663 ans.

La seconde partie est mêlée avec l'histoire des Perses & des Grecs, & s'étend jusqu'à la mort d'Alexandre le Grand arrivée en 3681, & renferme 202 ans.

La troisieme est celle où s'éleva une nouvelle monarchie sous les Lagides, c'est-à-dire, sous les Ptolémées descendans de Lagus, jusqu'à la mort de Cléopatre en 3974. Ce dernier espace renferme 293 ans.

Voici la liste des Rois d'Egypte.

Menès. Tous les Historiens conviennent que Ménès est le premier Roi d'Egypte. On prétend qu'il est le même que Mesraïm, fils de Cham. Ce fut lui qui établit le premier le culte des Dieux, & les cérémonies des sacrifices.

Busiris bâtit longtems après la fameuse ville de Thébes. Il ne faut pas le confondre avec le Busiris si connu par sa cruauté.

Osymandyas. Diodore de Sicile décrit fort au long plusieurs édifices magnifiques que ce Prince avoit fait construire, & dont j'ai donné la description. Son tombeau, ainsi qu'on l'a pu voir, étoit d'une magnificence extraordinaire.

Uchoreus, l'un des successeurs d'Osymandias, bâtit la ville de Memphis. Elle avoit cent-cinquante stades de tour, c'est-à-dire, plus de sept lieues. Il la plaça à la pointe du *Delta*, dans l'endroit où le Nil se partage en plusieurs branches.

Moeris. C'est lui qui construisit ce lac fameux, qui porta son nom, & dont j'ai parlé.

L'Egypte avoit été long-tems gouvernée par des Princes nés dans le pays même, lorsque l'an 1920 du monde, des étrangers, qu'on nomma Rois Pasteurs, Arabes ou Phéniciens, s'emparerent de Memphis & d'une grande partie de la basse-Égypte, mais non point de la haute, & le Royaume de Thébes subsista jusqu'au tems de Sésostris. Leur domination dura environ 260 ans.

L'an du monde 2179 *Thethmosis*, ou *Amosis*, ayant chassé les Rois Pasteurs, régna dans la basse-Egypte.

Ramesses-Miamun, selon Ussérius, étoit le même que l'écriture nomme Pharaon. Il régna pendant 66 ans, & fit souffrir aux Israëlites des maux infinis. Il régna l'an du monde 2427, & eut deux fils Aménophis & Busiris.

Amenophis, qui étoit l'aîné, lui succéda l'an du monde 2494. C'est ce Pharaon qui fut submergé au passage de la mer rouge. Ussérius dit qu'il laissa deux fils, l'un nommé Séthosis ou Séfoſtris, l'autre Armaïs. Les Grecs l'ont appellé Belus, & ſes deux enfans, Agyptus & Danaus.

Séſoſtris a été non-ſeulement un des plus puiſſans Rois qu'ait eu l'Egypte, mais encore un des plus grands conquérans de l'antiquité. Il fut inſtruit par Mercure, qui lui apprit la politique & l'art de régner. Ce Mercure eſt celui que les Grecs ont appellé *Triſmégiſte*, c'eſt-à-dire, *trois fois grand*.

Pheron ſuccéda l'an du monde 2547 aux Etats de Séſoſtris, mais non à ſa gloire. Il dégénéra des ſentimens religieux de ſon pere. Le Nil s'étant débordé, il lança un javelot contre le fleuve & il fut puni de ſon impiété par la perte de la vûe.

Protée ; qui régna l'an du monde 2800, étoit de Memphis, où du tems d'Hérodote, on voyoit encore ſon temple, dans lequel il y avoit une chapelle dédiée à Vénus l'étrangere, que l'on conjecture être Hélene.

Rhampſinit. Juſqu'à ce dernier Roi, il y avoit eu dans le Gouvernement de l'Egypte, quelque ombre de juſtice & de modération, mais ſous les deux régnes suivans, la violence & la dureté en prirent la place.

Cheops & *Chephren*. Ces deux Princes se signalerent à l'envi l'un de l'autre par une impiété ouverte à l'égard des Dieux, & par leur inhumanité à l'égard des hommes. Le premier régna 50 ans, & le second après lui 56. Ils tinrent les temples fermés pendant tout le tems de leur régne ; ils accablerent leurs sujets de travaux, & firent périr un nombre infini d'hommes, pour satisfaire la folle ambition qu'ils avoient de s'immortaliser par des bâtimens d'une grandeur énorme.

Mycerinus étoit fils de Céops, mais loin de marcher sur les traces de son pere il détesta sa conduite, & suivit une route opposée. Il r'ouvrit les temples des Dieux, rétablit les sacrifices, & s'appliqua à soulager les peuples.

Asychis. Ce fut lui qui établit la loi sur les emprunts, dont j'ai parlé ci-dessus. Il surpassa tous ses prédécesseurs par la construction d'une pyramide de brique, plus magnifique que toutes celles qu'on avoit vûes jusqu'alors.

Pharaon régnoit l'an 2991 du monde, & donna sa fille en mariage à Salomon Roi d'Israël.

Sésao, appellé autrement *Sésonchis*, régnoit l'an 3026 du monde, & ce fut vers lui que se réfugia Jéroboam, pour éviter la colere de Salomon qui vouloit se faire mourir.

Zara, Roi d'Ethiopie, l'an du monde 3063, & sans doute Roi d'Egypte, fit la guerre à Asa Roi de Juda. Son armée étoit composée d'un million d'hommes, & de trois cents chariots de guerre, mais Asa la mit en déroute.

Anysis. Il étoit aveugle, & ce fut sous son régne que *Sabacui*, Roi d'Ethiopie, entra avec une armée nombreuse en Egypte, & s'en rendit maître. Il régna avec beaucoup de douceur & de justice. Au lieu de faire mourir les criminels, il les faisoit travailler chacun dans leurs villes aux réparations des levées sur lesquelles elles étoient situées. Il bâtit plusieurs temples magnifiques, un entr'autres dans la ville de *Bubaste*, dont Hérodote nous a donné la description.

Sethon régna quatorze ans. C'est

le même que *Sevéchus*, fils de *Saba-con*, ou *Sual* Ethiopien, qui avoit régné si long-tems en Egypte. Ce Prince au lieu de s'acquitter des fonctions d'un Roi, affecta celles d'un Prêtre, s'étant fait consacrer Souverain Pontife de Vulcain. Il méprisa les gens de guerre, qui à leur tour l'abandonnerent dans une guerre qu'il eut avec Sannacherib, dont il ne se tira, selon Hérodote, que par une protection miraculeuse.

Tharaca régnoit l'an du monde 3299. C'est le même qui vint avec une armée d'Ethiopiens au secours de Jérusalem avec Séthon. Lorsque celui-ci mourut, après avoir occupé le thrône pendant quatorze ans, Tharaca y monta, & le tint pendant dix-huit ans. Ce fut le dernier des Rois Ethiopiens qui régnerent en Egypte. Après sa mort, les Egyptiens furent dans un état d'anarchie accompagné de grands désordres.

L'an 3319 du monde, 685 ans avant Jesus-Christ, douze des principaux Seigneurs s'étant ligués ensemble, se saisirent du Royaume, & le partagerent entr'eux en douze parties. Ce

& de quelques autres Contrées. 407
font eux que l'on nomme les douze Rois.

Le premier fut *Pſammitique*, qui régna l'an 3334 du monde, 670 ans avant J. C. Il établit les Ioniens & les Cariens dans l'Egypte, & leur aſſigna de bons fonds de terre, & des revenus qui leur firent bientôt oublier leur patrie. Il leur donna de jeunes enfans Egyptiens à élever, à qui ils apprirent leur langue, au moyen de quoi les Egyptiens entrerent en commerce avec les Grecs. Ce Prince mourut l'an vingt-quatre de Joſias Roi de Juda, & eut pour ſucceſſeur ſon fils *Néchao*.

Néchao. L'écriture fait ſouvent mention de ce Prince ſous le nom de Pharaon Néchao. Il entreprit de joindre le Nil avec la mer rouge, en tirant un canal de l'un à l'autre. L'eſpace eſt de cinquante lieues, & après avoir fait périr cent vingt mille hommes dans ce travail, il fut obligé de l'abandonner, l'oracle lui ayant répondu que par ce nouveau canal, il ouvriroit une entrée aux barbares. Il réuſſit mieux dans une autre entrepriſe. D'habiles mariniers de Phénicie qu'il avoit pris à ſon ſervice, étant partis de la mer rouge, firent le tour de l'Afrique, & retournerent au bout de trois ans en Egypte par le détroit de Gibraltar. Néchao étant mort après avoir régné seize ans, laissa le Royaume à son fils.

Psammis. Son régne ne fut que de six ans. Il fit une expédition dans l'Ethiopie.

Apriès. Il est appellé dans l'écriture Pharaon Ephrée ou Ophra. Il succéda à son pere Psammis l'an du monde 3410, & régna vingt-huit ans. Il porta ses armes contre l'Isle de Chypre, il attaqua par terre & par mer la ville de Sidon, la prit, & se rendit maître de la Phénicie & de la Palestine.

Amasis. Après la mort d'Apriès, Amasis devint possesseur de l'Egypte l'an du monde 3435, & en occupa le thrône pendant quarante ans. Il étoit selon Platon, de la ville de Saïs, & de basse naissance. Comme les peuples en faisoient peu de cas & le méprisoient, il crut devoir ménager les esprits, & les rappeller à leur devoir par la douceur & par la raison. Il avoit une cuvette d'or, où lui & tous ceux qui mangoient, geoient à sa table, se lavoient les pieds. Il la fit fondre, & en fit faire une statue, qu'il exposa à la vénération publique. Les peuples rendirent à cette statue toutes sortes d'hommages. Le Roi les ayant assemblés, leur exposa le vil usage auquel cette statue avoit d'abord servi, ce qui ne les empêchoit pas de se prosterner devant elle. Cette parabole eut tout le succès qu'il en pouvoit attendre, & les peuples, depuis ce jour, eurent pour lui tout le respect qui est dû à la Majesté Royale.

Ce fut lui qui obligea les particuliers d'inscrire leurs noms chez le Magistrat, & de marquer de quelle profession ils vivoient. Il bâtit plusieurs temples magnifiques, particulierement à Saïs. Il considéroit fort les Grecs, & leur accorda de grands priviléges. Il conquit l'Isle de Chypre & la rendit tributaire. Ce fut sous son régne que Pythagore vint en Egypte.

Psammenit. Ce Prince monta sur le thrône d'Egypte l'an du monde 3479, & ne régna que six mois. Cambyse le fit mourir, & toute l'Egypte se soumit au vainqueur. C'est ici que finit la suite des Rois d'Egypte, & depuis lors l'histoire de ce pays se trouve confondue avec celle des Perses & des Grecs jusqu'à la mort d'Alexandre, que s'éleva une nouvelle Monarchie, fondée par Ptolémée fils de Lagus.

Fin du Tome VII.

TABLE

DES CHAPITRES,

Contenus dans le septieme Volume.

Chap. III. *Du Cercle de la Haute-Saxe*, 1.
Chap. IV. *De la Bohême*, 19.
Chap. V. *Le Cercle de Bavière*, 28.
Chap. VI. *de la Haute & de la Basse-Autriche*, 31.
Chap. VII. *De quelques villes de la Hongrie qui sont dans les environs de Vienne, & entre Presbourg & Bude*, 41.
Chap. VIII. *De Bude, & de quelques autres Contrées de la Hongrie & de la Croatie*, 57.
Chap. IX. *De la Stirie*, 69.
Chap. X. *De la Carinthie*, 76.
Chap. XI. *Du Comté de Gorice, & du Duché de Carniole*, 84.
Chap. XII. *De l'Istrie*, 100.
XIII. *Du Frioul & de quelques autres Contrées d'Italie*, 106.
Chap. XIV. *Des Isles de Grado, Gos-*

gli, & de quelques autres Contrées d'Italie, 116.

LIVRE VI.

Obfervations Géographiques.

Chap. I. Remarques fur l'ancienne Géographie, 119.
Chap. II. Itinéraire d'Europe, 127.
Chap. III. Conclufion, avec des réflexions fur les voyages, les mœurs, les coutumes des peuples, & la viciffitude des chofes humaines, 243.
Additions & Remarques Hiftoriques & critiques du tome IV, 247.
Additions & Remarques Hiftoriques & critiques du tome V, 254.
Additions & Remarques Hiftoriques & critiques du tome VI, 294.
Remarques à ajouter à celles de l'article d'Egypte contenues dans le premier volume, 320.
Sur la Paleftine & la mer morte, 235.
Defcription de plufieurs plantes curieufes qui croiffent dans les Ifles de l'Archipel, & dans quelques autres Contrées du levant, 351.
Differtation Hiftorique fur l'Egypte & fur les Rois qui l'ont gouvernée, 392.

www.ingramcontent.com/pod-product-compliance
Lightning Source LLC
Chambersburg PA
CBHW071853230426
43671CB00010B/1329